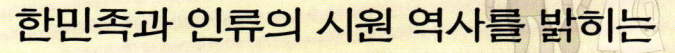

한민족과 인류의 시원 역사를 밝히는

온 가족이 함께 읽는

어린이

환단고기

桓檀古記

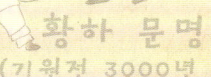

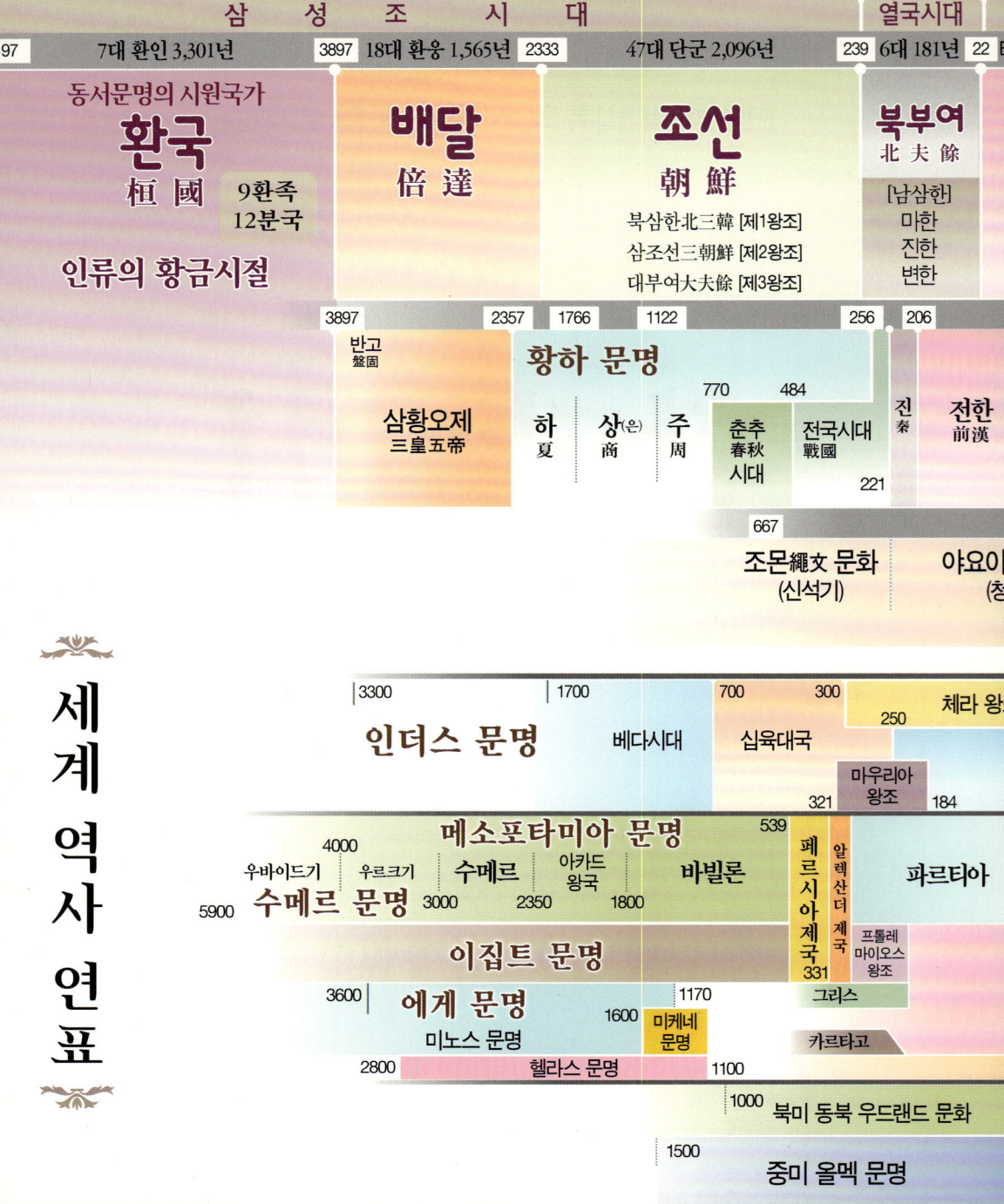

세계 역사 연표

삼 성 조 시 대

| 7197 | 7대 환인 3,301년 | 3897 | 18대 환웅 1,565년 | 2333 | 47대 단군 2,096년 | 239 | 6대 181년 | 22 |

열국시대

동서문명의 시원국가
환국 桓國
9환족 12분국
인류의 황금시절

배달 倍達

조선 朝鮮
북삼한北三韓 [제1왕조]
삼조선三朝鮮 [제2왕조]
대부여大夫餘 [제3왕조]

북부여 北夫餘
[남삼한]
마한
진한
변한

| 3897 | | 2357 | 1766 | 1122 | | 256 | 206 |

반고 盤固

황하 문명
삼황오제 三皇五帝

하 夏 | 상(은) 商 | 주 周

770 | 484
춘추 春秋 시대 | 전국시대 戰國
221

진 秦

전한 前漢

667
조문繩文 문화 (신석기)

야요이 (청)

| 3300 | 1700 | 700 | 300 |
인더스 문명 | 베다시대 | 십육대국

250
체라 왕조

마우리아 왕조
321 | 184

4000
메소포타미아 문명
우바이드기 | 우르크기 | 수메르 | 아카드 왕국 | 바빌론
우메르 문명
5900 | 3000 | 2350 | 1800

539
페르시아제국
알렉산더 제국
331

파르티아

프톨레마이오스 왕조

그리스

이집트 문명

3600
에게 문명
미노스 문명
1600

1170
미케네 문명

2800
헬라스 문명
1100

카르타고

1000
북미 동북 우드랜드 문화

1500
중미 올멕 문명

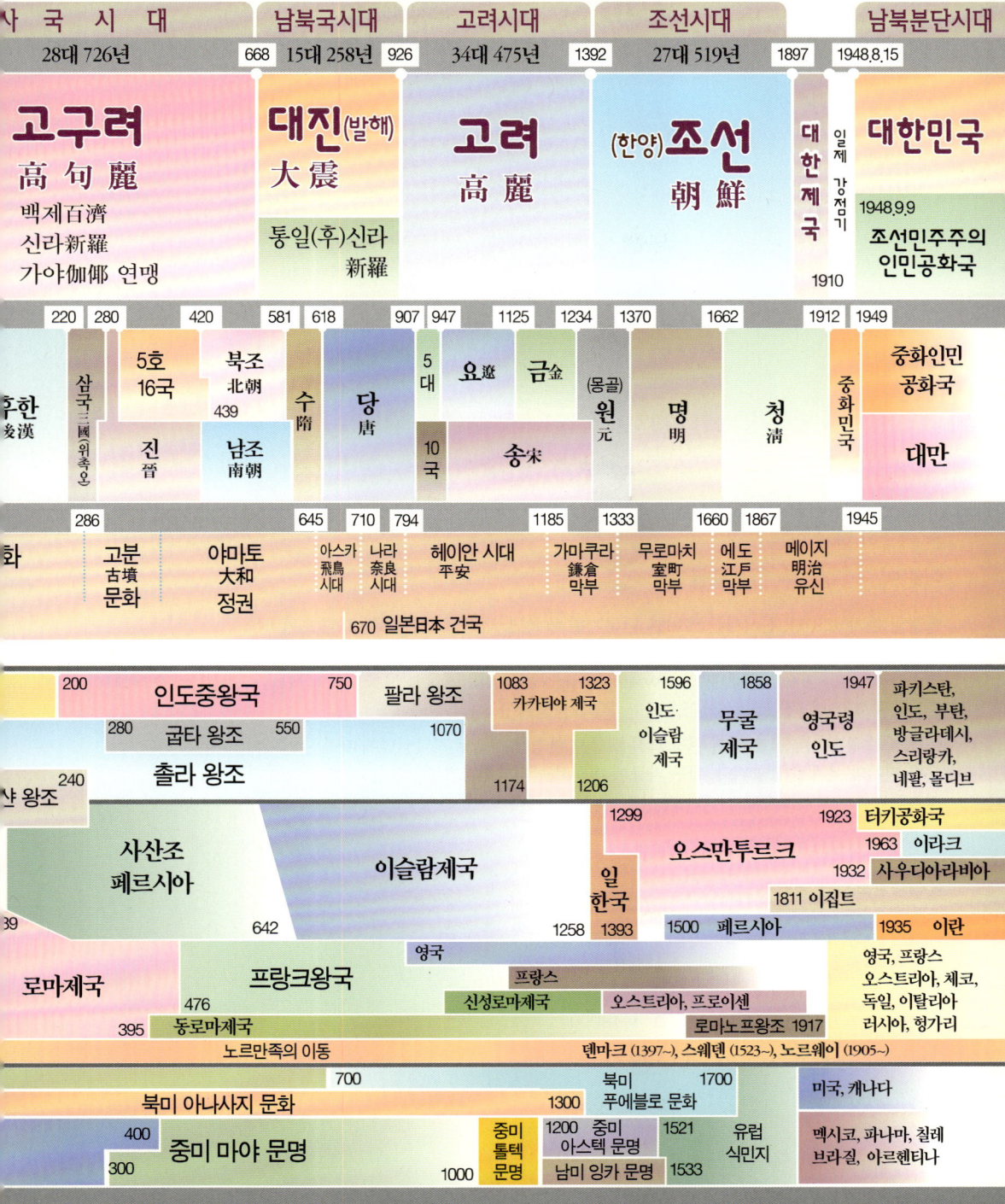

사 국 시 대	남북국시대	고려시대	조선시대	남북분단시대
28대 726년	668 · 15대 258년 · 926	34대 475년 · 1392	27대 519년 · 1897	1948.8.15

고구려 高句麗 / 백제百濟 / 신라新羅 / 가야伽倻 연맹

대진(발해) 大震 / 통일(후)신라 新羅

고려 高麗

(한양)**조선** 朝鮮

대한제국 / 일제 강점기 / 1910

대한민국 / 1948.9.9 조선민주주의 인민공화국

---

220 280 420 581 618 907 947 1125 1234 1370 1662 1912 1949

후한後漢 / 삼국三國(위촉오) / 5호16국 / 진晉 / 북조北朝 439 / 남조南朝 / 수隋 / 당唐 / 5대 / 10국 / 요遼 / 금金 / 송宋 / (몽골) 원元 / 명明 / 청淸 / 중화민국 / 중화인민공화국 / 대만

---

286 645 710 794 1185 1333 1660 1867 1945

화 / 고분古墳문화 / 야마토大和정권 / 아스카飛鳥시대 / 나라奈良시대 / 헤이안 시대 平安 / 가마쿠라鎌倉막부 / 무로마치室町막부 / 에도江戸막부 / 메이지明治유신 / 670 일본日本 건국

---

200 750 · 280 550 · 240 · 1083 1323 · 1174 1206 · 1070 · 1596 1858 1947

인도중왕국 / 팔라 왕조 / 굽타 왕조 / 촐라 왕조 / 샨 왕조 / 카카티야 제국 / 인도·이슬람 제국 / 무굴 제국 / 영국령 인도 / 파키스탄, 인도, 부탄, 방글라데시, 스리랑카, 네팔, 몰디브

1299 1923 · 1963 · 1932 · 1811 · 1935 · 39 642 1258 1393 1500

사산조 페르시아 / 이슬람제국 / 일한국 / 오스만투르크 / 터키공화국 / 이라크 / 사우디아라비아 / 1811 이집트 / 페르시아 / 이란

로마제국 / 프랑크왕국 / 영국 / 프랑스 / 신성로마제국 / 오스트리아, 프로이센 / 476 / 동로마제국 395 / 로마노프왕조 1917 / 노르만족의 이동 / 덴마크 (1397~), 스웨덴 (1523~), 노르웨이 (1905~) / 영국, 프랑스 오스트리아, 체코, 독일, 이탈리아 러시아, 헝가리

---

700 1300 · 1700 · 400 300 1000 1200 1521 1533

북미 아나사지 문화 / 북미 푸에블로 문화 / 미국, 캐나다 / 중미 마야 문명 / 중미 톨텍 문명 / 중미 아스텍 문명 / 남미 잉카 문명 / 유럽 식민지 / 멕시코, 파나마, 칠레 브라질, 아르헨티나

온 가족이 함께 읽는
어린이 **환단고기** (보급판)

발행일 환기 9210년, 신시개천 5910년, 단군기원 4346년, 서기 2013년 10월 21일 초판 2쇄
역주 안경전 ┃ 펴낸곳 상생출판 ┃ 주소 대전시 중구 선화동 289-1번지 ┃ 전화 070-8644-3161
팩스 0505-116-9308 ┃ 홈페이지 www.sangsaengbooks.co.kr
출판등록 2005년 3월 11일 (제175호) ┃ ⓒ 2013 상생출판

ISBN 978-89-94295-53-4

국립중앙도서관 출판시도서목록(CIP)

(어린이) 환단고기 / 옮긴이: 안경전. -- 대전 : 상생
출판, 2013
  p. ;   cm

ISBN 978-89-94295-53-4 03900 : ₩18000

한국사[韓國史]

911.02-KDC5   CIP2013006873

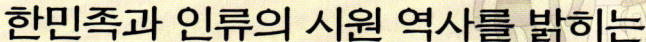

한민족과 인류의 시원 역사를 밝히는

온 가족이 함께 읽는

어린이

환단고기

●옮긴이 안경전   桓檀古記

상생출판

온 가족이 함께 읽는
어린이 『환단고기』 출간에 부쳐

　어린이 여러분, 우리 한민족과 인류의 시원 역사가 담긴 소중한 어린이 『환단고기』를 발간하게 되어 매우 기쁩니다.

　지금 동북아시아에서는 독도, 센카쿠 열도를 놓고 한국과 일본, 중국과 일본이 서로 영유권을 주장하고 있습니다. 이것을 흔히 역사 전쟁이라고 하지요.

　그런데 이 동북아 역사 전쟁은 사실 수천 년 전부터 시작된 것입니다. 세계 패권 국가를 꿈꾸는 중국과 일본은 이미 오래 전에, 그들에게 문화를 전수해 준 한민족의 고대 역사책을 없애고, 우리의 시원(첫) 역사를 거짓으로 지어냈습니다.

　중국은 있지도 않은 '기자조선'을 만들었어요. 3,100년 전에 주나라 무왕이 은의 왕족인 기자를 조선 왕에 책봉하여 다스리게 함으로써 조선 역사가 시작되었다고 우겼습니다.

　또 일본은, 2,200년 전에 중국 한 나라 무제가 위만조선을 멸망시킨 뒤, 한반도 북부와 평양 주변에 한사군을 설치함으로써 조선 역사가 시작되었다고 꾸몄어요. 우리 역사가 중국의 식민 지배를 받으면서 시작되었다는 것입니다.

　중국과 일본이 이렇게 지어낸 역사를 대한민국 학자들이 그대로 받아들였기 때문에, 안타깝게도 한민족은 어른부터 어린이에 이르기까지 거짓 역사를 배우고 있습니다.

　이러한 상황에서 역사 전쟁이 또 다시 불붙은 거예요.

　중국은 2002년부터 2007년까지 '동북공정'이라는 역사 조작 작업을 추진하였습니다. 그리고 우리 조상들이 한반도 북부와 드넓은 만주 땅에 세운 고구려, 대진(발해)의 역사와 문화를 그들의 것으로 만들었어요. 우리 정부가 여기에 제대로 대응을 하지 못하자 2012년에는 만리장성의 시발점을 고구려, 대진의 영토이던 흑룡강성 목단강까지 늘렸습니다. 중국은 한민족이 활동하던 옛 땅을 모두 차지하고, 동북아 고대 역사와 문화의 주인공임을 자처하고 있는 것입니다. 이것은 북한에 위험한 일이 생길 경우 북한 땅을 점령하고, 나아가 21세기에 세계를 주도할 패자가 되려는 속셈입니다.

　이에 뒤질세라 일본도 독도 영유권과 중국 근해의 센카쿠 열도 지배권을 주장하며 동북아의 강국을 자부하고 있습니다.

　이 역사 전쟁은 단순한 영토 싸움이 아니에요. 장차 동서양 2대 초강대국인 미국과 중국의 주도권 싸움으로 이어질 위험성이 너무나 높습니다. 우리는 지구의 화약고인 한반도를 중심으로 벌어지는 이 **'역사 대전쟁'**의 참모습을 바르게 보고 만일을 위해 빈틈없이 준비해야 합니다. 불꽃 튀는 역사 전쟁의 중심에서 민족과 나라, 그리고 자신을 지키기 위해서는, 중국과 일본이 거짓으로 지어내고 없애 버린 본래의 우리 역사를 되찾아야 합니다. 잃어버린 **우리의 원형 문화**를 알아야 해요. 우리의 참 역사와 문화는 오직 『환단고기』에 들어 있습니다.

『환단고기』는 1911년에 독립운동가 운초 계연수 선생이 우리의 고유 역사책 다섯 권을 하나로 묶어 펴낸 것입니다. 신라의 고승 안함로(579~640)가 지은 『삼성기』 상과, 고려 시대 원동중(?~?)이 지은 『삼성기』 하, 고려 공민왕 때 수문하시중(오늘날의 국무총리)을 지낸 이암(1297~1364)이 쓴 『단군세기』, 이암의 동지이자 고려 말 충신인 범장(?~?)이 쓴 『북부여기』, 조선 시대 찬수관을 지낸 이맥(1455~1528)이 편찬한 『태백일사』가 『환단고기』에 들어 있습니다. 신라에서 조선까지, 『환단고기』는 무려 1,400년에 걸쳐 이루어진 위대한 문화유산인 것입니다.

필자는 지난 30여 년 동안, 한문으로 쓰인 『환단고기』 원문 뜻을 정확하게 풀고 누구나 쉽게 읽을 수 있도록 번역하기 위해, 수많은 자료와 문헌을 조사하였습니다. 또 중국, 일본, 이집트, 중동, 유럽, 북남미 등 지구촌 역사 현장을 찾아다니며 『환단고기』의 내용이 진실임을 직접 눈으로 확인했어요. 그리하여 2012년 6월에, 마침내 『환단고기』 전문을 한글로 옮기고 어려운 내용을 풀이한 『환단고기』 완역본을 세상에 내놓았습니다.

　그리고 이제 어린이 『환단고기』를 펴내게 되었어요. 어린이 여러분의 눈높이에 맞추어 본문의 용어를 되도록 쉽게 풀어 주고, 이해를 돕기 위해 만화와 그림을 함께 실었습니다. 『환단고기』가 어떤 책인지 설명하기 위해 필자가 직접 써서 완역본에 실은 해제도 그 주요 내용만 간추렸습니다.

　어린이는 미래의 꿈나무요 새 역사를 여는 희망의 등불입니다. 이 나라와 민족, 세계의 미래가 어린이들의 손에 달려 있습니다. 우리 어린이들이 정성을 다하여 『환단고기』를 읽고, 역사 전쟁에서 나라를 지켜 평화와 광명으로 가득 찬 새 역사의 주인공으로 성장하기 바랍니다.

(신시개천 5910년, 단군기원 4346년)
서기 2013년 1월

안 경 전

환단고기는 한민족의 시원역사와 원형문화를 밝히고
인류의 뿌리역사를 드러내는 신고문화의 정통 사서요,
대한의 아들딸은 물론 70억 전 인류가 읽어야 할
인류 원형문화의 성전聖典이다.

태백일사太白逸史

1 우리 역사,
우리가 새로 써야 한다

가장 신나는 공부, 역사 공부

역사란 무엇일까요? 우리는 왜 역사를 알아야 할까요?

역사란 사람들이 살아 온 발자취를 말합니다. 예를 들면 '우리 조상들은 맨 처음 어디서, 어떻게 살았을까? 무슨 생각을 하며 살았을까?' 하는 것이 역사의 내용이에요. 지금 우리가 입는 것, 먹는 것, 쓰는 것, 생각하는 것이 모두 선조들의 삶을 통해 변화하고 발전하여 오늘에 이른 것입니다. 역사는 사라진 게 아니라 현재 우리의 삶 속에 살아 있어요. 그러므로 과거 역사가 잘못되어 있다면 현재의 삶도 그 영향을 받아 뒤틀리고, 미래를 내다보는 올바른 눈도 가질 수 없어요. 한마디로 역사를 모르면 밝은 미래를 기약할 수 없습니다.

역사를 제대로 가르치지 않는 것은, 마치 자식을 낳아 놓고서 성姓을 가르쳐 주지 않는 것과 똑같습니다. 그래서 역사를 모르면 자기가 어떤 사람인지 알 수 없게 되고, 자신감을 갖지 못하여 성공을 하기가 어렵습니다. 역사를 공부하며 과거와 만나는 것이야말로 멋진 미래를 여는 가장 신나는 일인 것입니다.

동북아는 지금 역사 전쟁 중

✽ 우리 역사 문화 빼앗기에 열중하는 중국

지금 동북아의 한국·중국·일본 세 나라 사이에는 총성 없는 '역사 전쟁'이 벌어지고 있습니다. 중국은 한국의 고대 역사와 옛 땅과 문화를 빼앗고, 일본은 우리나라 독도를 자기 땅이라고 우기고 있어요.

중국은 2002년 2월부터 만리장성 밖 동북 3성(요령성, 길림성, 흑룡강성) 지역에서 일어났던 고조선, 고구려, 대진(발해) 같은 한국의 고대 역사를 빼앗는 '동북공정東北工程'을 시행했습니다. 그 목적은 '중국이 역사상 최초의 나라이며 세계 문명의 종주국'이라는 사실을 정당화하려는 겁니다.

> 동북공정 : 동북변강역사 여현상계열 연구공정의 줄임말
> 東北邊疆歷史 與現狀系列 研究工程

중국이 이 동북공정을 시작하게 된 데는 특별한 계기가 있었어요. 중국은 그동안 세계 4대 문명의 하나인 황하문명의 주역으로, 그들이 세계의 중심 나라임은 물론 동북아 역사의 주체라고 자부해 왔습니다. 그런데 중국 만리장성 밖, 고대 한민족의 땅이던 내몽골 적봉시에서, 황하문명보다 적어도 1,000년 이상 앞선 한민족의 시원문화인 홍산紅山문화가 발굴되었습니다.

홍산문화는 1922년에 프랑스의 에밀 리쌍이 처음 발굴을 시작했는데, 1930년대에 들어와 중국 철학자 양계초의 아들인 양사영이 내몽골의 적봉 홍산 유적지를 조사한 이래 많은 학자들이 연구에 뛰어들었어요. 일본군도 들어가서 발굴을 했습니다.

그런데 그곳에서 세계인들이 중국의 상징으로 꼽는 용龍 유물이 많이 출토되었습니다. 문화대혁명이 한창이던 1971년도에, 기원전 3000년경에 만들어진 옥으로 된 C자 형 용이 발굴되었습니다. 그것은 옹우특기라는 곳에서 농사를 짓느라 땅을 파다가 발견한 석관에서 나온 거예요. 동네 아이들이 이것을 장난감처럼 끌고 다니다가 겉이 벗겨지니까 '아, 이게 옥이구나' 하고는, 정체를 알 수 없어서 국가 문물국에 보냈다고 합니다. 거기서 한 10년 동안 잠자고 있던 것을 중

국 고고학자 소병기 박사가 알아보고 C자 용이라 이름 붙인 겁니다. 그 후 다시 부신시 사해에서 기원전 5600년경에 돌로 쌓아 만든 용 형상물인 석소룡石塑龍이 발견되었어요. 이 두 가지 모두 황하 문명권의 용 유물보다 훨씬 오래 전에 만들어진 것입니다. 이렇게 그들이 오랑캐 땅이라 부르던 북방 지역에서 황하문명보다 더 앞서고 발달한 문화가 나오자, 당황한 중국 정부는 재빨리 홍산문화를 중국의 문화로 둔갑시키기로 했습니다. 그들은 홍산문화를 황하문명의 원류라 하고, 그 근거를 대기 위해 홍산문화와 직접 관련이 있는 고조선, 고구려, 대진의 역사를 그들의 역사로 바꾸기 시작한 것입니다.

동북공정은 2007년 5월에 공식 종료되었습니다. 하지만 중국의 역사 왜곡은 모양새만 바꿔 가며 계속 진행되고 있어요. 그들은 한민족의 성산聖山인 백두산을 장백산이란 이름으로 개발하고 국제적으로 중국의 산이라 홍보하고 있습니다. 관광객이 100만 명을 돌파한 지도 벌써 몇 년이 지났습니다.[1] 지금 세계인은 백두산을 장백산이라는 중국의 산으로 알고 있어요.

중국은 또 우리 고구려와 대진(발해)의 유적, 유물을 중국의 문화유산이라고 유네스코에 기록을 올렸습니다. 2006년부터 세 차례에 걸쳐 아리랑, 판소리, 농악무 같은 한민족의 민속 문화 13개를 중국의 무형문화 유산으로 등재했어요.[2] 또 지도에 만리장성의 경계선을 고구려와 대진 강역까지 늘려 놓았습니다.

중국은 왜 이렇게 한민족의 역사와 문화를 빼앗는 것일까요? 그들이 노리는 것은 무엇일까요? 그것은 장차 한반도에 변고가 생길 경우, 본래 중국 땅이라 하여 북한을 차지하고, 나아가 동북아는 물론 세계 최강자가 되려는 겁니다. 그러니 동북공정은 단순한 역사 빼앗기가 아닙니다. 우리나라의 존폐까지 위협하는 무서운 음모입니다.

고구려, 발해 땅까지 연장한 중국의 만리장성

몽골

•하미(신강위구르자치구)

•목단강(흑룡강성)

•가욕관(감숙성)

본래의 만리장성

갈석산

산해관(하북성)

•단동(요령성)

중국

한국

2006년	6352km
2009년 4월	8851km
2012년 6월	21196km

2001년 6월	동북공정 연구 추진
2002년 2월	동북공정 시작
2007년 5월	동북공정 종료되었으나 지금도 계속 진행 중

역사적으로 만리장성의 동쪽 끝은 하북성 산해관山海關이다. 그런데 중국은 2009년 요령성 단동(압록강 하구)에 있는 고구려성을 중국의 호산虎山산성으로 둔갑시켜 그곳을 만리장성 동단으로 수정했다. 2012년에는 동쪽 끝과 서쪽 끝을 모두 연장했다. 동쪽 끝은 동북 3성 중 가장 북쪽에 위치한 흑룡강성의 목단강牡丹江 지역까지, 서쪽 끝은 신강위구르자치구까지 늘렸다.

이러한 중국의 우리 역사 빼앗기에 한국 정부는 어떻게 대응하고 있을까요? 우리 정부는 그 대응책으로 2004년에 '고구려 연구재단'을 만들고, 2년간 60여 권의 책을 발간했어요. 하지만 오히려 동북공정을 도와주는 결과만 낳고 말았습니다.

2006년, 정부는 다시 동북아 역사재단을 설립하고 우리나라 역사 연구를 위해 매년 200억을 투자하고 있습니다. 하지만 그 성과도 고구려 연구재단의 그것과 크게 다르지 않아요. 홍산문화를 우리 역사와 전혀 관련이 없는 요하 지역의 독자적인 문화라 하고,[3] 고조선 역사를 신화라 주장합니다.

2012년 6월, 경기도 교육청이 『동북아 평화를 꿈꾸다』라는 학생 교육 자료집을 발간했습니다. 이 자료집은 '단군은 역사적 사실' 이라고 소개했어요. 그러자 동북아 역사재단이 나서서 '고조선 건국 신화는 여전히 신화에 속하므로 증명할 수 있는 역사적 사실이 아니다' 라며 그 내용을 고치라 했습니다.[4] 국민의 세금으로 운영되는 동북아 역사재단이 어느 나라를 위한 연구 단체인지 의심스럽지 않습니까.

✿ 일본의 우리 영토 빼앗기

최근 일본은 '독도는 일본 땅' 이라는 주장을 더욱 강력하게 외치고 있습니다. 독도가 어느 나라 땅입니까?

'독도는 신라 지증왕 때 신라에 귀속되었다' 는 문헌 기록이 있어요. 이것을 볼 때 최소한 신라 때부터 공식적인 대한민국의 영토입니다. 그런데 일본은 1905년 러일전쟁 와중에 독도를 자신들의 영토로 무단 편입시키고, 다케시마[죽도竹島] 라 이름 붙였어요. 그 후 100년이 지난 2005년에 '다케시마의 날' 을 제정하고, 일본의 국가 안보 전략서인 방위백서防衛白書에 독도를 일본 영토라고 기재했습니다. 그리고 2012년 9월, 일본 정부는 '독도는 일본 땅' 이라 주장하는 광고를 약 70여 개 신문에 실었어요. 이처럼 일부 정치인이 개인적으로 주장하는 차원을 넘어 정부가 독도 문제를 들고 나선 것은 처음이라 합니다.

갈수록 거세지는 일본의

독도 영유권 주장은 그저 섬 하나를 차지하겠다는 것이 아닙니다. 독도를 차지하고 그곳에 자위대를 파견하여 해상권을 장악하는 등, 동북아에서 정치, 군사적으로 입지를 강화하겠다는 속셈이에요. 중국의 동북공정과 마찬가지로 동북아의 우두머리가 되려는 역사 전쟁입니다.

이 독도 문제에 대해서도 한국 정부는 제대로 대응하지 못하고 있습니다. 어린이들도 그렇지만 어른들 또한 동북아 역사 전쟁이 얼마나 심각한지 알지 못합니다. 한국에 닥친 위기 상황을 모르고 있어요. 그것은 우리 사회가 아직도 중국과 일본이 왜곡, 조작해 낸 역사의 사슬에 꽁꽁 묶여 있기 때문입니다.

그렇다면 중국과 일본은 한민족의 역사를 어떤 식으로 왜곡했을까요?

중국과 일본의 한국사 4대 날조 사건

한국과 중국과 일본의 역사서를 나란히 놓고 보면 크게 네 개의 역사 왜곡 사건이 있습니다. 그것은 기자조선箕子朝鮮, 위만조선衛滿朝鮮, 한사군漢四郡, 임나일본부任那日本府예요.

✽ 기자조선

중국은 예로부터 그들 나라가 천하의 중심이며, 세계 문명의 주체라고 자부해 왔어요. 이것이 중화中華사상인데, 중화인민주의공화국이라는 나라 이름도 여기서 온 겁니다. 화華는 '빛날 화' 자로 광명을 뜻합니다. 곧 중국이 동방의 시원문화인 광명문화의 중심 나라라는 말입니다.

이러한 중화사상에 따라, 중국은 기자조선을 만들어 냈습니다. 즉, '지금으로부터 3,100년 전에 조선 땅에 기자가 들어와 기자조선을 세웠다. 다시 말해 한국의 역사는 약 3,100년 전에 중국을 주인으로 모시는 제후국[기자조선]으로 시작되었다'고 했습니다.

그 진실은 무엇일까요?『환단고기』를 보면 우리 환족이 처음 나라[환국]를 세운 것은 9,000년을 훨씬 넘고, 환웅께서 신시 배달을 세운 것은 약 6,000년 전입니다. 고조선만 해도 4,345년이 되었어요. 우리 역사는 환국으로부터 근 1만 년을 헤아립니다.

그럼에도 중국은 있지도 않은 기자조선을 만들어서 우리 역사를 터무니없이 축소하고 대한민국의 첫 역사를 중국을 주인으로 모신 속국의 역사로 만든 겁니다. 그들은 무슨 근거로 이렇게 만들었을까요? 이 역사 왜곡의 죄악의 뿌리는 2,100년 전, 한나라 무제의 사관이던 사마천의『사기史記』에 들어 있습니다.『사기』에서 "봉기자어조선封箕子於朝鮮(기자를 조선에 봉하다)."이라 했습니다. '주周나라 무왕이 상商나라의 성인인 기자를 조선의 왕으로 봉하였다'는 뜻입니다. 주나라 무왕이 상(은)나라의 기자를 불러서 조선의 왕으로 삼았다는 거예요.

기자는 정말로 조선의 왕이었을까요? 그 답이 바로『사기』의 다른 구절에 나와 있습니다. '(기자를 조선의 왕으로 봉하였으나) 주나라의 신하로 삼지는 않았다'고 했습니다. 아니 주나라가 기자를 조선의 왕으로 삼았다면 기자는 당연히 주나라의 신하가 되어야 할 것 아닙니까? 이 기록은 앞뒤가 맞지 않아 모순을 드러낼 뿐입니다. '기자조선은 거짓'이라는 사실을 사마천이 자신도 모르게 고백한 겁니다.

그런데도 동방의 대철인이라는 율곡 이이 같은 분은 '삼가 생각건대, 기자께서 조선에 이르시어 우리 백성을 천한 오랑캐로 여기지 않으시고, 후하게 길러주시고 부지런히 가르쳐서 상투 틀던 풍속을 변화시켜 … 우리나라는 기자에게 한없는 은혜를 받았으니 그 실제 자취를 마땅히 집집마다 노래하고 사람마다 잘 알아야 할 것이다.'(『율곡선생전서栗谷先生全書』권14「잡저雜著」)라고 했어요. 우리 한민족을 모독하는, 정말로 있을 수 없는 얘기입니다.

기후방정箕侯方鼎

산동성 조현에 있는 기자 무덤_기자가 다른 나라의 왕이었을 가능성을 입증하는 유물도 나왔다. 산동성과 요령성에서 발굴된 기기箕器, 기후정箕侯鼎, 기후방정箕侯方鼎 등이 그것이다. 여기서 기箕는 나라 이름이고 '기후箕侯'는 '기국箕國의 제후', 즉 기국의 왕을 뜻한다. 이 기국의 정체에 대해 윤내현 교수는 "상말商末에 세워진 중국 변방의 작은 나라로 마지막 임금에 이르러서는 고조선의 변방까지 쫓겨 왔다가 멸망한 나라"라고 말한다.(『한국고대사신론』)

기자조선 위치

『삼한관경본기』마한세가 하를 보면, '기원전 1120년에 자서여가 은나라가 망하자 번조선 땅인 태항산 서북땅에 와서 은거했다'고 나와 있다.

◎북경

태항산 ⛰️

◎태원

●은(안양)

●연태

⛰️태산

●정주
●박(조현)

●호경(서안)

●서화

➡️ 상(은) 멸망 후 기자족이 이동.
일부가 북경 근처로 이동, 번조선의 제후국이 됨.
일부는 하남성 정주시로 갔다가 산동성 연태시로 이주.

➡️ 상(은) 멸망 후 기자의 이동.
태원지역으로 잠시 피했다가 고향 서화로 돌아가 숨어 삶.
죽은 후 산동성 조현에 묻힘.

✽ 위만조선

　중국이 기자조선을 만들어 조선의 첫 역사라고 주장하는 것과 같이, 일본은 '위만조선'을 만들어서 조선의 첫 역사라고 주장합니다. 일본은 '위만이 왕검성의 주인이던 번조선의 준왕을 내쫓고 주인이 되어 단군왕검을 계승했다'고 했습니다. 한민족 역사에서 가장 치욕적이고 천인공노할 역사 왜곡이 이것입니다.

　위만은 어떤 인물일까요? 위만은 한漢나라 제후인 연燕왕 노관盧綰의 부하였습니다. 노관은 한 고조 유방과 같은 고향에서 같은 해에 태어난 인물로, 유방의 신임을 받아 연왕으로 봉해졌어요. 그런데 유방이 죽자 왕후인 여태후가 공신들을 숙청하기 시작했습니다. 이에 노관은 화를 피해서 흉노로 도망가고, 그 부하인 위만은 번조선(고조선의 서쪽 날개)의 준왕을 찾아와 망명을 청했습니다(기원전 195). 당시 만주 쪽에는 기원전 239년에 해모수가 세운 북부여가 있었습니다. 기원전 238년에 고조선 본조[만주의 대부여]가 망하자 6년 뒤 해모수가 고조선의 국통을 계승했지요(기원전 232).

　위만이 번조선에 망명할 무렵, 해모수 단군은 늙어 병들어 있었습니다. 해모수 단군은 준왕에게 '위만을 받아주지 마라. 너를 배반할 것이다'라며 말렸습니다. 하지만 해모수 단군은 결단을 못 내리고 세상을 떠났어요. 거절할 기회를 놓친 준왕은 위만을 받아들이고 상하운장을 맡겨 변방 수비대장으로 삼았습니다. 그런데 위만은 몰래 세력을 길러서 이듬해에 군사를 거느리고 준왕이 있는 왕검성을 쳐들어와 준왕을 몰아내 버렸습니다. 졸지에 쫓겨난 준왕은 황해를 건너 군산으로 들어왔다고 합니다. 금강 하구를 따라서 거꾸로 들어오면 군산과 익산 경계에 어래산御來山이 있는데, '임금님이 오신 산'이라는 뜻입니다. 지금 청주 한씨의 조상이 준왕이라는 주장이 있습니다.

　그러니 쉽게 말하면 위만은 준왕의 은혜를 저버리고 나라를 뺏은 강도예요. 어느 날 도끼를 들고 쳐들어와 어머니 아버지를 내몰고 안방을 차지하고 앉아서 "오늘부터는 내가 네 부모다."라고 한 것과 마찬가지입니다.

또 그때 위만이 차지한 것은 고조선 전체가 아니라 서쪽 땅 한귀퉁이(번조선)일 뿐입니다. 그러므로 위만조선이 아니라 위만정권이라 해야 맞는 말입니다.

그런데도 지금 대한민국의 초등학교에서 고등학교까지 거의 모든 역사 교과서에 '위만이 고조선 말기에 조선의 왕이 되었다'고 기술되어 있습니다. 심지어 '위만이 집권하면서 고조선의 세력이 크게 확대되었다'[5]고 하여 위만을 조선인의 영웅으로까지 추켜세웁니다.

✿ 한사군

한사군도 원래 없던 것입니다. '위만이 번조선을 차지한 지 86년 뒤(108년)에, 한 고조 유방의 7세손인 한漢 무제武帝가 쳐들어와 위만의 손자 우거를 멸망시키고 그 자리에 한사군을 건설했다. 그 위치는 한반도 평양 주변이었다'는 거예요. 이것이 일본 사람이 조작한 한사군 역사입니다. 그 진실은 무엇일까요?

사마천의 『사기』를 보면, 한 무제가 10여 년 동안 싸운 끝에 흉노를 물리치고, 흉노가 위만정권과 손잡을까 두려워 위만의 손자 우거를 치러 왔어요. 그러나 그 싸움에서 한 나라 장군들이 크게 패합니다. 사마천이 거기에 평을 써 놓았어요. "공을 다투다가 모두 패배를 당하고 처벌받았다."라고.

그런데 그때 우거정권에서 벼슬을 하던 번조선 유민들이 있었어요. 그들은 전쟁으로 혼란한 틈을 타서 반기를 들고 우거를 살해한 뒤 한 무제에게 투항했어요. 그렇게 해서 겨우 한 무제가 승리할 수 있었던 겁니다. 싸움이 끝나자 한나라 장수들은 처형을 당하거나 강등되고, 공을 쌓은 번조선 유민들과 우거의 아들까지 다섯 사람은 산동성, 하북성에 제후로 봉해졌습니다. 이것이 역사의 진실입니다.

한사군 위치에 대한 조작

한사군 가운데 가장 많이 거론되는 낙랑군에 대한 명확한 단서가 갈석산碣石山이다. 『사기색은』「하본기夏本紀」에서 "낙랑 수성遂城현에는 갈석산이 있는데 만리장성의 기점이다."라고 하였다. 갈석산은 중국에서 한국의 설악산, 금강산만큼 유명한 산으로 현재 하북성 창려현에 있다. 그런데 일본은 대동강 유역에 있었다고 주장하며 유물까지 옮겨 놓았다. 그들이 근거로 제시한 유물 중 하나가 1913년에 평안도에서 발굴하였다는 점제현신사비秥蟬縣神祠碑이다. 『한서』「지리지」에 낙랑군의 속현으로 점제현이 나오는데, 그들은 점제현의 우두머리가 백성을 위해 산신제를 지낸 내용이 그 비석에 새겨져 있다고 주장했다. 사실 사방이 탁 트인 평야 지대에 2천 년 동안 서 있었다는 비석을 그 때까지 아무도 본 적이 없었다. 그런데 희한하게도 일본 식민학자 이마니시 류가 단번에 발견하여 근거로 제시한 것이다. 단재 신채호 선생의 말대로 '귀신도 못 하는 땅 뜨는 재주를 부린 것'이다. 그러나 최근 비석의 화강암 재질을 분석한 결과, 그들이 제시한 점제현신사비는 위조된 유물임이 드러났다.

낙랑군, 중국 하북성 창려현에 있는 갈석산

『사기』 어디에도 지금의 평양 주변에다가 낙랑, 임둔, 진번, 현도 등 한사군을 설치했다는 말은 없습니다. 그런데도 모든 교과서가 한사군을 그렇게 가르치고 있어요. 지금 50, 60대 되는 분들은 중고등학교에 다닐 때 낙랑, 임둔, 진번, 현도를 열심히 외우고 다녔습니다.

❀ 임나일본부

일본은 또 임나일본부를 만들어 냈습니다. 일본이 그들에게 문화와 역사를 전해 준 한민족을 가장 능멸한 것이 이 임나일본부설이에요. '일본이 4세기 후반부터 6세기에, 한반도의 남부 가야 땅에 식민지 지배 본부인 임나일본부를 세우고 신라와 백제까지 지배했다'고 말입니다.

일본 역사에 히미코卑彌呼라는 여왕이 있었어요. 일본은 그 여왕을 모델로 하여 있지도 않은 신공황후를 내세우고서는 '가야 땅에 임나일본부를 설치해서 약 2백 년 동안 한반도 남부를 식민지로 경영했다'고 한 거예요. 그리고 1910년에

백제

성산가야
(성주)

후기 가야 연맹 맹주
(562년 멸망)

대가야

(고령)

신라

가야

전기 가야 연맹 맹주
(532년 멸망)

아라가야
(함안)

금관가야
(김해)

고령가야
(진주)

소가야
(고성)

고구려   동해

백제 신라

가야

왜(야마토)

4세기~6세기 가야의 일본열도 진출
(일본은 거꾸로 왜가 가야에 임나일본부를
설치하고 신라와 백제까지 지배하였다고 꾸며냄)

이 모든 역사를 왜곡한 원흉은 사마천이야!

나는 부여역사를 싹 없애 버렸어!

사마천

붕기자어조선
《사마천의
사기》

싹욱

X 부여삭제

없는
기자조선
만들었어.

가짜
위만조선

없던
한사군

없던
임나일본부

조선인들로 하여금
스스로 자기를 비하하고
열등감을 갖게해서
식민지로 삼으려면
이렇게 만들어야 해!

일본+중국

일본+중국

일본

역사 왜곡의
원 죄인

변방의
강도 역사!

일본이
만든 역사!

약 2백 년 동안 한반도 남부를
식민지로 경영했다는 거짓말!

위만조선과
한사군은
중국과 일본의
합작품!

번조선을 뺏어서 3대 동안(86년) 잠깐 강도 역사가
있었던 것이지 위만조선이 어디 있나?

평양 주변에 낙랑, 임둔, 진번, 현도 등
한사군은 애초에 없었어!

일본이 강제로 한국을 병합할 때도 '너희들을 우리 식민지로 만들어 영원히 지
배해도 우리 옛 땅을 찾는 것이니 모순될 게 아니다'라고 주장한 것입니다. 참으
로 배은망덕背恩忘德한 행위가 아닐 수 없습니다.

중국이 치우 천황의 역사를 왜곡한 이유

중국은 한민족 고대사에서 배달의 영토를 가장 크게 넓히고 가장 강성한 제국
으로 만든 치우 천황의 역사도 왜곡했습니다. 사마천이 쓴 『사기』 「오제본기五帝
本紀」를 보면, 중국 한족의 시조인 황제 헌원의 출생과 성장이 짧게 나오고, 곧
바로 치우 천황과 10년 동안 싸운 '탁록대전涿鹿大戰'이 기록되어 있습니다. 거
기서 '헌원이 치우를 사로잡아 죽이고[금살치우禽殺蚩尤] 천자로 추대되어 황제

치우천황의
청구국

황제헌원

●탁록◎북경

●태원

태산

유망

가 되었다'고 썼어요. 이 기록과 같이, 정말로 치우 천황이 헌원에게 사로잡혀 죽임을 당했을까요? 결코 아닙니다.

『환단고기』를 보면 '배달의 14세 치우 천황 때, 제후인 헌원이 치우 천황을 밀어내고 천자가 되려는 욕심으로 군사를 일으켰어요. 이에 치우 천황이 탁록에서 10년 동안 전투를 벌인 끝에 헌원의 무릎을 꿇려 신하로 삼았습니다. 치우 천황은 동방 선仙 문명을 선포한 인류 신선 문화의 원 뿌리로, 151세를 사신 분입니다. 그리고 그 스승이 도교 문화의 태두라 할 수 있는 자부선사예요. 황제 헌원도 자부선사에게서 배웠습니다.

『사기』의 주석서의 하나인 『사기정의』에도 "치우 군대가 금속 투구를 머리에 쓰고 큰 쇠뇌[太弩]와 같은 병장기를 갖추고 출전하여 그 위엄을 천하에 떨쳤다."라고 하여, 치우 천황의 승리를 전했어요.

그러면 사마천은 왜 사실을 뒤집어서 기록했을까요? 그것은 중국 역사의 첫 조상인 헌원을 천자天子, 즉 동북아의 주도권자로 만들기 위해서였습니다. 헌원이 천자가 되면 중국은 그 출발부터 천자의 나라가 됩니다. 고대로부터 중국이 동북

아의 천자국이었다고 조작하기 위해 사마천은 '금살치우'라 한 것입니다. ◆

예로부터 중국은 여러 역사책에서 한민족의 국가를 일컬을 때 별칭을 사용했습니다. 대부분 멸시와 비웃음이 담긴 이름인데, 예컨대 '예맥濊貊'에서 '예濊'는 '더럽다'는 뜻이고 '맥貊'은 '짐승의 한 종류'를 가리킵니다. '산융山戎'은 '산에 사는 오랑캐', '동

◆ '금살치우'라는 역사 조작에는 『사기』를 편찬할 당시 한 무제가 북부여를 쳐들어왔다가 고두막한에게 크게 패한 것도 한 원인으로 작용하였을 것이다. 한 무제에게 거세의 형벌을 받은 사마천이 한 무제가 무서워서 동방 한민족을 본래 중국의 제후국 백성이라고 깎아내림으로써 패배의 치욕을 갚으려 한 의도가 엿보인다.

호東胡'는 '동쪽에 사는 오랑캐'를 뜻합니다. 그들은 이렇게 한민족을 중국 주변의 야만인 집단으로 깎아내림으로써 한국의 찬란한 고대사를 부정해 온 것입니다.

이처럼 우리 역사를 깎아내리며 기술한 것은 중국 역사의 전통적인 방식인 춘추필법春秋筆法에 따른 것입니다. 춘추필법이란 공자가 쓴 『춘추』에서 나온 말로, 역사를 서술할 때 중국이 천하의 중심임을 내세우기 위해 대의명분을 내세워 그럴 듯하게 조작하는 것입니다. 이 원칙에 따라 중국에 영광스러운 일은 부풀리고 부끄러운 일은 감추고[위국휘치爲國諱恥], 중국은 높이고 주변 나라는 깎아내리고[존화양이尊華攘夷], 중국사는 상세히 쓰고 다른 민족 역사는 간략하게 기록했어요[상내약외詳內略外]. 그 결과, 동북아 문명의 주체인 한민족의 역사는 하잘것없는 중국 변방의 오랑캐 역사로 전락하고 만 겁니다.

치우 천황이 헌원을 굴복시킨 탁록(하북성 탁록현涿鹿縣)에 가 보면, 참으로 어이없는 역사 왜곡의 현장을 만나게 됩니다.

중국은 1992년부터 1997년까지 탁록현에 귀근원歸根苑을 조성하고 그곳에 중화삼조당中華三祖堂이라는 사당을 지었어요. '귀근원'은 '중화(중국)민족의 근본으로 돌아가자'는 뜻이고 '중화삼조당'은 '중화민족의 세 조상을 모신 사당'입니다. 거기에는 놀랍게도 한민족의 조상인 염제 신농, 치우 천황이 중국 한족의

2007년 4월 18일에 준공한 염황이제상炎黃二帝像
하남성 정주시 소재

시조인 헌원과 함께 '중국의 위대한 조상'으로 모셔져 있어요. 치우 천황과, 그보다 6백 년 전 인물인 동이족 의학의 아버지, 농경의 아버지인 염제 신농씨를 중화족의 조상으로 만든 거예요. 2007년 4월 18일에는 하남성 정주시鄭州市 근처, 황하가 내려다보이는 곳에 염제 신농씨

와 황제 헌원의 거대한 석상[염황이제상炎黃二帝像]까지 세워 놓았습니다.

그들은 탁록을 '중국 5천 년 문명사의 요람'이자 '중화민족의 주요 발상지'라 자랑합니다. '세 조상이 탁록에서 벌인 전쟁을 통해 연맹하고 융합하면서 중국 민족의 근본을 다졌다'는 겁니다. 중국의 소병기蘇秉琦는 "백 년 전 중국의 모습을 보려면 상해로 가라. 그리고 천 년 전 중국 모습을 보려면 북경으로, 2천 년 전 중국 모습을 보려면 서안(장안)을 가 보라. 그러나 그대가 5천 년 전 중국 모습을 보고자 한다면 탁록으로 갈지어다."⦁⦁라고 말했어요. 이전까지는 5,300년 전

⦁⦁CCTV-4, 〈지도상의 이야기(地圖上的故事)〉, "천고의 문명, 탁록에서 열리다(千古文明開涿鹿)", 2004.9.6 방영,

황하문명의 주역이라 자부했는데 이제는 7천 년, 8천 년이 넘는 홍산문화의 주역으로, 동북아뿐만 아니라 인류 창세 문화의 원 뿌리라고 주장하기에 이른 것입니다. 이리하여 동북아 문명의 원 주인공인 한민족의 대진(발

해) 이전 역사가 중국의 문화에 완전히 흡수되어 버렸습니다. 중국은 현재 우리 고대 유적지를 파괴하고 당나라 양식으로 다 바꿔놓고 있습니다.

일본은 식민통치를 위해 한국의 역사를 멋대로 조작하였다

❀ 한국사를 멋대로 서술한 『조선사』

1910년, 조선을 강제로 병합한 일본은 환국으로부터 내려 온 조선의 역사 전체를 식민지 역사로 만드는 데 온 힘을 기울였습니다. 왜 그랬을까요? 그것은 조선인으로 하여금 스스로 열등하고 어리석다는 생각에 빠지게 하여 조선을 영원히 지배하기 위해서였어요. 한국사를 연구한 일본 사학자들은 근대 역사학의 방법론을 내세워 한국사를 자기들 멋대로 쓰기 시작하였습니다.

1920년대에는 일본 역사학자들을 대거 조선으로 데려와 '조선사편수회'를 만들었습니다. '조선사편수회'는 일본 정부로부터 현재 가치로 수백억원이 넘는 무려 100만 엔에 이르는 큰돈을 지원받아 1932년부터 1938년까지 한민족의 역사책을 간행했어요. 그 중 일제가 가장 중점을 두고 편찬한 책이 『조선사』예요. 『조선사』는 조선 역사와 관련된 중국, 일본, 조선의 역사 자료를 시대별로 모은 책입니다(총 37권, 2만4천 쪽).

그런데 일제는 이 책을 편찬할 때 식민통치에 이로운 역사 자료는 많이 넣고 불리한 것은 빼 버렸습니다. 넣은 사료도 85%가 고려와 근세조선에 관한 것이고, 상고사 관련 자료는 겨우 8%에 지나지 않았습니다. 그들은 이 책을 편찬하면서 ①단군 관련 기록 삭제, ②한국과 일본은 같은 조상을 뿌리로 한다는 동조동근론 同祖同根論 구축, ③조선인은 열등하고 일본인은 우수하다는 인식을 갖게 하는 것 등에 중점을 두었어요.[6] 『조선사』는 한민족의 정체성을 뿌리 뽑아 버리고 한민족을 일본 왕의 충실한 신민으로 만들려는 식민 정책에 따라 편찬되었던 것입니다.

❀ 한민족사의 밑뿌리를 뽑아버린 이마니시 류

일본이 왜곡한 한민족사 가운데 우리 어린이들도 꼭 알아야 할 것이 있습니다.

바로 『삼국유사』에 기록된 '석유환국昔有桓国'의 '국国' 자 변조 사건입니다.

'석유환국昔有桓国'이란 '옛적에 환국이 있었다'는 말입니다. 환국은 우리 환족이 세운 가장 오래된 나라로 인류의 첫 나라예요. 그런데 동경제국대 대학원에서 한국사를 전공한 뒤 조선에 파견된 이마니시 류[今西龍](1875~1932)가 『삼국유사』의 '석유환국昔有桓国'에서 '국国' 자의 가운데를 쪼아 '인因' 자로 만들었습니다. 그리하여 "옛적에 환국이 있었다."는 사실이 "석유환인昔有桓因, 옛적에 환인이 있었다."라고 바뀌어 버렸습니다.

그런데 이 조작극에는 『삼국유사』의 저자인 승려 일연의 책임도 매우 큽니다. 일연은 『고기』에서 인용한 '석유환국'이라는 구절 옆에 '환국은 제석을 말한다[위제석야謂帝釋也]'고 주석을 달아 놓았어요. '제석'은 불가의 수호신으로 '환인'이라 불립니다. 불교 스님의 생각으로 '환국은 제석신이다'라고 풀이해 놓은 거예요. 이마니시 류는 이것을 이용하여 과감하게 '석유환국'을 '석유환인'으

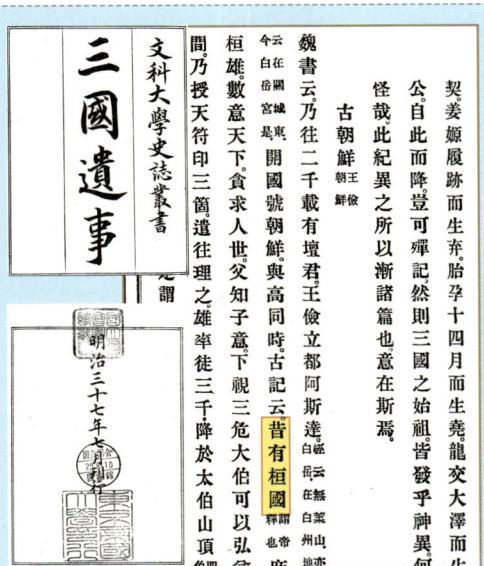

1904년 일본 동경제국대에서 발행한 『삼국유사』와 이마니시 류

우리나라 역사를 왜곡한 3인방 가운데 막내. 이마니시 류의 글자 조작 때문에 환국은 물론 그 뒤를 이은 배달과 고조선의 역사도 사라졌다.

로 조작한 겁니다. 그 결과 환국이라는 나라는 역사에서 사라졌습니다. 이에 따라 환국을 계승한 배달과 옛[古] 조선도 신화가 되어 버렸어요. 한민족 7천 년 고대 역사의 핵이 도려내지고, 한국사의 밑뿌리가 완전히 뽑히고 만 것입니다.

　일본은 일찍이 『일본서기』를 지어 본래 1,300년인 그들의 역사를 2,600년으로 늘렸습니다. 그리고 '조선 역사는 위만조선(기원전 194)에서 시작되었다' 하고, 그 위치를 지금의 요서지역이 아닌 한반도의 평양 지역에다 만들어 놓았습니다. 이리하여 조선은 기원전 2세기에 한반도 안에서 시작된, 일본보다 짧은 역사[2,206년]를 가진 나라가 되었습니다.

❀ 식민사학의 사슬에서 벗어나지 못하는 우리나라

　우리 고대사를 없애 버린 일본은 곳곳에 식민사관의 독버섯을 심어 놓았습니다. 그 중 대표적인 우리나라 식민사학자가 이병도李丙燾예요. 와세다대학 '사학

및 사회학과'를 졸업한 이병도는 근대 한국사학자 제1호 인물입니다. 그는 요시다 도고, 쓰다 소우키치, 이케우치 히로시 같은 일제 식민주의 사학자들에게서 영향을 받았어요. 1925년부터 '조선사편수회'에 참여한 이병도는 '우리 사회는 한사군이 철기 문화를 전해 준 덕분에 미개 사회를 벗어나 국가 단계로 진입하였다'고 주장하였습니다.

해방 후 한국 사학계를 주도한 이병도는 한국전쟁 후 민족사학의 큰 인물들이 납북되자, 한국 역사학계를 마음대로 움직였어요. 그는 실증사학(유물 같은 증거를 중시하는 연구 방법)을 내세운 식민사관으로 서울대학교에서 한국사를 가르치면서 제2, 제3의 식민사학자를 길러 냈습니다. 그의 제자들은 전국의 강단에서 수많은 학자와 교사를 가르쳤어요.[7] 그 결과 이 땅의 2세들은 식민사학의 손아귀에서 벗어나지 못하게 되고 말았습니다. 1945년, 나라는 광복을 맞이했지만 광복 70년이 지나도록 잃어버린 역사는 아직 되찾지 못했습니다.

식민사학에서 벗어나지 못한 대가로 한국은 지금 역사뿐 아니라 영토까지 빼앗기고 있습니다. 중국은 일본이 조작해 낸 '한사군이 한반도 안 대동강 위아래에 있었다'는 사실을 동북공정에 적극 활용하고 있어요. 한나라 때의 중국 영토를 한강 이북까지 확장하여 표시한 겁니다. 이 잘못된 지도가 서양 여러 나라의 세계사 교과서에 그대로 실려 있습니다. 왜곡된 대한민국의 역사가 전 세계로 퍼져 나가 진실로 굳어지고 있는 거예요. 이런 상황을 우리는 그저 지켜보고만 있어도 될까요?

우리 손으로 파괴한 우리 역사

❋ 사대주의 사관에 갇힌 유학자들

중국과 일본만 한민족의 역사를 빼앗고 왜곡한 것이 아닙니다. 우리 손으로도 우리 역사를 파괴했어요. 사대주의에 중독된 우리나라 학자들이 우리 역사를 스스로 부정한 겁니다.

공자가 만든 유교는 '중국을 세계의 중심으로 삼고 그 밖의 민족은 중국에 예속된 오랑캐로 깎아내리는' 중화주의 사상을 바탕에 깔고 있습니다. 고려와 조선은 이러한 유교를 들여와 통치 이념으로 삼았지요. 그래서 우리 역사에 크나큰 해악을 끼쳤습니다.

특히 유교를 국교로 삼은 조선은 중화주의 사관에 맞추어 쓴 역사책만 바른 기록으로 인정했습니다. 그리고 그에 어긋나는 한민족의 고유 역사서는 이단이라 하여 모조리 압수하거나 불태워 버렸어요. 태종은 서운관書雲觀에 보관되어 있던 고유 사서를 공자의 가르침에 어긋난다 하여 불태웠고, 세조·예종·성종은 전국 관찰사에게 우리의 정통 역사책을 수거하라고 명을 내렸습니다. 예종이 내린 수거령을 보면 내용이 매우 구체적이에요. '책을 신고한 자 또는 소지한 사람을 고발한 자는 품계를 두 단계 높여 주거나 면포 50필을 주되, 책을 숨기고 신고하지 않은 자는 참형에 처한다'는 상벌 규정까지 나와 있어요. 이것을 보면 당시 조선 조정이 우리 정통 역사서를 없애기에 얼마나 열을 올렸는지 짐작할 수 있습니다.

이 밖에도 조선 유학자들이 보인 열렬한 모화慕華(중국을 섬기는)정신은 차마 눈 뜨고 보기가 어렵습니다. 세종 때 최만리는 훈민정음 제정을 반대하며 "조종祖宗(시조 임금인 이성계) 이래 지성으로 중국을 스승으로 섬기고 모두 중국의 제도를 본받아 왔는데 만약 훈민정음

활
활

한민족의
정신문화

정신
문화

삼신
상제
낭가

한민족
정통역사

신교
역사

유교이념의
조선왕

이 중국에 전해지는 날에는 사대모화에 부끄러운 일입니다."[8]라고 상소를 올렸습니다. 동방의 대현자라 불리는 이율곡은 명나라 임금을 '우리 황상皇上'이라 하고, 명나라 조정을 '천조天朝' 또는 '성조聖朝'라는 말로 떠받들었어요.[9] 그리고 "기자께서 조선에 이르시어 우리 백성을 천한 오랑캐로 여기지 않고 후하게 길러 주시고 부지런히 가르쳐 주셨다."라고 하며 '기자조선'을 역사의 진실로 받아들였습니다. 더 나아가 "단군의 출현은 문헌상 깊이 연구할 수 없다."라고 하면서 한민족의 고대 역사를 부정했어요.[10]

실학파의 대표 인물인 정약용도 사대주의에서 벗어나지 못했어요. "우리나라는 제후국이니 마땅히 관제(행정조직과 권한을 정하는 법규)가 작아야 한다."[11]고 했습니다. 최인은 이 같은 행태를 두고 "조선은 **한일합병으로 망한 것이 아니라 이미 그 전에 한중합병으로 망하였다**"[12]라고 통탄했습니다.

❀ 『삼국사기』와 『삼국유사』의 실체

지금 대한민국 역사학계가 인정하는 1호 역사책이 『삼국사기』와 『삼국유사』입니다. 숱한 전란과 외세의 침탈, 그리고 우리 손에 의해 한민족의 고대사를 기록한 거의 모든 사서가 없어졌는데도 이 책들은 오늘날까지 살아남아 대한민국의 역사 교재가 되었습니다. 그 까닭은 무엇일까요?

◎ 『삼국사기』 : 『삼국사기』는 1145년(고려 인종 23)에 김부식이 왕의 명을 받아 편찬한 책으로, 삼국 시대를 기록한 정사正史입니다. 그런데 『삼국사기』가 편찬되던 때, 강성해진 중국 금나라가 천자국을 선포했어요. 그리고 본래 천자국인 고려에 제후로서 예를 갖추라며 사신을 보내어 대궐문, 대궐의 호칭 등 50여 가지 이름을 격을 낮추어 바꾸게 합니다. 이런 시대적 배경 속에서 유학자인 김부식은 중화주의와 사대주의 사관을 바탕으로 이 책을 지은 것입니다.

김부식은 첫째, 북방을 다스리며 중국을 제압하던 고구려를 '진나라와 한나라 이후로 중국의 동북 모퉁이에 끼어 있었던 나라'로 깎아내리고 '중국의 국경을 침범하여 중국을 한민족의 원수로 만든' 적대국으로 취급하였어요.

둘째, 강렬한 주체 정신으로 끝까지 당나라에 맞서 싸운 연개소문을 '임금을 잔인하게 죽인 천고의 역적, 살인마'라고 기록하였어요. 당시 당나라에 굴욕적인 태도로 일관하던 임금(영류제)은 백성들이 호응을 하지 않자 부끄러워서 스스로 목숨을 끊은 것입니다. 이러한 내용이 『환단고기』에 나옵니다.

셋째, 신라 귀족의 후손으로서 신라를 한국사의 정통 계승국으로 세우기 위해, 고구려를 계승하여 만주 대륙을 지키며 신라와 어깨를 나란히 하던 대진(발해)의 역사를 단 한 줄도 기록하지 않았습니다. 그리하여 우리 역사를 한반도에 국한된 반 토막 역사로 잘라 버렸어요. 게다가 오직 삼국의 역사만을 기록하고 고조선과 부여를 비롯한 한민족의 상고사에 대해서는 한마디도 없습니다.

◎『삼국유사』: 『삼국유사』는 1281년(고려 충렬왕 7)경에 승려 일연이 편찬한 책입니다. 저자 개인의 관점에서 자유로운 형식으로 기술한 야사野史(민간에 전해오는 역사 이야기)예요. 여기에는 각 왕조의 흥망성쇠와 관련된 신화와 전설이 많이 담겨 있습니다.

그런데 『삼국유사』가 편찬되던 무렵, 고려는 지구촌 4분의 1을 점령한 원나라의 위력에 굴복하여 국운이 완전히 기울고 있었어요. 고조선의 국통을 계승한 북부여, 고구려, 대진국 등 한민족의 임금은 대대로 천자로서 건원칭제를 했습니다. 고려에 들어와서도 임금이 연호를 쓰고 황제라 칭하였는데, 25대 충렬왕 때부터는 황제를 왕으로 낮추고 왕 이름 앞에 원나라에 충성을 맹세한다는 충성 충忠 자를 붙였습니다(26대 충선왕 27대 충숙왕 28대 충혜왕 29대 충목왕 30대 충정왕까지). ▶ 이것이 조선 5백 년 동안 이어진 거예요. 물론 조선 말에 고종이 다시 건원

→고성 이씨 문중의 행촌 이암이 뜨거운 자주 독립 정신으로 당시 내려오던 우리나라 고기를 집대성해서 『단군세기』를 편찬한 것이 31대 공민왕 때이다.

→이 『위서』는 조조의 아들이 세운 위나라의 왕침王沈이 쓴 책으로, '동이족을 높이고 중국 화하족을 낮추었다'는 이유로 불태워져 전하지 않는다.

칭제를 하며 천자의 나라를 선언하여 국통을 세우려 했습니다. 그러나 그때는 나라가 이미 패망당하기 직전이었습니다.

그렇게 오랑캐 나라가 중화문명을 내세우고 달려들던 때에 '우리 역사의 본래 모습을 복원시켜 보자' 하는 반성과 자각에서 써진 것이 『삼국유사』 제1권 「고조선」이에요. 일연은 먼저 『위서魏書』→를 인용하여 '2천 년 전에 단군왕검이 있었으며 아사달에 조선을 세웠다'고 하였습니다. 고조선을 자신 있게 선포한 것입니다.

이어서 일연은 『고기古記』를 인용했어요. 그 첫 구절이 바로 "옛적에 환국이 있었다[석유환국]."예요. 분명히 환국이 있었다는 것입니다. 그러나 그 기록은 '서자庶子[부족의 이름] 환웅'을 '환인의 아들'로, 또 단군왕검을 환웅이 웅녀와 혼인하여

일연이 『삼국유사』를 편찬하던 고려 충렬왕 때…

오냐!

황제를 왕으로 낮추고 충성을 다하는 의미로 왕이름 앞에 '충'을 붙이겠습니다.

충성을 다하여 원나라를 섬기겠습니다!

천자국

원나라

고려 25대 충렬왕

26대 충선왕

27대 충숙왕

28대 충혜왕

29대 충목왕

30대 충정왕

낳은 아들이라 했습니다. 그리하여 환국 배달 조선 역사, 40년 부족한 7천년 역사를 할아버지와 아버지와 손자의 3대 이야기가 되어 버렸습니다. 그리고 앞에서도 말한 것처럼 일연이 '환국' 옆에다가 '불가의 제석신' 이라고 주석을 달아서 환국을 신화로 만들었어요. 불교 스님의 의식으로 이렇게 만들어 놓은 거예요.

그 다음 환웅 이야기에 '일웅일호一熊一虎' 가 나옵니다. 이 '일웅일호' 야말로 우리 고조선 역사를 부정하는 핵심어입니다. "이때 일웅일호一熊一虎가 한 동굴에 살면서[동혈이거同穴而居] 늘 신령스러운 환웅에게 사람이 되게 해 달라고[원화위인願化爲人] 기도하였다."라고 했습니다.

원동중의 『삼성기』 하에는 이와 다르게 나와 있습니다. 거기에는 '일웅일호'가 동린이거同隣而居, 같은 이웃에 살았다고 했습니다. 그리고 '웅호이족熊虎二族' 이라는 구절이 나옵니다. 곰과 호랑이를 토템으로 하는 웅족과 호족, 두 부족이라는 뜻입니다. 『삼국유사』에 '일웅일호' 라는 대목은 『삼성기』 하와 똑같이 들어 있는데 '웅호이족' 이라는 말이 빠져 있는 겁니다.

그런데 일본 학자들이 이것을 '한 동굴에서 살던 한 마리 호랑이와 한 마리 곰이 사람이 되고 싶어서, 환웅이 주신 마늘과 쑥을 먹으며 21일을 지냈다. 곰은 여자가 되었으나 호랑이는 금기를 지키지 못하여 사람의 몸이 되지 못했다. 환웅이 여자가 된 곰과 혼인하여 단군왕검을 낳았다'고 해석을 했습니다. 우리 학자들이 여기에 중독이 되어서 지금 우리나라 초등학교 교과서부터 일반 역사 교재에 이르기까지 전부 이렇게 나와 있어요. 그리고 고조선은 신화라고 말합니다.

그런데 이것은 뭔가 최면에 걸려서 그렇게 해석하는 것 같아요. 예로부터 시베리아와 만주 등지에는 짐승을 수호신으로 모시는 신앙이 널리 퍼져 있었어요. 저 시베리아, 북만주, 남북 아메리카에도 곰 토템 신앙이 있고, 일본 북해도를 가 보면 원주민인 아이누 민속촌에도 곰 토템 문화가 있습니다.

곰과 호랑이가 되어버린 웅족, 호족이야기

삼국유사 '일웅일호'의 진실!

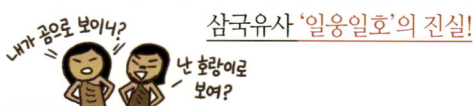

그곳 사람들도 그렇지만, 실제로 한국인 외에는 지구촌 어디에도 '일웅일호'를 '한 마리 곰과 호랑이'로 해석하는 사람이 없습니다. 그런데 "곰과 호랑이가 천황께 와서 사람이 되겠다고 하니까 천황이 매우 신령스러운 기운이 있는 마늘과 쑥을 주면서 '이걸 먹으며 백 일 동안 태양 빛을 보지 말고 수행을 해라' 했다."는 겁니다. 애초부터 그렇게 해석하면 신화로도 성립될 수가 없는 거예요.

이 구절은 웅족과 호족의 대표가 한 사람씩 와서 '저희도 삼신의 계율을 지키는 환족 백성이 되게 해 달라'고 서원을 한 것입니다. 그래서 환웅께서 천지광명 민족으로 태어날 수 있도록 집중 수행을 시키신 겁니다. 이 이야기는 결코 짐승이 사람 되려고 한 신화가 아닙니다.

『삼국유사』는 고조선을 개국한 단군왕검에 대해서도 왜곡을 했어요. 즉, '한 분의 단군왕검이 나라를 다스리며 1,908세를 사시다가 산신이 되었다'고 말입니다. 한 사람이 근 2천 년을 살았다니 이것을 믿을 사람이 어디 있습니까. 『단군세기』를 보면, 단군조선은 2,096년 동안 마흔일곱 분 단군이 나라를 다스렸어요. 그리고 도읍지의 이동에 따라 모두 세 번 왕조가 변했습니다.

옆의 도표를 보면 삼국유사에서 단군왕검의 수명이라고 말한 1,908세란 단군조선 1세 단군에서 43세 단군까지의 역년입니다. 그리고 산신이 된 분은 단군왕검이 아니라 고조선 마지막 47세 고열가 단군입니다.

사대주의와 중화사상을 바탕으로 우리 고대사를 제외시킨 『삼국사기』, 불교의식으로 주석을 붙여서 실존 역사를 신화로 만들어 버린 『삼국유

단군조선 변천과정

제1 왕조
송화강 아사달(하얼빈) 시대 : 삼한
단군 왕검~21세 소태 단군
(기원전 2333~기원전 1286) 1048년간 지속

제2 왕조
백악산 아사달(장춘) : 삼조선
22세 색불루 단군~43세 물리 단군
(기원전 1285~기원전 426) 860년간 지속

제3 왕조
장당경 아사달(개원) 시대 : 대부여
44세 구물 단군~47세 고열가 단군
(기원전 425~기원전 238) 188년간 지속

사」. 결국 이 책들이 오늘날까지 살아남은 이유는, 바로 한민족의 고대사를 말살하려는 중국의 중화사관과 일본의 식민사관에 딱 맞게 기록했기 때문입니다. 이 얼마나 어이없는 일입니까.

우리 한민족의 과제, 우리 역사 새로 쓰기

자신의 시원 역사와 문화를 잃어버리고 사는 혼 빠진 한민족! 이것이 오늘날 우리의 모습이에요. 중국과 일본이 왜곡한 것을 그대로 받아들여 한국 역사의 흐름을 단군조선→기자조선→위만조선→한사군으로 잡고, 한사군의 꼬리에 고구려, 백제, 신라의 삼국 시대를 이어 붙입니다. 교과서에서도 단군조선의 건국 사실만 말할 뿐, 마흔일곱 분 단군의 다스림에 대해서는 한마디도 없습니다. 초대 단군인 단군왕검, 고조선 말기 변조선의 준왕, 그리고 준왕을 쫓아낸 위만, 이 세 사람만 고조선의 왕으로 나옵니다. 광복 70년이 다 되도록 우리는 빈껍데기 역사를 배우고 있는 거예요. 우리는 하루빨리 왜곡된 한국사의 참 모습을 찾아 역사를 새로 써야 합니다. 이것이 우리에게 주어진 과제입니다.

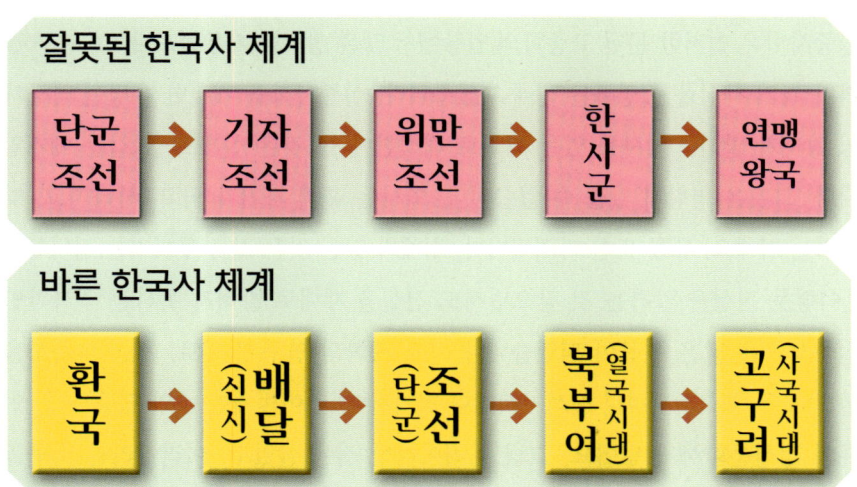

잘못된 한국사 체계

단군조선 → 기자조선 → 위만조선 → 한사군 → 연맹왕국

바른 한국사 체계

환국 → (신시)배달 → (단군)조선 → 북부여(열국시대) → 고구려(사국시대)

2 대한의 혼을 찾아서

정신사의 맥을 밝히는 역사 연구가 필요하다

그렇다면 비뚤어진 한국사를 바로잡을 길은 어디에 있을까요? 『환단고기』를 제대로 읽고 역사의 참모습을 밝히려면, 그동안 역사를 연구하던 방법에서 벗어 나야 합니다. 구사학, 신사학을 뛰어넘은 새로운 역사학이 필요합니다.

구사학이란 19세기에 태동한 실증주의 연구 방법입니다. 철저한 문헌 비판과 증명을 통해서 객관적으로 역사의 진실을 써야 한다는 것입니다. 반면에 신사학 은 구사학에 반기를 들고 실증주의와 객관주의를 부정하며, 사람에 따라 다양하 게 역사 해석을 할 수 있다고 주장을 합니다.

하지만 오늘날 역사학은 여전히 실증주의 사학에서 벗어나지 못하고 있어요. 실증사학은 철저한 문헌 고증학의 입장에서 많은 성과를 거두었으나, 그 연구 결 과가 과거 사실을 증명하는 데에 그쳤습니다. 실증사학을 개척한 유명한 역사가 인 랑케가 말한, '역사를 있는 그대로 해석한다'는 것은 실제로 꿈 같은 얘기입 니다. 그것은 영원히 있을 수 없습니다. 역사는 흘러 과거가 되고, 사라지고, 잊 혀지는 거예요. 유물 또한 파괴됩니다. 형체가 있는 것은 결국 무너지는 겁니다.

이렇듯 진실을 말하는 것 같으면서도 진실을 제대로 밝히지 못하는 역사관인 실증사학은 낡은 유물이 되었습니다. 실증사학의 연구 결과로, 지금 역사책을 열면 모두 구석기시대니 신석기시대니 철기시대니, 이렇게만 나와 있습니다. 인 류의 정신문화사가 없어요. 그냥 이러이러한 집에 살았고, 이러이러한 도구를

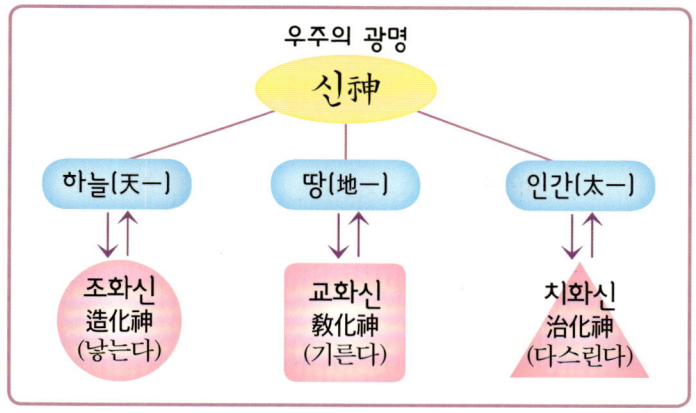

우주의 광명

신神

| 하늘(天一) | 땅(地一) | 인간(太一) |

조화신
造化神
(낳는다)

교화신
敎化神
(기른다)

치화신
治化神
(다스린다)

신의 3대 창조 본성

만들어 사용했다는 정도입니다. '그 사람들이 하늘의 무슨 별을 보았으며, 대자연 세계를 어떻게 이해했으며, 삶과 죽음을 어떻게 생각했는가' 하는 내용은 전혀 없습니다. 그 사람들이 '인간은 왜 태어나며, 역사의 목적은 뭐냐?' 하는 것을 전혀 몰랐겠습니까?

『환단고기』에는 이러한 정신문화사가 고스란히 담겨 있습니다. 인류의 첫 조상인 환족이 삼신의 가르침[신교]에 따라 어떻게 처음 역사를 열었으며, 그 문명이 어떻게 세계로 퍼져 나갔는지 보여 줍니다. 그러므로 『환단고기』를 제대로 읽고 우리 역사를 바로잡기 위해서는 실증주의와 정신사, 동양과 서양, 과거와 미래를 꿰뚫어보고 그것을 하나로 합하여 볼 수 있는 '대통일의 역사관'이 필요한 것입니다. 그것이 바로 '신교사관'과 이를 기반으로 한 '대한사관'입니다.

신교사관의 위대함

신교神教란, '삼신三神의 가르침으로 인간과 만물을 다스리는 것'을 말합니다. 그 주제가 삼신인데, 삼신이란 무엇일까요?

삼신은 만물을 낳는 조물주 하나님으로 형상이 없습니다. 삼신은 신이 셋이라는 뜻이 아닙니다. 조물주 하나님[일신]이 창조와 변화 작용을 할 때 세 손길로 나타나기 때문에 삼신이라 하는 겁니다. 즉, 조물주 하나님은 낳고[조화造化], 가르쳐 기르고[교화敎化], 다스리는[치화治化] 작용을 합니다.

이 삼신이 현실계에 자기를 드러낸 것이 '하늘과 땅과 인간'이에요. 그래서 '하늘도 하나님, 땅도 하나님, 인간도 하나님'입니다. 이것을 천일天一, 지일地一, 태일太一이라 합니다.

신교 역사관은 바로 하늘과 땅과 인간을 같은 위격으로 보고, 그 바탕 위에서 역사를 해석하는 것입니다. 인간을 피조물이 아니라 천지로부터 대광명의 성령 기운을 받아서 사물을 보고 느끼고 판단하는 신령스러운 존재로 보는 것입니다.

또한 신교사관은 인간을 천지의 아들딸로, 천지를 인간 생명의 부모로 인식합니다. 그리고 인간을 '천지 부모의 꿈과 이상을 실현하는 주체로서 천지보다 더 큰[太] 존재, 즉 태일'이라 합니다.

이것은 일찍이 어느 누구도 하지 못한, 인간의 위격과 가치에 대한 놀라운 선언이에요. 이 신교사관으로 해석할 때, 『환단고기』에 실린, 하늘과 땅과 인간이 하나로 어우러져서 이룩한 인류 역사를 바르게 볼 수 있습니다. 나아가 우주사 차원의 새 역사, 미래의 새 문명을 열 수 있습니다.

대한사관으로 환단고기를 보아야

❋ 고종 황제가 말한 '대한'의 뜻

그럼 '대한大韓'이란 무슨 뜻일까요? 우리는 그것을 우리나라의 이름, 대한민국에서 찾을 수 있습니다.

우리 국호에 '대한'이란 말을 처음 쓴 분은 구한 말 고종 황제입니다. 『조선왕조실록』에 따르면, 1897년 10월 11일 고종은 '우리나라는 곧 삼한 三韓의 땅이었으니 그것을 되살려 국호를 대한으로 쓰도록 하라'고 했습니다. 그리고 이틀 후, 고종 황제는 원구단에서 삼신상제님 께 천제를 올리고 '대한제국'의 출범을 만방에 선포했습니다.

고종 황제가 말한 삼한이란 무엇일까요? 그것은 바로 고조선 시대의 삼한을 말합니다. 고조선은 초대 단군 이래 삼신의 원리에 따라서 나라를 셋으로 나누어 다스렸습니다. 이것을 삼한관경제三 韓管境制라 합니다.

고종이 이렇게 옛 삼한을 되살려 국호를 '대한제국'이라 선포한 것은, 조선이 옛 조선[삼한]을 계승한 천자국이요 자주독립국으로 재탄생함을 널리 알리고자 한 것입니다. 여기에는 동북아 역사와 문명의 중심이던 옛 조선의 영광을 회복하려 한 고종의 의지가 담겨 있습니다.

이 고종의 대한 사상에 대한사관의 뜻이 들어 있어요. 즉, 대한사관이란 대륙을 호령하던 본래의 '큰 삼한[북삼한, 전삼한]'을 바탕으로 우리 역사를 해석하는 것입니다. ▶ 이 대한사관으로 역사를 해석해야만 배달과 고조선이 주도한 동북아 역사 본연의 모습을 밝힐 수 있습니다. 나아가 역사의 정의를 바로 세워 왜곡, 말살된 한민족의 웅대한 역사 혼을 되찾을 수 있습니다.

▶반면에 삼한을 고조선이 망한 뒤 그 유민들이 한반도 남부 지역에 세운 '작은 삼한[남삼한, 후삼한]'으로 규정하여 한민족 고대사를 축소, 해석하는 것을 소한사관이라 한다.

❊ 천지의 꿈을 이루는 인간, '대한'

『환단고기』「삼성기」상에는 이 '대한'의 연원이 나와 있습니다.

"오환건국吾桓建國이 최고最古라. 우리 환족이 나라 세운 것이 가장 오래 되었다."

이 선언에 따르면, 한민족은 원래 '환족'이었습니다. '환'이란 무슨 뜻일까요? 『태백일사』「신시본기」를 보면, '환桓'은 하늘의 광명[천광명], '단檀'은 땅의 광명[지광명]'이라 했습니다. '한韓'은 바로 '환단'에서 나온 말입니다. 즉, '한'은 이 '하늘의 광명[환]'과 '땅의 광명[단]'을 모두 체험한 인간을 말합니다. 이 '한'이 될 때 인간은 비로소 천지의 꿈을 이루는 역사의 주인공이 될 수 있습니다. 이러한 사람을 '태일'이라 하지요. 그리고 '태일'을 달리 표현한 말이 곧 '대한'입니다.

> 여기서 우리는 '환단고기'의 뜻을 알 수 있다. '환단고기'는 바로 '천지 광명을 체험하며 살던 사람들의 옛 역사 이야기'이다.

　그런데 '대한'의 '한'은 이 땅의 8천만 겨레만 가리키는 말이 아닙니다. 그럼 무슨 뜻일까요?

　국어사전에 따르면 본래 '한'에는 20개 이상의 뜻이 있습니다. 그 가운데 대표적인 것이 하나[一], 많다[多], 크다[大], 같다[同], 가운데[中], 대략, 무릇[凡] 등입니다. 『환단고기』에서도 '한'의 뜻을 '크다', '하나다'라 했습니다(『태백일사』「소도경전본훈」). 김상일 교수는 '한'을 동아시아 문명의 기원에 있어 '하나로 묶어 주는 띠'와 같은 것이라 봅니다.[13] '한'은 바로 온 인류를 한 가족으로 묶어 주는 말인 것입니다. 개개인은 하나의 '한'이고, 70억 전 인류는 '큰 한 가족', 즉 대한이에요. 이것이 '대한'의 또 다른 뜻입니다.

❋ 대한사관은 대통일의 역사관

　한마디로 대한사관은 지구촌 모든 민족과 나라를 한 가족으로 보는 역사관입니다. 그래서 대한사관으로 역사를 해석하고 바로 세울 때, 동서양 사이의 복잡한 이해관계와 갈등을 해소하고 서로 화합하는 새 시대를 맞이할 수 있습니다. 온 인류가 진정으로 하나 되고, 다 함께 상생의 삶을 누리는 통일문명 사회를 열

수 있어요. 그야말로 인간을 천지의 꿈을 이루는 주체로 보는 대통일의 역사관이 대한사관입니다.

실제로 『환단고기』에는 상고 시대 동북아의 정치, 경제, 종교, 지리, 풍속, 언어, 음악, 건축, 국제 관계 등이 전부 기술되어 있습니다. 한국의 뿌리 역사가 왜곡되면서 잃어버린 중국과 일본의 시원 역사도 나와 있습니다. 그래서 대한사관으로 『환단고기』를 읽으면, 장차 '대한'으로 하나 된 인류가 맞이하게 될 새 세상을 그려 볼 수 있습니다.

'한'은 온 인류를 하나로 묶어 주는 말!
70억 전 인류가 '대한'이다!
대한은 '태일'이다!
온 인류가 하나 되는 세상을 여는
대한사관!

남

천 년 세월이 낳은 『환단고기』

그러면 『환단고기』의 저자와 출간 배경을 소개해 볼까요?

『환단고기』는 다섯 분이 지은 사서 다섯 권을 하나로 합편한 책으로, 『삼성기』 상과 하, 『단군세기』, 『북부여기』, 그리고 『태백일사』로 구성되어 있습니다.

『환단고기』 각 권의 저자들

✢ 한국사의 국통 맥을 세우는 『삼성기』 상 · 하

『삼성기』 상과 『삼성기』 하, 이 두 권은 인류의 창세 역사와 잃어버린 한민족사의 국통 맥을 바로 세우는 바탕이 됩니다.

『삼성기』 상은 신라를 대표하는 열 분 성인 가운데 한 분인 안함로安舍老가 쓴 책입니다. 현존하는 사서 중 우리의 국통 맥을 밝힌 가장 오래된 책이에요. 안함로는 유교, 불교, 도교는 물론 신교 문화를 두루 통한 당대 최고의 도승이었습니다. 그는 역사에도 해박하여, 그때까지 전해 오던 고유 사서에서 한민족사의 진액을 뽑아 이 책을 저술했습니다.

『삼성기』 하는 원동중元董仲(?~?)이 쓴 책입니다. 『삼성기』 상보다 좀 더 상세하게, 환국의 열두 나라 이름과 배달의 18대 환웅 천황의 이름, 재위 연도까지 기술하였습니다. 하지만 저자인 원동중의 구체적인 행적은 알 수 없어요. 다만 『세조실록』을 보면, 세조가 팔도 관찰사에게 수거하도록 한 도서 목록에 안함로와 더불어 『삼성기』의 저자로 나와 있습니다.

안함로(579~640)_유불선과 신교에 정통한, 당대 신라인들에게 크게 공경을 받은 고승. 경주 불국사 맞은편 〈신라를 빛낸 인물관〉에 신라 십성十뫭의 한 분으로 모셔져 있다.

『삼성기』 하는 환국 이전의 역사, 즉 현 인류의 시조인 나반那般과 아만阿曼에 대한 기록을 남겼습니다. 또한 『삼성기』 상이 환국의 실존에 대해 “오환건국吾桓建國이 최고最古라(우리 환족이 세운 나라가 가장 오래되었다)”라고 선언한 것을, 『삼성기』 하는 “석유환국昔有桓国(옛적에 환국이 있었다).”이라 하였습니다.

✽ 고조선사의 전모를 밝혀 주는 『단군세기』

『단군세기』는 행촌杏村 이암李嵒이 쓴 책입니다. 초대 단군인 단군왕검에서 마지막 47세 고열가 단군에 이르기까지 역대 단군의 이름, 재위 연수, 업적과 사건 등을 연대순으로 기술했습니다. 고조선 2,096년의 역사 문화를 고스란히 담고 있어요.

행촌 이암은 고려가 원나라에게 내정 간섭을 받기 시작한 25세 충렬왕 때(1297), 경상도 고성에서 고성 이씨 이우李瑀의 장남으로 태어났습니다. 행촌이라는 호는 자신이 유배되었던 강화도의 마을 이름을 따서 지은 겁니다.

당시 고려는 밖으로는 원나라의 내정 간섭과, 안으로는 원과 결탁한 간신배의 횡포 때문에 나라의 위세가 바닥에 떨어져 있었어요. 충혜왕이 등극하고 다시 충숙왕이 복위하는 어지러운 세태 속에 이암은 강화도로 귀양을 갔습니다. 그 3년 후(1335) 유배에서 풀려난 이암은 경기도 양주에 있는 천보산 태소암에서 1년간 머무를 때 그의 일생일대에서 가장 중요한 계기를 맞이합니다. 이명李茗과 범장을 만나 셋이서 함께 한민족사 회복을 위한 역사책 집필을 결의한 것입니다. 세 사람이 어떻게 만났는지 알 수 없지만, 이들은 그곳에서 소전素佺거사라는 인물에게서 석굴 속에

행촌 이암(1297~1364)_ 고려 공민왕 때 수문하시중. 신교에 바탕을 둔 역사관을 정립하였다.

감춰져 있던 고서들을 나누어 받습니다. 그것은 인류 문명의 황금시절인 환국─
배달─고조선 시대 역사를 기록한 책들이었어요. 소전거사에게 들은 이야기와
전해 받은 책을 바탕으로 이암은 환단 시대의 도학道學을 논한『태백진훈太白眞
訓』과『단군세기』를, 복애거사 범장은『북부여기』를, 청평거사 이명은『진역유
기震域留記』를 지었습니다.

이암은 오늘날의 국무총리격인 수문하시중守門下侍中을 지낸 정치가요 당대 최
고의 지성과 학식을 갖춘 대학자였습니다. 그의 글씨는 고려말조선초의 국서체
國書體가 될 정도로 최고 명필이었습니다.『단군세기』는 망해 가는 국운에 비분
강개하며 동북아의 종주였던 옛 조선의 영화로운 역사를 만천하에 드러내고자 지
은 역작입니다.

이암은『단군세기』서문에서 '역사를 똑바로 아는 것이 왜 중요한지' 힘주어
말하고, '국통을 바로 세우는 것이 곧 나라를 구하는 길'임을 토로하였습니다. 또
한 '하늘과 땅과 인간은 같은 위격'이라는 개념에서 신교의 우주론을 서술하고,
신교 사상의 정수를 뽑아 신교 역사관을 정립하였습니다.

❀ 부여사의 전모를 밝혀 주는『북부여기』

『북부여기』는 범장范樟(?~?)이 지은 책으로, 환국─배달─고조선에서 북부
여─고구려로 이어진 우리 역사의 족보를 밝혀 줍니다. 그동안 9천 년 한국사에
서 가장 파악하기 어려웠던 부분이 이 부여 역사였습니다. 북부여사는 고조선과 고
구려를 이어 주는 '잃어버린 고리'인 것입니다. 이『북부여기』기록으로 9천 년
한민족사의 국통 맥을 바로잡을 수 있게 되었습니다. 여기에는 북부여사뿐만
아니라 북부여에서 갈려 나간 동부여를 비롯한 여러 부여 역사가 모두 담겨 있
습니다.

『북부여기』에서 처음으로 밝혀진 놀라운 이야기가 있습니다. 즉, 북부여의 시조인 해모수가 고주몽의 원 뿌리 조상이라는 것입니다. 고주몽의 아버지 불리지가 해모수의 둘째 아들(고진)의 손자라 합니다. 고주몽은 해모수의 고손高孫인 것입니다.

고려 말에 금성錦城(현 전라남도 나주)에서 태어난 범장은 고려의 충신으로 잘 알려진 정몽주의 제자였다고 합니다. 호는 복애伏崖로, 복애거사로도 불리는 인물입니다. 범장은 젊은 시절(1335)에 이암, 이명과 함께 소전거사로부터 고서를 전해 받고, 주권을 상실한 고려의 현실을 통탄하며 반드시 한민족사를 되찾을 것을 굳게 결의하였습니다. 이 '3인의 결의' 덕분에 잃어버린 한민족 역사의 혼을 회복하는 길에 서광이 비치게 된 것입니다. 이후 범장이 쓴 책이 『북부여기』와 『가섭원부여기』입니다.

❋ 한민족 문화와 역사를 집대성한 『태백일사』

『태백일사』는 조선 초기의 문신인 이맥李陌(1455~1528)이 쓴 책으로 근세조선을 제외한 한민족사 전체를 8권으로 기록했습니다. 『태백일사太白逸史』에서 '큰[太] 밝음[白]'을 뜻하는 '태백'은 동방 한민족을 가리키고, '일逸'은 '잃어버린', '사라진'이라는 뜻입니다. 『태백일사』는 바로 '광명 민족인 동방 한민족의 사라진 시원 역사'를 밝힌 책입니다.

『태백일사』는 한민족의 9천 년 역사와 문화를 집대성했습니다. 그리고 동북아한민족과 인류의 문화와 역사를 이해하는 핵심인 신교의 총체적인 모습을 전했습니다. 한마디로 『태백일사』는 신교문화를 기록한 사서의 완결본이에요.

이맥은 행촌 이암의 고손으로 자는 정부井夫, 호는 일십당一十堂입니다. 44세(1498년, 연산군 4) 때 과거에 급제하여 관직에 나간 이맥은 연산군의 후궁인 장녹

수의 사치를 탄핵했다가 충청도 괴산에서 2년간(1504~1505) 유배 생활을 했습니다. 그 후 66세(1520)에 실록을 기록하는 찬수관撰修官이 되었습니다. 세조, 예종, 성종 때 전국에서 수거하여 궁궐 깊이 감춰 두었던 상고 역사책을 자유로이 접하게 된 것입니다. 이맥은 금서를 통해서 알게 된 사실史實과 예전 귀양 시절에 정리해 둔 글을 합쳐 책으로 묶고, 『태백일사』라 이름 붙였습니다. 그러나 중국을 큰 나라로 섬기는 악습과, 성리학에 위배되는 학설을 조금도 용납하지 않는 당시의 환경 때문에 책을 세상에 내놓지 못하고, 74세를 일기로 세상을 떠났어요.

『환단고기』의 편찬과 대중화

❋ 『환단고기』를 편찬한 계연수와 스승 이기

천 년에 걸쳐 쓰인 다섯 권을 합쳐서 『환단고기』로 묶은 인물은 평안도 선천 출신인 운초雲樵 계연수桂延壽(1864~1920)예요. 자신의 집안에서 보관해 오던 책과 지인들에게서 구한 책을 엮은 겁니다. 『환단고기』가 탄생하기까지 계연수와 그의 스승 이기의 혈성과 희생이 매우 컸습니다.

해학海鶴 이기李沂
(1848~1909)

해학海鶴 이기李沂(1848~1909)는 전라도 만경 출생으로, 이암과 이맥의 후손입니다. 이러한 배경 때문에 이기는 어릴 때부터 자연스럽게 역사책을 읽고, 우리 고대사에 대한 해박한 지식을 쌓을 수 있었습니다. 그가 계연수에게 전한 『태백일사』도 집안에서 가보로 전해 오던 것임이 분명합니다.

이기는 석정石亭 이정직李定稷(1840~1910), 매천梅泉 황현黃玹(1855~1910)과 더불어 '호남의 삼재三才'라 불릴 만큼 문장이 뛰어났어요. 성리학과 실학을 두루 섭렵한 대학자 이기는 평생을 항일 구국운동에 바치고, 나라가 기울자 1909년 서울의 한 여관에서 절식絶食(굶어 죽음)으로 일생을 마쳤습니다.

『환단고기』를 펴낸 계연수는 어릴 때부터 무엇이든 한 번 보면 곧바로 외울 만큼 기억력이 뛰어났습니다. 그는 동방 한민족의 옛 역사와 민족정신에 관심이 많았습니다. 27세(1890)까지 약초를 캐어 팔아 생계를 유지하던 계연수는 여러 양반가와 사찰에서 몰래 감춰 두었던 서책과 금석문, 암각문 등 각종 사료를 수집하였습니다.[14]

운초雲樵 계연수桂延壽
(1864~1920)

계연수가 한민족의 역사를 밝히고자 한 뜻을 이룰 수 있었던 결정적 계기는 해학 이기와의 만남이었습니다. 1897년(34세)에 이기의 문하에 들어간 계연수는 이암의 『태백진훈』과 『단군세기』, 이맥의 『태백일사』 등을 간행하고, 1911년, 마침내 스승 이기가 생전에 감수한 『환단고기』를 세상에 내놓았습니다.

역사 회복 운동과 항일 독립운동에도 적극 참여한 계연수는, 조선인의 민족혼 말살과 역사 파괴에 혈안이 된 일본 경찰에게 검거 대상 제1순위였어요. 결국 계연수는 1920년(57세), 조선독립군으로 위장한 밀정의 덫에 걸려 무참히 살해되고 맙니다. 일제는 계연수의 사지를 절단하여 압록강에 내던졌습니다. 그가 몸담고 있던 독립운동과 민족정신을 일깨우던 청년교육기관 배달의숙 건물에 불을 질러 3천여 권에 달하는 서적과 원고도 모두 태워 버렸습니다.[15]

✻『환단고기』를 대중화시킨 이유립

압록강에 처참하게 버려진 계연수의 시신이 수습될 때, 그 광경을 지켜보며 말없이 눈물을 흘리던 14세 소년이 있었습니다. 바로 한암당寒闇堂 이유립李裕岦(1907~1986)입니다. 이유립은 계연수의 갑작스런 죽음으로 역사 속에 묻힐 뻔한 『환단고기』를 굳게 지켜, 오늘의 한국 사회에 널리 대중화시킨 인물입니다.

한암당 이유립
(1907~1986)

이암과 이맥의 후손인 이유립은 평안도 삭주의 유지이자 독립운동가인 이관집李觀楫의 넷째 아들로 태어났어요. 13세 때 (1919) 배달의숙에 들어가 부친과 친했던 계연수를 비롯하여 최시흥, 오동진 등 독립운동가들에게 역사 강의를 듣고 『환단고기』를 공부했습니다. 이듬해에는 소년통신원으로 독립군 사이의 통신 연락을 도왔고, 24세(1930) 때 해학 이기의 신교육의 뜻을 이어받아 잡지 〈삼육三育〉을 발행하며 일제의 역사 왜곡 사실을 널리 알렸습니다. 광복 후에는 단학회檀學會(1909년에 이기, 나철 등이 창립)의 기관지 〈태극〉의 주간主幹(일을 책임지고 맡아 처리하는 사람)으로 활동하며 신탁통치 반대 운동을 했습니다.

그러던 중 활동이 여의치 않자 월남을 선택하고, 우여곡절 끝에 1948년 추석 다음 날 삼팔선을 넘었습니다. 그 후 북한을 두어 차례 다녀왔는데, 그때 『환단고기』를 가져온 것으로 추정됩니다. 이유립은 한문과 역사에 해박하였으므로 여러 사람이 배움을 청하였습니다. 그 가운데 오형기吳炯基가 있었습니다. 오형기는 1949년, 이유립이 소장하고 있던 『환단고기』 초간본을 빌려 가서 베껴 썼습니다. 그리고 스스로 발문(간행사)을 붙였어요. 본래 발문은 글쓴 사람이 써야 한다고 생각한 이유립은 이것을 몹시 불쾌하게 여겼다고 합니다.

1963년(57세)에 대전 은행동에 정착한 이유립은 그해 11월 단학회를 단단학회

檀檀學會로 개칭하였습니다. 후학을 기르며 →

역사 연구와 강연에 전념하던 중 박창암朴蒼巖 과 연결되어 1976년(70세)부터는 월간 〈자유〉 지에 우리 고대 역사에 대한 글을 기고하기 시 작했습니다. 이때 〈자유〉지의 절반을 자신의

→이때 이유립에게서 『환단고 기』를 공부하고 역사를 배운 인 물 중의 한 사람이 1966년 고등 학교 1학년 때부터 사사한 양종 현이다. 그는 1986년 이유립이 작고한 후 스승의 뒤를 이어 단 단학회 7대회장이 되었다.

글로 채우며 『환단고기』가 전하는 우리 역사 이야기를 세상에 알렸어요.

1976년은 이유립에게 도저히 잊을 수 없는 가슴 아픈 사건이 발생한 해이기도 합니다. 박창암의 배려로 의정부에서 왕성하게 활동하던 중, 백내장 수술 차 5일 간 집을 비운 사이에 집주인이, 이유립이 몰래 도망간 줄 알고 밀린 집세 대신으 로 그의 책을 모두 팔아 버린 것입니다. 이때 그가 생명처럼 여기던 『환단고기』 초간본도 같이 사라졌습니다. 하지만 천만다행으로 오형기 필사본이 있어서 『환 단고기』 전수 맥이 이어졌지요.

그런데 『환단고기』의 대중화는 예상치 못한 사건이 계기가 되어 이루어졌습니 다. 이유립의 젊은 문하생 조병윤趙炳允이 1979년에 서울의 광오이해사光吾理解 社에서 오형기 필사본을 영인하여 100부를 출판한 거예요. 이른바 '광오이해사 본' 『환단고기』가 이유립의 허락도 없이 시중에 배포되었어요. 이 사태를 수습 하기 위해 이유립은 오형기가 쓴 발문을 삭제하고 틀린 글자를 바로잡은 새로운 필사본을 만들었습니다. 원고는 1979년, 그해에 완료되었습니다. 그러나 출판 비가 없어 1983년에야 배달의숙을 발행인으로 하여 100부를 발간하였습니다. 이 유립의 나이 77세 되던 해였어요. 한평생 지키고 외쳐 온 『환단고기』를 인생의 마지막 순간에 세상에 공표한 것입니다.

「환단고기」의 역사적 가치

첫째, 『환단고기』는 인류 창세문명과 한민족 시원역사의 참모습을 밝혀 주는 유일한 책이다.

둘째, 『환단고기』는 단절된 한민족사의 '국통國統' 맥을 가장 명확하고 바르게 잡아 준다. 한 나라의 계보와 그 정통 맥을 국통이라 하는데, 한국사의 국통 맥은 ①환국 → ②배달 → ③고조선 → ④북부여(열국 시대) → ⑤고구려·백제·신라·가야(사국 시대) → ⑥대진·신라(남북국 시대) → ⑦고려 → ⑧조선 → ⑨대한민국으로 이어진다.

셋째, 『환단고기』는 환桓, 단檀, 한韓의 원뜻을 밝혀 줄 뿐만 아니라, 환·단·한의 광명 사상이 실현된 창세 시대 역사의 전 과정을 보여준다. '환' 은 이 우주를 가득 채우고 있는 하늘의 광명[천광명天光明]을 뜻하고, '단' 은 땅의 광명[지광명地光明]을 뜻한다. 『환단고기』는 바로 천지의 광명을 체험하며 살던 '환단 시대 이래 한민족의 역사 이야기 책' 이다.

넷째, 『환단고기』에는 한민족의 고유 신앙이자 인류의 시원 종교이며 원형 문화인 신교의 가르침이 상세히 기록되어 있다. 신교는 삼신상제님을 모시던 인류의 원형 신앙이다. 한민족은 '천제天祭' 를 올려 상제님에 대한 신앙을 표현하였다.

다섯째, 『환단고기』는 하늘·땅·인간을 '삼신이 스스로 자기를 드러낸 것' 으로 인식한 한민족의 우주 사상을 체계적으로 전한다.

여섯째, 『환단고기』는 동방 한민족사의 첫 출발인 배달 시대 이래 이어져 온, 한민족의 역사 개척 정신인 낭가郎家 사상의 원형과 계승 맥을 전한다.

일곱째, 『환단고기』는 동방 한민족이 천자天子 문화의 주인공이요 책력冊曆 문화의 시조로서, 세계 문명사에서 수數를 최초로 발명한 민족임을 밝혀 준다. 천자는 '천제지자天帝之子' 의 준말로, '상제님의 아들(대행자)' 이라는 뜻이다. 환국·배달·고조선 이래로 이 땅은 천자가 다스린 천자국天子國이었다.

자기동래紫氣東來_산동성 태산 입구에서 마주치는 문구이다. 자기동래의 '붉을 자紫' 자는 천자의 별인 자미원紫微垣의 자 자로 천자를 상징한다. 자기동래는 '천자문화의 기운이 동방에서 왔다' 는 뜻으로, 중국 천자문화의 출원이 동방 한민족임을 스스로 밝힌 것이다.

춘추전국 시대 초나라 굴원屈原(BC 343 ? ~ BC 278 ?)의 《초사楚辭》에 '동황태일東皇太一' 이라는 유명한 구절이 있다. '동방의 황제, 천자는 태일' 이라는 뜻이다.

여덟째, 『환단고기』는 한민족이 천문학의 종주임을 밝혀 준다.

한민족은 고조선의 10세 노을 단군 때(기원전 1916) 감성監星이라는 천문대를 설치하여 별자리를 관측하였다. 그리하여 다섯 행성이 모인 일, 강한 썰물, 두 개의 해가 뜬 일 등 고조선 시대에 일어난 특이한 천문 현상을 기록하였다.

아홉째, 『환단고기』는 삼성조 시대의 국가 경영 제도를 전하는 역사책으로 영원히 변치 않는 '나라 다스림의 지침' 을 담고 있다. 즉, 환국·배달·조선은 우주 원리를 국가 경영 원리로 삼아 나라를 다스렸다. 그 우주 원리가 바로 삼신오제三神五帝 사상이다.

열째, 『환단고기』는 고대 한국이 문자 문명의 시조임을 밝혀 준다. 한민족은 배달 시대부터 이미 문자 생활을 하였다. 초대 환웅 천황이 신지 혁덕에게 명하여 녹도문鹿圖文을 창제하게 한 것이다. 이것이 세계 최초의 문자이다. 또 고조선 3세 가륵 단군은 이 문자를 수정 보완하여 가림토加臨土 문자를 만들었다. 가림토의 모습은 조선 세종 때 만든 한글과 매우 비슷하다.

열한째, 『환단고기』에는 중국과 일본의 시원 역사와 왕조 개척사, 그리고 흉노, 몽골과 같은 북방 민족의 유래가 밝혀져 있다. 또한 서양 문명의 뿌리인 고대 수메르 문명의 유래를 추적할 수 있는 실마리도 들어 있다.

위서로 몰린『환단고기』

✽『환단고기』를 부정하는 사람들

한민족의 고대사와 국통 맥을 밝혀 줄 사서가 외세의 침탈과 내부의 사대주의자들에 의해 모두 사라지고, 유일하게 남은 정통 역사책이『환단고기』입니다. 그러나 현재 대한민국에서 역사를 연구하고 가르치는 많은 사학자들은 이 책을 '위서僞書', 즉 조작된 책이라고 주장합니다.➠ 예를 들어 이 책에 '세계'니 '평등'이니 하는 말이 쓰였으므로 근세에 와서 쓰인 책이라고, 위서라고 주장하는 것입니다.➠ 이 때문에 이유립이『환단고기』를 보급시킨 지 30여 년이 넘도록 그 가치를 제대로 인정받지 못하고, 한민족 상고 역사도 여전히 암흑 속에 빠져 있어요.

> ➠대표적인『환단고기』위서론자로 조인성(경희대 교수), 박광용(가톨릭대 교수), 이도학(한국전통문화학교 교수), 이순근(가톨릭대 교수), 송호정(한국교원대 교수), 이문영(서강대 사학과 졸업, 소설가) 등이 있다.
>
> ➠이런 용어들은 이미 여러 고전에 쓰였다. 위서론자들은 이 밖에도 여러 가지 트집을 잡아서『환단고기』를 흠집내고 있다.(역주본 원전 해제 참고)

『환단고기』를 위서로 내모는 것은 학계에 그치지 않습니다. 강단사학자들이 뿌려 놓은『환단고기』위서론이 바이러스처럼 중고등학교 역사 교사들, 학생들, 그리고 역사를 알고자 하는 일반인에게까지 퍼져 나갔습니다. 위서론 바이러스에 감염된 수많은 사람들이 '『환단고기』는 위서이므로 읽어서는 안 될 위험한 책'이라 말합니다.

필자는 2012년 여름, 30년 동안 계속해 온『환단고기』번역과 주석 작업을 마무리 지으면서 지금까지 발표된『환단고기』진위 논쟁에 관한 논문, 자료, 서책을 거의 하나도 빠짐없이 점검하였습니다. 그리고 위서론자들이『환단고기』를 부정하는 몇 가지 이유를 알게 되었습니다.

첫째, **위서론자들은『환단고기』라는 책 제목의 뜻조차 제대로 알고 있지 못하며,『환단고기』를 단 한 번도 깊이 있게 읽지 않았다.**

둘째, 그들은 유교, 불교, 기독교 경전을 비롯한 고전에 대한 지식이 폭넓지 못할 뿐 아니라 인류의 시원 종교인 신교문화에 대한 이해도 깊지 못하다.

셋째, 무엇보다 그들은 식민사학을 바탕으로 쌓은 자신들의 업적이 붕괴되어 기득권을 잃을 것을 두려워한다.

이러한 이유로 위서론자들은 오늘도 식민사학의 대변자요 나팔수가 되어 한국 사의 진실을 흐리고 있는 것입니다.

✼『환단고기』로 역사의 정의를 바로 세운다

1993년, 전 서울대 천문학과 교수 박창범이 『환단고기』의 기록이 사실임을 과 학적으로 밝혀냈습니다. 즉, 고조선 13세 흘달 단군 때(기원전 1733) 일어난 '다 섯 행성 결집[오성취루五星聚婁]' 현상을 실제 역사 사건으로 증명한 겁니다. 그 의 연구 결과, 『단군세기』 기록보다 1년 전(기원전 1734)에 목성, 화성, 토성, 금

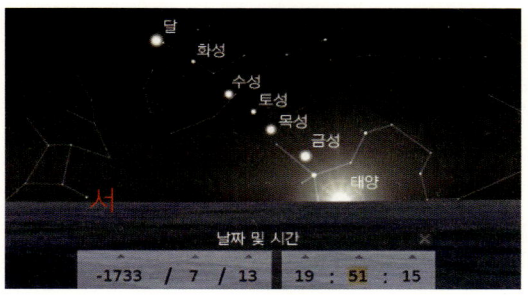

별자리 관측 프로그램 '스텔라리움 Stellarium'에서 '-1733년 7월 13일'로 설정한 천문 관측도_화성, 수성, 토성, 목성, 금성 다섯 행성이 일렬로 서 있는 것이 눈으로 관측된다. 이 프로그램의 '-1733년'은 '기원전 1734년'으로 『단군세기』 기록보다 1년 앞선다. 박창범 교수의 연구 결과와 서로 통한다.

성, 수성이 초승달과 함께 서쪽 하늘에 10도 이내로 모인 것으로 나타났습니다. 박창범 교수는 또 고조선 29세 마휴 단군 때(기원전 935) 남해의 조수가 석 자나 물러간 현상도 증명하였어요. 『환단고기』가 한민족의 참 역사를 기록한 진서임이 현대 과학에 의해 밝혀진 것입니다.

한국천문연구원의 박석재 박사도 『환단고기』의 오성취루 현상을 역사의 사실로 인정하면서, 이것은 '우리 조상이 천문 현상을 기록으로 남길 만큼의 조직과 문화를 소유하였음'을 보여 주는 것이라 평하였습니다.[16] 강단사학계에서 신화라 주장하는 단군조선은 분명히 실존한 나라일 뿐만 아니라 천문 관측을 했을 정도로 뛰어난 문명을 개척한 '고대의 선진국'이었습니다.

최근에 분별력 있는 많은 학자들이 『환단고기』의 가치를 재평가하고 있습니다. 『환단고기』가 진서임을 밝히는 연구도 더욱 활발해졌어요. 『환단고기』 내용 자체를 분석하여 『환단고기』가 진서임을 밝히기도 하고, 국내 다른 역사책 또는 중국 사서와 비교하여 진서임을 증명한 논문도 여러 편 나왔습니다.

역사는 진실과 정의를 향해서 나아갑니다. 부패와 부정이 만연한 사회에도 정의는 살아 있고, 알든 모르든 사람들은 결국 정의를 찾게 되어 있어요. 사필귀정 事必歸正이므로, 『환단고기』 위서론은 반드시 끝날 수밖에 없는 겁니다.

그러면 『환단고기』에 실린 우리나라 역사의 참모습을 간단히 살펴볼까요?

3 『환단고기』에 담긴 우리나라 역사 … 국통 맥

시원문명이 꽃핀 나라, 환국桓國

오환건국이 최고라

『환단고기』「삼성기」상은 '기원전 7200년경 우리 환족桓族의 나라 세움[吾桓建國]'을 현 인류 역사에서 '가장 오랜[最古]' 사건이라 선언합니다.

환족은 5만 년 전에 화생한 현생 인류의 어버이인 나반과 아만의 후손입니다. 환족은 중앙아시아 천산天山(일명 파내류산)을 중심으로 인류의 첫 나라인 환국을 세웠습니다. 그 영역은 중앙아시아에서 시베리아, 만주에 이를 만큼 매우 넓었습니다. 환국 사람들은 모두 아홉 족속[구환九桓]으로 나뉘었고, 구환족은 열두 나라➡️를 이루고 살았어요. 역사학자들은 대부분 신석기 시대를 미개한 시대라고 말하지만 지금으로부터 9천2백여 년 전, 동북아시아에는 이미 문명한 집단이 형성되어 있었던 것입니다.

> ➡️환국의 12분국 : 비리국卑離國, 양운국養雲國, 구막한국寇莫汗國, 구다천국勾茶川國, 일군국一羣國, 우루국虞婁國, 객현한국客賢汗國, 구모액국勾牟額國, 매구여국賣勾餘國, 사납아국斯納阿國, 선패국鮮稗國, 수밀이국須密爾國.

그러면 '환국'의 의미는 무엇일까요? 환국의 '환'에 대해 『태백일사』「환국본기」는 이렇게 말합니다.

환桓은 온전한 하나 됨[全一]이며 광명이다. 온전한 하나 됨이란 삼신의 지혜와 권능이고, 광명은 삼신이 지닌 참된 덕성이니, 곧 우주 만물보다 앞선다.

환국의 열두 나라

월지국

양운국

개마국 (응십국)

구막한국

바이칼호(천해)

오난하

매구여국 (직구다국)

환

국

일군국

흑룡강

비리국

사납아국

구다천국 (독로국)

송화강

⦿하얼빈

금악산金岳山

매구여국 (직구다국)

천산天山

고비사막

난하 구려하

홍산 ⦿심양

백산(백두산)

이동

우루국

삼위산三危山

⦿북경

타클라마칸 사막 (타림분지)

파미르고원

수밀이국

황하

⦿서울

위수 ⦿서안

태산

통맥

앞에서도 말했듯이 '환'은 '밝을 환' 자로 '하늘에서 내려오는 환하게 빛나는 광명', 하늘광명을 상징합니다. 광명은 바로 삼신의 덕성입니다. 그러므로 환국은 삼신의 덕성이 발현된 나라요, 하늘의 삼신상제님 나라가 인간 세상에 이루어진 첫 나라인 것입니다.

당시 사람들은 하늘의 광명과 하나 된 자신을 '환'이라 불렀습니다. 그리고 모든 환을 다스리는 사람을 '인仁(어질다는 뜻)'이라 하여 환국의 통치자를 환인桓仁이라 불렀어요. 그것은 환인이 사람을 구제하고 세상을 다스릴 때 반드시 어진 마음으로 행하였기 때문입니다.

환국의 초대 통치자는 안파견安巴堅 환인 천제입니다. 환국은 안파견 환인 이후 7세 환인 천제까지 계승되어 총 3,301년(기원전 7197~기원전 3897) 동안 존속하였습니다.

무병장수 시대

환국의 문화는 한마디로 우주 광명 문화이고, 장수문화입니다. 서양의 고대 문명 연구가들은 이러한 인류의 태고 시대를 '황금 시대'라 부릅니다.

『환단고기』를 보면 "환국은 3,301년 동안 일곱 분 환인 천제가 나라를 다스리셨는데 평균 재위기간이 470년이다."라고 나옵니다. 사람들은 이 사실을 못 믿겠다고 합니다. 그러나 그것은 태곳적 조화 신성 문명을 이해하지 못하기 때문에 그러는 것입니다. 『삼성기』상은 '오래도록 사시며 항상 즐거움을 누리셨다'하였고, 『삼성기』하는 '도를 깨쳐 장생하시니 온 몸에는 병이 없었다'고 했어요.

『태백일사』「환국본기」를 보면, 그때 사람들은 광명을 숭상하여 아침이 되면 동산에 올라 갓 떠오르는 태양을 향해서 절하고, 저녁에는 서천으로 가 갓 떠오르는 달을 향해서 절하였습니다. 모든 사람들 삶의 유일한 목적, 가장 가치 있는 삶이 밝은 사람, 광명 인간이 되는 것이었어요. 천지와 하나 된 밝은 사람이 되면 모든 게 저절로 잘되었기 때문입니다. 그래서 그 후 대대로 천원지방 제단을 만들어서 절하고 기도하며 천지의 마음과 하나 되는 영성 훈련을 한 겁니다. 지금 TV광고에도 백 세 시대라 하는데, 6천 년 전 환국 시대에는 사람들이 수백 살을 살았어요.

영국의 스티브 테일러도 『자아폭발』이라는 책에서 '6천 년 전 이전 고대 시대는 황금시대였고 원초적 낙원이었다. 그 당시의 유물에는 전쟁에 관련된 무기 같은 것이 나타나지 않는다'고 하면서 '6천 년 전부터 중앙아시아, 중동, 아프리카에 가뭄이 들어 사막화가 일어나면서 그곳에 있던 문화가 이동을 하고, 인간에게 자아분열 현상이 생기기 시작했다. 그리고 전쟁이 일어나기 시작했다'고 했습니다. ➜

동양 의학책의 가장 근본이 되는 『황제내경』 81장 가운데 제1장에 사람이 오래 살 수 있는 장수의 비법인 양생법養生法의 핵심이 나옵니다. 어느 날 황제가 기백천사岐伯天師에게 물었습니다. "상고시대 사람들은 백 살을 넘어도 그 동작이 노쇠하지 않았다고 들었습니다. 그런데 요즘 사람들은 쉰 살만 되어도 그 동작이 모두 노쇠한데, 시대가 달라서 그렇습

> →스티브 테일러의 『자아폭발』을 보면, '6천 년 이전 고대 시대는 황금시대였고 원초적 낙원이었다. 그 당시의 유물에는 전쟁에 관련된 무기 같은 것이 나타나지 않는다. 또 집 크기나 무덤이 비슷하다는 점은 불평등이 적거나 전혀 없었음을 시사한다. 가부장제와 사회적인 계급분화가 없었던 것 같다. … 사람들은 그 시대를 "완전한 미덕을 갖춘 사람들"이 살았던 시대로 기억한다. 어떤 인류 집단도 다른 집단의 영토를 침략하거나 정복하려 들지 않았으며, 소유물을 훔치려 하지도 않았다. … 자연적 조화의 정신, 인간과 자연 사이의 조화 및 인간들 사이에서의 조화를 이루는 정신이 지구 전체에 충만했던 것 같다'고 하였다.

니까? 아니면 양생의 도를 잃었기 때문입니까?" 하니까 기백이 "상고시대 사람들은 양생의 도를 아는 사람들로 음양의 법도를 본받고 양생의 법도와 조화를 이루었으며, 먹고 마심에 절도가 있었고 기거함에 일정함이 있었으며 쓸데없이 무리하지 않았습니다. … 지금 사람들은 술을 물마시듯 하고, 좋아하는 것만 찾아서 바른 기운을 흩어버리며 정기를 지킬 줄 모르고 마음의 쾌락만을 좇을 뿐, 자연스러운 즐거움에 거스르는 행동을 하며 기거에 절제가 없습니다. 때문에 쉰 살만 되어도 노쇠하는 것입니다."라고 대답했어요.

이것을 보면 옛날 사람들이 아주 단순하지만 천지 법칙에 대해 얼마나 근본적인 깨달음을 갖고, 자기를 절제하고 자연 질서에 순응하며 살았는지 알 수 있어요. 그러한 내용이 『태백일사』「환국본기」, 「소도경전본훈」에 나옵니다.

이 환국의 신성문명은 세계 곳곳으로 뻗어나가 세계 문명의 뿌리가 되었습니다. 그 큰 줄거리만 살펴볼까요?

세계로 뻗어나간 환국 문명

❀ 서양 문명의 요람, 수메르 문명

　기원전 5000년경, 유프라테스 강과 티그리스 강 사이 메소포타미아 지방에서
고도로 발달한 문명이 태동하였어요. 바로 메소포타미아 문명의 근원이 된 수메
르 문명입니다. 이후 메소포타미아 문명이 그리스 · 로마 문명을 일으켰기 때문
에 흔히 수메르 문명을 '서양 문명의 기원'이라 합니다.

　서양 학자들은 이 수메르 문명에 대해 이구동성으로 '아주 갑작스럽게, 독자
적으로 발생한 것'이라고 말합니다. 과연 수메르 문명은 자연발생적으로 생겨난
것일까요? 그렇지 않습니다. 수메르의 창세 신화를 보면 수메르인은 머리 뒷부
분이 평평하고 머리카락이 검은 인종이라 합니다. 이는 동양 사람의 모습이에
요. 또 수메르 점토판의 기록에 따르면, 수메르인은 '안샨Anshan에서 넘어왔다'
고 합니다. 수메르 말로 '안An'은 '하늘', '샨Shan'은 '산'으로, 안샨은 곧 환국
문명의 중심인 천산天山입니다. 수메르 연구의 대가인 크레이머 박사는 '수메르

인들은 동방에서 왔다'고 말합니다. 그가 말한 동방이 바로 『환단고기』에 나오는 환국입니다. 수메르인의 원 고향이 환국입니다.

천산을 넘어온 수메르인들은 기원전 3500년경, 도시국가를 중심으로 성숙한 고대 문명을 발전시켰습니다. 티그리스와 유프라테스 두 강 사이에 스무 개에 가까운 도시국가를 세웠어요.[17] 각 도시국가는 저마다의 수호신을 모셨습니다. 도시의 중앙에 신전을 짓고 그 둘레에 주거지를 지어 생활했습니다. 수메르인들은 인간적 속성을 지닌 수많은 신이 존재한다고 생각하여 다양한 신을 믿었습니다.[18]

바람의 신

우르의 지구라트(아래)와 바깥 벽의 돌층계(오른쪽)
수메르에서 시작된 지구라트는 이집트의 피라미드와 함께 인류 제사문화의 위대한 유산이다. 수메르의 도시 국가였던 우르에 남아 있는 이 지구라트는 우르-남무 왕(기원전 2112~기원전 2095 재위) 때 우르의 수호신인 난나를 모시기 위해 세워진 것이다.

황소머리상
수메르인은 인간의 운명을 정하는 일곱신[안 (아누), 엔릴(마루두크), 엔키(에아), 이슈쿠루, 샤마시, 네르갈, 난나, 이안나(이슈타르)]이 있다고 믿었다. 이 중 안(아누)은 하늘 신으로 뿔이 달린 머리 장식이 있어, 커다란 황소로 표현되었다. 기원전 3000년 경의 유물.

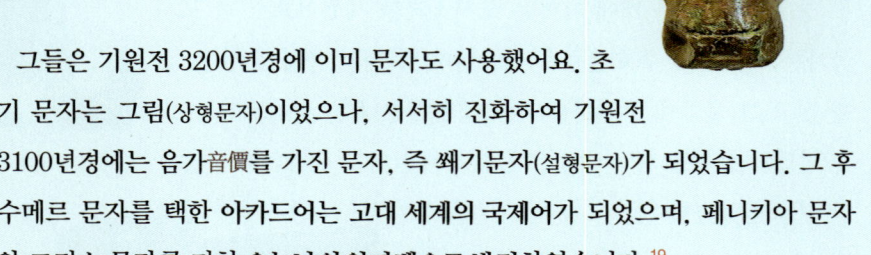

그들은 기원전 3200년경에 이미 문자도 사용했어요. 초기 문자는 그림(상형문자)이었으나, 서서히 진화하여 기원전 3100년경에는 음가音價를 가진 문자, 즉 쐐기문자(설형문자)가 되었습니다. 그 후 수메르 문자를 택한 아카드어는 고대 세계의 국제어가 되었으며, 페니키아 문자와 그리스 문자를 거쳐 오늘날의 알파벳으로 발전하였습니다.[19]

수메르 문명은 여러 면에서 한민족 문화와 놀랍도록 비슷합니다. 예를 들어 수메르인은 우주를 '안키Anki(천지)'라 불렀는데, '안An'은 '둥근 하늘', '키Ki'는 '평평한 땅'이라는 뜻으로, 동양의 천원지방天圓地方사상과 같습니다.

수메르어는 우리말과 똑같이, 체언이 주어나 목적어로 쓰일 때 체언 뒤에 조사(토씨)가 붙는 교착어였어요. 또 수메르도 동양의 60갑자와 사상적 배경이 같은 60진법을 사용했습니다. 더욱 놀라운 사실은 수메르인이 상투를 틀었다는 점입니다. 우리와 마찬가지로 씨름을 즐기고 순장殉葬▶을 하였으며,

▶한 집단의 지배 계급에 속하는 사람이 죽었을 때 그 가족이나 노예를 스스로 죽게 하거나 강제로 죽여서 함께 묻던 장례법.

기도하는 수메르인 _에쉬눈나의 사각신전 내부에 남아 있는 조각상

생명의 나무 신단수神壇樹 앞에 서 있는, 상투머리를 한 사르곤왕
* 사르곤왕(기원전 2334~기원전 2279)은 수메르 초기 왕조시대의 혼란기를 끝내고 메소포타미아 전역을 통일하여 아카드 제국을 건설하였다.
* 왕 앞에 있는 신단수의 본줄기도 3개, 가지에 달린 열매도 각각 3개, 왕이 들고 있는 나뭇가지의 열매도 3개이다. 신교의 3수 사상이 나타나 있는 것이다.

결혼 전 신부의 집에 함을 지고 가는 풍습도 있었습니다. 이렇듯 수메르 문명은 그 근원이 환국 문명인 것입니다.

이 수메르 문명은 소아시아(지금의 터키), 시리아, 이집트 등지로 전파되었어요. 이집트의 건축, 기술, 문자 등은 모두 수메르 문명에서 유래한 것입니다. 수메르 문명은 지중해의 크레타 섬으로도 전해졌습니다. 크레타 섬에서 유럽 최초의 문명인 미노아 문명(기원전 2700~기원전 1420)이 탄생하였고, 이 문명이 다시 그리스 문명으로 계승된 거예요.

이 수메르 문명은 동쪽으로 인도까지 전해졌습니다. 수메르 문명권인 지금의 이란 북쪽 국경 너머 카프카스 산맥에 살면서 인도-유럽어를 쓰던 한 종족이, 기원전 2000년경에 남쪽으로 대규모 이주를 시작했습니다. 마침내 인더스 강 유역에 도착한 이 종족을 당시 인더스 사람들은 '아리안Aryan(고귀한 사람들)'이라 불렀습니다.[20] 이리

설형문자로 된 수메르어 서판
아람-신의 치세(기원전 2020년경)때부터 시작된, 11개 특정 전답의 보리 수확에 대한 기록을 담고 있다.

하여 인도 문명이 탄생한 것입니다.

히브리(유대) 문명도 수메르 문명과 연관됩니다. 『구약전서』「창세기」에 따르면, 유대인의 조상 아브라함은 지금으로부터 4천여 년 전, 현재의 이라크 남부에 위치한 갈데아 우르에 살던 사람입니다. 아브라함은 수메르의 거대 도시국가 우르에 살던 전형적인 수메르인인 것입니다.

한마디로 수메르 문명은 오늘날 서양 문명의 요람이에요. 기원전 5000년경에 혜성처럼 갑자기 나타난 수메르 문명을 서양에서는 인류에서 가장 오래된 문명이라 칭송합니다. 그렇다면 수메르 문명의 뿌리인 동방 환국의 문명이야말로 진정한

유럽 고문명

지중해 문명
(그리스 문명)

유대 문화

이집트 문명

수메르 문명

인더스 문명

환 국

천산天山

발해문명
(배달,홍산문화)

황하 문명

인류 최고最古 문명이 아니겠습니까.

✽ 동북아에서 넘어간 인디언

환국의 환족은 베링 해협을 건너 남북 아메리카 대륙으로도 이주하였습니다. 19
세기의 유명한 지질탐험가이자 박물학자인 알렉산더 폰 훔볼트(1769~1859)는
"아메리카의 수많은 신화, 기념물, 우주 발생에 관한 사고는 동아시아의 것과 놀랄
만큼 흡사하다. 이것은 태고 시대에 서로 어떤 연관성이 있었음을 말해 준다."[21]
라고 주장하였습니다.

북미
인디언 문화

아즈텍

마야

잉카

문명이 전파된 경로
추정 경로

세계로 뻗어나간
환국 문명

미국 오리건 주의 포트 록Fort Rock 동굴에서 약 9천 년 전의 것으로 추정되는 짚신, 방석, 그물, 삼태기, 조리 등이 발견되었습니다. 짚신은 전통적인 한국인의 것과 모양이 거의 같습니다. 인디언 마을 입구에 서 있는 장승과 토템 신앙 또한 한국의 그것과 비슷합니다. 인디언 여인들은 우리와 마찬가지로 아이를 업어서 키우고, 어린이들은 우리 아이들과 똑같은 방법으로 실뜨기 놀이를 합니다.[22] 필자가 수년 전 미국 워싱턴의 스미소니언 박물관에 들렀을 때 1층 인디언관에서 본 절구, 소쿠리, 베틀, 어망 등은 마치 한국의 옛 시골 살림 도구를 옮겨 놓은 듯했습니다.

중남미에 아스텍 문명과 잉카 문명을 건설한 인디언도 한민족처럼 흰 옷을 즐겨 입었고 사원 건물도 흰색으로 칠하였습니다. 아스텍 문명권에서 발견된 그림을 보면, 남자들은 머리에 상투를 틀고 여자들은 비녀를 꽂았습니다. 중남미 인디언들은 아이가 태어날 때 금줄을 치고, 죽은 사람의 입에 노잣돈으로 옥구슬을 넣어 주고, 자정(밤 12시)에 제사를 지냈습니다.

중남미 원주민과 한민족의 연관성은 언어에서도 확인됩니다. 손성태 교수의 연구에 따르면, 아스텍어와 잉카어의 문장 구조, 조사의 종류와 쓰임새가 한국어와 아주 비슷합니다. 예를 들어 아스텍인은 조상이 원래 살던 곳을 '아스단Aztan'이라 불렀는데, 아스단은 '하얀 장소', 곧 '백색의 광명이 비치는 장소'라는 뜻으로 고조선의 수도 '아사달'과 뜻이 같아요. 이렇게 언어가 같다는 것은 문화의 근원이 같다는 것을 의미합니다.

이와 같이 환국 문명권에서 살던 사람들이 이동하여 서쪽으로 수메르 문명을 일구었고, 동쪽으로 아메리카 대륙의 아스텍 문명, 잉카 문명 등을 개척하였습니다. 그리고 남쪽으로 인더스 문명에까지 영향을 미쳤습니다. 환국 문명은 동서양을 아우른 세계 고대 문명의 모체이자 뿌리인 것입니다.

동북아에 세운 한민족의 첫 나라, '배달'

홍익인간의 도로써 다스린 배달

환국 시대 말, 인구 증가와 물자 부족 등으로 삶이 어려워지자 서자부庶子部 부족의 환웅이 새로운 터전을 개척하기를 원하였습니다. 이에 환국의 마지막 임금 지위리智爲利 환인은 거발환居發桓 환웅을 동방 개척의 선봉장으로 세웠어요. 백두산을 향해 떠나는 환웅에게 환인은 종통과 국통 계승의 상징으로 천부天符와 인印을 내려 주고 문명개척단 3천 명을 붙여 주었습니다.

백두산에 도착한 환웅은 신시神市(신의 도시)에 도읍을 정하여 나라 이름을 '배달倍達'이라 하고, 천제를 올려 삼신상제님께 나라 세움을 고하였습니다. 동북아 한민족사의 최초 국가인 배달의 역사를 연 것입니다. '배달'은 밝음을 뜻하는 '배(밝)'와 땅을 뜻하는 '달'을 합친 말로서 '광명한 동방 땅'을 뜻합니다. 우리 민족을 '배달겨레'라 부르는 것이 여기서 비롯되었지요.▶

▶배달을 '땅의 광명[地光明]'을 가리키는 '檀' 자를 써서 단국이라 부르기도 한다. 그래서 환국과 배달을 합쳐서 환단 시대로 통칭하기도 한다.

▶삼백은 입법부인 풍백風伯, 행정부인 우사雨師, 사법부인 운사雲師를 말하고, 오사는 주곡主穀, 주명主命, 주형主刑, 주병主病, 주선악主善惡이라는 다섯 부서를 말한다.

환인 천제에게서 국통 계승의 증표로 천부와 인을 받은 거발환 환웅은 국가 통치이념도 내려 받았습니다. 그것이 바로 '인간 세상을 널리 이롭게 하라'는 홍익인간弘益人間이에요. 이것을 고조선의 국가 이념으로 알고 있는 사람이 많지만 홍익인간은 사실 9천 년 전 환국의 통치 이념입니다.

환웅 천황은 재세이화와 홍익인간의 도를 실현하기 위해 삼백三伯·오사五事▶ 제도를 실시했습니다. 이 제도는 신교의 삼신오제三神五帝 사상에서 나온 것입니다.

배달의 위대한 성인 제왕들

백두산의 신시에서 출발한 배달국은 점차 동북아의 대국으로 성장했어요. 그 과정에서 특히 세 분 성황聖皇이 지대한 공덕을 남겼습니다. 그 세 분은 태호 복희씨, 염제 신농씨, 그리고 치우 천황입니다.

태호 복희씨는 지금으로부터 5,600년 전, 배달의 5세 태우의 환웅의 막내아들이에요. 복희씨는 하도河圖를 그려 역사상 최초로 논리적이고 합리적인 수數의 체계를 세웠습니다. 이 도표 하나에서 음양오행 원리가 나오고, 공간과 시간의 순환 원리가 나온 거예요. 복희씨는 또한 팔괘를 그어 『주역』의 기초를 닦았습니다. 인류에게 천지 시공간의 변화 법칙을 체계적으로 이해할 수 있는 길을 열어 준 겁니다. 복희씨는 또 최초의 해시계로 일컬어지는 규표圭表를 발명하고, 24절후를 만들었어요. 복희씨는 한마디로 동양철학의 아버지요, 인류 문명의 창시자입니다.

염제 신농씨는 약 5,200년 전, 8세 안부련 환웅 때의 인물로 산에 불을 질러 농토를 개척하고, 나무로 쟁기와 보습 같은 농기구를 만들었습니다. 수백 가지 풀을 직접 맛보아 의약을 개발하고, 시장 제도를 처음으로 시행했어요. 신농씨는 오늘날 호북성 수주시의 열산列山에 신농국을 세웠습니다. 그의 나라는 8대 유망榆罔에 이르기까지 약 530년 동안 이어졌습니다.

배달은 4,700년 전, 14세 자오지 천황(치우 천황) 때에 이르러 동북아의 드넓은 땅을 다스리는 강국이 되었습니다. 치우 천황은 먼저 신농국을 복종시켜 지금의 산동성, 강소성, 안휘성을 배달 영토로 흡수했습니다. 이어서 동북아시아의 천자가 되고자 반란을 일으킨 서토 지역의 제후 헌원을 10년에 걸친 전쟁 끝에 탁록대전에서 무너뜨렸습니다. 그리고 넓어진 강역을 다스리기 위해 도읍을 백두산 신시에서 청구靑丘(현 요령성 대릉하 유역)로 옮겼어요. 배달의 전성기인 청구 시대를 연 것입니다.

서방으로 진출하여 광활한 영토를 개척한 치우 천황은 세상에서 그 이름만 들어도 간담이 서늘해질 정도로 법력과 위용을 떨쳤어요. 한민족의 위대한 성웅인 치우 천황을 한민족은 물론 중국 백성들까지 추앙했습니다.

배달겨레, '동이東夷'

❇ 동이의 바른 뜻

『환단고기』가 전하는 배달의 역사는 중국 역사책에 '동이東夷'의 역사로 기록되어 있습니다. 예나 지금이나 중국 역사가와 학자들은 동방 한민족을 동이라 부릅니다. 동이란 무슨 뜻일까요?

'동東'은 태양이 떠오르는 광명의 방향입니다. 그래서 '동'은 생명의 탄생, 시작을 뜻하고, 광명 사상의 발원지를 의미합니다.

'이夷'는 첫째, '뿌리'라는 뜻입니다.

둘째, '이'는 '활을 쏘는 동쪽 사람'을 뜻하기도 합니다. 『설문해자說文解字』에 따르면 '동방에 사는 사람'을 '이'라고 불렀으며, '이' 자는 '대大'와 '궁弓'을 합친 글자라 했습니다. 여기서 '대'는 '사람'을 뜻하므로, 결국 '이'는 '활을 메고 있는 사람'을 나타낸 것입니다.

해뜨는 동 東 쪽에 있는

동이 이 夷

大 : 큰대
弓 : 활궁

(大+弓)

• 큰 활을 잘 쏘는 민족.
• 동방의 어진 민족.
• 동방의 뿌리되는 민족.

마지막으로 '이'는 '어질다'는 뜻입니다.

그러므로 '동이'는 '동방의 뿌리 되는 민족', '큰 활을 잘 쏘는 동방의 민족', '동방의 어진 민족'을 뜻합니다.

역사적으로 중국인들이 동방 민족을 '동이'라 부른 것은 치우 천황이 큰 활을 만들어 쓴 이후부터입니다. '큰 활[大弓]'의 위엄에 두려움을 느낀 한족이 배달민족을 가리켜 '큰 활을 잘 쏘는 동방 사람'이라 부른 거예요. 그러므로 '동이'는 '배달 동이'라고 불러야 올바른 표현입니다.

✽ 중국 역사를 주도한 동이족

치우 천황이 영토를 넓힘으로써 '배달 동이'는 서쪽 땅 깊숙이 퍼져나갔습니다. 그리하여 고조선 시대에는 중국의 역대 왕조를 개척한 주된 세력이 되었습니다. 그래서 동북아 창세 역사를 이야기할 때 빼놓을 수 없는 것이 바로 동이입니다.

대만과 중국의 학자들도 ➡ 중국 역사의 주류가 한족漢族이 아니라 동이라는 공통된 의견을 내놓았습니다.

> ➡『중국사전사화中國史前史話』를 쓴 대만의 쉬량즈徐亮之와 북경대학의 고고문박학원考古文博學院 교수인 옌원밍嚴文明은 그들의 대담과 저서, 논문에서 분명히 '중국은 동이문화'라고 밝히고 있다.

그런데 더욱 중요한 사실은, 본래 한족이 따로 존재하지 않았다는 점입니다. 보통 한족의 시조를 4,700년 전 인물인 황제 헌원이라 합니다. 사마천의 『사기』제1장 「오제본기」 앞에 헌원의 족보가 나오는데, 헌원의 호를 유웅有熊이라 하였습니다. 헌원은 바로 동이족인 유웅씨 계열인 것입니다.

유웅씨는 환웅께서 배달을 건국하실 때 통합, 흡수된 웅족 계열로 동방 문화를 개척한 주역이에요. 배달의 8세 안부련 환웅의 신하이자 유웅국 임금이던 소전少典의 큰아들이 염제 신농이고 둘째가 공손씨입니다. 헌원은 이 공손씨의 후손입니다. 헌원은 바로 『삼국유사』 고조선기에 나오는 웅족 계열의 동이인 것입니다.

이 황제 헌원을 비롯하여 오제五帝로 꼽히는 소호, 전욱, 제곡, 요, 순 이 모두 동이족이에요. 그 뒤를 이은 하상주 3왕조의 개국 시조인 하나라 우禹, 상나라 탕湯, 주나라의 문왕과 무왕까지도 모두 동이족 혈통입니다. 특히 상(은) 나라는 동이족이 세운 나라로 제도와 풍습이 당시 그들의 상국上國이었던 고조선의 것과 아주 비슷합니다. 그리고 주나라 초기에 무왕이 염제 신

> 송나라 때의 『태평환우기 太平寰宇記』에 '요堯는 북적지인 北狄之人이라' 했고, 『맹자』에 서 '순舜은 동이지인 東夷之人 이라' 라고 하였다. 우禹에 대 해서도 명나라의 서원태徐元 太가 편찬한 『유림喻林』에서 "대우大禹는 동이東夷에서 태어났다."라고 하였다.

농의 후손인 강태공을 왕으로 봉한 제나라도, 제나라와 이웃한 노나라도 역시 동이족 국가입니다.

동이족은 이처럼 중국의 역대 왕조를 열었을 뿐 아니라 신교문화와 문물을 중국에 전해 주었습니다. 동이의 도자기, 제철, 서법, 역법, 갑골문자, 천자 제도,

조세 제도, 윤리 규범 등 다양한 문물제도가 중국에 전해져서, 황하문명이 일어
나는 바탕이 되었습니다. 중국의 고대 문화는 결국 동이족이 연 것이라 해도 지
나친 말이 아닙니다.

❋ '동이'는 왜 '오랑캐'로 불리나

하지만 오늘날 많은 사람들이 '동이'를 '동쪽의 오랑캐'라는 말로 알고 있어
요. 왜 '동이'가 변방의 오랑캐로 불리게 되었을까요? 바로 화하華夏족(중국 한족
의 조상)과 동이족 사이의 정치적 대립 때문이었습니다.

약 4,700년 전, 화하족은 그 시조인 헌원이 탁록대전에서 치우 천황에게 패한

중화와 한족의 유래

중국 한족의 조상을 '화하華夏'라 하는데, 이것은 우임금이 세운 하夏나라
이름에 화華(빛날 화, 광명을 뜻함) 자를 더한 말이다. 이 '하'를 중국 민족의 대명
사로 쓰기 시작한 것은 주나라 때부터이다. 주나라는 동이족과 자민족을 구
별하기 위해 '하'라는 호칭을 사용하였다. 그들 민족을 '제하'라 했는데 동이
족을 제외한 중국의 전 민족을 뜻하였다. 그리고 '화하'는 춘추 시대 이래 유
행하였다. 오늘날 많이 쓰는 '중화'라는 단어는 '중국'과 '화하'를 합친 말이
다. '광명문화의 중심'이라는 뜻이다.

현재 한족漢族이라는 중국인의 민족 이름은 중국 역사상 가장 강성했던 나
라 중 하나인 한 고조 유방의 한漢나라에서 따온 것이다. 그리고 중국을 일컫
는 차이나China는 중국 최초의 통일왕조인 진시황秦始皇의 진秦에서 가져왔
다. 진나라는 불과 15년 만에 패망당해서 나라 이름만 가져 온 것이다.

뒤 2,300여 년 동안 황하의 중상류에 머물러 있을 수밖에 없었습니다. 그런데 거기서 힘을 기른 화하족은 진시황에 이르러 중원 전체를 지배하면서 동이족을 중국 변방으로 밀쳐냈습니다. 이때 일부 동이족은 화하족에 동화되었어요.

이렇게 화하족이 중국 역사의 주도 세력이 되자 동이를 오랑캐라고 깎아내렸습니다. 그리고 전 중국 땅에 고루 분포되어 살던 동이족을 사방으로 나누어 서로 다른 오랑캐족으로 불렀어요. '동이東夷, 서융西戎, 남만南蠻, 북적北狄' 이라고. 하나의 이夷족을 넷으로 나누어 버림으로써, 동이의 세력을 약화시켜 화하족의 지배 아래에 두고자 한 것입니다.

인류 창세사를 다시 쓰게 한 배달의 홍산문화

❀ 총[무덤]·묘[신전]·단[제단]을 모두 갖춘 제천문화 유적지

20세기에 들어와 세계의 이목을 집중시킬 정도로 놀라운 문화 유적지가 발굴되었어요. 그것이 바로 배달의 홍산紅山문화입니다. 홍산이란 철광석으로 뒤덮여 산 전체가 붉게 보이기 때문에 붙여진 이름입니다. 요령성 조양시 건평현과 능원현의 접경지역에서 '기원전 4700~기원전 2900년경 석기와 청동기를 섞어 사용한' 매우 번창했던 문명이 발견된 것입니다. ◀)))

1979년 객좌현 동산취촌에서 엄청난 제사 유적이 발굴되고, 1983년 그 인근 우하량촌에서 고대 인류의 정신문화를 형성한 3요소인 돌무지무덤[총塚], 신전[묘廟], 제단[단壇]이 발굴되었어요.

> ◀))) 지중해 문명이 서양 문명에 자양분을 공급했듯이, 동이족이 발해연안에서 창조한 홍산 문명은 중국은 물론 만주, 한반도, 일본의 고대 문명을 일궈 낸 젖줄이었다(이형구·이기환, 『코리안 루트를 찾아서』).

홍산문화 유적지

내몽골자치구

서랍목륜하
(시라무렌)

장춘

길림성

난하   적봉   조양   요하   심양
      우하량 대릉하

북경   금주   요녕성

천진   산해관   수암현   단동

하북성   대련

총(무덤) · 묘(신전) · 단(제단)이 함께 발굴된 우하량 유적지

우하량 유적지는 20여 개인데, 그 중에서 제2지점만 일반 관광객에게 공개되고 있다. 동서로 배치되어 있는 제2지점은 총길이가 150미터, 폭이 60미터에 이른다.

제2지점의 방형方形 돌무지무덤

제2지점의 3단 원형 제단

우하량 원형제단 추정도_3원 구조로 된 거대한 원형圓形의 천지 제단은 '하늘은 둥글고 땅은 방정하다' 는 사상을 담은 천원지방天圓地方 구조로 되어 있다.

우하량의 16개 유적지 가운데 13곳이 적석총인 돌무지무덤입니다. 적석총은 고대로부터 삼국 시대까지 계속 나타나는 동이족의 대표적인 무덤 양식이에요. 이것은 황하지역의 화하족 문명권에서는 발견되지 않는 겁니다.

우하량의 적석총 가운데는 방형[사각형]으로 짜인 대형 무덤군과 삼신상제님께 천제를 올리던 3단 구조의 원형[둥근형] 제단이 있습니다. 그 전체 구조가 '하늘은 원만하고 땅은 바르고 반듯하다' 는 동양의 천원지방天圓地方 사상을 표현합니다. 고조선 때 쌓은 강화도 마리산의 참성단, 명나라 때 지은 북경의 환구단, 조선 말기에 고종 황제가 세운 원구단 등과 같은 구조예요. 결론적으로 5,500년 전에 배달 동이족이 세운 우하량 제단은 동북아 제천단의 원형인 것입니다.

홍산인의 신전은 우하량 제1지점에서 발굴되었는데, 신전의 주인공은 여신이에요. 이 신전 터에서 3명의 여신상과 함께 곰과 새를 신성시하던 홍산인의 토템 신앙을 보여주는 곰 소조상과 새 소조상이 발굴되었습니다.

이와 같이 총·묘·단을 모두 갖춘 국가 단계의 성숙한 문명인 홍산문화는 동북아시아 신석기 문화의 최고봉입니다. 이것은 중국 한족의 것과는 계통이 전혀 다릅니다. 중국 황하문명 태동의 밑거름이 된 배달 동이의 고유문화입니다.

❀ 홍산 유적지에서 발굴된 옥문화

홍산문화가 세계인을 가장 놀라게 한 것은 다양하면서도 정교한 옥玉 유물입니다. 여러 적석총에서 공통적으로 옥기 부장품들이 쏟아져 나왔어요. 옥은 변하지 않는 보석으로 영생불멸을 뜻하고 하나님의 신성을 상징합니다. 홍산인들은 이러한 옥을 이용하여 고귀한 신분을 나타내는 장신구, 신과 소통하는 신물, 천제에 사용하는 제기 등을 만든 거예요.

홍산문화의 옥기 중에는 우리 역사가 배달에서 고조선으로 이어졌음을 입증하

우하량 여신묘女神廟 유적에서 출토된 진흙으로 빚은 여신 두상_크기는 실물에 가깝고 눈동자는 옥으로 만들어 넣었다.

반가부좌한 여신상_이 여신상은 신교 원형 문화의 수행 모습을 잘 보여주고 있다.

용 모양의 옥 장신구

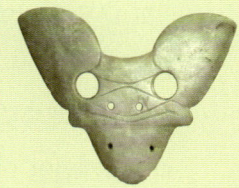

곰 형상의 옥 장신구

옥검   옥 팔찌와 옥 목걸이

신석기 시대 동북아 지역의 옥결(옥귀고리)들

동북아시아 여러 지역에서 나온 이 옥결들은 그 모양으로 보아 출토 지역이 동일 문화권이었음을 보여 준다. 왼쪽부터 홍륭와문화(기원전 6000), 마가빈문화(기원전 3600), 용산문화(기원전 3000), 강원도 고성군 문암리(기원전 6000)의 옥결.

는 것도 있습니다. 즉, 우하량 제16지점에서 발굴된 옥검玉劍이 그것입니다. 이 옥검은 고조선의 비파형 동검과 양식이 똑같습니다.

또 내몽골 지역의 나만기 유적에서는 옥인장玉印章도 출토되었습니다. 옥인장은 옥새와 같이 정치적 권위를 상징하는 유물이에요. 이것으로 미루어 홍산 사회가 통치체제를 갖춘 사회였음을 짐작할 수 있습니다. 중국은 이 옥인장을 '중화민족제일인' 이라고 규정하지만, 근거 없는 주장에 지나지 않습니다. 우리 조상이 살던 땅에서 나온 옥인장은 어디까지나 배달의 유물입니다.[23]

쌍옥룡

봉황 모양의 옥기

홍산문화 유적지에서 천자天子의 상징인 용龍과 봉鳳의 형상물도 100여 개 이상 발굴되었다. 이들은 중국의 다른 지역에서 발견된 것보다 그 시대가 훨씬 앞선다. 부엉이나 매 태양을 상징하는 삼족오는 '상제의 명령'을 인간 세계에 전달하는 매개체로 인식되었다. 그러므로 새 형상 옥기는 새를 토템으로 삼은 동이족 문화의 원형이 담긴 신물神物이다.

새 모양의 옥기

고대 동북아의 옥은 홍산문화보다 더 오래된 흥륭와문화(기원전 6200~기원전 5200)에서부터 발굴되었습니다. 그런데 흥륭와문화에서 출토된 것과 모양도 유사하고 만들어진 시기도 비슷한 옥결(옥 귀고리)이 강원도 고성군 문암리에서도 나왔습니다. 이것은 기원전 6000년경부터 요서, 요동, 한반도가 하나의 문화권이었음을 의미합니다.

홍산문화는 이집트, 메소포타미아, 인더스 문명보다 앞서는 세계 최고最古 문명입니다. 중국은 이 홍산문화를 요하문명이라는 이름으로 전 세계에 소개하면

홍산문화와 Y벨트

소하서 小河西

조보구 趙寶溝

하가점하층 夏家店下層

북방초원문화

홍산문화
기원전 4700~기원전 2900

파림좌기

요하

부하 富河

대청산

북방초원문화
남하노선

홍산문화
남하노선

호화호특

흥륭와 興隆洼

5 1
8 4
적봉 2
7 3 심양
6 조양
6 우하량 사해 査海

북경

수암

난하

소하연 小河沿

영정하

홍산 紅山

태항산

황하

태원

제남

안양

대문구문화
기원전 4100~기원전 2600

앙소문화
북상노선

낙양

서안

앙소문화
기원전 5000~기원전 3000

회수

마가빈문화
기원전 5000~기원전 3000

대계문화
기원전 2000~기원전 2600

하모도문화
기원전 5000~기원전 4500

굴가령문화
기원전 3500~기원전 2600

시대	명 칭	대표 유적과 유물
신석기	❶ 소하서小河西 문화 (BCE 7000년~BCE 6500년)	가장 빠른 신석기 유적, 반지혈半地穴식 주거지, 각종 토기, 석기, 흙으로 만든 사람 얼굴상 등.
	❷ 흥륭와興隆洼 문화 (BCE 6200년~BCE 5200년)	대규모의 집단 주거지(華夏第一村), 최초의 용龍형상 저수룡猪首龍, 세계 최고最古의 옥결玉玦과 옥기玉器, 빗살무늬토기, 평저통형平底筒形토기 등.
	❸ 사해査海 문화 (BCE 5600년~ ?)	돌로 쌓은 용 형상의 석소룡石塑龍(中華第一龍), 집단 주거지, 다양한 옥기, 빗살무늬토기 등.
	❹ 부하富河 문화 (BCE 5200년~BCE 5000년)	가장 오래된 복골卜骨, 석기, 골기骨器, 빗살무늬토기 등.
	❺ 조보구趙寶溝 문화 (BCE 5000년~BCE 4400년)	최초의 봉 형상 토기(中華第一鳳), 영물도상靈物圖像토기, 세석기, 빗살무늬토기 등과 요서지역 최초의 채색토기.
신석기 청동기 병용	❻ 홍산紅山 문화 (BCE 4700년~BCE 2900년)	국가의 존재를 나타내는 대규모의 총묘단塚廟壇(적석총, 여신묘, 제천단)시설, 대형 피라미드, 여신상, 옥웅룡玉熊龍 등 다양한 옥기, 청동주조 유물, 석기, 채색토기, 무문토기, 제사용 토기 등.
	❼ 소하연小河沿 문화 (BCE 3000년~BCE 2000년)	다양한 문양의 토기, 부호문자 토기, 석기, 세석기, 골기 등.
청동기	❽ 하가점하층夏家店下層 문화 (BCE 2000년~BCE 1500년)	적석총, 석관묘, 치雉가 있는 석성, 대형 건물터, 옥기, 삼족三足토기, 일상용 토기와 의례용 토기, 복골卜骨 등.

서 중국이 이 문화의 주인이라고 주장합니다. 경제대국에서 문화대국으로, 지구촌의 중심 국가가 되려는 야망을 노골적으로 드러내고 있는 겁니다.

 ## 한민족의 전성기, 고조선

나라를 삼한으로 나누어 다스림

초대 환웅이 배달을 개국한 지 1,565년, 18세 거불단 환웅께서 세상을 떠나자 단군왕검이 배달의 구환족을 하나로 통일하여 '조선朝鮮'을 열었습니다(기원전 2333). 단군왕검은 삼신상제님께 천제를 올리고, 송화강 아사달(지금의 흑룡강성 하얼빈)에 도읍을 정하였어요. 아사달은 '아침 태양이 빛을 비추는 넓게 트인 땅'이란 뜻입니다.

그 후 22세 색불루 단군은 도읍을 송화강 아사달에서 남서쪽의 백악산 아사달(지금의 길림성 장춘)로 옮겼고, 44세 구물 단군은 남쪽으로 더 내려와 장당경 아사달(지금의 요령성 개원시)로 옮겼어요. 도읍지의 이동에 따라 왕조사가 크게 세 번 변하며 마흔일곱 분의 단군이 2,096년 동안 다스린 조선은 고대 한민족이 가장 크게 세력을 떨치고 문화를 발전시킨 때였습니다.

단군왕검은 삼신의 원리에 따라 나라를 삼한(진한, 번한, 마한)으로 나누어 다스리는 삼한관경제三韓觀境制를 시행하였어요. 단군왕검은 대단군으로 요동과 만주 지역에 걸쳐 있던 '진한'을 통치하고, 요서 지역에 있던 '번한'과 한반도에 있던 '마한'은 각각 부단군이 통치 했습니다. 마한은 하늘의 정신[天一]을, 번한은 땅의 정신[地一]을, 진한은 천지의 주인이요 중심인 인간[太一]을 상징합니다.

신교 삼신문화의 우주관과 신관에 근거한 삼한관경제는 고조선 역사와 문화에

① 송화강 아사달
    (하얼빈/소밀랑)
② 백악산 아사달(장춘/녹산)
③ 장당경 아사달(개원)

단군조선의 강역

서 가장 중요한 제도입니다. 그래서 삼한관경제를 이해하지 못하면 고조선의 역사를 분명하게 알기 어렵습니다.

고조선은 70여 제후국을 거느린 동북아의 대국

고조선 시대는 '한민족 역사상 가장 넓은 영토를 가진'[24] 때였습니다. 강역이 동쪽으로 한반도의 동해안, 북쪽으로 흑룡강을 지나 시베리아와 몽골, 남쪽으로 일본 열도, 서쪽으로 티베트에 이르렀습니다. 이것을 고려, 조선의 사대주의

자들과 일제의 식민사학자들이 한반도 북부에 국한시켜 대국을 소국으로 줄여 놓았지요.

하지만 발굴된 수많은 유물들은 고조선이 한반도에서 요서에 이르는 드넓은 땅을 차지한 동북아의 대국이었음을 입증합니다. 그 중 하나가 20세기 후반에 발굴된 하가점夏家店 문화의 유물이에요. 하가점은 내몽골 자치구 적봉시의 한 촌락으로 건조한 기후 때문에 유적과 유물이 빗물에 떠내려가 사라지지 않고 시대별로 층층이 잘 보존된 곳입니다. 그 위층에서 유목민 문화가 나오고 아래층에서 기원전 2400~기원전 1500년에 걸친 농경문화가 나왔습니다. 특히 위층에서 동북아 청동기 문화의 대표적 유물인 비파형동검이 나왔는데, 만주와 한반도에서 발굴된 청동검과 똑같습니다. 따라서 하가점 문화는 고조선 문화이고, 하가점이 속한 내몽골 지역은 고조선의 영역인 겁니다.

고조선은 동북아의 대국으로서 70여 개의 크고 작은 제후국을 거느렸습니다. 『단군세기』에 따르면, 고조선의 단군은 제후국을 순회하였고 제후들은 단군에게 조공을 바쳐 예를 갖추었습니다. 단군은 제후들을 삼신상제님께 올리는 천제에 참여시키고 함께 적을 공격하기도 했어요. 하지만 중국과 일본은 이러한 고

70여 개 제후국을 거느린 동방의 천자국!

하 상 주

(천자국) 조선

조선의 제후국을 고조선과 관계없는 별개의 나라로 기록하여 고조선이 대제국이었다는 사실을 감추었습니다.

고조선과 중국의 관계

그렇다면 당시 고조선은 중국 왕조와 어떤 관계였을까요?

초대 단군왕검 시절, 우리나라 순임금은 9년 대홍수를 당하여 곤경에 처했습니다. 순은 고조선의 도움으로 무사히 홍수를 해결했어요. 이때 고조선의 부루 태자에게서 오행치수법五行治水法을 전수받아 홍수를 해결한 순의 신하가 사공 우禹입니다. 우는 이 일로 백성들의 인심을 얻어 뒤에 하나라를 열었습니다. 이렇게 개국 시조인 우임금 때부터 고조선의 은덕을 입은 하나라는 마지막 왕인 걸桀에 이르기까지 고조선을 상국으로 모셨습니다.

하나라를 이은 상나라도 동이족이 세운 나라입니다. 그래서 고조선이 있던 동북방을 늘 숭상했습니다.

상나라 다음으로 550년 동안 중원을 지배한 주周나라 역시 처음 나라를 세울 때부터 고조선의 영향력에서 벗어날 수 없었습니다. 많은 병력과 전차를 보유한 상나라 군대와 싸우기 위해, 주나라 무왕은 동이족의 협조가 절대적으로 필요했어요. 그때 무왕을 도운 동이족 인물이 강태공입니다. 그리하여 주나라도 이전의 왕조와 마찬가지로 고조선에 조공과 방물을 바쳐 예를 표했습니다. 『환단고기』에는 주나라 왕 하瑕(4세 소왕)가 조선에 사신을 보내 조공을 바친 일과, 32세 추밀 단군 때 주나라가 번조선에 방물을 바친 일 등이 상세히 기록되어 있어요.

한마디로 고조선은 동북아의 천자국天子國이고, 하ㆍ상ㆍ주 중국 3왕조는 모두 조선에게 정치적 지배를 받는 제후국이었습니다.

고조선과 일본의 관계

고대 일본 역사는 동방 한민족이 건너가서 개척한 역사라 해도 지나치지 않습니다. 일본의 정통 역사책인 『일본서기日本書紀』와 『고사기古事記』◥에 기록된 '천손강림(하늘의 자손이 내려옴)' 이라는 일본 건국 이야기는 환웅의 배달 건국 이야기와 그 틀이 너무나 비슷합니다.

> ◥도네리 친왕舍人親王이 저술한 『일본서기』(720), 백제 사람 태안만려太安萬呂가 저술한 『고사기』(712)는 일본 최고最古의 정사正史이다. 하지만 이 두 서책은 백제 멸망(660) 후 모국인 백제와의 고리를 끊고 일본 왕조를 스스로 세운 왕조로 변색하기 위해 집필된 것이다.

『환단고기』에 따르면, 36세 매륵 단군 때 **협야후 배반명**裴幋命이 일본으로 건너가 삼도三島(일본을 구성하는 세 섬)를 평정하고 스스로 천왕이라 칭하였습니다(기원전 667). 이 배반명이 곧 『일본서기』에 나오는 일본의 초대 왕 진무神武입니다. 고조선 사람이 천왕이 됨으로써 일본의 왕조사가 시작된 거예요.◥

그 후 일본 최초의 통일왕조인 야마토 정권을 탄생시킨(286년, 『일본서기』) 제15대 오진 왕도 한반도에서 넘어간 부여 사람입니다. 『환단고기』에 따르면, 서부여

> ◥일본은 고조선이 망한 후로도 이 땅에서 넘어간 한민족에게서 역사 발전의 자양분을 공급받았다.

의 의려왕과 그 아들 의라왕이 선비족 모용외에게 쫓기어 무리 수천 명을 거느리고 바다를 건너 가 왜를 평정하고 왕이 되었어요(285년, 『태백일사』 「대진국본기」).

한민족이 일본에 건너가 문화를 전수한 것은 19세기 초까지 이어졌습니다. 임진왜란이 끝난 후 일본 도쿠가와 정권의 간청에 따라 1609년부터 2백 년 동안 문화사절단인 통신사를 파견하여 선진 문물을 전해 주었습니다. 한국은 고조선부터 근세조선까지 일본의 문화 발달에 매우 큰 영향을 끼친 정신적 조국이자 스승의 나라입니다

고조선과 북방 민족의 관계

『단군세기』를 보면, 흉노의 시조는 한민족입니다. 3세 가륵 단군이 열양 욕살 (지방 장관) 삭정索靖을 약수 지방에 유배시켜 종신토록 감옥에 가둬 놓았다가 후에 용서하고 그 땅에 봉하여 흉노의 시조로 삼았기 때문입니다.

'흉노匈奴'에서 '흉'은 훈(Hun 혹은 Qun)의 음을 한자로 표기한 것으로 흉노인 스스로 자신을 '훈'이라 불렀다고 합니다. 그리고 '노奴'는 몽골어에서 남편이나 기사에 대한 존칭으로 쓰이고 있는 점으로 미루어 존칭어임이 분명합니다. 그럼에도 중국 한족은 흉노를 흉악한 노예라고 불러 왔습니다.

흉노는 제국을 이룬(기원전 176) 후 나라를 고조선과 똑같이 셋으로 나누어 다스렸어요. 중앙은 흉노의 왕인 '선우單于'가 통치하고 동쪽은 좌현왕이, 서쪽은 우현왕이 통치했습니다.[25] 흉노는 왕을 '탱리고도 선우'라고도 불렀는데, '탱리고도'는 '하늘의 아들', 즉 '천자天子'를 뜻합니다. 고조선과 마찬가지로 왕을 '하늘의 대리자', '삼신상제님의 대리자'로 생각한 거예요. 흉노는 또 천지와 일월을 숭배하고 조상을 받들었습니다. 흉노는 천지 광명 인간, 일월의 아들인 것입니다.

흉노는 기원전 4세기 전국 시대부터 진·한 시대 내내 중국을 위협하였습니다. 진시황 때 쌓은 만리장성도 흉노의 침략을 막기 위해서였습니다. 흉노 제국은 기원전 1세기 중반 이후 내분이 일어나, 2세기 중반에 오늘날의 카자흐스탄 초원으로 들어간 뒤 기록에서 사라져 버립니다.➠

➠흉노는 370년경 '훈Hun'이라는 이름으로 서양의 역사에 다시 등장한다. 흑해 북부에 나타나서 고트족을 공격하였는데 이 때문에 게르만족이 대이동을 시작하게 되고, 그 결과 서로마 제국이 무너지고 만다. 흉노족이 유럽의 고대사를 끝내고 중세를 출발시킨 계기를 만든 것이다.

1세기 말 흉노가 떠나자 선비족이 북방의 패권을 잡았습니다. 『후한서』에서는 선비를 동호東胡(고조선의 별칭)

의 후예라 했습니다. 선비족은 2세기 중반에 단석괴檀石槐라는 영웅 밑에서 통합을 이루었지만 단석괴가 죽자 순식간에 여러 집단으로 나뉘었습니다. 이때 생긴 부족이 탁발拓跋, 모용慕容, 우문宇文, 단段, 걸복乞伏 등이에요. 이 부족들은 당시 한나라가 망한 후 혼란에 빠져있던 중국 땅으로 밀고 들어가 중국사에서 말하는 5호16국 시대의 주역이 되었습니다.[26] 그 가운데 북위(386~534)가 북중국을 통일하고, 북위에서 나온 북주의 귀족 양견이 패권을 잡고 수나라를 세웠습니다. 수를 이어 당나라를 개국한 이연李淵도 선비족 출신입니다. 결국 수와 당은 **북방 민족이 세운 나라인 것입니다.**

또 『단군세기』 4세 오사구 단군 조에는 단군이 아우 오사달을 '몽고리한蒙古里汗'에 봉했다는 기록이 나옵니다. 선비족의 영웅 단석괴가 죽은 후 갈라져 나간 부족 가운데 실위족에서 칭기즈칸(1162~1227)이 이끄는 몽골족이 출현합니다. 19세에 부족의 칸으로 선출된 칭기즈칸은 몽골 부족을 통일하고, 눈길을 초원 밖으로 돌려 중앙아시아 일대를 정복해 나갔습니다. 몽골의 정복사업은 5대 칸 쿠빌라이 때 절정에 달합니다.

쿠빌라이는 1271년에 도읍을 연경燕京(지금의 북경)으로 옮기고 원元나라를 개국합니다. 그리고 몇 년 후 남송을 멸망시키고 중국 땅 전체를 다스리는 대통일 제국이 되었지요. 중국 역사에서 가장 넓은 강역을 차지한 원나라도 북방 민족이 개창한 것입니다. ◀》

이렇듯 흉노, 선비, 돌궐, 거란, 몽골 등의 북방 민족은 한민족과 밀접한 관계가 있습니다. 그래서 북방 민족의 사상과 풍습은 한민족의 그것과 유사한 점이 많습니다. 그들도 자신을 '천손(하늘의 자손) 민족'이라 하

> ◀》이후 몽골은 유럽으로 진출하였다. 몽골군이 로마로 진격하면서 흑사병을 퍼뜨려 유럽 인구가 급감하였다. 이로 인해 중세를 지탱해온 농노제도가 무너지고, 흑사병 앞에서 무력한 신의 존재에 대해 사람들이 의문을 가지면서 교회와 교황의 권위가 붕괴되었다. 결국 서양 중세사의 막이 내린다.

고, 천신, 즉 삼신상제님을 숭배합니다. 난생설화(왕이 알에서 태어났다는 이야기), 순장제와 형사취수제(형이 죽으면 형수를 아내로 맞이하는 풍습) 등도 우리와 비슷합니다. 특히 몽골족은 천신을 숭배하고 산을 신성시하여 산에 제사를 지냈어요. 또 몽골인들이 술을 마시기 전에 손가락으로 술을 세 번 튕기는 풍습은 고조선의 고시레와 유래가 같습니다. 그리고 그들도 돌탑 주위를 세 바퀴 도는 탑돌이를 하면서 소원을 빕니다. 이러한 풍습에서 3수 신앙을 엿볼 수 있습니다. 이처럼 북방 민족과 한민족은 '고조선'을 뿌리로 하여 서로 연결되어 있는 것입니다.

청동기와 고인돌이 보여 주는 고조선 문화

강단사학계는 한민족의 청동기 시대가 기껏해야 기원전 1300년 위로 올라가지 못한다고 보았습니다. 그러나 한국사의 청동기 시대는 그보다 천 년 이상 앞섭니다. 기원전 2500년경에 한민족이 이미 청동을 사용하였음은 하가점 하층 문화가 입증했어요.

하가점 지역에서 발견된 청동기 문화 가운데 가장 잘 알려진 것이 비파형 동검입니다. 비파라는 악기처럼 생긴 이 검은 요서, 요동, 만주, 중국의 하북성, 산동성, 그리고 한반도 전역에서 발견되고 있습니다. 이러한 사실은 고조선의 영역이 요서에서 한반도까지 걸쳐 있었음을 입증합니다.

고조선의 비파형 동검은 청동과 아연의 합금으로 그 재질이 단단하고 강합니다. 주로 납이 많이 들어가 쉽게 무디어지는 중국의 동검과는 다릅니다. 청동과 아연은 녹는 온도가 서로 달

비파형 동검_악기인 비파 모양의 검으로, 주로 요령성 지역에서 많이 발견되어 요령식 동검이라고도 부른다. 고인돌 유적과 함께 나오기 때문에 이 동검 출토 지역을 고조선 영역으로 본다.

라 두 금속을 합금하는 데는 고도의 기술이
필요합니다. 그러니 이것만으로도 4천여
년 전 고조선 문명의 높은 수준을 가늠
할 수 있지요.[27]

다뉴세문경多鈕細紋鏡(여러 꼭지 잔줄무
늬 거울)도 고조선의 뛰어난 청동기 제작
술을 보여 줍니다. 이 청동 거울 뒷면에
는 머리카락 굵기에 불과한 가느다란 선
만여 개가 정교하게 새겨져 있어요. 이런 청동
거울은 일찍이 다른 나라에서는 발굴된 적이

다뉴세문경

없습니다.[28] 청동은 구리와 주석의 비율에 따라 그 성질이 달라지는데, 다뉴세문
경은 주석의 비율이 27%에 달하여 매우 견고합니다. 비파형 동검과 다뉴세문경
을 통해 고조선이 고도의 청동 제작 기술을 보유한 동북아 문명의 주역이었음을 알
수 있습니다.

고조선은 거석 유적에 속하는 고인돌도 많이 남겼습니다. 고인돌은 원래 신석

고창 도산리의 고인돌

고창 죽림리 고인돌

기와 청동기 시대에 나타난 돌무덤 형식이에요. 아시아에서는 만주와 한반도에 많이 남아 있는데, 한반도의 경우 대략 4만 기 정도로 추정됩니다.

고인돌에 사용된 판석은 그 무게가 적게는 10톤 미만에서 많게는 300톤에 이릅니다. 이러한 판석을 옮기려면 수백 명의 인력이 필요했을 것입니다. 따라서 고인돌을 세우는 일은 부족장이나 왕이 다스리는 강력한 통치체제를 갖춘 사회가 아니면 불가능합니다. 고인돌은 고조선이 성숙한 국가체제를 갖춘 나라였음을 입증하는 유물입니다.

고인돌의 모양은 음양론에 바탕을 두고 있어요. 뚜껑돌은 양으로 하늘(아버지)을 상징하여 1개[天一]이고, 받침돌은 음으로 땅(어머니)을 상징하여 2개[地二]예요. 뚜껑돌, 받침돌, 피장자被葬者(무덤에 묻힌 사람)가 각기 천天, 지地, 인人을 상징합니다. 고인돌에도 신교의 천지 음양 사상과 삼신사상이 녹아 있는 것입니다.

고조선의 경제와 생활문화

고대의 주요 산업은 농업이었습니다. 그래서 토지 제도가 매우 중요했습니다. 고조선은 2세 부루 단군 때부터 이상적 토지 제도인 정전제井田制➡를 시행했습니다. 그동안 정전제가 중국의 주나라 때 처음 시행된 것으로 알려졌지만, 사실은 고조선에서 먼저 시행한 것을 뒤에 중국이 본받은 것입니다.

➡정전제는 토지를 우물 정井 자 모양으로 9등분하여 중앙은 공전公田으로 하고 주위는 여덟 가구에게 사전私田으로 나누어 주어 경작하게 하는 방식이다. 공전은 공동으로 농사를 지어 그 생산물을 세금으로 내었고, 사전은 각 개인이 농사를 지어 생활하였다.

고조선은 일찍이 화폐도 만들어 사용했어요. 4세 오사구 단군 때인 기원전 2133년에 '패전貝錢'이라는, 가운데에 둥근 구멍이 뚫린 돈을 주조했습니다. 이 패전이 엽전의 기원입니다.

명도전

고조선을 신화라고 주장하는 현 학계에서는 가장 오래된 금속 화폐를 기원전 6세기경의 연나라 화폐인 명도전明刀錢으로 봅니다. 그러나 명도전은 고조선의 화폐라고 보아야 합니다. 무엇보다 명도전이 출토된 지역이 고조선의 영역과 거의 일치하기 때문입니다.

또 명도전을 연나라 화폐로 보기 어려운 이유는 그 출토되는 양이 엄청나기 때문이에요. 고조선 유적지에서 명도전이 자루에 가득 담긴 채로 빈번하게 출토되고 있습니다. 이것은 연나라의 화폐가 아니라 고조선의 화폐이기 때문에 가능한 일입니다.[29]

문자의 사용은 고대 문명을 이루는 요건 중 하나입니다. 고조선 이전 배달 시대에 우리 민족은 이미 사슴 발자국 모양을 보고 녹도문鹿圖文을 만들었어요. 하지만 녹도문은 사용하기가 불편하여, 고조선의 3세 가륵 단군에 이르러 다시 '정음 38자'를 만들었습니다. 그것이 가림토加臨土◂▸예요.

최근 중국 곳곳에서 상나라 갑골문 이전의 문자로 추정되는 상고금문上古金文이 발견되고 있습니다. 중국 학자 뤄빈지는 『금문신고金文新攷』라는 책에서 '상고금문은 한민족의 언어를 바탕으로 만들어진 문자'라고 밝히고, 그 문자를 만들어 사용한 사람들이 동방 조선족이라고 단언했습니다.[30] 중국인들이 사용하는 문자도 한민족에게서 나간 것입니다.

◂▸가림토(또는 가림다加臨多)는 한양조선 세종 때 만든 훈민정음과 그 모양이 같거나 흡사하다. 오늘날 우리가 쓰는 한글은 고조선 글자의 변형인 것이다.

고조선은 제정일치 국가로서 일찍이 예악禮樂이 발달했습니다. 요령성 건평현의 이도만자二道灣子 유적과 하가점 유적에서 출토된 돌로 만든 악기인 '석경石磬', 한반도의 두만강 유역에서 출토된 '뼈피리' 등은 고조선 시대의 예악 문화를 보여 줍니다.[31] 이것은 홍산문화에서 출토된, 배달 시대의 '석경(기원전 3000년

경 제작)'과 옥으로 만든 '오공금五孔琴'과 더불어, 동방 한민족이 동북아에서 가장 먼저 예악 문화를 누렸음을 입증합니다.

고조선 사람들은 삼베, 모직, 면, 그리고 비단을 생산하여 수눈 높은 복식 문화를 누렸습니다. 고고학 자료에 따르면, 한민족이 비단을 생산하기 시작한 때는 배달 말기인 기원전 2700년경이에요. 이것은 초대 단군왕검이 하백의 딸을 황후로 맞이하여 누에치기를 관장하게 하였다는 『환단고기』의 기록과 서로 통합니다. 중국도 비슷한 시기에 비단을 생산하기 시작했어요. 하지만 고조선의 뽕나무는 중국의 것과 품종도 다르고, 비단을 짜는 방법과 염색 기술도 달랐습니다. 고조선은 독자적인 비단 생산 기술을 가지고 있었던 겁니다. 고대 복식 역사를 연구하는 박선희 교수는 '홍산문화 유물에 옥잠玉簪(옥누에)이 나오는 것을 보면, 한국의 비단 직조 기술이 중국보다 앞섰다'고 말합니다.

그리고 우리나라는 고조선 때부터 품질이 우수한 백첩포白疊布(백첩이라는 목화 품종에서 뽑은 면)를 생산했습니다. 중국은 원나라 때 와서야 면직물을 생산했어요. 그러니 고려 때 문익점이 원나라에서 몰래 목화씨를 가져 와서 비로소 우리나라가 면직물을 생산하게 되었다는 것은 꾸며낸 이야기에 불과합니다.

삼한관경제의 와해 속에 무너진 고조선

고조선은 21세 소태 단군 말, 개국 이후 처음으로 위기 상황을 맞이합니다. 상나라 정벌에 공을 세운 개사원 욕살 고등高登과 해성 욕살 서우여徐于餘 사이에 일어난 권력 투쟁이 그 발단이었어요. 이후 고등의 손자 색불루索弗婁가 군사를 일으켜 정권을 탈취하고 고조선의 22세 단군으로 즉위하였습니다. 고조선 제2 왕조 시대가 시작된 것입니다.

색불루 단군은 폐단을 없애고 국정을 새롭게 하기 위해 백악산 아사달로 도읍을 옮기고 삼한(진한, 번한, 마한)을 삼조선(진조선, 번조선, 막조선) 체제로 바꾸었습니다. 이전 통치 제도처럼 진조선이 병권을 가지지만, 삼한관경제에 변화가 생긴 것입니다. 신교문화의 성소聖所인 소도를 중심으로 한 공동체 의식이 약해지고 빈부 격차와 계급 분화가 빠르게 진행되었습니다.

그러다가 43세 물리 단군 때에 이르러 삼한관경제가 완전히 붕괴되었습니다. 융안의 사냥꾼 우화충이 반란을 일으켜 도성을 공격하였습니다. 이에 단군이 피난길에 나섰다가 도중에 세상을 떠났어요. 이때 백민성 욕살 구물丘勿이 군사를 일으켜 반란을 평정한 뒤 장당경 아사달에서 44세 단군으로 즉위하게 됩니다. 이로써 고조선의 제3 왕조 시대가 시작되었습니다.

구물 단군은 나라를 부흥시키려고 이름을 대부여大夫餘로 바꾸었습니다. 초대 단군의 넷째 아들 부여夫餘가 다스린 고조선의 제후국 '부여'에서 이름을 취한 것입니다('부여'란 '빛이 부옇게 밝아온다'는 뜻이라고도 한다). 하지만 대부여는 예전의 진한 또는 진조선과 같은 통치력을 행사할 수 없었어요. 부단군이 다스리는 번조선·막조선도 똑같이 병권을 가지게 되어, 중앙의 진조선과 대등한 관계가 되었기 때문입니다.

이때부터 고조선은 급속하게 몰락의 길을 걸었습니다. 기원전 238년, 마침내 47세 고열가 단군은 오가五加 족장들에게 나라를 맡기고 산으로 들어갔습니다. 이로써 고조선은 2,096년으로 그 역사를 끝내게 되었습니다.

> 고조선 2,096년은 고조선의 중심 세력인 진한(진조선)의 역년이다. 서쪽의 번조선은 그 후 40여 년(기원전 238~기원전 194) 동안 더 남아 있다가 위만에게 왕권을 빼앗겼다.

북부여와 열국시대

읍루

선비鮮卑

동(가섭원)부여
(기원전86~서기22)
●가섭원(차릉)

갈사국
(서기22~68)

고리국

북 부 여

흉노匈奴

오환烏桓

●웅심산(서란)
북부여 발흥지
(기원전 239~195)

●졸본①(수분하)

위만정권
(기원전194~108)

백두산

●졸본②(환인)

①정인보, 이유립의 수분하설
②학계의 환인설

상하운장

연燕

조趙

한漢

제齊

최씨낙랑국
(기원전195~서기37)

최숭의 낙랑국 건설

남삼한
마한 진한
변한

고조선 이래 한민족의
계속적인 일본 열도 이주 개척

1.번조선 마지막 왕 기준의 망명
2.번조선 상장 탁록의 중마한
건설(기원전 194)

 한민족사의 잃어버린 고리, 북부여

북부여의 출현과 열국 시대 개막

대단군의 통치권이 약화되고 부단군과 지방 군장들의 목소리가 커지던 고조선 말기에 해모수가 일어났습니다. 해모수는 요하 상류에 위치한 고조선의 제후국 고리국 출신으로 기원전 239년에 웅심산(지금의 길림성 서란)을 근거지로 하여 북부여를 세웠습니다. 북부여란 '대부여의 강역 중 북쪽에 세운 부여'라는 뜻입니다. 그 후 해모수가 백악산 아사달을 점거하고 단군에 추대됨으로써, 고조선을 계승한 북부여의 역사가 시작되었습니다(기원전 232).

이렇게 북부여가 고조선의 역사를 이어가고 있을 때, 번조선과 막조선에도 큰 변화가 일어납니다. 연나라 사람 위만이 한나라 조정으로부터 숙청당할 위기에 처하자 조선인으로 변장한 뒤 부하 1천 명과 함께 번조선 준왕에게 투항을 했습니다(기원전 195). 그리고 서쪽 변방인 상하운장(지금의 북경 동쪽과 난하 사이 지역)을 지키면서 몰래 세력을 길러, 이듬해에 왕검성을 쳐서 준왕을 내쫓고 스스로 왕이 됩니다(기원전 194). 번조선이 '위만정권'으로 바뀐 것입니다.

이 무렵 요서 지역 출신의 대부호 최숭은 바다를 건너 남으로 내려와 막조선의 **왕검성**(지금의 평양) 지역에 낙랑국을 세웠습니다(기원전 195)⟡. 또 위만이 번조선 을 차지하자, 번조선의 상장군 탁卓이 조선 의 백성을 이끌고 한강 이남으로 이주하여 새로이 '마한'을⟡ 세웁니다(기원전 194). 이 때 진조선과 막조선의 백성도 한강 아래로 남하하여 각기 '진한'과 '변한'을 세웠습 니다. 마한은 전북 익산을, 진한은 경북 경 주를, 변한은 경남 김해를 중심으로 자리 잡았습니다.⟡ 이것이 남삼한입니다.

만주에는 진조선[대부여]을 계승한 북부 여가, 요서 번조선에는 위만정권이, 그리 고 막조선의 땅이었던 한반도에는 낙랑국 과 남삼한이 들어섰어요. 이로써 한국사는 서서히 열국(여러 나라) 시대로 접어듭니다.

⟡ 낙랑국은 낙랑군과 다르다. 최숭이 세운 낙랑은 요서 지역에 있는 자신의 고향, 낙랑에서 이름을 따 왔다. 이 낙 랑은 번조선 수도 왕검성이 있던 지금 의 하북성 창려현 지역으로 비정된다. 낙랑군은 이와 달리 한 무제가 번조선 을 패망시키고 그곳에 설치하려 했던 4군四郡 중의 하나이다.

⟡상장군 탁은 북삼한 시대 막조선의 월지국(지금의 전북 익산) 출신이다. 번조 선에서 벼슬을 하다가 위만이 번조선 을 침탈하자 유민들과 함께 월지국으 로 돌아가 소규모의 마한을 세운 것이 다.

⟡북삼한 시절에는 진한이 삼한의 중심 국이었지만, 남삼한 시절에는 마한이 중심국이었다. 따라서 마한의 임금 탁 이 진왕辰王 노릇을 하였다. 진왕이란 대단군 또는 단군 천황의 다른 말이다.

북부여의 구국 영웅, 고두막한

북부여는 4세 고우루 단군에 이르러 큰 전환점을 맞이합니다. 한나라 유방의 7대손으로 중국 역사에서 가장 강력한 군주 가운데 한 사람인 한 무제의 침공을 받은 거예요. 기원전 109년, 한 무제는 위만의 손자 우거왕이 다스리고 있던 번 조선 땅을 침입하여 이듬해 왕검성을 함락시키고, 그 여세를 몰아 북부여까지 침공했습니다.

이때 분연히 의병을 일으켜 한나라 군대를 물리친 영웅이 바로 고두막한高豆莫 입니다. 그는 졸본卒本에서 나라를 열어(기원전 108) 졸본부여라 하고 스스로 동명 왕東明王이라 칭하였습니다. ➡ 그리고 한 무제를 물리친 다음 북부여의 5세 단군

➡ 고두막한은 고조선의 47세 고열가 단군의 직계 후손이다. 동명왕이란 칭호는 '동방[東]의 광명[明]을 부활시킨다'는 뜻이다. 졸본부여를 '동명부여'라고도 한다.

➡ 고두막단군 때에 북부여에서 동부여(가섭원부여)가 갈라져 나갔고, 동부여는 2세 금와왕을 거쳐 3세 대소왕 때 고구려에게 망하여 갈사부여와 연나부부여(서부여)로 나뉘었다.

으로 즉위했습니다(기원전 86). 고두막 단군의 등장으로 전기 북부여 시대가 끝나고 북부여의 새 역사가 시작되었습니다. ➡ 그 후 북부여는 고두막 단군의 아들 6세 고무서 단군에 이르러 182년(기원전 239~기원전 58)의 짧은 역사를 끝내고 고주몽의 고구려로 계승됩니다.

'북부여가 고조선을 계승하고, 이후에 고구려로 이어졌다'는 사실은 한민족 고대사의 국통 맥을 바로잡는 가장 중요한 열쇠입니다. 그런데 일제 식민사학은 위만정권을 고조선의 계승자로 앉혔습니다. 뿐만 아니라 '위만조선이 망한 후 그 자리에 한사군이 설치되었다'고 조작했어요. 북부여는 온데간데없고, 위만조선과 한사군을 그 자리에 넣어 한민족 국가를 중국의 식민지로 만들어 버린 것입니다.

강단사학자들은 또 중국 역사책과 『삼국사기』, 『삼국유사』를 근거로 북부여의 시조 해모수를 고구려의 시조인 주몽의 아버지로 만들었어요. 주몽은 해모수

의 현손입니다. 그런데 어이없게도 '해모수와 유화 부인 사이에 고주몽이 태어나 고구려를 열었다'고 하여, 해모수와 주몽을 부자지간으로 만든 겁니다. 그 결과 180여 년에 걸친 북부여 6대 단군의 역사는 완전히 증발되어 버렸습니다.

일본에 진출한 부여족

고조선 시대에도 그러하였지만, 부여 시대에도 한민족은 일본 열도로 진출했습니다. 부여는 한반도를 중심으로 고구려·백제·신라를 건국했을 뿐 아니라(북부여 계보 참고), 일본 열도로 건너가 나라를 세운 것입니다.

앞에서도 말했지만 일본 최초의 통일왕조인 야마토 정권을 탄생시킨(286년, 『일본서기』) 제15대 오진 왕이 바로 한반도에서 넘어간 부여 사람입니다. 한반도에서 건너간 부여계 기마민족이 야마토 왕조를 건설하였다는 이 이야기는 오늘날 일본 학계에서 정설로 인정되고 있습니다.

기마 민족인 부여인의 일본 진출은 고고학적 유물로도 입증됩니다. 가와치河內 땅 오진 왕릉 터에서 금동으로 조각된 말안장 장식인 안교鞍橋가 나온 것입니다.

부여의 생활 풍습도 일본으로 전파되었습니다. 『위지魏志』 「동이전」을 보면 '부여 사람들은 음식을 먹을 때는 모두 조두俎豆(나무로 만든 제기祭器 형태의 그릇)를 사용하고, 여럿이 모일 때는 서로 절하면서 잔을 권하는데 잔을 씻어 권한다'고 했어요. 또 '통역하는 사람이 말을 전할 때는 모두 무릎을 꿇고 손을 땅에 대고, 조용히 말을 한다'고 하였습니다. 음식을 나무 그릇에 담아 먹고, 서로 고개 숙여 인사하고, 무릎을 꿇고 앉고, 말을 조용히 하는 모습은 일본인들에게서 쉽게 찾아볼 수 있지요.

> ➡️한민족이 일본에 건너가 문화를 전해 준 것은 19세기 초까지 이어졌다. 임진왜란이 끝난 후 일본 도쿠가와 정권의 간청에 따라 1609년부터 2백년 동안 문화사절단인 통신사通信使를 파견하여 선진 문물을 전해 주었다. 한국은 조선부터 근세조선까지 일본의 문화 발달에 매우 큰 영향을 끼친 정신적 조국이자 스승 나라인 것이다.

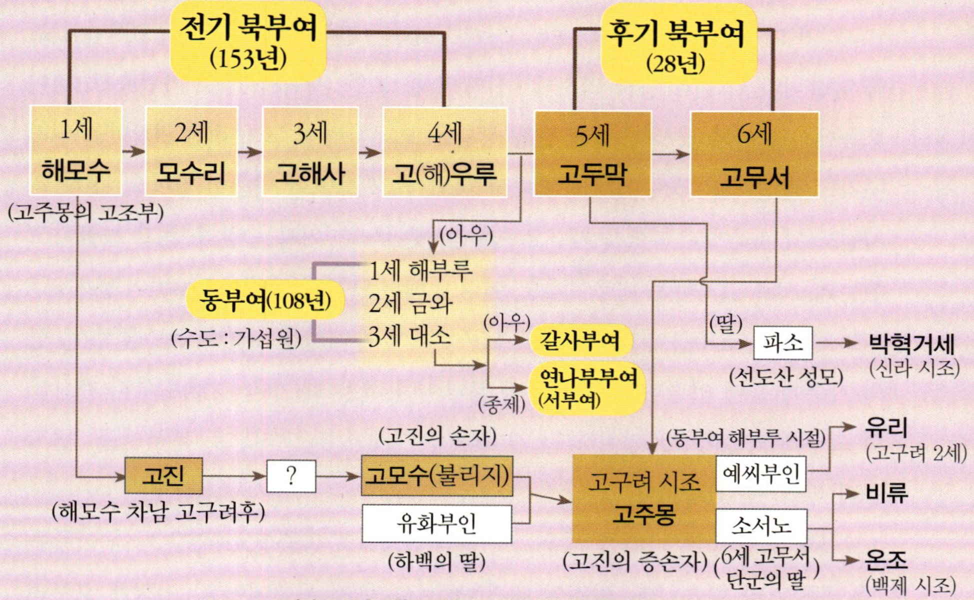

```
┌──────── 전기 북부여 ────────┐        ┌──── 후기 북부여 ────┐
           (153년)                        (28년)

┌───────┐  ┌───────┐  ┌───────┐  ┌───────┐  ┌───────┐  ┌───────┐
│ 1세    │→│ 2세    │→│ 3세    │→│ 4세    │  │ 5세    │  │ 6세    │
│ 해모수 │  │ 모수리 │  │ 고해사 │  │ 고(해)우루│  │ 고두막 │  │ 고무서 │
└───────┘  └───────┘  └───────┘  └───────┘  └───────┘  └───────┘
(고주몽의 고조부)
```

(아우)

동부여(108년)   1세 해부루
(수도 : 가섭원)   2세 금와
                3세 대소   (아우) 갈사부여
                        (종제) 연나부부여
                                (서부여)

(딸) 파소   박혁거세
     (선도산 성모) (신라 시조)

(고진의 손자)
고진 → ? → 고모수(불리지)   고구려 시조   예씨부인   유리
(해모수 차남 고구려후)   고주몽   (고구려 2세)
            유화부인   (동부여 해부루 시절) 비류
            (하백의 딸) (고진의 증손자) 소서노   온조
                                    (6세 고무서 (백제 시조)
                                    단군의 딸)

북부여 계보와 고주몽의 혈통

열국시대 이후 대한민국 수립까지

　북부여의 국통은 고구려로 계승되었습니다. 아들이 없던 북부여의 6세 고무서 단군은 '천제의 아들[천제지자天帝之子]'이라 자처하는 고주몽을 둘째 딸 소서노와 혼인시켜 사위로 삼은 후, 주몽에게 대통을 물려주었습니다(기원전 58).

　주몽은 북부여의 시조 해모수의 고손高孫으로, 해모수의 둘째 아들 고진의 손자인 불리지의 아들이에요. 동부여 땅에서 태어나, 어머니의 뜻을 받들어 고향인 북부여로 가서 고무서 단군의 사위가 되고, 마침내 북부여의 7세 단군으로 즉위한 것입니다. 그 후 나라 이름을 고구려로 바꾸었어요(기원전 37).

우리가 아는 고구려 역사(기원전 37~서기 668)는 건국에서 패망까지 700년이 조금 넘습니다. 그런데 중국 역사책 『신당서』를 보면, 시어사侍御史 가언충賈言忠이 요동에서 돌아와 당 고종에게 전쟁 상황을 보고하면서 '고구려는 900년을 넘지 못하고 팔십 먹은 장수에게 망한다고 하였다'고 보고한 내용이 있어요. 신라 최치원도 당나라에 유학했을 때 '고구려 역사는 900년'이라는 말을 듣고 놀랐다고 했는데, 서로 일치하는 내용이에요. 어떻게 해서 고구려 역사가 900년이 될까요?

그 해답은 '고주몽이 해모수를 태조(시조)로 하여 제사를 모셨다'는 『삼성기』 상의 기록에 들어 있습니다. 해모수가 북부여를 세운 해(기원전 239)로부터 계산하면 고구려 역년이 900년이 넘는 겁니다(서기 668까지). 그러므로 북부여를 '원고구려'라 할 수 있습니다.

고구려가 망한 후 나라를 세운 고구려의 유장遺將 대중상大仲象은 나라 이름을 '후고구려'라 했습니다. 이것이 대진大震(발해)의 첫 이름이에요. 이렇게 고구려

『삼국사기』「고구려본기」에는 고구려왕의 계통이 나와 있다. 그 기록을 보면 광개토대왕은 주몽으로부터 13세 손이다. 그런데 5세기 초에 세워진 광개토대왕비 비문에는 '환지십칠세손국강상광개토경평안호태왕이라[還至十七世孫國岡上廣開土境平安好太王], 대대로 왕위를 계승하여 17세를 내려와 광개토대왕이 왕위에 올랐다'고 새겨져 있다.

이것은 바로 북부여의 시조 해모수로부터 17세라는 뜻이다. 고주몽이 북부여를 계승하였으므로, 북부여와 고구려를 하나의 국통으로 본 것이다. 한마디로 고구려의 국통은 제1세 해모수→제2세 고리국의 제후 고진(해모수의 둘째 아들)→제3세 고진의 아들→제4세 옥저후 불리지(고진의 손자)→제5세 고추모(고주몽, 불리지의 아들)로 내려왔으므로 광개토대왕이 17세 손이 되는 것이다.

왜 고구려 역사는 900년일까?

역사는 원고구려–고구려–후고구려로 이어졌습니다.

대중상을 이은 대조영大祚榮은 나라 이름을 대진이라 했습니다. '진震'은 '동방'을 뜻하므로 '대진'은 '동방의 큰 광명의 나라', '위대한 동방의 나라'라는 뜻입니다. 흔히 쓰는 '발해'라는 이름은 당나라가 우리나라를 제후국으로 낮추어 '발해渤海'라는 바다 이름에서 따 붙인 거예요.

대진은 동북아의 주인이던 고구려의 계승자로서, 당시 국경을 맞대고 있던 신라와 달리 독자적인 연호를 쓰고 황제 칭호를 사용했습니다. 대진은 해동성국海東盛國이라 불릴 정도로 강성하였으나 926년경, 거란의 침입으로 멸망하고 맙니다.

후신라(통일신라)와 대진이 나란히 어깨를 겨루던 남북국 시대가 끝난 후, 한민족의 국통은 고려 → 조선 → 대한민국으로 계승됩니다. 고조선 시대의 사관史官 발리는 『신지비사神誌秘詞』에서, 한민족의 국통 맥은 아홉 번을 바뀌며 전개된다고 했습니다. 그 예언처럼 실제로 우리나라는 ①환국 → ②배달 → ③고조선 → ④북부여(열국 시대) → ⑤고구려·백제·신라·가야(사국 시대) → ⑥대진·신라(남북국 시대) → ⑦고려 → ⑧조선 → ⑨대한민국으로, 크게 아홉 번 바뀌며 이어졌습니다.

인류 문명의 네 기둥

『환단고기』를 읽어 보면 세계 문명을 일으킨 중심축인 '네 개의 기둥'을 찾을 수 있다. 인류의 첫 나라 환국을 계승하여 백두산의 신시神市를 중심으로 개창한 '배달 문명'이 첫째 기둥이고, 천산산맥을 넘어 서남아시아로 이동한 환족이 개창한 '수메르 문명'이 둘째 기둥이다. 배달은 환국의 정통 장자국長子國으로 한민족의 동북아 시대를 열었고, 단군왕검의 조선으로 계승되었다. 수메르 문명은 '서양 문명의 발원처'로서 이집트 문명, 바빌로니아 문명, 유대 문화, 인더스 문명, 그리스로마 문명 등의 탄생에 직간접 영향을 끼쳤다. 요컨대 동아시아의 배달은 동양 문명의 밑거름이 되고, 수메르는 서양 문명의 밑거름이 되어 '인류 문명의 양대 축'을 이루었다.

인류 문명의 셋째 기둥은 '동북아 지역의 동이東夷 문명'이다. 환국을 계승하여 백두산을 중심으로 일어난 배달의 백성이 사방으로 퍼져나가 동아시아 일대에 동이 문명권을 구축하였다. 고대부터 중세에 이르기까지 세계 역사의 중심에 있었던 동이족의 웅혼한 역사는 오직 『환단고기』를 통해서만 찾을 수 있다.

인류 문명의 넷째 기둥은 바로 단군왕검의 조선에서 뻗어 나간 '북방 유목문화'이다. 고조선의 3세 가륵 단군이 욕살 삭정索靖을 제후로 봉함으로써 흉노족의 역사가 시작되었고, 4세 오사구 단군이 자신의 아우 오사달烏斯達을 제후로 봉함으로써 몽골족의 역사가 시작되었다. 북방 유목민족은 나중에 유럽까지 진출하여 세계 역사의 새 장을 여는 견인차가 되었다. 흉노족은 로마 제국을 무너뜨려 유럽이 고대에서 중세로 이행하는 데 결정적인 계기를 만들었고, 몽골족은 서양의 중세를 마감하게 하였다. 인류 문명의 중심축인 '네 기둥'의 역사가 『환단고기』 전반에 담겨 있는 것이다.

4 『환단고기』가 전하는 인류의 시원 문화, 신교

최인은 "민족의 흥망을 결정짓는 것은 무력이 아니고 문화 사상"이라 했어요. 잃어버린 우리 역사를 되찾기 위해서는 무엇보다 먼저 한민족의 고유한 사상과 정신문화를 되살려야 합니다. 그렇다면 9천 년 한민족사를 이끌어 온, 우리가 꼭 회복해야 할 한민족의 문화 사상은 무엇일까요?

그것은 바로 『단군세기』에서 전한 '이신시교以神施教(신도로써 가르침을 베푼다)', 즉 '신교神教'입니다. 신교 ◈는 문자로는 '신의 가르침'을 뜻하고, 구체적으로는 '삼신의 가르침으로 세상을 다스리는 것'을 의미합니다.

> ◈ 신교는 달리 '풍류風流'라 불리었다. 신라의 대학자 최치원은 「난랑비서鸞郎碑序」에서 풍류의 정체를 '유불선 삼교를 다 포함한, 예로부터 내려오는 신령스러운 도'라고 밝혔다. 신교는 한민족의 전통 도가道家 사상으로 9천 년 한민족사를 이끌어 온 원동력이다.

신교의 가르침

✿ 조물주 '삼신'과 통치자 '삼신상제'

신교에서는 만물을 낳고 기르는 하나님을 '삼신三神'이라 부릅니다. 여기서 삼신은 서로 다른 세 분의 신이 존재한다는 뜻이 아니에요. 조물주 하나님은 오직 한 분[일신]입니다. 그러나 일신이 당신을 현실세계에 드러낼 때는 마치 손가락 하나가 세 마디로 움직이듯 3수 원리로, 삼신으로 작용합니다. 즉 일신은 만물을 낳는 '조화신造化神', 만물을 기르고 깨우치는 '교화신教化神', 그리고 만물의 질서를 잡아나가는 '치화신治化神'으로 자신을 드러냅니다. 그러므로 조물주 하나님은 만유생명의 본체로 보면 일신이고, 그 작용으로 보면 삼신입니다.(『태백일사』「소도경전본훈」)

삼신은 얼굴 없는 조물주로서 원신元神입니다. 그런데 이 무형의 삼신만으로는 인간과 만물이 태어날 수 없고, 이 세상과 우주가 질서정연하게 돌아갈 수도 없어요. 삼신과 한 몸이 되어 '자연의 이법'을 직접 맡아서 천지만물을 낳고 다스리시는 유형의 신이 있습니다. 그 신이 바로 '삼신일체상제三神一體上帝(삼신과 한 몸이신 상제님)' 또는 '삼신즉일상제三神卽一上帝(삼신이신 한 분 상제)'입니다. 이를 줄여서 '삼신상제님' 또는 '상제님'이라 부르지요.

삼신상제님은 사람의 형상을 하고 천상 보좌에서 온 우주를 다스리는 주신이며 통치자입니다. 삼신이 만물을 낳지만, 삼신의 작용과 창조 목적은 상제님의 손길을 통해서 실현되고 완성되는 것입니다.

그리고 삼신이 자신을 형상화하여 스스로 드러낸 것이 하늘·땅·인간입니다. 하늘도 삼신이요, 땅도 삼신이요, 인간도 삼신이에요. 그래서 천지인 속에 삼신의 생명과 신성과 지혜와 광명이 그대로 다 들어 있습니다. 이것을 상수학적으로 표현한 것이 천일天一·지일地一·태일太一입니다. 특별히 인간에 대해서는 '인일人一'이라 하지 않고 '태일'이라 부르는데, 그것은 인간이 하늘땅의 뜻과 이상을 실현하는 존재로서 하늘땅보다 더 크고 위대하기 때문입니다.

❀ 염표문의 태일太一 사상과 홍익인간

한민족의 태일 사상은 고조선 11세 도해道奚 단군이 선포한 '염표문念標文'에 잘 나타나 있어요.

염표문이란 '마음[念] 속에 지닌 큰 뜻을 드러낸[標] 글'이라는 뜻입니다. 환웅천황이 환국의 마지막 환인 천제에게서 받은 '재세이화', '홍익인간'을 열여섯

念標文

염표문

天_천은 以玄默爲大하니 其道也普圓이오 其事也眞一이니라.
이현묵위대   기도야보원   기사야진일

地_지는 以蓄藏爲大하니 其道也効圓이오 其事也勤一이니라.
이축장위대   기도야효원   기사야근일

人_인은 以知能爲大하니 其道也擇圓이오 其事也協一이니라.
이지능위대   기도야택원   기사야협일

故_고로 一神降衷하사 性通光明하니 在世理化하야 弘益人間하라.
일신강충   성통광명   재세이화   홍익인간

✦ 하늘은 아득하고 고요함으로 광대하니

　하늘의 도는 두루 미치어 원만하고

　그 하는 일은 참됨으로 만물을 하나 되게[진일眞一] 함이다.

✦ 땅은 하늘의 기운을 모아서 성대하니

　땅의 도는 하늘의 도를 본받아 원만하고

　그 하는 일은 쉼 없이 길러 만물을 하나 되게[근일勤一] 함이다.

✦ 사람은 지혜와 능력이 있어 위대하니

　사람의 도는 천지의 도를 선택하여 원만하고

　그 하는 일은 서로 협력하여 태일의 세계를 만드는 데[협일協一] 있다.

✦ 그러므로 삼신께서 참마음을 내려 주셔서[일신강충]

　사람의 성품은 삼신의 대광명에 통해 있으니[성통광명]

　삼신의 가르침으로 세상을 다스리고 깨우쳐[재세이화]

　인간을 널리 이롭게 하라[홍익인간].

글자로 정리한 것이 염표문의 시초입니다. 여기에 도해 단군이 하늘·땅·인간의 창조정신과 목적을 덧붙여 백성들에게 내려 주었습니다. 염표문은 한민족의 '민족교육헌장'이자 '신교문화헌장'입니다.

염표문은 인간이 해야 할 바를 밝혀 주고, 또 그것을 이룰 수 있는 방법도 알려 줍니다. '삼신께서 인간에게 참마음을 내려 주셔서 인간의 본성은 원래부터 신의 광명에 통해 있으니, 삼신의 가르침으로 세상을 다스려서 널리 인간 세상을 이롭게 하라'는 것입니다.

여기서 인간을 이롭게 한다는 것은 단순히 생활의 질을 높여 준다는 뜻만이 아니에요. 인간을 삼신의 가르침으로 일깨워서 천지의 뜻과 대이상을 펼치는 태일이 되게 하는 것을 가리킵니다. 인간으로 하여금 태일의 삶을 살게 하는 것, 이것이 '홍익인간'의 참된 뜻입니다.

❋ 인간 몸속에 깃든 삼신의 조화 대광명

『환단고기』에는 인간의 위대함을 깨우쳐 주는 삼신문화의 놀라운 소식이 들어 있습니다. 그것은 조화신이 내 몸에 들어와 '성품[성性]'이 되고, 교화신이 들어와 '목숨[명命]'이 되고, 치화신이 들어와 '정기[정精]'가 된다'는 거예요. 곧 내 몸 속에 삼신 하나님의 신성과 생명이 온전히 들어 있다는 뜻입니다. 그러므로 인간은 살아 있는 대우주요 하나님입니다.

우리 몸에 들어와 자리 잡은 성명정을 '세 가지 참된 것'이라는 의미로 삼진三眞이라 합니다. 이 삼진은 진리를 성취한 인간[태일]이 되기 위한 가장 중요한 관문으로, 삼관三關이라고도 해요.

삼진이 우리 몸에서 작동될 때는 마음[심心]·기氣·몸[신身]이라는 삼망三妄 (세 가지 허망한 것)으로 발현됩니다. 인간의 '마음'과 '기'와 '몸'을 '세 가지 허망한 것'이라 부르는 것은 끊임없이 변화하기 때문입니다. 그렇다고 해서 나쁘다는 의미는 아닙니다. 삼망은 바로 인간의 하루 생활을 통해서 삼진이 발현된 것입니다. 이 삼망을 삼방三房이라고도 합니다. 방은 사람이 평안하게 쉬는 보금자리예요. 삼망을 삼방이라 하는 뜻을 깊이 헤아려 보면, 평화롭고 행복한 삶, 진리를 깨치고 삼신의 신성을 내 몸에서 발현시켜 무병장수하는 것이 모두 심기신(마음과 기와 몸)을 잘 다스리는 데에 달려 있음을 알 수 있습니다.

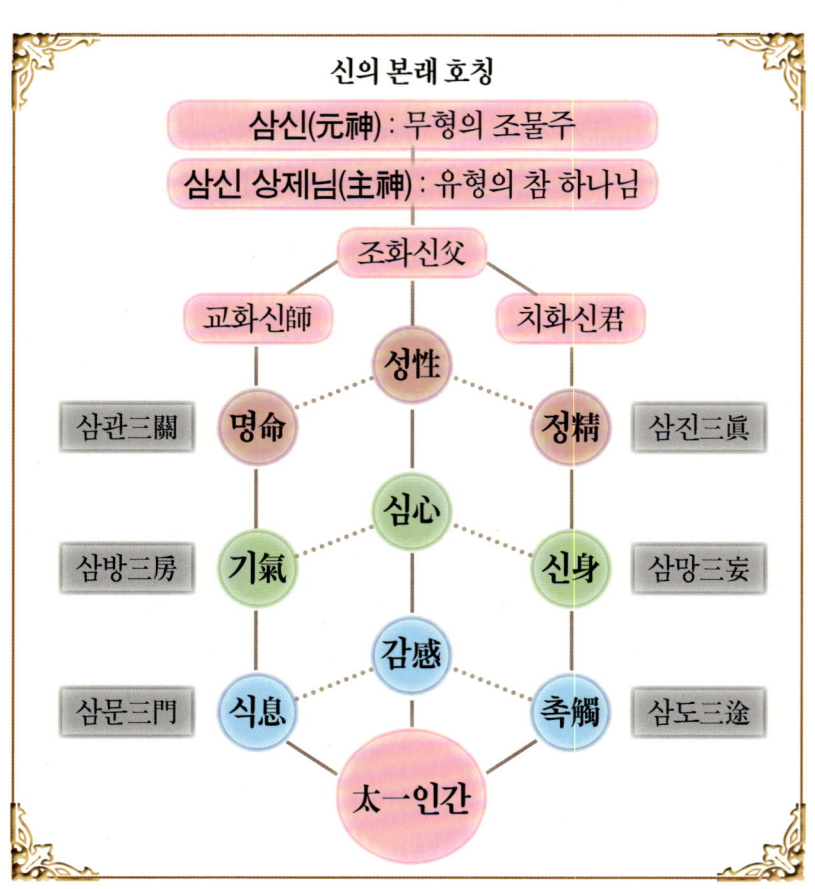

신의 본래 호칭

삼신(元神) : 무형의 조물주

삼신 상제님(主神) : 유형의 참 하나님

조화신父

교화신師　　　치화신君

성性

삼관三關　명命　　　정精　삼진三眞

심心

삼방三房　기氣　　　신身　삼망三妄

감感

삼문三門　식息　　　촉觸　삼도三途

太一인간

이 심기신이 사물과 접하면 '감각적 차원'으로 작용합니다. 그것을 감感·식息·촉觸 삼도三途라 해요. 감은 느끼는 것, 식은 숨쉬는 것, 촉은 접촉하는 것을 말합니다. 인간의 마음은 감정으로 표현되고, 기는 호흡을 통해서 작동되고, 몸은 촉감을 통해서 느끼게 됩니다. 그래서 감식촉을 일러 삼도, 세 가지 길이라 하는 것입니다. 이 삼도는 '신의 조화 세계에 들어갈 수 있는 세 문', 즉 삼문三門이 됩니다.

사실 사람은 대부분 감식촉에 이끌려 타고난 기질대로 살다가 허망하게 인생을 마칩니다. 그러나 삼신의 도를 아는 철인들은 일상생활에서 감정을 다스리는 '지감止感', 호흡을 고르게 하는 '조식調息', 촉감을 금하는 '금촉禁觸'으로써 삼도를 잘 다스립니다. 그리하여 마침내 자기 안에 내재된 조물주 삼신을 발현시켜 삼신의 광명 조화 세계에 들어가게 됩니다. 즉, 도통을 하는 거예요. 그래서 지감, 조식, 금촉을 수행의 3대 핵심이라 합니다.

신교문화에서는 바로 성명정 삼진을 회복하여 천지와 더불어 영원히 사는 우주적인 인간, 즉 태일의 인간이 되기 위해 수행을 합니다.

신교의 꽃, '천제天祭 문화'

✿ 삼신과 칠성

동양에서는 하느님을 상제님이라 부르며, 10무극으로 표현합니다. 10은 통일과 조화를 뜻하는 완전수예요. 상제님은 삼신을 본체로 하여 칠성七星으로 만물을 다스리고 작용하십니다[10=3+7]. 삼신은 생명을 낳는 하나님이고, 칠성은 생명을 기르는 하나님이에요. 그래서 신교문화에서는 하나님을 삼신상제님으로만 모신 것이 아니라 칠성님으로도 모셨습니다.

삼신사상은 국가를 경영하는 제도의 근간이 되었을 뿐 아니라 생활 도구, 풍습에서도 나타납니다. 배달의 삼백三伯 제도, 고조선의 삼한관경제, 백제의 좌현왕·우현왕 제도, 조선의 삼정승 제도, 현대 민주주의 사회의 삼권분립 제도도 삼신사상에서 비롯된 거예요. 또 음식을 세 번 떠서 천지에 바친 후에 먹는 고수레 풍습, 홍산문화 유물 가운데 세 개의 원이 나란히 연결된 삼련벽三聯璧, 홍산문화 우하량 유적지의 3단 원형 제천단도 삼신사상을 보여 줍니다.

칠성은 곧 북두칠성으로, 삼신상제님이 계시는 별이에요. 북두칠성은 우주의 중심별로서 천지일월과 음양오행을 다스립니다. 그리고 인간의 무병장수와 생사화복, 도통과 깨달음을 관장합니다. 예로부터 우리 할머니들이 정화수를 떠놓고 칠성님께 자손과 가정의 안녕과 축복을 빌고, 고인돌에 칠성을 그리고, 죽은 사람이 들어가는 관 바닥에 칠성판을 깐 것이 바로 칠성신앙의 한 모습입니다. 대표적 민속놀이인 윷놀이, 전통적인 두발 형태인 상투 역시 칠성문화를 보여 주는 겁니다.

✳ 한민족과 인류 대제전의 장, 천제天祭

환국 시대 이래 수천 년 동안, 한민족은 하늘에 계신 상제님께 천제를 올려서 믿음과 공경을 바쳤습니다. 천제는 고조선 22세 색불루 단군 때 쓴 제문祭文에서 알 수 있듯이, 상제님께 폐백을 바치며 나라의 부강과 백성의 번영을 기원하고 상제님의 은혜에 보은하는 국가 행사였어요(『태백일사』「삼한관경본기」). 천제를 올린 뒤에는 모든 백성이 한데 어울려 술 마시고 춤추며 노래하는 축제를 열었습니다.

고조선의 역대 단군은 매년 봄가을에 천제를 지냈습니다. 음력 3월 16일 대영절大迎節(삼신상제님을 크게 맞이하는 날)에는 강화도 마리산에서, 10월에는 백두산에서 각각 천제를 봉행했습니다. 천제 문화를 부여에서는 영고迎鼓, 예맥에서는 무천舞天, 고구려에서는 동맹東盟이라 불렀지요.

고려 때 국가 최고의 의례인 팔관회와 연등회도 사실은 불교 행사가 아니라 천제 행사였습니다. 이러한 천제는 조선 초기까지 1천 년 동안 끊이지 않고 이어졌어요. 그러다가 명나라가 '천제는 천자가 올리는 것' 이라며 조선의 천제를 일체 금한 후로는, 기우제 또는 초제(하늘의 별을 향해 올리는 제사)로 격이 낮아졌습니다.

그렇게 해서 사라졌던 천제 문화를 다시 부활시킨 분이 바로 고종황제예요. 1897년, 고종은 지금의 조선호텔 자리에 원구단圓丘壇을 세우고 상제님께 천제를 올려 만천하에 황제 등극을 알리며 대한제국을 선포했습니다.

한민족의 천제문화는 일찍이 중국 땅으로 전파되어, 중국의 역대 왕도 천제를 올렸습니다. 『사기』「봉선서封禪書」는 춘추 시대까지 72명의 중국 왕이 산동성에 있는 태산에 올라 천제를 지냈다고 전합니다. 춘추 시대 이후 진시황, 한 무제 등도 태산에서 천제를 봉행했어요. 태산 꼭대기에 있는 옥황전에는 지금도 옥황대제玉皇大帝라는 위패를 써 붙인 황금빛 상제님 상이 모셔져 있습니다. 이 밖에도 동북아의 천제문화는 요나라, 금나라 등 북방 민족과 일본 등으로 전해졌습니다.

❀ 제천문화의 자취, 지구라트와 피라미드

태곳적에 한민족이 펼친 제천행사는 세계 여러 나라로 퍼져 나갔어요. 환국에서 천산을 넘어 메소포타미아 평원에 도착한 수메르인은 기원전 3000년경 이래 도시의 신성한 구역에 흙벽돌로 거대한 지구라트를 쌓고, 그 위에 신전을 세워 하늘에 제사를 지냈습니다. 고향 땅 환국에서 신령하고 높은 산에서 천제를 지낸 풍습에 따라, 하나님과 여러 신에게 제를 올리기 위해 인공으로 산을 쌓은 겁니다. 신전을 받치는 기단의 용도로 세워진 지구라트는 메소포타미아 지역의 대표적인 제천문화 유적이에요.

수메르의 지구라트는 기원전 2700년경 이집트로 흘러 들어가 피라미드가 되었습니다. 이집트인도 처음에는 피라미드의 평평한 꼭대기에서 하늘에 제사를 올렸습니다. 그 외에도 몽골, 만주, 티베트 등에서도 피라미드 유적을 찾아볼 수 있습니다. 티베트 서부에서는 러시아 과학자가 무려 100여 개에 달하는 피라미드를 발견했어요. 뿐만 아니라 북미의 인디언 유적지, 멕시코의 톨텍 문명과 아스텍 문명 유적지, 중앙아메리카의 마야 문명 유적지 등 아메리카 곳곳에서도 피라미드가 발견됩니다.

이렇게 지구촌 곳곳에서 발견되는 지구라트, 피라미드, 그리고 스톤헨지와 같은 거석 등은 모두 제천문화의 흔적입니다. 이것은 태곳적 인류가 천제라는 하나의 공통된 풍습을 갖고 있었음을 말해 줍니다. 환국 시대에 시작된 천제문화가 동북아는 물론 지구촌 곳곳으로 퍼져 나갔으니, 천제는 한민족과 인류 공통의 뿌리문화요 인류의 원형 문화인 것입니다.

✿ 천제를 올린 성지聖地, 소도

상고 시대에 우리 조상들은 '소도蘇塗'라는 특정 장소에서 천제를 올렸습니다. 고조선의 11세 도해 단군은 전국의 12명산 가운데 아름다운 곳을 뽑아 '국선소도'를 설치하였고, 13세 흘달 단군도 곳곳에 소도를 많이 설치했습니다. 도

천제 문화의 자취, 지구촌의 피라미드

미국 일리노이 주의 몽크스 마운드Monk's Mound
미시시피 강을 따라 거주한 인디언 유적지 중의
하나로 세계문화유산으로 등재된 카호키아 유
적의 한가운데에 위치한다. 이 피라미드는 이 지
역 인디언의 정치적, 종교적 구심점이었다. 신전
은 남아 있지 않고 길이 304m, 폭 213m, 높이
30m에 달하는 흙을 쌓아 올린 지반시설만 남아
있다.

이집트 카프레 왕의 피라미드

이집트 조세르왕의 계단식 피라미드

피라미드식 고구려 옛무덤들(집안현)

수메르 도시국가 우르의 지구라트(Great
Ziggurat of Ur)_우르-남무 왕(BCE 2112
~BCE 2095 재위) 때 세워진 것으로 중앙
부에만 7백만 개의 벽돌이 쓰였고, 벽돌
여섯 겹마다 갈대 거적과 모래흙을 우겨
넣어 견고성을 더했다. (출처 : 『죽기 전
에 꼭 봐야 할 세계건축 1001』, 25쪽)

멕시코 테오티우아칸 달의 신전에서 바라본 태양의 신전

해 단군은 소도 둘레에 박달나무를 많이 심게 했는데, 이것은 초대 단군이 '박달나무가 우거진 곳'에서 제를 올린 전통을 이은 것이었어요.

고조선 시대에 우리 조상들은 소도에 심은 박달나무 가운데 가장 큰 나무를 환웅상으로 모시고 제사를 지냈습니다. 그 나무를 웅상雄常이라 했어요. 초상화나 사진이 없던 그 시절에, 박달나무를 환웅 천황이 응감하여 계신 곳으로 여긴 겁니다. 소도 주위에는 금줄을 매어 사람의 출입을 금하고, 소도를 훼손한 자는 금고禁錮형에 처했습니다. 죄인이 소도 안에 들어가면 그 죄를 추궁하지 않았어요. 소도는 하나님과 인간이 소통하고, 사람이 하나님의 축복과 보호를 받는 신성한 공간이었습니다.

소도의 풍습 중 솟대는 오늘날까지 전해옵니다. 요즘도 시골길을 지나다 보면 간혹 솟대를 볼 수 있는데, 솟대는 본래 소도 입구에 높다랗게 세워 소도임을 알리는 '신을 모시는 기둥'이었어요. 1970년대 새마을운동을 하기 전까지 각 동네 어귀에서 쉽게 볼 수 있었던 서낭당 나무도 솟대와 같은 것으로 그 마을의 수호목守護木 구실을 했습니다. 솟대는 조간鳥竿이라고도 하는데, 솟대 끝에는 대개 새가 조각되어 있습니다. 새는 하나님(삼신상제님)의 사자로서 하늘의 뜻을 인간에게 전하는 신령한 존재로 숭배되었지요. 그 신령스런 새는 삼신문화의 상징물인 삼족오三足烏이고, 솟대는 바로 삼족오가 앉는 신간神竿(신령스러운 장대)인 것입니다.

❀ 천자天子 문화의 상징, 용봉龍鳳

천자란 '하나님의 아들[天帝之子]'이라는 뜻입니다. 천자는 온 우주를 주재하는 상제님께 제를 올리는 제사장인 동시에 상제님의 덕화와 가르침을 받아 내려 백성을 보살피고 나라를 다스리는 통치자입니다.

이 천자를 상징하는 토템이 용봉龍鳳이에요. 천지광명의 변화를 그려나가는 주체는 일월日月인데, 그 일월의 조화를 다스리는 자연신이 바로 용봉입니다. 곧 용봉은 천지의 음양기운인 천지의 물 기운과 불 기운을 주재합니다. 이러한 용봉을 동양에서는 예로부터 '상서로운 동물'로 여겨 천자의 상징으로 썼습니다.

그러면 용봉 문화의 원 뿌리는 어디일까요? 많은 사람이 중국이라 알고 있지만 사실은 그렇지 않습니다. 용봉 토템의 대가인 중국의 왕다유王大有는 용봉 문화의 뿌리를 배달 시대 동이족의 제왕인 태호 복희와 염제 신농이라 주장합니다. 그런데 홍산문화 유적에서 기원전 5600년경에 돌로 쌓아 만든 '석소룡'과 기원전 5000년경에 빚은 '봉황 모양의 토기'가 발굴되었어요. 용봉 문화가 태호 복희 이전부터 존재한 사실이 밝혀진 것입니다.

이 용봉 문화는 마야 문명, 아스텍 문명에도 전해지고 여러 루트를 통해 인도의 간다라 문화와 서양 문화의 모태인 그리스에까지 전해졌습니다. 지중해 크레타 섬에 있는 크노소스 궁전의 옥좌 뒷벽에 그려진 그리핀Griffin이 바로 봉황입니다.

용봉 문화와 관련하여 빼놓을 수 없는 것이 삼족오예요. 봉 토템의 원형인 삼족오는 삼신문화를 나타내는 영물로서 몸통은 하나에 발이 세 개 달린 검은새입니다. 전설에는 삼족오가 태양 속에서 불을 먹고 사는 태양의 전령으로 등장합니다. 삼족오는 하늘과 땅, 인간 세계를 자유자재로 날아다니며 신과 인간 세계를 연결해 주는 '삼신상제님의 사자'였던 것입니다.

삼족오는 고구려 때 화려하게 모습을 드러냈고 그 후에도 다양한 문양으로 나타났습니다. 이것은 중국과 일본 등으로도 전해졌는데, 일본에는 지금도 삼족오를 축구협회의 상징물로 사용할 정도로 삼족오 문화가 살아 있습니다.

일본축구협회 삼족오 문양

일본에 전파된 삼신, 칠성과 태일 문화_일본 이세시伊勢市 주민들이 해마다 신상제神嘗祭(일본 왕이 11월 23일에 거행하는 추수 감사 의미의 궁중행사)를 축하하기 위해 행하는 하츠호비키 축제 광경. 여기에 태일 문화의 모습이 살아 있다.

✽ 동북아와 북미로 전파된 신교

신교 제천문화는 민족의 이동에 따라 다양한 형태로 전파되었습니다. 일본으로 전해진 신교문화는 신사神社 문화, 즉 신도神道로 변하였어요. 동경대 교수 구메 구니다케久米邦武(1839~1931)는 '신도는 제천 행사의 옛 풍속'이라 했고 일찍이 육당 최남선은 '일본 고유의 종교로 알려진 신도가 고신도古神道와 다름이 없다'고 했습니다. '고신도'란 고대 한민족이 천신을 모시던 제천의례를 뜻합니다. 삼신상제님을 모시는 제천 풍속이 일본에 전해져 신사 문화가 된 겁니다.

중남미 인디언에게서도 신교 삼신문화의 자취가 보이는데 그 대표적인 것 중의 하나가 고수레 풍습이에요. 인디언들은 옥수수나 과일로 만든 발효주인 치차chicha를 마시기 전에 손으로 세 번 찍어 대지에 뿌립니다. 밥을 먹기 전에 음식을 손으로 떼어서 던지는 풍습은 스페인 정복자들이 남긴 기록에도 남아 있어요. 멕시코시티의 국립인류학 박물관에 소장된 삼발이 그릇도 중남미 삼신문화의 한 증거입니다.

신교에서 뻗어나간 동서 종교

✿ 신교에서 나온 유교

신교는 또 세계 곳곳으로 퍼져 나가 여러 종교문화의 바탕이 되었습니다. 유교의 창시자 공자는 일찍이 담자郯子에게 관제와 문헌을 배우고, 장홍萇弘에게 음악을 배우고, 사양師襄에게 거문고를 배우고, 노담老聃에게 예禮를 배웠습니다. 그런데 이들 중 주나라 대부大夫 장홍을 제외한 나머지 세 스승은 모두 동이 출신이에요. 특히 사양과 노담은 동이의 주된 근거지로 중국 땅에서 신교문화가 가장 번성했던 산동 지역 사람입니다. 공자는 동이족 스승들에게서 가르침을 받아 자신의 사상을 세운 것입니다.

공자가 이상 사회의 모델로 삼은 주나라는 삼신상제를 신앙했습니다. 이것은 공자가 편찬한 『시경』, 『서경』 등에서 확인할 수 있어요. 주나라 왕들은 하늘을 인격적인 존재로 대했습니다. 즉, 하늘을 '인간에게 천명을 내리고 인간이 덕을 잃으면 천명을 거두고 재앙을 내리는 존재'라고 여겼습니다.

공자는 『주역』「설괘전」에서 "상제님이 동방에서 출세하신다[제출호진帝出乎震]."라는 말을 할 만큼 하늘의 이치를 꿰뚫어 상제님의 존재를 잘 알았습니다. 하지만 공자 사후에 상제님에 대한 인식이 급속히 약해지면서 유교에서는 상제 신앙의 자취를 거의 찾아볼 수 없게 되었지요.

✿ 신교에서 나온 불교

불교의 창시자인 석가모니에 대해, 서구학자들은 대개 흰 얼굴을 한 인도−유럽계의 아리아인이라고 추정합니다. 그러나 1921년에 영국의 저명한 인도사학자 빈센트 스미스Vincent Smith가 최초로 '석가 몽골인설'을 주장한 뒤 인도와 태국의 학자들은 석가족이 몽골계 인종임이 틀림없다고 말합니다.

석가모니의 성은 석가 외에도 구담瞿曇, 사이舍夷, 감자甘蔗, 일종日種이라 합니다. '구담은 곧 사이로서, 외국의 귀한 성'이라 합니다. '사이舍夷'라는 성은 바로 석가모니가 이夷족, 즉 동이족의 한 계열임을 알려 줍니다.

또 석가족은 자신들을 태양족의 후예라 밝히고 매우 자랑스럽게 여겼다 합니다. 초기 경전인『숫따니빠따Suttanupata(經集)』에는 석가가 자신의 가문에 대해 "정직하고 부와 용기를 갖추고 있다. 가계는 아딧짜Adicca(태양)이다."라고 말한 내용이 나옵니다. 석가가 태양을 숭상하는 광명족이었다는 사실로도 우리 환족과 연관성이 있음을 알 수 있습니다.

❀ 신교에서 나온 동선東仙, 도교

도교 또한 신교문화를 바탕으로 해서 나온 것입니다. 도교는 대체로 황제 헌원과 노자를 시조로 받듭니다.『포박자抱朴子』에는 '황제 헌원이 풍산風山을 지나다가 배달국의 수도인 청구에 들러 동방의 큰 스승인 자부선사에게서『삼황내문三皇內文』을 받고 큰 깨달음을 얻었다'는 기록이 나옵니다. 자부선사는 배달시대 치우 천황의 국사國師예요. 황제는 동북아 배달의 스승에게서 받은 가르침을 바탕으로 도교의 시조가 된 것입니다.

도교의 또 다른 시조인 노자는 산동성 지역의 동이족 사람입니다. 노자는 자신의 성을 한韓씨에서 나무 목木[동방을 상징] 자가 들어 있는 이李씨로 바꾸었어요. 공자에게 예를 가르쳐 주었다는 노담이 바로 이 노자입니다.

도교의 신앙 체계와 교리에도 신교의 가르침이 들어 있어요. 도교의 삼청三淸➡은 곧 신교의 삼신사상

➡도교에서 신선이 산다는 옥청玉淸·상청上淸·태청太淸의 세 궁宮,

에서 유래한 것입니다. 특히 도교에서는 옥황상제님을 우주의 최고 지존자요 도의 주재자로 모십니다. 이것은 도교가 신교에서 뻗어 나왔음을 입증하는 가장 확실한 증거입니다.

하지만 노자, 장자 이후 후대로 내려오면서 양생술(건강하게 오래 사는 술법)로 기울어진 나머지, 도교는 우주의 통치자요 도의 주재자인 상제님과 멀어지게 되었습니다.

❀ 신교에서 나온 서선西仙, 기독교

기독교는 유대문명에서 나왔습니다. 그리고 유대문명은 약 6천 년 전, 환국의 신교 문화권에 속해 있던 수메르인들이 지금의 이라크 남부 지방으로 남하하여 개척한 수메르 문명에서 갈라져 나간 겁니다.

4천여 년 전, 수메르 지역인 갈데아 우르에 살던 아브라함이 새로운 삶의 터전을 찾아 길을 떠났습니다. 이것이 유대문명 탄생의 출발이에요. 원래 아브라함 부족은 수메르 지역의 풍습대로 다양한 신을 숭배했습니다. 가나안으로 이주한 초기 시절, 아브라함 부족은 '엘(신들의 조상)'과 '야훼(유대인의 조상신)'를 함께 받들었어요. 이때 야훼는 엘이 거느린 신 가운데 하나였습니다. 하지만 아브라함의 손자 야곱이 엘 신과 씨름하여 이긴 후로 유대인은 야훼를 최고신으로 섬겼습니다. 야훼 중심의 유일신 신앙을 하게 된 것입니다.

또 하나 수메르 문화의 영향을 보여 주는 관습은 조상 제사입니다. 수메르 문명권에 속했던 중동의 여러 사회에서는, 죽은 사람에게도 먹을 것과 마실 것이 필요하다고 믿었어요. 무덤 속에 음식과 음료를 넣어주는 관을 따로 만든 것도 이 때문입니다. 유대인도 이러한 사후관을 바탕으로 돌아가신 부모와 조상에게 예를 갖추었습니다.

'유대교'와 환국의 '신교' 사이의 연관성은 『구약전서』의 여러 기록에서 확인이 됩니다. 그 중 가장 인상적인 것이 아브라함의 삼신 체험이에요. 야훼는 99세의 아브라함에게 본처인 사라의 몸을 통해 아들을 내려 줄 것을 언약했습니다. 그러던 어느 날 대낮에 아브라함이 장막 문 앞에 앉아 있는데 야훼가 찾아왔어요. 아브라함이 고개를 들어 보니 "사람 셋"이 맞은편에 서 있는 거예요. 이 '사람 셋'은 바로 삼신입니다. 또 유대교와 기독교에서는 칠성문화가 제사장 일곱, 일곱 별, 일곱 교회, 일곱 천사 등 7수 사상으로 다양하게 나타납니다. 그리고 제사와 통치를 모두 주관한 선지자 '멜기세덱'에 관한 기록에서도 신교 제천문화의 영향을 찾아볼 수 있습니다.

이 모든 사실로 볼 때, 한민족의 신교는 유교, 불교, 도교, 기독교를 낳은 인류의 시원종교입니다.

신교 낭가사상의 계승 맥

신교는 동방 한민족이 9천 년 역사를 지속할 수 있게 한 원동력입니다. 그런데 신교 정신을 직접 실천하고 이를 바탕으로 새 문명을 열고 나라를 개창한 '한민족 역사 개척의 집단'이 있었습니다. 이를 낭가郞家라 합니다.

최초의 낭가는 환국 말기에 환웅을 따라 이주하여 배달을 세운 **제세핵랑**濟世核郞 **3천 명**이에요. 이 제세핵랑의 맥은 배달 시대의 삼랑三郞과 단군조선의 국자랑國子郞으로 이어집니다. 이것은 다시 북부여의 천왕랑天王郞 → 고구려의 조의선인皁衣仙人·백제의 무절武節·신라의 화랑花郞 → 고려의 재가화상在家和尙(서긍의 『고려도경』)·선랑仙郞·국선國仙 등으로 계승되고, 고려 시대에 윤관이 9성을 정벌할 때 출전한 '항마군降魔軍'도 낭가의 맥을 이은 것입니다.

그러나 유교 사회인 조선시대에 들어와 낭가의 맥은 극도로 쇠잔해졌습니다.

하지만 그 정신은 한민족의 의식 속에 깊이 뿌리 내려 '조선 시대의 선비정신', '갑오 동학혁명', '의병운동' 등으로 끊임없이 표출되었어요. 한민족의 낭가 제도는 시대를 달리하며 그 이름은 바뀌었지만 새 역사 개척의 원동력이자 추진력으로 면면히 계승되어 온 것입니다.

『환단고기』에서 밝힌 '하느님'의 본래 호칭

『환단고기』를 보면 창세 이래 한민족은 우주의 주재자를 '삼신상제三神上帝님'이라 불렀다. 이 삼신상제님의 줄임말이 '상제님'이다. 상제는 '천상의 하나님', 즉 천상 보좌에 앉아 계신 하나님을 뜻한다. 일반적으로 제帝를 '임금님 제' 자로 알고 있지만 본래는 '하느님 제' 자이다. 상제는 하느님의 본래 호칭인 것이다. 유가에서는 상제에 호천昊天을 붙여 '호천상제昊天上帝'라 하고, 도교에서는 옥황玉皇을 덧붙여 '옥황상제玉皇上帝'라 한다.

『환단고기』에서는 또 삼신상제님을 천제天帝라고도 부른다. 천제는 '하늘에 계신 우주의 통치자 제'로서 상제의 다른 말이다. 그리고 지상의 통치자를 일컫는 천자天子는 천제지자天帝之子의 줄임말이다.

또한 『환단고기』에서는 상제님을 천신天神, 천황天皇, 천주天主라 부르기도 한다. 천신은 '모든 신을 다스리는 하늘의 최고신'을 뜻하고, 천황은 '우주의 모든 신을 거느리는 천상의 제왕'을 가리킨다. 천주는 '천지의 주인'이라는 뜻이다.

5 다시 열리는 광명문화
(한의 뿌리와 미래)

아홉 굽이를 거친 한민족의 국통

『환단고기』를 보면, 한민족의 뿌리 역사는 환국·배달국·고조선의 삼성조 시대로 펼쳐졌습니다. 삼성조 시대는 삼신의 3대 신성(조화·교화·치화)이 인간 역사 속에 그대로 드러난 때입니다.

안파견 환인이 연 환국 시대는 조화신의 신성을 깨닫고 그 신성을 역사와 일상 생활에서 그대로 실현한 때입니다. 이때 사람들은 대자연과 교감하며 서로 어울려 살았습니다. 하늘에 제사를 올려 삼신상제님과 소통하고, 신선의 도를 얻어 병에 시달리지 않고 장수했습니다. 한마디로 사람들이 조화 문화, 도통 문화를 누린 '인류 문명의 황금시대' 였어요.

환국을 계승하여 거발환 환웅이 세운 배달은 교화신의 신성이 발현된 때입니다. 인간의 생활을 이롭게 하는 문자, 도구, 의술, 수학, 천문학이 만들어져 발전 되어 나갔어요. 배달의 강토였던 홍산 지역의 문화 유적들, 특히 5,500년 전 무렵의 거대한 제천단과 다양하고 정교한 옥기玉器와 도기陶器, 악기樂器 등을 보면 당시 동방의 배달문명이 얼마나 발달했는지 알 수 있습니다.

배달을 이어 단군왕검이 연 조선은 치화신의 신성이 발현된 때입니다. 삼신의 원리로 국가를 다스리고 운영했지요. 그 제도가 바로 삼한관경제입니다.

환국-배달-조선, 한민족의 7천 년 상고사는 3수 원리에 따라, 삼신의 광명한 본성이 인간 역사를 전개하는 원동력이 되어 전개된 것입니다.

삼성조 시대가 끝난 뒤에는 해모수가 세운 북부여를 필두로 하는 '열국 시대'가 전개되었어요. 한민족의 나라가 북부여, 동부여, 남삼한 등으로 나뉘었어요. 그리고 북부여를 계승한 고주몽의 고구려와 백제, 신라, 가야의 사국 시대를 거쳐, 북쪽의 대진(발해)과 남쪽의 통일(후)신라가 대치한 '남북국 시대'로 이어졌습니다. 그것이 고려·조선·대한민국으로 이어져 오늘의 '남북 분단 시대'에까지 이른 것입니다.

이 한국사의 국통 맥을 자세히 들여다보면, 3단계씩 세 번[총 아홉 굽이]을 굽이쳐 왔다는 것을 알 수 있습니다. 한민족의 9천 년 역사가 계승된 마디에도 삼신의 3수 원리가 깃들어 있는 겁니다.

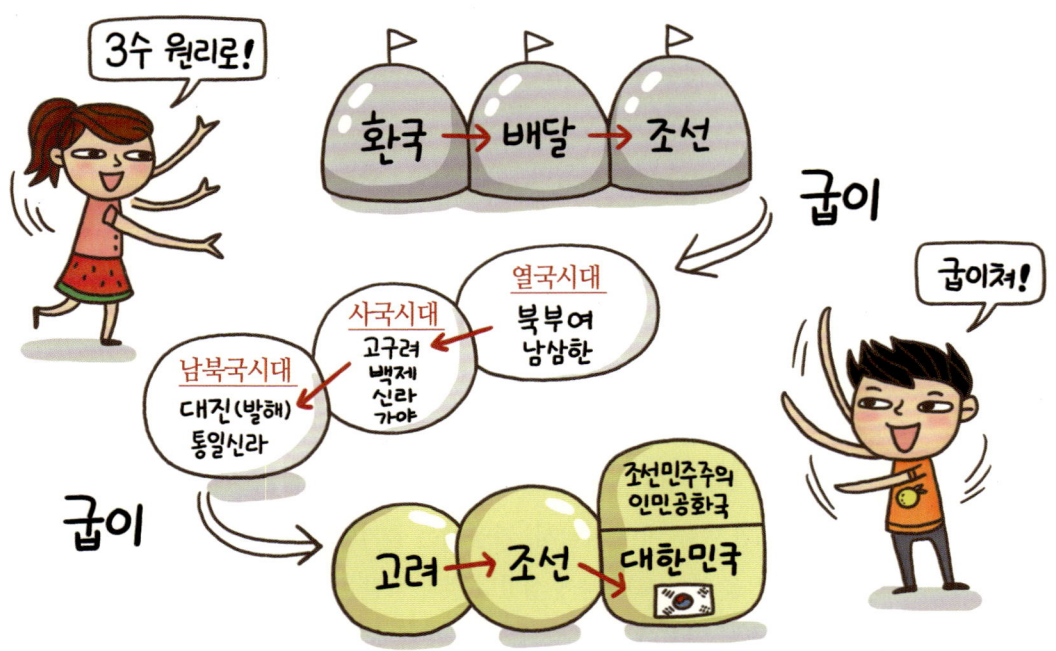

3수 원리로!

환국 → 배달 → 조선

굽이

굽이쳐!

열국시대
북부여
남삼한

사국시대
고구려
백제
신라
가야

남북국시대
대진(발해)
통일신라

굽이

조선민주주의
인민공화국

고려 → 조선 → 대한민국

『환단고기』가 보여주는 미래상

환인 천제 일곱 분 → 환웅 천황 열여덟 분 → 단군 마흔일곱 분이 다스린 환국·배달·조선의 상고 역사는 우주 광명의 역사입니다. 삼신상제님은 환국을 통해 하늘의 조화신의 광명인 환桓을, 배달을 통해 땅의 교화신의 광명인 단檀을, 고조선을 통해 인간에 깃든 치화신의 광명인 한韓을 펼쳐 보이셨어요. 이 인류 시원 역사 시대에 나라를 경영한 바탕과 핵심 원리는 바로 천지의 광명(환단)과 인간의 광명(대한)입니다. 이것을 대원일大圓一(한없이 크고 거리낌이 없이 원만하여 하나라는 뜻) 사상이라 합니다.

그런데 『환단고기』를 보면 장차 열릴 새 세상의 문화도 알 수 있습니다. 앞으로 온 인류가 한마음으로 삼신상제님을 섬기고 광명한 존재로 무병장수하는 광명문화 시대, 황금시대가 다시 활짝 열립니다. 어떻게 해서 환국 때와 같은 황금시대가 다시 열리는 것일까요? 바로 원시반본原始返本 섭리 때문입니다.

그렇다면 원시반본이란 무엇일까요?

사계절이 순환하여 일 년이 되듯이, 우주도 봄·여름·가을·겨울로 순환합니다. 이것을 동양의 시간관에서 '우주 1년'이라 부릅니다. 농부가 봄에 초목의 씨를 뿌려서 여름에 키우고 가을에 거두고 겨울에 쉬듯이, 우주 역시 순환을 통해 농사를 짓습니다. 우주가 무슨 농사를 지을까요? 사람 농사를 짓습니다. 마치 지구의 농부처럼, 천지 부모는 봄에 사람을 낳고, 여름 동안 길러서 가을에 참 인간 종자를 거둡니다. 원시반본은 우주 가을철의 변화 섭리예요.

이 원시반본의 변화 정신을 쉽게 헤아려 볼 수 있는 예가 있습니다. 농부가 봄철에 콩을 심으면 여름 내내 자라서, 가을에는 줄기마다 주렁주렁 콩이 달립니다. 그 콩의 껍질을 열어 보면 봄에 심었던 것과 똑같은 콩이 다닥다닥 들어 있어요. 봄에 심은 콩이 가을에 다시 열려 '본래의 제 모습을 찾는 것', 이것이 바로 원시반본입니다. 자연에서 해마다 펼쳐지는 원시반본은 모든 생명이 결실을 하는, '뿌리와 열매가 서로 만나는' 신비로운 이치입니다.

인류 역사를 이에 빗대어 보면, 지금까지 인류는 뿌리문화와 줄기문화 시대를 살아왔습니다. 온 인류가 신교 문화권 안에서 삼신 상제님을 받들며 살던 때가 뿌리문화 시대예요. 저 드넓은 대륙의 환국을 중심으로 문명의 토대가 닦이고 인간의 영성 문화가 찬란하게 꽃피었습니다.

그 후 각 족속이 사방으로 이동하여 지역마다 고유한 문화를 형성하고, 문명권에 따라 여러 성자가 나와서 다양한 가르침을 내놓았어요. 하나의 나무뿌리에서 수많은 줄기가 뻗어 나가듯 2,500년 전을 전후해 공자, 노자, 예수, 석가 같은 성인과 소크라테스, 플라톤, 아리스토텔레스 같은 철인이 종교, 철학, 과학의 신세계를 개척했습니다.

그런데 가을이 되면 세계 곳곳에서 펼쳐지던 줄기문화인 유불선 기독교 등 모든 문화가 원시반본의 섭리에 따라 다시 근본으로 돌아와 하나로 통일됩니다. 바야흐로 인간이 환단의 광명을 받아 신적인 존재로 살던, 문화의 뿌리인 신교가 열매로 부활합니다. 그렇게 해서 전 인류가 새로운 황금시대를 살게 되는 것입니다.

여기서 우리가 반드시 마음에 새겨 두어야 할 것이 있습니다. 지금은 원시반본하는 때이므로, 자신의 뿌리를 바로 세우고 잘 받들어야 한다는 점이에요. 뿌리란 개인에게는 집안 조상이요, 민족에게는 민족의 시조입니다. 인류 전체에게는 시원 역사이며, 생명으로 볼 때는 만유생명의 근원이신 삼신상제님입니다. 특히 자기 조상을 박대하고 부정하는 사람은 '뿌리를 잃어버린 존재'가 되어 '소멸'될 수밖에 없습니다. 조상과 부모 없이 태어나는 인간이 어디에 있습니까!

이런 점에서 보면 『환단고기』가 오늘의 한민족에게 던져주는 사명은 매우 간

열매문화(신교)

원시반본(原始返本): 뿌리와 열매가 서로 만나는 이치

유교　불교　도교　기독교

인류의 뿌리문화(신교)

결하고 명쾌합니다. '왜곡되고 뒤틀린 한국사의 국통을 바로 세우고, 태곳적 황
금시절에 삼신상제님이 열어 준 우주의 광명문화를 회복하라' 는 것입니다.

인류 근대사의 출발과 개벽사상의 출현, '동학東學'

뿌리문화요 시원문화인 신교가 열매 진리로 다시 출현한다! 일찍이 19세기 중
반, 인류사의 전면에 이러한 열매 진리가 나온다고 선언한 조선의 선각자가 있
었습니다. 동학을 창도한 수운 최제우(1824~1864)이 바로 그 사람입니다.

동학이 전한 소식은 두 가지예요. 첫째는 '시천주侍天主' 사상입니다. 삼신상
제님을 모시는 '신교문화, 상제문화를 회복해야 한다' 는 것입니다. 둘째는 자

연, 문명, 인간이라는 세 측면에서 '다시 개벽'이 일어난다는 소식입니다.

수운은 "십이제국 괴질운수 다시 개벽 아닐런가"(『용담유사』「몽중노소문답가」)라고 했습니다. 그리고 개벽을 주재하시는 상제님이 신교문화의 본고장인 동방 땅에 오신다고 전했습니다. 한반도가 '다시 개벽'이 일어나는 중심 땅이자 새 세상을 여는 구심점이 된다는 사실을 선포한 겁니다.

이렇게 문명개벽의 놀라운 소식을 전한 동학은, 신교문화의 원형을 밝히면서 진정한 근대의 출발점을 열어 주었습니다.

새 시대를 여는 개벽의 땅, 한반도

19세기 동방의 개벽사상에는 또 '만국활계남조선萬國活計南朝鮮, 세계의 모든 나라를 살릴 법방은 남조선에 있다'는 구원의 소식도 있습니다.

남조선이란 무엇일까요? 남조선은 단순히 북조선의 상대어인 남한을 말하는 것이 아닙니다. 9천 년 한민족사에서 볼 때, 남조선은 '한민족이 본래의 활동 무대였던 동북아 대륙에서 한반도 땅으로 욱여져 들어와 마지막으로 자리잡은 곳'을 뜻합니다.

그렇다면 왜 남조선이 '다시 개벽'의 중심지일까요?

예로부터 『주역』에서 '종어간시어간終於艮始於艮(간艮에서 매듭짓고 간艮에서 시작한다)', '성언호간成言乎艮(간방에서 세계 구원이 이루어진다)'이라 했어요. 또 "간방은 동북의 괘이니 만물의 끝남과 새로운 시작이 이루어지는 곳이다."라고도 했어요. 지구의 간방은 바로 동북아의 한반도 땅입니다. 그러므로 한반도는 인류 문명이 처음 시작되고 최종 결실을 맺는 자리입니다.

만물의 끝과 시작이 간방에서 이루어진다는 『주역』의 가르침 그대로, 장차 인류의 모든 문제가 간방 땅 중심인 남조선에서 마무리되고 남조선에서 새롭게 시작됩니다. 오늘날 지구촌의 정치, 경제, 과학, 학문, 종교 등이 모두 간방 땅 한반도에서 수렴됩니다. 지구상에서 유일하게 자본주의와 공산주의로 나뉜 이 땅에서, 세계 모든 나라와 민족 간에 얽히고설킨 갈등이 그 근본 원인부터 해소됩니다. 나아가 온 인류가 한 가족으로 사는 새로운 문명이 펼쳐집니다. '만국활계남조선'은 '한반도의 남쪽 땅이 장차 인류의 통일문명 시대를 여는 중심이 된다'는 축복의 새 소식입니다.

최근 들어, 지난 9천 년 동안 한민족의 마음과 혼속에 깃들어 있던 광명문화의 영험함이 힘차게 뿜어져 나오고 있어요. 대한민국이 경제, 과학, 문화 등 여러 분야에서 두각을 나타내고 있습니다. 인류 원형 문화의 혼을 새로이 되살리라는 하늘의 운을 받아서 그런 것입니다.

인류 창세 역사의 주역인 한민족이 살고 있는 한반도! 만국활계남조선의 섭리에 따라 한반도 땅이 인류의 미래를 이끄는 새로운 중심축이 되고 8천만 한민족이 새 역사를 건설하는 주역이 된다! 이것이 바로 『환단고기』에서 궁극으로 전하는 한韓의 미래이자 인류의 희망찬 내일입니다.

'천지광명과 신성' 회복의 길을 열어 주는 『환단고기』

그러면 장차 열리는 열매문화 시대의 진정한 주역이 되기 위해 우리는 무엇을 해야 할까요? 먼저 지난날 겪은 모든 갈등과 마음의 상처를 말끔히 씻어내야 합니다. 그리고 삼신에게서 부여받은 본래의 신령스러운 성품, 밝은 영성을 회복해야 합니다. 그것은 바로 『환단고기』에서 전하는 태고 원형문화 시대의 '주문呪文 수행'을 통해서 이루어집니다. '빌 주呪', '글월 문文', 주문은 '천지의 신성과 생명을 나의 몸과 마음과 영 속으로 빨아들이는 글'이에요. 수행을 할 때 거룩한 마음으로 정성껏 주문을 소리 내어 읽으면 소리가 신성한 조화의 힘을 발동시킵니다.

　소리는 인류사에서 가장 오래된 치유 형태라 합니다. 이 소리 가운데 가장 쉽게 접하는 것이 음악이에요. 음악은 인간에게 감동을 주고 영혼을 순수하게 만들기도 합니다. 주문은 음악입니다. 인간의 영성을 활짝 열어 주고, 살아 있는 우주 삼신인 천·지·인 삼계에 대한 깨달음을 주는 진정한 음악입니다. 우주의 광명을 노래하는 주문을 읽으면, 내 안에 잠재되어 있는 삼신의 무한한 신성과 지혜가 드러납니다. 주문을 많이 읽으면 천지의 광명과 하나 된 태일 인간이 될 수 있어요.

　앞으로 가을 세상이 되면, 사람들이 생활 속에서 늘 주문을 읽으며 삽니다. 모든 사람이 삼신의 광명을 체험하여 신령스럽게 됩니다. 누구나 대한이 되고, 태일이 되고, 홍익인간이 됩니다. 홍익인간이란 천지 광명의 대이상 세계를 건설하여 이 세상을 거듭나게 하는 위대한 사람을 말합니다.

다시 열리는 천지 광명 시대

　『환단고기』에 따르면, 뿌리문화 시대에 인류의 시원국가인 환국에서 살던 '구환족 오색 인종'이 세계 여러 곳으로 뻗어 나가 다양한 문명을 개척했습니다. 본래 한 가족으로 살던 인류가 천 갈래 만 갈래로 나뉘어 각양각색인 지역 문화가 생겨난 거예요. 그러나 이제 우주의 가을이 되면, '세계일가 통일 문화'가 열려 구환족의 후손이 그 옛날처럼 다시 한 가족으로 살게 됩니다. 이것을 『환단고기』에서 '구환일통九桓一統'이라 했습니다.

　지금 한민족은 초강대국인 미국, 중국, 일본, 러시아가 충돌하는 세계 분쟁의 중심에 놓여 있어요. 장차 한반도는 인류 역사상 가장 강력한 전쟁의 소용돌이에 빨려 들어가 한민족의 생사존망이 걸린 절박한 상황을 맞이할 수도 있습니다.

이러한 절박한 시기에 우리가 가장 먼저 해야 할 일은 하루빨리 한민족의 뿌리 역사와 본래의 문화 사상을 되찾는 것입니다. 이를 위해서는 환국과 배달, 고조선의 역사를 신화나 전설로 생각하는 비뚤어진 의식에서 깨어나야 해요. 특히 중국이 조장한 중화주의 사관과 일제가 조장한 식민사관의 역사관을 말끔히 떨쳐내야 합니다.

『환단고기』에는 인간 삶의 목적이 나와 있습니다. 바로 '인간 내면에 깃들어 있는 천지의 무궁한 광명과 신성을 회복하고, 인간과 천지 부모가 꿈꾸는 역사의 이상을 실현하는 것'입니다. 이것은 오늘의 전 인류에게 주어진 숭고한 사명이기도 합니다.

대한의 어린이들이여!

우리 모두 『환단고기』를 읽고 새벽처럼 맑게 깨어납시다!

우리 어린이들이 한민족의 역사 혼을 되찾아

다가오는 다시 개벽의 변혁을 넘어

위대한 천지광명의 새 역사를 열어가는

주인공이 되기를 축원합니다!

참고 도서

1 윤휘탁, '백두산의 중국화와 우리의 대응방향', 『한중 관계와 한반도』(제8차 국제고려학회 서울지회 학술대회), 211쪽.

2 〈경향신문〉, "중국 문화유산에 아리랑 등 우리 문화 13건 등재", 2011.9.20.

3 송호정, '요하유역 고대문명의 변천과 주민집단', 『중국 동북지역 고고학 연구현황과 문제점』, 동북아역사재단 연구총서 45집, 63쪽.

4 〈중앙일보〉, "발해 건국 대조영이 고구려 왕?", 2012.9.18.

5 비상교육, 『중학교 역사』 상, 41쪽.

6 김삼웅, 『한국사를 뒤흔든 위서』, 225쪽.

7 김종서, 『신화로 날조되어 온 신시·단군조선사 연구』.

8 『조선왕조실록』 세종 26년(1444) 2월 20일 조.

9 『율곡전서』 「본국청개종계주본本國請改宗系奏本」.

10 『율곡전서』 「기자실기箕子實記」.

11 『경세유표經世遺表』 「천관이조天官吏曹」.

12 최인, 『한국사상의 신발견』, 225쪽.

13 박성수·김상일 외, 『한류와 한사상』.

14 양종현, 『백년의 여정』, 82쪽.

15 양종현, 『백년의 여정』, 82~106쪽.

16 박석재, 『개천기』, 서문.

17 고야마 시게키, 『지도로 보는 중동이야기』, 18쪽.

18 권희석, 『평화가 잠자는 땅 중동』, 149쪽.

19 데이비드 롤, 『문명의 창세기』, 160~162쪽.

20 제카리아 시친, 『수메르 혹은 신들의 고향』, 102쪽.

21 알렉산더 그르보프스키 저, 김현철 역, 『잃어버린 고대 문명』 115쪽.

22 김상일, 『인류문명의 기원과 한』, 45~53쪽.

23 박선희, '홍산문화 유물에 보이는 인장의 기원과 고조선문화', 1~6쪽.

24 윤내현, 『우리고대사 상상에서 현실로』, 169쪽.

25 장진퀘이, 『흉노제국 이야기』, 60쪽.

26 스기야마 마사키, 『유목민이 본 세계사』, 191쪽.

27 이덕일, 『고조선은 대륙의 지배자였다』, 173쪽.

28 이덕일, 같은 책, 174쪽.

29 성삼제, 『고조선 사라진 역사』, 148~151쪽.

30 김대성, 『금문의 비밀』.

31 〈경향신문〉, "동방 예악의 고향은 발해연안 북부", 1987.3.17.

범 례

여기에는 『환단고기』의 구성과 저자, 핵심 내용,
그리고 편찬 과정이 간략하게 소개되어 있다.
나라를 빼앗긴 울분 속에서,
『환단고기』한 권으로 우리 민족의 주체성을 되찾고
민족 문화의 이념을 회복할 수 있게 된 데 대한
편찬자 계연수 선생의 감회가 우리의 가슴을 울린다.

아메리카 인디언 이주

천산

홍산

(기원전 7000~1500년 경)

태백산(백두산)

황하 문명
(기원전 3000년 경)

문명
00년 경)

『고기』를 인용하는 것은 일연(고려 시대)의 『삼국유사』로부터 시작되었다. 그러나 지금은 『고기』를 볼 수 없다.

그래서 이제 『삼성기』, 『단군세기』, 『북부여기』, 『태백일사』를 합본하여 한 권의 책으로 만들어 『환단고기』라 한다.

『삼성기』는 두 종류가 있다. 그런데 모두 완전하게 엮은 책은 아닌 것 같다.

안함로가 지은 것은 오래 전부터 우리 집안에 전해 내려 온 것이다.

이제 이를 「삼성기전」 상편으로 한다.

원동중이 지은 것은 평안도 태천의 진사 백관묵으로부터 얻은 것인데 이를 「삼성기전」 하편으로 한다.

그리고 이 두 편을 합본하여 『삼성기전』이라 한다.

『단군세기』는 홍행촌수가 엮은 것으로 바로 행촌선생 문정공*이 전한 것이다.

이 책 또한 백진사에게서 얻은 것이다.

진사의 가문은 예로부터 글을 짓는 재주로 이름이 높은 집안이라 소장하고 있는 책이 많았다.

두 종류 역사책이 모두 이 집에서 나왔으니, 어찌 만금을 베푸는 은덕을 이에 비할 수 있으리오.

☀**행촌선생 문정공**:
행촌은 이암의 호,
문정文貞은 시호.

가히 조국의 앞날을 밝혀 주는 크나큰 영광이라 할 것이다.

『북부여기』상·하는 복애거사 범장이 지은 것이다.
예전에 『단군세기』와 합편해 놓은 것을 삭주 뱃골[이동]의 진사 이형식의 집에서 얻었는데, 『단군세기』는 백진사가 소장한 것과 한 글자도 다름이 없다.
근래에 와서 별도로 만들어진 책(북부여기)이 세상에 나돌고 있다.
그러나 이 책의 내용은 앞의 『북부여기』와 매우 다른 바가 많아 다시 언급하지 않는다.

『태백일사』는 일십당 주인 이맥이 엮은 것으로 해학 이기 선생이 소장해 온 것이다.
대개 환단 이래로 서로 전해 온 교학 경문(가르치고 배우는 글)이 모두 여기에 갖추어져 있다.
인용한 문헌상의 출처가 상세하여 한 번 보고 대번에 알 수 있을 만큼 분명하고 뚜렷하다.

또 『천부경』과 『삼일신고』두 글의 전문이 모두 여기에 실려 있다.
이는 실로 낭가의 경전(『대학』·『중용』과 같은 것)이다.*

아아!
환단 이후로 계속 전수되어 온 진정한 가르침인 삼일심법이 진실로

환
단
고
기

이 책 속에 들어 있으니, 이야말로 동방 대광명의 참 진리[태백진리, 신교]가 다시 일어나는 기틀이 아니고 무엇이랴!
손발이 저절로 춤을 추며, 흥겨워 외치고 싶고 기뻐서 미칠 듯하도다!

『환단고기』는 모두 해학 이기 선생의 감수(책의 편찬을 지도, 감독함)를 거쳤다.
또 내가 정성을 들여 부지런히 편집하고 옮겨 적었다.
그리고 홍범도·오동진 두 벗이 자금을 대어 목판에 새겨서 인쇄하였다.

이로써 우리 자신의 주체성을 발견하게 되었으니 크게 축하할 만한 일이요, 또한 민족 문화의 이념을 드러내게 되었으니 크게 경축할 만한 일이며, 또 한편으로 세계 인류가 대립을 떠나 공존할 수 있는 기틀을 마련하게 되었으니 더욱 경축할 만한 일이다.

신시개천 5808, 광무* 15, 1911, 신해년 5월 광개절*에 태백 진리[신교]의 정신을 계승한 선천宣川의 계연수 인경*이 묘향산 단굴암에서 쓰노라.

❀광무光武: 대한제국의 연호. 1897년(고종 34) 제정.

❀광개절: 해마다 음력 5월 5일에 거행하던 한민족 전래의 축제.

❀동아시아 대륙을 통일하고 단군조선 시대의 강토 대부분을 회복하여 영토를 최대로 확장시킨 광개토열제의 영광과 위대한 업적을 기리기 위해 제정한 기념일이다.

❀인경仁卿: 계연수의 자字.

삼성기

삼성기는
동북아 시원문화 시대
우리 한민족의 조상이신
세 분 성조(환인, 환웅, 단군)께서
나라를 세우고 다스리신 역사 이야기이다.

수메르 문명
(메소포타미아)
(기원전 3500년 경)

이집트 문명
(기원전 3100년 경)

인도
(기원

삼성기 상
三聖紀 上

안함로安含老 찬撰

환국 이야기
배달 이야기
단군조선 이야기
북부여 시대와 그 후

환국과 배달, 동서양 4대 문명의 발달

유럽 고문명

지중해 문명
(그리스 문명)

흑해

유대 문화

티그리스강

유프라테스강

수메르 문명
(약 5500년 전)

인더스

이집트 문명
(약 5100년 전)

나일강

아메리카 인디언 이주

바이칼호

환桓 국國

천산

배달(홍산) 문명
(약 6700~4900년 전)

황하

황하 문명
(약 5000년 전)

양자강

더스 문명
약 4500년 전)

환국 이야기

환족桓族: 환족의
'환'은 '밝음, 광명'이라는 뜻이다. 지금도 밝은 것을 '환하다'라고 한다. 환족은 '삼신의 광명을 높여 소중히 여기는 겨레'라는 뜻이며, 한민족은 환족의 자손이다.

사백력斯白力의 하늘: 아주 밝은 하늘(박병식), 희고 밝은 광명의 하늘(이찬구)이라는 뜻.

조화를 짓는 신[삼신]: 하느님께서 만물을 낳으시고(조화), 가르쳐 기르시고(교화), 다스리시는(치화) 세 가지 작용을 하시므로 '삼신' 또는 '삼신하느님', '삼신상제님'이라 부른다.

함이 없다: 덕이 매우 크시어 모든 것이 자연히 이루어진다는 뜻.

가장 오래 된 우리 환족의 나라

우리 환족*이 세운 나라가 가장 오래 되었다.

하느님은 대광명(사백력)의 하늘*에 계시며

홀로 천지의 조화를 짓는 신[삼신*]이시다.

하느님은 광명으로 온 우주를 비추시고

대권능의 조화로써 모든 생명을 낳으신다.

영원토록 사시며 항상 즐거움을 누리신다.

지극한 조화 기운을 타고 노니시며

오묘하게 자연의 법칙에 부합하신다.

형상 없이 나타나시고 함이 없이* 만물을 지으시며

말씀 없이 행하신다.

다 함께 암송하기

오환건국吾桓建國이 최고最古라.
우리 환족이 세운 나라가 가장 오래 되었다.

吾 나 오   桓 밝을 환   建 세울 건   國 나라 국   最 가장 최   古 옛 고

하느님께서 소녀소년 800명을 내려 보내셨다

하느님[삼신]께서 어느 날 소녀소년 800명*을
흑수(만주 흑룡강)와 백산(백두산) 사이의 땅에 내려 보내셨다.
이에 환인*께서 만백성의 우두머리가 되셨다.

환인께서는 천계(천산* 동쪽)에 계시면서
돌을 부딪쳐 불을 피워 음식 익혀 먹는 법을 처음으로 가르치셨다.
이 나라를 '환국(밝은 나라)'이라 하였다.

나라 다스리는 분을 안파견이라 불렀다

이 환국을 다스리신 분을 '천제 환인씨'라 부르고,
또한 '안파견'*이라고도 불렀다.
환국*은 모두 일곱 분이 차례로 나라를 다스렸으나
그 연대는 자세히 살필 수 없다.

❀소녀소년[동녀동
남童女童男] 800명:
인류 역사가 '음과
양', 즉 남자와 여자
의 조화로 시작되었
음을 알 수 있다.

❀환인桓仁: 환국의 통
치자이다. 당시 사람
들은 모두 스스로 환
桓이라 하고, 무리를
다스리는 사람을 인
仁이라 하였다.

❀천산天山: 지금의 중
국 신강성 위구르자
치구에 있고, '천지'
라는 호수가 있다.

❀안파견安巴堅: '아버
지'라는 뜻이다.

삼성기 상

환국桓國: '밝은 나라'라는 뜻. 하느님[삼신]께서
광명으로 계시기 때문에 하느님의 대행자인 우리 환
족은 예로부터 밝음을 우러러 소중히 여겼다. 그리
고 대대로 나라 이름에 '밝음'이라는 뜻을 담았
다.(환국, 배달, 조선, 부여, 대진국, 대한민국)

여기는 환국이 처음
시작된 곳으로 알려진
천산天山의 '천지'라는
호수예요. 현재 중국
신강성 위구르자치구에
있어요.

배달 이야기

환웅께서 환국을 이어 배달을 세우셨다

그 후 환웅께서 환국을 계승하여 나라를 일으키셨다.

하늘에 계신 삼신상제님의 명령을 받들어

백산과 흑수 사이에 있는 땅에 내려오셨다.

천평*에 우물을 파고 청구*에 농사짓는 땅을 구획하셨다.

환웅께서 천부와 인*을 지니시고

다섯 가지 일(농사와 왕명*과 형벌과 질병과 선악)을 주관하셨다.

세상을 삼신상제님의 가르침[신교*]으로

다스려 깨우쳐 주시고[재세이화在世理化]

널리 인간을 이롭게 하셨다[홍익인간弘益人間].

'신시'*에 도읍을 정하시고 나라 이름을 '배달'*이라 하셨다.

* **천평天坪**: '하늘(삼신)의 명을 받아서 나라를 연 평야, 역사를 개척한 땅'이라는 뜻으로, 백두산 주변에 있다.

* **청구青邱**: 지금의 요하 서쪽 대릉하大凌河 지역이다. 14세 치우천황 때 이곳으로 도읍을 옮겼다. 한편 예로부터 중국인들이 우리나라를 가리켜 '청구국青邱國'이라 불렀는데, '청구국'은 원래 배달국을 가리키는 말이다.

* **천부天符와 인印**: 삼신상제님의 종통을 상징하는 신비스런 물건이다.

* **왕명王命**: 왕의 명령을 전하고 시행하는 것을 확인하는 일 등을 말한다.

신교神教: '신교'란 '이신설교以神設教, 이신시교以神施教, 즉 삼신상제님의 가르침으로 다스린다는 뜻'의 줄임말이다. 태고 시대 인류의 뿌리 종교로서 유교, 불교, 도교, 기독교 등 모든 종교가 여기서 뻗어 나갔다. 삼신상제님께 제사를 올리는 천제天祭는 신교 문화의 대표적인 예식이었다.

상제上帝님: '상제'는 위 상 자, 하느님 제 자, '천상(하늘 위)에 계신 하느님'이라는 뜻이다. 아주 오랜 옛날부터 동방 한민족이 부르던 하느님의 본래 호칭이다.

バイカル호

신시 배달국: 동방 문화 개창과 치우 천황의 청구국

흑룡강(흑수)

환 국 배 달 국

환웅천황의 이동

송화강

천산산맥   금악산   고비사막
천산
반고의 이동
청구국   신시
대릉하 14세 치우천황의   태백산(백산)
곤륜산맥   삼위산   황제헌원   탁록   갈석산   청구국 천도

환웅천황의 태백산
신시 개천: 5910
(2013년 기준)

황하   청구국

신선이 되신 환웅

환웅께서 삼칠일(21일)을 택하여 상제님께 제사를 올리시고
바깥일을 꺼리고 삼가 문을 닫고 수도를 하셨다.
주문*을 읽고 공덕이 이루어지기를 기원하셨으며,
선약을 드시고 신선이 되셨다.
괘*를 그어 다가올 일을 아시고 대자연 변화의 움직임을 파악하여
하늘의 신명을 부리셨다.

 다 함께 암송하기

재 세이화在世理化하사 홍익인간弘益人間하시며
입 도신시立都神市하시고 국칭배달國稱倍達하시니라.

신교로써 세상을 다스려 깨우치시고 널리 인간을 이롭게 하시며
신시에 도읍을 하시고 나라 이름을 배달이라 하셨다.

在 있을 재 世 세상 세 理 다스릴 리 弘 넓을 홍 益 더할 익 立 설 입 都 도읍 도
神 귀신 신 市 저자 시 國 나라 국 稱 칭할 칭 倍 곱 배 達 통달할 달

❦**신시**神市: 백두산 아
래에 있었다.

❦**배달**倍達: '배달'은
'밝은 땅'이라는 뜻
이다. 예로부터 한민
족을 '배달민족',
'배달겨레'라 불러
왔다. 그것은, 배달
이 세워지면서 한민
족의 기틀이 이루어
졌기 때문이다.

❦**주문**呪文: 대자연의
근원적 소리로 우주
의 생명력이 응축되
어 있는 신성한 언어
이다.

❦**괘**卦: 앞일이 어떻게
될지, 좋고 나쁨을
미리 알아보는 점괘.

웅씨족 여인을 황후로 맞이하셨다

환웅께서 여러 신령한 인물과

영리하고 재주 있는 사람을 두루 모아 신하로 삼으셨다.

웅씨*족 여인을 맞아들여 황후로 삼으시고

혼인 예법을 정하여 짐승 가죽으로 폐백*을 삼게 하셨다.

농사를 짓고 가축을 기르게 하셨으며

시장을 열어 교역을 하게 하셨다.

이에 아홉 환족*이 모든 지역에서 공물*과 세금을 바치고

모든 새와 짐승들까지 따라서 춤을 추었다.

후세 사람들이 이분을 땅위의 최고신으로 모시고

자손 대대로 제사 지내기를 그치지 않았다.

배달국 신시 시대 말기에 치우 천황*(14대 자오지 천황)이 계셨다.

이분은 청구 땅을 널리 개척하셨다.

환웅 천황의 배달은 열여덟 분이 나라를 다스리셨으며

1,565년 동안 역사가 이어졌다.

⦿웅씨熊氏: 웅씨는 성이 웅씨라는 것이 아니라, 높임의 뜻으로 쓰인 호칭이다. 이로써 볼 때, 『삼국유사』에 나오는 '일웅일호一熊一虎'에서 웅은 곰이 아니라 곰을 토템으로 삼던 족속의 이름임을 알 수 있다.

⦿폐백幣帛: 제사 때 신께 바치는 물건, 또는 혼인 전에 신랑이 신부 집에 보내는 예물.

⦿아홉 환족(九桓): 환국 시대부터 환족은 아홉 족속으로 나누어 다스려졌다.

⦿공물貢物: 궁중이나 중앙 관서에 바치는 지역의 특산물.

⦿천황天皇: 환웅을 부르는 호칭으로 '하늘이 내신 왕'이라는 뜻이다.

다 함께 암송하기

후인後人이 봉지위지상최고지신奉之爲地上最高之神하여 세사부절世祀不絶하니라.

후세 사람들이 이분을 지상의 최고신으로 모시고
자손 대대로 제사 지내기를 그치지 않았다.

奉 받들 봉　之 어조사 지　最 가장 최　高 높을고　神 귀신 신
祀 제사 사　絶 끊을 절

조선 이야기

조선*을 세우신 단군왕검

이후에 신령한 사람 왕검께서
불함산*의 박달나무가 우거진 터에 내려오셨다.

왕검께서는 지극히 신성한 덕성과
성인의 자애로움을 함께 지니셨다.
능히 선대 환인, 환웅 성조와 삼신상제님의 뜻을 받들어
나라를 다스리는 법을 세우시니
그 공덕이 높고 커서 찬란하게 빛났다.

이에 아홉 환족의 백성이 모두 기뻐하고 진실로 복종하며
삼신상제님의 대행자로 추대하여 임금으로 받들어 모셨다.
이분이 바로 단군왕검*이시다.

왕검께서는 배달 신시의 옛 법도를 되살리시고
아사달*에 도읍을 정하여 나라를 여셨다.
나라 이름을 조선*이라 하셨다.

삼성기 상·

🔅 **조선朝鮮**: 단군왕검이 세우신 나라. 훗날 고려에 이어 나라를 연 이성계가, 그 옛날 대륙을 호령했던 단군조선의 부흥을 꿈꾸며 나라 이름을 조선이라 하였다. 이성계가 세운 조선과 구분하기 위하여 '단군조선' 또는 '고조선'이라 부른다.

🔅 **불함산不咸山**: '가장 밝은 산'이란 뜻으로 현재 만주 하얼빈의 완달산을 가리킨다.

🔅 **단군왕검檀君王儉**: 단군은 제사장, 왕검은 부족을 다스리는 정치적 우두머리를 뜻한다. 따라서 단군왕검은 제정일치 시대의 통치자의 호칭이다. 배달 시대부터 많은 왕검이 있었는데, 단군왕검은 그중 가장 덕망이 뛰어난 신인神人 왕검으로, 전체 부족의 추대를 받아 제위에 오르신 것이다.

❀**아사달**阿斯達: '밝은 땅'이라는 뜻. 불함 산이라고도 하며, 만 주 하얼빈의 완달산 을 말한다.

❀**조선**朝鮮: '아침 해 가 떠오르는 밝은 나 라'라는 뜻으로 '환 국', '배달'과 마찬 가지로 '광명, 밝음' 이라는 의미가 담겨 있다.

❀**함이 없이 질서를 바로잡다**: 덕이 크 시어 저절로 질서가 바로잡혀졌다는 뜻.

❀**현묘**玄妙**한 도**道: 깊 고 오묘한 삼신상제 님의 도.

❀**괘서**卦筮: 점을 쳐서 운이 좋고 나쁨을 판 단하는 일.

삼신상제님의 도로써 다스리셨다

단군왕검께서는 두 손을 맞잡은 채 단정히 앉으시어

함이 없이 질서를 바로잡아* 세상을 다스리셨다.

현묘한 도*를 깨치시고 사람들을 가까이하여 가르치셨다.

이때 팽우에게 명령하여 토지를 개척하게 하시고

성조에게 궁실을 짓게 하셨다.

고시에게 농사일을 맡게 하시고

신지에게 글자를 만들게 하셨다.

기성에게 의약을 베풀게 하시고

나을에게 호적을 관장하게 하셨다.

희에게 괘서*를 주관하게 하시고

우에게 병마를 담당하게 하셨다.

이곳은 흑룡강성 하얼빈! 단군조선의 첫 번째 수도로 추정되는 송화강 아사달의 현재 모습이에요.

모든 백성이 태평한 세월을 누렸다

단군왕검께서 비서갑*에 사는 하백*의 따님을 맞이하여
황후로 삼으시고 누에치기*를 맡게 하셨다.
백성을 사랑하시는 어질고 덕을 크게 베푸는 다스림이
사방에 미치어 천하가 태평해졌다.

단군조선 후기,
나라 이름을 대부여로 바꾸셨다

단기 1909, 기원전 425년(병진),
주나라 고왕 때
44세 구물 단군께서
나라 이름을 대부여로 바꾸셨다.
도읍을 백악산 아사달에서 장당경*으로 옮기시고
팔조금법*으로 법도를 세우셨다.
글 읽기와 활쏘기에 힘쓰게 하시고
삼신상제님께 제사 지내는 것을 근본 가르침으로 삼으셨다.

다 함께 암송하기

순방지치淳厖之治가 희흡사표熙洽四表 러라.
백성을 사랑하시는 어질고 덕을 크게 베푸는 다스림이
사방에 미치어 천하가 태평해졌다.

淳 순박할 순   厖 두터울 방
治 다스릴 치   순방지치=인정이 넘치는 매우 훌륭한 정치
熙 빛날 희   洽 흡족할 흡   희흡=어진 정치가 대대로 이어져 태평성대가 계속됨

❋**비서갑非西岬**: 지금의 만주 하얼빈이이다.

❋**하백河伯**: 인류가 처음 화생한, 어머니 지구의 자궁에 해당하는 천해天海를 지키는 수신水神이다.

❋**누에치기**: 당시 누에치기는 나라의 주요 산업이었다. 이후에도 오랜 역사를 통해 내려오면서 경제에 많은 비중을 차지하였다. 누에를 치는 목적은 비단의 원료인 고치실을 얻는 데 있다.

❋**장당경藏唐京**: 지금의 중국 요령성 개원 지역. '송화강 아사달', '백악산 아사달'에 이어 세 번째 옮겨간 도읍지이다.

❋**팔조금법**: 남에게 해를 끼치는 못된 행위를 하지 못하도록 정한, 8개 조항의 법령.

농사와 누에치기에 힘쓰게 하시고

산과 못을 일반 백성에게 개방하셨다.

죄를 지어도 그 아내와 자식은 벌하지 않으시고*

백성과 더불어 의논하며 힘을 합하여 나라를 다스리셨다.

남자에게는 일정한 직업이 있고 여자에게는 좋은 남편이 있었다.

집집마다 재물이 풍족하여

산에는 도적이 없고 들에는 굶주리는 사람이 없었다.

악기 소리와 노래 소리가 온 나라에 넘쳐흘렀다.

시조 단군왕검께서 기원전 2333년(무진)에

나라를 통일하신 이래 마흔 일곱 분이 나라를 다스리시니,

그 총 햇수는 2,096년이다.

❀아내와 자식은 벌하지 않으셨다: 역사를 돌아보면, 백성이 죄를 지었을 때, 죄 없는 그 아내와 자식에게까지 책임을 물어 함께 벌을 주는 예가 많았다.

> 그동안 학교에서 배운 단군은 단군왕검 한 분밖에 없었는데……

> 선생님도 마흔일곱 분 단군이 계셨다는 사실을 모르셨나 봐.

구물 단군의 팔조금법

1. 살인한 자는 즉시 사형에 처한다.
2. 사람을 상하게 한 자는 곡식으로 갚는다.
3. 도둑질한 자는 남녀 모두 그 집에 들어가 노비가 된다.
4. 소도(삼신상제님께 천제 올리는 성소)를 훼손하는 자는 가둔다.
5. 예의를 잃은 자는 군 복무를 시킨다.
6. 부지런하게 일하지 않는 자는 공공 작업에 부역(보수 없이 일을 시킴)시킨다.
7. 음란한 자는 태형(매 맞는 벌)에 처한다.
8. 사기를 친 자는 훈계하고 놓아 준다.

환단고기

5세 구을 단군릉.
평양시 강동군 문흥리 대박산 기슭에서 발굴되었다.
왼쪽 사진은 1994년에 개축한 능의 전경.
북한의 국보 문화유물 제174호이다.

1993년 10월, 북한은 평양시 대박산에서 단군과 그 부인의 무덤을 발굴하였다고 발표했다.

본래 이 무덤에는 벽화가 그려져 있었대. 1910년, 일본 제국주의가 들어와서 그것을 파괴했다나 봐.

이것은 단군조선이 신화가 아니라 실제 역사라는 분명한 증거 아니겠어?

북한은 1993년 12월에 대대적으로 복원 공사를 시작해서 이듬해 10월에 완공했는데~

놀랍게도 단군릉이 있는 평양시 강동군 근처에는 지금도 단군동이라는 지명이 남아 있고 단군과 관련된 유물이 계속해서 출토되고 있다고 해.

북부여 시대와 그 후

읍루

선비鮮卑

오환烏桓

동(가섭원)부여
(기원전86~서기22)

고리국 **북 부 여**

●가섭원(차릉)

갈사국
(서기22~68)

●웅심산(서란)
북부여 발흥지 ●졸본①(수분하)
(기원전 239~195)

위만정권
(기원전194~108)

🏔️백두산

●졸본②(환인)

①정인보, 이유립의 수분하설
②학계의 환인설

상하운장
●

연燕

최씨낙랑국
(기원전195~서기37)

조趙

최숭의 낙랑국 건설

남삼한
마한 진한
변한

한漢

제齊

고조선 이래 한민족의
계속적인 일본 열도 이주 개척

1.번조선 마지막 왕 기준의 망명
2.번조선 상장 탁록의 중마한
　건설(기원전 194)

대해모수께서 북부여를 세우셨다

기원전 239년(임술), 중국 진나라 정왕(진시황) 때
신령한 사람 대해모수께서 웅심산*에서 일어나셨다.

그 후 기원전 194년(정미), 한나라 혜제 때
연나라 유민의 우두머리인 위만衛滿*이
조선의 서쪽 변방 땅 한 모퉁이(번조선)를 도적질하여 차지하였다.
이에 번조선 왕 준準*이 맞서 싸웠으나 당해 내지 못하고
바다로 도망*하였다.

이때부터 삼한*에 속해 있던 조선의 백성이
대부분 한수(한강) 이남으로 옮겨 살게 되었다.*

❀ **웅심산熊心山:** 지금의 만주 길림성 서란 소성자.

❀ **준準 왕:** 번조선의 75세(마지막) 왕.

❀ **바다로 도망:** 황해로 도망하여 금강 유역으로 들어왔다.

❀ **삼한三韓:** 나라를 셋으로 나누어 다스리던[삼한관경제] 단군조선의 전삼한(진한·마한·번한)을 말한다. 진한은 지금의 만주, 번한은 요하 서쪽~하북성 일대, 마한은 한반도 지역에 있었다.

❀ **한수漢水(한강)의 남쪽으로 옮김:** 이때부터 남삼한 역사가 시작되었다.

삼성기 상

요해遼海: 요하와 발해.

서압록: 지금의 시라무렌강를 말한다.

고두막한高豆莫汗: 동명東明을 세워서 '동명왕' 또는 '동명성왕' 이라고도 부른다.

부여의 옛 도읍: 여기서 부여는 해모수가 세운 북부여로 그 도읍지는 만주 장춘 농안이다.

동명東明: '동방의 광명(밝음)' 이란 뜻으로 '졸본부여', '동명부여' 라고도 한다.

태조太祖: 왕조를 세운 첫째 임금을 뜻한다.

연호年號: 해의 차례를 나타내기 위해 붙이는 이름이다. 현재 우리나라는 서기西紀를 쓰고 있다.

다물多勿: '옛 영토를 회복한다' 는 뜻이다. 주몽께서 연호를 '다물' 이라 하신 데는 만주와 중국 북부를 차지했던 조선의 드넓은 영토를 되찾겠다는 의지가 담겨 있다.

고두막한이 '동명' 을 세우셨다

이후 한때 여러 영웅이 요해*의 동쪽에서 군대를 일으켜

서로 힘을 겨루었다.

기원전 108년(계유), 한 무제 때 한나라가 쳐들어 와

번한 땅을 차지하고 있던 위만의 손자 우거를 멸하였다.

이때 서압록* 사람 고두막한*이 의병을 일으켜 또한 단군이라 칭하였다.

기원전 86년(을미), 한나라 소제 때 고두막한께서

부여의 옛 도읍* 을 점령하고 나라 이름을 동명*이라 하셨다.

이곳은 바로 신라의 옛 땅이다.

주몽께서 북부여를 이어 고구려를 세우셨다

기원전 58년(계해) 봄 정월에 고주몽(고추모)께서도 역시 천제(삼신

상제님)의 아들(대행자)로서 해모수의 북부여를 계승하여 일어나셨다.

고주몽께서는 단군의 옛 법도를 회복하시고

해모수께 제사 지내고 태조*로 받들었다.

연호*를 '다물' *이라 정하시니, 이분이 곧 고구려의 시조이시다.

다 함께 암송하기

고추모高鄒牟가 역이천제지자亦以天帝之子로
북부여이흥繼北夫餘而與하사 복단군구장復檀君舊章하시니라.

고주몽께서 또한 천자로서
북부여를 계승하여 일어나 단군의 옛 법도를 회복하셨다.

鄒 나라 이름 추 牟 클 모 復 회복할 복 舊 옛 구
章 글 장 구장=옛날의 법률과 제도 爲 삼을 위 태조=왕조를 세운 첫째 임금

주몽으로 잘못 알려진 동명왕은 누구일까?

그동안 우리는 북부여 5세 단군인 동명왕을 고구려의 시조 고주몽이라고 잘못 알고 있었다. 동명왕은 과연 누구일까?

기원전 108년, 북부여 4세 고우루 단군 때였다. 중국 역사상 가장 강력한 군주 가운데 한 사람인 한漢 무제가, 위만의 손자 우거왕이 다스리고 있던 번조선 땅(위만정권)을 침략하여 우거를 멸하였다. 한 무제는 그 여세를 몰아 4군을 설치하려고 북부여를 침공하였다.

일찍이 북부여가 쇠하고 한나라가 불길처럼 일어나는 것을 본 서압록 사람 고두막한高豆莫汗은 세상을 구하겠다는 큰 뜻을 품고 분연히 의병을 일으켰다. 고두막한은 졸본卒本에서 즉위하고 스스로 호를 동명東明이라 칭하였다('동명'이란 '동방[東]의 광명[明]을 부활시킨다'는 뜻). 그래서 고두막한을 동명왕이라고 부른다.

동명왕은 단군조선 마지막 47세 고열가 단군의 후손으로, 한 무제의 침략을 물리치고 세력을 얻자 천제의 아들임을 자처하였다. 동명왕은 마침내 고우루 단군의 뒤를 이은 해부루解夫婁를 압박하여 북부여의 제위를 이양 받았다(기원전 86년).

북부여 5세 단군으로 즉위한 동명왕은 해부루를 제후로 삼고, 가섭원(지금의 흑룡강성 통하현) 땅으로 이주하여 살도록 하였다. 해부루가 가섭원에 가서 세운 해씨의 부여를 동東부여라 한다.

이렇듯 동명왕은 한 무제를 격퇴함으로써, 북부여가 자칫 사라져 버릴 수도 있는 한민족 상고 시대 최대의 위기에서 나라를 구한 영웅이다. 그런데 북부여사의 전모를 모르는 현 역사학계에서는 동명왕을 고구려의 시조 고주몽으로 잘못 가르치고 있다. 『삼국사기』와 『삼국유사』에 동명왕이 고구려의 시조 고주몽이라고 기록되어 있기 때문이다. 이제 『환단고기』의 기록에 따라 잘못된 역사를 바로잡는다.

수베르 문명
(메소포타미아)
(기원전 3500년 경)

이집트 문명
(기원전 3100년 경)

인더
(기원전

삼성기 하

三聖紀 下

원동중元董仲 찬撰

환국 이야기
(기원전 7000~1500년 경)
배달 이야기

황하 문명
(기원전 3000년 경)

환국의 열두 나라

천해(ㅂ

사 납

금악산金岳山

천산天山

매 구 여
(직구다국

고비사막

우 루 국

이동

타클라마칸 사막
(타림분지)

삼위산三危山

파미르고원

수 밀 이 국

위수

일 지 국

양 운 국

개 마 국
(웅심국)

구 막 한 국

오난하

매 구 여 국
(직구다국)

일 군 국

흑룡강

비 리 국

구 다 천 국
(독로국)

국

송화강

◉하얼빈

군에 패해 이주

난하

구려하

홍산

◉심양

백산(백두산)

◉북경

황하

◉서울

태산

안

◉상해

환국 이야기

인류의 조상은 나반과 아만

인류의 첫 조상은 나반*이시다.

나반께서 아만*과 서로 처음 만난 곳은 아이사비*였다.

두 분은 꿈에 상제님의 계시를 받고 스스로 결혼식을 올리셨다.

환족의 모든 족속[아홉 환족]이 그 후손이다.

환인께서 삼신상제님을 대행하여 나라를 다스리셨다

옛적에 환국이 있었다[석유환국昔有桓國].

백성들은 풍요롭게 살았고 인구도 많았다.

처음에 환인께서 천산에 머무시며

도를 깨달아서 오래 사시니 몸에는 병이 없으셨다.

❀**나반那般과 아만阿曼**: 인간이 태어나 처음으로 배우는 말이 엄마, 아빠이다. 나반那般은 아버지, 아빠라는 뜻이고, 아만阿曼은 어머니, 엄마라는 뜻이다.

❀**아이사비阿耳斯庀**: 태백일사 삼신오제본기에서는 이곳을 송화강 또는 천하(바이칼호)라 하였고, 환단고기를 전수한 이유립은 아이숲(원시림)이라 하였다.

 다 함께 암송하기

석유환국昔有桓國.

옛적에 환국이 있었다.

昔 옛 석   有 있을 유   桓 밝을 환   國 나라 국

삼신상제님을 대행하여 널리 가르침을 베푸시어
사람들로 하여금 싸움이 없게 하셨다.
모두 힘을 합해 열심히 일하니
굶주림과 추위가 저절로 사라지게 되었다.

환국은 모두 열두 나라

환국을 다스린 분은 초대 안파견 환인에서
2세 혁서 환인, 3세 고시리 환인, 4세 주우양 환인, 5세 석제임 환인,
6세 구을리 환인을 이어 7세 지위리 환인에 이르렀다.
환인은 단인이라고도 불렀다.

고기古記에 다음과 같이 기록되어 있다.

"파내류산* 아래에 환인씨의 나라가 있으니
천해*의 동쪽 땅을 또한 파내류국이라 한다.
그 땅의 넓이는 남북으로 5만 리요 동서로 2만여 리이니
그 모두를 통틀어서 환국이라 불렀다.

환국은 다시 여러 나라로 이루어져 있었다.
그 이름은
(1) 비리국 (2) 양운국 (3) 구막한국 (4) 구다천국 (5) 일군국
(6) 우루국, 또는 필나국 (7) 객현한국 (8) 구모액국
(9) 매구여국, 일명 직구다국 (10) 사납아국
(11) 선비국, 일명 시위국 : 실위 또는 통고사국(퉁구스)

❀**파내류산**波奈留山: 천산天山을 가리킨다.

❀**천해**天海: 북해北海. 천하天河라고도 하며, 바이칼호를 가리킨다.

**바이칼호 알혼섬 민속박물관에
진열된 삼신솟대**

환단고기

(12) 수밀이국*으로

모두 합하여 열두 나라이다.

천해는 지금의 북해北海이다."

환국은 환인 일곱 분이 차례로 나라를 다스렸다.

그 역년은 모두 합하여 3,301년인데

혹자는 63,182년이라고도 하니

어느 것이 옳은지 알 수 없다.

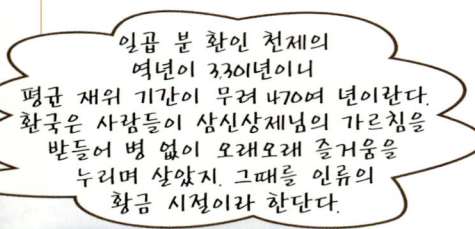

일곱 분 환인 천제의 역년이 3,301년이니 평균 재위 기간이 무려 470여 년이란다. 환국은 사람들이 삼신상제님의 가르침을 받들어 병 없이 오래오래 즐거움을 누리며 살았지. 그때를 인류의 황금 시절이라 한다.

이곳이 인류가 처음 탄생했다는 바이칼호예요. 왼쪽으로 보이는 게 알혼섬의 성소인 부르칸 바위인데, 이곳에서 삼신상제님께 천제를 올렸대요.

환인께서 환웅께 나라를 세우라 하셨다

환국 시대가 끝나갈 무렵에 지위리 환인께서
삼위산*과 태백산(백두산)을 내려다보시며 이렇게 물으셨다.
"두 곳 모두 인간 세상을 널리 이롭게 할[홍익인간]* 수 있는 곳이구나.
과연 누구를 보내어 이곳을 다스리게 하는 것이 좋겠느냐?"

그러자 오가*의 우두머리들이 모두 이렇게 대답하였다.
"서자*에 환웅이라는 인물이 있는데 용기와 어짊과 지혜를 겸비하고
일찍이 홍익인간 이념으로 세상을 바꾸려는 뜻을 품고 있으니
환웅을 동방의 태백산으로 보내어 다스리게 하십시오."

이에 환인께서 환웅에게 천부와 인* 세 종류를 주시며 명하셨다.
"이제 인간과 만물이 이미 제자리를 잡아 다 만들어졌으니
그대는 노고를 아끼지 말고 무리 3천 명을 이끌고 가서
새 시대를 열어 가르침을 세워라.

☸ **삼위산三危山**: 중국 감수성 돈황현에 있다.

☸ **홍익인간弘益人間**: 환인 천제로부터 물려받은 국가 통치 이념. 환국, 배달, 단군 조선을 이어 오늘날까지 면면히 내려왔으며, 인류에 대한 헌신과 봉사, 자비와 사랑의 이념을 담고 있다.

☸ **오가五加**: 환국 시대부터 아홉 환족을 다섯으로 나누어 다스렸다. 오가의 이름은 마가, 우가, 구가, 저가, 계가이다.

☸ **서자庶子**: 1. 여러 아들, 즉 뭇 자식이라는 의미로 백성이란 뜻. 2. 부락 또는 부족 이름. 3. 태자의 스승, 기타 높은 벼슬의 명칭. 여기서는 부족 이름으로 본다.

삼성기 하

여기는 바이칼호 알혼섬이에요. 바이칼호는 세계에서 가장 오래되고, 가장 깊고, 저수량도 가장 많은 호수랍니다. '시베리아의 진주'라 불릴 만큼 자연 경관이 매우 아름다워요.

❋ **천부天符와 인印**: 환인께서 환웅께 환국의 정통 계승자라는 증표로 주신 것이다. 천부는 문서이며, 인은 도장으로 왕의 옥새와 같은 것이다.

❋ **반고盤固**: 중국 한족의 시조이다. 중국에서는 반고를 인간이 아닌 우주 창조신으로 받들어 왔으나, 이 말씀을 보면 실제 살았던 인물임을 알 수 있다.

❋ **신장神將**: 신의 군사를 거느리는 장수. 반고는 십간 십이지 신장을 거느리고 갔다.

❋ **삼위산三危山**: 중국의 감숙성 돈황현에 있는 산이다.

세상을 삼신상제님의 가르침으로 다스려 깨닫게 하고

만세토록 자손이 마땅히 지켜야 할 큰 법으로 삼아라!"

중국 한漢족의 시조, 반고

환웅께서 동방을 개척하실 당시

기이한 술법을 좋아하던 반고*라는 사람이 있었다.

반고는 따로 개척의 길을 가겠다고 청하였다.

환인께서 이를 허락하셨다.

마침내 반고는 많은 재물과 보물을 싣고서

여러 신장*을 거느리고 공공, 유소, 유묘, 유수와 함께

삼위산* 납립 동굴에 이르러 임금으로 즉위하였다.

이 사람들을 '제견' 이라 하며 반고를 '반고가한' 이라 불렀다.

배달 이야기

환웅께서 환국을 계승하여 나라를 세우셨다

이때 환웅께서는 무리 3천 명을 이끌고
태백산(백두산) 마루에 있는 신단수 아래에 내려오시어
이곳을 '신시' 라 부르셨다. 이분이 바로 환웅 천황이시다.

환웅께서 풍백*과 우사*와 운사*를 거느리셨다.
농사와 왕명과 질병과 선악을 비롯하여
인간 세상의 모든 일을 주관하셨다.
삼신상제님의 가르침으로 세상을 다스려 깨우쳐서 [재세이화]
인간을 널리 이롭게 하셨다[홍익인간].

❀풍백風伯: 입법관. 법
률 만드는 것을 맡은
관리.

❀우사雨師: 행정관.
나라의 살림살이를
맡은 관리.

❀운사雲師: 사법관.
문제가 생겼을 때 법
을 적용하여 옳고 그
름을 가리는 관리이
다.

다 함께 암송하기

재세이화在世理化하사 홍익인간弘益人間하시니라.
삼신상제님의 가르침으로 세상을 다스려서 인간을 널리 이롭게 하셨다.

在 있을 재   世 세상 세   理 다스릴 이   化 될 화   弘 넓을 홍   益 더할 익
人 사람 인   間 사이 간

❀웅족熊族: 곰을 수호
신으로 받드는 족속.

❀호족虎族: 호랑이를
수호신으로 받드는
족속.

이 웅족과 호족을
곰 한 마리와 호랑이
한 마리라고
배웠는데~~~

그동안 우리는
잘못된 역사를
배우고 있었던 거야.

삼신의 자손 되기를 기도한 웅족과 호족

이때 웅족*과 호족*이 이웃하여 함께 살고 있었다.

일찍이 그 족속들은 삼신상제님께 천제 올리고 기도 드리는

신단수에 가서 이렇게 빌었다.

"삼신상제님의 가르침을 따르는 백성이 되고 싶사옵니다."

환웅께서 그 소식을 듣고 말씀하셨다.

"가히 가르칠 만하구나."

환웅께서 수행법을 일러 주셨다

환웅께서 주문을 읽어 신령한 도술로

그 사람들의 몸을 바꾸고 정신을 고쳐 주셨다.

이때 먼저 삼신상제님께서 내려 주신,

고요히 수행하여 모든 생각을 버리고 마음을 깨끗이 비우는 법으로

하셨다.

'쑥 한 묶음과 마늘 스무 줄기'를 영험하게 여기시어

이를 주시며 경계하여 말씀하셨다.

"너희들이 이것을 먹으면서 100일 동안 햇빛을 보지 않고 기도하면

인간의 참모습을 얻게 될 것이다."

마침내 인간의 참모습을 얻은 웅족

이에 웅족과 호족, 두 족속이

함께 쑥과 마늘를 먹으며 삼칠일(21일)을 지냈다.

웅족은 능히 굶주림과 추위를 참아 내고 계율을 잘 지켜서
참 인간의 모습을 얻었다.
그러나 호족은 성질이 제멋대로인데다가 게을러서
계율을 지키지 못하여 좋은 결과를 얻지 못하였다.
이것은 두 족속의 타고난 성품이 서로 달랐기 때문이다.

웅족 여인을 환족 남자와 혼인하게 하셨다

그 후 웅족 여인들이 시집갈 곳이 없어
매일 신단수 아래에 와서 주문을 외우며
아이를 갖게 해 달라고 빌었다.
이에 환웅께서 이들을 임시로 환족으로 받아들여

웅족과 호족은
환웅 천황의 명을 받고,
본래 우주와 하나인 광명의 마음을
열어 진정한 대인[환족]이 되기 위해,
혹독한 수련에 들어간 것이란다.

환족 남자들과 혼인을 하게 하셨다.

그리고 임신을 하여 아이를 낳으면

환의 핏줄을 이은 자손으로 받아들이셨다.

환웅 천황의 가르침

환웅 천황께서 처음으로 동방 배달민족의 새 나라를 열고 백성을
가르치실 때 『천부경天符經』*을 풀어 설명하시고, 『삼일신고三一神
誥』*의 뜻을 해설하시어 모든 백성에게 큰 가르침을 베푸셨다.

모든 족속이 한 분 뿌리 조상으로
삼신상제님을 받들었다

그 뒤 치우 천황(14세 환웅, 자오지 환웅)께서 영토를 개척하셨다.

구리와 철을 캐어 무기를 만드시는 한편

군사를 훈련시키고 산업을 일으키셨다.

이때 아홉 환족이 모두 삼신상제님을

뿌리가 되는 한 분 조상으로 받들었다.

다 함께 암송하기

구환九桓이 개이삼신皆以三神으로 위일원지조爲一源之祖라.
아홉 환족이 모두 삼신상제님을 뿌리가 되는 한 분 조상으로 받들었다.

九 아홉 구   桓 밝을 환   皆 다 개   以 써 이   三 석 삼   神 귀신 신
爲 삼을 위   一 한 일   源 근원 원   之 어조사 지   祖 조상 조

치우 천황의 다스림

치우 천황께서는 소도*와 관경*과 책화*를 주관하셨다.
그리고 백성의 의견을 하나로 모으는 화백 제도*를 두셨다.
또한 백성으로 하여금 지혜와 생명력을 함께 닦아*
온전한 사람이 되는 계율을 지키며 살도록 하셨다.

그 후 아홉 환족이 모두 나라를 셋[삼한]으로 나누어 다스리시는
천자(삼신상제님의 대행자)*에 의해 통일되었다.
이분이 단군왕검이시다.

웅족과 호족 이야기

『밀기密記』*에 다음과 같이 적혀 있다.

"환국 말기에 다스리기 어려운 강한 족속이 있어 근심거리가 되었다.
이에 환웅께서 삼신상제님의 도로써 가르침을 베푸셨다[이삼신설
교以三神設教]*.
늘 생활 속에서 온전한 인간의 길을 닦도록 수행을 하게 하시고
백성을 모아 맹세하게 하여 권선징악*의 법을 두셨다.
이때부터 강족을 베어 없애려는 뜻을 은밀히 품으셨다.
이때 각 족속의 이름이 한결같지 아니하여
풍속이 점차 갈라지게 되었다.
본래 그곳에 살던 원주민은 호족이고,
새로 이주해 온 사람들은 웅족이었다.

삼
성
기
하

* **소도蘇塗**: 삼신상제님께 천제를 올리던 성스러운 장소를 말한다.

* **관경管境**: 영토를 나누어 다스리던 제도이다.

* **책화責禍**: 남의 땅을 침범하는 일을 엄금하던 제도이다.

* **화백和白 제도**: 모든 일을 회의를 통해 만장일치로 결정하는 제도이다.

> 우리 국조이신
> 환인, 환웅, 단군은
> 삼신상제님의 대행자이시래요.
> 그러니 우리나라가 본래
> 천자 나라죠.

* **지혜와 생명력을 함께 닦아[智生雙修]**: 백성들은 단군의 가르침에 따라 수도를 하여 지혜를 얻고 건강한 몸으로 오래 살았다.

이삼신설교以三神設教: 삼신의 도로써 가르침을 베풀다. 이를 신교神敎라 한다. 신교는 환국, 배달, 조선 시대의 종교로서, 인류의 원형 문화이자 뭇 종교의 뿌리가 된다.

『밀기密記』:『삼성밀
기』.『태백일사』신
시본기에 이와 똑같
은 내용이 『삼성밀
기』에서 인용되어 있
다.

권선징악: 착한 일
을 권장하고 악한 일
을 징계한다는 뜻.

약탈: 폭력을 써서
남의 것을 빼앗는
일.

호족은 성격이 탐욕스럽고 잔인하여 오로지 약탈*을 일삼고,

웅족은 성격이 어리석고 괴팍하며 고집스러워

서로 조화를 이루지 못하였다.

비록 같은 곳에 살았으나 날이 갈수록 서로 멀어졌다.

물건을 빌리지도 않고, 빌려 주지도 않으며 혼인도 하지 않았다.

모든 일에 서로 뜻을 굽히지 않아, 함께 같은 길을 가지 않았다.

이 지경에 이르자 웅족 여왕이

환웅이 신령스런 덕이 있으시다는 소문을 듣고

무리를 거느리고 찾아와 환웅을 뵙고 이렇게 아뢰었다.

'저희에게 살 곳을 내려 주소서.

저희도 하나같이 삼신상제님의 계율을 따르는

환족의 백성이 되기를 원하옵니다.'

이에 환웅께서 허락하시어

웅족에게 살 곳을 정해 주시고 자식을 낳고 살아가게 하셨다.

그러나 호족은 끝내 성질을 고치지 못하므로

나라 밖으로 쫓아 버리셨다.

환족이 이때부터 흥하기 시작하였다.”

한 마리 곰과 한 마리 호랑이의 진실

『삼국유사』 「고조선」 환웅 이야기에 '일웅일호一熊一虎', 즉 한 마리 곰과 한 마리 호랑이 이야기가 나온다. 이 '일웅일호'야말로 우리 단군조선 역사를 신화로 왜곡하는 핵심어이다.

"이때 곰과 호랑이[일웅일호一熊一虎]가 함께 굴에 살면서[동혈이거同穴而居] 늘 신령스러운 환웅에게 사람이 되게 해 달라고[원화위인願化爲人] 기도하였다. 이에 환웅이 신께서 남기신 영험한 쑥 한 타래와 마늘 스무 매를 주시며 '너희들이 이것을 먹으면서 백일 동안 햇빛을 보지 않고 기도하면 쉽사리 사람의 참모습을 얻으리라' 하였다. 곰과 호랑이는 그것을 먹으며 삼칠일(21일)을 지냈다. 곰은 삼칠일 동안 금기를 지켜 여자의 몸을 얻었으나 … 웅녀가 혼인할 곳이 없으므로 매일 박달나무 아래서 아이 갖기를 기도하였다. 이에 환웅이 잠시 변하여 웅녀와 혼인하고 아들을 낳으니 이름을 단군왕검이라 하셨다."

'일웅일호一熊一虎'라는 구절은 『환단고기』 「삼성기」 하의 기록과 똑같다. 그런데 『삼국유사』의 기록은 전체 서술이 분명하지 않다. 함께 굴에 살면서 사람이 되고자 원하였다(원화위인)고 되어 있어서 후대 학자들이 '일웅일호'를 '사람이 되고자 한 한 마리 곰과 한 마리 호랑이'라고 해석하였다. 그리하여 단군왕검은 곰의 아들로, 단군조선은 동물의 신화로 전락하고 말았다.

『환단고기』 「삼성기」 하는 『삼국유사』에 인용된 똑같은 사건을 역사적으로 분명하게 기술하였다. 그 내용을 간추리면 다음과 같다.

'이때 일웅일호가 이웃하여 함께 살았다[동린이거同隣而居]. 그들은 환웅께 찾아와 삼신의 계율을 따르는 백성이 되고 싶다고 하였다. 환웅께서는 그들의 몸과 마음을 신령스럽게 만들고, 쑥과 마늘을 영험하게 여기어 이를 주시며, 그것을 먹으며 햇빛을 보지 말고 백 일 동안 기도하라고 명하셨다. 이에 웅족과 호족 두 족속[웅호이족熊虎二族]이 함께 쑥과 마늘을 먹으며 삼칠일(21일)을 지냈다. 웅족은 인간의 참모습을 얻었으나, 호족은 좋은 결과를 얻지 못했다.'

이것을 보면 일웅일호는 곰을 토템으로 하는 웅족과 호랑이를 토템으로 하는 호족이다. 예로부터 짐승을 신성시하여 수호신으로 섬기는 토템이 널리 퍼져 있었다. 그 사람들은 각기 숭배하는 동물의 이름으로 부족의 이름을 정했다. 특히 곰을 숭배하는 웅족은 만주, 시베리아, 북아메리카에 널리 퍼져 살았다. 지금도 일본 홋카이도를 가 보면 원주민인 아이누 민속촌에 곰 토템 문화가 남아 있다.

그런데 어떻게 일웅일호를 한 마리 곰과 한 마리 호랑이로 해석하여 한민족을 곰의 자손으로 만들었단 말인가. 일웅일호가 와서 사람이 되게 해 달라고 했다는 것은 사실 웅족과 호족의 대표가 한 사람씩 와서 '저희도 천지의 광명을 체험한 우주의 광명족(환족) 백성이 되게 해 달라'고 서원한 것이다. 이에 환웅께서 냉증을 다스리는 쑥과 마귀를 물리치는 마늘을 주며 집중 수행을 시키신 것이다. 결코 동물이 사람이 되려고 한 신화 이야기가 아니다.

현재 초·중·고등학교 역사 교과서에 실린 한 마리 곰과 호랑이 이야기를『환단고기』「삼성기」하의 이 기록을 바탕으로 바로잡는다.

신이하고 용맹스러우신 치우 천황

그 후 10세 갈고 환웅 때

제후*인 염제 신농씨*의 나라와 국경을 정하셨다.

그리고 다시 몇 대를 내려와 14세 자오지 환웅이 계셨다.

이분은 신이한 용맹이 매우 뛰어나셨다.

구리와 강철로 투구를 만들어 쓰시고 능히 큰 안개를 일으키셨다.

구치(광석 캐내는 기계)를 제작하여

광석을 캐내고 철을 주조하여 무기를 만드시니

온 천하가 크게 두려워하였다.

세상에서는 이분을 '치우 천황' 이라 불렀다.

세속 말로 '치우' 란 '천둥이 치면서 큰 비가 내려

산천이 뒤바뀐다' 는 뜻이다.

붉은 악마로 알려진 치우 천황은 본래 무병장수의 신선 문화를 처음 여신 분이란다. 또 병법의 시조이시고, 동북아 배달 문명의 영토를 가장 크게 넓히신, 최초의 광개토대왕이시지.

중국 소수민족의 하나인 묘족도 우리 문화권에 속했었나 봐요.

중국 호남성 화원현
묘족자치구에 있는 치우 동상

❀제후: 일정한 영토를 가지고 그 영내의 백성을 지배하던 사람을 말한다.

❀염제 신농씨: 병을 고치는 법과 약품, 밭 갈아 농사짓는 법을 처음 베풀어 주신 분으로 강씨의 첫 조상. 웅족 출신이다.

삼성기 하

중국 한족의 시조 헌원을 신하로 삼으셨다

치우 천황께서

염제 신농씨의 나라*가 날로 쇠약해지는 것을 지켜보시고

마침내 웅대한 뜻을 품고 여러 번 서쪽에서 천자의 군사를 일으키셨다.

삭도*에서 군사를 진군시켜 회수와 태산 사이의 땅을 점령하셨다.

제후 헌원이 독립하여 왕위에 오르자

곧바로 탁록* 벌판으로 진격하여 헌원을 사로잡아 신하로 삼으셨다.

그 뒤 오 장군을 파견하여 서쪽으로 고신 땅을 쳐서

공을 세우게 하셨다.

☀**염제 신농씨의 나라**: 염제 신농의 8세 후손인 유망(기원전 2758~기원전 2688)이 다스리던 때를 말한다.

☀**삭도索度**: 지금의 중국 산동성 임치현에 있는 삭두성, 또는 진정부 기주 조강현 서북에 있는 삭도수로 보기도 한다.

☀**탁록涿鹿**: 지금의 중국 하북성 탁록현.

세 나라가 서로 팽팽하게 맞서 있었다

이때 천하의 형세는 마치 솥발*과 같이 세 세력이 맞서 버티고 있었다.

탁록의 북쪽에는 대요大撓가 있고

동쪽에는 창힐倉頡*이 있으며

서쪽에는 헌원軒轅이 자리를 잡고 있었다.

서로 무력으로 승패를 겨루었으나 아무도 이기지 못하였다.

헌원을 제외한 모든 제후가 치우 천황을 섬겼다

처음에 헌원이 치우 천황보다 좀 늦게 일어나서

싸울 때마다 불리하였다.

이에 헌원이 대요에게 의지하려 하였으나 도움을 얻지 못하였다.

다시 창힐에게 의지하려 하였으나

여기서도 역시 도움을 얻지 못하였다.

대요와 창힐이 다스리는 두 나라는 모두

치우 천황을 추종하는 세력이었다.

다 함께 암송하기

치우 천황蚩尤天皇이 직부탁록지야直赴涿鹿之野하사
금헌원이신지擒軒轅而臣之하시니라.

치우 천황께서 바로 탁록 들판으로 진격하여 헌원을 사로잡아
신하로 삼으셨다.

直 곧 직   赴 나아갈 부   涿 땅 이름 탁   鹿 사슴 록   野 들 야   擒 사로잡을 금
軒 수레 헌   轅 끌채 원   헌원=중국 한족의 시조

❀솥발: 솥 밑에 달린
세 개의 발.

❀창힐倉頡: 치우 천황
의 제후로서 배달국
의 신지 문자를 중원
에 전파한 인물이다.

삼성기 하

탁록 황제성 터에 세워진 황제 헌원의 석상이에요

대요는 일찍이 치우 천황에게서 간지*의 술법을 배웠고

창힐은 치우 천황에게서 부적 그림 같은 문자를 전수 받았다.

이때 제후들 가운데

신하로서 치우 천황을 섬기지 않는 자가 없었는데

그것 또한 이와 같이 배달에서 문물을 배워 갔기 때문이다.

치우 천황에 대해 거짓으로 기록한 『사기史記』

중국 사마천*이 지은 역사책 『사기史記』에 이렇게 기록되어 있다.

"천하의 제후가 모두 황제 헌원에게 와서 복종하였으나

치우는 가장 강하고 포악하여 천하에서 치우를 정벌할 수 없었다."

이에 대해 주석서*에서는 이렇게 설명하였다.

"헌원이 임금 대신 나라를 다스릴 때, 치우는 형제가 81명이었다.

그들은 모두 짐승의 몸을 하고 사람의 말을 하였다.

머리가 구리같이 단단하고 이마는 쇠같이 강하였으며

또 모래를 먹었다.

오구장(무기 이름)과 칼, 끝이 갈라진 창과

한꺼번에 많은 화살을 연달아 쏘는 활(태노)을 만들어
천하에 그 위엄과 기세를 떨쳤다.
치우는 옛 천자의 호칭이다."

신시역대기(배달의 역대 임금)

배달은 환웅께서 세상을 안정시키시고서 정하신 나라 이름이다.
수도는 신시인데 뒤에 청구국으로 옮겼다.
18세를 전하니 역년은 1,565년이다.

1세는 환웅 천황, 일명 거발환이시고 재위(임금으로서 나라를 다스
리신 햇수) 94년에 천수(타고난 수명)가 120세였다.
2세는 거불리 환웅이시며 재위 86년에 천수가 102세였다.
3세는 우야고 환웅이시며 재위 99년에 천수가 135세였다.
4세는 모사라 환웅이시며 재위 107년에 천수가 129세였다.
5세는 태우의 환웅이시며 재위 93년에 천수가 115세였다.
6세는 다의발 환웅이시며 재위 98년에 천수가 110세였다.
7세는 거련 환웅이시며 재위 81년에 천수가 140세였다.
8세는 안부련 환웅이시며 재위 73년에 천수가 94세였다.

다 함께 암송하기

치우蚩尤는 고천자지호야古天子之號也라.
치우는 옛 천자의 호칭이다.

尤 더욱 우   古 옛 고   천자[천제지자天帝之子의 준말]: 상제님의 아들
之 어조사 지   號 부를 호   也 어조사 야

9세는 양운 환웅이시며 재위 96년에 천수가 139세였다.

10세는 갈고 환웅으로 일명 갈태 천왕, 또는 독로한이시고 재위 100년에 천수가 125세였다.

11세는 거야발 환웅이시며 재위 92년에 천수가 149세였다.

12세는 주무신 환웅이시며 재위 105년에 천수가 123세였다.

13세는 사와라 환웅이시며 재위 67년에 천수가 100세였다.

14세는 자오지 환웅, 일명 치우 천왕이시며

도읍을 청구국으로 옮기셨고 재위 109년에 천수가 151세였다.

15세는 치액특 환웅이시며 재위 89년에 천수가 118세였다.

16세는 축다리 환웅이시며 재위 56년에 천수가 99세였다.

17세는 혁다세 환웅이시며 재위 72년에 천수가 97세였다.

18세는 거불단 환웅, 일명 단웅이시며 재위 48년에 천수가 82세였다.

● 역대 환웅 천황의 수명

세	환 웅	수명	세	환 웅	수명	세	환 웅	수명
1	거발환居發桓	120	7	거련居連	140	13	사와라斯瓦羅	100
2	거불리居佛理	102	8	안부련安夫連	94	14	자오지慈烏支	**151**
3	우야고右耶古	135	9	양운養雲	139	15	치액특蚩額特	118
4	모사라慕士羅	129	10	갈고葛古	125	16	축다리祝多利	99
5	태우의太虞儀	115	11	거야발居耶發	149	17	혁다세赫多世	97
6	다의발多儀發	110	12	주무신州武愼	123	18	거불단居弗檀	82

동북아에 신교 문화를 개창한 치우 천황

"대~한민국!"
올림픽이나 월드컵 경기가 있을 때
경기장이 떠나갈 듯 "대~한민국!"을 외치는 대한민국 응원단!
우리는 그들을 붉은악마라 부른다.
그 붉은악마를 상징하는 깃발이 바로 치우 천황기蚩尤天皇旗이다.
치우 천황은 누구일까?
치우 천황은 왜 붉은악마로 그려져 있을까?

헌원을 굴복시킨 치우 천황

치우(자오지) 천황은 배달의 14세 천황이다. 『환단고기』「신시본기」를 보면, 치우 천황은 쇠약해진 제후국인 염제 신농씨의 신농국을 배달의 영토로 흡수하고 서쪽 땅으로 나아가 제후들의 나라를 병합하였다. 그런데 그 틈을 타서 서쪽 땅의 제후에 불과한 헌원이 천황을 밀어내고 자신이 천자가 되고자 군대를 일으켰다.

이에 치우 천황은 탁록에서 헌원과 10년 동안 73회에 걸쳐 전쟁을 벌였다. 서쪽 땅의 사람들이 한갓 화살과 돌팔매로 싸울 때 치우 천황은 갈로산에서 캐낸 광석으로 칼, 창, 큰 활 등의 선진적인 무기를 만들고 투구와 갑옷을 만들어 입었다. 당시 투구와 갑옷을 보지 못했던 서방족은 치우 천황의 모습을 동두철액銅頭鐵額(구리로 된 머리와 쇠로 된 이마)이라 하였다.

또 치우 천황은 법력이 높아서 안개를 일으켜 싸우셨으므로 적들은 번번이 참패를 당하였다. 이에 헌원은 지남거指南車(안개 때문에 앞이 보이지 않자 병사들

에게 방향을 알려 주기 위해 만든 수레)를 만들어 대항하였다. 그러나 천황은 다시 비석박격기飛石搏擊機(돌을 날려 공격하는 기계)를 만들어 헌원군을 초토화시키고, 마침내 헌원을 사로잡아 신하로 삼았다.

이 뒤로 헌원의 기세는 약해졌으나 치우 천황의 영웅적인 기백은 수천 년이 지나도 사라지지 않았다. 천황의 법력이 얼마나 두려웠는지 서방족은 "헌원 이래 스스로 불안하여 그 치세治世가 끝날 때까지 베개 베고 편안히 잠을 잔 적이 없었다."라고 하였다.

중국 한족도 치우 천황을 숭배하였다

치우 천황은 탁록에 성을 쌓고, 영토가 넓어지자 도읍을 백두산 신시에서 대륙의 청구靑邱로 옮겼다. 그리고 환국 시대부터 전수된 신교 진리로 백성을 다스려, 광활한 동북아 땅에 신교문화를 뿌리내렸다. 이에 동방 한민족뿐 아니라 중국의 한족도 치우 천황을 숭배하고 추앙하였다. 중국의 진·한 시대에는 백성들이 해마다 10월이면 천황께 제사를 지냈다. 그런데 그 때마다 '붉은 기운' 이 진홍색 비단처럼 천황의 능에서 하늘로 뻗쳤다. 이 붉은 기운을 '치우기蚩尤旗'라 불렀다.

중국의 황제들도 천황을 숭배하였다. 2,100여 년 전 한 무제 때의 역사가 사마천의 『사기』를 보면 '진시황이 팔신제를 지낼 때 치우 천황을 병주兵主(전쟁을 주관하는 신)로 모시고 제를 지냈다. 또 한 고조 유방은 풍패에서 군사를 일으킬 때, 전각을 지어 치우 천황께 제사를 지낸 후 북과 깃발을 피로 붉게 칠했다. 유방은 진의 수도 함양을 평정할 때도 천황께 제사를 지냈고, 천하를 얻어 제위에 오른 뒤에도 장안에 사당을 짓고 치우 천황을 더욱 공경하였다' 고 했다. 이러한 풍습은 후대로 이어져 〈송사末史〉 등에, 장수들이 출정을 앞두고 치우에게 제를 지내는 풍습이 있었다고 전한다.

우리 한민족이 치우 천황을 병주로 모신 기록도 있다. 『난중일기』를 보면 이순신 장군이 전장에 나가기에 앞서 치우사당에서 승리를 기원하는 제사를 지냈다.

치우를 사로잡아 죽였다고 뒤집어서 기록한 사마천

치우 천황은 151세를 사신 분으로 인류 선도仙道의 원조이시다. 그리고 치우 천황의 국사가 자부 선사인데, 헌원도 자부 선사에게서 배웠다.

그런데 사마천은 『사기』서두에서 '치우작란蚩尤作亂 금살치우禽殺蚩尤, 치우가 난을 일으켰기 때문에, 사로잡아 죽였다'고, 사실을 거꾸로 뒤집어 놓은 것이다. 왜 그랬을까?

그것은 중국 역사의 시조인 헌원을 천자天子로 만들고 동북아 역사와 문명의 뿌리를 헌원 중심으로 만들기 위해서였다. 헌원이 천자가 되면 중국은 그 출발부터 천자의 나라가 된다. 그래서 '금살치우'라고 한 것이다. 또 여기에는 『사기』를 편찬할 당시, 한 무제가 북부여를 쳐들어왔다가 고두막한에게 크게 패한 치욕을 갚고자 한 의도도 엿보인다.

그때 북방 흉노족을 정벌한 한 무제는 동북아 전역에 중국 중심의 대제국을 건설하려 하였다. 위만정권을 멸망시킨 한 무제는 한사군을 설치하기 위해 북부여의 영토를 침략하였다. 하지만 구국의 영웅 고두막한에게 크게 패하여 그의 꿈은 이루어지지 않았다. 이 상황을 직접 눈으로 본 한 무제의 사관인 사마천은 『사기』를 편찬하면서, 역사를 거슬러 올라가 그들에게 신교를 전수해 준 치우 천황의 역사를 날조한 것이다. 그렇게 해서 동방 한민족을 중국의 제후국 민족으로 깎아내리고 중국을 종주국으로 만들었다. 참으로 용서할 수 없는 배은망덕한 행위이다.

단군세기

단군세기는
환국과 배달을 이어 단군조선을 다스리신
총 마흔일곱 분 임금과
백성들의 꿈과 삶의 이야기이다.

수메르 문명
(메소포타미아)
(기원전 3500년 경)

이집트 문명
(기원전 3100년 경)

인더
(기원전

단군세기

檀君世紀

행촌杏村 이암李嵒 편編

단군세기 서문
단군세기

단군조선의 강역

양운국　　　일군국

비리국

진　한

남선비국

고리국

① 송화강 아사달
　(하얼빈/소밀랑)

② 백악산 아사달(장춘/녹산)

③ 장당경 아사달(개원)

고비사막

번　한

천산
(天山)

훈육(흉노)

고죽국

●안덕향(당산)

마

발해

살위산
(三危山)

연燕남 국

●백아강(평양)

조趙

제濟

한

상商

주周

하夏

초楚

오吳

월越

삼묘三苗

환
단
고
기

단군세기 서문

역사를 바르게 아는 것이 가장 중요하다

역사가 분명해야 나라 다스리는 법도가 바로 선다

나라를 위하는 길에는 선비*의 기개*보다 앞서는 것이 없고
사학*보다 더 급한 것이 없다.

이것은 무엇 때문인가?

사학이 분명하지 않으면

선비의 기개를 떨쳐 일으킬 수 없고

선비의 기개가 떨쳐 일어나지 못하면

국가의 근본이 흔들리고

나라를 다스리는 법도가 갈라지기 때문이다.

❀선비: 학식이 있고 행동과 예절이 바르며 의리와 원칙을 지키고 관직과 재물을 탐내지 않는 고결한 인품을 지닌 사람.

❀기개: 씩씩한 기상과 꿋꿋한 태도.

❀사학史學: 역사를 연구하는 것.

역사를 분명하게 밝히지 않으면 결국 나라의 근본이 흔들리고, 다스리는 법도가 갈라진대. 그러면 나라가 위태로워지겠지?

 다 함께 암송하기

위국지도爲國之道가 막선어사기莫先於士氣하고
막급어사학莫急於史學이라.

나라를 위하는 길에는 선비의 기개보다 앞서는 것이 없고
사학보다 급한 것이 없다.

爲 위할 위 國 나라 국 之 어조사 지 道 길 도 莫 없을 막 先 먼저 선
於 어조사 어 士 선비 사 氣 기운 기 莫 없을 막 急 급할 급 史 역사 사
學 배울 학

역사학을 하는 방법은

대개 역사학을 하는 올바른 방법은
잘못된 것은 깎아내리고 기릴* 것은 기려서
인물을 저울질하여* 평가하고
시대의 모습*을 논하여 진단하는 것이다.
그러므로 이것은 만세*의 표준*이 아닌 게 없다.

우리가 소중히 여겨야 할 네 가지

우리 민족의 삶은 참으로 아득하게 오래 되었다.
새 세상을 열고 질서와 법을 세운 내용도 분명히 밝혀져 있다.
그리하여 나라와 역사가 함께 존재하며
사람과 정치가 함께 거론되어* 있다.
나라와 역사와 사람과 정치,
이 넷은 우리가 스스로 다른 무엇보다 소중히 여겨야 할 것이다.

나를 알기 위한 공부를 해야

아아, 정치는 그릇과 같고 사람은 도道와 같은데
그릇(정치)이 도(사람)를 떠나서 있을 수 있겠는가.
나라는 형체와 같고 역사는 혼과 같은데
형체(나라)가 혼(역사)을 잃고서 보존될 수 있겠는가.
도와 그릇을 함께 닦는 자도 나요,
형체와 혼을 함께 키워 나가는 자도 나이다.

※기리다: 뛰어난 업적이나 정신, 위대한 사람에 대해 칭찬하여 말하다.

※저울질하다: 속내를 알아보고 서로 비교하며 이리저리 헤아려 보다.

※시대의 모습: 그 시대에 어떤 일이 있었으며 사람들이 어떻게 살았는가 하는 것 등을 말한다.

※만세萬世: 아주 오랜 세월(영원한).

※표준標準: 사물의 정도나 성격 따위를 알 수 있는 근거나 기준.

※거론되다: 주제로 삼아 이야기되다.

'나'는 바로 나라와 역사를 제대로 닦고 키워 나가는 주역이기 때문에, 나를 먼저 알아야 한대요!

환단고기

그러므로 천하만사가 무엇보다 나를 아는 데 있다.
나를 알려면 무엇부터 시작해야 하겠는가?

인간의 탄생 원리

무릇 삼신*일체의 도, 즉 삼신이 하나로 계시는 도의 조화*는
'한없이 크고 막힘이 없이 두루 통하는 대통일의 정신[대원일]'에 있다.
(이 삼신일체의 조화*로 인간이 화생되어* 나오는데 그 생성 원리*
는 이러하다.)

조화신*은 내 몸에 내려와 나의 성품이 되고

교화신*은 내 몸에 내려와 삼신의 영원한 생명
인 나의 목숨이 되며

치화신*은 내려와 나의 정기*가 된다.

그리하여 오직 사람이 만물 가운데
가장 고귀하고 존엄한 존재가 된다.

단군세기 서문

◈ **삼신三神**: 한 분 하
나님께서 세 손길[조
화, 교화, 치화]로 창
조 작용을 하시므로,
하나님을 삼신이라
한다.

◈ **삼신이 하나로 계
시는 도의 조화**: 하
나 속에는 셋[조화·
성, 교화·명, 치화·
정]이 있고, 셋은 그
근본이 하나[일체]의
조화다.

> 아하! 사람은 이렇게
> 삼신상제님의
> 조화의 손길로 태어난
> 것이랍니다^^

조화신造化神: 만물을 태어나게 하는 삼신의 손길.
교화신敎化神: 만물을 길러내는 삼신의 손길.
치화신治化神: 만물을 다스리는(열매 맺게 하는)
　　　　　　　삼신의 손길.

다 함께 암송하기

조화지신造化之神은 강위아성降爲我性하고
교화지신敎化之神은 강위아명降爲我命하고
치화지신治化之神은 강위아정降爲我精하니라.
조화신이 내려와 나의 성품이 되고 교화신은 내려와 나의 목숨이 되고
치화신은 내려와 나의 정기가 된다.

造 지을 조　化 될 화　降 내릴 강　我 나 아　性 성품 성　敎 가르칠 교
命 목숨 명　治 다스릴 치　精 정기 정

◈ **화생化生되다**: 생명
체로 만들어지다.

◈ **생성生成 원리**: 생겨
나서 이루어지는 근
본 이치.

◈ **정기精氣(정)**: 인간
이 본래부터 타고난,
생명의 동력이 되는
기운.

삼신 (元神):무형의 조물주

삼신상제님 (主神):유형의 참 하나님

조화신父

교화신師　　　치화신君

성性

명命　　　정精 ─ 삼진三眞

심心

기氣　　　신身 ─ 삼망三妄

감感

식息　　　촉觸 ─ 삼도三途

太一인간

사람의 성품과 목숨은 이렇게 존재한다

성품과 목숨과 신과 기의 상호 관계

무릇 사람의 성품이란 신(인간 몸 속의 신명)이 생겨나고 자리를 잡는 바탕이다.

신은 성에 뿌리를 두고 있지만 성이 곧 신은 아니다.

기가 환히 빛나서 어둡지 않은 것이 바로 사람의 참된 성품이다.

신과 기가 결합되어야

그러므로 신은 기를 떠날 수 없고 기도 신을 떠날 수 없다.

내 몸 속의 신이 기와 결합된 후에야

내 몸 속의 성품[조화신]과 삼신의 영원한 생명인 나의 목숨[교화신]을 볼 수 있게 된다.

다 함께 암송하기

부성자夫性者는 신지근야神之根也라.

무릇 사람의 성품은 신이 생겨나고 자리 잡는 근거와 바탕이다.

夫 발어사 부　性 성품 성　者 사람 자　神 귀신 신　之 어조사 지　根 뿌리 근.

성품과 목숨은 서로 떨어질 수 없다

성품은 저마다 타고난 목숨과 나뉘어 떨어질 수 없고 목숨도 성품과 떨어질 수 없다.

그러므로 내 몸에 깃든 성품이 목숨과 결합된 뒤에라야

삼신이 내 몸에 들어와 신명으로 열리기 이전의 성품[조화신]과 기로 변화 작용하기 이전의 목숨[교화신]의 조화 경계를 볼 수 있다.

나의 성과 명과 정을 통해서 보는 천지와 역사

그러므로 인간의 성품에 담긴 신령스러운 지각(영각)*의 무궁한 조화 능력은 하늘의 신[삼신]과 그 근원을 같이한다.

또 인간의 본래 목숨이 생명으로 발현되는 것은

자연의 산천과 그 기를 같이한다.

그리고 인간이 정기를 자손에게 이어서 영원히 지속하는 것은

천지의 이상 세계를 이루는 과업을 창생과 함께하려는 것이다.

*영각靈覺: 사물을 있는 그대로 환히 보고 실상을 깨닫는 것.

조화의 세 손길

삼신三神

일신 一神 → 조화신 造化神 / 교화신 敎化神 / 치화신 治化神 → 일신 一神

천지와 하나 되는 길

삼신과 일신

하나[일기] 속에는 셋(삼신, 조화의 세 손길)이 깃들어 있고[집일함삼] 셋(세 손길로 작용하는 삼신)은 하나의 근원으로 돌아가는 원리[회삼귀일]가 바로 이것이다.

☀ 신통력神通力: 무슨 일이든 뜻대로 할 수 있는 하나님의 능력.

참된 나와 하나님의 관계

그러므로 하나님의 무궁한 조화에 머물러서 한마음으로 안정되어 변하지 않는 것을 '진아(참된 나)'라 한다. 그리고 신통력*으로 온갖 변화를 짓는 분을 '일신(하나님)'이라 한다. 따라서 '참된 나'는 우주의 하나님[일신]이 계시는 궁전이다.

'참된 나[진아眞我]'란?
= 삼신상제님의 무궁한 조화에 머물며 마음을 바르게 하여 변하지 않는 나!!
= 이 우주의 하나님이 계시는 궁궐!!!

다 함께 암송하기

집일함삼執一含三, 회삼귀일會三歸一
하나에는 셋이 깃들어 있고,
세 손길로 작용하는 삼신은 하나[일신]로 돌아간다.

執 잡을 집 一 한 일 含 머금을 함 三 석 삼
會 모을 회 三 석 삼 歸 돌아올 귀 一 한 일

삼신의 광명을 얻는 길

이 참됨의 근원을 알고 수행법을 따라서 닦고 행하면
상서로운* 기운이 저절로 이르고 삼신의 광명이 항상 비치게 된다.
이것이 바로 사람이 하늘과 하나 되고자 할 때
진실로 삼신의 계율*을 굳게 지킬 것을 맹세함으로 말미암아
비로소 능히 하나 됨의 경지에 들어갈 수 있다는 것이다.

상제님은 어떻게 존재하시는가

성품과 목숨과 정기가 혼연일체*가 된 경지에 계신 분은
삼신과 한 몸이신 상제님이시다.
상제님은 천지 만물과 구별이 전혀 없이 한 몸이 되시어

❀**상서롭다**: 복되고
좋은 일이 일어날 듯
하다.

❀**계율**戒律: 꼭 지켜야
할 도리와 법.

❀**혼연일체**混然一體:
차별이나 구별이 전
혀 없이 온전히 하나
가 됨.

단군세기 서문

마음[심]과 기운[기]과 몸[신]과 더불어

아무런 자취를 남기지 않으시나 영원히 존재하신다.

환인 천제는 어떤 분이신가

그리고 느낌(감)과 호흡(식)과 촉감(촉)이 혼연 일체가 된 경지에 계

신 분이 인류의 첫 조상이신 환인 주조*님이시다.

환인 주조님은 세계만방에 한결같이 덕화를 베풀고 즐거움을 함께

누리시며

하늘·땅·인간 삼계와 더불어 함이 없이 저절로 조화를 이루신다.

가르침을 세우고 나를 바꾸려면

이러하므로 가르침을 세우려는 자는

반드시 먼저 자아를 확립해야 하고

자신의 형체를 바꾸려는 자는

반드시 먼저 무형인 정신을 뜯어고쳐야 한다.

이것이 바로 '나를 알아서 자립을 구하는 유일한 방법'인 것이다.

❋환인 주조桓仁主祖:
환국을 세우고 다스
리신 환인 천제. 상제
님으로부터 직접 삼
신일체의 도를 받아
내려서, 영원히 사라
지지 않는 생명의 문
을 역사상 처음으로
완전히 드러내신 분
이다.

❋오잠吳潛: 고려 충렬
왕 때의 간신. 왕자를
모함하여 임금과의
사이를 멀어지게 하
였다. 또 꾀를 부려
어진 신하들을 해쳤
다. 고려를 없애고 원
나라의 지배를 받자
고 청하였다.

 다 함께 암송하기

성명정지무기性命精之無機는 삼신일체상제야三神一體上帝也라.

성품과 목숨과 정기가 혼연 일체가 된 경계에 계신 분은 삼신과 한 몸이신

상제님이시다.

性성품 성 命목숨 명 精정할 정 之어조사 지 無없을 무 機기틀 기

三석 삼 神귀신 신 一한 일 體몸 체 上위 상 帝하느님 제 也어조사 야

나라를 구하는 길

정치와 사람, 나라와 역사가 사라지는 고려

아, 슬프구나!

부여에 부여의 도가 없어진 후에 중국 한나라 사람이 부여를 쳐들어
왔다.

또 고려에 고려의 도가 없어진 후에 몽골이 고려를 쳐들어왔다.

만약 그 당시 부여에 부여의 도가 있었다면

한나라 사람은 한나라로 쫓겨 가고

고려에 고려의 도가 있었다면 몽골인은 몽골로 쫓겨 갔을 것이다.

아, 통탄스럽구나!

옛날에 오잠*과 류청신* 같은 간신배*가 떠들어 댄 사악한 말이 수

많은 귀신과 더불어 남모르게 밤중에 돌아다니며

고구려의 역신인 남생*과 발기*의

반역을 꾀하는 마음과

서로 통하여 세력을 합하였다.

그런데 이렇게 도(사람)와

그릇(정치)이 함께 없어지고

형체(나라)와 혼(역사)이

다 사라지는 때에

나라를 다스리는 사람들이

어찌하여 자신만 편안하게 지내려고 한단 말인가!

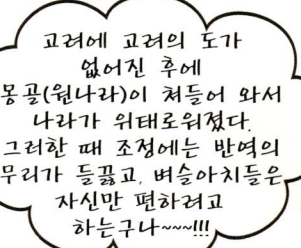

고려에 고려의 도가
없어진 후에
몽골(원나라)이 쳐들어 와서
나라가 위태로워졌다.
그러한 때 조정에는 반역의
무리가 들끓고, 벼슬아치들은
자신만 편하려고
하는구나~~~!!!

❀ **류청신**柳淸臣: 고려
중기의 간신. 왕을 모
함하려 하였고, 오잠
과 함께 반역 행위를
하였다.

❀ **간신배**: 간사한 신
하의 무리.

❀ **남생**男生: 연개소문
의 맏아들. 동생 남건
이 자기의 대막리지
자리를 빼앗자 당나
라에 항복하고, 당나
라 장군 이세적李世
勣과 함께 군사를 이
끌고 와서 고구려를
멸망시켰다.

❀ **발기**發岐: 고구려 신
대열제(8세)의 아들,
고국천열제(9세)의
아우. 고국천열제가
후계자 없이 죽자 아
우인 연우와 왕위쟁
탈전을 벌이다 패하
였다. 이에 요동으로
도망하여 중국 후한
의 공손탁에게 군사
를 빌어 고구려를 치
다가 패하여 자살하
였다.

단군세기 서문

고려가 몽골에게 꼼짝 못 하는 까닭은

오늘날 외인(몽골인)이 우리 정사를 갈수록 심하게 간섭하여
왕이 자리에서 물러나고 다시 오르는 것을 저희 멋대로 조종하고 있다.
그럼에도 우리 대신들이 어찌할 도리없이 꼼짝 못 하는 것은
무슨 까닭인가?
나라에 역사가 없고 형체가 혼을
잃어버렸기 때문이다.

큰 벼슬을 하는 신하 한 사람의
능력으로 나라를 구한다고 말할
수는 없다.
온 나라 사람이 나라 구할 것을 스스로 기약하고
나라를 구하는 데
무엇이 이롭고 도움이 될 것인지 찾아 낸 연후에
비로소 나라를 구한다고 말할 수 있을 것이다.

고려 말, 몽골(원나라)이 우리 임금을 자기들 멋대로 왕위에 올리고 폐위시켜며 간섭을 하는데도 우리 대신들은 꼼짝을 못 했대요. 역사를 잃어버렸기 때문에요~

다 함께 암송하기

연즉然則 구국求國이 하재재何在哉아.
국유사이형유혼야國有史而形有魂也니라.
그러면 나라를 구하는 길은 어디에 있는가?
나라에 역사가 있고 형체에 혼이 있어야 한다.

然 그러할 연 求 구할 구 何 어찌 하 哉 어조사 재 國 나라 국 有 있을 유
而 말 이을 이 形 형상 형 有 있을 유 魂 넋 혼 也 어조사 야

나라를 구하는 길: 국통을 바로 세워야

그렇다면 나라를 구하는 길은 어디에 있는가.
앞에서 말한 것과 같이 '나라에 역사가 있고 형체에 혼이 있어야'
하는 것이다.

신시에 나라를 연 이후로 나라의 계통[국통]*이 있어
이 국통에 따라 나라가 세워지고 이 국통에 따라 백성이 흥하였으니
역사를 배우는 것이 어찌 소중하지 않겠는가.
기쁜 마음으로 이 글을 써서 『단군세기』의 서문(머리말)으로 삼는다.

공민왕 12년(단기 3696, 1363) 계묘 10월 3일에
홍행촌수*가 강화도 해운당에서 쓴다.

❁**국통**國統: 민족의 역사 정신의 맥과 법통을 말한다. 한민족의 국통은 환국, 배달, 단군조선, 북부여(원시 고구려), 고구려(백제, 전신라, 가야), 남북국 시대(대진국, 후신라), 고려, 조선, 임시정부, 대한민국으로 9천 년 동안 계승된 인류의 정통 장자국의 대통이다.

❁**홍행촌수**紅杏村叟: 행촌 이암 선생. '행촌'은 이암 선생의 호이다.

'나라를 구하는 길은 바로 역사를 되찾아서 국통을 바로 세우는 데 있다' 우리 행촌 선생님의 이 말씀을 잘 새겨서 열심히 역사를 공부하자!

행촌 이암 선생이 단군세기를 집필하셨던 해운당 터

단군세기

* **고기古記**: '옛 책'이 라는 뜻으로, 어떤 책인지는 알 수 없다.

* **왕검**: 여기서 왕검은 조선을 세우신 단군 왕검을 가리킨다.

* **인시寅時**: 새벽 3시 ~5시.

* **신인神人의 덕**: 신과 같이 신령하고 숭고한 큰 마음과 행동.

* **비왕裨王**: 임금을 보좌하던 으뜸 벼슬.

* **대읍국大邑國**: 웅씨 왕의 웅씨국.

국조 단군왕검, 재위 93년

『고기』*에 다음과 같이 기록되어 있다.

단군왕검의 탄생

"왕검*의 아버지는 단웅이요, 어머니는 웅씨왕의 따님이다.

환국기원 4828년, 신시개천 1528년, 기원전 2370년(신묘) 5월 2일 인시*에 박달나무가 우거진 숲에서 태어나셨다.

신인의 덕*이 있어 멀리 사는 사람, 가까이 사는 사람들이 모두 공경하며 받들었다.

14세에 웅씨국 비왕이 되셨다

14세 되시던 기원전 2357년(갑진)에 웅씨국 왕이 왕검의 신성함을 듣고 왕검을 비왕*으로 추천하여 '대읍국'*의 나랏일을 맡아 다스리게 하였다.

단군檀君: 박달나무 단 자, 임금 군 자. '박달'은 '밝다'는 뜻이에요. 여기에는 밝을 환桓 자가 들어간 환인, 환웅과 마찬가지로 삼신의 밝음, 광명 사상이 들어 있는 거예요.

아사달에서 단군으로 즉위하셨다

왕검께서 무진년, 당나라 요임금 때에 단국*에서 돌아와
아사달*의 박달나무가 우거진 터에 이르시니
온 나라 백성이 삼신상제님의 아들(대행자)로 떠받들었다.
아홉 환족*을 합쳐서 하나로 통일하시고
신성한 덕화*가 멀리까지 미치니 이분이 단군왕검이시다.

단군 성조께서는
비왕으로 24년, 제왕으로 93년 동안 왕위에 계셨고
수명은 130세였다."

단군왕검께서 왕위에 오르시며 삼신상제님께 천제를 지내셨다

단군왕검께서 임금으로 즉위하신 해는 기원전 2333년(무진)이다.

신시 시대가 처음 시작될 무렵에 사방에서 백성이 모여 들어
산골짜기 곳곳에 퍼져 살았다.
그때는 풀로 옷을 지어 입고 맨발로 다녔다.

배달 신시 개천* 1565년(기원전 2333) 10월 3일*에
신인 왕검께서 오가*의 우두머리로서
무리 8백 명을 거느리고 단목 터*에 와서
백성과 더불어 삼신상제님께 천제를 지내
셨다.

⊛ **단국檀國**: 웅씨국.

⊛ **아사달**: '아사'는 '아침해'라는 뜻이고 '달'은 '배달'의 '달'과 마찬가지로 '땅'이라는 뜻이다. 단군왕검께서 처음으로 도읍하신 곳. 지금의 송화강변에 있는 하얼빈 완달산이다.

⊛ **아홉 환족(구환족)**: 당시 환족은 모두 아홉 족속으로 나뉘어 있었다.

⊛ **덕화德化** : 덕으로써 사람들을 바르게 변화시킴.

⊛ **배달 신시 개천**: 환웅천황께서 배달국을 세우심.

⊛ **오가五加**: 배달 시대부터 아홉 부족을 다섯으로 나누어 다스리던 오가 제도가 있었다. 오가는 마가·우가·구가·저가·계가이다.

⊛ **단목 터**: 박달나무가 우거진 터.

10월 3일 개천절: 왕검께서 배달을 계승하여 조선을 세우시고 단군으로 즉위하신 날이다. '개천'이란 '하늘의 뜻을 받들어 나라를 세웠다'는 뜻이다.

환국, 배달의 가르침을 받들고 하늘의 뜻을 계승하셨다

왕검께서는 지극히 신성한 덕성과 성인의 자애로움을 겸하셨다.

능히 조상이신 환인 · 환웅 성조의 가르침을 받들고

하늘의 뜻을 계승하시니* 그 공덕이 높고 커서 찬란하게 빛났다.

나라 이름을 '조선'이라 하셨다

이에 구환(조선)의 백성이 모두 기뻐하며 진실로 복종하고

천제의 화신*으로 여겨 임금으로 추대하였다.

이분을 단군왕검이라 한다.

조선朝鮮: 아침 조 자,
고울 선 자, '아침 햇빛을 가장 먼저
받는 나라'라는 뜻이래요. 환국, 배달과
마찬가지로 '조선'이라는 이름에도
삼신의 광명 사상이 들어 있어요.

왕검께서는 신시 배달의 법도를 되살리시고

아사달에 도읍을 정하여 나라를 세우셨다.

나라 이름을 조선*이라 하셨다.

단군왕검의 여덟 가지 가르침

단군왕검께서 조칙*을 내려 말씀하시니 이러하였다.

제1조 하늘의 법도는 오직 하나요 그 문은 둘이 아니다.

너희들이 오직 순수한 정성으로 다져진 일심을 가져야 상제
님을 뵐 수 있다.

제2조 하늘의 법도는 항상 하나이고, 사람의 마음은 다 한가지이다.

자기의 마음을 미루어 다른 사람의 마음을 깊이 생각하여라.

사람들의 마음과 잘 융화하면* 이는 하늘의 법도에 일치하는

것이니 이로써 만방*을 다스릴 수 있게 될 것이다.

❀ 만방萬邦: 세상의 모든 나라.

제3조 너를 낳으신 분은 부모요 부모는 하늘로부터 내려오셨다.

그러므로 오직 너희 부모를 잘 공경하여야 능히 하느님(상제님)을 경배할 수 있다.

이러한 정신이 온 나라에 번져 나가면 충성과 효도가 되는 것이니

너희가 이러한 도를 몸으로 잘 익히면 하늘이 무너져도 반드시 먼저 벗어나 살 수 있을 것이다.

제4조 짐승도 짝이 있고 헌 신도 짝이 있는 법이다.

너희 남녀는 잘 조화하여 원망하지 말고 질투하지 말며 음행*하지 말라.

❀ 음행淫行: 음란한 행동.

제5조 너희는 열 손가락을 깨물어 보아라. 그 아픔에 차이가 없다.

그러므로 서로 사랑하여 헐뜯지 말며, 서로 돕고 해치지 말아야 집안과 나라가 번영할 것이다.

제6조 너희는 소와 말을 보아라. 오히려 먹이를 나누어 먹는다.

너희는 서로 양보하여 빼앗지 말며 함께 일하고 도적질하지

📖 다 함께 암송하기

천범天範은 유일惟一이요 불이궐문弗二厥門이니
이유순절爾惟純誠하여 일이심一爾心이라야 내조천乃朝天이니라.
하늘의 법도는 오직 하나요 그 문은 둘이 아니니,
너희들이 오직 순수한 정성으로 다져진 일심을 가져야 상제님을 뵐 수 있다.

範 법 범   惟 오직 유   弗 아닐 불   厥 그 궐   爾 너 이   淳 순박할 순   誠 정성 성
朝 뵐 조

않아야 나라와 집안이 번영할 것이다.

제7조 너희는 저 호랑이를 보아라.

강포하고* 신령하지 않아 재앙을 일으킨다.

너희는 사납고 거칠게 성급히 행동하여 타고난 본성을 해치지 말라.

남을 해치지 말고 하늘의 법을 항상 잘 준수하여 능히 만물을 사랑하여라.

너희는 위태로운 사람을 붙잡아 주고 약한 사람을 업신여기어 깔보지 말며

불쌍한 사람을 도와주고 비천한 사람*을 업신여기지 마라.

너희가 이러한 원칙을 어기면 영원히 신의 도움을 얻지 못하여 몸과 집안이 함께 망할 것이다.

제8조 너희가 만일 서로 충돌하여 논밭에 불을 내면 곡식이 다 타서 없어져 신과 사람이 노하게 될 것이다.

너희가 아무리 두텁게 싸고 덮는다 해도 그 향기는 반드시 새어 나오게 된다.

너희는 타고난 떳떳한 성품을 잘 간직하여 간사하고 못된 생각을 품지 마라.

악을 숨기지 말며 남을 해치려는 마음을 갖지 마라.

하늘을 공경하고 백성을 사랑하여야 너희들의 복록이 무궁할 것이다.

너희 오가*와 백성들아! 나의 말을 잘 받들어라.

❀강포強暴하다: 사납고 우악스럽다.

❀비천한 사람: 신분이 낮고 보잘것없는 천한 사람.

❀오가五加: 오가는 마가·우가·구가·저가·계가로서 여기서는 각 부족의 우두머리를 뜻한다.

環檀古記

세상이 태평해졌다

이때 단군왕검께서 어명을 내리셨다.

팽우에게 토지를 개간하게* 하시고 성조에게 궁실을 짓게 하셨다.
신지에게 글자를 만들게 하시고 기성에게 의약을 베풀게 하셨다.
나을에게 호적*을 관장하게 하시고 희에게 괘서*를 주관하게 하시며
우에게 병마*를 담당하게 하셨다.
비서갑*에 사는 하백의 따님을 맞이하여 왕후로 삼고 누에치기를
맡게 하셨다.
백성을 사랑하시는 어질고 후덕한 정치가
사방에 미치어 천하가 태평스러웠다.

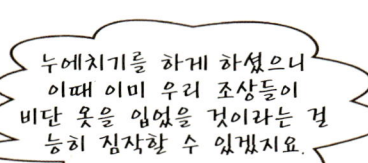

누에치기를 하게 하셨으니
이때 이미 우리 조상들이
비단 옷을 입었을 것이라는 걸
능히 짐작할 수 있겠지요.

대홍수를 다스리셨다

재위 50년, 기원전 2284년(정사)에
홍수가 범람하여 백성이 편안히 살 수 없게 되었다.
왕검께서 풍백* 팽우에게 명하여 물을 다스리게 하시고
높은 산과 큰 강을 잘 정리하여 백성이 편안히 살게 하셨다.
우수주*에 이 내용을 기록한 비석이 남아 있다.

진한의 수도, 비서갑

송화강
아사달(비서갑:하얼빈)

고   조   선
서압록
난하   구려하
대릉하
백두산
•북경
안덕향
(탕지보)
황하
백아강(평양)
혈구(강화도)
태산

❀토지를 개간하다:
버려진 땅을 일구어
쓸모 있는 땅으로 만
든다.

❀호적戶籍: 백성들의
성명, 생년월일 따위
의 신분 기록에 관한
일.

❀괘서卦筮: 미래 일을
점치는 것.

❀병마兵馬: 병사와 군
대에서 쓰는 말.

❀비서갑斐西岬: 송화
강 아사달로 지금의
흑룡강성 하얼빈.

❀풍백風伯: 입법관. 법
률 만드는 것을 맡은
관리.

❀우수주牛首州: 지금
의 송화강 남쪽에 있
는 만주 길림성 지역
으로 여겨진다.

단군세기

마리산에 천제 올리는 단을 쌓게 하셨다

재위 51년, 기원전 2283년(무오)에

왕검께서 운사* 배달신에게 명하시어 혈구*에 삼랑성*을 짓게

하셨다.

또 마리산에 제천단(상제님께 제사 지내는 단)을 쌓게 하셨다.

지금의 참성단*이 바로 그것이다.

중국에 홍수 다스리는 법을 전해 주셨다

재위 67년, 기원전 2267년(갑술)에

왕검께서 태자 부루를 도산(회계산)에 보내시어

우나라 순임금이 보낸 사공*을 만나게 하셨다.

태자께서 '오행의 원리로 물을 다스리는 법'을 사공 우에게 전하셨다.

🏵️**운사**雲師: 사법관. 문제가 생겼을 때 법을 적용하여 옳고 그름을 가리는 관리.

🏵️**혈구**穴口: 강화도의 옛 이름.

🏵️**삼랑성**三郞城: 지금 강화도 전등산에 있는 정족산성. 삼랑은 본래 삼신을 수호하는 벼슬 이름이다.

🏵️**사공**司空: 벼슬 이름. 우禹를 가리킨다.

환단고기

강화도 삼랑성三郞城

이곳이 삼신상제님께 천제를 올렸던 강화도 마리산 참성단이야~~

지금도 개천절에 이곳에서 단군 성조께 제사도 지내고 전국체전 때는 여기서 태양열을 이용하여 성화를 채화하고 있어.

204 어린이 환단고기

오행의 원리: 오행, 즉 수목화토금(水木火土金)은 삼신상제님께서 내신 대자연의 무궁한 조화 성령 기운이다. 이 조화 기운은 수생목水生木(물은 나무를 생함), 목생화木生火(나무는 불을 생함), 화생토火生土(불은 흙을 생함), 토생금土生金(흙은 금을 생함), 금생수金生水(금은 물을 생한다), 수생목으로 순환한다. 이에 따라 인간과 만물이 태어나고 자라고 죽고 다시 태어난다. 이것은 변하지 않는 대자연의 무궁한 변화 법칙이다.

우리 한민족은 삼신상제님께 천제 올리며 가르침을 직접 받았기 때문에 이러한 천지 이치를 가장 먼저 깨달았단다.

영토를 넓히셨다

또 국경을 살펴 정하시니
유주와 영주*, 두 주가 우리 영토에 속하게 되었다.*
단군께서 회수와 태산 지역의 제후들을 평정하고*
분조를 두어 다스리셨다.*
이때 우순을 시켜 그 일을 감독하게 하셨다.

✹ 유주幽州와 영주營州: 순임금이 기주冀州의 동북 방면 땅을 나누어 유주라 하였는데, 오늘날 하북성에 해당한다. 또 청주靑州를 나누어 영주를 만들었는데, 지금의 산동성 북부 지역이다.

✹ 평정하다: 적을 쳐서 지배하거나 난리를 평온하게 하다.

백성이 태평성대를 누렸다

재위 93년, 기원전 2241년(경자)에
왕검께서 버드나무로 지은 궁궐에 머무실 때
흙 계단이 저절로 이루어지고
풀이 우거졌으나 베지 않으셨다.

왕검께서 박달나무가 무성한 그늘 밑에서
곰, 호랑이와 함께 노니시며
소와 양이 풀을 뜯는

단군조선 땅이 된 영주와 유주

진 한
송화강 아사달 (하얼빈)
송화강
서압록
번 한 난하 구려하
태백산 (백두산)
북경◎
◉안덕향(당산) ◉백아강 동해
발해 (평양)
당요唐堯 유주영주
우순虞舜 황하 마 한
서해
태산
회수 삼 도

☀**분조**分朝**를 두어 다
스리시다**: 임금이
계신 조정에서 너무
멀리 떨어진 지역은
제후로 하여금 임금
을 대신하여 맡아 다
스리게 하셨다.

☀**덕화**德化: 덕으로써
사람을 변화시키는
것.

☀**탐랑**耽浪: 탐라(제주
도)를 가리킴. 또는
탐라(제주도)와 낙랑
을 가리킴.

☀**삼한**三韓: 마한, 번
한, 진한을 말한다.

평화로운 정경을 바라보셨다.

도랑을 파고 밭길을 내며 농사짓기와 누에치기를 권장하시고
고기잡이와 사냥을 익히게 하셨다.
백성에게 남아도는 물자가 있으면 나라 살림에 보태어 쓰도록 하셨다.

10월에 하늘에 천제를 올리셨다

상달인 10월에는 나라에 큰 제전을 열어 하늘에 제사를 지내시니
온 백성이 진실로 밝은 모습으로 즐거워하였다.
이로부터 단군왕검의 덕화*가 온 누리를 덮어 멀리 탐랑*까지 미쳤고
거룩한 덕의 가르침이 점차로 위엄과 세력을 얻어 널리 퍼져 나갔다.

단군조선 삼한과 수도

흑룡강(흑수)

진 한

송화강

◉아사달
(비서갑:하얼빈)

서압록

번 한

난하 구려하

북경◉

태백산
(백두산)

◉안덕향(당산) ◉백아강
발해 (평양) 동해

황하

태산
회수

마한

서해

영토를 셋으로 나누어 다스리셨다

이에 앞서 왕검께서는
천하의 땅을 일정한 지역으로 경계를 정
해 '삼한'*으로 나누어 다스리셨다.
삼한에는 모두 오가, 64겨레가 있었다.

우리나라 이름
대한민국大韓民國에서 '한韓'은
바로 이 조선 '삼한'의 '한'에서
나온 것이란다.

단군왕검께서 붕어하셨다

이 해(기원전 2241) 3월 15일*에
단군왕검께서 봉정에서 붕어하셨다.*
교외에서 십 리 떨어진 곳에 장사지냈다.

댕기 드리는 풍속이 이때부터 시작되었다

모든 백성이 부모를 잃은 듯이 슬퍼하였다.
'단기'*를 받들어 아침저녁으로 모여 앉아
경배하며 항상 단군왕검의 덕을 가슴에 품고
잊지 않았다.
태자 부루께서 즉위하셨다.

2세 단군 부루 재위 58년

어질고 복이 많으신 부루 단군

부루 단군의 재위 원년은 단기 94, 기원전 2240년(신축)이다.
임금께서 어질고 복이 많으시어 재물을 많이 쌓아 큰 부를 누리셨다.
백성과 더불어 산업을 다스리시니
굶주리거나 추위에 떠는 사람이 하나도 없었다.

문화가 크게 발전하였다

해마다 봄가을에 나라 안을 순행하여* 살피시고

❀3월 15일: 초대 단군
왕검의 어천절.

❀붕어崩御하다: 임금
이 돌아가시다.

단기: 단군왕검을 추모하여 슬픔의 뜻으로
매단, 천으로 만든 깃발이다. 이것이 수천 년
이 흐르면서 어린 여자 아이의 땋은 머리에
달아 주는 장식용 형겊인 '댕기'가 되었다.

댕기를 드린 모습

참 예쁘네요~!
그런데 댕기는 단군의
후손임을 말해 주는
것이래요.

❀순행巡行하다: 감독
하기 위해 돌아다니
다.

단군세기 **207**

예를 갖추어 하늘에 제사 지내셨다.

모든 제후의 선함과 악함을 살피시고 잘한 사람에게 상을 주고

잘못한 사람에게 벌을 주는 일을 신중히 하셨다.

도랑을 파고 농업과 누에치기를 권장하며

학교를 지어 학문을 일으키시니 문화가 크게 진보하고

날이 갈수록 그 명성이 널리 퍼져 나갔다.

유주와 영주를 정벌하셨다

초기에 우나라 순임금*이 유주와 영주를 남국* 근처에 설치하였다.

이에 단군께서 군사를 보내어 정벌하시고

그곳 왕을 모두 쫓아 내셨다.

동무와 도라 등을 그곳 왕으로 봉하시고 그 공을 표창하셨다.

해마다 하늘에 제사를 지내며 큰 축제를 열었다

신시 개천[배달] 이래로

해마다 하늘에 제사 지낼 때 나라에서 큰 축제를 열었다.

상제님의 덕을 찬양하는 노래, 어아가

이때 모두 삼신상제님의 덕을 찬양하는 노래를 부르며 화합하였다.

「어아於阿」*를 노래하며 감사함을 근본으로 하니

하늘의 신명과 인간이 조화되었다. 사방에서 모두 이를 본받았다.

氏 慶 有 舜 帝

우나라 순임금의 초상:
중국 역사에서 태평시
대에 해당한다는 요순
시대의 순임금은 동이
족이다.

🏵 **남국藍國:** 단군조선
의 제후국. 동이의
아홉 족속 가운데 남
藍씨가 세운 나라.
중국 하북성 지역에
위치함.

🏵 **어아於阿:** 기쁨과 흥
에 겨워 내는 감탄
사. 여기서는 음악의
이름으로 「어아가」
를 말한다. 「어아가」
는 한민족 최초의 애
국가이다.

참된 인간의 계율이 된 어아가

이 노래가 「참전계」*가 되었는데, 그 가사는 다음과 같다.

어아 어아!
우리 상제님의 크나큰 은덕을
배달의 아들딸 모두
백 년 천 년 영원토록 잊지 못하리.

어아 어아!
착한 마음 큰 활 되고
악한 마음 과녁을 이루었네!
백백 천천(많고 많은) 우리 모두
큰 활줄같이 하나 되고,
착한 마음은
곧은 화살처럼 한마음 되리라.

어아 어아!
백백 천천(많고 많은) 우리 모두
큰 활처럼 하나 되어
수많은 악의 과녁 꿰뚫어 버리리라.
끓어오르는 물 같은 착한 마음속에
한 덩이 눈 같은 것이 악한 마음이라.

어아 어아!
백백 천천(많고 많은) 우리 모두
큰 활처럼 굳세게 한마음 되니,
배달나라의 영광이라네.
백 년 천 년 오랜 세월 큰 은덕이여!
우리 대조신*이시네.
우리 대조신이시네.

๏ **참전계**參佺戒: 참된 인간이 되게 하는 계율. 어아가는 인간과 신명이 하나 되는 천지 굿 노래이다.

๏ **대조신**大祖神: 천상의 큰 조상이라는 뜻으로 삼성조이신 환인, 환웅, 단군을 뜻할 뿐 아니라 뭇 인류의 조상이신 삼신상제님을 의미한다.

어 아 어 아
於阿於阿여

아 등 대 조 신 대 은 덕
我等大祖神의 大恩德은

배 달 국 아 등 개 백 백 천 천 년 물 망
倍達國我等이 皆百百千千年勿忘이로다.

어 아 어 아
於阿於阿여

선 심 대 궁 성 악 심 시 적 성
善心은 大弓成하고 惡心은 矢的成이로다.

아 등 백 백 천 천 인 개 대 궁 현 동
我等百百千千人이 皆大弓絃同하고

선 심 직 시 일 심 동
善心은 直矢一心同이라.

어 아 어 아
於阿於阿여

아 등 백 백 천 천 인 개 대 궁 일 중 다 시 적 관 파
我等百百千千人이 皆大弓一에 衆多矢的貫破하니

비 탕 동 선 심 중 일 괴 설 악 심
沸湯同善心中에 一塊雪이 惡心이라.

어 아 어 아
於阿於阿여

아 등 백 백 천 천 인 개 대 궁 견 경 동 심 배 달 국 광 영
我等百百千千人이 皆大弓堅勁同心하니 倍達國光榮이로다.

백 백 천 천 년 대 은 덕
百百千千年의 大恩德은

아 등 대 조 신
我等大祖神이로다.

아 등 대 조 신
我等大祖神이로다.

주요 한자 뜻

我 나 아　等 무리 등[아등我等: 우리]　大祖神 대조신: 상제님　皆 다 개
勿 말 물　忘 잊을 망　弓 활 궁　矢 화살 시　的 과녁 적　絃 악기줄 현
直 곧을 직　衆 무리 중　貫 꿰뚫을 관　破 깨드릴 파[관파貫破: 명중하여 꿰뚫음]　沸 끓을 비　湯 끓일 탕　塊 흙덩이 괴　雪 눈 설

효도를 행한 소련과 대련

재위 2년, 기원전 2239년(임인)에 임금께서 소련과 대련*을 불러
나라를 다스리는 방도를 물으셨다.

이에 앞서 소련과 대련은 거상*을 잘 하였다.
부모가 돌아가시자 처음 3일 동안 태만하지 않았고
3개월 동안 게으르지 않았다.
한 해가 다 지나도록 슬퍼하였고, 3년 동안 근심으로 지냈다.
이로부터 세상의 풍속이 부모상을 당하면 다섯 달 만에 상을 마쳤
는데 오래도록 상을 모시는 것을 영광으로 여겼다.*

효를 세상을 다스리는 표준으로 삼으셨다

이분들이 천하의 대성인이 아니었다면
그 덕화가 널리 퍼짐이 어찌 이토록 역말*로 전하는 것처럼
빠를 수 있었겠는가?
소련과 대련은 효자로 알려졌고 공자 또한 이들을 칭송하였다.
무릇 효란, 사람을 사랑하고 세상을 이롭게 하는 근본이므로
임금께서 온 세상에 이를 널리 펴서 표준으로 삼으셨다.

다 함께 암송하기

부효자夫孝者는 애인익세지본愛人益世之本이라.
무릇 효란 사람을 사랑하고 세상을 이롭게 하는 근본이다.

夫 발어사 부　孝 효도 효　者 사람 자　愛 사랑 애　人 사람 인
益 더할 익　世 세상 세　之 어조사 지　本 근본 본

❀소련少連과 대련大
連: 단군조선 사람
(동이족)으로 효성이
극진하여 거상을 잘
하였다. 소련 대련의
거상을 본받아 훗날
3년상이 시행되었다.

❀거상居喪: 부모가 돌
아가셔서 상을 치르
는 것.

❀이후 삼년상三年喪 풍
속은 39세 번한 왕
등나(기원전 1012년
즉위)때부터 본격적
으로 시작되었다.

❀역말[驛馬]: 옛날에
각 역참에 갖추어 둔
말. 나라의 주요 교
통 및 통신 수단이었
다. 지방에서 조정에
소식을 알릴 때, 또
는 조정에서 지방에
소식을 전할 때, 역
말을 갈아타면서 달
려가 소식을 전하였
다.

단군세기

백성의 삶을 편리하게 하셨다

재위 3년, 기원전 2238년(계묘) 9월에 조칙을 내려

백성들로 하여금 머리카락을 땋아서 머리를 덮게 하시고

푸른 옷을 입게 하셨다.

도량형*을 모두 관의 표준*에 맞게 통일하고

삼베*와 모시*의 시장가격*을 어디서나 똑같게 하셨다.

이에 백성이 서로 속이지 않게 되니

멀리 사는 사람, 가까이 사는 사람이 모두 이를 편하게 여겼다.

세금을 거두셨다

재위 10년, 기원전 2231년(경술) 4월에 토지의 경계를 우물 정井 자로 그어 구분하셨다.

전결*을 정해 주어 백성이 스스로 사리사욕*을 채우지 못하게 하셨다.

재위 12년, 기원전 2229년(임자)에

신지* 귀기가 「칠회력」과 「구정도*」를 만들어 바쳤다.

◉ **도량형**度量衡: 길이, 부피, 무게 따위를 재는 법.

◉ **관官의 표준**: 나라에서 정한 표준

◉ **삼베**: 삼실로 짠 천으로, 마포麻布라고도 함. 삼이라는 한해살이풀을 이용하여 실과 천을 만들어 낸 것이다.

◉ **모시**: 쐐기풀과에 속하는 모시풀의 줄기 껍질로 짠 천. 저마苧麻 또는 저마포라고도 한다. 여름 옷감으로 많이 쓰인다.

◉ **시장가격**: 실제로 물건을 사고파는 가격.

◉ **전결**田結: 논밭에 대하여 물리는 세금.

◉ **사리사욕**: 자기 혼자만의 욕심.

히~~야^^! 신기해! 월화수목금토일 일주일 요일이 삼신상제님과 신들께 제사 지낸 것에서 생긴 거네?

「칠회력七回曆」: 한민족이 삼신상제님의 가르침을 받들어 살던 시대에, 주기적으로 제천 행사를 행하도록 정한 책력이다. 배달 신시 시대에도 '칠회제신력'이 있었다.

첫째 날에 천신(삼신상제님)께   둘째 날에 월신(달의 신)께
셋째 날에 수신(물의 신)께   넷째 날에 화신(불의 신)께
다섯째 날에 목신(나무의 신)께   여섯째 날에 금신(금의 신)께
일곱째 날에 토신(흙의 신)께 제사 지냈다.

지금의 일주일 역의 기원이다.

부루 단군께서 붕어하시던 날

재위 58년, 기원전 2183년(무술)에 부루 단군께서 붕어하셨다.
이 날 하늘에 일식*이 있었고
산짐승이 떼를 지어 산 위에서 울부짖고 만백성이 목 놓아 통곡하였다.

이때부터 백성들이 제사 지낼 때 부루단지를 모셨다

이후 백성들이 제사를 지낼 때는 집안에 자리를 정하여
제단을 설치하고 항아리에 곡식을 담아 제단 위에 올려놓았다.
이것을 '부루단지'*라 부르고 업신*으로 삼았다.

부루단지를 왜 전계라 하는가

이것을 또한 '전계'라고도 부르는데
전계는 '온전한 사람이 되는 계율을 받아서
업주가리*가 된다'는 것으로
'사람과 그가 이루고자 하는 업이 함께 온전해진다'는 뜻이다.
태자 가륵께서 즉위하셨다.

❀ 신지神誌: 단군조선 때에, 왕명의 출납과 책 편찬하는 일을 맡은 벼슬 이름.

❀ 「구정도邱井圖」: 우물 정 자처럼 나눈 토지 구획도.

❀ 일식日蝕: 달이 태양의 일부나 전부를 가리는 것.

❀ 부루단지扶婁壇地: 단군왕검 시대부터 우리 조상들은 음력 1월이 되면 질그릇 단지에 쌀을 담아 뒤울 안의 박달나무 말뚝 위에 올려놓고, 짚으로 고깔을 만들어 씌우고 복을 빌었다. 이 쌀단지를 부루단지라 한다.

❀ 업신業神: 재물과 복록을 내려주는 신.

업주가리: '가리'는 단으로 묶은 곡식이나 장작 따위를 차곡차곡 쌓은 더미를 뜻한다. 흙으로 만든 단지에 곡식을 담아 단 위에 두고, 볏짚으로 우산처럼 만들어서 씌운 것을 부루단지, 업왕가리라 불렀다. 이것을 업주가리라고 본다.

단군세기

3세 단군 가륵, 재위 45년

을보륵이 아뢴 '신과 왕과 종과 전'의 도

가륵 단군의 재위 원년은 단기 152, 기원전 2182년(기해)이다.

5월에 임금께서 삼랑* 을보륵을 불러

'신과 왕과 종전의 도'*를 물으셨다.

보륵은 엄지손가락을 깍지 끼고 오른손을 왼손 위에 포개어

삼육대례*를 행하고서 이렇게 아뢰었다.

신이 하시는 일

"신神은 천지조화의 기로부터 만물을 낳고

각기 타고난 본성을 온전하게 하시니

신의 오묘한 조화를 백성이 모두 믿고 의지하는 것입니다.

왕이 하시는 일

왕王은 덕과 의로써 세상을 다스려

각자 타고난 목숨을 안전하게 해 주시니

왕이 베푸는 것을 백성이 복종하여 따르는 것입니다.

다 함께 암송하기

신자神者는 능인출만물能引出萬物하여 각전기성各全其性하나니
신지소묘神之所妙를 민개의시야民皆依恃也니라.

신은 만물을 낳고 각기 타고난 성품을 온전하게 하시니 신의 오묘한 조화를
백성이 모두 믿고 의지하는 것이다.

能 능할 능 引 끌 인 物 물건 물 所 바 소 妙 묘할 묘 依 의지할 의 恃 믿을 시

---

*삼랑: 삼신을 수호하는 벼슬.

*종전의 도[倧佺之道]: 인간은 삼신의 조화로 태어나서, 삼신과 한 몸이 되어 살아가야 한다. 온전한 인간, 완전한 인간이 되는 것이 종전의 도이다.

*삼육대례三六大禮: 절을 할 때 초배(첫 번째 절)에 세 번 조아리고, 재배(두 번째 절)에 여섯 번 조아리고 삼배(세 번째 절)에 아홉 번 조아리는 절법이다.

환단고기

스승(종과 전)

종倧은 나라에서 선발한 스승이요 전佺은 백성이 천거한 스승이니 모두 이레(7일)를 한 회로 하여 삼신께 나아가 맹세합니다.

세 고을에서 뽑은 사람은 전이 되고 구환에서 뽑은 사람은 종이 됩니다.

도의 바탕

그 도를 말하자면

아비가 되고자 하는 사람은 아비다워야 하고

임금이 되고자 하는 사람은 임금다워야 하며

스승이 되고자 하는 사람은 스승다워야 하는 것입니다.

아들, 신하, 제자가 된 사람 역시 아들답고 신하다우며 제자다워야 합니다.

신시 개천의 도는 삼신의 도로써 인간 세상을 복되게 할 따름

그러므로 환웅 천황께서 펼치신 신시 개천의 도는

삼신의 도로써 가르침을 베풀어

나를 알아 독립을 구하며 나를 비워 만물을 잘 생존케 하여

능히 인간 세상을 복되게 할 따름입니다.

상제님을 대신하여 왕 노릇을 할 때는

천상의 상제님을 대신하여 천하의 왕 노릇을 할 때는

도를 널리 펴서 백성을 이롭게 하여

한 사람도 자신의 본래 성품을 잃지 않게 해야 합니다.

조정: 임금이 신하들과 정치를 의논하거나 집행하는 곳.

종훈倧訓: 종(나라에서 선발한 스승)의 가르침.

전계佺戒: 온전한 사람이 되기 위하여, 삼신상제님의 가르침을 깨달아, 하루하루 생활 속에서 실천하는 것.

삼광오정三光五精: 삼광三光은 삼신의 빛 또는 해와 달·별의 빛. 오정은 오행五行(금목수화토)의 정기.

현묘한 도: 상제님의 가르침을 말한다.

거발환居發桓: 크고 조화롭고 광명으로 하나 된 존재라는 뜻.

왕을 대신하여 백성을 다스릴 때는

세상의 모든 왕을 대신하여 인간을 다스릴 때는

'병을 없애고 원한을 풀어 주어' 비록 아주 보잘것없는 생명이라도

함부로 해하지 못하게 해야 하는 것입니다.

백성으로 하여금 그릇된 마음을 고쳐 참되게 하고

삼칠일(21일)을 기약하여

'온전한 사람이 되는 계율'을 굳게 지키게 해야 합니다.

광명 사상으로 세상을 건지는 거발환의 정신

이로부터 조정*에는 '종훈*'이 서고

일반 백성들에는 '전계*'가 바로 서게 됩니다.

우주의 정기는 삼한의 온 천하에 순수하게 모이고,

삼광오정*의 기운은 모든 사람의 머릿속에 한데 엉기어 뭉치게 됩니다.

그리하면 현묘한 도*를 깨쳐 광명 사상으로 세상을 널리 건지게 될 것입니다.

이것이 바로 '거발환*의 정신' 입니다."

왜 꼭 21일씩 공부를 하나요?

3은 삼신상제님,
7은 칠성(상제님이 계신 별인 북두칠성)을 상징하는 숫자란다.
그래서 예로부터 동방 한민족은 21이라는 수를 신성하게 여겼지.
21일 수행을 정성껏 해 나가면 삼신상제님의 조화기운을 받아 광명을 체험할 수 있단다.

구환의 백성이 한마음으로 크게 교화되었다

임금께서 아홉 환족에게 이 가르침을 베푸시니
구환의 백성이 모두 순종하고 삼신의 한마음으로 돌아가 교화되었다.

가림토 문자를 짓게 하셨다

재위 2년, 기원전 2181년(경자),
이때 풍속이 일치하지 않고 지방의 말이 서로 달랐다.
비록 상형*·표의 문자*인 진서*가 있었으나
열 가구 정도 모인 마을에서도 말이 잘 통하지 않고
땅이 백 리가 되는 나라에서 서로 문자를 이해하기 어려웠다.
이에 삼랑 을보륵에게 명하여 '정음* 38자' 를 짓게 하시니
이것이 '가림토' 이다. 그 글자는 다음과 같다.

ᐧ ㅣ ㅡ ㅏ ㅣ ᅌ ᅐ ㅑ ᅴ ㅛ ㅍ ㅈ ㅋ
ㅇ ㄱ ㄴ ㅁ ㄴ ㅿ ㅈ ㅊ ᅀ ᅀ ㅎ ㅅ ㅆ
ㅂ ㄹ ㅂ ㅐ ㅎ ㄱ ㅊ ᄉᄀ ㅗ ㅍ ㅛ

가림토加臨土: 단군조선 때 만든 우리 고유 문자. 세종대왕은 이 글자를 바탕으로 훈민정음을 만들었다. 『세종실록』103권에 "언문은 다 옛 글자에 근본한 것이요, 새로운 글자가 아니다[諺文皆本古字, 非新字也]", "언문은 전조부터 있던 것을 빌어 쓴 것이다[借使諺文自前朝有之]" 라고 하였다.

❀**상형**象形**문자**: 물건의 모양을 본떠서 만들 글자.

❀**표의**表意**문자**: 하나하나의 글자가 음과 상관없이 일정한 뜻을 나타내는 문자.

❀**진서**眞書: 신지 혁덕이 만든 녹도문鹿圖文으로 짐작된다.

진서로 새긴
창성조석서비

❀**정음**正音: 글자의 바른 소리.

가림토에는
지금 우리가 쓰는
한글 자모하고
똑같은 글자가 많아요~~!

환단고기

❀ 신지神誌: 단군조선 때에, 왕명의 출납과 책 편찬하는 일을 맡은 벼슬 이름.

❀ 『배달유기倍達留記』: 우리나라 최초의 역사책이라 할 수 있으나 현재 전하지 않는다.

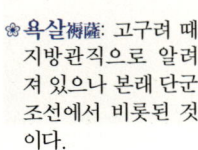

흠~ 흉노의 시조가 우리 조상이라니! 역시 놀라운 사실이에요!

❀ 욕살褥薩: 고구려 때 지방관직으로 알려져 있으나 본래 단군조선에서 비롯된 것이다.

❀ 약수弱水 지방: 중국 감숙성 장액현을 가리킨다.

❀ 흉노匈奴: 중국 역사서에서 흉노는 기원전 4세기 전국시대에 처음 등장한다.

❀ 조세租稅: 나라에서 강제로 거두는 세금.

재위 3년, 기원전 2180년(신축)에 신지* 고설에게 명하시어 『배달유기』*를 편찬하게 하셨다.

흉노족의 시조가 된 사람

재위 6년, 기원전 2177년(갑진)에

임금께서 열양 욕살* 삭정을 약수* 지방에 귀양을 보내 종신토록 감옥에 가두셨다.

후에 용서하고 그 땅의 우두머리로 봉하시니

흉노*의 첫 조상이 되었다.

조세를 줄이고 차등을 두셨다

재위 8년, 기원전 2175년(병오)에

강거가 반란을 일으키니 임금께서 지백특에서 토벌하셨다.

여름 4월에 불함산에 올라 민가에서 밥 짓는 연기가 적은 것을 보시고 조세*를 줄이고 차등을 두게 하라고 명하셨다.

소머리나라(우수국)에 얽힌 이야기

재위 10년, 기원전 2173년(무신)에 두지주 예읍이 반란을 일으키니 임금께서 여수기에게 명령을 내려 그곳 추장 소시모리의 목을 베게 하셨다.

이로부터 그 땅을 소시모리라 불렀는데

지금은 음이 변해서 소머리나라[우수국]가 되었다.

일본 왕이 된 협야노

소시모리의 후손에 협야노*라는 사람이 있었다.
바다를 건너가 삼도[일본]*를 차지하고
스스로 '천왕' 이라 참칭하였다*.

재위 45년, 기원전 2138년(계미) 9월에
가륵 단군께서 붕어하셨다.
태자 오사구께서 즉위하셨다.

일본까지 진출한 단군조선

4세 단군 오사구 재위 38년

몽골왕을 임명하셨다

오사구 단군의 재위 원년은 기원전 2137년(갑신)이다.
임금께서 아우 오사달을 몽고리한*으로 봉하셨다.
어떤 사람은 지금의 몽골족이 그 후손이라 말한다.

신선이 먹는 약초, 인삼

겨울 10월, 북쪽을 순수*하고 돌아오시는 길에
태백산(백두산)에 이르러 삼신상제님께 천제를 지내시고
신령한 효험이 있는 약초를 얻으셨다.
이것이 곧 인삼인데, 선약*이라고도 불렀다.
이때부터 '신선은 죽지 않는다는 이야기' 가
인삼을 먹어 몸의 정기를 보전하는 것과 밀접한 관련이 있게 되었다.

* **협야노**陝野奴: 협야
  후陝野侯 배반명裹幣
  命을 가리킨다.

* **삼도**三島: 큐슈, 혼
  슈, 시코쿠이다.

* **참칭**僭稱하다: 분수
  에 넘치게 스스로 임
  금이라 이르다.

* **몽골리한**[蒙古里汗]:
  단군조선의 제후국
  인 몽고의 왕.

* **순수**巡狩: 임금이 나
  라를 돌아다니며 산
  천에 제사하고, 나라
  안 벼슬아치들의 정
  치와 백성의 마음을
  살피던 일.

* **선약**仙藥: 신선이 먹
  는다는 약. 효험이
  좋아서, 먹으면 오래
  살고 죽지 않는다고
  한다.

간혹 삼을 캐어 먹은 사람이 전하는 바에 따르면
인삼은 신이한 영험이 있어 자못 특이한 효과가 있다고 하였다.

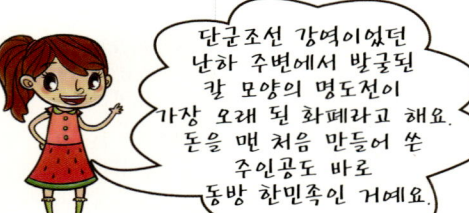

☀패전貝錢: 쇠붙이로
만든 조개 모양의
돈.

☀주조鑄造하다: 녹인
쇠붙이를 거푸집에
부어 물건을 만들다.

☀신서神書: 상제님의
가르침이 담긴 책.

단군조선 강역이었던
난하 주변에서 발굴된
칼 모양의 명도전이
가장 오래 된 화폐라고 해요.
돈을 맨 처음 만들어 쓴
주인공도 바로
동방 한민족인 거예요.

☀조야기朝野記: 조정
과 일반 백성이 본으
로 삼아야 하는 글로
여겨진다.

☀살수薩水: '물이 살
살 흐르는 강' 이라
는 뜻으로 개평현 주
남하를 말한다.

엽전(돈)을 만들고 조선소를 설치하셨다

재위 5년, 기원전 2133년(무자)에
둥근 구멍이 뚫린 패전*을 주조하셨다*.
이해 가을 8월에 하夏나라 사람이 와서
특산물을 바치고 신서*를 구해 갔다.

10월에 「조야기」*를 돌에 기록하여 백성
에게 널리 알리셨다.

재위 7년, 기원전 2131년(경인)에 살수*
강가에 조선소를 설치하셨다.

하나라를 정벌하셨다

재위 19년, 기원전 2119년(임인)에
하나라 5세 상왕이 백성에게 덕망을 잃었다.
이에 임금께서 식달에게 명하여
남·진·변 3부의 군대를 이끌고 가서 쳐부수게 하시니
그 소식을 듣고 천하 사람이 복종하였다.

재위 38년, 기원전 2100년(신유) 6월에 오사구 단군께서 붕어하셨다.
계가 출신 구을이 즉위하셨다.

양운국　　**일군국**

비리국

흑룡강

남선비국　**진**　**한**

고비사막　　　　　**고리국**

송화강

천산
(天山)

서압록

번　**한**

난하　구려하

삼위산
(三危山)

흉노　　　　　　**고죽국**

마

조이鳥夷

남　국

우이嵎夷　래이萊夷

발해

한

견이畎夷

태산

주周

하夏

상商

엄이奄夷

서이徐夷

방이房夷

회이淮夷

백이百夷

황이黃夷　　도이島夷

단군조선과 제후국, 그리고 주변 나라

5세 단군 구을 재위 16년

상제님께 기도하여 황충을 없애 주셨다

구을 단군의 재위 원년은 기원전 2099년(임술)이다.
임금께서 태백산(백두산)에 단을 쌓으라 명하시고
사자*를 보내 제사를 지내게 하셨다.

재위 2년, 기원전 2098년(계해) 5월에
황충*이 크게 번져 밭과 들에 가득찼다.

☀사자使者: 단군조선,
부여, 고구려 시대의
벼슬 이름.

☀황충蝗蟲: 누리(메뚜
기과 곤충)의 한자
이름. 많은 수가 떼
를 지어 날아다니므
로 이동할 때는 그
무리가 해를 가린다.
또 황충이 앉았던 곳
에는 한 순간에 풀이
하나도 남지 않는다.

환단고기

● **처음으로 갑자**甲子 **를 쓰다**: 환웅 천황 이후로 계해癸亥를 60갑자의 첫머리로 삼았으나 5세 구을 단군 때부터 지금과 같이 갑자甲子를 60 갑자의 첫머리로 하였다.

● **책력**册曆: 일 년 동안의 월일, 해와 달의 운행, 월식과 일식, 절기, 특별한 기상 변동 따위를 날짜 순서에 따라 적은 책.

● **삼신단**三神壇: 삼신 상제님께 제사를 올리는 단.

● **환화**桓花: 환국 시대부터 우리나라의 국화國花. 천지화天指花라고도 하는데, 지금의 무궁화이다.

임금께서 친히 밭과 들을 돌아보며

황충을 잡아 입에 넣어 삼키시고

삼신상제님께 이를 없애 주시기를 비셨다.

과연 며칠 만에 황충이 모두 사라졌다.

장당경에 삼신단을 쌓고 환화를 많이 심으셨다

재위 4년, 기원전 2096년(을축)에

처음으로 갑자를 써서* 책력*을 만드셨다.

재위 8년, 기원전 2092년(기사)에

신독(인도의 옛 이름) 사람이 표류하여 동해가에 도착하였다.

재위 16년, 기원전 2084년(정축)에

임금께서 친히 장당경에 순행하여 삼신단*을 쌓으시고

환화*를 많이 심으셨다.

달문이 대통을 이었다

7월에 임금께서 남쪽으로 순수하실 때

풍류강을 거쳐 송양에 이르셨다.

이때 임금께서 병을 얻어 갑자기 붕어하시므로

대박산에 장사를 지냈다.*

대박산에 있는 5세 구을 단군릉. 1994년에 북한에서 대대적으로 보수하였다.

우가 출신 달문이 무리의 추대를 받아 대통을 이었다.

6세 단군 달문 재위 36년

제사 지내며 국조 삼신의 덕을 찬양하셨다

달문 단군의 재위 원년은 기원전 2083년(무인)이다.

재위 35년, 기원전 2049년(임자)에 여러 왕을 상춘*에 모아
구월산에서 삼신께 제사를 지내셨다.
이때 신지 발리로 하여금 「서효사」*를 짓게 하셨으니
그 가사는 이러하다.

아침 광명 먼저 받는 이 땅 조선에
삼신*께서 세상 밝혀 내려오셨습니다.

환인천제 먼저 나와 법을 내시어
크고도 깊은 덕 펼치셨습니다.

모든 신이 의논하여 환웅을 보내시니
환인님의 법으로 나라 여셨습니다.

치우 천황 청구*에서 일어나시어
무예와 용맹 만고에* 떨치시니
회수와 태산 모두가 귀순해 오고*
천하에 그 누구도 침범 못 하였습니다.

❀**상춘**常春: 눌견訥見,
  만주 길림성 장춘長
  春. 이곳에 구월산九
  月山이 있어 삼신상
  제님께 천제를 지냈
  다.

❀**「서효사」**誓効詞: 삼
  신상제님께 제사 지
  낼 때 소원을 세우고
  맹세하는 글로서
  「신지비사」를 말한
  다.

❀**삼신**三神: 여기서는
  우리나라를 세우신
  세 분 조상[환인천제,
  환웅천황, 단군왕검]
  을 가리킨다.

❀**청구**靑邱: 치우천황
  때의 수도. 요하(고
  구려하) 서쪽 대릉하
  에 있었던 것으로 보
  인다.

❀**만고**萬古**에**: 아주 오
  랜 세월 동안.

❀**귀순하다**: 적이 반
  항심을 버리고 스스
  로 돌아서서 복종하
  다.

진한

흑룡강(흑수)

저울대

송화강(비서갑)

●아사달(하얼빈)

서압록

번한 난하

태백산
(백두산)

저울추

●

안덕향
(당산)

저울판

●백아강(평양)

황하

마한

태산

저울과 같은 삼한의 모습

단군왕검 상제님의 명 받드시니
기쁜 소리 구환*에 울려 퍼졌습니다.
물고기가 물 만난 듯 백성들 생기가
넘치고
풀잎에 부는 바람처럼 덕화*가 날로
새로워졌습니다.

원한 맺힌 자 원한 먼저 풀어 주시고
병든 자 병 먼저 낫게 하시며
잇심으로 인과 효* 행하게 하시니
온 세상이 광명으로 넘쳐납니다.

❀**구환**九桓: 아홉 환족
(단군왕검께서 구환
을 통일하셨다).

❀**덕화**德化: 덕으로써
사람을 바르게 변화
시킴.

❀**인**仁**과 효**孝: 인자함
과 효성스러움.

❀**저울**: 물건의 무게를
다는 기구.

고리
저울대
저울추
저울판

진한이 나라의 중심에 자리잡으니
다스림이 모두 새로워집니다.
모한(마한)은 왼쪽을 지키고
번한은 남쪽을 지켜 줍니다.

드높은 바위 사방을 두른 가운데
거룩한 임금 새 서울에 행차하셨습니다.

삼한의 모습 저울* 같으니
저울판은 백아강*이요
저울대는 소밀랑*이요
저울추는 안덕향*이라.

그 모습이 서로 균형을 이루니
삼신의 좋은 기운 보존됩니다.

나라가 부흥하여 태평케 되니
일흔 나라가 조공 바쳐 복종합니다.

삼한관경제*를 깊이 보전하여야
나랏님의 대업이 흥성할 것입니다.

그러나 나라의 흥망을 말하지 않고
오로지 상제님 모심에 정성 다하겠습니다!

모든 왕에게 가르침을 내려 주셨다

단군께서 모든 왕으로 하여금 약속하게 하셨다.
"무릇 나와 함께 약속한 사람은 환국 오훈*과 신시 오사*를 영원히
지켜야 하는 법도로 삼아라.
상제님께 제사 지내는 예는 사람을 본바탕으로 삼고
나라를 다스리는 도는 먹는 것을 우선으로 삼아야 한다.
농사는 만사의 근본이요 제사는 오교(오훈)의 근원이다.
마땅히 백성과 함께 일하고 생산하되
먼저 겨레를 중히 여기도록 가르쳐라.

다 함께 암송하기

제천지의祭天之儀는 이인위본以人爲本하고
위방지도爲邦之道는 이식위선以食爲先하라.

제천 의례는 사람을 근본으로 삼고,
나라를 다스리는 도는 먹는 것을 우선으로 삼아라.

儀 법식 의 邦 바라 방 爲 삼을 위 휘선=다른 것에 앞서 우선하는 일이라는 뜻

⊛ 백아강白牙岡: 마한
의 수도. 지금의 대
동강 평양.

⊛ 소밀랑蘇密浪(부
소랑): 진한의 수도.
송화강 아사달로 지
금의 하얼빈.

⊛ 안덕향安德鄉(오
덕지): 번한의 수도.
개평부 동북 70리에
있는 탕지보를 말
함. 고구려 시대 안
시성이 바로 이곳이
다.

⊛ 삼한관경제三韓管
境制: 삼신의 원리
에 따라 국토를 셋
으로 나누어 다스리
던 단군조선의 제도.

포로와 죄수를 용서하며 아울러 사형을 없애도록 하여라.

책화 제도*를 두어 땅의 경계를 보존하고 화백을 공의로 삼아라*.

오로지 한결같이 함께 화합하는 마음을 베풀어 겸양의 덕*을 길러야

어진 정치를 행하는 기틀이 열릴 것이다."

이때 단군께 맹세하고 폐백을 바친 자는

대국이 둘, 소국이 스물, 고을이 3,624곳이나 되었다.

재위 36년, 기원전 2048년(계축)에 달문 단군께서 붕어하셨다.

계가 출신 한율이 즉위하셨다.

7세 단군 한율 재위 54년

한율 단군의 재위 원년은 기원전 2047년(갑인)이다.

재위 54년, 기원전 1994년(정미)에 임금께서 붕어하셨다.

우서한이 즉위하셨다.

환국 오훈五訓	신시 오사神市五事
① 성신불위誠信不僞: 매사에 정성과 믿음으로 행하여 거짓이 없게 하라.	① 우가牛加는 농사를 주관하고
② 경근불태敬勤不怠: 공경하고 근면하여 게으름이 없게 하라.	② 마가馬加는 왕명을 주관하고
③ 효순불위孝順不違: 효도하고 순종하여 거역치 말라.	③ 구가狗加는 형벌을 주관하고
④ 염의불음廉義不淫: 청렴하고 정의를 지켜 음란하지 말라.	④ 저가猪加는 질병을 주관하여 치료하고
⑤ 겸화불투謙和不鬪: 겸양하고 화평함으로써 싸움을 하지 말라.	⑤ 양가羊加(계가)는 선악을 맡아 다스린다.

8세 단군 우서한 재위 8년

우서한 단군의 재위 원년은 기원전 1993년(무신)이다.
임금께서 '20분의 1 세법'*을 정하시고
물자가 있는 곳과 없는 곳을 서로 통하게 하여
부족한 것을 보충하게 하셨다.

재위 2년, 기원전 1992년(기유)에 풍년이 들어
줄기 하나에 이삭*이 여덟 개씩 패였다.*

재위 4년, 기원전 1990년(신해)에
임금께서 미복*을 입고 몰래 국경을 벗어나
하夏나라의 실정을 살피시고 돌아와 관제를 크게 개혁하셨다.*

재위 7년, 기원전 1987년(갑인)에
삼족오*가 동산에 날아들었는데
그 날개의 길이가 무려 석 자*나 되었다.

재위 8년, 기원전 1986년(을묘)에 우서한 단군께서 붕어하셨다.
태자 아술께서 즉위하셨다.

9세 단군 아술 재위 35년

덕으로써 다스리셨다

아술 단군의 재위 원년은 기원전 1985년(병진)이다.

단군세기

20분의 1 세법: 생산량의 20분의 1을 세금으로 거두는 법.

이삭: 벼, 보리 등의 줄기 끝에 열매가 더 부룩하게 열리는 부분.

패다: 이삭이 나오다.

미복微服: 신분을 감추기 위해 일부러 입는 낡고 지저분한 옷.

관제를 크게 개혁하다: 나라를 다스리는 데 필요한 조직이나 권한에 관한 법을 크게 고치다.

삼족오三足烏: 다리가 셋 달린 까마귀. 만주 길림성 집안현에 있는 고구려 고분 각저총角抵塚 천정 벽화에 태양 속에 삼족오가 그려져 있다.

태양 속의 삼족오: 만주 길림성 집안 지역 옛 무덤에서 발견된 벽화.

석 자: 약 1미터.

※ **금법禁法**: 단군조선 고유의 법을 가리킨다.

임금께서 어진 덕이 있어 백성 중에 금법*을 지키지 않은 사람에게 반드시 이렇게 말씀하셨다.

"오물 구덩이가 비록 더러우나 비와 이슬은 가리지 않고 내린다."

그리고 죄를 묻지 않으셨다.

이에 금법을 어긴 사람이 그 덕에 감화되어 생각과 행동이 바르게 되었다.

이처럼 임금의 순박하고 후덕한 교화가 널리 행해졌다.

이 날 해가 둘이 나타나*, 그것을 보려는 사람들이 담처럼 늘어서서 큰 행렬을 이루었다.

※ **해가 둘이 나타나**: 예부터 해(태양)는 임금을 상징한다. 그러므로 해가 둘이 나타난 것은 두 왕이 대립을 하게 된다는 것을 미리 알려 주는 하늘의 계시이다.

역적을 토벌하셨다

재위 2년, 기원전 1984년(정사)에

청해 욕살 우착이 군사를 일으켜 대궐을 침범하였다.

임금께서 상춘으로 피난하여 새 궁궐을 구월산 남쪽 기슭에 세우셨다.

우지와 우속 등을 보내어 우착을 쳐서 죽이셨다.

그 후 3년 만에 다시 도성으로 돌아오셨다.

재위 35년, 기원전 1951년(경인)에 아술 단군께서 붕어하셨다.

우가 출신 노을이 즉위하셨다.

환단고기

10세 단군 노을 재위 59년

친히 백성의 생활을 살피셨다

노을 단군의 재위 원년인 기원전 1950년(신묘)에
큰 동산을 만들어 처음으로 야생 동물을 기르셨다.

재위 2년, 기원전 1949년(임진)에
임금께서 친히 읍락(고을)에 행차하여 민정*을 살피며
백성을 위로하셨다.
타고 계신 수레가 야외에 머무르실 때
어질고 총명한 사람이 많이 따랐다.

재위 5년, 기원전 1946년(을미)에
궁궐문 밖에 '신원목'*을 세워 백성의
하소연을 들으셨다.
이에 모든 백성이 크게 기뻐하였다.

- **민정**民情: 백성들의 사정과 생활 형편.
- **신원목**伸寃木: 백성의 억울함을 호소하도록 세워 둔 나무.

조선 태종(나이) 때 억울한 일이 있으면 백성들이 북을 쳐서 임금께 하소연했는데 그 북을 신문고라고 하죠. 신원목은 바로 그 원형이라 할 수 있어요.

신기한 일들이 일어났다

재위 16년, 기원전 1935년(병오)에
동문 밖 십 리 떨어진 땅 위에 연꽃이 피고*
불함산*에서 누웠던 돌이 저절로 일어났다.
'천하'*에서는 신령스런 거북이가 그림을 지고 나타났는데
그 모양이 윷판과 같았다.

- **땅 위에 핀 연꽃**: 연꽃은 본래 물에서 피는 꽃이다. 땅위에서 연꽃이 피었으니 기이하기 짝이 없는 일이다.
- **불함산**不咸山: 만주 하얼빈 완달산完達山을 말함.
- **천하**天河: 송화강을 말한다.

또 발해 연안에서 금괴가 나왔는데 수량이 13석*이었다.

재위 35년, 기원전 1916년(을축)에

처음으로 별을 관측하는 '감성'*을 설치하셨다.

재위 59년, 기원전 1892년(기축)에 노을 단군께서 붕어하셨다.

태자 도해가 즉위하였다.

11세 단군 도해 재위 57년

국선소도를 설치하시고 웅상을 모셨다

왕위에 오르시던 기원전 1891년(경인)에

도해 단군께서 오가에게 명하여

12명산 가운데 가장 아름다운 곳에 '국선소도'*를 설치하게 하셨다.

그 둘레에 박달나무를 많이 심고

가장 큰 나무를 택하여 환웅상으로 모시고 제사를 지내셨다.

그 나무의 이름을 웅상*이라 하셨다.

배달 시대부터 내려온 가르침 – 전佺의 도道

국자랑*을 가르치는 사부 유위자*가 임금께 아뢰었다.

"오직 우리 배달은 실로 환웅 천황의 신시 개천 이래 백성을 모아

'전의 도'로써 계율을 세워 가르쳤습니다.

『천부경』과『삼일신고』는 역대 거룩한 임금들이 조명*으로 기록하였고

❀13석石: 130말. 1석은 10말이다.

❀감성監星: 별을 비롯하여 천문 현상을 관측하고 기록하는 천문대.

❀소도蘇塗: 삼신상제님께 천제 지내는 성스러운 곳.

❀웅상雄常: 환웅께서 항상 임재해 계신다는 뜻으로 붙인 이름.

❀국자랑國子郎: 천지화랑이라고도 한다. 미혼인 소년을 모아 독서와 활쏘기를 익히게 하였다.

❀유위자有爲子: 도해 단군의 태자 스승이면서 은나라 탕왕을 보필한 명재상 이윤의 스승이다. 동이족 은나라가 신교 문화로써 정치 문화를 형성하는 데 결정적인 다리 역할을 하신 분으로, 배달 치우 천황 때의 신선인 자부 선생의 후학이다.

❀조명詔命: 임금의 명령을 일반에게 알릴 목적으로 적은 문서.

의관을 갖추고* 칼을 차고 다니는 풍속은
아래로 백성이 즐거이 본받았습니다.
이에 백성은 법을 어기지 않고 한결같이 잘 다스려졌으며
들에는 도적이 없어 저절로 평안하게 되었습니다.
온 세상 사람이 병이 없어 저절로 장수를 누리고
흉년이 없어 저절로 넉넉하여지니
산에 올라 노래 부르고 달맞이 하면서 춤을 추었습니다.
아무리 먼 곳이라도 그 덕화가 미치지 않은 데가 없고
어느 곳이든 흥하지 않은 데가 없었습니다.
이렇게 덕으로 가르치심이 만백성에게 미치어
임금을 칭송하는 소리가 온 세상에 넘쳤다 하옵니다.”

그러고는 그렇게 다스려 주시기를 청하였다.

대시전을 세우고 환웅 천황을 모셨다

그 해 겨울 10월에 임금께서 ‘대시전’*을 세우도록 명하셨다.
대시전이 완성되니 그 모습이 지극히 웅장하고 화려하였다.

 다 함께 암송하기

유아신시惟我神市는 실자환웅實自桓雄으로
개천납중開天納衆하사 이전설계이화지以佺說戒而化之하니라.
오직 우리 배달은 실로 환웅 천황의 신시 개천 이래 백성을 모아
‘전의 도’로써 계율을 세워 가르쳤다.

惟 오직 유　實 진실로 실　納 들일 납　衆 무리 중　佺 온전한 사람 전
設 베풀 설　戒 경계할 계

❀ **의관衣冠을 갖추다**:
의관은 남자의 웃옷
과 갓을 말하며, 옷
을 정식으로 갖추어
입는 것을 뜻한다.

❀ **대시전大始殿**: 환웅
을 모신 환웅전. 초
기에는 환웅상만 봉
안했으나 후세에는
점차 충신, 열사도
함께 봉안하였다.

* **진신**眞神: 살아 있는 신.

* **원융무애한**: 원만하여 구별함이 없고 거리낌이 없음.

* **천부인**天符印: 삼신 상제님의 종통을 상징하는 신비스런 물건.

* **대원일**大圓一: 광대무변[大]하고 원융무애[圓]하며 대광명으로 삼계와 합일[一]되어 있는 삼신의 창조 정신을 뜻한다.

* **강론하시다**: 진리를 설명하고 가르치시다.

천제 환웅의 상을 받들어 모시니 머리 위에 광채가 찬란하여
마치 태양이 온 우주를 환하게 비추는 것 같았다.
신단수 아래 무궁화 꽃 위에 앉아 계시니
마치 진신* 한 분이 원융무애한* 마음으로 손에 천부인*을 쥐고 계시는 것 같았다.

누전에 대원일*을 그린 깃발을 걸어 놓고
그 이름을 '거발환'*이라 하셨다.
사흘(3일) 동안 몸과 마음을 깨끗이 하고 이레(7일) 동안 강론하시니*
그 덕화의 바람이 온 세상을 움직였다.

거발환居發桓: 배달의 초대 환웅을 거발환 환웅이라 한다. 본래 거발환은 크고, 조화롭고, 광명으로 합일된 존재[대원일]라는 뜻으로, 거발환 환웅은 환국의 종통과 신교의 우주 사상, 천지 광명, 홍익인간 등 환단의 심법을 갖고 오신 분이다.

임금의 가르침(염표문)

그 「염표문」*의 내용은 다음과 같다.

하늘의 정신과 도

하늘은 아득하고 고요함으로 넓고 크니

하늘의 도는 두루 미치어 원만(원융무애)하고

그 하는 일은 참됨으로 만물을 하나 되게 함이다.

땅의 정신과 도

땅은 하늘의 기운을 모아서 풍성하고 크니

땅의 도는 하늘의 도를 본받아 원만하고

그 하는 일은 쉬임없이 길러 만물을 하나 되게 함이다.

사람의 정신과 도

사람은 지혜와 능력이 있어 위대하니

사람의 도는 천지의 도를 선택하여 원만하고

그 하는 일은 서로 협력하여

태일의 세계를 만드는 것이다.

인간의 사명

그러므로 삼신상제님께서 참마음을 내려 주시어

사람의 성품은 본래 삼신의 광명에 통해 있으니

삼신의 가르침으로 세상을 다스리고 깨우쳐서[재세이화]

인간을 널리 이롭게 하라[홍익인간].

이 글을 그대로 돌에 새겼다.

※ 염표문念標文: 생각 염念 자, 나타낼 표表, 드러낼 표標 자. 염표문은 환국 때부터 내려오는 삼신상제님의 가르침을 깨달아, 가슴에 새기고 생활 속에서 실천하여 천지 광명의 인간이 되라는 글이다.

사람은 천지와 같은 지혜와 능력을 갖고 있단다.

사람이 마땅히 해야 할 일은 서로 협력해서 태일太一의 세계를 만드는 것이야.

천지 부모와 하나 되어 천지의 뜻과 이상을 이루는 인간을 태일이라 하지. 태일이 되어 세상을 널리 이롭게 하는 사람이 홍익인간이란다.

단군세기

염표문

천 이 현 묵 위 대
天은 以玄默爲大하니
　　　기 도 야 보 원　　　기 사 야 진 일
　　　其道也普圓이오 其事也眞一이니라.
지 이 축 장 위 대
地는 以蓄藏爲大하니
　　　기 도 야 효 원　　　기 사 야 근 일
　　　其道也効圓이오 其事也勤一이니라.
인 이 지 능 위 대
人은 以知能爲大하니
　　　기 도 야 택 원　　　기 사 야 협 일
　　　其道也擇圓이오 其事也協一이니라.
고　　일 신 강 충　　　성 통 광 명
故로 一神降衷하사 性通光明하니
　　　재 세 이 화　　　홍 익 인 간
　　　在世理化하야 弘益人間하라.

念 생각할 염　標 표할 표　玄 아득할 현　默 고요할 묵　普 넓을 보
圓 원만할 원　蓄 쌓을 축　藏 감출 장　効 본받을 효　勤 부지런할 근
能 능할 능　擇 가릴 택　協 화합할 협　降 내릴 강
衷 참마음 충　강충: 하늘이 사람에게 참마음을 내려 줌　性 성품 성　通 통할 통.

물자 생산의 중심지,
송화강

눈수　　　흑룡강(흑수)

송화강(천하)
아사달
(하얼빈)
서압록
송화강
구려하
백두산

❀장정: 기운이 좋은
젊은 남자.

❀국훈國訓: 나라에서
이념으로 삼는 가르
침.

동방 문물의 중심지, 송화강

재위 28년, 기원전 1864년(정사)에 장소를 마련하여

각 지방의 특산물을 모아 진기한 물건을 진열하게 하셨다.

천하의 백성이 앞다투어 바쳐서 쌓아 놓은 것이 마치 산과 같았다.

재위 38년, 기원전 1854년(정묘)에 장정*을 모아서 병사로 만드셨다.

선비 20명을 뽑아 하夏나라 수도로 보내

처음으로 국훈*을 전하시어 위엄 있는 임금의 명성을 보여 주셨다.

재위 46년, 기원전 1846년(을해)에
송화강변에 청사*를 세워 배와 노, 그리고 여러 가지 물건을 생산하여
세상에서 크게 쓰이게 하셨다.

☀청사廳舍: 나라의 일
을 보는 건물.

『천부경』과 『삼일신고』를 설명해 주셨다

3월에 산 남쪽에서 삼신상제님께 제사 지낼 때
술과 음식을 준비하여 제문을 지어 고하셨다.
그리고 이날 밤에 특별히 술을 내려 주시어
백성과 함께 돌려가며 드셨다.

모든 유희*가 끝난 뒤에 누대의 전각*에 오르시어
『천부경』을 논하고 『삼일신고』를 설명하셨다.

☀유희: 즐겁게 어울려
노는 것.

☀누대樓臺의 전각殿
閣: 사방이 다 보일
수 있도록 높다랗게
지은 전각.

오가에게 내리신 가르침

단군께서 오가를 돌아보고 이렇게 말씀하셨다.
"이제부터 살아 있는 생명을 함부로 죽이지 말고 잡은 것은 놓아주며
옥문을 열고, 거지에게 밥을 주고, 사형을 없애라."
나라 안팎에서 이 소식을 듣고 크게 기뻐하였다.

재위 57년, 기원전 1835년(병술)에 도해 단군께서 붕어하셨다.
이에 모든 백성이 마치 제 부모의 상을 당한 것처럼 통곡하였다.
3년 동안 슬퍼하고 세상에 음악 소리가 그쳤다.
우가 출신 아한이 즉위하셨다.

요하의 위치

눈수
흑룡강(흑수)
송화강
서압록
구려하
대릉하
백두산
난하요수요동
요서
황하

12세 단군 아한 재위 52년

순수관경비를 세우셨다

아한 단군의 재위 원년은 기원전 1834년(정해)이다.

재위 2년, 기원전 1833년(무자) 여름 4월에
뿔 하나 달린 짐승이 송화강의 북쪽 강변에 나타났다.
가을 8월(음력)에 임금께서 나라를 두루 살피시다가
요하*(강)의 왼쪽에 이르러 순수관경비를 세우셨다.
여기에 역대 제왕의 이름과 호를 새겨 전하셨으니
이것이 금석문*으로 가장 오래 된 것이다.

창해 역사 여홍성이 순수관경비를 보고 쓴 시

후에 창해* 역사* 여홍성이 이곳을 지나다가 시 한 수를 지었는데,
그 내용은 이러하다.

예로부터 변한이라 불러 온 이 들판에
유난히 특이한 돌 하나 서 있구나!
토대는 무너져 철쭉꽃이 붉게 피고
글자는 이지러져 이끼만 푸르네.
저 아득한 태고 시절에 만들어져
흥망의 역사 간직한 채 홀로 서 있구나.
문헌으로 고증할 길* 없지만
이것이 단군왕검의 자취 아니겠는가!

● **요하遼河**: 여기서 요
하는 지금의 영정하
永定河 또는 난하를
말한다. 이 강을 경
계로 동쪽을 요동,
서쪽을 요서라 한다.

● **금석문金石文**: 쇠로
만든 종鍾이나 돌로
만든 비석 따위에 새
겨진 글자.

● **창해滄海**: 발해 연안
의 지명으로 발해의
다른 이름이다.

● **역사力士**: 힘이 센 장
사.

● **문헌으로 고증할
길**: 자료나 기록을
증거로 하여 밝혀 낼
길.

재위 29년, 기원전 1806년(을묘)에 조칙을 내려
청아 욕살 비신과, 서옥저* 욕살 고사침과, 맥성 욕살 돌개를
지방을 다스리는 왕으로 봉하셨다*.

재위 52년, 기원전 1783년(무인)에 아한 단군께서 붕어하셨다.
우가 출신 흘달이 즉위하셨다.

13세 단군 흘달(일명 대음달) 재위 61년

백성들이 태평성대를 누렸다

흘달 단군의 재위 원년은 기원전 1782년(기묘)이다.

재위 16년, 기원전 1767년(갑오)에 임금께서
주현(행정구역 주와 현)을 정하고 관직*을 분립하는* 제도를 두셨다.
관(벼슬하는 사람)은 권한을 겸하지 못하게 하고*
정치는 법도를 넘지 않게 하셨다.
이에 백성들은 고향을 떠나지 않고
하는 일을 스스로 편안하게 여겼다.
현악기에 맞추어 부르는 노래 소리가 나라에 넘쳐흘렀다.

단군께서
신교로써 나라를
잘 다스리셔서,
백성들이 마음 편하게,
즐겁고 평화롭게
살았던 거예요.

* **서옥저西沃沮**: 옥저는 울창한 삼림 지역이라는 뜻으로 동옥저, 서옥저, 남옥저, 북옥저 등 4옥저가 있었다. 서옥저는 지금의 만리장성 이남 지역이다.
* **봉封하다**: 임금이 벼슬이나 직품 등의 지위를 내려 주다.

* **관직**: 벼슬아치가 맡은 일.
* **분립分立하다**: 따로 나누어 세우다.
* **권한을 겸하지 못하게 하다**: 한 사람이 본래 맡은 일에 대한 권한 외에 다른 권한을 갖지 못하게 하다.

단군세기

❀은殷나라: 건국 초기의 이름은 상商이다.

❀하夏나라: (기원전 2205~기원전 1766) 단군왕검의 가르침으로 치수에 성공한 우禹임금에서 시작되어 폭군 걸桀왕까지 17세 439년 동안 존속하였다.

❀읍차邑借: 고을 우두머리에 대한 호칭의 하나이다. 가장 큰 지역 단위의 우두머리를 신지臣智라 하고, 가장 작은 단위의 지방 우두머리를 읍차라 하였다.

❀견군畎軍: 동이 9족 가운데 하나인 견이의 군사.

❀관중關中: 지금의 섬서성 지역이다.

환단고기

하나라를 멸망시키셨다

이해 겨울, 은나라* 사람이 하나라*를 쳤다.

그러자 하나라 걸왕이 단군께 구원을 청하였다.

단군께서 읍차* 말량에게 아홉 환족의 병사를 이끌고 가서

전투를 돕게 하셨다.

이에 은나라 왕 탕이 사신을 보내 사죄하므로,

군사를 되돌리라고 명령하셨다.

이때 걸왕이 약속을 어기고 군사를 보내어

길을 막고 동맹국 사이의 약속을 깨뜨리려 하였다.

단군께서 마침내 은나라 사람과 함께 걸왕을 치셨다.

한편 단군께서는 몰래 신지 우량을 보내어

견군*을 이끌고 낙랑 군사와 합세하여

관중*의 빈·기 땅*을 점령하셨다.

그곳에 군사를 머무르게 하고 관제를 설치하셨다.*

국자랑을 기르셨다

재위 20년, 기원전 1763년(무술)에

소도를 많이 설치하고 천지화*를 심게 하셨다.

미혼 소년들에게 독서와 활쏘기를 익히게 하고

이들을 국자랑*이라 부르셨다.

국자랑이 밖에 다닐 때 머리에 천지화를 꽂았기

때문에 당시 사람들이 천지화랑이라 불렀다.

재위 50년, 기원전 1733년(무진)에
오성*이 누성*에 모이고 누런 학이 날아와
궁궐 안에 있는 후원의 소나무에 깃들었다.

단
군
세
기

❀빈邠·기岐 땅: 빈은
섬서성 순읍현의 서
쪽, 기는 섬서성 기
산현의 동북에 있다.

❀관제官制를 설치하
다: 그 지역을 다스
릴 조직 및 권한을
정하는 법규 등을 마
련하다.

❀천지화天指花: 환화.
무궁화. 이유립은 진
달래라고 한다.

달
화성
수성
토성
목성
금성
태양
서

천문학자 박창범 교수가
별자리를 관측하는 컴퓨터
프로그램(스텔라리움)에서,
기원전 1733년 7월 13일로 설정하여
관측한 별들의 사진이에요.
다섯 별이 한 줄로 선 것이
눈에 보이죠?

놀랍게도 단군세기에
기록된 역사 사실이
과학적으로
입증된 거예요.

날짜 및 시간
-1733 / 7 / 13   19 : 51 : 15

❀국자랑(천지화랑)
제도: 신라 시대 화
랑 제도가 여기서부
터 비롯된 것이다.

❀오성五星: 화성, 수
성,토성, 목성, 금성.

❀누성婁星: 서쪽에 있
는 별자리. 28수의
열여섯 째.

다 함께 암송하기

사미혼자제使未婚子弟로 독서습사讀書習射하야
호국자랑號爲國子郞이라 하니라.
혼인하지 않은 젊은이들로 하여금 독서와 활쏘기를 익히게 하고
국자랑이라 불렀다.

使 하여금 사   未 아닐 미   婚 혼인할 혼   子弟 자제: 남의 집 젊은이들을 일컬음
讀 읽을 독   書 글서   習 익힐 습   射 쏠 사.

단군께서 붕어하셨을 때

재위 61년, 기원전 1722년(기묘)에 흘달 단군께서 붕어하셨다.
모든 백성이 음식을 끊었고 울음소리가 그치지 않았다.
죄수와 포로를 석방하고 생명을 죽이지 않고 잡은 것은 놓아 주었다.
해를 넘겨서 장례를 치렀다. 우가 출신 고불이 즉위하셨다.

14세 단군 고불 재위 60년

기우제를 지내셨다

고불 단군의 재위 원년은 기원전 1721년(경진)이다.
재위 6년, 기원전 1716년(을유)에 큰 가뭄이 들어
임금께서 친히 하늘에 기우제*를 지내셨다.
이때 하늘에 바친 「서고문」*은 이러하다.

☀**기우제**祈雨祭: 비를 내려 주시기를 비는 제사.

☀**서고문**誓告文: 임금이 하늘에 올리는 글.

하늘의 은혜가 비록 크다 하여도
백성이 없으면 어찌 베풀까요.
비가 비록 대지를 기름지게 하지만
곡식이 없으면 어찌 귀하겠습니까!
백성이 하늘처럼 섬기는 것은 곡식이요
하늘이 마음으로 삼는 바는 사람입니다.
하늘과 사람이 한 몸인데
하늘이 어찌 백성을 버리십니까!
어서 비를 내리시어 곡식이 잘 자라도록 하여
저희 백성을 제때에 구하여 주옵소서.

기도를 마치자, 곧 큰 비가 수천 리에 내렸다.

재위 42년, 기원전 1680년(신유) 9월에 고목에서 싹이 돋았고
성동자 마을의 한 집에서는 오색찬란한* 큰 닭이 태어났는데
그것을 보고 사람들이 봉황으로 잘못 알았다.

✸**오색찬란하다**: 여
러 빛깔이 한데 어울
려 아름답게 빛나다.

인구를 조사하게 하셨다

재위 56년, 기원전 1666년(을해)에
사방으로 관리를 보내 인구를 조사하니 모두 1억 8천만 인이었다.

재위 60년, 기원전 1662년(기묘)에 고불 단군께서 붕어하셨다.
대음께서 즉위하셨다.

15세 단군 대음(일명 후흘달) 재위 51년

대음 단군의 재위 원년은 기원전 1661년(경진)이다.

은나라 왕 소갑(7세)이 사신을 보내어

두 나라가 다툼없이 가까이 지내기를 청하였다.

이 해에 세금 거두는 제도를 개혁하여 80분의 1 세법*으로 고쳤다.

재위 2년, 기원전 1660년(신사)에 홍수가 크게 나서

일반 백성의 집에 많은 피해를 주었다.

임금께서 매우 불쌍히 여기시어 곡식을 창해·사수* 땅으로 옮겨

백성에게 골고루 나누어 주게 하셨다.

겨울 10월에 양운·수밀이* 두 나라 사람이 와서 방물을 바쳤다.

⚜80분의 1 세법: 소득의 80분의 1을 세금으로 바치게 하는 법.

⚜사수蛇水: 단군조선의 변한 지역(중국 동북부 발해 연안)에 있었다.

⚜양운국養雲國·수밀이국須密爾國: 본래 환국 12나라에 포함되어 있었다. 이때까지도 그 이름이 존속했음을 알 수 있다.

환국 열두 나라 가운데 이름이 그대로 남아 있던 단군조선 제후국: 양운국, 남선비국, 수밀이국

양운국

진한

알 타 이 산 맥

금악산金岳山 (알타이산)

남선비국

염수鹽水 ●파림좌기 ●영고탑(해림)

천 산 산 맥

고비사막

천산天山

번 한

요하

수밀이국

약수弱水

마한

파미르고원

곤 륜 산 맥

삼위산三危山

●창해

히 말 라 야 산 맥

재위 10년, 기원전 1652년(기축)에
임금께서 서쪽으로 약수에 순행을 하시고
신지 우속에게 명령하여 금과 철과 기름을 채취하게* 하셨다.
가을 7월에 우루 사람 스무 가구가 투항해 오므로
염수* 근처의 땅에 정착하게 하셨다.

재위 28년, 기원전 1634년(정미)에 임금께서 태백산(백두산)에 올라
옛 성조들과 여러 제후국 왕의 공적을 새긴 비석을 세우셨다.
재위 40년, 기원전 1622년(기미)에
아우 대심을 남선비국*의 대인*으로 봉하셨다.

재위 51년, 기원전 1611년(경오)에 대음 단군께서 붕어하셨다.
우가 출신 위나가 즉위하셨다.

16세 단군 위나 재위 58년

대천제 때 밤새워 마당밟기하며 천부경을 노래하셨다

위나 단군의 재위 원년은 기원전 1610년(신미)이다.
재위 28년, 기원전 1583년(무술)에
임금께서 아홉 환족의 모든 왕을 영고탑*에 모이게 하여
삼신상제님께 천제를 지내셨다.
이때 환인 천제·환웅 천황·치우 천황(14세 환웅 천황)과 단군왕검
을 배향하셨다.*

* **채취採取하다:** 찾아서 캐어 얻다.
* **염수鹽水:** 요하 상류 파림좌기巴林左旗(요나라 수도 상경 일대)로 밝혀졌다.

* **남선비국南鮮卑國:** 내몽골에 있었다.
* **대인大人:** 가장 으뜸되는 벼슬.

* **영고탑寧古塔:** 영고탑은 본래 삼신상제님께 천제 올리던 곳이다. 지금 영고탑은 구성舊城과 신성新城이 있는데, 구성은 지금의 흑룡강성 해림시 장정진에 있다. 신성은 청나라 강희제 때 지금의 흑룡강성 영안시로 옮겼다.
* **배향配享하다:** 신주를 모시다.

5일 동안 큰 연회를 베풀어 백성과 함께 불을 밝히고

밤을 새워 「천부경」을 노래하며 마당밟기*를 하셨다.

한쪽에서는 횃불을 줄지어 밝히고

다른 쪽에서는 둥글게 춤을 추며 「애환가」*를 함께 불렀다.

「애환가」는 고신가*의 한 종류이다.

사람들은 환화를 가리켜 이름을 짓지 않고 그냥 꽃이라 하였다.

지금까지 전하는 애환가의 가사가 있으니 이러하다.

❀**마당밟기**: 땅을 다스리는 신령을 달래어 무사함을 비는 풍속.

❀**애환가**愛桓歌: 환화에 대한 사랑을 노래한 것.

❀**고신가**古神歌: 상제님을 찬양한 옛 노래.

이곳은 구성舊城 영고탑 유적지야. 영고탑은 본래 삼신상제님께 천제 올리던 곳인데, 여기에 청나라 때 군대가 주둔했던 토성 일부가 남아 있대.

이것은 구성 영고탑 유적비야.

守古塔將軍駐地旧城遺址

省級文物保護單位

黑龍江省人民政府

역주 환단고기

산에는 꽃 피네, 꽃이 피네.
지난해 만 그루 심고
올해도 만 그루 심었다네.
봄이 찾아와
불함산 꽃이 온통 붉으니
상제님 섬기고
태평세월 즐겨 보세.

재위 58년, 기원전 1553년(무진)에 위나 단군께서 붕어하셨다.
태자 여을께서 즉위하셨다.

17세 단군 여을 재위 68년

여을 단군의 재위 원년은 기원전 1552년(기사)이다.
재위 52년, 기원전 1501년(경신)에
임금께서 오가와 함께 나라를 두루 다니며 살피셨다.
개사성 부근에 이르자 푸른 도포를 입은 노인이
찬미의 노래를 지어 바쳤다.

오랫동안 선인仙人의 나라에 살면서
기쁜 마음으로
선인 나라 백성이 되었나이다.
임금님의 밝은 덕 어긋남 없고
임금님의 훌륭하신 도 치우침이 없으니
백성이여! 이웃이여!

환단고기

* **책화責禍**: 마을이나 지역, 나라 사이의 경계를 중히 여겨 서로 침범하지 못하게 한 제도.

* **관경管境**: 관管은 '관할하다', '단속하다', '관장하다' 라는 뜻이고, 경境은 '구역', '국경' 을 의미한다. 따라서 '관경'은 국경이나 구역을 관할한다는 뜻이다.

* **짐朕**: 임금이 자기를 낮추어 이르는 말.

* **일천日淺하여**: 날짜가 얼마 되지 아니하여.

근심과 괴로움을 찾아볼 수 없나이다.
책화*로 믿음을 삼으시고
관경*으로 은혜를 베푸시니
성이여! 나라여!
전쟁이나 정벌 따위를 볼 수 없나이다.

이에 임금께서 이렇게 말씀하셨다.

"암, 그렇게 해야 하고 말고. 반드시 그렇게 해야지!

짐*의 덕 닦음이 일천하여*

백성이 바라는 바에 보답하지 못할까 두렵구나."

재위 68년, 기원전 1485년(병자)에 여을 단군께서 붕어하셨다.

태자 동엄께서 즉위하셨다.

18세 단군 동엄 재위 49년

동엄 단군의 재위 원년은 기원전 1484년(정축)이다.

재위 20년, 기원전 1465년(병신)에

지백특* 사람이 와서 방물을 바쳤다.

* **지백특支伯特**: 현 중국 남서부의 티베트 일대.

재위 49년, 기원전 1436년(을축)에 동엄 단군께서 붕어하셨다.

태자 구모소께서 즉위하셨다.

246 어린이 환단고기

19세 단군 구모소 재위 55년

구모소 단군의 재위 원년은 기원전 1435년(병인)이다.

재위 24년, 기원전 1412년(기축)에 남상인* 이 입조하였다.*

재위 54년, 기원전 1382년(기미)에

지리숙이 「주천력」과 「팔괘상중론」*을 지었다.

복희팔괘와 태극기

☀남상인南裳人: 남상
은 현재의 베트남.
고대에는 양자강 유
역 남쪽을 월상越裳
이라 하고 그 남쪽에
있는 베트남을 남상
이라 하였다.

☀입조入朝하다: 조정
의 회의에 참여하다.

☀팔괘상중론八卦相
重論: 그동안 태호 복
희씨가 처음 팔괘를
그은 이후 주나라 문
왕과 주공을 거쳐 공
자에 이르러 그 체계
가 정립된 것으로 알
려졌다. 그러나 이 기
록으로 주나라 이전
단군조선 시대에 이
미 팔괘에 대한 연구
가 이루어졌음을 알
수 있다.

재위 55년 경신년(기원전 1381)에 구모소 단군께서
붕어하셨다. 우가 출신 고홀이 즉위하셨다.

20세 단군 고홀 재위 43년

고홀 단군의 재위 원년은 기원전 1380년(신유)이다.

재위 11년, 기원전 1370년(신미) 가을에 태양이 무
지개를 꿰뚫었다.

재위 36년, 기원전 1345년(병신)에 영고탑을 새로 고치고

현재 주천력과
팔괘상중론은
전하지 않는단다.
그러나 배달 시대
태호복희씨께서
처음 팔괘를 그어
주역을 창시하신 후
단군조선 시대까지
팔괘와 역법에
대한 연구가 계속
이루어졌다는 걸
알 수 있지.

별궁*을 지으셨다.

재위 40년, 기원전 1341년(경자)에 공공인 공홀이 「구환지도」를 만들어 바쳤다.

재위 43년, 기원전 1338년(계묘), 세상이 평안하지 못할 때 고홀 단군께서 붕어하셨다. 태자 소태께서 즉위하셨다.

21세 단군 소태 재위 52년

은나라가 단군조선의 제후국을 침공하였다

소태 단군의 재위 원년은 기원전 1337년(갑진)이다.
이때 은나라 왕 소을(21세)이 사신을 보내 임금께 조공을 바쳤다.

소태 단군 재위 47년인 기원전 1291년 (경인)에
은나라 왕 무정(22세)이 전쟁을 일으켰다.
이미 조선의 제후국인 귀방*을 물리치고 나서
다시 대군을 이끌고 삭도*와 영지* 등의 나라를 쳐들어왔다.
그러나 우리 군사에게 크게 패하여 화친을 청하고* 조공을 바쳤다.

은나라의 침략을 받은 영지, 삭도

진한

번한

마한

①송화강 아사달(하얼빈)
②백악산 아사달(장춘)
③장당경 아사달(개원)

●영지

귀방鬼方

발해

삭도

🏔태산

주周 하夏 은殷

욕살 고등이 우현왕이 되었다

재위 49년, 기원전 1289년(임진)에

개사원 욕살 고등*이 몰래 군사를 이끌고 귀방을 공격하여

멸망시켰다.

그러자 일군국과 양운국 두 나라가 사신을 보내

고등에게 조공을 바쳤다.

이때 고등이 대군을 휘어잡고 서북 지방을 경략하니*

세력이 더욱 강해지고 번성하였다.

고등이 단군 임금께 사람을 보내어 우현왕*이 되기를 주청하였다.*

임금께서 꺼리시며 허락하지 않으셨으나

고등이 거듭 청하므로 윤허하셨다.

우현왕이 된 고등을 두막루*라 불렀다.

재위 52년, 기원전 1286년(을미)에 우현왕 고등이 세상을 떠났다.
손자 색불루가 우현왕의 뒤를 이었다.

서우여에게 정권을 맡기려 하셨다

단군 임금께서 나라를 순시하시다가 남쪽 해성에 이르렀다.

그곳에서 나이 많은 남자들을 크게 모아 하늘에 제사 지내고

노래와 춤을 즐기셨다.

이때 임금께서 오가를 모아 놓고

옥좌(왕위)를 물려 줄 일을 함께 의논하셨다.

❀고등高登: 22세 색불
루 단군의 할아버지
이다.

❀경략經略하다: 천하
를 경영하고 다스리
며 사방을 공략하다.

❀우현왕右賢王: 천자
(황제)를 보좌하던
벼슬. 좌현왕과 함께
좌·우에서 천자를
보필하였다. 좌·우
현왕 제도는 단군조
선 초기 진한의 천황
(대 단군)을 중심으
로 번한과 마한의 왕
(부 단군)이 좌우에
서 보좌하는 비왕裨
王 제도였다. 또한 삼
한에도 좌·우현왕
을 두었다.

❀주청奏請하다: 임금
께 청하다.

❀두막루豆莫婁: 막루
는 마을 또는 고을의
우두머리, 두는 최고
라는 뜻이다.

❀**서우여徐于餘**: 소태 단군 때 해성 욕살. 소태 단군께서 서우여에게 제위를 물려 주려 하였으나 우현왕 색불루의 반대로 이루어지지 않았다. 그후 색불루가 단군으로 즉위한 뒤 번한왕으로 임명되었다.

❀**섭주攝主**: 단군임금을 대신하여 나라를 다스리는 사람.

❀**부여 신궁**: 단군조선의 두 번째 도읍지인 백악산 아사달(지금의 만주 농안 일대)에 있던 궁전이다.

❀**옥책玉冊**: 제왕이나 후비(后妃)의 존호를 올릴 때에 그 덕을 기리는 글을 새긴 옥조각을 엮어서 만든 책. 금 등 보물과 함께 올렸다.

❀**서우여를 폐하다**: 서우여에게 내리셨던 섭주 지위를 뺏고 왕을 그만두게 하다.

❀**서인庶人**: 아무 벼슬이 없는 일반 사람.

"내가 이제 늙어서 일하기가 고달프구나.
서우여*에게 정권을 맡기겠노라."

이에 서우여에게 살수 주위의 땅 백 리를 나누어 주시고
섭주* 로 삼고, 기수라 부르셨다.

색불루께서 단군으로 즉위하셨다

우현왕 색불루가 이 소식을 듣고 단군께 사람을 보내어
멈추시기를 청하였으나 단군께서 끝내 듣지 않으셨다.
그러자 우현왕이 좌우의 사람들과 사냥꾼 수천 명을 이끌고 가
부여 신궁*에서 단군으로 즉위하셨다.
이에 소태 단군께서 어찌할 수 없이
옥책*과 국보를 우현왕에게 전하고
서우여를 폐하여* 서인*으로 만드셨다.

소태 단군께서는 송화강 아사달(하얼빈)에서 한가로이 사시다가
그곳에서 최후를 마치셨다.

소태 단군께서는 원래
서우여에게 제위를 넘기려 하셨는데,
고등의 손자 색불루가 혁명을 일으켜
단군으로 즉위를 한 거야.
그래서 하는 수 없이 색불루에게
제위를 넘겨 주셨단다.

백이 숙제의 충의

이때 백이와 숙제는 고죽국(동이족)의 왕자로서 왕위를 사양하고 달아났다.

동해 바닷가에서 스스로 밭을 일구어 먹고 살았다.

> **백이와 숙제**: 단군조선의 제후국인 고죽국의 왕자들.
> 주나라의 무왕이 은나라의 폭군 주왕을 치려 하자 백이와 숙제가 이를 말렸다.
> 그러나 마침내 무왕이 은을 쳐서 천하의 반을 차지하자 이를 인정할 수 없다며
> 수양산에 들어가 절개를 지키다 굶어 죽었다고 전한다.

22세 단군 색불루 재위 48년

백악산 아사달로 도읍을 옮기셨다

색불루 단군의 재위 원년은 기원전 1285년(병신)이다.

단군께서 녹산(백악산 아사달)의 성을 고쳐 쌓게 하시고 관제를 개혁하셨다.

가을 9월에 장당경(개원)에 행차하여 종묘*를 세우고 할아버지 고등왕에게 제사를 지내셨다.

> 색불루 단군은 단군조선 시대에 혁명을 일으켜 즉위한 최초의 단군이다.

은나라를 크게 무찌르셨다

11월에 친히 구환의 군사를 이끌고 여러 차례 은나라와 전투를 벌이셨다.

은나라 수도를 쳐서 무너뜨리고 잠시 강화하였으나*

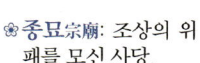
❀**종묘**宗廟: 조상의 위패를 모신 사당.

❀**강화**講和**하다**: 싸움을 멈추고 사이좋게 지내다.

또 다시 싸워 크게 무찌르셨다.

이듬해 2월에 황하강 상류까지 추격하여 대첩 하례*를 받으셨다.
변한(번한)의 백성을 회수와 태산 지역에 옮겨 살게 하시고
가축을 기르고 농사를 짓게 하시어
나라의 위엄과 기세를 크게 떨치셨다.

도성 옮기는 것을 허락하지 않으셨다

재위 6년, 기원전 1280년(신축)에 신지 육우가 아뢰었다.

"아사달은 천 년 제업의 땅*이나 대운*이 이미 다했습니다.
영고탑(해림)은 왕의 기운이 뚜렷하여 백악산(장춘)보다 나으니
청하옵건대 그곳에 성을 쌓고 도성을 옮기시옵소서."

임금께서 윤허하지 않고 이렇게 말씀하셨다.
"새 수도에 이미 자리를 잡았거늘 어찌 다시 다른 곳으로 옮기리오."

남국의 도적을 좇아내셨다

재위 20년, 기원전 1266년(을묘)에 이르러 남국*이 매우 강성하였다.
임금께서 고죽국* 왕과 함께 남국의 모든 도적을 좇아 버리셨다.
남쪽으로 옮겨 엄독홀(곡부)에 이르러 머무시니
그곳은 은나라 국경과 가까운 곳이었다.

알 타 이 산 맥

금악산金岳山
(알타이산)

천 산 산 맥

천산天山

고비사막

약수弱水

파미르고원

수밀이국

곤 륜 산 맥

삼위산三危山

히 말 라 야 산 맥

양운국

진 한

남선비국

염수鹽水 ●파림좌기 ●영고탑(해림)

번 한

마 한

송화강

●창해

색불루 단군이 다스리시던 당시 단군조선 강역 지도

여나라를 세우셨다

단군께서 여파달로 하여금 병력을 나누어
빈ㆍ기 땅으로 진격하게 하셨다.
그곳 유민과 서로 단합하여 나라를 세우게 하시고
그 이름을 '여' *라 하셨다.
단군께서는 이들을 서쪽의 융족과 더불어
은나라의 제후국들 안에 뒤섞여 살게 하셨다.
이에 남씨의 위엄과 기세가 매우 강성해지고,
단군의 덕화가 멀리 항산* 이남의 땅까지 미쳤다.

☙ **여黎**: 치우 천황 때 동방족을 일컫던 구려의 약칭. 하나라 말기에 남국의 여파달이 빈, 기 땅에 웅거하며 그곳 단군조선 유민들과 나라를 세우고 '여'라 하였다. 〈사기〉 등 고대 사서에 이 사실이 기록되어 있다.

☙ **항산恒山**: 산서성 혼원현渾源縣에 있다.

영고탑으로 피난하셨다

재위 36년, 기원전 1250년(신미)에 변방 장수 신독이 반란을 일으켰다.

단군께서 잠시 영고탑(해림)으로 피난하시니

많은 백성이 뒤를 따랐다.

재위 48년, 기원전 1238년(계미)에 색불루 단군께서 붕어하셨다.

태자 아홀께서 즉위하셨다.

23세 단군 아홀 재위 76년

남방을 정벌하는 군대를 살피게 하셨다

아홀 단군의 재위 원년은 기원전 1237년(갑신)이다.

아우 고불가에게 명하여 낙랑홀*을 다스리게 하시고,

웅갈손을 보내어 남국 왕과 함께 남방을 정벌하는 군대를

살피게 하셨다.

은나라에 여섯 읍을 설치하셨다

은나라 땅에 여섯 읍을 설치하실 때,

은나라 사람과 서로 다투며 결판이 나지 않았다.

이에 단군께서 병력을 진군시켜 이를 쳐부수셨다.

가을 7월에 임금께서 난을 일으킨 신독의 목을 베고

도성으로 돌아오시어

죄수와 포로를 석방하라고 명령하셨다.

❀**낙랑홀**樂浪忽: 고대의 낙랑은 여러 곳이 있는데 본래 단군조선 시대의 제후국이었다. 단군조선 때 습수濕水에 낙랑홀을 두었다. 홀은 성城을 의미한다. 습수는 지금의 하북성 북부를 흐르는 영정하이다.

환단고기

단군조선 제후국들이 은나라를 정벌하였다

재위 2년, 기원전 1236년(을유)에
남국 왕 금달이 청구국 왕, 구려국 왕과 더불어
주개에서 만나 몽골리의 군대와 힘을 합하였다.
그렇게 해서 이르는 곳마다
은나라 성책*을 부수고 오지*로 깊숙이 들어갔다.

단군께서 회대(회수와 태산) 땅을 평정하시고
포고씨를 엄淹에,
영고씨를 서徐*에,
방고씨를 회淮*에 봉하셨다.
은나라 사람이 이것을 보고 겁내어 감히 가까이 접근하지 못하였다.

재위 5년, 기원전 1233년(무자)에
임금께서 이한(번한, 마한)과 오가를 부르셨다.
그리고 영고탑으로 도읍을 옮기는 일에 대한 의논을 중지시키셨다.

재위 76년, 기원전 1162년(기해)에 아홀 단군께서 붕어하셨다.
태자 연나께서 즉위하셨다.

24세 단군 연나 재위 11년

연나 단군의 재위 원년은 기원전 1161년(경자)이다.

흑룡강(흑수)
진 한
송화강(비서갑)
●영고탑(해람)
서압록
번 한 구려하
난하
고죽국
마
남국
황하 태산
한
주周 은殷 엄淹
하夏 (상商) 서徐
회淮

아홀 단군께서 평정하신 회수 태산 지역

❀ 성책城柵: 성을 둘러 쌓은 울타리(말뚝).

❀ 오지奧地: 도시에서 멀리 떨어진 곳.

❀ 서徐: 남국의 제후 금달이 회수와 태산 지방을 점령하여 회북, 서주徐州에 세운 나라.

❀ 회淮: 안휘성, 회수 일대.

임금께서 숙부 고불가에게
자신을 대신하여 나라를 다스리라 명하셨다.

재위 2년, 기원전 1160년(신축)에 여러 왕이 단군의 조칙을
받들어 소도를 더 늘려서 설치하고 하늘에 제사를 지냈다.
국가에 큰 일이 생기거나 재앙이 있으면
곧 기도하여 백성의 뜻을 하나로 모았다.

재위 11년, 기원전 1151년(경술)에 연나 단군께서 붕어하셨다.
태자 솔나께서 즉위하셨다.

이때도 역시
나라에 일이 생기면 임금이
삼신상제님께 제사를 올려
백성의 뜻을 하나로
모으셨대.

25세 단군 솔나 재위 88년

기자가 서화에 은둔하였다

솔나 단군의 재위 원년은 기원전 1150년(신해)이다.

재위 37년, 기원전 1114년(정해)에
기자*가 서화*에 살면서 인사를 사양하여 물리쳤다.

❀기자箕子: 은나라 왕
실의 가까운 친척.
'다자多子' 출신의
제후로서 성은 자子,
이름은 서여胥餘이
다. 중국이 조작한,
기자조선을 세웠다
는 주인공이다.

❀서화西華: 지금의 하
남성 개봉 남쪽에 있
으며, 그곳에 기자독
서대가 남아 있다.
기자묘는 산동성 조
현에 있다.

📖 **다 함께 암송하기**

집리불굴자執理不屈者는 직신야直臣也요
외위곡종자畏威曲從者는 영신야佞臣也라.
올바른 이치를 굳게 지켜 굽히지 않는 자는 올곧은 신하요
자기 뜻을 굽혀 복종하는 자는 아첨하는 신하이다.

執 잡을 집 理 이치 리 屈 굽을 굴 直 곧을 직 畏 두려워할 외 威 권위 위
曲 굽을 곡 從 좇을 종 佞 아첨할 영

아첨하는 신하와 올곧은 신하의 차이

재위 47년, 기원전 1104년(정유)에 임금께서 상소도에서
예로부터 전해 내려오는 예법을 설명하여 가르치시다가
아첨하는 신하와 올곧은 신하*의 차이를 물으셨다.
삼랑 홍운성이 나아가 아뢰었다.

"올바른 이치를 굳게 지켜 굽히지 않는 자는 올곧은 신하요,
권위*를 두려워하여 자기 뜻을 굽혀 복종하는 자는
아첨하는 신하입니다.
임금은 근원*이요 신하는 지류*이니
근원이 이미 탁하고서* 지류가 맑기를 바란다면 이는 옳지 않습니다.
그러므로 군왕이 어질고 덕이 있어야
신하가 올곧은 신하가 되는 것이옵니다."

임금께서 말씀하셨다.
"그대의 말이 옳도다."

풍년이 들었다

재위 59년, 기원전 1092년(기유)에
밭곡식이 잘 여물어 한 줄기에 다섯 이삭이 패었다.

그래서 윗물이 맑아야
아랫물이 맑다는
속담이 있지요~!

❀올곧은 신하: 마음,
정신이 바르고 곧은
신하.

❀권위: 남을 지휘하는
권력이나 힘.

❀근원根源: 물줄기가
시작되는 곳.

❀지류支流: 원 줄기에
서 갈라져 나온 물줄
기.

❀탁하다: 이물질이
섞여서 흐리다. 여기
서는 성질이나 마음
이 바르지 못하다는
뜻.

단군세기

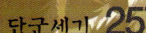

재위 88년, 기원전 1063년(무인)에 술나 단군께서 붕어하셨다.
태자 추로께서 즉위하셨다.

26세 단군 추로 재위 65년

추로 단군의 재위 원년은 기원전 1062년(기묘)이다.
가을 7월, 백악산(장춘) 계곡에 흰 사슴 200마리가
떼를 지어 와서 놀았다.

재위 65년, 기원전 998년(계미)에 추로 단군께서 붕어하셨다.
태자 두밀께서 즉위하셨다.

❀**사아란산**: 바이칼호
옆에 있는 샤안산맥
을 가리킨다.

27세 단군 두밀 재위 26년

환국 열두 나라의 후예 중 세 나라가 조공을 보내 왔다

두밀 단군의 재위 원년은 기원전 997년(갑신)
이다.
천해(바이칼호)의 물이 넘치고 사아란산*이
무너졌다.
이 해에 수밀이국 · 양운국 · 구다천국이
모두 사신을 보내 방물을 바쳤다.

환국 이후 3천 년이 지났는데도
환국 시절, 열두 나라의 이름이
그대로 남아 있었지. 그 가운데
수밀이국, 양운국, 구다천국이 조공을
보내온 것이란다.

흉년이 들어 백성들에게 곡식을 나누어 주셨다

재위 8년, 기원전 990년(신묘)에 극심한 가뭄이 든 뒤에
큰비가 내렸다.

백성들이 곡식을 거둬들이지 못하였다.

임금께서 곡물 창고를 열어 백성들에게 두루 나누어 주게 하셨다.

재위 26년, 기원전 972년(기유)에 두밀 단군께서 붕어하셨다.

해모가 즉위하셨다.

28세 단군 해모 재위 28년

해모 단군의 재위 원년은 기원전 971년(경술)이다.

임금께서 병이 나시자 흰옷 입은 동자로 하여금
하늘에 기도하게 하시니 곧 나으셨다.

재위 11년, 기원전 961년(경신) 여름 4월에
회오리바람이 크게 일어나고 폭우가 쏟아져
물고기가 어지럽게 땅 위에 떨어졌다.

재위 18년, 기원전 954년(정묘)에
빙해(바이칼호를 비롯한 시베리아) 지역
여러 왕이 사신을 보내 조공을 바쳤다.

재위 28년, 기원전 944년(정축)에
해모 단군께서 붕어하셨다.

시베리아 여러 나라, 그리고 주나라, 흉노가 공물을 바친 것을 보면 단군조선이 얼마나 강성했는지 알 수 있을 것 같아.

빙해지역

양운국　일군국　구막한국

구다천국　비리국

남선비국　진 한　송화강

●아사달

번 한　서압록　●상춘(장춘)　●영고탑

난하　구려하

낙랑

발해

황하

상商(은殷)

마 한

조공을 바친 빙해 지역의 나라들

마휴가 즉위하셨다.

29세 단군 마휴 재위 34년

마휴 단군의 재위 원년은 기원전 943년(무인)이다.

중국 주周나라 사람이 공물을 바쳤다.

재위 8년, 기원전 936년(을유) 여름에 지진이 있었다.

재위 9년, 기원전 935년(병술)에 남해 조수*가 석 자나* 후퇴했다.

재위 34년, 기원전 910년(신해)에 마휴 단군께서 붕어하셨다.

태자 내휴께서 즉위하셨다.

30세 단군 내휴 재위 35년

내휴 단군의 재위 원년은 기원전 909년(임자)이다.

임금께서 남쪽으로 순수하시어 청구*의 정치 상황을 돌아보고

돌에 치우 천황의 공덕을 새기셨다.

서쪽으로 엄독홀(곡부)에 이르시어 분조(번한, 마한)의 여러 왕을

모으셨다.

군대를 열병하신* 후 하늘에 제사 지내고 주나라와 수교*하셨다.

재위 5년, 기원전 905년(병진)에 흉노가 공물을 바쳤다.

재위 35년, 기원전 875년(병술)에 내휴 단군께서 붕어하셨다.

태자 등올께서 즉위하셨다.

☀조수潮水: 밀물.
☀석 자: 약 1미터.

☀청구靑邱: 〈독사방
여기요〉에 따르면
산동 낙안현 북쪽에
있다고 하였다.

☀열병하다: 군대를
정렬하고 병사들의
사기와 훈련 상태 따
위를 검열하다.

☀수교修交: 나라 사이
에 외교 관계를 맺
다.

31세 단군 등올 재위 25년

등올 단군의 재위 원년은 기원전 874년(정해)이다.

재위 16년, 기원전 859년(임인)에 봉황*이 백악산에서 울고 기린*이 임금님의 정원에 와서 놀았다.

재위 25년, 기원전 850년(신해)에 등올 단군께서 붕어하셨다. 아들 추밀께서 즉위하셨다.

봉황 그림

32세 단군 추밀 재위 30년

추밀 단군의 재위 원년은 기원전 849년(임자)이다.

재위 3년, 기원전 847년(갑인)에 선비산* 추장인 문고가 공물을 바쳤다.

재위 12년, 기원전 838년(계해)에 중국 초나라 대부* 이문기가 입조하였다*.

재위 13년, 기원전 837년(갑자) 3월에 일식이 있었다.

재위 15년, 기원전 835년(병인)에 농작물에 심한 흉년이 들었다.

재위 30년, 기원전 820년(신사)에 추밀 단군께서 붕어하셨다. 태자 감물께서 즉위하셨다.

❀**봉황鳳凰**: 성왕이 나면 나타난다는 상서로운 새. 수컷을 봉, 암컷을 황이라 한다.

❀**기린麒麟**: 성왕, 성인이 이 세상에 나기 전이나 출현할 때 나타난다는 상서로운 동물. 수컷을 기, 암컷을 린이라 한다. 살아있는 풀을 밟지 않고, 생물을 먹지 않는 어진 짐승으로 용, 거북, 봉황과 함께 사령(네 가지 신령스러운 존재)이라 불린다.

❀**선비산鮮卑山**: 지금의 내몽골 과이심우익 서쪽에 있다. 선비족의 원 거주지.

❀**대부大夫**: 영향력이 큰 남자 지도자.

❀**입조入朝하다**: 우리 조정의 회의에 참여하다.

33세 단군 감물 재위 24년

주나라에서 조공을 바쳤다

감물 단군의 재위 원년은 기원전 819년(임오)이다.
재위 2년, 기원전 818년(계미)에 주나라 사람이 와서
호랑이와 코끼리 가죽을 바쳤다.

삼성사에서 친히 제사를 지내셨다

재위 7년, 기원전 813년(무자)에
영고탑 서문 밖 감물산 아래에 삼성사*를 세우고
친히 제사를 올리셨다.
그 「서고문」에서 이렇게 아뢰었다.

세 분 성조(환인 · 환웅 · 단군)의 지존하심*은
삼신상제님과 공덕이 같으시고
삼신상제님의 덕은
세 분 성조로 말미암아 더욱 성대해집니다.

텅 빔과 꽉 참*은 한 몸이요
낱개와 전체는 하나이니
지혜와 생명 함께 닦아
내 몸과 영혼 함께 뻗어나갑니다.

참된 가르침이 이에 세워져
믿음이 오래면 저절로 밝아질 것이요

● 삼성사三聖祠: 국조
삼신(환인천제, 환웅
천황, 단군임검)을
모신 사당.

● 지존하심: 더 없이
지극히 높고 귀하심.

● 텅 빔[허虛]과 꽉 참
[조組]: 허는 본질을
뜻하고 조는 현상을
뜻한다.

환
단
고
기

삼신의 힘을 타면 존귀해질 것이니
삼신의 광명을 돌려 내 몸을 살핍니다.

저 높고 가파른 백악산은
만고에 변함없이 푸르르고
역대 성조께서는 대를 이어
예법과 음악을 찬란히 부흥시키셨습니다.
그 규모 이토록 크니
신교*의 도술 깊고도 광대합니다.

하나의 기 속에는 셋(삼신)이 깃들어 있고
세 손길로 작용하는 삼신은
하나의 근원으로 돌아가나니
하늘의 계율 널리 펴서
영원토록 법으로 삼겠습니다.

삼신상제님은
무궁한 조화의 손길로
만물을 낳고 기르고 다스리신단다.
신교란 이 삼신상제님의
가르침을 말하는 것이지.

환인, 환웅, 단군 성조께서
이 삼신의 계율로써 나라를
다스리시어 신교 문화가
매우 번성하였단다.

재위 24년, 기원전 796년(을사)에 감물 단군께서 붕어하셨다.
태자 오루문께서 즉위하셨다.

다 함께 암송하기

허조동체虛粗同體하고 개전일여個全一如하니
지생쌍수智生雙修면 형혼구연形魂俱衍이로세.
텅 빔(무)과 꽉 참(유)은 한 몸이요 낱낱과 전체는 하나이니
지혜와 삶을 함께 닦아 내 몸과 영혼 함께 뻗어나가네.

虛 빌 허 粗 조박할 조 體 몸 체 個 낱 개 全 온전할 전 智 지혜 지 雙 둘 쌍
修 닦을 수 形 몸 형 魂 넋 혼 俱 함께 구 衍 넘칠 연, 뻗어나갈 연

34세 단군 오루문 재위 23년

❀ 도리가[兜里之歌]: 우
리의 민족 음악. 「어
아가」처럼 백성이 둥
글게 모여서 함께 삼
신상제님을 찬양하
며, 나라의 평안과
풍년의 기쁨을 노래
한 것.

오루문 단군의 재위 원년은
기원전 795년(병오)이다.
이 해에 오곡이 풍성하게 잘 익어
만백성이 기뻐하며 「도리가」*를 지어 불렀다.
그 가사는 이러하다.

하늘에 아침 해 솟아
밝은 빛 비추고
나라에 성인 계시어
후덕한 가르침 널리 미치네.
큰 나라 우리 배달 거룩한 조정이여!
많고 많은 사람들
가혹한 정치* 당하지 않아
즐겁고 평화롭게 노래 부르니
언제나 태평성대라네!

❀ 가혹한 정치: 모질
고 혹독한 정치.

재위 10년, 기원전 786년(을묘)에 두 개의 해가 함께 뜨고
누런 안개가 사방을 덮었다.

재위 23년, 기원전 773년(무진)에 오루문 단군께서 붕어하셨다.
태자 사벌께서 즉위하셨다.

35세 단군 사벌 재위 68년

일본 큐슈 지방을 평정하였다

사벌 단군의 재위 원년은
기원전 772년(기사)이다.
재위 6년, 기원전 767년(갑술)에
이 해에 누리가 날뛰고 홍수가 있었다.
재위 14년, 기원전 759년(임오)에
범이 궁전에 들어왔다.
재위 24년, 기원전 749년(임진)에
홍수가 나서 산이 무너지고
골짜기가 메워졌다.

재위 50년, 기원전 723년(무오)에
임금께서 장수 언파불합을 보내어
바다 위의 웅습*을 평정하셨다.*

연나라와 싸워 크게 이겼다

재위 66년, 기원전 707년(갑술)에 임금께서 조을을 보내어
곧장 연나라 수도로 진격하게 하셨다.
이에 조을이 제나라 군대와 더불어
임치(제나라 수도) 남쪽 들판에서 싸워 승리를 거두었다고
임금께 고하였다.

중국 춘추전국시대 일본 웅습을 평정한 단군조선

진 한
서압록
구려하
번 한
마 한
연燕 발해
조趙 제濟 동해
황하 서해
주周
웅습
초楚 오吳
월越

❀웅습熊襲: 일본의 큐
슈九州 지방에 있는
지명으로 '구마소'
라 한다.
❀평정하다: 적을 쳐
서 지배하에 두다.

재위 68년, 기원전 705년(병자)에 사벌 단군께서 붕어하셨다.
태자 매륵께서 즉위하셨다.

36세 단군 매륵 재위 58년

기이한 일들이 일어났다

매륵 단군의 재위 원년은 기원전 704년(정축)이다.
재위 28년, 기원전 677년(갑진)에 지진과 해일이 일어났다.

재위 32년, 기원전 673년(무신)에 서쪽 마을 백성의 집에서
다리가 여덟 개 달린 송아지가 태어났다.

재위 35년, 기원전 670년(신해)에
용마*가 천하(송화강)에서 나왔는데 등에 별 무늬가 있었다.

일본을 평정한 협야후 배반명

재위 38년, 기원전 667년(갑인)에
협야후 배반명*을 보내어 해상의
적을 토벌하게 하셨다.
12월에 삼도[일본]*을 모두 평정하
였다.

배반명이 일본을 모두 평정하였다

진한
번한
흑룡강
송화강 아사달
서압록
송화강
난하
구려하
태백산 (백두산)
북경◎
안덕향
발해
백아강
동해
마한
황하
서해
태산
삼도(일본)

연나라를 정벌하셨다

재위 52년, 기원전 653년(무진)에 단군께서 군대를 보내시어
수유국* 군대와 더불어 연나라를 치시자
연나라 사람이 제나라에 위급을 고했다.
제나라 사람들이 대거 고죽으로 쳐들어오다가
우리 군대의 복병을 만나 전세가 불리하자
화친을 구걸하고* 물러갔다.

재위 58년, 기원전 647년(갑술)에 매륵 단군께서 붕어하셨다.
태자 마물께서 즉위하셨다.

❀수유국須臾國: 망국
  은나라 난민 집단.
  단군조선의 제후국
  으로 지금의 하북성
  난하 유역에 있었다.
  기자의 후예가 세운
  나라로 추정된다.
❀화친을 구걸하다:
  다툼 없이 사이좋게
  지내자고 빌다.

단
군
세
기

37세 단군 마물 재위 56년

마물 단군의 재위 원년은 기원전 646년(을해)이다.
재위 56년, 기원전 591년(경오)에 단군께서
남쪽으로 순수하시다가 기수에 이르러 붕어하셨다.
태자 다물께서 즉위하셨다.

38세 단군 다물 재위 45년

다물 단군의 재위 원년은 기원전 590년(신미)이다.
재위 45년, 기원전 546년(을묘)에 다물 단군께서 붕어하셨다.
태자 두홀께서 즉위하셨다.

39세 단군 두홀 재위 36년

두홀 단군의 재위 원년은 기원전 545년(병진)이다.

재위 36년, 기원전 510년(신묘)에 두홀 단군께서 붕어하셨다.

태자 달음께서 즉위하셨다.

40세 단군 달음 재위 18년

달음 단군의 재위 원년은 기원전 509년(임진)이다.

재위 18년, 기원전 492년(기유)에 달음 단군께서 붕어하셨다.

태자 음차께서 즉위하셨다.

「단군세기」에는 이렇게 마흔일곱 분 단군께서 나라를 다스리신 내용이 상세히 나와 있어요. 단군조선은 결코 단군왕검 한 분이 다스리신 게 아녜요.

41세 단군 음차 재위 20년

음차 단군의 재위 원년은 기원전 491년(경술)이다.

재위 20년, 기원전 472년(기사)에

음차 단군께서 붕어하셨다.

태자 을우지께서 즉위하셨다.

42세 단군 을우지 재위 10년

을우지 단군의 재위 원년은 기원전 471년(경오)이다.

재위 10년, 기원전 462년(기묘)에 을우지 단군께서 붕어하셨다.

태자 물리께서 즉위하셨다.

43세 단군 물리 재위 36년

우화충이 반란을 일으켰다

물리 단군의 재위 원년은 기원전 461년(경진)이다.

재위 36년, 기원전 426년(을묘)에 융안의 사냥꾼 우화충이
스스로 장군이라 칭하고 무리 수만 명을 모아 서북 36군을
함락시켰다.
임금께서 군사를 보내셨으나 이기지 못하였다.

겨울에 이 역적이 도성*을 포위하고 급히 공격하므로
임금께서 좌우 궁인과 더불어
종묘*와 사직*의 신주(위패)를 받들고 배를 타고 내려가셨다.
해두*에 이르러 얼마 있지 않아 붕어하셨다.

이 해에 백민성 욕살 구물이 천명을 받들고 병사를 일으켜
먼저 장당경*을 점령하였다.
그러자 아홉 지역의 군사가 따르고
동서압록*의 열여덟 성이 모두 군사를 보내 도와주었다.

44세 단군 구물 재위 29년

나라가 어지러워진 단군조선

구물 단군의 재위 원년은 기원전 425년(병진)이다.

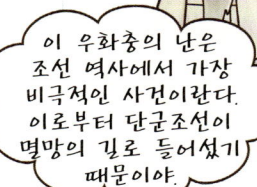

이 우화충의 난은
조선 역사에서 가장
비극적인 사건이란다.
이로부터 단군조선이
멸망의 길로 들어섰기
때문이야.

❀도성都城: 임금이 있
  는 도읍지.

❀종묘宗廟: 역대 임금
  과 왕비의 위패를 모
  시던 왕실의 사당.

❀사직社稷: 나라, 또
  는 국가.

❀해두海頭: 이유립은
  해두를 혼동강 우측
  이라 하였는데, 역사
  적으로 흑룡강, 송화
  강, 압록강을 혼동강
  이라 불렀다.

❀장당경: 단군조선의
  세 번째 도읍지로 지
  금의 개원開原이다.

❀동서압록: 동압록은
  지금의 압록강이며,
  서압록은 대요하遼
  河를 말한다. 원래 압
  록은 크다는 뜻인 고
  대어 '아리', '오리'
  의 이두문으로, 아리
  阿里 또는 압록鴨綠으
  로 표기하였다.

3월에 홍수가 나서 도성이 물에 잠기자
역적들이 크게 난리를 일으켰다.
구물이 병사 1만 명을 이끌고 가서 토벌하니,
역적들은 싸워 보지도 못하고 스스로 흩어졌다.
마침내 반역자 우화충을 잡아 목을 베었다.

국력을 회복하기
위해 나라 이름을
대부여로 바꾸신
구물 단군

나라 이름 조선을 '대부여'로,
삼한을 '삼조선'으로 바꾸셨다

이에 구물이 모든 장수의 추대를 받아
3월 16일에 단을 쌓고 하늘에 제사 지낸 뒤
장당경에서 즉위하셨다.
구물 단군은 나라 이름을 대부여*로 바꾸고
삼한을 삼조선으로 바꾸셨다.*

'부여'란 '날이 뿌옇게
밝아온다'는 뜻이래요!
여기에도 광명 사상이
담겨 있지요.

이로부터 삼조선이 대단군을 받들어
한 분이 다스리는 제도는 그대로 유지하였으나
군대를 지휘하는 권한은 단군 한 분에게만 있지 않았다.
7월에 해성을 개축하여 평양이라 하고 별궁을 지으셨다.

✿**부여**扶餘: 단군왕검
께서 넷째 아들을 제
후로 봉했던 나라 이
름이기도 하다.

삼조선三朝鮮: 진조선 · 번조선 · 막조선. 삼조선은 권력이 셋으로 나뉜 것을
뜻한다. 단군조선은 본래 삼한관경제를 시행하여 강역을 삼한(진한, 번한, 마
한)으로 나누어 다스렸다. 그리고 군대에 대한 권한은 진한의 대 단군 한 분이
가졌다. 그런데 구물 단군 때에 삼조선 체제로 바뀌면서 삼조선이 똑같이 전쟁
을 할 수 있는 권한(병권)을 갖게 되었다. 이것이 삼한관경제를 붕괴시키게 되
었고, 이때부터 단군조선은 망국의 길로 들어섰다.

삼신영고제를 지내셨다

재위 2년, 기원전 424년(정사)에 예관*이
삼신영고제를 올리기를 청하니 3월 16일(대영절)이었다.
임금께서 친히 나오시어 경배하실 때
초배에 세 번 조아리고 재배에 여섯 번 조아리고
삼배에 아홉 번 조아리는 것이 예이지만,
여러 사람들을 따라 특별히 열 번 조아리셨다.
이것이 삼육대례이다.

재위 17년, 기원전 409년(임신)에
임금께서 각 주와 군*에 감찰관*을 보내셨다.
관리와 백성들의 죄를 낱낱이 밝히고
효자와 청렴한 선비*를 천거하게 하셨다.

재위 23년, 기원전 403년(무인)에 연나라에서 사신을 보내와
신년 하례*를 올렸다.

재위 29년, 기원전 397년(갑신)에 구물 단군께서 붕어하셨다.

삼신영고제三神迎鼓祭란 삼신상제님을 맞이하는 제천의식이야. 배달 시대부터 해마다 3월 16일에 삼신영고제를 행하였는데, 이 날을 대영절大迎節이라 한단다.

온 나라의 가장 큰 축제였대요!

* **예관**禮官: 제향에 관한 일 등을 맡아보던 관리.
* **주와 군**: 고을.
* **감찰관**: 관리들을 감독하여 살피는 일을 맡은 관리.
* **청렴한 선비**: 성품과 행실이 높고 맑으며, 탐욕이 없는 선비.
* **신년 하례**新年賀禮: 새해 축하 인사.

다 함께 암송하기

개국호위대부여改國號爲大夫餘하시고
개삼한위삼조선改三韓爲三朝鮮하시니라.
나라 이름을 대부여로 바꾸고, 삼한을 삼조선으로 바꾸셨다.

改 고칠 개　國 나라 국　號 부를 호　爲 할 위　大 큰 대　夫 사내 부　餘 남을 여
改 고칠 개　三 석 삼　韓 한국 한　爲 할 위　三 석 삼　朝 아침 조　鮮 고울 선

태자 여루가 즉위하였다.

45세 단군 여루 재위 55년

성을 쌓고 연나라를 물리쳤다

여루 단군의 재위 원년은 기원전 396년(을유)이다.

장령·낭산*에 성을 쌓으셨다.

재위 17년, 기원전 380년(신축)에 연나라 사람이 변방을 침범하였다.

그곳을 지키던 장수 묘장춘이 이를 쳐서 물리쳤다.

요서 지방의 모든 성을 되찾았다

재위 32년, 기원전 365년(병진)에

연나라 사람들이 이틀 길을 하루에 달려 쳐들어왔다.

요서를 침략하여 무너뜨리고 운장 지방을 핍박하였다.

번조선 왕이 상장 우문언에게 명하여 막게 하고

진조선과 막조선도 역시 군대를 보내어 구원하였다.

복병을 두고 양쪽에서 공격을 하여

연나라와 제나라 두 나라의 군대를 오도하*에서 쳐부수고

요서 지방의 성을 모두 되찾았다.

☀ 장령·낭산: 장령은 난하 동쪽에 있고, 낭산은 백랑산白狼山으로 요령성 대릉하 상류에 있다.

☀ 오도하五道河: 이유립은 중국 하북성 하간현河間縣을 흐르는 강이라 하였다.

연나라가 끊임없이 침략하였다

재위 33년, 기원전 364년(정사)에
연나라 사람들이 패한 뒤에도 연운도에 주둔하면서
배를 만들어 장차 쳐들어오려 하였다.
우문언이 추격하여 크게 쳐부수고 연나라 장수를 활로 쏘아 죽였다.

재위 47년, 기원전 350년(신미)에
북막* 추장 액니거길이 우리 조정에 와서 말 2백 필을 바치고
함께 연나라를 치자고 청하였다.
이에 번조선 소장 신불사로 하여금 병사 1만 명을 거느리게 하셨다.
신불사는 연나라 상곡*을 함께 공격하여 함락시키고
그곳에 성읍*을 설치하였다.

재위 54년, 기원전 343년(무인)의 일이다.
상곡 싸움 이후로 해마다 연*나라가 쳐들어오다가
이때에 사신을 보내 강화*를 청하였다.
단군께서 이를 윤허하시고 다시 조양*의 서쪽으로 경계를 삼으셨다.

재위 55년, 기원전 342년(기묘) 여름에 큰 가뭄이 들었다.
이에 단군께서 원통하게 감옥살이를 하는 사람이 있을까 염려하여
대사면*을 내리고 친히 나오시어 기우제를 지내셨다.
9월에 여루 단군께서 붕어하셨다.
태자 보을께서 즉위하셨다.

☞ **북막北漠**: 북쪽 사막이란 뜻으로 보통 고비 사막을 가리킨다. 따라서 여기서도 고비 사막을 비롯한 몽골 근처로 볼 수 있다.

☞ **상곡上谷**: 지금의 북경 북쪽에 위치한 하북성 회래현懷來縣이다.

☞ **성읍城邑**: 고을. 주州·부府·군郡·현縣 등을 두루 이르던 말.

☞ **연燕**: 중국 전국 시대의 한 나라. 단군조선과 국경을 접하였다.

☞ **강화講和**: 싸움을 그치고 사이좋게 지냄.

☞ **조양造陽**: 상곡 지역 내에 있었으며, 북경 북쪽 만리장성 부근이다.

☞ **사면赦免**: 죄를 용서하여 형벌을 면하게 해 주는 일.

46세 단군 보을 재위 46년

번조선 왕이 연나라 자객에게 시해당하였다

오가가 서로 왕이 되려고
권력을 다툰 것을 보면
질서가 깨지고, 나라의 힘이
매우 쇠약해졌음을
알 수 있단다.

보을 단군의 재위 원년은 기원전 341년(경진)이다.

12월에 번조선 68세 왕 해인이

연나라에서 보낸 자객에게 죽임을 당했다.

오가가 서로 권력을 차지하려고 다투었다.

기후가 번조선 왕이 되었다

재위 19년, 기원전 323년(무술) 정월에

읍차* 기후가 병사를 이끌고 번조선 궁궐에 진입하였다.

기후는 스스로 70세 번조선 왕이 되고 임금께 사람을 보내어

윤허를 청하였다.

✿ **읍차**邑借: 고을의 우두머리 호칭. 가장 유력하고 큰 지방의 우두머리를 신지臣智라 하고, 가장 작은 지방의 우두머리를 읍차라 하였다.

보을 단군께서 이를 윤허하시고 연나라에 대한 방비를 더 강하고

튼튼하게 하셨다.

재위 38년, 기원전 304년(정사)에

도성(장당경)에 큰 불이 일어나 모두 타 버렸다.

임금께서 해성의 별궁으로 피하셨다.

재위 44년, 기원전 298년(계해)에

북막 추장 이사가 음악을 지어 바쳤다.

임금께서 이를 받으시고 후히 상을 내리셨다.

나라의 힘이 매우 약해졌다

재위 46년, 기원전 296년(을축)에
한개가 수유의 병사를 이끌고 궁궐을 침범하여 스스로 임금 자리에
올랐다.
이에 상장 고열가가 의병을 일으켜 한개를 쳐부수었다.
임금께서 도성으로 돌아오시어 대사면을 내리셨다.
이로부터 나라의 힘이 매우 미약해지고 살림살이가 넉넉지 못하더니
얼마 있지 않아 보을 단군께서 붕어하셨다. 후사*는 없었다.

고열가는 43세 물리 단군의 현손*으로 백성의 사랑과 공경을 받고
또한 공로가 많았다.
그리하여 마침내 추대*를 받아 단군으로 즉위하셨다.

47세 단군 고열가 재위 58년

백악산에 단군왕검의 사당을 세우게 하셨다

고열가 단군의 재위 원년은 단기 2039, 기원전 295년(병인)이다.
재위 14년, 기원전 282년(기묘)에
단군께서 단군왕검의 사당을 백악산에 세우시고
사당을 담당하는 관리로 하여금 계절마다 제사를 지내게 하셨다.
단군께서는 일 년에 한 번씩 친히 제사를 드리셨다.

재위 44년, 기원전 252년(기유)에

◉후사後嗣: 대를 이을
아들.

◉현손玄孫: 손자의 손
자.

◉추대推戴: 윗사람으
로 떠받들다.

연나라에서 사신을 보내어 신년 하례를 올렸다.

재위 48년, 기원전 248년(계축) 10월 초하루(1일)에 일식이 있었다.
이해 겨울에 북막 추장 아리당부가 단군께
연나라를 정벌하는 데 병사를 보내 주기를 청하였다.
단군께서 응하지 않으시자, 원망하며 이후로 조공을 바치지 않았다.

해모수가 웅심산에서 군사를 일으켰다

재위 57년, 단기 2095, 기원전 239년(임술) 4월 8일에
해모수가 웅심산*으로 내려와 군사를 일으켰다.
해모수의 선조는 고리국 사람이다.

재위 58년, 기원전 238년(계해)
단군께서 어질고 인자하시나
우유부단하여* 명령이 제대로 이행되지 않는 때가 많았다.
여러 장수가 자신의 용맹을 믿고 난리를 자주 일으켰다.
나라 살림은 쪼들리고 백성의 기운도 더욱 쇠약해졌다.

단군께서 스스로 제위에서 물러날 것을 말씀하셨다

3월, 삼신상제님께 제사를 올리신 날 저녁에
단군께서 오가*와 더불어 의논하여 말씀하셨다.
"옛날 우리 성조들께서 처음으로 법도를 만들고
국통을 세워 후세에 전하셨다.

* 웅심산熊心山: 지금 의 길림성 서란舒蘭 에 있다.

* 우유부단하다: 어 물어물 망설이며 결 단성이 없다.

오가五加: 오가란 마가·우가·구 가·저가·계가이다. 오가제도는 단 군조선 시대의 통치제도로, 아홉 환 족을 다섯 부족으로 나누어 다스렸 다. 여기서는 오가의 대표를 뜻한다.

덕을 심으심이 넓고도 멀리 미쳐 만세의 법이 되어 왔다.

그러나 이제 임금의 도가 쇠퇴하고 약해져서 모든 왕이 세력을 다투고 있구나.

짐*이 덕이 부족하고 나약하여 능히 다스릴 수 없고, 이들을 불러 무마시킬* 길도 없으므로 백성이 서로 헤어져 흩어지고 있다.

너희 오가는 현명한 인물을 택하여 단군으로 천거하여라."

그러시고 옥문을 크게 열어 사형수 이하
모든 포로를 풀어 주셨다.

⊛ **짐朕**: 임금이 자기를
가리키는 말.

⊛ **무마시키다**: 타이르
고 얼러서 다툼을 말
리다.

오가가 공동으로 6년 동안 나랏일을 집행하였다

이튿날, 고열가 단군께서
마침내 임금의 자리를 버리고
산으로 들어가 수도하여 신선이 되셨다.
이에 오가가 6년(기원전 238~기원전 232)
동안 나랏일을 공동으로 집행하였다.

> 단군조선(대부여)은
> 47세 고열가 단군을
> 끝으로 막을
> 내리는군요?

> 그렇단다.
> 고열가 단군께서 산으로
> 들어가시고 오가가 공동으로 나라를
> 다스리던 때, 북부여의 해모수께서
> 조선(대부여)을 계승하셨단다.

다 함께 암송하기

석昔에 아열성我列聖이 조극수통肇極垂統하사
종덕굉원種德宏遠하사 영세위법永世爲法이니라.
옛날 우리 성조들께서 처음으로 법도를 만들고 국통을 세워 후세에
전하였다.

昔 옛 석　列 벌릴 열　肇 비롯할 조　極 지극할 극　垂 드리울 수　統 거느릴 통
種 심을 종　德 큰 덕　宏 클 굉　遠 멀 원　永 길 영

⊛종실宗室: 임금의 친족.

이보다 먼저, 종실*인 대해모수께서 은밀히 수유국과 약속을 하고
옛 도읍지인 백악산을 습격하여 차지하셨다.

그리고 스스로 천왕랑이라 칭하셨다.

사방에서 사람들이 모두 해모수의 명령을 따랐다.

북부여의 건국과 고구려의 기원

⊛봉하다: 벼슬을 내리다.

⊛기비箕丕: 번조선 마지막 왕인 기준의 부왕.

⊛상하운장上下雲障: 국경 요새. 지금의 난하 서쪽과 북경 사이에 있었다.

이때에 해모수께서 모든 장수를 봉하시면서*
수유국의 제후 기비*를 올려 번조선 왕으로 삼으셨다(기원전 232).

그리고 기비로 하여금 가서 상하운장*을 지키게 하셨다.

참성단과 삼랑성 등이 있는 삼신상제님의 성지, 강화도 마리산 전경

대개 북부여*가 일어난 것은 이때부터였다.
그리고 고구려 땅은 해모수가 태어난 고향 땅이므로
북부여를 또한 고구려라고도 불렀다.

단군기원 원년인 기원전 2333년(무진)부터
지금의 주상(고려 공민왕)께서 보위에 오르신 이후
12년째 되는 1363년(계묘)까지 무릇 3,696년이라.
이 해 10월 3일에
홍행촌수*가 강화도 해운당에서 이 글을 쓴다.

⊛ 북부여北夫餘: 대부
여의 북쪽 지역을 중
심으로 세운 부여라
는 뜻이다.

⊛ 홍행촌수紅杏村叟:
행촌 이암 선생. '홍
행촌의 늙은이' 라는
뜻이다.

저 위에 올라가면
삼신상제님께 천제
올리던 참성단이 있어!

앞에 펼쳐진 산이
강화도 마리산이야.

단군세기 **279**

단군왕검의 수명과 재위 기간

우리는 그동안 단군왕검이 세운 조선의 역사에 대해 무지하여 신화로 부정해 왔다. 뿐만 아니라 우리 고유의 신교문화를 미신이라고 생각했다. 대한민국의 사료 1호인 『삼국유사』 「고조선」에 그 일차적인 원인이 있음은 두말할 것도 없다. 단군왕검의 수명과 재위 연수를 『삼국유사』는 어떻게 기록했을까?

"『위서』에 이르기를 지난 2,000년 전에 단군왕검이 있었다. 아사달에 도읍을 정하고 나라를 세워 이름을 조선이라 하시니 요임금과 같은 때였다. 『고기』에 이르기를 … 임금이 나라를 1,500년 동안 다스렸다. … 후에 은밀히 아사달로 돌아와 산신이 되었으니 1,908세였다."라고 하였다.

여기에는 단군왕검이 홀로 1,500년을 다스리고 1,908년을 살다가 신선이 되었다고 하였다. 이것을 믿을 사람이 어디 있을까? 여기에는 단군조선을 다스린 임금의 계보가 전혀 없다. 실존 역사를 신화로 만들어 버린 것이다. 그 왜곡된 진실이 2,096년 동안 마흔일곱 분이 다스린 단군조선의 문화와 역사가 고스란히 기록된 『단군세기』에 들어 있다.

『단군세기』에 실린 단군왕검의 출생과 수명, 재위 연수에 대해 살펴보면 '단군왕검은 기원전 2370년 5월 2일, 박달나무가 우거진 곳에서 태어났다. 14세 되던 기원전 2357년에, 웅씨국[단국] 왕이 왕검의 신성함을 듣고 비왕(임금을 보좌하는 으뜸 벼슬)으로 천거하여 웅씨국을 맡아 다스리게 하였다.

그로부터 24년 후인 기원전 2333년(무진)에 웅씨국에서 돌아온 왕검은 구환족을 통일하고 백성들의 추대를 받아 천자[단군]가 되었다. 아사달에 도읍을 정하여 나라를 세우고 조선이라 하였다. 비왕으로 24년, 단군으로 93년 동안 제위에 있었으며 수명은 130세였다' 고 되어 있다.

그럼 『삼국유사』에서 단군의 수명이라고 말한 1,908년은 무엇일까?

단군조선은 2,096년 동안 도읍지의 이동에 따라 모두 세 번 왕조가 변했다. 오른쪽 도표를 보면 1,908년은 바로 송화강 아사달과 백악산 아사달을 합친 역년이다.

그리고 단군조선 말에 산신이 되신 분은 단군왕검이 아니라 단군조선의 마지막 47세 고열가 단군이다.

이렇게 『단군세기』에는 마흔일곱 분 단군의 계보와 치세, 역년, 당시 백성들의 삶이 상세히 기록되어 있다. 『단군세기』를 통해 비로소 단군조선 역사의 참모습이 밝혀진 것이다.

단군조선 변천과정

제1 왕조
송화강 아사달(하얼빈) 시대 : 삼한
단군 왕검~21세 소태 단군
(기원전 2333~기원전 1286) 1048년간 지속

제2 왕조
백악산 아사달(장춘) : 삼조선
22세 색불루 단군~43세 물리 단군
(기원전 1285~기원전 426) 860년간 지속

제3 왕조
장당경 아사달(개원) 시대 : 대부여
44세 구물 단군~47세 고열가 단군
(기원전 425~기원전 238) 188년간 지속

북부여기

대해모수께서 단군조선의 뒤를 이어 북부여北夫餘를 세우셨다.
동명왕 고두막 단군(5세) 때 북부여에서 갈려 나간 동東부여
그리고 6세 고모수 단군의 대통을 이은
해모수 단군의 고손高孫인 고구려의 시조 고주몽
단군조선 멸망 후 고구려가 강성해지기까지 한민족 역사 이야기가
여기에 담겨 있다.

수메르 문명
(메소포타미아)
(기원전 3500년 경)

이집트 문명
(기원전 3100년 경)

인더
(기원

북부여기

北夫餘紀

복애거사伏崖居士 범장范樟 찬撰

북부여기 상
북부여기 하
가섭원부여기

북부여의 종통 계승 맥과 강역

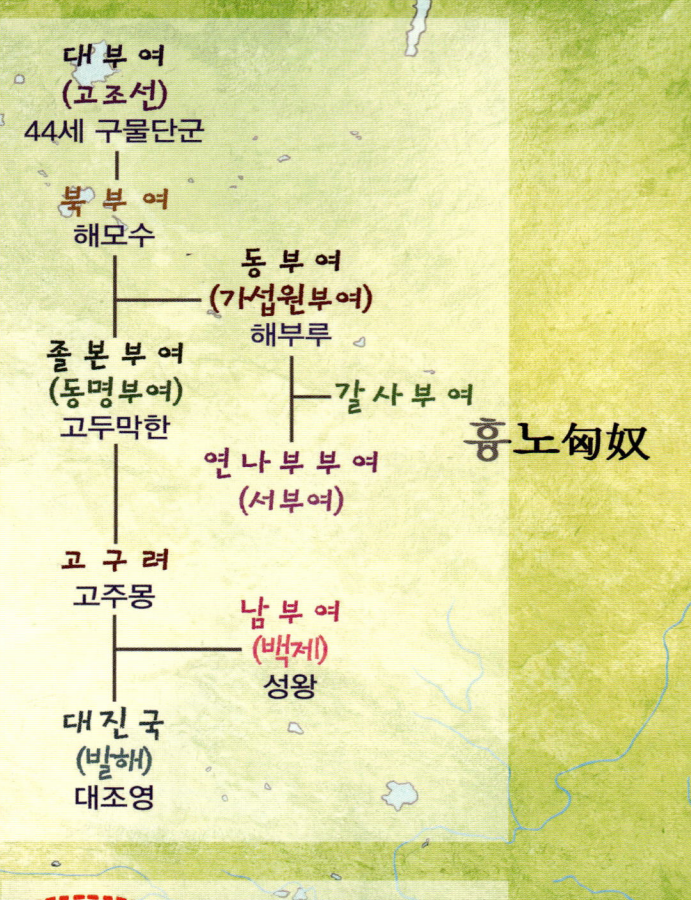

대 부 여
(고조선)
44세 구물단군

북 부 여
해모수

동 부 여
(가섭원부여)
해부루

졸 본 부 여
(동명부여)
고두막한

갈 사 부 여

연 나 부 부 여
(서부여)

고 구 려
고주몽

남 부 여
(백제)
성왕

대 진 국
(발해)
대조영

흉 노 匈奴

선비鮮

오 환 烏桓

한 漢

기원전 300년경 연나라 장수
진개가 점령한 번조선 영토

환
단
고
기

읍루

가섭원부여
(동부여)
(기원전86~서기22)
●가섭원(차릉)

갈사국
(서기22~68)

고리국 북 부 여

●웅심산(서란)
북부여 발흥지 ●졸본1(수분하)
(기원전 239~195)

위만정권
(기원전194~108)

●졸본2(환인)

왕하운장
갈석산
○북경

최씨 낙랑국
(기원전195~서기37)

최숭의 낙랑국 건설

남 삼 한
마한 진한
변한

고조선 이래 한민족의
계속적인 일본 열도 이주 개척

제齊
1.번조선 마지막 왕 기준의 망명
2.번조선 상장 탁투의 중마한
건설(기원전 194)

구야한국
말로국

북부여기北夫餘紀 상

시조 단군* 해모수, 재위 45년

해모수께서 단군으로 즉위하셨다

해모수 단군의 재위 원년은 단기 2095, 기원전 239년(임술)이다.

임금께서는 본래 타고난 기질과 품성이 영웅의 기상으로 씩씩하시고

신령한 모습은 사람을 압도하여*

바라보면 마치 천왕랑* 같았다.

23세에 하늘의 명을 좇아 내려오시니,

이때는 47세 고열가 단군 재위 57년, 임술년 4월 8일*이었다.

임금께서는 웅심산*에서 군사를 일으켜 난빈에 제실*을 지으셨다.

머리에 오우관(검은 털로 꾸민 관)을 쓰고

허리에 용광검(용의 빛이 도는 보검)을 차셨다.

오룡거(다섯 용이 끄는 수레)를 타고 다니시니

따르는 사람이 5백여 명이었다.

☀**시조 단군**: 단군조선 시대뿐만 아니라 북부여 시대에도 역대 임금이 스스로 단군이라 일컬었다.

☀**압도하다**: 매우 뛰어나서 다른 사람들을 눌러 꼼짝 못하게 하다.

☀**천왕랑天王郎**: 삼신 상제님의 가르침을 받들어 환국시대 말에 배달국을 연 '제세핵랑濟世核郎'의 맥을 이은 집단. 국자랑이라고도 한다.

☀**웅심산**: 난빈. 지금의 길림성 서란 지역.

☀**제실帝室**: 황실. 황제의 집.

4월 8일은 본래 해모수 단군께서 하늘의 명을 받아 웅심산에 내려오신 날이래요.

음력 4월 8일: 천제의 아들이자 북부여의 시조인 해모수 단군이 내려오신 날. 예로부터 우리 민족 전래의 대축제일이었다. 한편 불교의 연등회(부처님 오신 날 행사)는 고려 초부터 시작되었는데, 처음에는 음력 정월 보름(15일)에 하다가, 후에 음력 2월 보름, 나중에 4월 초파일(8일) 행사로 바뀌었다.

아침이 되면 정사를 돌보시고
날이 저물면 하늘의 뜻에 따르셨다.
이 해에 이르러 즉위하셨다.

재위 2년, 기원전 238(계해)
년 3월 16일 대영절*에
임금께서 하늘에 제를 올리
시고 연호법*을 만들어 백성
을 살피셨다.

해모수는
단군조선(대부여)을 계승하여
북부여를 여신 분이다. 고구려의
시조이신 고주몽의 아버지라고 잘못
알려져 있으나 해모수는 고주몽의
고조 할아버지이다.

오가*의 군대를 나누어 배치하고 둔전*으로 군사들의 식량을 스스
로 마련하게 하여 뜻밖의 사태에 대비하셨다.

오가의 공화정이 끝났다

재위 8년 단기 2102, 기원전 232년(기사)에
임금께서 무리를 거느리고 옛 수도에 가서 오가를 설득하시니
오가가 드디어 공화정*을 그만두었다.

다 함께 암송하기

추위단군推爲檀君하니
시위북부여시조야是爲北夫餘始祖也시니라.
단군으로 추대하니 이분이 바로 북부여의 첫 조상이시다.

推 밀 추   爲 할 위   檀 박달나무 단   君 임금 군   是 이 시   爲 할 위
北 북녘 북   夫 사내 부   餘 남을 여   餘 비롯할 시   祖 조상 조   也 어조사 야

* 3월 16일 대영절: 삼신상제님을 맞이하는 삼신영고제를 행하는 날이다.

* 연호법烟戶法: '연'이란 '밥 짓는 연기'라는 뜻이며, '호'는 여기서 집을 뜻한다.

* 오가五加: 마가, 우가, 구가, 저가, 계가(양가). 배달 시대부터 아홉 환족을 다섯 부족으로 나누어 다스리던 제도. 여기서는 오가의 우두머리를 뜻한다.

* 둔전屯田: 아직 개간하지 않은 땅에 농작물을 심게 하여, 군대의 양식으로 쓰도록 한 토지.

* 공화정共和政: 여러 사람이 공동으로 정치를 하는 것.

단군조선(진조선)의 마지막 단군이신 고열가 단군께서 제위를 버리고 산으로 들어가 신선이 되셨단다. 그래서 6년 동안 오가가 공동으로 나라를 맡아 다스렸지. 이제 해모수께서 단군으로 즉위하심으로써 공화정이 끝난 것이란다.

⊛ 태교胎敎: 뱃속의 아기를 가르치는 것.

⊛ 순사巡使: 순찰사.

⊛ 번조선: 북부여가 단군조선을 계승하였으므로, 삼조선 체제는 단군조선이 망한 뒤에도 수십 년 동안 지속되었다. 그러다가 준왕이 위만에게 왕위를 빼앗김으로써 완전히 무너졌다.

⊛ 서쪽 변방: 현재의 북경 부근을 흐르는 백하白河 일대.

⊛ 연나라의 침범: 연나라는 기원전 222년 진秦나라에게 망했다. 이 사건은 연나라가 망하기 이전인 번조선 71세 왕 기욱 때(기원전 300년경)의 일이다.

⊛ 만번한滿番汗: 진개가 단군조선의 서쪽 이천 리를 빼앗은 뒤에 새로 만들어진 국경 지역에 있었다. 지금의 난하 서쪽이다.

이때 나라 사람들이 단군으로 추대하여 받드니
이분이 바로 북부여의 첫 조상이시다.

겨울 10월에 임신한 여인을 보호하는 법을 만들고
사람들을 가르칠 때 반드시 태교*부터 시작하게 하셨다.

재위 11년, 기원전 229년(임신)에 북막 추장 산지객륭이 영주를 습격하여 순사* 목원등을 죽이고 크게 약탈한 뒤 돌아갔다.

번조선의 마지막(75세) 왕 기준

연나라 침략에 힘써 대비하였다

재위 19년, 기원전 221년(경진)에 기비가 사망하였다.
아들 준(번조선*의 75세 마지막 왕)이 아버지의 뒤를 이어
번조선 왕으로 책봉되었다.
해모수 단군께서 관리를 파견해 군대를 감독하게 하시고
연나라의 침입에 대비하는 데 더욱 힘쓰게 하셨다.
이보다 앞서 연나라가 장수 진개를 보내
번조선 서쪽 변방*을 침범*하였다.
만번한*에 이르러 그곳을 국경으로 삼았다.

재위 20년, 기원전 220년(신사)에
임금께서 백악산 아사달에서 천제를 지내도록 명령하셨다.
7월에 궁궐 366칸을 새로 짓고 이름을 천안궁이라 하였다.

재위 22년, 기원전 218년(계미)에 창해 역사 여홍성이
한나라* 사람 장량*과 함께
박랑사*에서 진왕 정(진시황)*을 죽이려 하였다.
그러나 실패하여 수행하던 수레를 맞혔다.

> 진왕은 기원전 230~기원전 221년에
> 한(韓)·위(魏)·초(楚)·연(燕)·조(趙)·제(齊) 나라를
> 차례로 멸망시키고
> 중국 대륙을 통일하였단다. 스스로 시황제라
> 하였는데, 황제라는 명칭은 동방 한민족의
> '삼황 오제'에서 따 간 것이지.

중국의 연나라, 제나라, 조나라에서 수만 명이 망명해 왔다
재위 31년 단기 2125, 기원전 209년(임진)에
진승*이 병사를 일으키자 진나라 사람들이 큰 혼란에 빠졌다.
이에 연·제·조나라 백성 가운데 번조선으로 망명해 온 자가
수만 명이었다.
준왕이 곧 상하 운장에 나누어 수용하고 장수를 파견하여 감독하게
하였다.

재위 38년, 기원전 202년(기해)에
연나라 노관*이 다시 요동의 옛 요새*를 수리하고

⊛ **한韓나라**: 전국시대 칠웅-(진, 초, 제, 연, 한, 위, 조)의 하나.

⊛ **장량張良**: 한나라 귀족의 아들. 한을 멸망시킨 진시황을 저격했으나 실패하였다. 그후 숨어 살면서 병법을 배운 그는 한 고조 유방이 천하를 통일할 수 있도록 도왔다.

⊛ **박랑사**: 지금의 하남.

⊛ **진승陳勝(?~기원전 208)**: 하남성 등봉현登封縣의 가난한 농사꾼으로, 오광吳廣과 함께 진秦나라에서 농민 반란을 일으켰으나 실패하였다.

⊛ **노관盧綰**: 패현沛縣 출신으로 한고조 유방과 고향 친구였다. 한고조가 죽자 숙청을 피해 흉노로 도망했다. 이때 그 일당인 위만은 번조선으로 도망해 왔다.

북부여기 상

패수를 동쪽 경계로 삼았다. 패수는 지금의 조하*이다.

준왕이 위만의 망명을 받아 주었다

재위 45년, 기원전 195년(병오)에 연나라 노관이 한나라를 배반하고 흉노로 달아나자

그 일당인 위만이 우리나라에 망명을 구하였다.

임금(해모수 단군)께서 이를 허락하지 않으셨으나

병이 들어 능히 스스로 결단을 내리지 못하셨다.

번조선 왕 기준이 이를 물리칠 수 있는 기회를 여러 번 놓치고

마침내 위만을 박사*로 삼고 상하 운장을 떼어 주어 지키게 하였다.

이 해(단기 2139, 기원전 195)겨울에 해모수 단군께서 붕어하시니

웅심산 동쪽 기슭에 장사 지냈다.

태자 모수리께서 즉위하셨다.

북부여 2세 단군 모수리 재위 25년

백성의 생활을 풍요롭게 한 번조선 준왕

모수리 단군의 재위 원년은 기원전 194년(정미)이다.

번조선 왕 기준이 오랫동안 수유*에 있으면서

일찍이 백성에게 은혜를 많이 베풀어

모두 풍요롭고 생활이 넉넉하였다.

- ✿ **요동의 옛 요새**: 지금의 하북성 옥전현 玉田縣의 서쪽에 있는 '계현'을 가리킨다.
- ✿ **패수(조하潮河)**: 지금의 북경 동쪽과 천진 북쪽을 흐르는 조백하를 말한다.
- ✿ **박사博士**: 전문 기술을 가진 사람에게 주던 벼슬.
- ✿ **수유須臾**: 하북성 난하 유역에 있던 나라. 중국과의 무역을 통해 부를 축적하여 번조선의 중심 세력으로 성장하였다. 수유는 단군조선의 방패 노릇을 하였고, 해모수가 북부여를 건국하는 데 힘을 보태기도 하였다.

준왕이 위만에게 패하여 망명하자 유민들도 남으로 내려와 중삼한을 세웠다

그 후 기준은 떠돌이 도적 위만에게 패하여
바다로 들어가 돌아오지 않았다.

이에 오가의 무리가 상장 탁을 받들고
대규모로 여행 길에 올라
곧바로 월지*에 이르러 나라를 세웠다.
월지는 탁이 태어난 곳이다.
이를 일러 중마한*이라 한다.

이때 변한과 진한도 각각 그 백성과 함께
백 리 땅에 봉함을 받아 도읍을 정하고 나라를 세웠다.
변한*·진한*은 모두 마한의 정령*을 따라서 그대로 행하고
세세토록 배반하지 않았다.

도적 위만에 대비한 모수리 단군

재위 2년, 기원전 193년(무신)에
임금께서 상장 연타발*을 보내 평양*에 성책*을 세워
도적 위만을 대비하게 하셨다.
이에 위만도 싫증이 나고 괴롭게 여겨서
다시는 침노하여 어지럽히지 않았다.

상장 탁의 이주로

◈ **월지**月支: 지금의 전북 익산 방면으로 추정한다.

◈ **중마한**中馬韓: '남삼한의 중심이 마한'이라는 뜻.

◈ **변한**: 번한·진한의 유민들이 합류하여 김해 방면으로 내려와 세웠고 후에 가야가 되었다.

◈ **진한**: 길림吉林 등지에서 경주 방면으로 내려와 세웠고 후에 신라가 되었다.

◈ **정령**政令: 다스리는 법도와 규칙.

☀ **상장上將 연타발**: 고구려의 개국 공신인 연타발과 이름은 같지만 다른 사람이다.

☀ **평양平壤**: 지금의 만주 요령성 해성에서 가까운 지역으로 보인다. 요양遼陽을 평양으로 추정하기도 한다.

☀ **성책城柵**: 성과 그 주위를 둘러싼 나무 울타리.

☀ **고진高辰**: 모수리 단군의 아우. 고주몽의 아버지인 고모수(불리지)의 할아버지이다.

☀ **위수衛戍**: 질서와 안전을 지키기 위해 경비하는 일.

☀ **용도龍圖**: 배달국 5세 태우의 환웅의 막내아들인 태호복희가 천하天河(송화강)에서 하늘로부터 받은 우주의 창조 설계도인 용마하도龍馬河圖의 줄임말.

재위 3년, 기원전 192년(기유)에 임금께서

해성을 평양도에 부속시켜

아우 고진*으로 하여금 지키게 하셨다.

이때 중부여 사람들이 모두 식량을 마련하는 데 참여하였다.

겨울 10월에 수도와 지방을 나누어 지키는 법을 제정하셨다.

수도는 천왕이 친히 군사를 거느려 위수*를 총괄하고

지방은 사방 네 개 구역으로 나누어

오가로 하여금 군대를 주둔시켜 지키게 하셨다.

그 모습이 마치 윷놀이에서 말판 싸움을 보는 듯했으며

용도*로써 자연의 변화의 법칙을 알아내는 것과 같았다.

재위 25년, 기원전 170년(신미)에 모수리 단군께서 붕어하셨다.

태자 고해사께서 즉위하셨다.

 다 함께 암송하기

어시於時에 변진이한弁辰二韓이 개청용마한지령皆聽用馬韓之令하여 세세불반世世不叛하니라.

이때 변한과 진한이 모두 마한의 나라 다스리는 법도와 규칙에 따라 그대로 행하고 세세토록 배반하지 않았다.

弁 고깔 변 聽 들을 청 政 정사 정 令 법령 령 정령=정치상의 법도와 규칙
叛 배반할 반

위만조선은
단군조선을 계승한 나라가 아니다

일본은 일찍이 『일본서기』를 지어 본래 1,300년인 자국의 역사를 2,600년으로 늘렸다.
그리고 조선의 역사는 위만조선衛滿朝鮮에서 시작되었다고 주장하며
그 위치를 요동반도가 아닌 한반도의 평양 이북으로 조작해 놓았다.
이리하여 우리나라는 기원전 2세기에 한반도 안에서 출범한 나라로
일본보다 짧은 역사[2,200년]를 가진 나라가 되어 버렸다.
현재 대한민국의 초·중·고등학교 역사 교과서와 모든 역사 교재에
일제가 조작해 놓은 위만조선의 역사가 그대로 서술되어 있다.
그 진실은 무엇일까?

번조선으로 망명한 위만

해모수 단군이 만주 땅에 북부여를 세워 단군조선 본조(대부여)를 계승하여 다
스리고 있을 때, 단군조선의 한 날개인 번조선(단군조선의 서쪽 땅)은 준準왕이
다스리고 있었다. 중국 진秦나라 말, 대란이 일어나자 지금의 산동, 산서, 하북
지역에 살던 주민들이 가까운 번조선으로 대거 피난을 왔다. 번조선의 준왕은
이들을 서부 국경지대에 살도록 하였다.

그 후 진나라를 평정하고 한漢나라를 세운 유방은 고향 친구이자 부하인 노관
盧綰을 연왕燕王으로 봉하였다. 당시 연나라는 번조선과 국경을 맞대고 있었다.
그런데 유방이 죽자 그의 부인인 여태후가 실권을 잡고 한나라 공신들을 숙청
하기 시작했다. 이에 생명의 위협을 느낀 노관은 흉노로 도망가고 그의 부하인
위만은 조선인 복장을 하고 번조선으로 들어왔다. 이때 북부여의 해모수 단군

은 준왕에게 위만을 받아들이지 말라고 하였으나 병이 들어 결단을 내리지 못하고 세상을 떠났다. 거절할 기회를 놓친 준왕은 위만을 받아들여 국경 수비대장으로 삼았다.

위만은 역사 강도

그런데 위만은 연나라 이주민과 한나라 사람들을 끌어들여 몰래 세력을 길렀다. 그리고 이듬해 한나라가 침략해 온다고 거짓 보고를 올리고, 궁궐을 지킨다는 명분으로 도성에 들어와 준왕을 습격하고 정권을 빼앗았다(기원전 194년). 그 후 기원전 108년, 위만정권은 위만의 손자 우거에 이르러 한나라 무제에게 멸망당하고 만다. 이것이 『환단고기』에 담긴 역사의 진실이다.

그러므로 위만은 단군조선을 계승한 인물이 결코 아니다. 자신을 받아 준 준왕의 은혜를 배반하고 왕위를 빼앗은 강도에 불과하다. 또 그때 위만이 차지한 것은 단군조선 전체가 아니라 단군조선 서쪽 땅 한 귀퉁이일 뿐이다. 당시 요동에는 단군조선(대부여)의 정통을 계승한 해모수 단군의 북부여가 엄연히 존재하고 있었다. 따라서 위만조선은 위만정권이라 불러야 마땅하다. 이제 일제 식민사관의 잔재인 이러한 역사 왜곡은 반드시 바로잡혀야 한다.

3세 단군 고해사 재위 49년

번조선 유민 최숭*이 낙랑국*을 건설했다

고해사 단군의 재위 원년은
기원전 169년(임신)이다.
정월(1월)에 낙랑 왕 최숭이
해성에 곡식 3백 석을 바쳤다.
이보다 먼저 최숭은 낙랑산*에서
진귀한 보물을 싣고 바다를 건너 마한에 이르러
왕검성*에 도읍하였다.
이때는 해모수 단군 재위 45년, 기원전 195년(병오) 겨울이었다.

재위 42년, 기원전 128년(계축)에
임금께서 친히 보병과 기병 1만 명을 거느리고
남려성에서 도적 위만을 쳐서 물리치고 관리를 두어 다스리게 하셨다.

재위 49년, 기원전 121년(경신)에 일군국에서 사절을 보내
방물을 바쳤다.
이해 9월에 고해사 단군께서 붕어하셨다.
태자 고우루께서 즉위하셨다.

최숭이 바다를 건너 평양 왕검성에 도읍을 하였다

◈ **최숭崔崇**: 번조선 유민으로, 위만이 번조선을 침탈하기 직전에 한반도 평양으로 이주하여 고향 이름을 따서 낙랑국을 세웠다.

◈ 낙랑국의 영역은 처음에는 평안도 일대에 그쳤으나 후에 요동반도까지 진출했었다.

'호동왕자와 낙랑공주' 이야기는 바로 이 낙랑국을 무대로 한 것이다.

◈ **낙랑산樂浪山**: 지금의 하북성 창려 지역에 있는 산이름.

◈ **왕검성王儉城**: 지금의 대동강 유역에 있는 평양.

4세 단군 고우루(일명 해우루) 재위 34년

고진이 위만정권 우거왕의 침략을 격퇴하였다

고우루 단군의 재위 원년은 기원전 120년(신유)이다.

임금께서 장수를 보내 위만의 손자 우거를 토벌하게 하셨으나

이기지 못하였다.

이에 고진을 발탁하여 서압록*을 지키게 하시니

고진이 점차 병력을 증강시키고 성책을 많이 설치하여

능히 우거의 침입에 대비하여 공을 세웠다.

고진의 벼슬을 높여 고구려후*로 삼으셨다.

재위 3년, 기원전 118년(계해)에

우거의 도적떼가 한꺼번에 크게 침략해 왔다.

우리 군사가 대패하여 해성 이북 50리 땅을 전부 **빼앗겨** 버렸다.

임금께서 친히 구려하 동쪽을 항복시키셨다

재위 4년, 기원전 117년(갑자)에

임금께서 장수를 보내어 해성을 공격하셨다.

그러나 석 달이 지나도록 무너뜨리지 못하였다.

재위 6년, 기원전 115년(병인)에

임금께서 친히 정예 군사* 5천 명을 거느리고 해성을 격파하셨다.

그리고 계속 추격하여 살수에 이르셨다.

☸**서압록**: 고대에는 지금의 압록강뿐 아니라 요하와 송화강, 흑룡강도 압록강이라 불렀다. 동압록은 지금의 압록강이고, 서압록은 지금의 요하이다. 동서 압록강은 삼한의 경계를 흐르던 강이다.

☸**고구려후**高句麗侯: 고구려 제후. 여기서 고구려는 고주몽 성제가 고구려를 세우기 전에 존재하던 지명이다. 고구려는 본래 구려九黎, 구리라고도 불렀다. 해모수 단군과 고두막 단군도 고리국 혈통이다.

☸**정예 군사**: 매우 날래고 용맹스러운 군사.

구려하* 동쪽이 전부 항복하였다.

재위 7년, 기원전 114년(정묘)에 임금께서 좌원*에 목책*을 설치하고
남려에 군대를 배치하여 뜻밖의 사태에 대비하셨다.

고두막한이 한무제의 침략을 물리쳤다

재위 13년, 기원전 108년(계유)에
한나라 유철*이 평나*를 침범하여 우거를 멸하였다.
그리고는 그곳에 4군을 설치하려고 군대를 크게 일으켜
사방으로 쳐들어왔다.
이에 고두막한*이 나라를 구하려고 의병을 일으켜
이르는 곳마다 한나라 도적을 격파하였다.

구려하九黎河: 현 요하의 옛 이름이다. 만주 남부 평원을 관통하는 전장 약 1,400킬로미터의 하천이다.

좌원坐原: 요하의 서쪽 대릉하大凌河 상류 능원현凌源縣 지역으로 추정된다.

목책木柵: 나무로 만든 울타리.

유철劉徹: 전한前漢의 7세 황제인 무제. 흉노, 위만조선 등을 멸망시켜 중국 역사상 가장 넓은 영토를 가졌다.

평나平那: 지금의 하북성 창려이다.

고두막한: 동명왕. 졸본에서 동명국(졸본부여)을 세우고 임금으로 즉위하였다. '동명東明'은 고두막한의 호이다.

여기가 요하야.
요나라가 들어서기 전까지는
구려하 또는 고구려하라고
불렸대.

이렇게 드넓은 땅이
우리 땅이었다는 게 실감이 안 나.
이런 자랑스러운 역사를
학교에서는 왜
가르쳐 주지 않는 거지?

유민流民: 고향을 떠나 이곳저곳으로 떠도는 사람.

이때 유민들*이 사방에서 호응하여 전쟁을 지원하니
군사들이 기세를 크게 떨쳤다.

재위 34년, 기원전 87년(갑오) 10월에
동명국 고두막한이 사람을 보내어 고우루 단군께 고하였다.

"나는 천제의 아들이다.
장차 내가 여기에 나라를 세워 도읍하려고 하니
임금은 이곳을 떠나도록 하시오."

한나라 무제가 위만정권을 침략하였다

고리국 북부여 송화강
서압록 ●백악산(장춘)
난하 구려하 ●장당경(개원)
(요수) 위만정권
조백하 ●백랑산
(패수) 북경 왕험성
(창려/평나)
연燕 발해 최씨 낙랑국
평양
한漢 제齊 남삼한
좌장군 순체(육군) 누선장군 양복(수군)

이에 임금께서 난감하여* 괴로워하셨다.

이 달에 고우루 단군께서 근심과 걱정으로 병을 얻어 붕어하셨다.

아우 해부루가 즉위하셨다.

❁난감難堪하다: 이러지도 못하고 저러지도 못하며 감당하기 어렵다.

다 함께 암송하기

아시천제자我是天帝子라
나는 천제의 아들이다.

我 나 아 是 이 시 天 하늘 천 帝 하느님 제
[천제: 삼신상제] 子 아들 자

한나라 무제가 자꾸 쳐들어오자 동명왕 고두막한이 의병을 일으켜 한나라를 물리치고 쇠약해진 북부여를 부흥시키려고 단군께 물러나시기를 청한 것이란다.

단군조선 유민들이 남으로 내려와 남삼한을 세웠다

고리국

북 부 여

가섭원부여
(동부여) 송화강

서압록

●백악산(장춘)

난하
(요수)

장당경(개원)●

위만정권

●심양

●길림

조백하
(패수)

백랑산

●해성

●북경

●왕험성
(창려/평나)

최씨 낙랑국

발해

단군 탁의 이주로

●평양

남삼한

한漢

익산

진한

마한 변한

이렇게 해부루 임금이 가섭원으로 옮겨 가 가섭원부여(동부여)가 세워진 것이랍니다.

⊛**국상**國相: 나라(동부여)의 재상.

⊛**통하**通河: 만주 통하현.

⊛**가섭원**迦葉原: 지금의 만주 흑룡강성 통하현通河縣이다.

해부루의 가섭원부여 건국

동명왕이 군대를 보내어 계속 위협하므로
임금과 신하들이 몹시 난감하였다.
이때 국상* 아란불이 해부루왕에게 아뢰었다.

"통하* 물가에 가섭원*이란 곳이 있는데,
토양이 기름져서 오곡이 자라기에 적합하니 가히 도읍할 만한 곳입니다."

임금께 권유하여 마침내 도읍을 옮기니
이 나라를 가섭원*부여, 혹은 동부여라 한다.

가섭원(흑룡강성 통하)의 현재 모습이래.

북부여기北夫餘紀 하

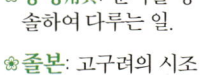

동명왕은
한 무제의 침략으로부터
나라를 구하겠다는 큰 뜻을 품고
졸본에 나라(동명국)를 세우셨다.
한 무제를 물리친 동명왕은
북부여를 통합하고
5세 단군으로 즉위하셨다.

5세 단군 고두막
동명왕 재위 22년
북부여 단군 재위 27년

동명왕 고두막한이 졸본에서 즉위하셨다

고두막 단군의 재위 원년은 단기 2226, 기원전 108년(계유)이다.

이때는 북부여 고우루 단군 13년이다.

임금께서 사람됨이 호방하고 재주와 덕이 뛰어나며 용병*을 잘 하셨다.

일찍이 북부여가 쇠하면서

중국 한나라 도적이 불길처럼 성하게 일어나는 것을 보시고

몹시 억울하고 분하게 여겨 세상을 구제하겠다는 큰 뜻을 세우셨다.

이에 졸본*에서 즉위하고

스스로 호를 동명이라 하셨다.

❀용병用兵: 군사를 통
솔하여 다루는 일.

❀졸본: 고구려의 시조
고주몽이 도읍한 곳
으로 광개토대왕비
문에 적힌 홀본忽本
이다. 학자들은 환인
지방으로 추정한다.

동명東明:
동녘 동東 자에 밝을 명明 자.
여기에도 삼신의 광명 사상이
들어 있어요.

다 함께 암송하기

즉위어졸본卽位於卒本하시고 자호동명自號東明하시니라.
졸본에서 즉위하시고 스스로 호를 동명이라 하셨다.

卽 곧 즉 位 자리 위 於 어조사 어 卒 군사 졸 本 근본 본 自 스스로 자
號 부를 호 東 동녘 동 明 밝을 명

어떤 사람은 이분을 고열가 단군(단군조선 47세)의 후예라 한다.

친히 한나라를 물리치셨다

재위 3년, 기원전 106년(을해)에

임금께서 스스로 장수가 되어 격문*을 돌리시니

이르는 곳마다 대적할 자가 없었다.

한 달이 채 안 되어 군사가 5천 명에 이르렀다.

싸울 때마다 동명왕을 멀리서 바라보기만 하여도

한나라 도적이 스스로 무너졌다.

임금께서 마침내 군대를 이끌고

구려하를 건너 계속 추격하여 요동 서안평*에 이르셨다.

그곳은 바로 옛 고리국 땅이다.

재위 22년, 기원전 87년(갑오), 이 해는 4세 고우루 단군 34년이다.

임금께서 장수를 보내어 배천*의 한나라 도적을 격파하게 하셨다.

이에 유민과 합세하여 가는 곳마다 한나라 도적을 연달아 쳐부수고

그 수비 장수를 사로잡았다. 방비를 갖추어 적을 막기에 힘썼다.

북부여의 국통을 계승하셨다

재위 23년, 기원전 86년(을미)에 북부여가 성읍을 바쳐서 항복하였다.

그리고 왕실만은 보존하여 달라고 여러 번 애원하였다.

고두막 단군께서 이를 들어 주시어

해부루의 관직과 작위를 낮추어 제후*로 삼아

❀ 격문檄文: 어떤 일을 여러 사람에게 널리 알려 부추기기 위한 글.

❀ 서안평西安平: 내몽고 임황臨潢으로 지금은 임동林東 또는 파림좌기巴林左旗라 한다.

❀ 배천裵川: 요녕성 안산 지역을 흐르는 강. 혼하, 요하의 지류.

❀ 제후諸侯: 일정한 영토를 차지하고 그 영내의 백성을 다스리던 우두머리.

차릉*으로 이주해 살게 하셨다.*

임금께서 북 치고 나팔 부는 악대를 앞세우고
무리 수만 명을 이끌고 도성(수도)에 입성하셨다.
나라 이름을 여전히 북부여라 칭하셨다.
가을 8월에, 한나라 도적과 여러 번 서압록하 강가에서 싸워
크게 승리를 거두셨다.

고주몽의 탄강

재위 30년, 단기 2255, 기원전 79년(임인) 5월 5일에
고주몽*이 차릉에서 태어났다.

재위 49년, 기원전 60년(신유)에 고두막 단군께서 붕어하셨다.
유명*에 따라 졸본천에 장사를 지냈다.
태자 고무서께서 즉위하셨다.

◈ 차릉岔陵: 차릉은 곧 가섭원으로 지금의 만주 흑룡강성 통하현通河縣이다.

◈ 차릉으로 이주하여 살다: 이로부터 가섭원부여가 시작되었다.

◈ 고주몽高朱蒙: 고추모. 고구려의 시조.

◈ 유명遺命: 죽기 전에 남긴 명령.

북부여기 하

부여 말로 '주몽'은 '활을 잘 쏘는 사람'이래요.

동명왕은 고주몽이 아니다: 흔히 고구려를 건국한 고주몽을 동명왕으로 잘못 알고 있다. 『삼국사기』, 『삼국유사』에 동명과 주몽을 같은 인물로 기록해 놓았기 때문이다. 그러나 '동명東明'은 졸본에서 동명국(졸본부여)을 세우고 즉위한 고두막한의 호이다. 그래서 고두막한을 '동명왕'이라고도 한다. 김천령(연산군 때의 문관)은 자신이 지은 부賦에서 "동명이 창업하고 주몽이 계승하였다."라고 하여, 동명과 주몽이 전혀 다른 인물임을 전하였다. 이 동명왕과 고주몽에 관한 진실이 『환단고기』에 분명하게 기록되어 있다.

6세 단군 고무서 재위 2년

덕을 갖추고 민심을 얻어 소해모수라 불림

고무서 단군의 재위 원년은 기원전 59년(임술)이다.

임금께서 졸본천에서 즉위하셨다.

남자 어른들과 더불어 백악산에 모여 규약을 정하고 천제를 지내셨다.

여러 가지 사례를 반포하여* 널리 행하게 하시니

안팎에서 모두 크게 기뻐하였다.

임금께서는 태어날 때부터 신령스러운 덕을 갖추시어

주문을 읽어 신비로운 도술로써 능히 바람을 부르고 비를 내리게

하셨다.

자주 곡식을 풀어 백성을 구휼하시니*

민심을 크게 얻어 소해모수라는 이름이 붙게 되었다.

이때 한나라 도적이 요하 동쪽*에서 분란을 일으키므로

여러 번 싸워서 승리를 거두셨다.

재위 2년, 기원전 58년(계해)에 임금께서 순행하시다가

영고탑에 이르러 흰 노루를 얻으셨다.

고주몽이 대통을 이었다

겨울 10월에 고무서 단군께서 붕어하셨다.

고주몽이 유명을 받들어 대통(제왕의 계통)을 이으셨다.

⚘반포頒布하다: 세상
에 널리 퍼뜨려 모두
알게 하다.

⚘구휼救恤하다: 재난
을 당한 사람이나 가
난한 백성에게 물품
을 주어 구제하다.

⚘요하遼河 동쪽: 난
하의 동쪽을 말한다.

환
단
고
기

이에 앞서, 고무서 단군에게는 대를 이을 아들이 없었다.
단군께서 고주몽이 보통사람이 아님을 알아보시고
공주를 아내로 삼게 하셨다.
이에 이르러 즉위하시니 나이 23세*였다.

주몽임금은 고두막 단군(동명왕)의 아들인 고무서 단군의 사위가 되어 대통을 이으셨어요.

스스로 천자라고 외친 고주몽

당시 동부여 사람들이 주몽을 죽이려 하므로
주몽이 어머니의 명을 받들어
오이, 마리, 협보* 세 사람과 친구의 의를 맺고 함께 길을 떠났다.

차릉수*에 이르러 강을 건너려 하는데 다리가 없었다.
뒤쫓아 오는 군사들에게 붙잡힐까 두려워하여 강에 고하였다.

"나는 천제(천상 상제님)의 아들이요, 하백의 외손자로
오늘 달아나는 길인데 쫓는 자가 다가오고 있으니 어찌하리까?"

그러자 물속에서 수많은 물고기와 자라가 떠올라
다리가 되어 주었다.
주몽이 강을 건너니 물고기와 자라는 곧 흩어졌다.

❀ **23세**: 앞에서 임인 (기원전 79)년에 태어났다고 했으므로 22세라야 맞다.

❀ **협보陜父**: 주몽을 도운 고구려의 창업 공신이며, 후에 일본 큐슈九州에 건너가 다파라국多婆羅國을 세웠다(『태백일사』 「고구려국본기」).

❀ **차릉수**: 광개토대왕 비문에는 엄리대수奄利大水라고 나와 있다. 중국 문헌에는 엄사수, 엄체수·시엄수라 하였는데, 지금의 송화강을 말한다.

다 함께 암송하기

고주몽高朱蒙이 이유명以遺命으로 입승대통入承大統하시니라.
고주몽이 유명을 받들어 대통을 이으셨다.

高 높을 고　朱 붉을 주　蒙 어릴 몽　以 써 이　遺 남길 유　命 명령할 명
入 들 입　承 이을 승　大 큰 대　統 거느릴 통

고주몽과 천자 나라 이야기

천자天子라는 말은 '하늘의 아들', '삼신상제님의 아들', '상제님의 대행자' 라는 뜻이다. 고구려를 세우신 고주몽은 "나는 천제(천상 상제님)의 아들이다." 라고 말했다. 이것이 광개토대왕의 비문에도 기록되어 있다.

중국 동한 사람 채옹(132~192)이 지은 『독단』이라는 책 상권에 "천자는 동이족 (우리 동방 한민족)이 부르던 호칭이다. 하늘을 아버지로 땅을 어머니로 하는 까닭에 천자라 부른다."라고 하였다.

한민족은 바로 삼신상제님의 광명[환단桓檀-밝을 환, 밝을 단]의 가르침을 받아 내려서 상제님을 대행하여 백성을 다스리며 살아 온 '천자 나라'의 주인인 것이다.

유리로 둘러싸인 광개토호태왕비.
주몽왕이 '나는 천제지자다' 라고 한 내용이
새겨져 있다. (왼쪽은 비석의 모습)

그런 셈이지. 중국은 자기들이 동방 천자 문화의 주인이라는 거야. 그들은 장차 세계 제 대국이 되려는 야욕을 갖고 있단다.

그런데 중국은 이 고구려 역사를 중국 역사라고 공식 발표했다면서요? 그럼 중국이 천자 나라라는 주장인가요?

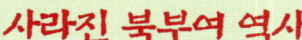

사라진 북부여 역사

2006년 5월~2007년 3월 사이에 방영된 MBC 드라마 〈주몽朱蒙〉은 많은 인기를 얻었다. 그러나 그 내용은 북부여와 동부여, 고구려 역사에 대한 잘못된 시각을 심어 주었다. 북부여를 세운 해모수가 동부여를 세운 해부루의 아들 금와(해모수의 5세 손)의 친구로 등장하는가 하면, 고구려를 세운 주몽(해모수의 5세 손)이 해모수의 아들로 묘사되었다. 이같이 잘못된 역사물이 나오게 된 것은 단군조선 이후 우리 역사에서 중요한 부분을 담당했던 북부여 역사가 사라졌기 때문이다. 『환단고기』 「북부여기」를 통해 그 진실을 알아본다.

부여의 기원

기원전 426년, 단군조선 43세 물리 단군 때였다. 근 2천 년 동안 광활한 대륙을 다스리며 한민족 역사에서 최전성기를 누리던 단군조선의 국력이 크게 쇠약해진 사건이 일어났다. 융안의 사냥꾼인 우화충이 스스로 장군이라 칭하고 수만 명을 모아서 반란을 일으킨 것이다. 단군께서 군사를 보냈으나 이기지 못하였다. 겨울이 되자 우화충은 도성을 포위하고 공격해 왔다. 단군께서는 피난길에 올랐다가 도중에 세상을 떠나고 말았다.

이에 백민성 욕살(지방장관) 구물이 천명을 받들고 병사를 일으켜, 이듬해(기원전 425) 마침내 우화충의 반란을 진압하였다. 그리고 백성의 추대를 받아 44세 단군으로 즉위하였다. 구물 단군은 국력 회복을 위해 국호를 '조선'에서 '대부여大夫餘'로 바꾸었다. '부여'는 '아침에 어둠이 걷히면서 먼동이 부옇게 밝아온다'는 뜻으로, 한민족의 광명 사상을 담고 있다. 본래 '부여'라는 이름은 초대 단군왕검이 넷째 아들인 부여를 서쪽 땅에 부여후로 봉하고 그곳을 부여라 부른 것에서 유래하였다.

구물 단군이 초대 단군 시절의 부여를 취하여 국호를 정한 것은, '단군조선 초기의 국력을 다시 회복하겠다'는 국가 재건과 쇄신에 대한 강력한 의지를 나타낸 것이다.

간추린 북부여 건국 역사

단군조선(대부여)의 마지막 단군인 47세 고열가 단군 시절, 나라가 기울어 가던 때에 고리국 출신의 종실宗室 해모수가 단군조선의 북녘 땅(만주)에 북부여를 건국하였다(기원전 239). 북부여란 '대부여의 북쪽에 세운 부여'라는 뜻이다.

이듬해에 고열가 단군은 나라를 다스릴 힘이 없음을 알고, 오가五加에게 새 단군을 천거할 것을 부탁하고 산으로 들어갔다. 이후 오가가 함께 나라를 다스리는 공화정이 실시되었다. 그로부터 6년 뒤, 해모수는 마침내 백악산 아사달을 점거하고 오가의 공화정을 철폐하였다. 그리고 백성의 추대를 받아 단군으로 즉위하였다. 이로써 북부여 중심의 새 역사가 시작되었다(기원전 232).

북부여는 초대 해모수 단군부터 6세 고무서 단군까지 182년(기원전 239~기원전 58)의 짧은 역사를 끝내고 고구려로 이어진다.

왜 북부여 역사가 사라진 것일까?

기원전 108년, 중국의 가장 강력한 군주 가운데 한 사람인 한나라 무제가 군사를 크게 일으켜 우거정권을 정복하고, 4군을 설치하고자 북부여를 침략하였다. 이에 고열가 단군의 후손인 동명왕 고두막한이 분연히 의병을 일으켜, 가는 곳마다 적들을 격파하였다. 그리하여 마침내 '단군조선의 전 영역을 수중에 넣고 군현을 설치하고자 한' 한 무제의 꿈을 무산시켰다.(이후 동명왕은 북부여 5세 단군으로 즉위한다)

그런데 한 무제의 사관으로서 이 전쟁 과정을 직접 지켜 본 사마천은 『사기』에 이 사실을 한 구절도 기록하지 않았다. 나아가 한 무제가 우거정권을 멸한 것을 마치 단군조선 전체를 정복한 것처럼 보이게 서술하였다. 한 무제가 동명왕 고두막한에게 대패한 치욕을 숨기고자 사마천이 의도적으로 북부여사를 누락시킨 것이다. 이후 거의 모든 역사책에서 북부여 역사가 사라져 버렸다.

그런데 고려와 조선 시대에 우리 사대주의 역사가들이 이것을 그대로 받아들였다. 일제 식민사학자들은 물론 우리나라 각 학교에서 역사를 연구하고 가르치는 사학자들도 그것을 아무런 비판 없이 받아들였다. 그 결과 180여 년에 걸친 북부여 여섯 분 단군의 역사가 완전히 증발되어 버렸다.

이 때문에 우리는 '위만정권이 망한 기원전 108년부터 대제국 고구려가 등장하는 기원전 58년까지 약 50년 동안' 동방 한민족에게 구체적으로 무슨 일이 벌어졌는지 알 수 없었던 것이다.

가섭원부여기

시조 해부루 재위 39년

해부루왕이 옮겨 간 동부여 수도 가섭원은 차릉

시조 해부루왕의 재위 원년은 단기 2248, 기원전 86년(을미)이다.
왕이 북부여(고두막 단군)의 제재를 받아 가섭원*으로 옮겨 살게 되
었다.

가섭원을 차릉이라고도 부른다.

이곳은 땅이 기름져서 온갖 곡식이 자라기에 적합하였는데,
특히 보리가 많이 났다.

또 호랑이, 표범, 곰, 이리가 많아 사냥하기에도 좋았다.

나라가 부유해지고 백성이 번성하였다

재위 3년, 기원전 84년(정유)에
국상 아란불에게 명령을 내려 구휼을 베풀었다.
멀고 가까운 곳에서 떠돌며 사는 백성들을 불러
위로하며 굶주리거나 추위에 떨지 않게 하였다.
또 밭을 나누어 주어 농사를 짓게 하였다.
그리하여 몇 해 지나지 않아 나라가 부유해지고
백성이 번성하였다.

❀**가섭원**: 해부루가
고두막(북부여 5세
단군)에게 나라(북부
여)를 넘기고 동쪽으
로 이주한 곳이다.
해부루는 동부여(가
섭원부여)의 시조이
다.

해부루왕이 세운 가섭원부여

또 때 맞추어 비가 내려서 차릉을 축축이 적시므로

백성들이 「왕정춘王正春」이라는 노래를 불러 임금을 찬양하였다.

고주몽 이야기

고주몽의 혈통

해부루왕 재위 8년, 단기 2255, 기원전 79년(임인)의 일이다.

이보다 앞서 하백*의 딸 유화*가 밖에 나가 놀다가

부여 황제의 후손인 고모수의 꾐에 빠졌다.

고모수는 강제로 유화를 압록강 변에 있는 궁실로 데려가 남 몰래

정을 통하고 하늘로 올라가서 돌아오지 않았다.*

유화의 부모는 중매도 없이 고모수를 따라간 것을 꾸짖고

유화를 먼 곳으로 쫓아 보냈다.

고모수의 본래 이름은 불리지이다.

어떤 사람은 불리지가 고진(북부여 2세 모수리 단군의 아우)의 손

자라 한다.

* **하백河伯**: 수신水神으로 인류가 태어난 지구의 자궁인 천해天海를 지키는 벼슬이다.

* **유화柳花**: 고주몽의 어머니.

* **하늘로 올라가서 돌아오지 않았다**: 고모수가 갑작스런 사고로 인해 죽은 것으로 보인다.

해부루왕은 유화를 보자 이상하게 여겨 수레에 태워 궁으로 돌아와 궁에서 나가지 못하게 하였다.

이 해 5월 5일, 유화 부인이 알 하나를 낳았는데 한 사내아이가 껍질을 깨고 나왔다.

이 아이가 바로 고주몽이다.

난생설화卵生說話: 고대에 영웅이나 나라를 세운 시조가 알에서 태어났다고 하는 이야기. 신라의 시조인 박혁거세와 석탈해 · 김알지 수로왕, 주몽의 탄생 이야기가 모두 난생설화다. 이것은 오랜 옛날 민족 신앙, 철학에서 비롯된 것으로, 특히 동북아시아 민족에게서 많이 볼 수 있다.

주몽의 어원

주몽은 골격이 뚜렷하고 늠름하며 위엄이 있었다.

나이 겨우 7세에 스스로 활과 화살을 만들어

백 번을 쏘면 백 번을 다 맞추었다.

부여 말에 '활 잘 쏘는 사람을 주몽이라' 하므로

이름을 그렇게 불렀다.

고진(해모수의 아들)의 손자인 고모수(불러지)의 아들이신데? '고주몽은 해모수의 현손이다'라고 고쳐야 해.

지금 초등학교 5학년 1학기 사회 책에 어떻게 되어 있는 줄 알아? '고구려를 세운 주몽은 하늘 신의 아들인 해모수와 물의 신 하백의 딸 유화 사이에서 태어났다'고 되어 있어.

해부루왕의 왕자 금와의 탄생

재위 10년, 기원전 77년(갑진)이었다.

해부루왕에게는 늙도록 대를 이을 아들이 없었다.

하루는 산천에 후사*를 내려 주시기를 기원하는 제사를 지냈다.

🌸 **후사後嗣**: 대를 이을 아들.

다 함께 암송하기

부여어夫餘語에 선사위주몽고善射爲朱蒙故로 이명운以名云이라.
부여 말에 활 잘 쏘는 사람을 주몽이라 하므로 이름을 그렇게 불렀다.

善 잘할 선 射 쏠 사 故 연고 고 云 이를 운

곤연*: 경박호鏡泊湖로 추정된다. 고사故史에는 홀한해忽汗海라 하였다. 지금의 흑룡강성 영안현寧安縣 서남쪽에 있다.

과인: 임금이 자기를 낮추어 이르는 말.

금와金蛙: 삼국유사에는 금와왕이 유화부인을 만나 주몽을 낳았다고 기록되어 있다.

엄리대수: 광개토대왕 비문에 '부여夫餘 엄리대수' 라고 분명히 기록했다. 그리고 여기서 부여는 북부여가 아니라 흑룡강성 통하현 지역에 위치한 동부여이므로, 엄리대수는 곧 만주 흑룡강성을 횡단하여 흐르는 송화강으로 추정된다.

훙서薨逝: 제후나 왕공, 귀인의 죽음을 이르는 말.

방물: 그 지방에서 나는 특별한 물건.

곤연*이라는 곳에 이르러 왕이 탄 말이 큰 돌을 보더니 그 앞에 마주 서서 눈물을 흘렸다.

왕이 괴이하게 여겨 사람을 시켜 그 돌을 굴려 보게 하였다.

그랬더니 거기에 한 아이가 있는데 금색의 개구리 모양이었다.

왕이 기뻐하며 말하였다.

"이것은 하늘이 과인*에게 대를 이을 아들을 내려 주신 것이로다."

그리고 아이를 거두어 길렀다.

이름을 금와*라 하고, 아이가 자라서 어른이 되자 태자로 삼았다.

고주몽이 동부여를 떠나 졸본에서 고구려를 세웠다

재위 28년, 기원전 59년(임술)에

동부여 사람들이 고주몽을 나라에 이롭지 않다고 여겨 죽이려 하였다.

이에 주몽이, 어머니 유화 부인의 명령을 받들어

동남쪽으로 달아나 엄리대수*를 건너 졸본천에 도착했다.

이듬해 새 나라를 여시니, 이분이 곧 고구려의 시조이시다.

재위 39년, 기원전 48년(계유)에 해부루왕이 훙서*하였다.

태자 금와가 즉위하였다.

2세 금와 재위 41년

금와왕의 재위 원년은 단기 2287, 기원전 47년(갑술)이다.

왕이 고구려에 사신을 보내 방물*을 바쳤다.

재위 24년, 기원전 24년(정유)에 유화 부인이 세상을 떠났다.
고구려에서 위병(경비병) 수만 명으로 호위하게 하여
영구*를 졸본으로 모셔 와 장사를 지냈다.
주몽 성제께서는 황태후*의 예로써 산릉(큰 무덤)에 모후를 모시고
그 곁에 사당을 지으라 명하셨다.

● 영구靈柩: 시체를 담은 관.

● 황태후: 황제의 어머니.

재위 41년 단기 2327, 기원전 7년(갑인)에 금와왕이 훙서하였다.
태자 대소가 즉위하였다.

> 금와왕도 고구려에 공물을 바쳤다니, 고구려는 초기부터 매우 강성했었나 봐.

가
섭
원
부
여
기

3세 대소 재위 28년

고구려에 크게 패하였다

대소왕의 재위 원년은
단기 2328, 기원전 6, 고구려 2세 유리명 열제* 14년,
을묘년이었다.
봄 정월에 왕이 고구려에 사신을 보내
왕자를 볼모*로 서로 바꾸자고 청하였다.
유리명 열제께서 대소왕의 태자 도절을 볼모로 삼으셨는데,
도절이 가지 않으므로 왕이 노하였다.
겨울 10월에, 왕이 군사 5만 명을 거느리고 졸본성을 쳐들어갔다.
그러나 큰 눈이 내려서 얼어 죽는 군사가 많아 물러났다.

재위 19년, 13년(계유)에 왕이 고구려를 침공하였다.

> 맞아! 그리고 고구려 임금은 열제, 태왕이라 하고 동부여 임금은 그냥 왕이라고 부르잖아. 고구려는 단군조선을 계승한 천자 나라이기 때문이야.

● 열제烈帝: '위대한 임금' 이라는 뜻으로, 고구려 역대 임금에 붙인 호칭이다.

● 볼모: 약속을 지키는 것에 대한 담보로 상대편에게 억류된 사람.

하지만 학반령 밑에 이르러 숨어 있던 적병을 만나 크게 패하였다.

대소왕의 죽음

재위 28년 22년, 고구려 대무신 열제 5년(임오) 2월에
고구려가 온 나라의 힘을 다하여 쳐들어왔다.
왕이 몸소 군사를 이끌고 나가 싸우는 중에
왕이 탄 말이 진구렁에 빠져서 나올 수가 없었다.
이때 고구려 상장군 괴유*가 곧장 나서서 대소왕을 죽였다.
부여군은 오히려 굴복하지 않고 고구려군을 여러 겹으로 에워쌌다.
마침 짙은 안개가 7일 동안 계속되자 구려 열제께서 밤을 틈타
비밀리에 군사를 움직여 포위망을 벗어나 샛길로 달아나셨다.

☀괴유怪由: 고구려 3세 대무신열제 때의 상장군. 『삼국사기』를 보면 키가 9척이나 되며 칼을 잘 쓴다고 하였다.

대소왕 아우의 갈사국 건설

여름 4월, 대소왕의 아우가 추종자 수백 명과 더불어 길을 떠나
압록곡에 이르렀다.
때마침 사냥을 나온 해두국 왕을 만나 그를 죽이고
그 백성을 자기 것으로 만들어 갈사수* 가로 달아나 나라를 세웠다.
그리고 스스로 왕이라 일컬었으니,
이 나라가 바로 갈사국(갈사부여)이다.

☀갈사수曷思水: 동만주 지방의 강으로 생각되나 어느 강인지 확실하지 않다. 우수리강烏蘇里江으로 보는 사람도 있다.

갈사국 도두왕이 고구려에 항복하였다

고구려 6세 태조무 열제 융무 16년(68년) 8월에 이르러

도두왕(갈사국 3세 왕)이
고구려가 날로 강성해지는 것을 보고
마침내 나라를 바치고 항복하였다.
이에 시조로부터 3세, 역년 47년 만에
나라가 없어지고 말았다.

이때 고구려 열제께서
도두를 우태*로 삼아 살 집을 주고
혼춘*을 식읍*으로 주어
동부여후*로 봉하셨다.

동부여에서 갈라져 나간 연나부부여와 갈사부여

대소왕 종제가 고구려에 투항하였다

이 해 가을 7월에 대소왕의 종제*가 백성들에게 이렇게 말하였다.
"우리 선왕(대소왕)께서 시해*를 당하시고 나라는 망하여 백성이 의
지할 곳이 없구나.
갈사국은 한쪽에 치우쳐 있어 안락하기는 하나 스스로 나라를 이루
기 어렵다.
나 또한 재주와 지혜가 부족하여 나라를 다시 일으킬 가망이 없으니
차라리 항복하여 살기를 도모하자."

그리고 드디어 옛 도읍의 백성 1만여 명과 함께
고구려에 항복하였다.

◈ 우태于台: 고구려의
벼슬 이름. 원래 부
족의 우두머리, 족장
을 의미하는 말로 고
구려의 5부를 각각
통할하는 직책으로
추정한다.

◈ 혼춘琿春: 만주 길림
성 연길시 동쪽에 있
다. 만주 말로 '변두
리 땅'이란 뜻이다.

◈ 식읍食邑: 왕족, 공
신, 대신들에게 특별
보상으로 주는 땅.

◈ 동부여후: 동부여
지역을 맡아 다스리
는 제후.

◈ 종제從弟: 사촌동생.

◈ 시해弑害: 부모나 임
금, 국가 원수가 남
에게 목숨을 잃는
것.

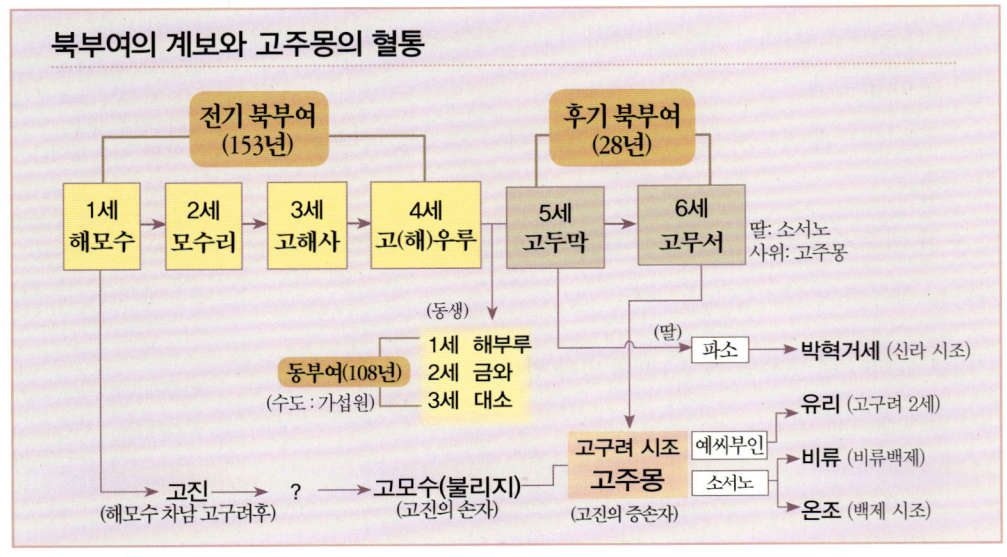

* **낙絡**: '띠를 두른다'는 뜻.

* **백랑산白狼山**: 지금은 백록산 또는 대양산이라 부르며, 몽골어로는 포호도라 부른다. 지금의 요령성 객좌현 성喀左縣城에서 남서쪽으로 26킬로미터 떨어진 대릉하 서쪽 강변에 있다. 주봉의 서쪽 분수령에 하얀 큰 돌이 있어, 멀리서 보면 주봉을 향해 동물이 걸어가는 것처럼 보인다고 해서 백랑산이라 불렀다.

이에 고구려에서는 그를 왕으로 봉하여 연나부에 살게 하였다. 또 그의 등에 띠 같은 무늬가 있어 낙* 씨 성을 내려 주었다.

그 후 차츰 자립하여 개원 서북에서 백랑산* 계곡으로 옮겨갔다. 그곳은 중국 연나라와 가까운 곳이었다.

마침내 연나부부여가 망하였다

고구려 21세 문자 열제 명치, 단기 2827년, 494년(갑술)에 이르러 나라가 고구려에 굴복하여 들어갔다. 연나부의 낙씨는 마침내 망하였다.

북부여의 계보와 고주몽의 혈통

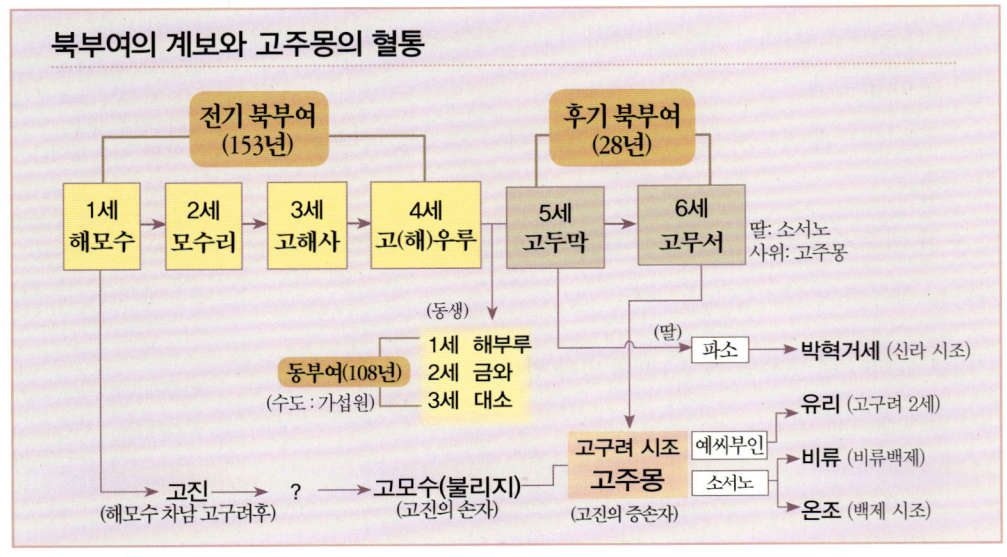

부여 역사의 흐름

두막루

흑룡강

눈수

동부여
(가섭원부여)
(기원전86~서기22)

우수리강

가섭원(통하)

갈사부여
(갈사국)
(서기22~68)

북부여
(기원전 239~86)

송화강

웅심산(서란)

수분하

서압록

연나부부여
(서부여)
(서기22~285)

대부여
(기원전 425~238)

◎ 창당경(개원)

동부여후
(서기 68)

훈춘

난하
(요수)

(서기285~494)

졸본부여(후북부여)
(기원전108~58)

졸본卒本(환인)

패수
(조하)

백랑산

◎북경

◎평양

황하

백제(남부여)
(서기538 남부여로 국호변경)

태산

부여

대 부 여
(고조선)
44세 구물단군
│
북 부 여
해모수
│
졸 본 부 여
(동명부여)
고두막한
│
고 구 려
고주몽

동 부 여
(가섭원부여)
해부루
│
갈사부여

연나부부여
(서부여)

남 부 여
(백제)
성왕

대 진 국
(발해)
대조영

2,100년 전 한사군은 실제로 있었을까

조선 역사가 위만조선에서 시작되었다고 조작한 일본은 거기에 한사군 역사까지 덧붙여 조작하였다. 즉, '위만이 번조선을 차지한 지 86년 뒤인 기원전 108년에, 한 무제가 위만의 손자 우거를 멸하고 그 자리에 한사군을 건설했다. 그리고 그 위치는 요서 지역이 아니라 한반도 평양 주변이었다'는 것이다. 그 진실은 무엇일까?

한사군에 대한 기록은 사마천의 『사기』「조선열전」에 가장 먼저 나온다. 그 내용을 간추리면, 한 무제는 한나라를 괴롭혀 온 흉노를 약 10여 년에 걸쳐 무력화시킨 뒤 우거 정권을 침공하였다. 한 무제는 누선장군(수군) 양복楊僕과 좌장군(육군) 순체荀彘를 전장으로 내보냈다. 그러나 그들은 전공戰功에 대한 욕심으로 암투와 질시 속에 개별적으로 전투를 벌였다. 이 한나라 장수들의 반목을 이용하여 우거정권이 방어에 성공함으로써 전쟁은 쉽게 끝나지 않았다. 전쟁이 오래 지속되자 우거정권 내부에서 반란이 일어났다. 바로 번조선 유민들이 반기를 든 것이다. 우거정권에서 벼슬을 하던 왕겹王唊, 한음韓陰, 니계상尼谿相 삼參, 노인路人 등 번조선 유민들은 우거를 살해하고 한나라에 투항하였다. 이리하여 위만정권이 멸망하였다. 그 결과, 전쟁에 참여했던 한나라 장수들은 사형을 당하거나 서민으로 강등되었다. 그리고 전공을 세운 번조선의 인물들은 모두 제후諸侯로 봉해졌다. 이에 대해 사마천은 "드디어 조선을 평정하고 4군을 두었다. 삼參은 홰청후에, 음陰은 추저후에, 겹唊은 평주후에, 장長은 기후에, 최最는 부친이 죽었으나 자못 공이 있으므로 온양후에 봉했다."라고 하였다. 『사기』의 한사군에 대한 기록은 이것이 전부이다.

그런데 이 기록에 모순이 있다. 즉, 4군을 두었다고 하면서 실제로는 군이 아닌 다섯 개 제후국을 열거하였다. 또 그 책임자가 모두 우거정권을 멸망시킨 번조선인이다. 그 위치도 일제가 주장하는 대동강 일대가 아니라 현재의 산동성 중북부과 하북성 남동부였다. 여기 어디에 한사군의 이름이 나오는가?

『사기』의 저자 사마천은 종군하며 한 무제의 침략 전쟁을 직접 지켜 본 사람이다. 그

런 사마천도 언급하지 않은 한사군의 이름은 그로부터 180년 후에 쓰인 반고의 『한서
漢書』에 낙랑, 임둔, 진번, 현도라는 이름으로 처음 나온다. 하지만 여기에도 한사군의
실체에 대한 명확한 기록은 없다.

일본은 사실 여부도 불분명한 이 한사군을 한반도에 있었다고 꾸며댔다. 그리고 그 증
거 유물로 1913년에 평안도에서 발굴하였다는 점제현신사비秥蟬縣神祠碑를 제시하였다.
『한서』「지리지」에 낙랑군의 속현으로 점제현이 나온다. 바로 그 점제현의 우두머리가
산신제를 지낸 내용이 새겨진 비석이 평안도 용강군(현 온천군)에서 나왔으니, 한사군
은 분명히 한반도에 있었다고 주장한 것이다. 사방이 탁 트인 평야 지대에 2천 년 동안
서 있었다는 비석을 그 때까지 아무도 본 적이 없었다. 그런데 희한하게도 일본 식민
학자 이마니시 류가 단번에 발견하여 근거로 제시한 것이다. 단재 신채호 선생의 말과
같이, '귀신도 못 하는 땅 뜨는 재주를 부린 것'이다.

그러나 최근 비석의 화강암 재질을 분석한 결과, 그들이 제시한 점제현신사비는 위조
된 유물임이 드러났다.

그럼에도 한국 강단사학계는 일본 식민사학에 의해 조작된 이 한사군을 확고부동한
역사의 진실로 말할 뿐 아니라, 그 위치를 '낙랑-대동강 유역, 현도-압록강 중류, 진번-
황해도, 임둔-함경남도'라 하였다. 지금도 역사 교과서에 "고조선이 멸망하자 한은 고
조선의 일부 지역에 군현을 설치하여 지배하고자 하였으나, 토착민의 강력한 반발에
부딪혔다. 그리하여 그 세력은 점차 약화되었고, 결국 고구려의 공격을 받아 소멸되었
다."라고 서술되어 있다.

『환단고기』「북부여기」에 그 진실이 명확하게 나온다. '한 무제가 우거를 멸하더니
그곳[북부여]에 4군을 설치하려고 군대를 일으켜 쳐들어왔다. 이에 북부여의 고두막한
이 분연히 의병을 일으켜 한나라를 격파하였'고! 이것으로 볼 때, 한사군은 한 무제
가 계획한 머릿속 군현이었을 뿐 결코 설치된 적이 없었다. 그 때문에 사마천이 한사
군에 대해 구체적으로 기록하지 못한 것이다. 결론적으로, 한사군은 일제가 조선 지배
를 합리화하기 위해 조작한 이야기일 뿐이다. 이것이 한사군의 진실이다.

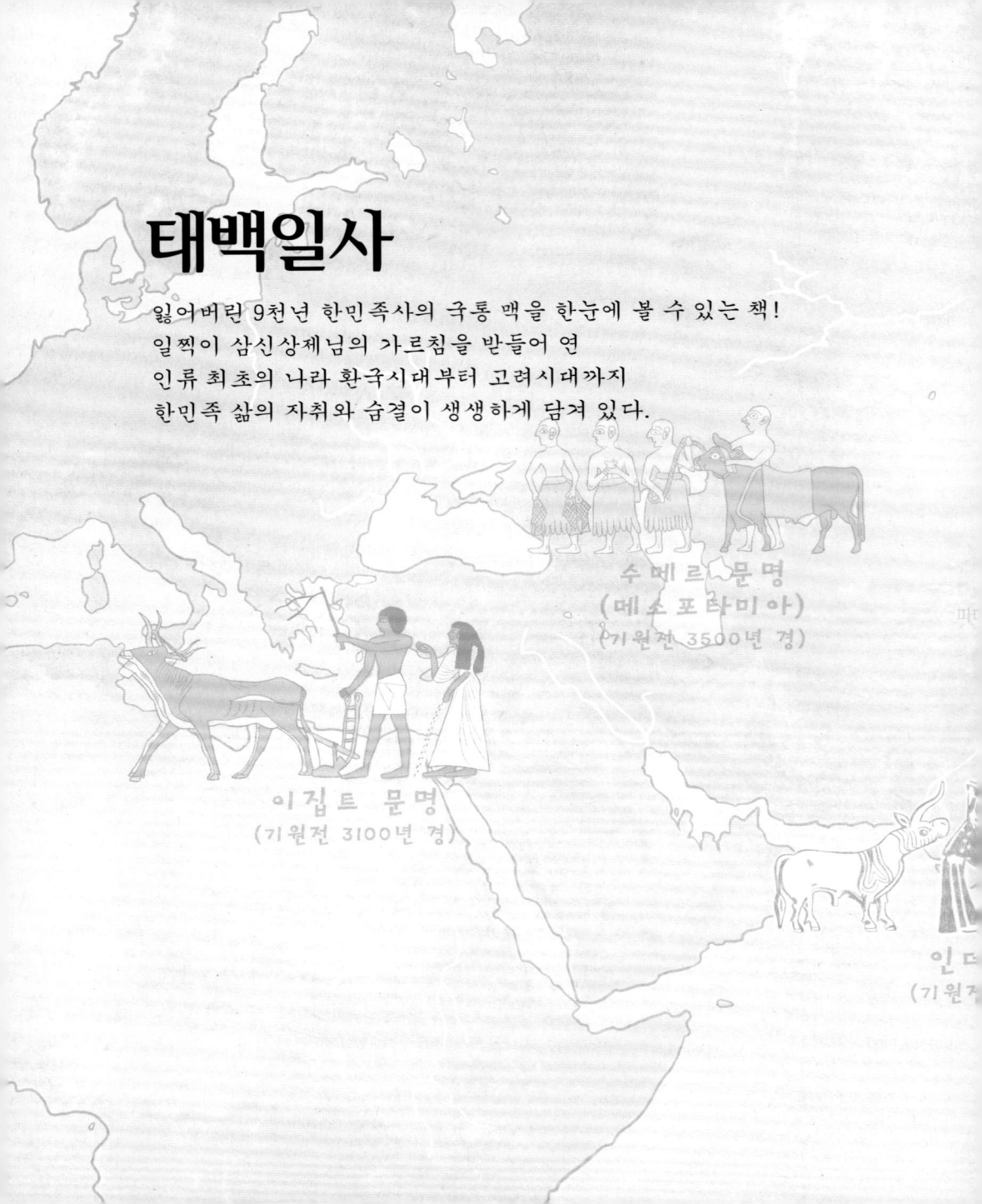

태백일사

잃어버린 9천년 한민족사의 국통 맥을 한눈에 볼 수 있는 책!
일찍이 삼신상제님의 가르침을 받들어 연
인류 최초의 나라 환국시대부터 고려시대까지
한민족 삶의 자취와 숨결이 생생하게 담겨 있다.

수메르 문명
(메소포타미아)
(기원전 3500년 경)

이집트 문명
(기원전 3100년 경)

인디
(기원저

태백일사
太白逸史

일십당 주인一十堂主人 이맥李陌 찬撰

삼신오제본기
환국본기
신시본기
삼한관경본기
소도경전본훈
고구려국본기
대진국본기
고려국본기

삼신오제본기

三神五帝本紀

- **삼신三神:** 하느님[일신]께서 만물을 낳으시고(조화), 가르쳐 기르시고(교화) 다스리시는(치화) 세 손길로 작용을 하시므로 '삼신', 또는 '삼신 하느님', '삼신상제님' 이라 부른다. 하늘과 땅과 인간을 다스리시는 통치자 하느님이시다.

- **오제五帝:** 삼신상제님의 명으로 사계절의 변화를 주관하시는 천상의 다섯 임금. 흑제黑帝는 겨울, 적제赤帝는 여름, 청제靑帝는 봄, 백제白帝는 가을, 황제黃帝는 여름과 가을이 바뀌는 하추교역기를 각각 주관하신다.

『삼신오제본기』에는 삼신상제님께서 어떻게 하늘과 땅과 인간을 다스리시는지, 한민족은 삼신상제님의 뜻을 받들어 어떻게 나라를 열고 다스렸는지, 그 내용이 상세히 기록되어 있다.

❀ 표훈천사表訓天詞: 표훈表訓은 『해동고승전』에 나오는 신라 십성十聖(아도·안함·의상·원효 등)의 한 사람으로 경덕왕 때 불국사 주지였다.

❀ 대시大始: 태시太時와 같은 말. 하늘과 땅이 처음 열릴 때.

❀ 삼신三神: 이때 삼신은 우주의 주재자로서 상제님을 말한다.

삼신상제님의 조화권능

대광명으로 계신 삼신상제님

『표훈천사』*에 이렇게 기록되어 있다.

"대시*에 상하(위아래)와 사방(동서남북)에는 일찍이 어둠이 보이지 않았다. 언제나 오직 한 광명뿐이었다.

천상 세계에 '문득' 삼신*이 계셨으니 곧 한 분 상제님이시다.

주체는 일신[한 분 하나님]이시다.

그러나 각기 다른 신이 있는 것이 아니요, 작용하심으로 보면 삼신이시다.

삼신상제님은 조화로써 만물을 빚어 내시고 헤아릴 수 없는 지혜와 능력으로 온 세상을 다스리신다.

하지만 그 형체를 드러내지 않으신다.

조물주 하느님이신 삼신은 본래 한 분[일신]이신데, 이 한 분이 조화, 교화, 치화의 세 손길로 작용을 하신단다.

그래서 이 우주를 맡아 다스리시는 한 분 하느님을 동방 한민족은 예로부터 삼신하느님, 삼신상제님이라고 불러 왔단다.

다 함께 암송하기

주체즉위일신主体則爲一神이시나, 비각유신야非各有神也시며
작용즉삼신야作用則三神也시니라.

주체는 한 분이시다. 그러나 각기 따로 신이 있는 것이 아니라
작용하심으로 보면 삼신이시다.

主 주인 주 体 몸 체 則 곧 즉 爲 할 위 一 한 일 神 귀신 신 非 아닐 비
各 각기 각 有 있을 유 也 어조사 야 作 지을 작 用 쓸 용 三 석 삼

가장 높고 높은 하늘에 앉아 계시는데
그곳은 너무나 멀고 멀어 알 수 없는 곳이다.

삼신상제님은 항상 광명을 크게 내보내신다.
신비하고 묘한 기운을 크게 일으키며
상서로운 기운을 크게 내리신다.
기를 불어넣어 만유를 감싸고,
열을 내뿜어 만물의 씨앗을 자라게 하신다.
신명*들로 하여금 당신(삼신상제님)의 명령을
집행하게 하여 세상일을 다스리신다.

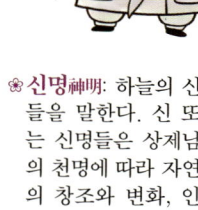

상제님이 신명들에게 명령을
내리시면 신명들이 그것을 집행하지. 그리고
사람은 그 신명을 좇아서 일을 하게 되는 거야.
사람이 하는 일은 무엇이든 신명이 먼저
행하고서 하는 것이란다.

그래서
동방 한민족은 예로부터
상제님과 천지신명을
함께 받들어 왔단다.

삼신상제님께서 내신 신령스러운 다섯 기운과 그 사명

태수의 방위와 맡은 일

삼신상제님께서
태초에 기氣가 있기 전에 처음으로 물 기운[태수太水]를 내셨다.
이 태수*로 하여금 북방北方에 자리잡고
삼신상제님의 명을 맡아 흑색(검은색)을 주관하게 하셨다.

태화의 방위와 맡은 일

생명의 기틀이 있기 전에 처음으로 불 기운[태화太火]를 내셨다.
이 태화*로 하여금 남방南方에 자리잡고
삼신상제님의 명을 맡아 적색(붉은색)을 주관하게 하셨다.

❀**신명**神明: 하늘의 신
들을 말한다. 신 또
는 신명들은 상제님
의 천명에 따라 자연
의 창조와 변화, 인
간 역사의 흐름을 이
끌어 간다.

❀**태수**太水: 최초로 생
겨난 물 기운.

❀**태화**太火: 최초로 생
겨난 불 기운.

삼
신
오
제
본
기

태목의 방위와 맡은 일

생명의 바탕이 있기 전에 처음으로 나무 기운[태목太木]를 내셨다.

이 태목*으로 하여금 동방東方에 자리잡고

당신의 명을 맡아 청색(푸른색)을 주관하게 하셨다.

태금의 방위와 맡은 일

생명의 형상이 있기 전에 처음으로 금 기운[태금太金]를 내셨다.

이 태금*으로 하여금 서방西方에 자리잡고

당신의 명을 맡아 백색(흰색)을 주관하게 하셨다.

태토의 방위와 맡은 일

이 네 기운을 조화시킬 주체가 있기 전에

처음으로 중성*의 조화 기운인 흙 기운[태토太土]을 내셨다.

이 태토*로 하여금 한가운데에 자리잡고

태수太水, 태화太火, 태목太木, 태금太金, 태토太土[오령五靈]: 오행五行의 개념을 넘어 천지 조화의 성령을 말한다. 동방의 오행 사상의 뿌리를 여기서 찾을 수 있다.

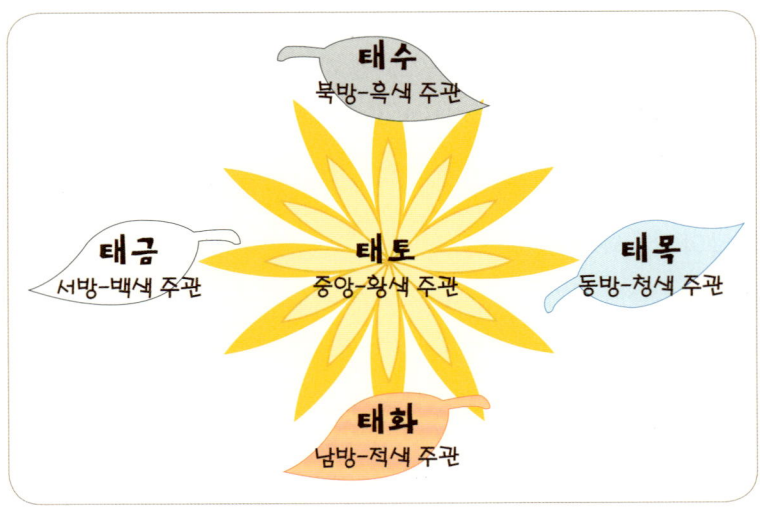

환단고기

당신의 명을 맡아 황색(노란색)을 주관하게 하셨다.

천하대장군, 지하여장군의 사명

이에 천하에 두루 계시며 다섯 임금[오제]이 맡은 사명을 주관하시는 분은 천하대장군*이시고

지하에 두루 계시며 다섯 성령*[오령]이 이루는 공덕을 주관하시는 분은 지하여장군이시다.

삼신과 오제와 오령이 맡으신 일

삼신께서 맡으신 일

곰곰이 생각해 보건대,

삼신은 천일天一과 지일地一과 태일太一*이시다.

천일은 만물을 낳는 조화를 주관하신다.

지일은 만물을 기르는 교화를 주관하신다.

태일*은 세계를 다스리는 치화를 주관하신다.

❀ **천하대장군**: 천상 신명계 신병神兵의 총 책임자이다. 우리 민족은 악귀와 재앙을 쫓는 수호신으로 마을 어귀에 천하대장군과 지하여장군 장승을 세웠다. 이 풍속은 인디언과 중남미 문화에서도 발견된다.

❀ **성령聖靈**: 지극히 신령스러운 조화의 영체.

❀ **태일太一**: 여기서는 태일신을 뜻한다.

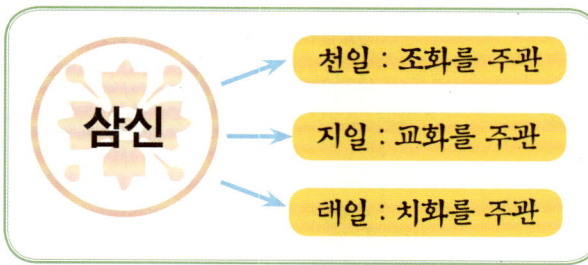

천일天一 지일地一 태일太一: 하늘(천)과 땅(지)과 인간(인)은 한 분 삼신에게서 나왔으므로 각각 한 일一 자를 붙인다. 이때 인간은 인일이라 하지 않고 클 태太 자를 붙여 태일이라 한다. 그것은 인간이 천지 부모의 뜻과 이상을 실현하는 주체로서 천지보다 더 크고 존엄하기 때문이다.

삼신 → 천일 : 조화를 주관
삼신 → 지일 : 교화를 주관
삼신 → 태일 : 치화를 주관

다섯 임금[오제]께서 맡으신 일

곰곰이 생각해 보건대, 다섯 임금*은

흑제와 적제와 청제와 백제와 황제이시다.

흑제黑帝는 겨울의 숙살*을 주관하신다.

적제赤帝는 여름의 빛과 열기를 주관하신다.

청제靑帝는 봄의 낳고 기르는 일을 주관하신다.

백제白帝는 가을의 성숙*을 주관하신다.

황제黃帝는 하·추 교역기에 조화*를 주관하신다.

다섯 성령이 맡으신 일

곰곰이 생각해 보건대, 다섯 성령은

태수와 태화와 태목과 태금과 태토이시다.

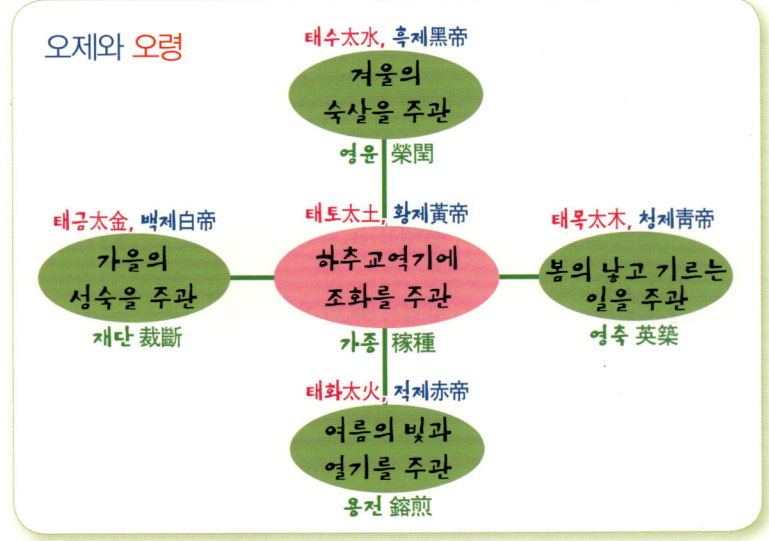

오제와 **오령**

태수太水, 흑제黑帝
겨울의
숙살을 주관
영윤 榮閏

태금太金, 백제白帝
가을의
성숙을 주관
재단 裁斷

태토太土, 황제黃帝
하추교역기에
조화를 주관
가종 稼種

태목太木, 청제靑帝
봄의 낳고 기르는
일을 주관
영축 英築

태화太火, 적제赤帝
여름의 빛과
열기를 주관
용전 鎔煎

태수는 영윤榮潤(번영과 윤택함)을 주관하시고,

태화는 용·전鎔煎(주조)을 주관하시고,

태목은 영축營築(건축)을 주관하시고,

태금은 재단裁斷(마름질)*을 주관하시고,

태토는 가종稼種(농사)을 주관하신다.

다섯 임금과 다섯 성령을 부리시는 삼신상제님

그리하여 삼신께서 다섯 방위의 주재자인 다섯 임금을 거느리시고
저마다 맡은 사명을 두루 펴도록 명령하셨다.

그리고 다섯 성령에게

만물을 내어 기르는 조화 작용을 열어서 공덕을 이루게 하셨다.

하루, 일 년이 이루어지는 바탕

이에 사람들이 태양이 운행하는 것*으로 낮을 삼고, 달이 운행하는
것으로 밤을 삼으며, 별의 역수를 측정하고 추위와 더위(겨울과 여
름)를 기준으로 1년을 삼았다. (어장에서는 배를 띄워 바다를 지키
고, 농장에서는 수레를 타고 나가서 땅을 지켰다.*)

다 함께 암송하기

일행위주日行爲晝하고 월행위야月行爲夜하며
후측성력候測星曆하고 한서기년寒暑紀年하니라.
태양이 운행하는 것으로 낮을 삼고 달이 운행하는 것으로 밤을 삼으며,
별의 역수를 살피고 추위와 더위를 기준으로 1년을 삼았다.

日 태양 일　行 다닐 행　爲 삼을 위　晝 낮 주　月 달 월　夜 밤 야　候 기후 후
測 잴 측　星 별 성　曆 책력 력　寒 추위 한　暑 더위 서　紀 벼리 기　年 해 년

❀재단裁斷: 지구와 우
주의 1년 중 가을철
에는 천지에서 숙살
기운을 내려친다. 그
리하여 모든 생명의
성장 과정을 마무리
짓고 열매를 맺게 한
다. 이것이 '재단'의
속뜻이다.

❀운행하다: 궤도를
따라 운동하다.

❀밤과 낮, 1년 운행을
따라서 사람들이 고
기 잡고 농사를 지었
다는 뜻이다.

만물의 창조 원리 : 삼신일체의 도

위대하도다!

삼신일체*가 만물 창조의 원리가 되고,

만물의 원리가 덕과 지혜와 창조의 힘이 됨이여!

위대하도다!

삼신일체의 원리가 세상에 가득 참이여!

현묘하도다!*

삼신일체 원리의 불가사의한* 운행이여!

만물이 각기 수*를 머금고 있지만

반드시 그 수만으로 만물의 무궁한 신비를 다 밝힐 수 없다.

만물이 각기 변화의 원리를 머금고 있으나

그 원리가 반드시 만물의 신비를 다 밝혀 낼 수 없다.

만물이 각기 조화의 창조력을 머금고 있으나

그 창조력만으로 만물 속에 깃든 오묘함을 드러낼 수 없다.

만물이 각기 끊임없이 생성되고 있으나

그 무궁한 생성만으로 만물의 조화를 다 헤아릴 수 없다.

다 함께 암송하기

삼신일체지위서물원리三神一體之爲庶物原理하고
이서물원리지위덕위혜위력야而庶物原理德爲慧爲力也여!

삼신일체가 만물 창조의 원리가 되고
만물의 원리가 덕과 지혜와 창조의 힘이 됨이여!

庶 무리 서 物 물건 물 서물=만물 原 근원 원 理 다스릴 리 慧 지혜 혜

삼신상제님과 인간의 삶

인간과 만물이 존재하는 원리

삶과 죽음의 관계

세상에 머무름이 생명이요,

하늘로 돌아감이 죽음*이다.

죽음이란 영원한 생명의 근본이다.

그러므로 죽음이 있으면

반드시 생명이 있고,

생명이 있으면 반드시 이름이 있다.

이름이 있으면 반드시 말이 있고 말에는 반드시 행동이 뒤따른다.

살아 있는 나무에 비유한다면

뿌리가 있으면 반드시 싹이 트고, 싹이 트면 반드시 꽃이 피고,

꽃이 피면 반드시 열매를 맺고,

열매를 맺으면 반드시 쓰임이 있는 것과 같다.

태양의 운행에 비유해 보면,

밤의 어둠이 있으면 반드시 낮의 밝음이 뒤따르고,

대낮의 광명이 비치면 반드시 만물을 볼 수 있고,

만물을 볼 수 있으면 반드시 어떤 일을 하게 되고,

일을 하게 되면 반드시 공을 이루게 되는 것과 같다.

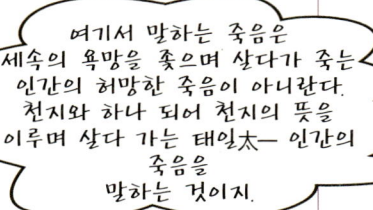

여기서 말하는 죽음은 세속의 욕망을 좇으며 살다가 죽는 인간의 허망한 죽음이 아니란다. 천지와 하나 되어 천지의 뜻을 이루며 살다 가는 태일太— 인간의 죽음을 말하는 것이지.

삼신오제본기

인간의 영혼은 육체와 하나가 되어 함께 진화한단다. 수행을 해서 영대가 트여 삼신의 광명을 체험하는 순간 인간의 영은 우주의 영과 하나가 되는 거야.

그래서 수행을 해야 하는 거구나

❀**개벽**開闢: 우주의 시작을 뜻한다.

❀**진화**進化: 점점 나은 쪽으로 변화하는 것.

❀**순환**循換: 한 바퀴 돌아 다시 시작하는 식으로 운동하고 변화하는 것.

❀**집일함삼**執一含三: 조화·교화·치화의 세 가지 창조 정신을 머금고 있는 일신의 조화 정신을 말한다. 첫째, 조화는 만유의 생명을 창조하는 정신이고 둘째, 교화는 창조한 만물을 기르고 가르치는 정신이고 셋째, 치화는 인간과 만물을 주재하여 통치하는 정신이다.

만물의 존재 원리: 개벽, 진화, 순환

그러므로 무릇 천하의 만물은 이렇게 개벽*을 따라서 생존하고

진화*를 따라 존재하며 순환*을 따라 살아 있다.

삼신은 어떻게 존재하시는가

오직 생명의 으뜸 되는 '기'와 '지극히 오묘한 신'은

스스로 하나[일기一氣]를 잡아 셋[삼신]을 품고 있는[집일함삼]*

충만한 대광명을 가지신 분이다.

그래서 삼신이 머무르면 만물이 존재하고

삼신을 느끼면 응하신다.

삼신이 오심은 홀연하여 시작함이 없고

가시는 것은 자취가 없으니 끝남이 없다.

하나[일기]로 관통하였으나 형체가 없고

만물을 이루되 소유하지 않으신다."

다 함께 암송하기

통어일이미형通於一而未形하며 성어만이미유成於萬而未有하나니라.
하나[일기]로 관통하였으나 형체가 없고,
만물을 이루되 소유하지 않으신다.

通 통할 통 於 어조사 어 而 말 이을 이 未 아닐 미 形 형상 형
成 이룰 성 萬 일만 만 有 있을 유

생명의 3관과 3방과 3문

만유를 지으신 삼신상제님

『대변경』*에 이렇게 기록되어 있다.

"오직 하늘의 한 분 주재신[상제님]이 깊고 깊은 하늘에 계신다.
상제님께서 하늘·땅·인간의 웅대함[삼대三大]과
하늘·땅·인간의 원만[삼원三圓]하여 거리낌이 없음(원융무애)과
하늘·땅·인간의 하나 됨[삼일三一]을 삼신의 근본 법도로 삼으셨다.
이를 영원무궁토록 세계의 모든 백성에게 크게 내리시니,
만유는 오직 삼신상제님께서 지으신 것이다.

일체 관계를 영원히 유지하지 못하는 심기신

'마음과 기운과 몸[심기신心氣身]'은 반드시 서로 의지해 있으나,
영원토록 서로 지켜 주는 것은 아니다.
'영식*과 지식*과 의식*[영지의靈智意]'이라는 세 가지 앎의 작용[삼식]은 영혼과 각혼*과 생혼*(생활하는 힘)[삼혼]을 생성한다.
그러나 이 또한 세 가지 앎의 작용에 뿌리를 두고 뻗어 나간다.

감식촉 작용은 어떻게 일어나는가

생명의 집인 육신과 목숨과 혼이 주위 환경과 부딪히면
사물과 접촉하는 경계를 따라서
'느낌과 호흡과 촉감[감식촉感息觸]' 작용이 일어난다.
그리고 세 가지 참됨[삼진, 성명정]과

◈『대변경大辯經』: 우주의 진리(삼신의 우주 정신과 역사 정신의 대의를 대변한 경전이다. 고려 때 서운관書雲觀에 보관되어 있었으나 지금은 전하지 않는다.

◈영식靈識: 삼신의 성령으로 만물의 참모습을 환히 아는 것.

◈지식智識: 지혜로써 아는 것.

◈의식意識: 대상을 인식하여 아는 것.

◈각혼覺魂: 느껴서 깨닫는 혼.

◈생혼生魂: 생활하는 힘.

삼신오제본기

세 가지 허함[삼망, 심기신]이 서로 이끌어
세 길[삼도, 감식촉]이 갈라진다.

인간과 만물 생명의 생성과 소멸

그러므로 삼진의 작용으로 영원한 생명이 열리고,
삼망으로 생명의 소멸이 이루어진다.
이러하니 인간과 만물의 생명은 모두
진리의 한 본원 자리에 뿌리를 내리고 있는 것이다.

도통하는 길

성명정을 굳게 지켜라

'성품[성]과 목숨[명]과 정기[정]'는
인간이 신과 하나가 되기 위해 반드시 굳게 지켜야 할
'세 관문[삼관]*'이다.
관문이란 신을 지켜 내는 가장 중요한 길을 말한다.

다 함께 암송하기

성명정性命精은 위삼관爲三關이오
심기신心氣身은 위삼방爲三房이오
감식촉感息觸은 위삼문爲三門이라.

성명정은 삼신과 하나 되기 위해 지켜야 할 세 관문이고,
심기신은 조화를 짓는 삼신이 머무시는 방이며,
감식촉은 삼신의 조화의 세계로 들어가는 세 문이다.

性 성품 성 命 목숨 명 精 정기 정 三 석 삼 關 빗장 관 心 마음 심
氣 기운 기 身 몸 신 房 방 방 感 느낄 감 息 숨쉴 식 觸 닿을 촉 門 문 문

*삼관三關: 성명정은
내 신명을 지켜 내는
절대적인 관문이므
로 삼관이라 한다.
관關은 빗장 관 자이
다.

환단고기

성품은 타고난 목숨과 분리될 수 없고
목숨은 타고난 성품과 분리될 수 없으니
성과 명의 중심에 정기가 있다.

신이 머무는 세 방, 마음과 기운과 몸

'마음[심]과 기운[기]과 몸[신]' 은
삼신이 머무는 '헤아릴 수 없이 묘한
세 방[삼방]*이다.
방房이란 변화를 지어내는 근원을 말한다.
기는 마음을 떠나 존재할 수 없고
마음은 기를 떠나 있을 수 없으니 마음과
기의 중심에 우리 몸이 있다.

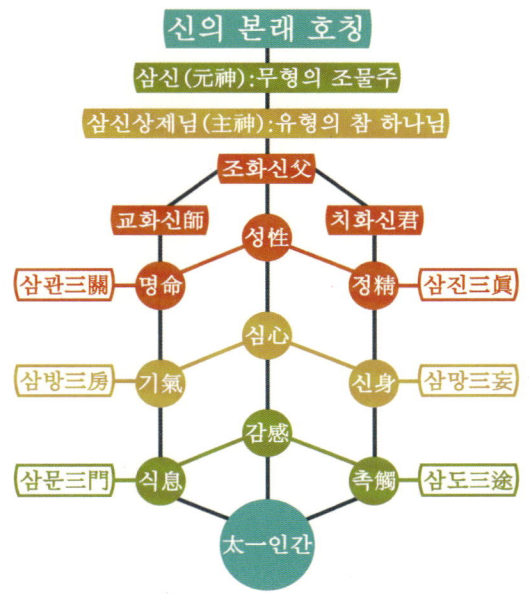

도통 세계에 들어갈 수 있는 문, 느낌과 호흡과 촉감

'느낌[감]과 호흡[식]과 촉감[촉]' 은
삼신의 조화 세계에 들어갈 수 있는 '세 문[삼문]' 이다.
문이란 삼신의 도를 실행하는 영원히 변하지 않는 법도이다.

감각은 호흡 작용과 분리되지 않으며
호흡 작용은 감각의 작용과 분리되지 않나니
촉감이 그 가운데서 이루어진다.

성품과 마음과 느낌의 중요성

성품은 참 이치에 이르는 으뜸 관문이요,
마음은 참신[진신]이 머무시는 그윽하고 묘한 쉼터요,

✿ 삼방三房: 심기신은
조화를 짓는 삼신이
머무시는 곳이므로
삼방이라 한다. 방房
은 집 방, 곁방 방 자
이다

느낌은 삼신상제님의 성령이 감응하는 오묘한 문이다.

그러므로 이치를 탐구할 때

너의 성품에서 그것을 구하면 삼신의 참 기틀이 드러날 것이다.

삼신의 보존을 마음에서 구하면

참 진리의 몸[법신法身[*]]인 너의 참모습이 크게 드러날 것이다.

성령의 감응을 느끼게 되면 천지 대업을 크게 이룰 것이다.

인간은 특정한 시간과 문화 공간 속에서 산다

삼신의 깨달음을 체험하는 바에는 특정한 시간이 있고

그 깨달음의 경지가 펼쳐지는 곳은 특정한 문화의 공간이 있다.

인간은 이러한 시간과 문화 공간에서 살아간다.

만물 속에는 삼신의 원리가 깃들어 있다

만물 속에 정신(무형)과 물질(유형)이 한 몸으로 깃들어 있는 것은

오직 하나의 기일 따름이요, 오직 삼신일 따름이다.

여기에는 다함이 없는 수의 법칙이 깃들어 있다.

피할 수 없는 변화 이치가 있다.

다 함께 암송하기

성性은 위진리지원관爲眞理之元關이오
심心은 위진신지현방爲眞神之玄房이오
감感은 위진응지묘문爲眞應之妙門이라.

성품은 진리를 체험하는 으뜸 관문이요 마음은 참신이 머무시는 현묘한
안식처요 느낌은 삼신상제님의 성령이 감응하는 오묘한 문이다.

元 으뜸 원　關 빗장 관　玄 그윽할 현　房 방 방　應 응할 응　妙 묘할 묘(=玅)

감히 막을 수 없는 창조의 힘이 깃들어 있다.

모든 행동에는 그 응보가 영원히 뒤따른다.

그리하여 혹 선하거나 선하지 않은 행동을 하면

그 응보가 영원토록 작용하게 된다.

그 보답을 자연히 받게 되고 그 응보가 자손에게까지 미친다.”

인간에게 일어나는 삼망과 삼도의 작용

삼진과 삼망이 대립하여 삼도 작용이 나온다

『경』*에 이렇게 기록되어 있다.

“인간과 만물은 다 함께 삼진(세 가지 참됨)[성명정]을 받았다.

그런데 오직 중생은 지상의 삶에 빠져 있다.

그리하여 삼망(세 가지 허함)[심기신]이 뿌리를 내리고,

삼진과 삼망이 짝하여 삼도(세 가지 길)[감식촉]라는

세 가지 작용을 낳는다.

삼신의 도를 본받은 군사부의 도

아버지의 도[부도父道]는 하늘의 도를 본받아

참됨으로 하나가 되니 거짓이 없다.

스승의 도[사도師道]는 땅의 덕을 본받아

부지런함으로 하나가 되니 태만함이 없다.

임금의 도[군도君道]는 사람의 도덕에 근본을 두고

화합하여 하나가 되니 어긋남이 없다.”

우주 만물은 모두 삼신에게서 나왔기 때문에 인간과 만물은 하나의 기[일기]로 이어져 있대! 그래서 우리가 착한 일을 하든 악한 일을 하든 반드시 그 응보를 받게 된대.

아~ 그렇구나! 이제부터는 정말 착한 행동만 해야겠어

☀경經: 『삼일신고』를 가리킨다.

천지인 삼신 가운데 하늘의 도는 참되고, 땅의 덕은 부지런하고 인간의 도덕은 서로 화합하는 것이지. 군사부의 도는 바로 이 하늘의 도, 땅의 덕, 사람의 도덕과 일체가 되는 것이란다.

삼신오제본기

삼신의 창조 덕성, 참됨 · 선함 · 아름다움

만물의 성품을 통하게 하시는 참됨[진]의 주체, 천일

『고려팔관기』의 「삼신설」에 이렇게 기록되어 있다.

"하늘 하느님의 이름은 천일天一이니

창조와 변화를 주관하신다.

누구에게 비할 데 없이 가장 큰 권능을 갖고 계신다.

일정한 형체는 없으나 뜻대로 형상을 나타내시고

만물로 하여금 제각기 그 성품을 통하게 하신다.

이분은 맑음과 참됨[진眞]으로 지극히 큰[청진대] 본체이시다.

만물의 목숨을 알게 하시는 선함[선]의 주체, 지일

땅 하느님의 이름은 지일地一이니

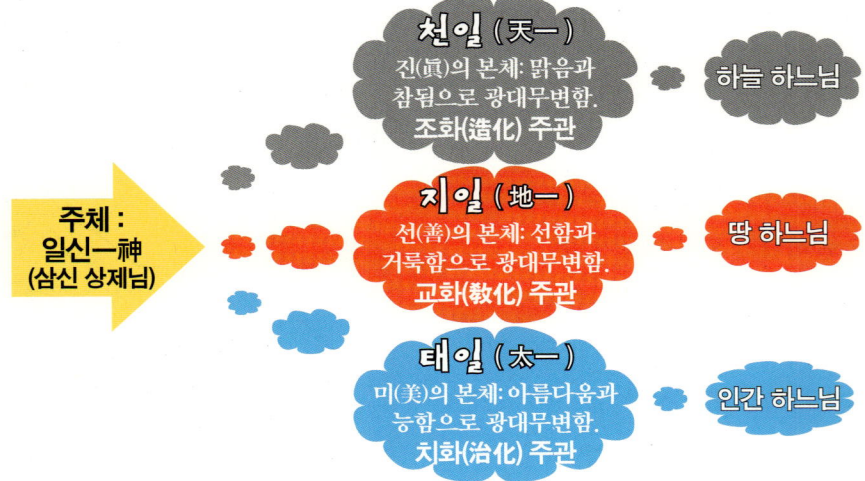

천일 (天一)
진(眞)의 본체: 맑음과
참됨으로 광대무변함.
조화(造化) 주관
= 하늘 하느님

주체 :
일신一神
(삼신 상제님)

지일 (地一)
선(善)의 본체: 선함과
거룩함으로 광대무변함.
교화(敎化) 주관
= 땅 하느님

태일 (太一)
미(美)의 본체: 아름다움과
능함으로 광대무변함.
치화(治化) 주관
= 인간 하느님

가르쳐 감화시키는 일을 주관하신다.

유일하게 가장 높은 착함[선善]의 경지에 있는 법력을 가지셨다.

함이 없으시되 만물을 짓고

만물로 하여금 각각 그 목숨[명]을 알게 하신다.

이분은 선함과 거룩함으로 한없이 큰[선성대] 본체이시다.

만물의 정기를 보존케 하시는 아름다움[미]의 주체, 태일

인간 하느님의 이름은 태일太一*이니, 다스림을 주관하신다.

더 없이 높은 덕을 간직하고 말없이 만물을 가르쳐 감화시키신다.

만물로 하여금 각기 그 정기를 잘 보존케 하시니

이분은 아름다움[미美]과 능함(지혜)으로 지극히 큰[미능대] 본체이시다.

그러나 그 주체는 한 분 상제님이시다.

각기 하느님이 따로 있는 것이 아니라

작용하심으로 보면 삼신이시다."

삼신의 창조 정신을 계승하신 환인, 환웅, 단군

아버지의 도를 집행하신 환인

그러므로 환인께서는 1수水가 7화火로 변하고

2화火가 6수水로 변하는 순환 운동을 계승하셨다.

그리하여 오직 아버지의 도[부도]를 집행하고

세상 사람들을 한 곳에 모으시니

온 세상 사람이 그 덕에 감화되었다.

*❀태일太一: 여기서는 태일신이다. 태일신은 태을신이라고도 한다. 이 태을신(태을천 상원군)을 부르는 주문이 태을주太乙呪이다. 태을주를 읽으면 정기를 잘 보존할 수 있다.

삼신오제본기

스승의 도를 집행하신 환웅

신시 환웅께서는

하늘이 물을 창조하고, 땅이 불을 화생*하는,

천지의 물과 불의 근원적 생성 원리*를 계승하셨다.

그리하여 오직 스승의 도[사도]를 집행하고 천하를 거느리시니

온 세상 사람이 그를 본받았다.

임금의 도를 집행하신 단군왕검

단군왕검께서는

둥근 하늘과 방정한 땅의 창조 덕성을 계승하셨다.

그리하여 오로지 왕의 도[군도]를 집행하여 천하를 다스리시니

온 세상 사람이 그에 순종하였다.

❀**화생**化生: 변화하여
생겨남.

❀**생성 원리**: 생겨나
이루어지는 이치.

 다 함께 암송하기

환인桓仁씨는 전용부도이주천하專用父道而注天下하신대
천하화지天下化之하며,
신시씨神市氏는 전용사도이솔천하專用師道而率天下하신대
천하효지天下效之하며,
왕검씨王儉氏는 전용왕도이치천하專用王道而治天下하신대
천하종지天下從之하니라.

환인께서 오직 부도로써 사람을 한데 모으시니 천하가 그에 감화되었고,
신시(환웅)께서 사도로 세상을 거느리시니 천하가 그를 본받았으며,
왕검께서 왕도로 세상을 다스리시니 온 세상 사람이 그에 순종하였다.

專 오로지 전　用 쓸 용　父 아비 부　道 길 도　注 물댈 주　化 될 화
신시씨=배달을 여신 환웅　師 스승 사　率 거느릴 솔　效 본받을 효
儉 검소할 검　王 임금 왕　治 다스릴 치　從 좇을 종

환
단
고
기

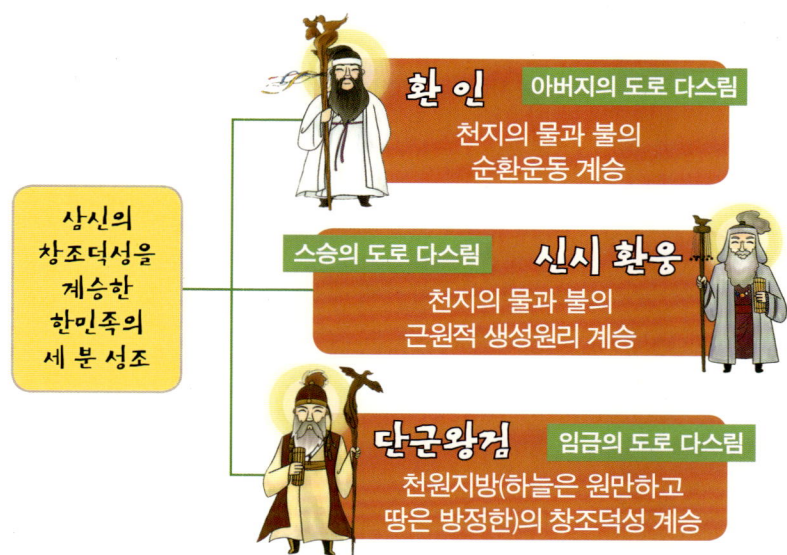

환인 　아버지의 도로 다스림
천지의 물과 불의
순환운동 계승

스승의 도로 다스림　신시 환웅
천지의 물과 불의
근원적 생성원리 계승

삼신의
창조덕성을
계승한
한민족의
세 분 성조

단군왕검　임금의 도로 다스림
천원지방(하늘은 원만하고
땅은 방정한)의 창조덕성 계승

각 방위를 맡은 다섯 임금과 그 보필자이신
환인·환웅·복희·치우·단군왕검이 계신 하늘

『고려팔관기』의 「오제설*」에 이렇게 기록되어 있다.

"북방사명*은 태수요, 이를 다스리는 임금은 흑제이시다.

그 호는 현묘진원*이다.

흑제를 돕는 분은 환인으로 소류천에 계신다. 이분은 대길상*이시다.

동방사명은 태목이요, 이를 다스리는 임금은 청제이시다.

그 호는 동인호생*이다.

청제를 돕는 분은 환웅으로 태평천에 계신다. 이분은 대광명*이시다.

남방사명은 태화요, 이를 다스리는 임금은 적제이시다.

❀오제설五帝說: 다섯
　임금에 대한 이야기
　라는 뜻.

❀사명司命: ①살리고
　죽이는 권능을 가진
　사람이나 사물. ②신
　의 이름으로 사람의
　생명을 주관하는 신.
　③별 이름.

❀현묘진원玄妙眞元:
　참으로 오묘한 진리
　의 근원이라는 뜻.

❀대길상大吉祥: 크게
　길하고 상서로움.

❀동인호생同仁好生:
　한결같이 어지심으
　로 살리기를 좋아한
　다는 뜻.

❀대광명大光明: 큰 광
　명.

- ❀ **성광보명**盛光普明: 찬란한 빛으로 세상 을 두루 밝힌다는 뜻.

- ❀ **대안정**大安定: 큰 안 정.

- ❀ **청정견허**淸淨堅虛: 만물을 청정하고 굳 게 여물게 하여 통일 한다는 뜻.

- ❀ **대가리**大嘉利: 큰 아 름다움과 이로움.

- ❀ **중상유구**中常悠久: 항상 중도의 정신을 간직하여 영원불멸 하다는 뜻.

- ❀ **대예락**大豫樂: 큰 기 쁨과 즐거움.

그 호는 성광보명*이다.

적제를 돕는 분은 포희(태호 복희)로 원정천에 계시니, 이분은 대안 정*이시다.

서방사명은 태금이요, 이를 다스리는 임금은 백제이시다.

그 호는 청정견허*이다.

백제를 돕는 분은 치우로 균화천에 계신다. 이분은 대가리*이시다.

중방사명은 태토요, 이를 다스리는 임금은 황제이시다.

그 호는 중상유구*이다.

황제를 돕는 분은 왕검으로 안덕천에 계신다. 이분은 대예락*이시다.

북방사명
태수
통치자 : 흑제(현묘진원)
돕는 분 : 환인(소류천 · 대길상)

서방사명
태금
통치자 :
백제(청정견허)
돕는 분 :
치우(균화천 · 대가리)

중방사명
태토
통치자 : 황제(호: 중상유구)
돕는 분 : 왕검(안덕천 · 대예락)

동방사명
태목
통치자 :
청제(동인호생)
돕는 분 :
환웅(태평천 · 대광명)

남방사명
태화
통치자 : 적제(성광보명)
돕는 분 : 복희(원정천 · 대안정)

천지 방위의 조화기운을 상징하는 신령스런 동물

『오제주』에 이렇게 기록되어 있다.

"다섯 방위에는 저마다 사명이 있다.
하늘에서는 제[임금]이시요,
땅에서는 대장군이시다.
다섯 방위를 감독하여 살피는 이는 천하대장군이시고,
지하를 감독하여 살피는 이는 지하여장군이시다.

> 우리 어린이들은 배달시대부터 있었던 오가 제도를 기억하고 있겠지? 오가는 우가, 마가, 구가, 저가, 계가인데, 각각 맡은 사명이 농사, 왕명, 형벌, 질병, 선악이란다.

> 그런데 천상에서 그 일을 집행하는 신명이 상제님의 오제란다. 오제께서 상제님의 명령을 집행하면, 지상에서 오가가 각자 맡은 일을 하게 되지. 이렇게 인간이 하는 일은 모두 신명이 함께 하는 것이란다.

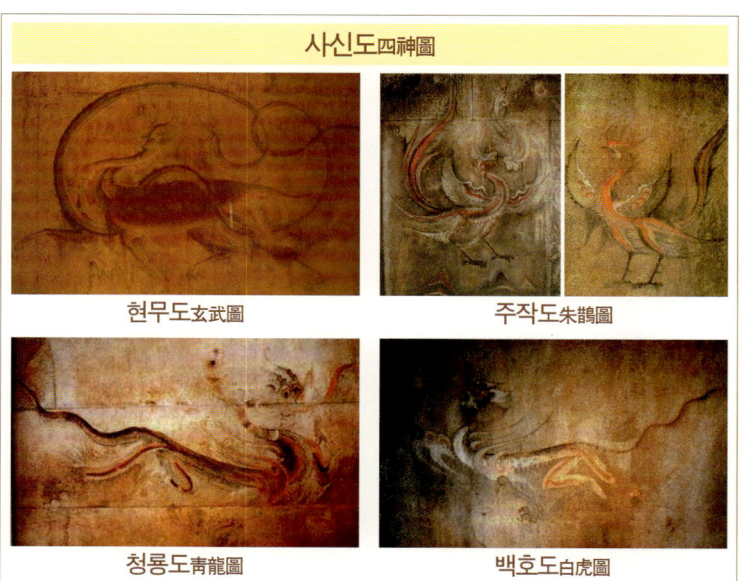

사신도四神圖

현무도玄武圖

주작도朱鵲圖

청룡도靑龍圖

백호도白虎圖

용왕 현귀*는 선악을 주관하시고,

주작* 적표는 왕명을 주관하시며,

청룡* 영산은 곡식을 주관하시고,

백호* 병신은 형벌을 주관하시며,

황웅* 여신은 질병을 주관하신다."

삼신산과 그 이름의 유래

산 이름을 삼신산이라 한 까닭

삼신산(백두산)은 온 천하의 근원이 되는 산이다.

산 이름에 '삼신'을 붙인 까닭이 있다.

태고 이래로 모든 사람이 '삼신께서 이 산에 내려와 노니시며, 조화의 권능과 거룩한 덕으로 천지인 삼계의 360만 대우주에 조화를 널리 베푸신다'고 믿어 왔기 때문이다.

자, 이제 삼신상제님께서 임하시던 성스러운 곳, 한민족의 거룩한 산인 백두산(삼신산)으로 가 볼까?

얏호~!! 백두산 꼭대기 천지네?

삼신상제님은 어떻게 존재하시는가

삼신의 본체는 생겨나지도 소멸하지도 않으시고,

그 작용은 다함이 없으며 한이 없으시다.

만물을 살펴 다스리시는 삼신의 창조 원리는

시간과 공간의 흐름 속에 오묘히 잠겨 있다.

그래서 끝내 삼신의 지극한 미묘함과 지극한 나타나심과

뜻대로 계심을 쉽게 체험하여 알 수 없다.

삼신을 맞이하면 어렴풋이 그 모습이 보이는 듯하다.

삼신께 정성을 들이면 삼신의 숨결이 아련히 들리는 듯하다.

삼신을 찬미하면 기뻐하시어 은총을 내리시는 듯하다.

삼신께 맹세하면 숙연하여* 삼신께서 그 뜻을 받아들이시는 듯하다.

삼신이 떠나실 때는 아쉬움으로 허전한 듯하다.*

삼신산은 백성들에게 순종과 화합과 기쁨의 성스러운 땅

이것이 그 오랜 세월 동안 백성들이 삼신산을

'순종과 화합과 믿음과 기쁨의 성스러운 땅' 으로 인식하고

높이 받들고 우러러 온 까닭이다.

다 함께 암송하기

기체其體는 불생불멸不生不滅이시오
기용其用은 무궁무한無窮無限이시라.

그(삼신의) 본체는 생겨나지도 소멸하지도 않으시며
그 작용은 다함이 없고 한이 없으시다.

體 몸 체　滅 멸할 멸　用 쓸 용　窮 다할 궁　限 한정할 한.

❀ 숙연하다: 고요하고
　 엄숙하다.

❀ 삼신이 떠나실 때
　 의 허전함: 제사를
　 지낼 때, 끝나기 전
　 마지막으로 제단에
　 내려오신 신명과 작
　 별 인사를 한다. 이
　 를 사신辭神이라 하
　 는데, 이때의 심정을
　 말하는 것이다.

삼
신
오
제
본
기

❀**백두산**白頭山 **글자 뜻**: 흰 백白 자, 머리 두頭 자, 뫼 산山 자.

❀**아만**阿曼: 인류의 시조로서 나반의 아내. 아만의 고향은 바이칼 호 서북쪽의 근해 지인 사납이라 한다.

❀**아이사비**阿耳斯庀: 여기서는 송화강 또는 북해(바이칼호)로 보고 있다. 이유립은 아이숲(원시림)으로 해석했다.

❀**천신의 계시**: 신명은 주로 밤에 꿈속에서 가르침을 내려 주신다.

삼신산을 백두산이라 하는 까닭

삼신에 대해 어떤 사람은 이렇게 말한다.

"삼은 새롭다[신]는 뜻이고, 새롭다는 말은 희다[백]는 뜻이다.
신은 높다는 뜻이요, 높다는 말은 머리[두頭]라는 뜻이다.
그러므로 또한 삼신산을 백두산白頭山*이라 칭한 것이다."

또 이렇게도 말하였다.

"개마蓋馬는 '해마리'의 음이 바뀐 것이다. 옛 말에 흰 것은 '해'요,
'머리'는 '마리'라 하였다.
백두산의 이름이 또한 여기에서 이루어진 것이다."

인류 첫 조상의 혼인 예식

인류의 조상은 나반이시다.

나반께서 아만*과 처음 만나신 곳을 아이사비*라 부르고
또 사비려아라 부르기도 한다.
하루는 꿈에 천상 신의 계시*를 받아 스스로 혼례를 올리셨다.
청수를 떠놓고 하늘에 고하신 다음 청수를 돌려가며 드셨다.

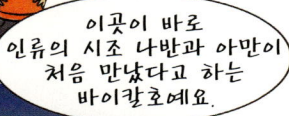

이곳이 바로 인류의 시조 나반과 아만이 처음 만났다고 하는 바이칼호예요.

다 함께 암송하기

인류지조人類之祖는 왈曰 나반那般이시라.
인류의 조상은 나반이시다.

類 무리 류　祖 조상 조　曰 가로 왈　那 어찌 나　般 돌릴 반

환단고기

이때, 산의 남쪽에 주작이 날아와 기뻐하였다.

강의 북쪽에는 신귀(신령스러운 거북)가 와서

서기(복되고 좋은 일이 있을 징조를 보이는 기운)를 나타내었다.

골짜기의 서쪽에는 백호(흰 호랑이)가 산모퉁이를 지켰다.

시내의 동쪽에서 창룡(푸른 용)이 하늘에 올랐다.

중앙에는 황웅(누런 곰)이 거하였다.

나반과 아만의 후손에서 갈려 나간 여러 족속

천해(바이칼호)와 금악산*과 삼위산*, 태백산*은

본래 아홉 환족의 땅에 속한다.

그러므로 구황(아홉 환인) 64겨레(육십사민)은 모두

나반과 아만의 후손이다.

그러나 산과 강을 끼고 제각기 한 나라를 형성하여

남녀의 무리가 땅의 경계를 나누었다.

그리고 그 경계를 따라서 서로 다른 나라가 형성되었다.

오랜 세월이 흐르면서 맨 처음 나라가 세워진 구체적인 역사는

훗날 알 수 없게 되었다.

초대 환인 안파견

오랜 세월이 지난 후에 환인이 나타나

백성의 사랑을 받아 추대되었다.

❂ **금악산金岳山**: 천해 天海, 즉 바이칼호 서 쪽에 위치한 지금의 알 타이산이다.

❂ **삼위산三危山**: 감숙 성 돈황현에 있다.

❂ **태백산太白山**: 백두 산.

금악산, 삼위산, 백두산, 이 세 곳은 모두 환국에 속해 있던 지역이래요.

이분을 일러 안파견*이라 하고, 또 거발환*이라고도 불렀다.

안파견이란 곧 '하늘을 받들어 아버지의 도를 확립시킨다'는

뜻을 가진 이름이고

거발환이란 '천·지·인을 일체로 정한다'는 뜻의 호칭이다.

이로부터 환인의 형제 아홉 분이 나라를 나누어 다스렸다.

이로써 구황 64민이 되었다.

삼신은 모든 생명의 한 뿌리 조상이자 영원한 생명의 근본

삼신의 광명 사상으로 세상을 다스린 환족의 자손

곰곰이 생각해 보건대 삼신은 하늘을 생겨나게 하고 만물을 지으셨다.

환인은 정의의 푯대를 세우도록 사람들을 가르치셨다.

이로부터 자손이 그 정신을 서로 전하여

삼신상제님의 현묘한 도를 깨달아

광명 사상으로 세상을 다스렸다.

다 함께 암송하기

개소위안파견蓋所謂安巴堅은
내계천입부지명야乃繼天立父之名也오
소위거발환所謂居發桓은 천지인정일지호天地人定一之號야라.

안파견이란 곧 하늘을 받들어 아버지의 도를 세운다는 뜻을 가진 이름이고
거발환이란 천·지·인을 일체로 정한다는 뜻의 이름이다.

謂 이를 위 堅 굳을 견 繼 이을 계 名 이름 명 定 정할 정

아홉 환족의 예법과 음악은
삼신상제님께 천제 올리는 풍속에서 나온 것

세상의 구환족이 이미 하늘과 땅과 사람[삼극:세 가지 지극함과 거리
낌 없이 크게 하나 됨[대원일*]이라는 만물의 원 뜻을 갖추고 있었다.
그러하니 구환족의 예법과 음악이
어찌 삼신께 천제를 드리는 옛 풍속에 있지 않았겠는가?

삼신은 영원한 생명의 근본

『전傳』에, "삼신의 후예를 환국이라 부르고,
환국은 천제께서 거주하시는 나라다."라고 하였다.
그리고 또 "삼신은 환국보다 먼저 계셨으며,
나반이 죽어서 삼신이 되었다."라고 하였다.
그러니 무릇 삼신은 영원한 생명의 근본인 것이다.

삼신은 모든 생명의 한 뿌리 조상

그러므로 "사람과 만물이 함께 삼신에서 생겨나니,
삼신은 바로 모든 생명의 한 뿌리 조상이다."라고 하였다.

『황제중경』이 만들어진 유래

환인은 삼신을 대행하여 환국의 천제가 되셨다.
후세에 나반을 대선천*이라 부르고, 환인을 대중천*이라 불렀다.

환인은 환웅·치우와 더불어 삼황이 되었다.
환웅을 대웅천*이라 부르고 치우를 지위천*이라 불렀다.
이것이 『황제중경』이 만들어진 유래이다.

☸대원일大圓一: 원만
하고 거리낌이 없어
크게 하나가 된다는
뜻.

삼신오제본기

모든 생명의 뿌리는
삼신상제님이에요.
그러니 모두 한 가족이라
할 수 있어요.

☸대선천大先天: 클 대
자, 먼저 선 자, 하늘
천 자.

☸대중천大中天: 클 대
자, 가운데 중 자, 하
늘 천 자.

☸대웅천大雄天: 클 대
자, 영웅 웅 자, 하늘
천 자.

☸지위천智偉天: 지혜
지 자, 훌륭할 위 자,
하늘 천 자.

⊛ **삼광오기三光五氣**: 삼광三光은 삼신의 빛 또는 일日, 월月, 성신星辰의 빛을 말하고, 오기五氣는 대자연의 변화를 일으키는 오행(금목수화토) 기운을 말한다.

삼신의 광명과 오행의 원리로 문명이 발달하였다

세상이 진보하면서, 삼광오기*가 모두 보고 듣고 느끼고 깨치는 데 작용하였다.

세상이 날로 진보하여 사람들이 불을 만들고, 말을 하고, 문자를 만들어 냈다.

그리하여 강한 자는 번성하고 약한 자는 멸망하는 상호 경쟁이 일어나기 시작하였다.

온 세상이 하느님처럼 받든 단군왕검

⊛ **웅족熊族**: 곰을 수호신으로 숭배하는 부족

⊛ **단국檀國**: 웅씨왕의 나라.(웅씨국)

⊛ **불함산不咸山**: '가장 밝은 산'이라는 뜻이다. 백두산과 만주 하얼빈의 완달산完達山 두 곳을 말하는데 여기서는 완달산을 가리킨다.

⊛ **삼한三韓**: 진한 마한 번한을 말한다. 우리 나라 이름 '대한민국'의 '한'은 바로 이 삼한에서 온 것이다.

⊛ **삼한으로 나누어 다스리다**: 이를 삼한관경제라 한다.

웅족* 가운데 단국*이 가장 번성하였다.

왕검께서 하늘에서 내려와 불함산*에 오시니

나라 사람이 모두 추대하여 단군으로 모셨다.

이분이 단군왕검이시다.

왕검께서는 태어나실 때부터

지극히 신령하고 거룩한 덕성을 겸비하여 원만하셨다.

아홉 환족을 통합하여 삼한*으로 나누어 다스리고*

배달 신시의 옛 법도를 회복하셨다.

이에 천하가 크게 다스려지니

온 세상이 단군왕검을 하느님처럼 받들었다.

이로부터 단군성조의 은혜에 보답하여 숭배하는 예법이

영세토록 변하지 않았다.

다섯 종족의 특징

아홉 환족은 다섯 종족으로 나누었다

아홉 환족을 분류하면 다섯 종족이다.

이것은 피부색과 얼굴 모습으로 구별된다.

이들의 풍속은, 현실의 참 모습을 좇아 이치를 깊이 연구하고

일을 헤아려서 그 옳은 길을 찾고자 하는 것이 다 똑같았다.

부여의 풍속에 홍수·가뭄·전쟁·질병이 생기면

나라의 임금이 그 책임을 졌다.

나라에 충성하면 살고 거역하면 죽는 책임이

필부*에게까지 돌아갔으니 이것이 그 하나의 증거가 될 것이다.

피부색으로 종족을 나누었다

황黃색인은, 피부가 조금 누렇고 코가 높지 않으며

광대뼈가 나오고 머리털이 검다.

눈과 눈 주위는 평평하고 눈동자의 색은 흑색이다.

☀ **필부匹夫**: 신분이 낮은 남자.

삼신오제본기

다 함께 암송하기

거세擧世가 시동천신視同天神하야
자시自是로 숭보지례崇報之禮가 영세불체永世不替 자야者也라.
온 세상이 하느님처럼 받드니 이로부터 (단군성조의) 은혜에 보답하여 숭배하는 예법이 영세토록 변하지 않았다.

擧 들 거 世 세상 세 視 볼 시 同 같을 동 천신=하느님 自 스스로 자
崇 높을 숭 報 갚을 보 禮 예도 례 永 길 영 不 아닐 불 替 바꿀 체

백白색인은, 피부가 밝은 흰색이고 광대뼈가 나오고 코가 높다. 머리털은 잿빛과 같다.

적赤색인은, 피부가 녹슨 구릿빛(검붉은 색)이고 코가 낮고 코끝이 넓다.

이마는 뒤로 기울고 머리털은 곱슬이며 용모가 황색인과 비슷하다.

남藍색인은, 일명 풍족 또는 종색(갈색) 인종이라고도 한다.

피부는 암갈색이고 용모는 황색인과 같다.

이 기록을 바탕으로 그려 본 오색인종.

삼한의 풍속 – 하늘에 제사 지내기

백성이 모두 제사에 참여하였다

삼한의 옛 풍속에, 10월 상일*에는 백성들이 모두 나라의 큰 축제에 참여하였다.

이때 둥근 단을 쌓고 하늘에 제사를 지냈다.

땅에 대한 제사는 네모진 언덕에서 지냈고 조상에 대한 제사는 각목*에서 지냈다.

산상과 웅상*은 모두 이러한 풍속에서 전해 오는 전통이다.

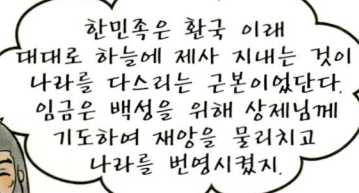

한민족은 환국 이래 대대로 하늘에 제사 지내는 것이 나라를 다스리는 근본이었단다. 임금은 백성을 위해 상제님께 기도하여 재앙을 물리치고 나라를 번영시켰지.

제를 올린 후에는 모든 백성이 함께 어울려 음주와 놀이를 즐겼단다. 한마디로 대국민 축제였단다.

환
단
고
기

❀상일上日: 초하룻날 (1일)

❀각목角木: 모서리를 모가 나게 깎은 나무. 구체적으로 어떤 것인지는 알 수 없다.

❀웅상雄常: 배달국 신시 시대 이래 민간에서는 가장 큰 나무를 택해 환웅상桓雄像으로 삼고 제사를 지내 왔다. 이 신수神樹를 웅상雄常이라 한다. 웅상은 환웅께서 항상 임재해 계신다는 뜻이다.

하늘에 제사 지내는 행사는 백성을 가르치는 근본이 되었다

하늘에 제사 지낼 때는 반드시 임금께서 몸소 지내시니

그 예가 매우 성대하였음을 가히 짐작할 수 있다.

이 날 먼 곳과 가까운 곳에 사는 남녀가 생산물을 올리고

북 치고 악기를 불며 온갖 놀이를 즐겼다.

주변의 많은 작은 나라가 일제히 와서

그 지방의 특산물과 진귀한 보물을 바치니

그것이 언덕과 산처럼 둥글게 쌓였다.

임금이 백성을 위해 빌어서 재앙을 물리치는 일은 곧

다스리는 지역을 번영케 하는 것이다.

그리하여 소도에서 올리는 천제는

구려* 교화의 근원이 되었다.

이로부터 책화 제도*로 이웃나라와 사이좋게 지내고,

있고 없는 것을 서로 바꾸어 도와주었다.

밝게 다스리고 평등하게 가르쳐 백성을 감화시켰다.

이에 모든 나라에서 이 소도 제천 예식*을 숭상하지 않는 곳이 없었다.

다 함께 암송하기

소도제천蘇塗祭天은 내구려교화지원야乃九黎敎化之源也라.
소도에서 올리는 천제는 구려 교화의 근원이 되었다.

蘇 깨어날 소   塗 진흙 도   祭 제사 제   天 하늘 천   乃 이에 내   九 아홉 구
黎 종족 이름 려 [구려=동이의 아홉 겨레]   敎 가르칠 교   化 될 화   源 근원 원

❀**구려九黎**: 구려라는 명칭은 치우 천황 때 비롯되었다. 구려는 동이東夷의 아홉 겨레를 말한다. 이것이 변하여 고구려→고려→코리아Korea로 불리게 된 것이다.

❀**책화責禍 제도**: 마을 사이의 경계를 중히 여겨 서로 침범하지 못하게 한 제도.

❀**소도蘇塗 제천 예식**: 소도에서 예를 갖추어 상제님께 제사 지내는 일.

삼신오제본기

삼신三神: 여기서 삼신은 자손을 타 내려 주는 조상신을 뜻한다. 예로부터 동방 한민족은 자손을 달라고 빌 때 '삼신할매'에게 기도를 했다. 삼신상제님 신앙에서 나온 민간신앙의 한 형태이다.

업신業神: 백성들은 가업을 지키는 영물이나 신을 업, 또는 업신이라 하였다. 업을 주관하여 가정에 복과 번영을 가져다 주는 업신을 또한 업주가리라 하였다.

한민족의 민간신앙과 제사 문화

아이를 낳게 해 달라고 빌 때는 삼신*을 찾고,

벼가 잘 익기를 기원할 때는 업신*을 찾았다.

산山은 모든 생명이 삶을 꾸려나가는 곳이고

업은 생산 작업을 주관하는 신이므로 업주가리라 일컫기도 한다.

집터에 대해 소원을 빌 때 터줏대감*을 찾고,

집에 대해 소원을 빌 때는 성조대군*을 찾았다.

이들 또한 해마다 좋은 복을 이루게 해 주는 신[가복지신嘉福之神]이다.

묘소에 가거나 고기잡이, 사냥, 전쟁에 나갈 때,

진을 칠 때, 길을 떠날 때 모두 제사를 지냈다.

제사 지낼 때는 반드시 좋은 날을 택하고

목욕재계를 하여야 원하는 바를 이룰 수 있었다.

단군 삼한 시대의 조직과 계율

소도의 계율과 인재 교육

소도가 세워진 곳에는 모두 계율을 두었다.

충·효·신·용·인이라는 오상의 도*가 그것이다.

오상五常**의 도**: 충忠·효孝·신信·용勇·인仁(충성, 효도, 믿음, 용감함, 어짊)을 말한다.

> **터줏대감**: 집이 지어진 터를 수호하는 지신地神을 터줏대감이라 한다.
>
> **성조대군**: 성조成造는 본래 단군왕검의 신하로 건축의 첫 조상이다. 수천 년 동안 한민족은 이분을 '성조대군', '성주신'으로 받들고 집의 수호신으로 모셔 왔다.

소도 곁에는 반드시 경당*을 세워

혼인하지 않은 젊은이로 하여금 사물*을 익히게 하였다.

대개 독서 · 활쏘기 · 말달리기 · 예절 · 가악 · 권박(검술을 겸함)으로,

육예의 종류였다.

자치 제도: 삼사와 육정

모든 읍락[고을]이 자체적으로 삼로*를 두었는데,

삼로를 삼사라고도 하였다.

어진 덕이 있는 사람과 재물을 베푸는 사람,

사리를 잘 아는 사람을 모든 사람이 스승처럼 섬겼다.

이들이 삼사이다.

또 육정六正이 있었다.

어진 보필자[현좌賢佐]와, 충신忠臣과, 뛰어난 장수[양장良將]

와, 용감한 병사[용졸勇卒]와, 훌륭한 스승[명사明師]과, 덕

있는 친구[덕우德友]가 육정이다.

살아 있는 생명을 귀하게 여겼다

또 생명을 죽이는 데에도 법도가 있었다.

위로 국왕에서 아래로 일반 백성에 이르기까지,

반드시 때와 사물을 택해서 이를 실행하였다.

그리하여 살아 있는 것은 하나도 함부로 죽이지 않았다.

예로부터 부여에서는 말이 있어도 타지 않았고,

살생을 금하여 살아 있는 생명을 놓아 주었으니,

* **경당扁堂**: 학문과 지식, 그리고 무예를 함께 갖춘 뛰어난 인물을 기르는 곳이었다.

* **사물事物**: 유형, 무형의 모든 일과 물건을 말한다.

* **삼로三老**: 읍락의 통치자를 일컫는 명칭으로 그 사회의 스승으로 섬겼으며, 삼사三師라고도 불렸다.

단군조선 때는
나라 다스리는 조직, 계율,
교육 제도까지 삼신께
제사 지내는 것에 바탕을
두었단다.

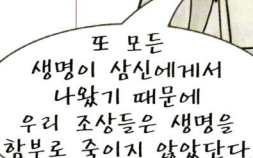

또 모든
생명이 삼신에게서
나왔기 때문에
우리 조상들은 생명을
함부로 죽이지 않았단다.

삼신오제본기

태백일사-삼신오제본기 **355**

이 또한 그러한 뜻*이다.

그러므로 잠 자는 짐승을 죽이지 않고 알을 깨뜨리지 않음은

때를 선택하는 것이요,

어린 것을 죽이지 않고 사람에게 유익한 것을 죽이지 않음은

사물을 선택하는 것이다.

그러니 만물의 생명을 귀하게 여기는 뜻이 지극하였다고 말할 수 있다.

화랑의 원형, 배달 시대의 천왕랑

원화는 여랑*을 말하고

남자는 화랑*이라 하며 천왕랑이라고도 하였다.

임금에게서 오우관(검은 깃털로 꾸민 관)을 하사받아 썼는데,

관을 쓸 때는 예식을 거행하였다.

이때 큰 나무를 봉하여 환웅신상*으로 삼아 여기에 배례를 올렸다.

이러한 신령스러운 나무를 세상에서 '웅상' 이라 불렀다.

'상' 이란 '항상 임하여 계신다' 는 뜻이다.

태초에 인간이 탄생한 곳, 천하

하백은 천하* 사람으로, 나반의 후손이다.

7월 7일은 곧 나반이 천하를 건넌 날이다.

이 날 천신[상제님]이 용왕에게 명하여

하백을 용궁으로 불러 세상의 모든 신을 맡아 다스리게 하셨다.

천하를 일설에 천해라고도 하는데 지금의 북해이다.

그러한 뜻: 살아 있는 생명을 귀하게 여긴다는 의미.

환단고기

여랑女郎: 여자 낭도

화랑花郎: 진흥왕 37년(576)에 조직된 청소년 수양 단체이다. 본래 배달 신시 시대의 천왕랑(또는 국자랑)에서 비롯하였다. 북부여 시조 해모수 단군도 천왕랑이었다.

환웅신상桓雄神像: 환웅천황신의 상.

천하天河: 북해北海, 곧 바이칼 호를 말한다.

『천하주』에 이런 설명이 있다.

"하늘이 운행하는 도는 북극에서 변화 운동을 시작한다.
그 까닭으로 하늘의 통일 운동이 생하는 물[천일생수天一生水]을 북
수北水라 부른다.
이 북극수*는 (선천 개벽 때에 인간으로 처음 화생하는)
생명의 씨가 머무는 성스러운 곳이다."

✿**북극수北極水**: 태초
에 인간은 북극수의
조화로 탄생하였다.

음력 7월 7일(칠석): 나반과 아만이 처음 만난 날.
중국 양梁나라 때의 『형초세시기』에 '견우와 직녀' 이야기가 전해온다. 견우와
직녀는 옥황상제의 명에 따라 일 년에 한 번, 7월 7일 칠석날 밤에 까마귀와 까
치가 놓아 주는 오작교를 건너서 서로 만난다는 것이다.
예로부터 우리 할머니들은 칠석날 밤에 뒤뜰의 장독대나 상에 정화수를 올려놓
고 칠성님께 축원을 올렸다. 동양만이 아니라 서양에도 칠성 신앙과 칠성 문화
가 있다. 성서를 보면 일곱 천사, 일곱 촛대, 일곱 별 이야기 등이 자주 나온다.
본래 칠성은 우주를 다스리시는 옥황상제님이 계신 별이며, 인간의 수명과 화
복을 관장하는 별이라 알려져 있다. 『환단고기』를 공부해 보면 동방 한민족의
신교[삼신 칠성] 문화가 전 세계로 전파되었음을 알 수 있다.

 다 함께 암송하기

개북극수盖北極水는 정자소거야精子所居也니라.
대개 북극수는 (선천 개벽 때 인간으로 처음 화생하는) 생명의 씨[精子]가 머
무는 성소이다.

盖 대개 개 精 정수 정 子 아들 자 所 바소 居 살 거

삼신오제본기

환

수메르 문명
(메소포타미아)
(기원전 3500년 경)

이집트 문명
(기원전 3100년 경)

인더
(기원

환국본기
桓國本紀

- **환국桓國:** '광명한 나라' 라는 뜻으로, 삼신상제님의 명에 따라 우리 환족이 세운 인류 최초의 나라.
- **환桓:** '온전한 하나 됨, 광명' 이라는 뜻. 삼신의 광명을 체험하며 살던 환국 시대 사람들은 자신을 '환' 이라 불렀다.
- **환인桓仁:** 삼신상제님의 대행자로서 '환의 무리를 다스리는 사람' 을 뜻한다.

『환국본기』에는 삼신의 광명 문화를 이 땅에 처음으로 여신 환국 시대 환인의 다스림과 가르침, 백성들의 생활 모습이 담겨 있다.

인류 시원 국가, 환국의 열두 나라

시 베 리 아

환 국

바○

알 타 이 산 맥

금악산金岳山

천 산 산 맥

천산天山

매구○
(직구드

고

이동

우 루 국

타클라마칸 사막
(타림분지)

삼위산三危山

파미르고원

수밀이국

곤 륜 산 맥

월지국

양운국

개마국
(웅심국)

구막한국

(천해)

오난하

매구여국
(직구다국)

구다천국에 패해 이주

구다천국
(독로국)

대흥안령산맥

흑룡강

일군국

비리국

송화강

⊙하얼빈

난하

홍산

구려하

⊙심양

백산(백두산)

⊙북경

황하

⊙서울

태산

⊙서안

⊙

환국본기

인류 창세 문명의 아버지, 환인 천제

환인께서 세상의 모든 일을 다스리셨다

『조대기』*에 이렇게 기록되어 있다.

"옛날에 환인이 계셨다.

천산에 내려와 머무르시며 삼신상제님께 지내는 제사를 주관하셨다.

백성의 목숨을 안정되게 보살피고, 겸하여 세상의 모든 일을 다스리셨다.

사람들이 비록 들판에서 살았으나 벌레와 짐승의 피해가 없었다.

무리지어 행동을 해도 원망하거나 반역하는 염려가 없었다.

사람들을 사귐에 가까이하고 멀리하는 구별이 없고,

높고 낮음의 차별이 없었다.

남자와 여자의 권리가 평등하고, 노인과 젊은이가 역할을 분담하였다.

환인의 나라 다스림

당시에는 비록 법규와 명령이 없었으나

백성들 스스로 화락을 이루고 도리에 순종하였다.

병을 없애고 원한을 풀어 주며, 다친 자를 돕고 약한 자를 구제하였다.

그러하니 원한을 품거나 도리에 어긋나는 일을 저지르는 자가

⊛『조대기朝代記』: 발해 유민의 사서史書 가운데 하나로 보인다. 『조대기』는 고려 말에 이명李茗이 지은 『진역유기』(3권)의 저본이 되었다. 조선 세조가 8도 관찰사에게 명하여 거두어들이도록 한 20여 종의 비기(비밀스러운 기록) 가운데 하나이다.

모두 화락하고 원한이 없던 때: 이 시대를 서양에서는 황금 시절(Golden Age)이라 한다. 이것은 그리스인들이 인류 역사를 금, 은, 청동, 철 등 네 시대로 나눈 가운데 첫째 시대로, 전쟁이 없이 행복과 평화가 가득한 장수 문명 시대였다.

한 사람도 없었다.

환인이라 부른 이유

당시 사람들은 모두 스스로 환桓이라 부르고,
무리를 다스리는 사람을 인仁이라 하였다.
인이란 '임무를 맡는다' 는 뜻이다.

환인이라 부른 이유는
널리 이로움을 베풀어 사람을 구제하고,
큰 광명으로 세상을 다스려서 맡은 바 임무를 수행함에
반드시 어진 마음으로 하였기 때문이다.

환인을 선출하는 방법

그리하여 오가 무리가 서로 번갈아 가며 백성에게서 환인을 선출할 때
반드시 그 사람의 업적을 살펴서 좋아함과 싫어함을 구별하고
각자 마음으로 판별하여 스스로 선택하였다.
이렇게 환인을 선출하는 궁극 목적은
오직 공*을 위해 아홉 환족이 크게 하나로 뭉쳐
한 마음이 되는 데 있었다.
또한 마땅히 대상자의 잘잘못을 비교하여

또 환의 무리를 다스리는 분을 환인桓仁이라고 했지.

환은 밝음, 광명을 뜻하는데, 삼신의 자손이라는 말이란다

그럼 우리도 모두 환이네요?

환국본기

☀공公: 함께 하는 것. 공적인 것. 공평한 것으로 개인적인 것의 반댓말.

다 함께 암송하기

인개자호위환人皆自號爲桓하고 이감군위인以監群爲仁하니라.
사람이 모두 스스로 환이라 부르고 무리를 다스리는 사람을 인이라 하였다.

皆 다 개 自 스스로 자 號 부를 호 以 써 이 監 살필 감 群 무리 군 仁 어질 인

❀반대하는 자가 한 사람도 없는 것: 만장일치제로서 이를 화백和白 제도라 한다.

준비만 잘하면 아무 걱정이 없다! 이것을 '유비무환'이라고 해요. 이것은 일찍이 환인 천제께서 백성을 다스리신 가르침이랍니다.

❀환화桓花: 환화는 환국 시대부터 국화國花였다. 천지화天指花라고도 했는데, 지금의 무궁화다. 환화를 진달래라고 주장하는 이도 있다.

❀파내류산波奈留山: 중앙아시아에 있는 천산산맥의 천산天山.

반대하는 자가 한 사람도 없은 후에야* 환인으로 뽑았다.

다른 모든 무리도 감히 성급하게 독단적인 방법으로 처리하지 않았다.

환인이 백성을 다스리는 법

대개 백성을 다스리는 방법은

준비가 없으면 근심이 뒤따르고 준비를 잘 하면 근심이 없으므로 반드시 미리 준비하여 넉넉하게 함으로써 무리를 잘 다스렸다.

그리하여 만 리나 떨어져 있는 사람도 한 마음 한 뜻이 되어 말하지 않아도 교화가 행해지게 하였다.

이때 만방의 백성이 기약하지 않았는데도 와서 모인 자가 수만 명이었다.

무리가 서로 둥글게 모여 춤을 추며 환인을 추대하였다.

환인께서 환화* 아래에 돌을 쌓고 그 위에 앉으시니,

모두 늘어서서 절을 하였다.

기뻐하는 소리가 산에 가득하고

그 백성이 되는 자가 시장에 모여 든 사람처럼 많았다.

이분이 바로 인류 최초의 우두머리 조상이시다."

환국 열두 나라와 그 위치

『삼성밀기』에 이렇게 기록되어 있다.

"파내류산* 아래에 '환인씨의 나라'가 있었다.

천해 동쪽 땅을 또한 파내류국이라 부르는데,

그 땅의 넓이가 남북으로 5만 리요 동서로 2만여 리*이다.

이 땅을 모두 합하여 말하면 환국이요, 나누어 말하면, (1)비리
국, (2)양운국, (3)구막한국, (4)구다천국, (5)일군국, (6)우루국
(일명 비나국*), (7)객현한국, (8)구모액국, (9)매구여국(일명 직
구다국), (10)사납아국, (11)선비이국*(일명 시위국 또는 통고사
국), (12)수밀이국이니, 합하면 열두 나라이다.

천해는 오늘날 말하는 북해北海이다."

『삼성밀기』의 주注에 이렇게 기록되어 있다.

"개마국은 일명 웅심국으로 북개마대령*의 북쪽에 있으며,

구다국과 2백 리 떨어져 있다.

구다국의 옛 명칭은 독로국*으로 북개마대령의 서쪽에 있다.

월지국은 구다국 북쪽 5백 리에 있다.

직구다국은 매구여국이라고도 부르는데, 옛날에는 오난하에 있었
으나 후에 독로국에게 패하여 마침내 금산(알타이산)*으로 옮겼다.

구다국은 본래 쑥과 마늘이 나는 곳이다.

쑥은 달여 먹어 냉병*을 치료하고, 마늘은 구워 먹어 마귀를 다스린다."

 ### 다 함께 암송하기

파내류산지하波柰留山之下에 유환인씨지국有桓仁氏之國하니라.
파내류산(천산) 아래에 환인 천제의 나라가 있었다.

波 물결 파 柰 어찌 내 留 머무를 류 환인씨=환인 천제

❀남북 5만 리, 동서
2만여 리: 이 영역은
단일 통치 영역이라
기보다 정치, 사상적
으로 영향이 미치는
범위라고 추정할 수
있다.

❀비나국卑那國: 『삼성
기』에서는 필나국畢
那國이라 하였다.

❀선비이국鮮卑爾國:
『삼성기』에서는 선
패국鮮稗國이라 하였
다.

❀북개마대령: 지금의
만주 대흥안령산맥.

❀독로국瀆盧國(구다
국): 지금의 만주 대
흥안령산맥 서쪽에
있었던 나라이다.

❀금산金山: 금악산金
岳山. 알타이산으로
불리며 러시아(서시
베리아)와 몽골, 카
자흐스탄, 중국에 걸
쳐 있는 2천 킬로미
터가 넘는 산맥이다.
알타이Altay는 몽골
어나 돌궐어에서 '황
금'이란 뜻이다.

❀냉(냉병): 아랫배가
차가운 병.

환국본기

환국을 다스리신 일곱 환인

『조대기』에 이렇게 기록되어 있다.

"옛날에 환국이 있었다. 백성이 많고 살림은 넉넉하였다.
처음에 환인이 천산에 머물며 도를 통하여 오래 사시고,
몸을 잘 다스려 병이 없으셨다.
하늘을 대행하여 교화함으로써 사람들로 하여금 싸움이 없게 하셨다.
이에 모두 부지런히 힘써 필요한 물건을 만들어 내니
굶주리고 추위에 떠는 일이 저절로 없어졌다.

초대 안파견 환인에서 혁서 환인, 고시리 환인, 주우양 환인,
석제임 환인, 구을리 환인, 지위리 환인(혹은 단인)에 이르기까지
일곱 분이 나라를 다스리셨다.
역년은 3,301년 혹은 63,182년이다.

환국의 오훈과 배달의 오사

환국에 다섯 가지 가르침[오훈]이 있고
배달에 다섯 가지 일[오사]이 있었다.

이른바 오훈이란
첫째, 매사에 정성과 믿음으로 행하여 거짓이 없게 하고,
둘째, 공경하고 근면하여 게으름이 없게 하고,
셋째, 효도하고 순종하여 거역하지 말고,
넷째, 청렴하고 정의를 지켜 음란하지 말고,

환국오훈 五訓	성신불위 誠信不僞
	경근불태 敬勤不怠
	효순불위 孝順不違
	염의불음 廉義不淫
	겸화불투 謙和不鬪

366 어린이 환단고기

다섯째, 겸양하고 화평하게 지내어 싸움을 하지 말라는 것이다.

이른바 배달의 오사란

우가*는 곡식을 주관하고[주곡主穀],

마가는 왕명을 주관하고[주명主命],

구가는 형벌을 주관하고[주형主刑],

저가는 질병을 주관하고[주병主病],

양가(혹은 계가)는 선악을 주관하는 것[주선악主善惡]을 말한다."

환의 뜻과 한민족의 광명 신앙

'환'에 담긴 의미

『환국주』에 이렇게 기록되어 있다.

"환桓은 온전한 하나 됨이며 광명*이다.

온전한 하나 됨이란 삼신의 지혜와 권능이고,

광명은 삼신이 지닌 참된 덕성이니 곧 우주 만물보다 앞선다."

'환'은 하나 됨,
'삼신의 광명'이라는 뜻이야!
우리 환족은 삼신의 자손이기 때문에
광명을 숭상하고 경배하였단다. 환인께서는
삼신상제님을 대신하여 광명으로
인류의 지혜를 열어 주시고
온 인류가 하나 되게 하셨지.

다 함께 암송하기

환자桓者는 전일야全—也며 광명야光明也니라.
전일全—은 위삼신지지능爲三神之智能이요
광명光明은 위삼신지실덕爲三神之實德이니
내우주만물지소선야乃宇宙萬物之所先也라.

환이란 온전한 하나 됨이며 광명이다. 온전한 하나 됨이란 삼신의 지혜와 권능이고, 광명은 삼신이 지닌 참된 덕성이니 곧 우주만물보다 앞선다.

桓 밝을 환　全 온전 전　光 빛 광　明 밝을 명　광명=삼신의 대광명　實 가득할 실

❀우가牛加: 오가의 하나. 배달시대에 아홉 환족을 다섯으로 나누어 다스리던 제도를 오가 제도라 한다. 오가는 우가, 마가, 구가. 저가, 양가(계가)인데, 여기서 가加는 귀인貴人·대인大人을 일컫는 말이다. 본디 씨족이나 부족의 우두머리를 뜻하던 말이다.

❀광명光明: 태고 이래로 인간의 삶은 오직 이 대광명의 신성을 체험하고 생활화, 체질화 하는 데 있음을 잊지 말아야 할 것이다.

광명을 숭상하고 일월을 경배한 한민족

『조대기』에 이렇게 기록되어 있다.

"옛 풍속에 광명을 숭상하여 태양을 신으로 삼고,

하늘을 조상으로 삼았다.

만방의 백성이 이를 믿어 서로 의심하지 않았으며,

아침저녁으로 경배함을 일정한 의식으로 삼았다.

태양은 광명이 모인 곳이며 삼신께서 머무시는 곳이다.

그 광명을 얻어 세상일을 하면 함이 없이 저절로 이루어진다.

그래서 사람들은 아침이 되면

모두 함께 동산*[동쪽 산]에 올라 갓 떠오르는 해를 향해 절하고,

저녁에는 모두 함께 서천*[서쪽 내]으로 달려가

갓 떠오르는 달을 향해 절하였다.

삼신의 대광명을 연 환국

이에 앞서 환인께서는 태어나면서 스스로 깨달으신 분이다.

오물*을 기르고, 오훈을 널리 펴고, 오사를 주관하여 다스리셨다.

오가의 무리가 모두 부지런히 애쓰므로

수행을 통해 지극한 선에 이르게 하셨다.

다 함께 암송하기

태양자太陽者는 광명지소회光明之所會요 삼신지유거三神之攸居니라.
태양이란 광명이 모인 곳이요 삼신께서 머무시는 곳이다.

太 클 태　陽 볕 양　所 바 소　會 모을 회　攸 바 유　居 살 거

사이드 노트:

● **동산東山과 서천西川**: 모두 고유명사(지명)일 수도 있고, 동쪽에 있는 산과 서쪽에 있는 내를 뜻할 수도 있다.

● **오물**: 행行(걸어다니는 동물), 저翥(날아다니는 조류), 화化(화생, 즉 알에서 나오는 생물), 유游(바닷속 어류), 재裁(식물).

환단고기

광명으로 지혜를 열게 하시고, 하는 일마다 상서롭게 하셨다.
세상에서 유쾌하고 즐거이 살게 하셨다.

환인은 삼신상제님의 대행자

환인께서는 높고 높은 하늘나라에 임어해 계셨다.
오직 온 천하가 모두 저절로 화평해지기만을 간절히 생각하셨다.
그리하여 이때 백성이 환인을 천상 상제님의 대행자라 부르며
감히 거역하는 자가 없었다.
구환의 백성이 모두 하나가 되었다."

환국-배달-단군조선[삼성조] 역사가 사라진 이유

지금 우리나라 초중고등학교 역사 교과서는 물론 모든 역사 교재에서 환국과 배달은 전혀 거론되지 않고, 단군조선도 '단군왕검이 조선을 건국하였다' 는 것뿐이고 전부 신화로 부정되고 있다. 그 원인은 『삼국사기』와 더불어 대한민국 역사 교과서 사료 1호인 『삼국유사』 「고조선」에 있다. 『삼국유사』에 어떻게 기록되어 있을까?

"『위서』에 이르기를 지난 2,000년 전에 단군왕검이 있었다. 아사달에 도읍을 정하고 나라를 세워 이름을 조선이라 하시니 요임금과 같은 때였다.
『고기』에 이르기를, 옛적에 환국이 있었다[제석을 이른다]. 서자 환웅이 천하를 다스릴 뜻을 품고 인간 세상에 내려가기를 원했다. 아버지께서 아들의 뜻을 알고 … 이에 천부인 세 개를 주어 보내어 그곳을 다스리게 하시니 환웅이 무리 삼천 명을 거느리고 태백산 꼭대기 신단수 아래로 내려왔다. 이를 신시라 부르니 이분이 바로 환웅 천왕이시다."

이 기록을 보면 '첫째, 단군왕검이 아사달에 도읍을 하고 나라를 열어 조선이라 하였다. 둘째, 석유환국, 옛적에 환국이 있었다. 셋째, 서자 환웅이 무리 3천 명을 거느리고 태백산 신단수 아래에 내려와 도읍을 정하고 신시神市라 하셨다. 이분이 환웅천황이시다' 라고 하였다. 분명히 환국, 신시(배달), 조선의 삼성조 시대가 역사 속에 실제로 있었다고 하였다. 그런데 이 기록을 자세히 들여다보면 큰 문제점이 있다.

첫째, '환국' 이 '제석신' 으로 둔갑하였다.

『삼국유사』는 승려 일연이 『위서』와 『고기』 등의 사서를 인용해서 만들었다. 일연은 역사 기록을 불교적으로 해석하여, 책 곳곳에 불교 색채를 덧발랐다. 특히 '석유환국' 이란 구절 옆에 '위제석야謂帝釋也' 라고 주석을 붙였다. '환국이 있었다' 는 기록 옆에 '환국은 불가의 제석신을 말한다' 는 풀이를 넣은 것이다. 본래 제석신은 '제석천환인' 의 줄임말로 불교에서 받드는 신이다.

이것을 본 일본 식민사학자 이마니시 류는 "석유환국昔有桓国"을 "석유환인昔有桓囙"으로,

1904년 일본 동경제국대에서 발행한 『삼국유사』에 나오는 "석유환국": 이마니시 류가 입학한 다음 해인 1904년, 동경제국대 학부와 대학원에서 발행한 『삼국유사』. 활자본인 이 책에 환국桓國이라는 글자가 선명히 보인다. 그런데 이마니시 류는 1926년에 '환국桓国'을 '환인桓因'으로 조작한 『삼국유사』 경도제국대 영인본을 만들어 일본과 한국에 배포하였다.

글자 한 자를 바꿔 버렸다. '옛적에 환국이 있었다'를 '옛적에 환인이 있었다'고 하여, 환국의 역사를 신화로 만든 것이다. 한 글자를 바꾸었을 뿐인데 환국이라는 나라가 통째로 사라지고, 그 다음에 나오는 환웅과 단군도 역사의 인물이 아니라 신화의 인물이 되어 버렸다.

이마니시 류는 일제강점기에 조선사편수회를 이끌며, 일제 식민사관으로 한민족의 시원 역사를 말살하는 데 앞장 선 대표적인 인물이다. 그는 자신이 한국 고대사를 왜곡한 것이 아니라 일연의 『삼국유사』를 근거로 정당하게 기술한 것이라고 주장하였다. 요컨대 고려의 승려였던 일연이 불교의식으로 주석을 붙임으로써 동방 한민족의 시원 역사를 비롯한 인류의 창세 역사가 암흑 속으로 사라진 것이다.

둘째, 국통 맥이 전수된 환국 → 배달 → 단군조선의 관계가 혈통 관계로 축소되고 환국, 배달, 조선을 다스린 임금의 계보가 전혀 기술되지 않았다. 즉 『삼국유사』에서 '서자[부족의 이름] 환웅'을 '환인의 아들 환웅'이라 해석하고, 또 단군왕검을 환웅이 웅녀와 혼인하여 낳은 아들이라 서술하였다. 환인, 환웅, 단군을 아버지, 아들, 손자로 기술한 것이다. 국가의 계보가 한 집안의 계보로 둔갑하면서 한민족의 고대사에 존재 했던 국가가 송두리째 사라져 버린 것이다.

또 하나, 앞에서 말했듯이 '일웅일호'를 왜곡 해석했기 때문이다(『삼성기』 하 특각주 참고). 우리는 이 뒤틀린 역사를 『환단고기』를 통해 바로잡고, 한민족의 역사를 새로 써야 한다.

환

수메르 문명
(메소포타미아)
(기원전 3500년 경)

이집트 문명
(기원전 3100년 경)

인디
(기원전

신시본기

神市本紀

- **신시神市**: 환웅 천황께서 무리 3천 명을 거느리고 태백산[백두산] 신단수 아래에 내려오시어 나라[배달]를 세우신 곳. 그래서 배달을 신시 배달이라 한다.
- **배달**: '밝은 땅' 이라는 뜻으로 한민족 최초의 나라이다.
- **환웅桓雄**: 천왕, 천황, 천제라고도 한다.

『신시본기』에는 환국을 계승하여 삼신의 가르침을 바탕으로 문명을 연 한민족 배달 시대의 생활 모습과 문화, 배달 문명 개창의 주역인 삼황(태호 복희, 염제 신농, 치우 천황)의 업적 등이 상세히 기록되어 있다.

환웅 천황의 신시 배달국

환웅천황의

천산

환

고비사막

반고의 이동

삼위산

황제헌원

강수

전

염제신농

판천坂泉

위수

유망

태

삼

치우천황의 서토경략 경로

흑룡강(흑수)

배달국

신지씨

송화강

서압록

신시 🏔

난하 청구국1 14세 치우천황의
청구국 천도
태백산
(백산)

갈석산

고시씨

환웅천황의 태백산
신시 개천:
5910(2013년 기준)

낙랑

발해

청구국2

삭도

동해

황하

태산

소호금천

(상)

ㅔ곡고신 회수

苗 양자강

신
시
본
기

환웅 천황의 배달국 시대

불을 처음 얻어 낸 분, 고시례

『진역유기』* 「신시기」에 이렇게 기록되어 있다.

주곡* 벼슬을 맡은 고시례

환웅 천황께서 사람 살 곳이 이미 완전히 갖춰지고, 만물이 각기 제 자리 잡은 것을 보셨다. 이에 고시례로 하여금 음식과 곡식 기르는 일을 도맡아 담당하게 하셨다.

이분은 주곡 벼슬을 맡았다. 그런데 당시 씨 뿌리고 거두는 법이 갖추어지지 못하고, 또한 불씨가 없는 게 걱정이 되었다.

어떻게 불을 얻게 되었나

어느 날 고시례는 우연히 깊은 산에 들어갔다. 거기서 키 큰 나무가 말라서 거칠고 처량하게 줄기를 드러내고, 오래 된 나무줄기와 말라 버린 가지가 서로 얽혀 어지러이 흩어져 있는 것을 보았다.

오랫동안 말없이 우두커니 서서 깊이 생각하는데, 홀연 거센 바람이 숲 속에 불어 닥쳤다. 그러자 땅 위의 크고 작은 구멍이 성내어 부르짖고, 오래된 나무줄기가 서로 부딪치며 불꽃을 일으켰다. 불꽃은 번쩍번쩍 빛을 내며 잠깐 일더니 곧 꺼졌다.

이에 문득 깨닫고서 말하였다.

"이것이다, 이것이야! 이것이 바로 불을 얻는 방법이야!"

고시씨는 오래 된 홰나무 가지를 가지고 집에 돌아와 나뭇가지를 비벼대어 불을 만들었다.

❀『진역유기震域留記』: 고려 말 청평산인淸平山人 이명李茗이 쓴 책이다. 환국, 배달, 단군조선, 북부여, 고구려 시대에 이르는 비사(세상에 알려지지 않은 역사)를 기록하였다. 환인, 환웅, 단군 시대의 신교의 정통맥을 계승한 대표적인 도가 사서의 하나다.

❀주곡主穀: 농업을 관리하는 일.

그러나 불을 일으키는 방법은 여전히 불편하였다.

고시례~~

다음날 다시 키 큰 나무가 우거진 곳에 이르러 이리저리 돌아다니며 깊은 생각을 했다.

그런데 갑자기 줄무늬 호랑이 한 마리가 울부짖으며 달려들었다. 고시씨가 크게 한 번 소리를 지르고 돌을 집어 힘껏 던졌으나, 돌은 빗나가서 바위 귀퉁이에 맞았다. 그 순간 불이 번쩍 일어났다.

이에 몹시 기뻐하며 돌아와 다시금 돌을 부딪쳐서 불을 얻었다. 이로부터 백성들이 음식을 불에 익혀 먹게 되었다.

쇠를 녹이고 단련하는 기술이 일어나기 시작하여 물건 만드는 기술 또한 점차 나아지게 되었다.

오랜 옛날부터 우리 민족은 농사를 짓거나 산에서 나무하는 사람들이 음식을 먹을 때면 항상 음식을 던지며 "고시례" 또는 "고수례" 하고 이름을 불렀단다. 농사 짓는 법과 음식을 불에 익혀 먹는 법을 가르쳐 주신 고시례의 은혜를 잊지 못해, 그분께 먼저 음식을 바치고 먹는 풍습이 생긴 거야

고시례高矢禮: 초대 배달 환웅 때의 주곡관[농사를 주관하는 관리]으로 불을 처음 발견하였다. 그 후 단군조선 시대에도 고시라는 분이 농사일을 주관하였다.

사슴 발자국을 본떠 글자를 만든 신지 혁덕

환웅 천황의 명으로 문자를 만들다

환웅 천황께서 또 다시 신지* 혁덕에게 명령하여 문자를 만들게 하셨다.

신시본기

❀**신지**神誌: 왕명을 주관(主命)하는 벼슬 이름이다. 대대로 역사를 기록하는 직책을 맡았다.

환단고기

신지씨는 대대로 왕의 명령을 주관하는 직책을 맡아서 천황의 명령을 출납하고* 천황 돕는 일을 전담하였다. 그런데 그 일을 다만 말에 의지할 뿐 문자로 기록하여 보존하는 방법이 없었다.

어떻게 문자를 만들었나

어느 날 혁덕이 무리와 떨어져서 홀로 사냥을 하고 있었다.

그때 별안간 놀라서 달아나는 암사슴 한 마리를 보았다. 활을 당겨 맞추려다가 그만 사슴의 자취를 잃어버렸다. 곧 사방을 수색하며* 산과 들을 여기저기 찾아다녔다.

그러던 중 평평하게 모래가 펼쳐진 곳에 이르러 사슴 발자국이 흩어져 있는 것을 보았다. 그것을 보자 사슴이 간 곳을 분명히 알 수 있었다. 이에 고개를 숙이고 깊이 생각하다가 문득 깨닫고 말하였다.

"기록하여 보존하는 방법은 오직 이와 같을 뿐이다. 이와 같을 뿐이야."

이 날 사냥을 마치고 돌아와 골똘히 생각하고 온갖 사물의 형상을 널리 관찰하였다. 며칠이 지나지 않아 깨달음을 얻어 문자를 새로 만들었다. 이것이 태고 문자의 시작이다.

다만 그 후로 너무 오랜 세월이 흘러 태고 문자가 사라져 남아 있지 않다. 아마도 그 구조가 쓰기에 불편한 점이 있어서 그렇게 된 듯하다.

문자의 구조가 쓰기에 불편하고 알아보기 어려웠다

일찍이 남해도 낭하리*의 계곡과 경박호*·선춘령과 저 오소리* 등과 그 외 지역의 바위 사이에 문자가 조각된 것이 간혹 발견되었다

❀**천황의 명령을 출납하다**: 천황의 명령을 신하들에게 전달하고 신하들의 의견을 들어 천황께 올리다.

❀**수색하다**: 구석구석 뒤져서 찾다.

❀**낭하리郎河里**: 지금의 행정 구역명은 경상남도 남해군 상주면 양아리良阿里이다.

신지 혁덕이란 분이 사슴의 발자국을 본떠서 만든 글자를 녹도문鹿圖文이라고 해. 이 문자로 『천부경』과 『삼일신고』 두 경전을 기록하였대.

녹도문은 기원전 3천 년경의 쐐기문자(수메르)와 상형문자(이집트)보다 먼저 만들어진 세계 최초의 문자야.

❀**경박호鏡珀湖**: 지금의 흑룡강성 영안현寧安縣 서남쪽에 있다.

는 말을 들은 적이 있다. 그 문자는 범어(산스크리트어)도 아니고, 전서*도 아니어서 사람들이 쉽게 알아보지 못하였다. 아마도 이것이 신지씨가 만든 옛 문자가 아니겠는가.

이에 우리나라가 세력을 떨치지 못하고 우리 민족이 강성하지 못한 것이 더욱 한스럽다.

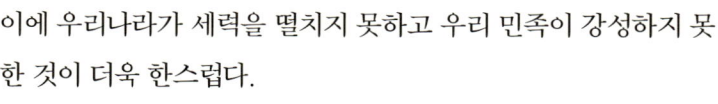

신지 혁덕이 최초로 문자를 만들긴 하였지만, 그 글자는 쓰기에 어렵고 불편해서 지금은 전하지 않는데.

생활 환경을 개선하고 무기를 만드셨다

배달의 초대 풍백, 우사, 운사가 한 일

환웅 천황께서 풍백* 석제라를 시켜 새, 짐승, 벌레, 물고기의 피해를 없애게 하셨다.

그러나 사람들은 아직 동굴과 움집에서 살았다. 그래서 땅의 습기와 바깥바람의 기운이 사람에게 침범하여 질병을 일으켰다.

또 짐승과 벌레와 물고기의 무리가 한 번 쫓겨난 뒤로 점차 인간을 피해 숨어 버려서 잡아먹기가 쉽지 않았다.

그리하여 우사* 왕금을 시켜 사람이 살 집을 짓고, 소와 말, 개, 돼지, 독수리, 호랑이 같은 짐승을 잡아 길러서 이용하게 하셨다.

운사* 육약비를 시켜 '남녀가 혼인하는 법'을 정하게 하시고, 치우로 하여금 대대로 '병마와 도적을 잡는 직책'을 관장하게 하셨다.

이때부터 치우, 고시, 신지의 후손이 가장 번성하였다.

⊛ 오소리烏蘇里: 만주 우수리강을 말한다.

⊛ 전서篆書: 한자 서체 (전서, 예서, 해서, 행서, 초서)의 하나이다.

풍백風伯 · 우사雨師 · 운사雲師: 배달 시대의 기본적인 국가 통치조직으로 풍백은 입법관, 우사는 행정관, 운사는 사법관이다. 삼백三伯이라 한다.

동이東夷의 뜻

'동東' 1. 생명, 탄생, 시작.

2. 주인, 주체(중국에서 '집 주인'을 '방동房東'이라 한다)

'이夷' 1. 큰 활을 사용하는 동방 사람 [東方之人也 從大從弓].

2. 하느님을 대행하는 사람.

3. '인仁, 어질다'는 뜻[古文仁同].

4. '뿌리'라는 뜻[東方曰夷. 夷者柢也]

아하! 동이는 동방 한민족을 가리키는 말이구나?

그래~ 우리 민족을 동이라고 부르기 시작한 게 치우 천황 때부터래.

환단고기

☸큰 쇠뇌[大弩]: 여러 개의 화살을 잇달아 쏘는 활의 한 종류.

☸『설문해자說文解字』: 중국 후한後漢 시대 허신許愼이 지은 책. 한자 자전字典의 원조이다.

☸『춘추春秋』: 공자가 지은 중국 노魯나라 역사책이다.

치우 천황이 만든 큰 활과 '동이'의 유래

치우(14세 환웅) 천황이 등극하여 구치(광석을 캐내는 기계)를 만들어서 구리와 철을 캐셨다. 철을 단련하여 칼과 창과 큰 쇠뇌*를 만들게 하셨다.

사냥을 가거나 전쟁을 할 때 이것에 신처럼 의지하였다.

주위의 모든 부족이 이 큰 활의 위력을 몹시 두려워하여 소문만 듣고도 너무 놀라서 섬뜩해진 지 오래였다.

그리하여 저들이 우리 민족을 '이夷'라 불렀다. 『설문해자』*에 이른바 "이夷는 '큰 대大' 자와 '활 궁弓' 자를 합한 자(大+弓)로 '동방사람'을 뜻한다."라고 함이 이것이다.

그러나 공자가 『춘추』*를 지을 때 '이'라는 명칭을 융적*과 함께 오랑캐의 칭호로 썼다. 참으로 애석한 일이다.

웅족이 이주하여 환족의 백성이 되었다

다스리기 어려운 족속, 호족

『삼성밀기』에 이렇게 기록되어 있다.

"환국 말기에 다스리기 어려운 강한 족속이 있어 이를 근심하였다.

그러던 차에 환웅께서 나라를 다스림에 삼신의 도로써 가르침을 베푸시고, 백성을 모아 맹세하게 하셨다.

이때부터 은밀히 그 강한 족속을 없애려는 뜻을 두셨다.

호족과 웅족의 갈등

당시 부족의 호칭이 통일되지 아니하여 풍속이 점점 갈라졌다.

원주민은 호족*이고, 새로 이주해 온 백성은 웅족*이었다.

호족은 성품이 탐욕스럽고 잔인하여 오직 약탈을 일삼았고,

웅족은 성품이 고집스럽고 어리석고 둔하여

서로 잘 어울리지 못하였다.

두 부족이 비록 한 고을에 살았으나 시간이 지날수록 더욱 멀어졌다.

서로 물건을 빌리거나 빌려 주지 않았고 혼인도 하지 않았다.

매사에 서로 뜻을 굽히지 않아, 한 길을 같이 간 적이 없었다.

신시 배달의 백성이 된 웅족

이러한 지경에 이르자 웅족 여왕은 환웅 천황께서 신령한 덕이 있으시다는 소문을 듣고 무리를 거느리고 찾아왔다.

다 함께 암송하기

환웅桓雄이 위방爲邦에 내이삼신설교乃以三神設教하시고
이취중작서而聚衆作誓하시니라.

환웅께서 나라를 다스림에 신교(삼신의 도)로써 가르침을 베푸시고
백성을 모아 맹세하게 하셨다.

桓 밝을 환 雄 뛰어날 웅 爲 다스릴 위 邦 나라 방 乃 이에 내 삼신설교[신교]=삼신의 가르침 聚 모을 취 衆 무리 중 作 지을 작 誓 맹세할 서

● 융적戎狄: 중국에서 서쪽 오랑캐와 북쪽 오랑캐를 아울러 이르던 말.

● 호족虎族: 호랑이를 수호신으로 숭배한 족속.

● 웅족熊族: 곰을 수호신으로 숭배한 족속. 동이족을 말한다. 한반도에 웅熊 자가 들어간 지명이 60여 개나 되고, 일본 큐슈九 州에도 10여 개가 있다.

신
시
본
기

웅족 여왕은 천황을 뵙고 이렇게 간청하였다.

'원컨대 살 터전을 내려 주시어 저희도 한결같이 삼신의 계율을 지키는 신시[배달]의 백성이 되게 해 주옵소서.'

환웅 천황께서 이를 허락하시고 살 곳을 정해 주어 자식을 낳고 살게 하셨다.

호족은 끝내 성질을 고치지 못하여 나라 밖으로 쫓겨나게 되었다. 환족이 이때부터 일어나기 시작하였다."

초대 거발환 환웅께서 동방 문명을 여셨다

환인께서 환웅에게 지상에 새 시대를 열라고 명하셨다

『조대기』에 이렇게 기록되어 있다.

"당시 사람은 많고 물자는 적어 살아갈 방법이 없음을 걱정하였다. 서자*부의 대인(우두머리)인 환웅이 민정*을 두루 살펴 듣고 하늘에서 내려와 땅위에 광명 세상을 열고자 하셨다.

이때 안파견* 환인께서 금악산*과 삼위산*과 태백산*을 두루 살펴보고 말씀하셨다.

'태백산은 가히 널리 인간을 이롭게 할 수 있는 곳이로다.'

그리고 환웅에게 명을 내리셨다.

'이제 인간과 만물이 제자리를 잡았다.

이에 그대는 노고를 아끼지 말고 무리를 거느리고 몸소 인간 세상에 내려가 새 시대를 열어 가르침을 베풀어라.

❀ 서자庶子: 여기서는 부족의 이름.

❀ 민정民情: 백성의 사정과 생활형편.

❀ 안파견: '아버지' 라는 뜻. 여기서는 7세 지위리환인을 말한다.

❀ 금악산金岳山: 알타이 산.

❀ 삼위산三危山: 감숙성 돈황현에 있다.

❀ 태백산: 백두산을 말한다.

삼신상제님께 제사를 지내 부권*을 세워라.
노인은 부축하고 어린이는 이끌어 평화롭게
하나 되게 하여 스승의 법도를 세워라. 세상을
상제님의 가르침으로 다스려 깨우쳐서* 자손
만대의 큰 규범으로 삼아라.'
환인께서는 환웅에게 천부와 인 세 개를 주시고
세상에 보내어 다스리게 하셨다.

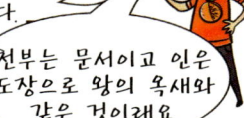

천부天符와 인印은
삼신상제님의 종통을
상징하는 신비스런
물건이랍니다.

천부는 문서이고 인은
도장으로 왕의 옥새와
같은 것이래요.

무리 3천 명을 거느리고 오신 환웅 천황

환웅께서 무리 3천 명*을 거느리고 처음으로 태백산 신단수 아래에
내려오시니, 이곳을 신시神市라 한다.
환웅께서는 또한 풍백 · 우사 · 운사를 거느리시고
오가에게 농사 · 왕명 · 형벌 · 질병 · 선악[다섯 가지 일]을 주장하게
하셨다.
또 인간의 360여 가지 일을 주관하셨다.
삼신상제님의 가르침으로써 정치와 교화를 베풀어
인간 세상을 널리 이롭게 하시니 이분이 바로 환웅 천황이시다.

❀부권父權: 아버지(통
치자)로서의 권한.

❀세상을 삼신상제
님의 신교 진리로
다스려 깨우치는
것: 재세이화在世理
化.

❀무리 3천 명: 이들을
제세핵랑군濟世核郎軍
또는 문명 개척군단
이라 한다.

다 함께 암송하기

재 세이화在世理化하여
위자손만세지홍범야爲子孫萬世之洪範也라.
세상을 상제님의 가르침으로 다스려 깨우쳐서 자손 만대의 큰 규범으로 삼아라.

在 있을 재 世 세상 세 理 다스릴 이 爲 삼을 위 孫 손자 손
萬世 만세=아주 오랜 세대 洪 클 홍 範 법 범

웅족이 교화되었다

이때 웅족과 호족이 이웃하여 살았다.

항상 신단수에 와서 기도하며 환웅께 이렇게 간청하였다.

'하늘의 계율을 지키는 신시(배달)의 백성이 되기를 원하옵니다!'

환웅께서는 신령한 주문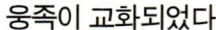으로 체질을 개선시켜 신명을 통하게 하셨다.

또 삼신상제님께서 내려 주신 물건으로 신령한 삶을 얻게 하셨으니,

바로 쑥 한 단과 마늘 스무 줄기였다.

그리고 이렇게 경계하여 말씀하셨다.

'너희는 이것을 먹고 백 일 동안 햇빛을 보지 말아라. 그리하여야 스스로 참됨을 이루고 만물을 고르게 구제하며, 참된 인격을 갖춘 훌륭한 사람이 될 것이다.'

웅족과 호족, 두 족속은 이것을 먹고 삼칠일(21일) 동안 삼가며 스스로 수련에 힘썼다.

웅족은 굶주림과 추위와 고통을 참으며 하늘의 계율을 지키고, 환웅과 한 언약을 지켜서 건강한 '여자의 모습'을 얻었다.

그러나 호족은 거짓과 게으름으로 하늘의 계율을 어겨 끝내 하늘이 내린 사명을 함께 이루지 못하였다.

이것은 두 부족의 타고난 성품이 서로 다르기 때문이었다.

웅씨족이 환족으로 귀화하였다

웅씨족의 여성들은 고집이 세고 어리석음이 지나쳐서 이들과 혼인하려는 사람이 없었다.

❀주문: 삼신상제님의 수행 방법은 주문을 반복하여 소리 내어 읽는 것이다. 주문은 인간의 마음과 신의 마음을 소통하게 하고 대자연의 생명과 인간을 조화시켜 준다.

단군조선 영역에서 일어난 여러 나라

그래서 매양 신단수 아래에 함께 모여 주문을 읽으며 아기를 가져
환웅의 백성이 되기를 기원하였다.

환웅께서 임시로 이들을 환족 백성으로 귀화시켜 살 곳을 주셨다.

그리고 환족 남자와 혼인하게 하여 자녀를 낳게 하셨다.

그리하여 이로부터 모든 남녀가 점차 인륜의 도*를 얻게 되었다.

단군조선 시대의 통치 영역

그 후 단군왕검이라 불리는 분이 아사달에 도읍을 세우셨다.

이곳은 지금의 송화강이다.

이때 비로소 나라 이름을 조선이라 칭하셨다.

삼한, 고리, 시라,* 고례, 남 · 북옥저, 동 · 북부여, 예와 맥*이
모두 조선이 다스리던 영토였다."

☙**인륜人倫의 도**: 군
신, 부자 · 형제 · 부
부 등의 인간 관계와
질서.

☙**시라尸羅**: 신라. 길림
성에 있다가 경주로
이주하였다.

☙**예와 맥**: 배달과 단
군조선의 중심 세력
으로 추정되는데, 후
에 예족은 부여를 세
우는 한 종족이 되
고, 맥족은 고구려를
형성하는 종족 중 하
나가 되었다.

신
시
본
기

책력은 제사 문화에서 비롯된 것

❀ **칠회제신력七回祭神**
曆: 일곱 분의 신에게
제를 지내는 주기표.
일주일의 달력이 여
기서 비롯되었다.

❀ **책력册曆**: 일 년 동
안의 월일, 해와 달
의 운행, 월식과 일
식, 절기, 특별한 기
상 변동 따위를 날의
순서에 따라 적은
책. 중국학자 쉬량즈
는 "중국의 역법은
동이로부터 시작되
었다."라고 하였다.

❀ **상달上月**: 한 해의 첫
달. 배달 신시 시대
때부터 음력 10월을
한해의 첫머리로 삼
아 상달이라 하였다.
그리하여 매년 10월
이 되면 항상 국가적
인 행사를 열어 삼신
상제님께 천제를 지
냈다.

신시 시대에 칠회제신력*이 있었다.

첫째 날에 천신(삼신상제님)께 제사 지냈다.

둘째 날에 월신(달의 신)께 제사 지냈다.

셋째 날에 수신(물의 신)께 제사 지냈다.

넷째 날에 화신(불의 신)께 제사 지냈다.

다섯째 날에 목신(나무의 신)께 제사 지냈다.

여섯째 날에 금신(금의 신)께 제사 지냈다.

일곱째 날에 토신(흙의 신)께 제사 지냈다.

책력*을 짓는 방법이 여기에서 비롯하였다.

그러나 이전에는 계해를 쓰다가 5세 구을 단군께서 처음으로 갑자
를 쓰시고

10월을 상달*로 삼으시니 이것이 한 해의 처음이 되었다.

6계는 신시(배달) 환웅께서 신지에게 명하여 지은 것이다.

그때부터 계癸로써 한 해의 첫머리를 삼았다.

계癸는 계啓(열다)의 뜻이며, 해亥는 핵核(씨, 종자)이라는 뜻이니

'해가 뜨는 뿌리' 라는 말이다.

전쟁은 어떻게 해서 시작되었나

배달국 초기의 생활 모습

신시 환웅께서 처음 세상에 내려오셨을 때, 산에는 길이 없고 못에

환
단
고
기

는 배와 다리가 없었다. 짐승이 무리를 이루고 초목이 무성하였다.

사람이 짐승의 무리와 함께 살고, 만물과 무리를 이루어 어울려 살았다.

짐승 떼에 굴레를 씌워 놓고, 까마귀와 까치의 둥지에 올라가 엿보기도 하였다.

배고프면 먹고 목마르면 마셨는데, 때로 짐승의 피와 고기를 이용하였다.

옷을 만들어 입고 농사지어 먹으며, 편한 대로 자유롭게 살았다.

이때를 '지극한 덕이 베풀어지는 세상[지덕지세至德之世]' 이라 일렀다.

백성이 살면서도 할 일을 모르고, 다니면서도 갈 곳을 몰랐다.

그 행동은 만족스러움으로 느리고, 그 보는 것은 소박하고 무심하였다.

오직 배불리 먹고 기뻐하며, 배 두드리며 놀았다.

해 뜨면 일어나 일하고 해가 지면 쉬었다. 하늘의 은혜와 혜택이 넘쳐흘러 백성들이 가난이라는 것을 알지 못하던 때였다.

환국시대부터 배달 초기까지 인류는 참으로 평화롭게 살았단다.

전쟁이 일어난 배경

후세로 내려오면서 만물과 백성이 더욱 번성하자 소박한 기풍은 점점 사라졌다.

열심히 노력하며 수고로이 일하지 않으면 살기가 어렵게 되어 비로소 살림살이를 걱정하게 되었다.

그리하여 농사짓는 사람은 이랑*을 두고 다투고, 고기 잡는 사람은 구역을 두고 다투었다.

❁ 이랑: 논이나 밭을 갈아 골을 타서 두둑하게 흙을 쌓아 만든 곳.

신시본기

싸워서 얻지 않으면 가난을 면하지 못하게 되었다.

인류의 전쟁은 하늘의 뜻인가

그 후에 활과 쇠뇌가 만들어지자 새와 짐승이 숨었다.

그물이 펼쳐지자 물고기가 숨어 버렸다.

사람들은 심지어 창칼과 갑옷으로 무장하고 서로 공격하였다.

이를 갈며 피를 뿌려서, 간과 뇌가 땅에 쏟아졌다.

이것은 또 하늘의 뜻이 진실로 그러했기[천의고연天意固然] 때문이다.

이러한 상황에 이르자 전쟁을 면할 수 없음을 알게 되었다.

이후 전쟁이 일어나기 시작되었는데, 이때는 하늘의 뜻과 대자연 법칙이, 전쟁이 일어날 수밖에 없도록 되어 있단다. 문명을 개척해야 하기 때문이지.

사람들이 경쟁하고 싸움을 하면서 오늘날과 같은 과학문명을 꽃피우게 될 것이란다.

서방으로 나아가 영토를 개척한 환족(동이족)

지금 인류의 근원을 살펴보면 모두 한 뿌리 조상[일원지조日源之祖]*이다.

그러나 땅덩어리가 동과 서로 나뉘면서 각기 한 곳을 차지하고 굳게 지켰다. 지역의 경계가 아주 끊어져서 사람이 서로 오고가지 않았다.

그리하여 사람들은 자기들이 있는 것만 알고 다른 사람이 있음은 몰랐다. 그러니 사냥하고 나무를 베어 쓰는 일 외에 다른 위험하고 힘든 일이 없었다.

수천 년이 지나자 세상의 형편은 이미 변하였다.

중국은 당시 서쪽 땅*의 보물창고였다. 기름진 땅이 천 리요, 기후

환단고기

❀한 뿌리 조상: 인류는 본래 한 조상[삼신]에게서 나왔으나 오행 영기의 천지 기운을 받아 오색 인종으로 나뉜 것이다.

❀서쪽 땅: 배달 시대에는 중국이라는 이름조차 없었다. 동방 배달의 제후가 맡아 다스리던 서쪽 땅일 뿐이었다.

가 좋았다. 우리 환족이 나뉘어 그 땅으로 옮겨 갈 때 앞 다투어 나아갔다.

토착민*도 몰려들어 그곳에 모여 살았다.

뜻이 같으면 돕고, 뜻이 다르면 원수가 되어 싸움이 일어났다.

이것이 바로 아주 오랜 세월 동안 있어 온 전쟁의 시초*이다.

☀토착민: 대대로 그 땅에 살고 있는 사람.

☀전쟁의 시초: 전쟁은 상극 질서 속에서 서로 경쟁하고 이기려고 하는 데서 비롯되는데, 문명사에서 볼 때는 새 기운을 여는 계기가 되기도 한다.

5세 태우의 환웅의 막내아들, 태호 복희

수도법을 가르치셨다

환웅 천황으로부터 5세를 내려와 태우의 환웅이 계셨다.

사람들을 가르치실 때, 반드시 생각을 고요히 가라앉혀 마음을 깨끗하게 하고, 호흡을 고르게 하여 정기*를 잘 기르게 하셨다.

이것이 바로 건강하게 오래 사는 법방[장생구시지술長生久視之術]이다.

☀정기精氣: 생명의 근원이 되는 기운.

삼신의 성령을 받아 천지의 이치를 환히 깨달으신 태호 복희

태우의 환웅의 아들은 열둘이었다.

맏이는 다의발 환웅이시요 막내는 태호이시니, 복희라고도 불렸다.

다 함께 암송하기

교인教人에 필사묵념청심必使默念淸心하사
조식보정調息保精하시니라.

사람들을 가르치실 때, 반드시 생각을 고요히 가라앉혀 마음을 깨끗이 하고 호흡을 고르게 하여 정기를 잘 기르게 하셨다.

教 가르칠 교 必 반드시 필 使 시킬 사 默 잠잠할 묵 念 생각할 념
調 고를 조 息 숨쉴 식 保 보전할 보 精 정기 정

신
시
본
기

태호 복희씨*는 어느 날 삼신이 성령을 내려 주시는 꿈을 꾸고 천지 만물의 근본 이치를 환히 꿰뚫어 보시게 되었다.

이에 삼신산*에 가서 하늘에 제사 지내시고 천하*에서 괘도*를 얻으셨다.

그 획은 세 개는 끊어지고 세 개는 이어지는 음양의 원리로 이루어졌다.

그 위치를 바꾸어* 추리함에 오묘하게 삼극(무극, 태극, 황극)*을 포함하여 변화가 무궁하였다.

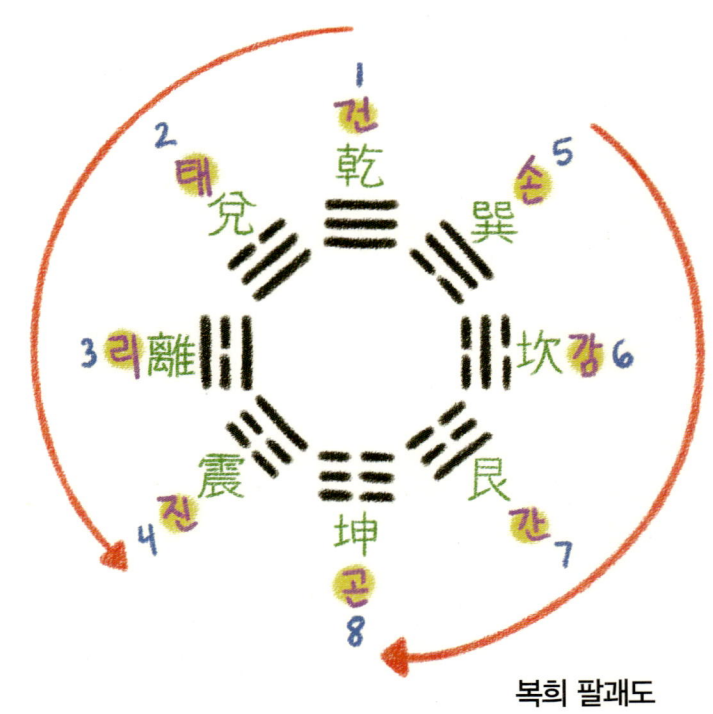

복희 팔괘도

여덟 씨족으로 갈라진 복희씨의 후손

『밀기』에 이렇게 기록되어 있다.

"태호 복희는 신시에서 태어나 우사 직책을 물려받았다.

후에 청구, 낙랑을 지나 진陳 땅에 이주하여 수인, 유소와 함께 서쪽

땅에서 나라를 세우셨다.

그 후손이 갈라져 풍산에 살면서 역시 풍風*으로 성을 삼았다.

후에 패·관·임·기·포·리·사·팽 여덟 씨족*으로 나뉘어졌다.

지금의 산서 제수*에 희족(복희씨 집안)의 옛 거주지가 아직 남아 있는

데, 그 둘레를 임·숙·수구·수유 등의 나라가 모두 에워싸고 있다."

하남성 회양현에 있는 태호 복희씨 사당내부의 상

☙ 풍風씨: 인류 최초의
성씨였으나, 15대 만
에 절손이 되었다.

☙ 풍씨에서 갈려나
간 여덟 성씨: 패
佩·관觀·임任·기
己·포叔·리理·사
硯·팽彭.

☙ 제수濟水: 산서성에
서 발원하여 황하를
땅속으로 가로질러
산동성 아阿에서 다
시 솟아나서 흐른다.

중국은 태호 복희씨를
인류문화의 시조라 하여
자기네 조상처럼 모셔 놓았지.
날마다 많은 사람이 와서
참배를 하고 간단다.

복희씨의 제도를 계승한 여와

『대변경』에 이렇게 기록되어 있다.

"복희는 신시에서 출생하여 우사 관직을 맡으셨다.

신룡의 변화를 살펴 팔괘의 그림을 만들고,

신시 시대의 계해를 갑자로 바꾸어, 한 해의 첫머리로 삼으셨다.*

여와*는 복희의 제도를 계승하고,

주양은 옛 문자를 기본으로 하여 처음으로 육서를 세상에 전하였다.

복희씨의 능은 지금의 산동성 어대현 부산 남쪽*에 있다."

◉ 신시 시대에 계해를 1년의 첫머리로 쓰던 것을 바꾸어 갑자를 1년의 첫머리로 삼으셨다.

◉ **여와**女媧: 태호복희의 여동생. 『강감금단綱鑑金丹』에는 "태호복희가 죽은 뒤에 여동생인 여와가 무진년(기원전 3413)에 임금이 되었다."라고 하였다. 사마천의 『사기』에도 "태호복희가 죽은 뒤 여러 신하가 여와를 임금으로 받들었다."라고 하였다.

◉ **산동성 어대현 부산 남쪽**: 지금의 산동성 미산현 양성향 유장촌에 복희 묘가 있는데, 무덤 위에 묘당을 만들었다 한다. 주민들은 이 산을 봉황산이라 부르고, 복희씨가 이곳에서 팔괘를 그렸다 하여 팔괘산이라 부르기도 한다.

하남성 회양현에 있는 태호 복희씨 사당

동양 의학과 농사의 시조인 신농씨의 혈통

신농은 열산*에서 일어났는데, 열산은 열수가 흘러나오는 곳이다. 신농은 소전의 아들이시고, 소전은 소호와 함께 모두 고시씨*에서 갈려 나간 자손이시다.

당시 백성이 한 곳에 자리잡고 각기 생업에 종사하며 살게 됨에 점차 인구가 증가하였다.

곡식과 삼을 많이 생산하고, 각종 의약과 치료법도 점점 갖추어졌다.

한낮에 시장을 열어 서로 필요한 물건을 바꾸고 돌아갔다.

⊛ 열산列山: 지금의 호북성 수주시 여산진이다.

⊛ 고시씨高矢氏: 초대 환웅 천황 때 불을 발견하고 주곡主穀 임무를 맡았던 고시례를 말한다.

신농씨의 계보

신농神農(기원전 3218~기원전 3078)은 사람들에게 처음으로 농사법을 가르쳐 주고 의약을 베풀어 주신 농경과 의약의 시조이시다.

소전少典: 동이족 혈통으로 8세 안부련 환웅 때 천황의 명을 받고 섬서성 강수姜水에 가서 군사를 감독하는 직책을 맡았다. 그곳에서 낳은 아들 중 맏이가 신농이고, 둘째가 욱(공손公孫씨의 조상)이다. 욱의 10세 손이 바로 중국 한족의 태조인 황제 헌원이다.

신농씨는 바로 초대 환웅 천황 때 불을 발견하고 주곡(음식, 농사) 벼슬을 맡았던 고시례의 후손이시래요.

신농씨 사당 앞에 세워진 신농씨 석상

14세 치우 천황께서 서쪽 영토를 크게 정벌하셨다

백성들의 삶이 어려워진 신농씨의 나라

신농씨 나라는 유망*에 이르러 정치의 속박*이 모질고 혹독해졌다.

여러 읍락이 사이가 나빠져 백성이 많이 흩어졌다.

세상살이가 매우 어렵게 되었다.

덕으로 나라를 다스리며 여러 나라 정세를 살피신 치우 천황

우리 치우 천황께서 배달 신시의 굳세고 맹렬한 기상을 계승하여

백성과 함께 이를 새롭게 펼치셨다.

하늘의 뜻을 밝혀 생명의 의미를 알게 하시고

땅을 개간하여 뭇 생명을 다스리게 하시고

사람의 마음을 열어 생명을 존중하게 하셨다.

그리하여 백성이 모두 만물의 원리를 스스로 살필 수 있게 되었다.

이렇듯 그분의 덕이 미치지 않은 곳이 없었다.

지혜가 적합하지 않음이 없고

역량*이 온전히 갖추어지지 않음이 없었다.

다 함께 암송하기

개천지생開天知生하시며, 개토이생開土理生하시며,
개인숭생開人崇生하시니라.

하늘의 뜻을 밝혀 생명의 의미를 알게 하시고, 땅을 개간하여 생명을 다스리게 하시고, 사람의 마음을 열어 생명을 존중하게 하셨다.

開 열 개   知 알 지   崇 존중할 숭

* 유망楡罔(기원전 2758~기원전 2688): 염제신농의 후손으로 약 500년 계속된 염제 신농국의 마지막(8세) 임금이다. 유망은 처음에 공상에 도움하였다가 치우 천황에게 쫓겨 하북성 탁록으로 달아나 멸망하였다.

* 속박: 강압적으로 못하게 함.

* 역량: 어떤 일을 해낼 수 있는 힘.

환단고기

이에 백성과 더불어 나라를 나누어 다스리셨다.

호랑이처럼 늠름하게 황하 북쪽 지역에 계시면서, 안으로 군사를 용맹하게 훈련시키고, 밖으로 여러 나라 정세의 변화를 지켜 보셨다.

치우 천황께서 탁록을 정벌하셨다

유망의 정치력이 쇠약해지자, 치우 천황께서 군사를 일으켜 정벌하러 나가셨다.

형제와 아버지 쪽의 가족 중에서 장수가 될 만한 인물 81명을 뽑아 모든 군사를 거느리게 하셨다.

갈로산의 쇠를 캐내어 칼과 갑옷과 창과 큰 활과 호시*를 많이 제작하셨다.

그리고 전군을 모아 대열을 정비하여 탁록*을 쳐서 무너뜨리셨다.

구혼에 올라 싸울 때마다 승리를 거두셨다.

그 형세가 자못 거센 바람과 같아 모든 적군을 복종시키셨으며 천하에 그 위엄을 떨치셨다.

공상까지 나아가셨다

1년 사이에 아홉 제후의 땅을 함락하시고, 다시 옹호산에 나아가 구치(광석 캐내는 기계)로 수금과 석금을 캐내어 쌍날창과 옹호의 갈래창을 만드셨다.

다시 군사를 정비하여 몸소 거느리고 양수로 출진하여 빠르게 공상*까지 나아가 적을 치셨다.

당시 공상은 지금의 진류이며, 유망의 도읍지였다.

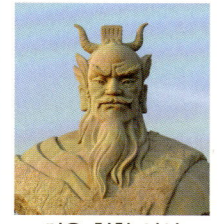

치우 천황 석상

❂ **호시**楛矢: 싸리나무로 만든 화살.

❂ **탁록**涿鹿: 지금의 중국 하북성 탁록현.

❂ **공상**空桑: 일반적으로 산동성 지방을 말하지만 여기서는 하남성 진류현을 가리킨다.

치우 천황은 용맹하시고 법력이 매우 뛰어나셨대.

그러니 열두 제후국이 천황께 꼼짝 못하고 굴복했겠지

유망과 소호가 달아났다

이 해에 치우 천황께서 12제후의 나라를 모두 병합하셨다.

이 때 죽은 시체가 산과 들에 가득하였다.

서토(지금의 중국땅)의 백성들이 너무 놀랍고 두려워 도망하지 않는 자가 없었다.

이때 유망이 소호*로 하여금 막아 싸우게 하였다.

이에 천황께서 예과와 옹호창을 휘두르며 소호와 크게 싸울 때, 큰 안개를 일으키셨다.

적의 장수와 병졸로 하여금 앞을 제대로 분별하지 못하게 하여 같은 편끼리 싸우게 하셨다.

소호는 크게 패하여 황급히 공상으로 들어가 유망과 함께 달아났다.

천제를 올리고 적을 멸망시키셨다

치우 천황은 즉시 하늘에 제사 지내시고

천하를 태평하게 할 것을 맹세하여 고하셨다.

그리고 다시 진군하여 탁록을 포위, 압박하여 한번에 멸망시키셨다.

『관자』*에 "천하의 임금이 모두 치열하게 싸웠다.

곧 치우 천황이 창으로 땅을 쳐 급작스럽게 싸우며 한 번 화를 내자 죽어 넘어진 시체가 산야에 가득했다."라고 말한 것이 바로 이것이다.

중화(중국) 문명의 발상지 탁록

치우 천황께 복종하지 않은 헌원

이때 공손 헌원*이라는 자가 있었는데 토착민의 우두머리였다.

헌원이 '치우 천황께서 공상에 입성하여(들어가 점령하여) 새로운 정치를 크게 펴신다'는 소식을 듣고도 감히 스스로 천자가 되려는 뜻을 품었다.

그리고 병사와 군마를 크게 일으켜 치우 천황과 승부를 겨루려 하였다.

천황께서 항복한 장수 소호를 먼저 보내 탁록을 포위하여 멸하려 하셨다.

그러나 헌원은 오히려 굴복하지 않고 감히 수많은 전쟁에 나섰다.

천황께서 헌원과 맞붙어 싸우셨다

천황께서는 9군에 명하여 네 길로 나누어 진군하게 하셨다.

그리고 몸소 보병*과 기병* 3천을 거느리고 곧장 탁록의 유웅* 들판에서 여러 번 헌원과 맞붙어 싸우셨다.

이때 군사를 풀어 사방에서 조이면서 적의 목을 베시니 그 수를 헤아릴 수 없었다.

또 큰 안개를 일으켜 아주 가까운 곳도 분간하지 못하게 하고 전투를 감독하고 격려하셨다.

이에 적군은 마음이 두렵고 손이 떨려서 도망치기에 바빴다. 백 리 안에 병사와 말이 보이지 않았다.

☙ **헌원軒轅(기원전 2692~기원전2593)**: 성은 공손公孫. 중국에서는 지금까지 태호복희·염제신농과 함께 삼황三皇의 한 인물로 불러왔다. 현재 대만의 중고등학교 역사 교과서에는 황제헌원을 중국 한족漢族의 실질적인 시조로 보고 있으나, 황제의 혈통은 웅씨족 후손인 소전(염제신농의 부친)에서 갈려 나간 혈통이다.

☙ **보병步兵**: 걸으며 싸우는 병사.

☙ **기병騎兵**: 말을 타고 싸우는 병사

☙ **유웅有熊**: 황제 헌원의 호이자, 그의 도읍지 이름. 여기서는 하북성 탁록 지방을 말한다.

천황의 신하가 된 헌원

이리하여 기주·연주·회수·태산 땅을 모두 차지하셨다.

천황께서 탁록에 성을 쌓고 회대(회수와 태산)에 집을 지으셨다.

헌원의 무리가 모두 스스로 천왕의 신하라고 말하며 예물을 바쳤다.

대체로 당시 서쪽 땅 사람들은 한갓 화살과 돌팔매만 믿고, 갑옷 사용하는 것을 알지 못하였다.

또한 치우 천황의 뛰어나고 강력한 신이한 힘에 부딪히자

너무 두렵고 소름이 끼치도록 무서워 싸울 때마다 번번이 패하였다.

『운급』* 「헌원기」에 "치우가 처음으로 갑옷과 투구를 만들었다. 그런데 당시 사람들이 이를 알지 못하고, 동두철액*이라 여겼다."라고 하였다.

그러니 적의 낭패가 얼마나 심하였을지 가히 상상할 수 있다.

10년 동안 73번을 싸운 탁록 대전쟁

치우 천황은 군대의 위용과 장비를 더욱 정비하여 사방으로 진격하셨다.

10년 동안 헌원과 73회를 싸웠으나* 장수는 피로한 빛이 없었고, 군사는 물러날 줄 몰랐다.

헌원은 여러 번 싸워 천황에게 패하고도 군사를 더욱 크게 일으켰다.

우리 배달을 본받아 무기와 갑옷을 많이 만들고,

또 지남거*를 만들어 감히 싸움마다 출전하였다.

이에 천황께서 불같이 진노하시어 형제와 아버지의 친족으로 하여금 대격전에 힘써 싸우게 하시고 위엄을 세우셨다.

📙『운급雲笈』: 운급칠첨雲笈七籤, 송나라 진종 때 장군방張君房이 만든 122권의 책.

📙동두철액銅頭鐵額: 구리 머리에 무쇠 이마.

📙73회 싸움: 치우 천황과 황제 헌원의 싸움은 진시황의 6국 병탄 통일 전쟁과 항우와 유방의 초한전, 유비, 조조, 손권의 삼국 쟁패전 이전, 중국 5천 년 역사상 최초이자 최대의 전쟁이었다.

📙지남거指南車: 수레 위에 신선의 목상을 얹고 손가락이 항상 남쪽을 가리키도록 만든 수레이다. 치우 천황이 짙은 안개를 지어 앞이 보이지 않자, 황제가 지남거를 만들어 병사들에게 방향을 알려 주었다 한다.

여기가 치우 천황께서 10년 전쟁 끝에 황제 헌원을 굴복시키신 탁록 골짜기예요.

치우채에서 내려다본 탁록 골짜기: 치우 천황과 헌원은 탁록에서 10년 동안 73차례 격전을 치렀다.

그리하여 헌원의 군사가 감히 추격하거나 습격할 엄두를 내지 못하게 하셨다.

더불어 큰 싸움을 벌이시어 한바탕 휩쓸어 버리신 뒤에야 비로소 싸움을 그치셨다.

이 사실을 거짓으로 기록한 사마천의 『사기』

이 싸움에서 우리 장수 치우비라는 자가 급히 공을 세우려다가 불행히도 전쟁터에서 죽었다. 『사기』*에 이른바 "치우를 사로잡아 죽였다." 라고 한 구절은 바로 이것을 두고 한 말이다.

치우 천황은 헌원을 굴복시키셨지. 그런데 『사기』「오제본기」에는 마치 헌원이 치우 천황을 사로잡아 죽인 것처럼 거짓으로 기록되어 있단다.

『사기』는 중국 한나라 무제 때 사마천이 지은 역사책이야.

영원히 잊지 못할 치우 천황의 위대한 업적

❀비석박격기飛石迫擊
機: 돌을 날려 적을
쳐부수는 기계.

천황께서 매우 화가 나시어 군사를 일으키고, 새로 비석박격기*를
만드셨다.

진을 치고 나란히 진격하시니, 적진이 마침내 대항하지 못하였다.

❀정예병: 매우 날래
고 용감한 병사.

❀예芮와 탁涿: 예는
지금의 산서성 예성
현이며, 탁은 하북성
탁록현이다.

이에 정예병*을 나누어 파견하여 서쪽으로 예와 탁*을 지키게 하고,
동쪽으로 회대(회수와 태산)를 취하셨다.

성읍을 쌓으시어 헌원이 동쪽으로 침투할 길을 막았다.

천황께서 붕어하신 지 수천 년이 지났다.

하지만 진실로 길이 남을 찬란한 그 위업은 후세인의 가슴 속에
감동을 불러일으킨다.

치우 천황의 능에 제사 지낸 서방 한족

치우기의 전설

❀『한서漢書』: 중국 후
한後漢 시대에 반고班
固가 지은 역사책. 모
두 120권으로 되어
있고, 「조선전朝鮮傳」
과 「지리지地理志」가
실려 있다.

❀치우 천황의 능은 현
재 산동성 문상현汶
上縣 남왕진에 있다.

❀장丈: 열 자. 한 자는
약 30.3cm. 7장은 약
2.1m.

❀치우기蚩尤旗: 치우
의 능에서 제사 지낼
때 능에서 솟아오르
던 붉은 기운.

지금 『한서』* 「지리지」에 따르면, 치우 천황의 능*은 산동성 동평군
수장현 궐향성에 있다.

높이는 7장*이라 한다.

중국 진한 시대에 항상 10월이면 주민들이 치우 천황의 능에 제사
를 지냈다.

그러면 반드시 붉은 기운이 진홍색 비단처럼 뻗쳤다. 이를 '치우기'*
라 불렀다.

아마 그분의 영웅적인 기백이 보통 사람과 매우 달라서 수천 년이

지나도 없어지지 않은 것이리라.

헌원은 이 뒤로 세력이 미약해졌고,

유망도 그를 따라서 영구히 몰락하였다.

치우 천황의 웅렬하심은 대대로 온 세상을 뒤흔들었다.

특히 유주, 청주* 지방에서 그 명성과 위엄이 지속되었다.

❀ 유주幽州, 청주靑州:
12주州의 하나로 순
임금이 기주冀州를
나누어 동북 땅을 유
주라 하였다. 유주는
하북성 남부이고, 청
주는 지금의 산동 반
도이다.

치우 천황을 두려워한 서방(중국) 한족

헌원 이래 서방 한족은 세상이 안정되지 않아,

죽을 때까지 베개 베고 누워서 편안히 잠을 잔 적이 없었다.

『사기』에 이렇게 말하였다.

"산을 헤쳐 길을 내어도 마음 편히 살지 못했다. 탁록의

강가에 도읍하였으나 이리저리 옮겨 다니며 일정한 곳

에 살지 못하였다. 항상 군사로 보호하여야 했다."

여기서 헌원이 얼마나 두려워하며 벌벌 떨었는지

엿볼 수 있다.

또한 『상서』*「여형」에는 "옛 가르침에 다만 치우가 난을 일으켰

다."라고 했다.

저들은 치우 천황의 위엄을 두려워하여 기운을 잃고서 세상에 그 교

훈을 전하였다.

이것을 후세 사람들의 경계로 삼은 것 또한 대단하였다.

황제 헌원이 치우 천황에게
크게 패한 이래 중국 사람들은
두려워서 편히 잠도 못 잤대요.

❀『상서尚書』: 흔히 오
경五經의 하나인 『서
경書經』을 『상서』라
부른다.

이후 300년 동안 전쟁이 없었다

그 후 300년 동안은 전쟁이 없었다. 다만 전욱*과 한 번 싸워 이를

❀ 전욱顓頊: 전욱 고양
(기원전 2513~기원전
2436). 황제 헌원의
손자이다.

처부수었을 뿐이다.

초대 환웅 천황께서 신시를 개척하여 새 시대를 여시고 18세를 전하니, 그 햇수가 1,565년이다.

바야흐로 단군왕검께서 웅씨 비왕*의 신분으로 신시 배달을 대신하여 아홉 환족이 사는 모든 지역을 통일하셨다. 영토를 삼한으로 나누어 다스리시니 이를 단군조선이라 한다.

배달국의 국경

『삼한비기』에 다음과 같이 기록되어 있다.

"복희*께서 서쪽 변방에 왕(제후)으로 명을 받아 맡은 일에 정성을 다하시니 무기를 쓰지 않고도 그 지역 백성이 감화되어 따랐다.

수인씨*를 대신하여 영토 밖까지 호령하셨다.

후에 갈고 환웅(10세)께서 신농의 나라와 국경을 정하셨다.

공상의 동쪽*이 우리나라 땅으로 귀속되었다."

세상에 전해 오는 '치우' 의 뜻

또 몇 세를 지나 자오지(치우) 환웅(14세)에 이르렀다.

이분은 신령한 용맹이 더없이 뛰어나셨다.

구리와 철로 투구를 만들어 머리와 이마를 보호하셨다.

능히 안개를 일으키고 구치(광석 캐는 기계)를 만들어

광석을 캐내셨다.

수인씨 상(하남성 상구시): 복희씨, 신농씨와 더불어 3황이라 한다. 나무를 비벼서 불을 얻어 음식 요리하는 법을 가르치셨다.

철을 녹여 무기를 만드시고 또 비석박격기를 만드셨다.

천하가 크게 두려워하여 모두 이분을 받들어

'상제님의 아들 치우' 라 하였다.

무릇 '치우' 는 세상 말로 '우뢰와 비가 크게 일어나 산하가 뒤바뀐다' 는 뜻이다.

세상에서 치우 천황을 상제님의 아들로 받들었대.

치우 천황의 공덕

치우 천황께서 신농의 나라가 쇠약해짐을 보시고 드디어 웅대한 뜻을 품으셨다.

서방에서 자주 천자의 군사를 일으켜 적을 쳐서 회수와 태산 사이를 점령하셨다.

헌원이 등극하자, 곧바로 탁록의 광야에 나아가 헌원을 사로잡아 신하로 삼으셨다.

후에 오 장군을 보내어 서쪽으로 고신 땅을 쳐서 공덕을 세우게 하셨다."

다 함께 암송하기

통일구역統一九域하시고 분삼한이관경分三韓以管境하시니
시위단군조선야是謂檀君朝鮮也니라.

아홉 환족이 사는 지역을 통일하시고 영토를 삼한으로 나누어 다스리시니
이를 일러 단군조선이라 한다.

統 거느릴 통   管 관장할 관   境 지경 경
삼한=진한, 번한, 마한   삼한관경=영토를 삼한으로 나누어 다스림

배달과 단군조선의 통치 정신: 참됨, 선함, 아름다움

『대변경』에 다음과 같이 기록되어 있다.

전의 도로써 참됨을 이루는 길을 가르치신 환웅 천황

"신시씨(배달의 초대 환웅)는 **전佺의 도***로써 계율을 닦아
사람들에게 하늘에 제사 지내는 것을 가르치셨다.
이른바 전佺이란 본래 온전한 사람의 바탕을 따라
능히 성품에 통해서 참됨[진]을 이루는 것이다.

선의 도로써 선함을 이루는 법을 가르치신 치우 천황

청구씨(14세 치우 천황)는 **선仙의 도***로써 법을 세워
사람들에게 천하를 나누어 다스리는 법도를 가르치셨다.
선仙이란 사람이 본래 저마다 타고난 바를 따라서
자신의 참된 영원한 생명력을 깨달아 널리 선善을 베푸는 것이다.

종의 도로써 아름다움을 실현하는 길을 가르치신 단군왕검

조선씨(단군왕검)는 **종倧의 도***로써 왕을 세워
사람들에게 책화*를 가르치셨다.
종倧이란 사람이 우주 안에서 스스로 으뜸이 되는 바를 좇아
정기를 잘 보존하여 대인이 되어 아름다움[미]을 실현하는 것이다.

삼신과 천지인의 도

그러므로 (이 전佺과 선仙과 종倧의 도* 가운데)
전은 텅 빈 자리로 천도[하늘의 도]에 근본을 둔다.

환
단
고
기

전도와 선도와 종도, 이것이 불교, 유교, 선교(기독교와 도교)로 발전한 것이란다.

선은 광명 자리로 지도[땅의 도]에 근본을 둔다.
종은 천지 도덕의 삶을 실현하는 강건한 자리로 인도[사람의 도]
에 근본을 둔다."

'환인, 환웅, 단군, 왕검'의 명칭과 '환, 단, 한'의 뜻

『대변경』의 「주」에 이렇게 기록되어 있다.

'환인, 환웅, 단군, 왕검' 의 뜻

"환인은 천신이라고도 하니 천天은 큰[大], 하나[一]라는 뜻이다.
환웅은 천왕이라고도 하니 왕王은 곧 황[임금]이며, 제[임금]이다.
단군은 천군이라고도 하니 제사를 주관하는 우두머리[제사장]이다.
왕검은 감군이라고도 하는데, 나라를 다스리는 우두머리이다.

'환, 단, 한' 의 뜻

그러므로 하늘에서 내려오는 광명[자천광명自天光明]을 환桓이라
하고 땅의 광명[자지광명自地光明]을 단檀이라 한다.

다 함께 암송하기

자천광명自天光明을 위지환야謂之桓也오
자지광명自地光明을 위지단야謂之檀也니
소위환所謂桓은 즉구황지위야卽九皇之謂也라.
하늘에서 내려오는 광명을 환이라 하고 땅의 광명을 단이라 한다.
이른바 환은 곧 구황을 말하는 것이다.

謂 이를 위   桓 밝을 환   檀 박달나무 단   卽 곧 즉
倧 상고시대의 신인 종   建 세울 건   王 임금

이른바 환은 곧 구황(아홉 환인)을 말하는 것이다.

또한 한韓*은 크다는 뜻이다.

삼한은 풍백 · 우사 · 운사를 말하기도 한다.

오가의 뜻

가加*는 가家[집안]라는 뜻이다.

오가五加는 곧 곡식을 주관하는 우가,

어명을 주관하는 마가,

형벌을 주관하는 구가,

질병을 주관하는 저가,

선악을 주관하는 계가를 말한다.

백성은 64겨레요, 무리는 3천이었다.

그렇지! '대한민국'의 '한'은 바로 천지 광명(환단)의 주인으로서, 천지 역사의 주체이자 세계 문명의 주체가 되는 '태일 인간'이라는 뜻이란다!

✿한韓: 시작, 근본, 통일, 천자, 중심, 세계의 광명, 크다, 많다, 하나 등 매우 다양한 뜻이 있다.

✿加: 더할 가

✿家: 집 가

환
단
고
기

개천, 개인, 개지의 뜻

하늘에서 성인을 보내어 세상을 다스리는 것을 일러 '개천' 이라 한다.

하늘을 열었기 때문에 만물을 창조할 수 있다.

이것이 곧 하늘의 이법(천리)과 세상이 꼭 들어맞아 하나로 조화되는 것[허조동체虛粗同體]이다.

인간의 성품(인간 속에 있는 삼신의 마음)을 여는 것을 '개인' 이라 한다.

사람들의 마음자리를 열어 주기 때문에 세상일이 잘 순환하게 된다.

이로써 인간의 영혼과 형체(몸)가 함께 성숙해 가는 것[형혼구연形魂

俱衍]이다.

산을 다스려 길을 내는 것을 일러 '개지'라 한다.
땅을 개척하기 때문에
능히 때에 알맞은 일을 지어 세상을 변화하게 한다.
이러한 개척의 삶을 통해
지혜와 삶을 함께 닦게 되는 것[지생쌍수智生雙修]이다.

한민족 역사 속의 백두산의 의미

묘향산은 백두산이 아니다

『삼한비기』에 이렇게 기록되어 있다.

"백두산이라는 거대한 산악이 막힘이 없이 트인 넓은
대지 가운데 장엄하고 무겁게 자리잡았다.
가로로 천 리를 뻗고, 높이는 2백 리를 우뚝 솟았다.
웅장하게 크고 높은 산맥이 꿈틀거리며 길게 뻗어

> **백두산**: 우리 민족의 성산인 백
> 두산은 백산白山 이외에도 삼신
> 산三神山, 개마산蓋馬山, 불함산
> 不咸山 등으로 불리었다. 또한 인
> 류 구원의 완성이자, 모든 진리
> 도맥의 완성을 뜻하는 시루산[증
> 산]으로도 불린다. 중국인들은
> 장백산長白山이라 부른다.

다 함께 암송하기

견왕이세지위개천遣王理世謂開天이요,
탐구인세지위개인貪求人世之謂開人이요,
치산통로지위개지治山通路之謂開地라.

성인을 보내어 세상을 다스리는 것을 개천이라 이르고, 인간의 본래 성품을
여는 것을 개인이라 하며, 산을 다스려 길 내는 것을 개지라 한다.

遣 보낼 견   謂 이를 위   開 열 개   貪 탐할 탐   求 구할 구   治 다스릴 치
通 통할 통   路 길 로

배달 천국의 진산[주산]*이 되었다."

신인神人이 하늘을 오르내림이 실로 여기에서 비롯하였다.

그렇거늘 어찌 구구하게 단지 묘향산이 낭림산맥이 서쪽으로 뻗은

맥에 이어져 있다는 사실 하나로,

환웅 천황께서 강림하신 일과 관련이 있다 할 수 있겠는가?

세상에서 묘향산을 태백산이라 한다면,

그 소견은 배달국의 영토를 다만 동압록강 이남의 한 모퉁이 땅에

국한시키는 것이 된다.

또한 산의 조종*은 곤륜산*이라 하여, 우리가 소중화*를 기꺼이 감

수하고

중국에 조공을 바친 것이 수백 년이 지났다.

그럼에도 오히려 부끄러운 줄을 모르니,

이는 글을 그만두고 크게 통탄할 일이다.

왜 태백산(백두산)을 묘향산이라고 잘못 알고 있을까

그러나 지금 동방의 여러 산 가운데 태백산으로 불리는 곳이 매우

많다.

세상에서는 대개 태백산을 영변의 묘향산으로 말하기도 한다.

그러나 이것은 실로 일연이 쓴『삼국유사』에서 비롯된 것이다.

저들의 눈알이 마치 콩알 같고 팥알 같으니*

어찌 족히 더불어 함께 말할 수 있겠는가.

환웅께서 내려오신 백두산 천지

지금 백두산 꼭대기에는 큰 못이 있어 둘레가 80리다.

압록강·송화강·두만강이 모두 여기에서 처음 생겨 물줄기가 뻗어 나간다.

그 못을 천지라 부르는데, 바로 환웅 신시씨께서 구름을 타고 하늘에서 내려오신 곳이다.

묘향산은 조그마한 웅덩이도 하나 없고, 또 환웅 천황이 내려오신 태백산도 아니니 두말할 것도 없다.

『위서』*「물길전」에 이렇게 기록되어 있다.

"나라의 남쪽에 도태산이 있는데,

위나라에서는 태황산이라 부른다.

호랑이, 표범, 곰, 이리가 있지만 사람을 해치지 않는다.

사람들이 산에 올라 오줌을 누지 아니하고,

산길을 가는 사람은 모두 가져간 물건을 되담아 가지고 갔다."

백두산은 신령한 산

환웅 천황이 처음 내려오신 곳이 이 산이다.

또 이곳은 배달의 왕업이 일어난 신령한 땅이다.

그러니 소도에서 하늘에 제사 지내는 옛 풍속은

아마도 틀림없이 이 산에서 시작된 것이리라.

그리고 예로부터 환족이 삼신상제님을 숭배하고 공경함이

또한 이 산에서 비롯하였다.

그러므로 이 산은 평범한 산이 아니다.

☸ 『위서魏書』: 북제北齊의 위수魏收가 왕명을 받아 551년에 편찬을 시작하여 554년에 완성한 북위北魏의 역사책. 여기에 고구려, 백제, 물길, 거란 등의 전기가 실려 있다.

신시본기

●감화感化: 좋은 영향
을 받아 감정이 변
함.

뿐만 아니라 짐승들조차 모두 신령한 감화*에 젖어

이 산에서 편안히 살며 일찍이 사람을 해치지 아니하였다.

사람도 이 산에 올라 감히 오줌을 누어 신을 모독하지 않았다.

그러하니 만세토록 항상 공경하고 보호하는 것의 본보기가 된다.

삼신산과 광명 정신

백두산을 삼신산이라 하는 까닭

우리 환족은 모두 신시 배달 환웅께서 거느린 무리 3천 명의 후손이다.

후세에 비록 여러 부족으로 나뉘었으나

실로 환단(환국, 배달, 조선)의 한 뿌리 후손에서 벗어나지 않는다.

신시 환웅께서 처음 강세하신 공덕을 반드시 후세에 전하고

입으로 외고 잊지 말아야 한다.

그러니 우리의 조상이 옛날 삼신께 제사 지내던 이 성스런 곳을 가
리켜 삼신산이라 한 것은 실로 당연한 일이다.

다 함께 암송하기

개아환족盖我桓族이 후세이강後世以降으로
수유제씨지별雖有諸氏之別이나
실불외어환단일원지예손야實不外於桓檀一源之裔孫也라.

우리 환족이 후세에 내려오면서 비록 여러 부족으로 나뉘었으나,
실로 환단이라는 한 뿌리 후손에서 벗어나지 않는다.

盖 대개 개　後 뒤 후　降 내릴 강　雖 비록 수　諸 모두 제　氏 성씨 씨
別 다를 별　源 근원 원　裔 후손 예　孫 손자 손　通 통할 통　路 길 로

삼신의 가르침을 베푸신 환웅 천황의 은혜와 덕

신시 환웅께서 강림하심으로써, 신령한 다스림과 거룩한 가르침의 은혜와 혜택이 세월의 흐름에 따라 더욱 깊어 갔다.

나라를 세워 세상을 다스리는 큰 근본이 다른 나라와 판이하게 달랐다.

우리의 신이한 기풍과 거룩한 풍속은 멀리 온 천하에 전파되었다.

이에 세계 모든 나라 백성 중에,

환웅의 신령한 다스림과 거룩한 가르침을 기쁜 마음으로 공경하는 자는 반드시 삼신상제님을 숭배하였다.

그리고 동북방*을 '신명이 머무는 곳' 이라 일컬었다.

삼신산이 봉래, 방장, 영주산으로 불린 이유

그러나 세월이 흐르면서 이러한 사실이 잊혀지고 해로운 일이 생겨났다.

사람들이 점점 근거 없고 헛되고 미덥지 못한 길로 빠져 들었다.

시간이 지날수록 더욱 괴이하고 전혀 사실이 아닌 이야기가 연나라와 제나라, 두 나라의 바닷가에 사는 괴짜 방사(술법을 닦는 사람)들에게서 번갈아 나왔다.

그 땅이 구환, 신시와 서로 이웃하여 있고, 사람과 물자의 교류가 특히 왕성한 곳이었기 때문이다.

신비에 싸인 삼신산

그들은 바람처럼 떠도는 소문만 듣고도 삼신산의 기이함에 깜짝 놀랐다.

❋ **동북방東北方**: 지구의 동양, 동양의 동북방은 삼신의 성령이 내리는 인류 문명의 개창지이다. 공자는 이를 가리켜 주역에서 간艮 도수라 하였다. 동북방 문명이 세계 문명을 창조하고 성숙을 주도한다는 뜻이다. 앞으로 또 다시 동이족 한국의 종교 문화가 전 인류 문화를 개벽시켜 세계 통일 문명을 건설하게 된다.

신시본기

여기에 다시 제멋대로 미루어 이야기를 덧붙이고 억지로 끌어다 붙였다. 그들은 말하기를 "삼신산은 봉래산, 방장산, 영주산으로 발해 가운데 있다."고 하여, 임금을 헷갈리게 하였다.

그러나 당시 사람들이 동쪽 바닷가에 이르러 바라보니, 끝이 없이 아득하기만 하여 바다 가운데 다시 다른 바다가 있음을 알지 못하였다. 그래서 툭하면 "삼신산 역시 발해 가운데에 있다."고 말을 하였다.

봉래, 방장, 영주의 뜻

그러나 사실 삼신산은 각각 세 섬에 있는 산을 일컫는 것이 아니다. 봉래는 '쑥대가 우뚝우뚝 자라고 묵은 풀이 길에 황량하게 우거진 곳'이라는 뜻이니 곧 천황이 내려오신 장소다.

방장은 '사방이 한 장씩 되는 누각'이라는 뜻으로 곧 소도(삼신상제님께 제사 지내는 성소)가 있는 곳이다.

영주는 '못이, 바다가 섬에 둘러싸인 모습'이니 곧 천지가 나오는 곳이다.

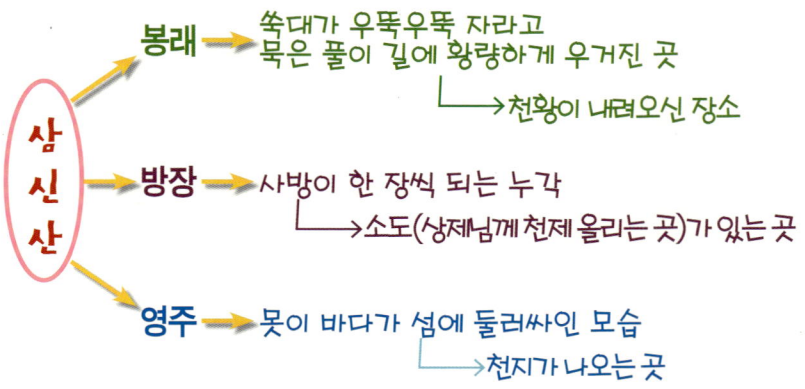

이를 한데 묶어 삼신산이라 한다.

삼신산은 하나의 산

삼신은 곧 한 분 상제님이시다[삼신즉일상제三神卽一上帝].
그렇건만 더욱 터무니없고 괴이한 것이 있다.
사람들이 삼신의 본래 의미조차 알지 못하고
도리어 금강산을 봉래산이라 하고, 지리산을 방장산,
한라산을 영주산이라고 부른다는 사실이다.

중국의 옛 기록에서 전하는 삼신산 이야기

사마천의 『사기』「봉선서」에 이렇게 기록되어 있다.

"전해 오는 말에 삼신산은 발해 가운데 있는데 일찍이 그곳에 가 본
자가 있다. 모든 신선과 불사약이 그곳에 있으며, 그곳의 사물과 짐
승은 모두 희고, 황금과 하얀 은으로 궁궐을 지었다 한다."

또『선가서』에 이렇게 기록되어 있다.

"삼신산에 환혼, 불로* 등의 풀이 자라는데 다른 이름으로 '진단'이
라고도 한다."

백두산의 특징

지금의 백두산에는 예부터 흰 사슴, 흰 꿩, 흰 매 등이 있었다.
『괄지지』*에 "새와 짐승과 초목이 다 희다."라고 한 것은 이를
말함이다.

삼신산은 바로 백두산이야.
삼신은 곧 한 분[일신]이신 것처럼,
삼신산 또한 산이 세 개라는 뜻이
아닌데, 사람들은 산이 세 개라고
생각했나 봐.

❀**불로**不老: 죽은 사람
을 살리고 늙지 않게
한다는 뜻.

❀**『괄지지**括地志』: 당
태종이 넷째아들 위
왕魏王 태泰를 시켜
만든 전 550권으로
된 지리서.

삼신산에 불로초가 있다는
소문을 듣고, 불로장생하고
싶어한 진시황[진왕 정]이
불로초를 찾아오라고 신하들을
보냈다는 이야기가 있지!

또 백두산 일대에 산삼이 많이 났는데 세상 사람들은 그것을 불로초라 여겼다.

산사람이 산삼을 캐고자 할 때에는 반드시 먼저 목욕재계하고 산에 제사를 지낸 뒤에 산행을 떠난다. 환혼·불로라는 이름이 붙은 것은 생각컨대 여기서 비롯한 것이다.

『단군세기』에 이르되, "오사구 단군(4세) 원년에 임금께서 북쪽을 두루 살피며 다니시다가 영험한 풀을 얻었다."라고 했으니 이것이 또한 그 증거이다.

삼신산은 태백산, 곧 백두산이다

10월에 천제를 지내는 풍속*은 마침내 천하 만세에 전해 내려오는 고유한 풍속이 되었다.

이것은 우리 삼신의 나라에만 있는 독특하고도 성대한 의식이다. 다른 나라와 가히 비교할 바가 아니다.

태백산*은 홀로 곤륜산의 이름을 누르고도 남음이 있다. 옛날의 삼신산은 곧 태백산이고, 지금의 백두산이다.

그 옛날 배달 때의 문화와 가르침이 근세에 와서 비록 널리 행해지지 못하고 있다.

그러나 『천부경』*과 『삼일신고』*가 후세까지 전해져서 온 나라의 남녀가 모두 말없는 가운데 믿고 받들고 있다.

"인간이 살고 죽는 것은 반드시 삼신께서 주관하신다." 하고,

❀**10월 천제 풍속**: 우리 민족은 매년 10월이 되면 항상 국가적인 행사[國中大會]를 열어 삼신상제님께 제사를 지내왔다. 이 제천 의식은 환국 시대에 시원하여 배달·단군조선으로 이어졌다. 그리고 부여의 영고, 동예의 무천, 삼한(중삼한)의 5월·10월 소도제, 고구려의 동맹, 백제의 교천, 신라와 고려의 팔관회로 계승·발전되었다.

❀**태백산**: 백두산의 다른 이름.

천부경天符經: 환국 시대부터 입으로 전해 내려오던 경전이며, 총 81자로 이루어져 있다.

삼일신고三一神誥: 신시 환웅께서 만백성에게 전한 한울(천훈)·한얼(신훈)·한울집(천궁훈)·누리(세계훈)·참이치(진리훈) 등 다섯 가지 가르침이다.

열 살이 안 된 어린아이의 몸과 목숨이 편안하고 위태로운 것,
슬기롭고 어리석은 것, 뛰어나고 변변하지 못한 모든 것을 삼신께
맡기고 있다.

무릇 삼신은 우주 만물을 창조하신 하느님[일신]이시다.

중국 한족은 삼신상제님을 어떻게 받들었나

일찍이 중국에 전해진 삼신설

옛적에 중국의 사마상여*가 한나라 왕 유철[무제]에게 말하였다.

"폐하께서는 겸손하게 사양하시어 천지에 제사 지내기 위해 출발하
지 않으시니 이는 삼신의 환심*을 끊으시는 것입니다."

또 위소*의 주*에, "삼신은 상제님이시다."라고 하였다.

이를 볼 때 삼신설이 일찍이 중국에 전파된 것이 분명하다.

제나라의 팔신제

『진역유기』에 이렇게 기록되어 있다.

"중국 제나라 풍속에 팔신제*가 있었다.

❀ **사마상여**司馬相如
(기원전 179~기원
전 117): 중국 전한
경제·무제 때의 문
인文人. 사천성 성도
成都 사람이다.

❀ **환심**歡心: 기뻐하고
즐거워하는 마음.

❀ **위소**韋昭: ?~273, 중
국 삼국 시대의 학
자.

❀ **주**注: 풀이하는 말.

❀ **팔신제**八神祭: 여덟
신에게 제사 지내는
것.

다 함께 암송하기

부삼신자夫三神者는
즉창우주조만물지천일신야卽創宇宙造萬物之天一神也시니라.
무릇 삼신은 우주 만물을 창조하신 일신 하느님이시다.

夫 발어사(무릇)부　卽 곧 즉　創 비로소 창　宇 집 우　宙 집 주　造 지을 조

신
시
본
기

팔신은 천주·지주·병주·양주·음주·월주·일주·사시주이다.

하늘은 음陰을 좋아하므로

반드시 높은 산 아래와 작은 산 위에서 제사를 지냈다.

곧 태백산 기슭에서 천제를 지내던 옛 법이 전해진 것이다.

땅은 양陽을 귀하게 여기므로

반드시 큰 연못 가운데 모난 언덕에서 제사를 지냈다.

이 또한 참성단에서 제천하던 풍속이 전해진 것이다.

천주는 삼신께 제사를 지내고, 병주는 치우 천황께 제사를 지냈다.

삼신은 천지만물의 조상이시고,

치우는 만고의 용맹한 장수의 조상이시다.

치우께서는 큰 안개를 일으키고, 물과 불을 마음대로 부리셨다.

또 영원한 도술의 우두머리가 되어 비바람을 부르고,

모든 신을 부르셨다.

이 때문에 상고 시대에 천하의 전쟁을 맡은 주관자가 되셨다.

해대* 지방에 엄·남·양·개·우·내·서·회 등 여덟 부족이 살았다.

팔신설이 이 여덟 부족에서 생겨나

당시에 매우 왕성하게 유행하였다.”

환단고기

> **팔신**: 천주天主(하늘신, 즉 상제님)·지주地主(땅신)·병주兵主(전쟁신)·양주
> 陽主(양의 기운을 다스리는 신)·음주陰主(음의 기운을 다스리는 신)·월주月
> 主(달신)·일주日主(태양신)·사시주四時主(사계절신)를 말한다.

한나라 고조 유방이 초패왕 항우와 싸울 때도 승패가 나지 않자 치우 천황께 제사를 지내고 나가서 싸움에 이겼다고 해.

치우 천황의 무덤은 산동성에 세 개나 있대. 양곡현에 머리무덤, 거야현에 팔다리무덤, 문상현에 몸 무덤!

지금까지 붉은악마로 알고 있던 치우 천황이 어떤 분인지 알게 돼서 정말 기쁘고 자랑스러워!

산동성 제령시 문상현에 있는 치우총

치우 천황을 공경한 중국의 한 고조

유방(한나라 고조)은 비록 동이의 핏줄은 아니지만 풍패*에서 군사를 일으켰다.

풍패에는 치우 천황께 제사를 지내는 풍속이 있었다.

유방은 이 풍속에 따라 치우 천황께 제사 지내고 북과 깃발에 희생의 피를 발랐다.

드디어 10월에 패상*에 이르러 제후와 더불어 함양(진나라 수도)을 평정하였다.

그리고 한漢나라의 왕이 되어 10월을 한 해의 첫머리로 삼았다.

이것은 비록 진나라의 달력을 계승한 것이지만, '동황태일東皇太一'*을 높이 받들어 공경하며 치우 천황께 지극한 존경심으로 제사 지낸 것*과 연관이 있다.

◈ 풍패豊沛: 풍현과 패현. 강소성 서주시의 서북에 있다.

◈ 패상灞上: 섬서성 장안현의 동쪽에 있다.

◈ 동황태일東皇太一: 삼한 중 진한辰韓의 대왕[대단군]이 되어 천하를 다스리신 단군왕검을 말한다.

◈ 한 고조 유방이 패공沛公이 되었을 때 치우 천황에게 제사 지낸 일은 『사기』에도 기록되어 있다.

신시본기

4년 후에는 진나라 땅을 평정하고, 제사를 맡은 관리로 하여금 장안에 치우 사당을 짓게 하였다.

한 고조가 치우 천황을 깊이 공경함이 이와 같았다.

혜성의 주재자, 치우 천황

『진서』「천문지」에 이렇게 적혀 있다.

"치우기는 혜성(살별)*과 비슷하나 뒤가 굽어 그 모습이 깃발과 같다. 이 별이 나타나는 지방에서는 전쟁이 일어난다."

치우 천황이 천상에서 이 별의 주재자가 된 것이다.

멀리까지 전파된 치우 천황의 위엄

『통지』*「씨족략」에, "치씨는 치우의 후손이다."라고 하였다.

어떤 사람은 "창힐*과 고신*이 다 치우의 후손으로 대극성*에서 태어나 산동, 회수 북쪽에 옮겨 살았다."라고 하였다.

이로 미루어 치우 천황의 영웅적인 풍채와 굳세고 맹렬한 기상이 아주 멀리까지 전파되었음을 알 수 있다.

중국의 왕들이 사신을 보내 삼신산을 찾았다

연나라, 제나라의 술사들이 신비하고 이상하게 꾸며 낸 이야기에 현혹된 이후로 오랜 세월이 흘렀다.

제나라 위왕과 연나라 소왕 때부터 사신을 보내어 삼신산을 찾았다.

진한 때의 송무기, 정백교, 극상, 선문자고와 최후 같은 사람은 연나라 사람이고, 문성, 오리, 공손경, 신공 같은 사람은 다 제나라 사람이다.

---

* **혜성慧星**: 옛날부터 혜성이 나타나는 지역에는 커다란 변란이 일어난다고 하였다. 실제로 시이저가 암살됐을 때, 동로마 제국이 멸망했을 때, 우리나라가 일본에 경술국치를 당한 해에도 혜성이 나타났다.

* **『통지通志』**: 남송南宋 때 정초鄭樵가 지은 역사책(전 200권).

* **창힐蒼頡**: 치우 천황의 제후로서 배달국의 신지 문자를 중원에 전파한 인물이다.

* **고신高辛**: (기원전 2435~기원전 2365) 황제 헌원의 증손이다.

* **대극성大棘城**: 대릉하 중류의 조양朝陽 부근에 있다.

환단고기

중국에 삼신 문화를 뿌리 내린 강태공

중국 주나라 문화의 뿌리, 삼신 문화

옛날 여상(강태공) 역시 치우의 후손이다. 그래서 성이 강姜이다.

치우가 강수姜水에 살면서 낳은 아들이 모두 강씨*가 되었다.

강태공이 제나라를 다스릴 때 먼저 도술을 닦고 천제지에서 천제를 올렸다.

또한 제나라 영토를 하사받음에 팔신의 풍속이 제나라에서 더욱 성행하였다.

후에 그 땅에서 도술을 좋아하는 자가 많이 나왔다.

*강씨姜氏: 염제 신농 씨의 성으로 현재 남아 있는 성씨 가운데 가장 오래 된 성씨다. 신농씨는 삼황오제의 한 분으로 경농과 의학의 시조이며 태호 복희씨와 더불어 인류 문화의 개조開祖이시다.

> 강태공도 치우 천황의 후손이란다. 문왕을 도와 주나라를 세우고 그 아들인 무왕을 도와 은나라를 평정하여 제나라 왕으로 봉해지셨지.

산동성 강태공 사당에 모셔져 있는 강태공 상

그래서 신선 황제와 노자 이야기를 뒤섞고 덧붙여서 더욱 과장하고 그럴듯하게 꾸며 놓았다.

이것은 강태공이 그 풍속을 장려했기 때문이었다.

중국 한족에게 전수된 신교의 도통 문화

일찍이 강태공이 『음부경주』를 지어 자부 선생이 쓴 『삼황내문』의 뜻을 풀이하였다.

그러니 연나라·제나라의 선비가 어찌 이 괴이하고 허황한 이야기를 좋아하지 않았겠는가?

또 오행치수법과 『황제중경』이 부루 태자(2세 단군)에게서 나와 사공 우虞에게 전해졌다.

후에 기자가 은나라 주왕에게 전하여 가르친 홍범구주* 또한 『황제중경』과 오행치수설이다.

무릇 그 학문은 본래 배달 신시 시대의 구정법*과 균전법*에서 전해 내려온 법이다.

제천단과 삼랑성

천단과 신단

『밀기』에 이렇게 기록되어 있다.

"옛날에 장사를 지낼 때는 마을을 떠나지 않고 한 곳에 함께 묻어 지석(고인돌)으로 표시를 하였다. 이것이 후에 변하여 제사 지내는 단이 되었다. 이를 지석단 또는 제석단이라 불렀다."

홍범구주洪範九疇: 홍범에 기록되어 있는, 정치 도덕의 아홉 원칙. 여기에는 기자가 은나라 마지막 왕인 폭군 주왕紂王에게 홍범구주를 전한 것으로 되어 있다. 그러나 실제로는 훗날 은나라가 망하고 나서 기자가 주周나라 무왕에게 홍범구주를 전수하였다. '주紂'는 '주周'의 잘못인 듯하다.

구정법九井法: 토지를 우물정井 자로 9개 구역으로 나누어 관리하는 제도.

균전법均田法: 백성에게 고르게 땅을 나누어 주고 세금을 거두는 제도.

산꼭대기에 땅을 파서 성단을 만든 것을 천단이라 한다.

산골짜기에 나무를 심어 세우고 흙을 쌓아 만든 단을 신단이라 한다.

지금의 승려들은 이를 혼동하여 제석을 단이라 칭하는데, 옛날 우리의 고유한 법이 아니다.

삼랑은 어떤 사람인가

삼신을 수호하여 인명을 다스리는 자를 삼시랑(삼랑)이라 한다. 본래 삼신을 모시는 벼슬이다.

삼랑은 본래 배달의 신하였으며 삼신을 수호하는 벼슬로서 자손에게 계승되었다. 『고려팔관잡기』에도 역시 "삼랑은 배달국의 신하다."라고 기록되어 있다.

삼랑은 삼신을 수호하는 벼슬로서 배달의 신하였단다. 이 삼랑이 머물며 삼신을 수호하던 곳이 삼랑성이야.

그리고 절에 가면 석가불이 있는 곳을 대웅전이라 하는데, 대웅大雄은 본래 '석가불'을 가리키는 말이 아니란다. '큰 스승'이라는 뜻으로, 교화신이신 환웅 천황을 지칭하는 말이지.

업과 낭과 백이 하는 일

곡식 종자를 심어 가꾸고 재물을 다스리는 일을 주관하는 자를 업業이라 한다.

백성을 가르치고 형벌과 복을 주는 일을 맡은 자를 낭郎이라 한다.

백성을 모아 삼신께 공덕을 기원하는 일을 주관하는 자를 백佰이라 하니 곧 옛날의 광명 신도이다.

모두 하늘에서 영(성령)을 받아 예언을 하였는데 신이한 이치가 자주 들어맞았다.

삼랑성은 어떤 곳인가

지금 강화도 혈구에 삼랑성이 있다.

성은 삼랑이 머물면서 보호하고 지키는 곳이요, 낭은 삼신을 수호하는 관직이다.

☸대웅大雄: 큰 스승이라는 뜻으로 교화신인 환웅 천황을 말한다.

불상이 처음 들어왔을 때 절을 지어 대웅*이라 불렀다.

이것은 승려들이 옛 풍속을 따라 그대로 부른 것이요, 본래 승가의 말이 아니다.

또 "중들과 선비가 모두 낭가에 예속되었다."라고 하니 이로써도 그것을 잘 알 수 있다.

고구려에 이르러 무덤 만드는 법이 세상에서 으뜸이 되었다

어떤 사람이 이렇게 말하였다.

강화도 부근리에 있는 고인돌

요령성 해성시에 있는 고인돌

"옛날에는 백성이 계곡에 흩어져 살아서, 일정한 곳에 장사*를 지내지 않았다. 위로 국왕부터 모두 동굴에 옮겨 천신과 짝하여 제사를 지냈다.

그러다가 후에는 더러 평평한 땅에 장사 지내고, 박달나무·버드나무·소나무·잣나무를 빙 둘러 심어 표시를 해 두기도 하였다.

이 때문에 신시 시대에는 무덤을 만드는 제도가 없었다.

그 후 중고 시대에 이르자 나라가 부유해지고 부족이 강해졌다.

사는 것이 풍족해지고 장사 지내는 것도 사치스럽게 되었다.

예로써 제사를 지내고, 묘지도 매우 성대하게 단장하였다.

혹은 둥글거나 혹은 모나게 하고 사치스럽게 장식을 덧붙였다.

높고 크고 넓고 좁은 것이 반듯하여 일정한 법이 있었다.

안쪽의 벽과 무덤의 바깥쪽이 모두 잘 정비되고 꾸며졌다.

이후 고구려 시대에 이르러 우리의 무덤 만드는 법이

천하에 으뜸이 되었다."

⊛**장사**: 죽은 사람을 땅에 묻는 일.

이 장군총의 주인공을 고구려 광개토대왕이라고도 하고 장수왕이라고도 한대요.

장군총將軍塚: 길림성吉林省 집안현集安縣 통구通溝의 용산龍山에 있다. 피라미드형으로, 기단基壇의 한 변 길이가 33미터, 높이가 약 13미터다.

환

수메르 문명
(메소포타미아)
(기원전 3500년 경)

이집트 문명
(기원전 3100년 경)

인다
(기원전

삼한관경본기

三韓管境本紀

- **삼한三韓:** 마한, 번한, 진한.
- **삼한관경제三韓管境制:** 단군왕검께서 삼신의 원리에 따라 강역을 셋으로 나누고 진한을 중심으로 나라를 다스리신 통치제도를 말한다. 단군께서 친히 진한을 통치하시고, 마한과 번한은 각각 부단군을 두어 다스리셨다.

『삼한관경본기』에는 환국 시대부터 계승되어 온 삼신문화(신교)가 활짝 꽃 핀, 한민족 최대의 전성기인 단군조선[삼한]의 문화와 역사가 담겨 있다.

대륙을 뒤흔든 단군조선의 강역

양운국　　　일군국

비리국

진 한

남선비국

고리국

① 송화강 아사달
(하얼빈/소밀랑)
② 백악산 아사달(장춘/녹산)
③ 장당경 아사달(개원)

번 한

고비사막

천산
(天山)

훈육(흉노)

고죽국

마

삼위산
(三危山)

안덕향(당산)

백아강(평양)

연燕남국

발해

조趙

제濟

한

주周 하夏

상商

초楚

오吳

월越

삼묘三苗

배달을 계승하신 단군왕검, 송화강 아사달에 나라를 세우시다

아사달은 환웅 천황께서 천제 올리시던 곳

태백산(백두산)이 북쪽으로 달려가 우뚝 솟은 장엄한 모습이
비서갑* 경계에까지 이어졌다.

그곳에 물을 등지고 산을 안고서 다시 꺾어져 감돈 곳이 있다.

바로 대일왕(환웅 천황)께서 천제를 올리시던 곳이다.

세상에 이런 말이 전해 온다.

"환웅 천황이 순행하여 이곳에 머무시며

사냥을 하고 천제를 지내셨다.

이때 풍백*은 『천부경』을 거울에 새겨 임금께 바치고,

우사*는 북에 맞추어 둥글게 돌며 춤을 추고,

운사*는 백 명을 칼로 무장시켜 제단 밑에 늘어서서 지켰다."

삼신상제님께 천제를 올리러 산에 가실 때 의장*이 이처럼 성
대하고 엄숙하였다.

이 산의 이름이 불함이다. 지금은 완달이라 하는데, 그 음이 비슷하다.

웅족 여왕이 비서갑의 왕검을 계승하였다

후에 웅족 여왕이 천황께 신임을 받아 비서갑의 왕검을 계승하였다.

왕검을 세상 말로 대감이라 한다.

> 풍백, 우사, 운사를
> 삼신이라고도 하지. 삼신의
> 원리에 따라 만들어진
> 정치 제도란다.

* 비서갑裵西岬: 단재 신채호는, "비서갑은 '송화강 아사달'이 며, 지금의 만주 하 얼빈이다."라고 하였 다. 이에 따르면 "물 을 등지고 산을 안고 서"에서 물은 송화 강을, 산은 불함산 (백두산) 곧 완달산 을 말한다.

* 풍백風伯: 입법관.
* 우사雨師: 행정관.
* 운사雲師: 사법관.

* 의장儀仗: 임금이 행 차할 때에 위엄을 보 이기 위하여 격식을 갖추어 세우는 병장 기(무기 등)나 물건.

웅족 여왕이
비서갑의 왕검을
이어받았대.
조선을 세우신
단군왕검은
웅족의 후손이셔.

그런데 말야,
이러한 사실을 우리는
학교에서 한 번도
배운 적이 없잖아.
환단고기에는 너무도
놀라운 우리 역사가
밝혀져 있어.

❀**강수姜水**: 섬서성 기
산현岐山縣 서쪽에 있
는 기수岐水를 말한
다.

왕검은 영토를 관리하고 지키며 사납고 악한 것을 없애고 백성을
보살폈다.

일찍이 천황께서 백성에게 깨우쳐 가르친 뜻을 받들어
자기 백성에게 이렇게 가르쳤다.

"부모를 공경하고, 처자를 잘 보호하여라. 형제를 사랑하고 아끼며,
노인과 어른을 잘 받들어라. 어린아이와 약한 자에게 은혜를 베풀
고, 모든 백성은 서로 믿어야 한다."

또 의약과 물건 만드는 법, 짐승을 기르고 농사짓는 법,
날씨를 미리 측정하는 법과 예절과 문자의 법을 만들었다.
이에 맡아서 다스리는 지역 전체가 교화되어
먼 곳, 가까운 곳에 사는 백성이 서로 의심하지 않게 되었다.

한족의 첫 황제 헌원은 소전의 후손

웅씨족에서 갈려 나간 후손 중에 소전이 있었다.
안부련 환웅(8세) 말기에
소전이 임금의 명을 받고 강수*에서 군사를 감독했다.
소전의 아들 신농은 온갖 풀을 맛보아 약을 만들었다.

 **다 함께 암송하기**

소전少典이 이명以命으로 감병우강수監兵于姜水하니라.
소전이 임금의 명을 받고 강수에서 군사를 감독하였다.

少 적을 소   典 책 전   監 살필 감   于 어조사 우

후에 열산*으로 이주하여 한낮에 시장을 열어 물건을 교역하게 하니, 백성이 이를 매우 편리하게 여겼다.

소전에서 갈라진 파로 공손이란 인물이 있었다.
짐승을 잘 기르지 못해 헌구*에 귀양가서 살았는데, 헌원의 족속이 모두 그 후손이다.

의약과 경농의 아버지이신 신농씨도 우리 동이족(웅씨족) 조상이시래.

중국 한족의 첫 황제인 헌원이 신농씨와 같은 혈통이라니 그 뿌리가 동이족인 거야.

단군왕검이 구환을 통일하셨다

웅족 여왕의 후손, 왕검 '여黎'

사와라 환웅(13세) 초기에 웅족 여왕의 후예를 '여' 라 하였다.
처음으로 단허의 제후로 영토를 하사받고 왕검이 되었다.
왕검이 덕을 베풀고 백성을 사랑하므로 영토가 점점 넓어졌다.
여러 지역의 왕검이 와서 지방의 특산물을 바쳤다.
'여' 에게 귀화하는 자가 천여 명이었다.

단군왕검의 즉위

그 뒤 460년이 지나 신령한 사람 왕검이 계셨다.
백성의 신망을 크게 얻어 웅씨국의 비왕*에 올라
24년간 웅씨국 왕 대신 나라를 다스리셨다.

웅씨왕이 전쟁에서 죽자 왕검이 드디어 그 자리를
계승하여 아홉 환족을 통일하셨다.
이분이 단군왕검이시다.

☀ **열산列山**: 일명 여산 또는 수산, 중산이라 고도 한다. 지금의 호북성 수주시 여산 진이다.

☀ **헌구軒丘**: 헌원이 도 읍한 곳으로 곧 유웅 有熊을 말한다. 지금 의 하남성 신정현이 다.

왕검은 정치적인 우두머리를 뜻하고, 단군은 하늘 또는 제사장, 무당을 뜻하는 말이란다.

당시 지역마다 왕검이 있었는데, 그 가운데 1세 단군왕검은 아주 신령하시고 덕이 뛰어난 분이셨지.

삼한관경본기

비리국

진한

남선비국

고리국

① 송화강 아사달
(하얼빈/소밀랑)

② 백악산 아사달(장춘/녹산)

③ 장당경 아사달(개원)

번한

마한

고죽국

●안덕향(당산)

발해

연燕남국

●백아강(평양)

조趙

제齊

상商

하夏

초楚

오吳

월越

삼묘三苗

단군조선 삼한과 수도 위치

☀ **비왕裨王**: 임금을 보좌하던 가장 높은 벼슬.

☀ **삼한三韓**: 삼신의 우주관인 하늘 땅 인간, 삼계의 '천일·지일·태일' 정신에 따라 단군께서 조선의 전 영역을 삼한(진한·번한·마한)으로 나누어 다스렸다. 이를 삼한관경제라 한다.

환
단
고
기

영토를 삼한으로 나누어 다스리셨다

이때에 단군왕검께서 나라 사람들을 불러 만천하에 이렇게 약속을 하셨다.

"오늘 이후로는 백성의 뜻을 들어 나라의 법을 삼을 것이니, 이를 천부(하늘의 법)라 이른다.

무릇 천부는 영원히 변치 않는 기본 경전이요, 지극한 존엄성이 담겨 있으니 이를 어겨서는 안 된다."

단군왕검께서 마침내 삼한*으로 영토를 나누어 다스리셨다.

이때 진한은 천왕께서 친히 맡아서 통치하셨다.

도읍을 아사달에 세우고 나라를 열어 조선이라 하시니, 이분이 바로 1세 단군이시다.

아사달은 '삼신께 제사 지내는 곳' 으로

후세 사람들이 왕검성이라 불렀다.

그것은 왕검의 옛 집이 그대로 남아 있었기 때문이다.

 다 함께 암송하기

아사달阿斯達은 삼신소제지지三神所祭之地로
후인後人이 칭왕검성稱王儉城하니라.
아사달은 '삼신께 제사 지내는 곳' 으로 후세 사람들이 왕검성이라 불렀다.

阿 어덕 아   斯 이 사   達 통할 달   所 처소 소   稱 일컬을 칭

마한세가 상

곧고 올바른 덕성으로 나라를 다스리신 환웅

웅족과 호족이 서로 다투던 때는
환웅 천황께서 아직 나라를 다스리시기 이전이다.

묘환苗桓은 환국 시절 구황족의 하나이다.
그 땅은 옛적에 이미 우리 환족이 가축을 기르고
농사를 짓던 곳이다.

배달 신시가 열리자 환웅께서 처음으로 토의 덕*으로 다스리셨다.

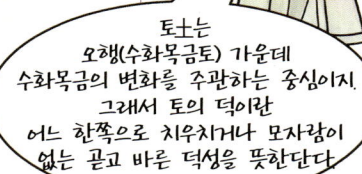

토土는 오행(수화목금토) 가운데 수화목금의 변화를 주관하는 중심이지. 그래서 토의 덕이란 어느 한쪽으로 치우치거나 모자람이 없는 곧고 바른 덕성을 뜻한단다.

황제 헌원이 신시 배달에서 도를 닦았다

신선 자부 선생에게 배운 헌원

봉황새가 백아강에 모여 깃들고 선인이 법수교*를 왕래하
였다.
법수는 신선 이름이다.
일찍이 문화가 발달하였고 오곡이 잘 익었다.
마침 이때 자부 선생이 칠회제신력*을 만들고 『삼황내문』을 천황께
바쳤다.
천황께서 이를 칭찬하시고 삼청궁*을 지어 기거하게 하셨다.
공공·헌원·창힐·대요의 무리가 찾아와서
모두 자부 선생에게 배웠다.

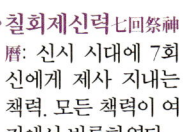

아하~ 그렇게 토의 덕성으로 다스리시니 아무도 불편하거나 어울한 일이 없었겠네요?

❀ 법수교法首橋: 평양
에 있었던 옛날 다리
이름.

❀ 칠회제신력七回祭神
曆: 신시 시대에 7회
신에게 제사 지내는
책력. 모든 책력이 여
기에서 비롯하였다.

❀ 삼청궁三淸宮: 14세
치우천황 때의 신선
인 자부 선생이 거처
하던 곳.

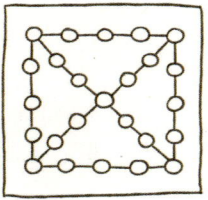

윷판

❀현재 1년의 날수는 365.25일이다.

❀염표문念標文: 환국 때부터 내려오는 가르침을 깨달아 마음에 아로새기고 생활화하여 환국의 진정한 백성이 되라는 글이다.

환역을 풀어 내는 윷놀이

그때 자부 선생이 윷놀이를 만들어 「환역」을 자세히 설명하였다. 이것은 대체로

초대 환웅 때 신지 혁덕이 기록한 『천부경』이 전하는 뜻이다.

삼신상제님이 내려 주신 법도로 다스리신 환웅 천황

옛적에 환웅 천황께서 천하가 매우 넓고 커

한 사람이 능히 다스릴 수 없다고 생각하셨다.

이에 풍백과 우사와 운사를 거느리시고

오가에게 농사와 왕명과 형벌과 질병과 선악을 관장하게 하셨다.

인간의 360여 가지 일을 주관하시며

책력을 지어 365일 5시간 48분 46초를 1년*으로 삼으셨다.

이것이 바로 천상의 삼신상제님께서 남겨 주신 법도이다.

천황께서 지으신 염표문

그리하여 천황께서 삼신상제님의 도로써 가르침을 세우고

품고 계신 뜻을 전하는 글[염표문]*을 지으셨다.

그 「염표문」에 이렇게 기록되어 있다.

삼신께서 참마음을 내려 주셔서

사람의 성품은 본래 신의 광명에 통해 있으니

삼신의 가르침으로 세상을 다스려 깨우쳐서

천지광명(환단)의 뜻과 대이상을 실현하는

홍익인간의 길을 가거라.

소도와 산상, 웅상이 곳곳에 세워졌다

이때부터 소도가 세워져 가는 곳마다 볼 수 있었고,

산상과 웅상*이 산꼭대기마다 세워졌다.

사방에서 모여든 백성이 둥글게 마을을 이루었다.

네 집이 정전*의 단위를 이루어 농사를 짓고,

조세(세금)는 20분의 1을 바쳤다.

사계절의 기후가 고르고 풍년이 들어

집 밖에 곡식을 산더미처럼 쌓아 놓았다.

온 백성이 기뻐하여 「태백환무」*라는 노래를 지어

후세에 전하였다.

☀웅상雄常: 배달 신시 시대 이래로 민간에 서 가장 큰 나무를 택하여 환웅상으로 봉하고 제사를 지내 왔는데, 그러한 나무 를 웅상이라 하였다.

환웅 천황께서 천제를 올리고 삼신의 도로써 세상을 다스리셨대요. 그래서 소도와 산상 웅상 등 천제 지내는 곳이 곳곳에 세워졌답니다.

☀정전井田: 우물 정 자 처럼 토지를 나누 어 관리하는 것.

☀태백환무太白環舞: 삼신상제님의 가르 침, 광명 사상에서 나온 놀이 문화이다. 밝은 달빛 아래에서 둥근 원을 그리며 한 마음이 되어 춤을 추 었다. 강강수월래의 원래 모습을 여기서 찾을 수 있다.

헌원을 굴복시키신 치우 천황

이어서 치우 천황이 계셨다.

구치를 만들어 광석을 캐고 철을 주조하여 병기를 만드셨다.

또 비석박격기를 만드시니 천하에 감히 대항하는 자가 없었다.

이때 중국 한족의 시조인 황제 헌원이 복종하지 않았다.

다 함께 암송하기

일신강충一神降衷하사 성통광명性通光明하니
재세이화在世理化하여 홍익인간弘益人間하라.

삼신께서 참마음을 내려 주시어 사람의 성품은 본래 신의 광명에 통해 있으니 삼신이 가르침으로 세상을 다스려 깨우쳐서 천지광명의 뜻과 이상을 실현하는 홍익인간의 길을 가거라.

降 내릴 강 衷 참마음 충 通 통할 통

●산서성 대동부: 이
것은는 잘못된 기록
이다. 탁록은 하북성
탁록현 동남쪽에 있
는 반산진이다.

●탁록격涿鹿檄: 탁록
에서 적군을 꾸짖는
글이라는 뜻.

●종당대인宗黨大人:
종가宗家의 계통에서
최고 우두머리(연장
자)가 되는 사람을
말한다.

삼륜구서三倫九誓:
배달 신시 때부터 내려온 신교의 가르침.

삼륜三倫:
아버지와 아들 사이는 사랑이 근본이고
임금과 백성 사이는 예의가 근본이고
스승과 제자 사이는 도가 근본이다.

구서九誓:
가정에 효도할 것
형제와 우애가 있을 것
스승과 벗에게 믿음이 있을 것
나라에 충성할 것
사람들에게 겸손할 것
정사(나라 다스리는 일)에 밝을 것
전쟁터에서 용감할 것
품행을 바르게 할 것.
맡은 일(직업)을 정의롭게 처리할 것
이러한 윤리 규범은 후세에 나온 유교
윤리의 뿌리가 되었다.

그리하여 치우 천황께서 친히 군사를 거느리고 탁록에서 대전쟁을
벌이셨다. 탁록은 지금의 산서성 대동부*이다.

전투를 시작하려 할 때 천황께서 「탁록격」*을 짓고

종당대인* 81명을 불러 모으셨다.

먼저 치우 천황의 형상을 널리 나누어 주시고,

아울러 신하들에게 명하여 헌원에게 경계하는 글을 내리셨다.

치우 천황께서 말씀하셨다.

"너, 헌구는 짐*의 말을 똑똑히 들으렸다!

태양(하늘)의 아들은 오직 짐 한 사람이니라.

짐이 천자로서 이 세상을 만세토록 공평하고 의
롭게 만들기 위하여 인간의 마음을 닦는 경계의
글을 지었노라.

너, 헌구는 우리의 삼신일체 원리를 우습게 알고
게을러서 삼륜구서*를 실행하지 않았느니라.

이에 삼신상제님께서 오랫동안 너의 더러운 행위
를 싫어하시어, 짐 한 사람에게 명하여 삼신의 토
벌을 행하게 하셨노라.

네가 하루속히 의롭지 못한 마음을 씻고 행동거
지를 뜯어고쳐, 너의 성품으로부터 참 진리를 구
하면 상제님의 성령이 너의 머리에 임하시리라.

만일 네가 천명을 따르지 아니하면 하늘과 사람
이 함께 노하여 네 목숨이 온전하지 못할 것이니,

너는 두렵지도 않으냐?"

이때에 헌구가 평정되어 치우 천황께 복종하였다.

이로부터 온 세상이 우리 배달을 종주*로
받들게 되었다.

중국 한족의 시조인
황제 헌원이 치우 천황께
복종했대.

이때부터
주변 모든 나라가
우리 배달을 종주로 받들어
조공을 바친 거야.

선인 유위자가 전한 대도의 말씀

임금께서 유위자에게 도를 청하셨다

이때 유위자*가 세상을 피하여 묘향산에 살고 있었다.

그의 학문은 자부 선생에게서 나온 것이다.

지나는 길에 웅씨 임금을 뵈니 임금이 "나를 위해

도를 풀어 이야기해 주겠소?"라고 청하였다.

이에 유위자가 이렇게 대답하였다.

도의 근원과 특성

"도의 큰 근원은 삼신에서 나옵니다.

도에는 이미 대립도 없고 이름도 없습니다.

대립이 있으면 도가 아니요, 이름이 있어도 도가 아닙니다.

도에는 고정되어 변하지 않는 도가 없으나

❀ 짐朕: 임금이 자기를
  낮추어 부르는 말.

❀ 종주宗主: 패권을 잡
  은 우두머리 나라.

❀ 유위자有爲子:『단군
  세기』에는 11세 단군
  때에 국자랑을 가르
  친 스승이며, 묘향산
  에 은거한 선인仙人
  이라 하였다.

다 함께 암송하기

도지대원道之大原이 출호삼신야出乎三神也라.

도의 큰 근원은 삼신에서 나온다.

原 근원원 出 날출 乎 어조사 호.

삼한관경본기

천지의 때를 따르는 것이 도가 귀하게 여기는 바입니다.

도에는 일정한 이름이 없으나

백성을 평안하게 함이 도의 이름이 담고 있는 바입니다.

밖이 없는 극대(가장 큰) 세계와 안이 없는 극미(가장 작은) 세계에

이르기까지 도가 품지 않는 바가 없습니다.

인간에게 나타나는 삼신의 원리

하늘에 있는 기틀은 내 마음의 기틀에 나타납니다.

땅에 있는 상象은 내 몸의 상에 나타납니다.

만물의 주재는 내 기氣의 주재에서 나타납니다.

이것이 바로 하나[일기一氣]에는 셋(삼신三神)이 깃들어 있고[집일함삼]*

세 손길로 작용하는 삼신은 하나의 근원으로 돌아가는[회삼귀일]*

원리입니다.

하늘과 땅과 인간에 깃든 삼신의 도

일신이 내려 주신 바가 만물의 이치이니,

바로 하늘이 1로서 물[水]을 낳는 도입니다.

성품이 광명에 통하는 것이 생명의 이치이니

바로 땅이 2로서 불[火]을 낳는 도입니다.

세상을 삼신상제님의 가르침으로 다스려 깨우치는 것이 마음의 이

치이니,

바로 사람이 3으로서 나무[木]를 낳는 도입니다.

대개 대시에 삼신상제님께서 천지인 삼계를 만드실 때,

물로써 하늘을 상징하고, 불로써 땅을 상징하고,

🏵**집일함삼**執一含三:
우주의 한 조화 기운
은 '세 가지 창조 정
신'을 머금고 있다는
뜻. 잡을 집執, 한 일
一, 머금을 함含, 석
삼三.

🏵**회삼귀일**會三歸一:
세 가지 창조 원리는
수렴해서 보면, 본래
의 '시원의 한 조화
세계'로 돌아간다는
뜻. 모을 회會, 석 삼
三, 돌아갈 귀歸, 한
일一.

환
단
고
기

삼신의 도	하늘 : 1로서 물(水)을 낳는 도	天一生水
	땅 : 2로서 불(火)을 낳는 도	地二生火
	사람 : 3으로서 나무(木)를 낳는 도	人三生木

1, 2, 3에 이러한 삼신의 도가 깃들어 있었네요^^!!

나무로써 사람을 상징하였습니다.

무릇 나무란 땅에 뿌리를 내리고 하늘로 솟아나온 것인데,

사람이 땅에 우뚝 서서 하늘을 대신하는 것과 같습니다."

웅씨 임금이 말하였다.

"참으로 좋은 말씀이오."

초대 마한의 왕(부단군)-웅백다

단군왕검께서 마한 왕을 임명하셨다

단군왕검께서 천하를 평정하고 삼한으로 나누어 다스릴 때,

웅백다를 마한 왕으로 임명하셨다.

도읍을 달지국에 정하였는데 백아강이라고도 불렀다.

웅백다가 마한산에 올라 천제를 지낼 때

천왕(단군왕검)께서 명령을 내려

이렇게 말씀하셨다.

"사람이 거울을 보면

잘나고 못난 모습이 저절로 드러나고,

백성이 임금을 보면 세상이 잘 다스려지고

마한의 수도와 강역

진 한

송화강
송화강 아사달
(하얼빈)
영고탑
파림좌기
서압록
백악산 아사달(장춘)
장당경 아사달(개원)
구려하
심양

번 한

적봉
난하
홍산
해성
태백산

북경

안덕향
(당산)

마 한

평양(백아강:달지국)

황하

낭야
(감우소)

마리산
(삼랑성)

태산

탐모라

437

어지러운 것이 정사에 나타나느니라.

그러니 거울을 볼 때는 반드시 먼저 자신의 모습을 살피고,

백성이 임금을 볼 때는 반드시 먼저 정사를 살펴보아야 하느니라."

마한 왕(웅백다)이 간단한 상소문을 올려 이렇게 아뢰었다.

"거룩하신 말씀입니다.

어질고 훌륭한 임금은 모든 사람의 의견을 잘 좇으므로 도가 높아

지고, 어리석은 임금은 독선*을 좋아하므로 도가 작아집니다.

그러니 참으로 자신을 돌이켜 살펴서 게으르지 않도록 해야 할 것입

니다."

*독선: 자기의 생각만 옳다고 믿는 것.

삼랑성과 제천단을 쌓으셨다

단군왕검 51년(기원전 2283)에 천왕께서 운사 배달신에게 명하여

강화도에 삼랑성*을 쌓아 만들고 마리산에 제천단을 설치하게 하셨다.

이때 강남의 장정 8천 명을 동원하여 일을 돕게 하셨다.

천왕께서 91세 되시던 기원전 2280년(신유) 3월에

친히 마리산에 행차하여 천제를 올리셨다.

웅백다가 세상을 떠나니

단군왕검 재위 55년(기원전 2279)이었다.

웅백다의 아들 노덕리(2세 왕)가 계승하였다.

*삼랑성三郎城: 강화도 전등산에 있는 옛 성으로 지금은 정족산성이라 한다.

환단고기

삼랑은 본래 삼신三神을 수호하던 벼슬이란다. 그런데 후세에 단군성조의 세 아들이라고 잘못 전해졌지.

마한의 3세 왕

노덕리가 세상을 뜨자 아들 불여래(3세 왕)가 즉위하였다.

이때가 부루 단군(2세) 12년, 기원전 2229년(임자)이었다.

가을 10월에 단군의 명을 받들어 칠회력*을 백성에게 널리 반포하였다.

다음해 봄 3월에, 처음으로 백성으로 하여금
백아강에 버드나무를 심게 하고 관청 건물을 지었다.

기원전 2225년(병진)에 삼일신고를 새겨서 비석을 남산에 세우고,
기원전 2221년(경신)에 논을 개간하였다.
단기 152, 기원전 2182년(기해)에 소도*를 세워
삼륜구서의 가르침을 베풀었다.
나라를 다스리는 덕화가 널리 미쳤다.

마한 4세왕 때, 가륵 단군께서 내리신 조칙

가륵 단군(3세) 3년(단기 154, 기원전 2180)에
불여래가 세상을 떠나고 아들 두라문(마한 4세 왕)이 즉위하였다.
기원전 2176년(을사) 9월에 천왕께서 조칙*을 내려 말씀하셨다.
"천하의 큰 근본은 내 마음의 '중도* 일심[한 마음] 자리' 에 있다.

다 함께 암송하기

천하대본天下大本이 재어오심지중일야在於吾心之中一也라.
인실중일즉사무성취人失中一則事無成就하고
물실중일즉체내경복物失中一則體乃傾覆하나니라.

천하의 큰 근본은 '내 마음의 중도 일심 자리' 에 있다.
사람이 일심의 중 자리를 잃으면 어떤 일도 성취할 수 없고,
만물이 중도 일심을 잃으면 그 몸이 넘어지고 엎어진다.

本 근본 본 於 어조사 어 吾 나 오 中 가운데 중 중일=중도 일심 失 잃을 실
則 곧 즉 事 일 사 成 이룰 성 就 이룰 취 體 몸 체 傾 기울 경 覆 뒤집힐 복

❀**칠회력七回曆**: 칠성
력. 지금의 1주일 역
의 기원. 14세 치우
천황 때 자부紫府 선
생이 일월日月의 운행
경로와 운행 도수를
측정하고 수화목금
토水火木金土 오행五行
의 수리를 살펴 만든
것이다. 이것은 배달
시대에 있던 '칠회제
신력' 에 연원을 둔
것이다.

❀**소도蘇塗**: 삼신상제
님께 천제를 올리는
성스러운 곳.

❀**조칙**: 일반 사람에게
알리기 위해 임금의
명령을 적은 문서.

❀**중도**: 한쪽에 치우치
지 않은 바른 길.

삼한관경본기

사람이 한마음의 중 자리를 잃으면 어떤 일도 성취할 수 없고,
만물이 중도 일심을 잃으면 넘어지고 엎어진다.

임금의 마음은 위태롭고 백성의 마음은 작다.
그러니 모든 사람이 고르게 똑같이 갖고 나온
하늘에서 받은 성품을 잘 닦고 간직하여
그 조화의 중심 자리를 굳게 세워 잃지 않아야 한다.
그런 후에야 일심 자리에 튼튼하고 굳게 안주할* 수 있는 것이다.

중정*과 일심의 도는 다음과 같다.

아비 된 자 마땅히 자애로워야 한다.
자식 된 자 마땅히 효도해야 한다.
임금 된 자 마땅히 정의로워야 한다.
신하 된 자 마땅히 충성해야 한다.
부부 된 자 마땅히 서로 공경해야 한다.
형제 된 자 마땅히 서로 우애가 있어야 한다.
노인과 젊은이는 마땅히 차례를 잘 지켜야 한다.
친구 사이에는 마땅히 서로 믿음을 가져야 한다.
몸을 삼가 공손하고 검소하여라.
학문을 잘 닦고 맡은 소임을 연마하여 지혜와 능력을 계발하여라.
널리 이롭도록 서로 힘써라.
자기를 완성하여 스스로 자신의 주인이 되며
만물의 뜻을 열어 고르고 한결같이 하여라.

⬡**안주安住하다**: 편안
하게 자리잡고 살다.

⬡**중정中正**: 한쪽에 치
우치지 않고 곧고 바
름.

그리하여 천하의 일을 스스로 맡고, 국통[나라의 계통]을 존중하고,
국법을 확실히 지켜 각자 자기 직분을 다하여라.
부지런함을 장려하고 생산을 보존하여라.
국가에 일이 있을 때 몸을 던져 의로움을 실천하여라.
위험을 무릅쓰고 용맹히 전진하여 만세토록 무궁한 복을 마련하여라.
이것은 짐이 너희 백성과 함께 간절하게 마음에 새겨 소홀히
하지 말아야 한다.
너희가 한 몸이 되어 완전하게 실천하기를
지극한 뜻으로 바라니, 이를 잘 공경하여 받들어라."

우리 어린이들이
이 가득 단군의 조칙을
마음에 새겨서 꼭 실천을
한다면, 장차 세계를 이끄는
훌륭한 지도자가 될 거야.

살수에서 배를 만들었다

두라문(4세 왕)이 세상을 뜨자 아들 을불리(5세 왕)가 즉위하였다.

을불리가 세상을 떠나고 아들 근우지(6세 왕)가 즉위하였다.
이때가 오사구 단군(4세) 기원전 2136년(을유)이었다.
기원전 2131년(경인)에 장정 30명을 보내어
살수*에서 배를 만들게 하였다.
그곳은 진한의 남해안이다.

다 함께 암송하기

성기자유成己自由하며 개물평등開物平等하라.
자기를 완성하여 스스로 자신의 주인이 되며,
만물의 뜻을 열어 고르고 한결같이 하여.

成 이룰 성 己 자기 기 開 열 개 平 평평할 평 等 같을 등 평등=차별이 없음

❀살수薩水: '물이 살
살 흐르는 강'이라
는 뜻으로 네 곳이
있다. ①요동반도의
개평현 주남하 ②요
동반도의 대양하③
청천강淸川江 ④청주
무심천無心川 등이다
(최동, 『조선상고민
족사』 「살수고薩水
考」 참조).

삼한관경본기

3월 16일은 대영절, 바로 삼신영고제를 지내는 날이죠.

기원전 2109년(임자)에

마한 왕이 오사구 단군의 명을 받고 상춘*에 들어가

구월산에서 삼신께 제사 드리는 일을 도왔다.

10월에 모란봉 산기슭에 별궁을 지었다.

천왕(오사구 단군)께서 민정을 두루 살피며 다니실 때

머무실 장소로 삼았다.

단군께서 천제를 올리실 때

단군께서 매년 3월에 마한에 명하여 군대를 사열하고 사냥을 하셨다.

16일에 기린굴*에서 천제를 올리셨다.

이때 조의*를 내려 주시고 관을 씌우는 예식을 행하셨다.

이어서 노래와 춤, 그리고 온갖 놀이를 행하고 마치셨다.

단기 227, 기원전 2107년(갑인)에 근우지가 세상을 떠나고

아들 을우지(7세 왕)가 즉위하였다.

을우지가 세상을 떠나니 아우 궁호(8세 왕)가 즉위하였다.

궁호가 세상을 떠났다.

자손이 없어 두라문(4세 왕)의 아우 두라시의 증손

막연(9세 왕)이 명을 받들어 마한의 왕위를 계승하였다.

단기 341, 기원전 1993년(무신)에

우서한 단군(8세)께서 백아강에 순행하여 머무셨다.

이때 밭의 경계를 정해 땅을 나누어 주고

❀ 기린굴麒麟窟:『삼국지』「위지魏志」 동이전에 "나라의 동쪽에 큰 굴이 있는데 수혈隧穴이라 한다"고 하였다. 고구려에서는 10월에 국중대회를 열어 이 기린굴에서 삼신상제님께 천제를 올린다고 하였다.

❀ 조의皂衣: 검은 옷.

네 집을 한 구역으로 정하도록 명하셨다.
그리고 각 구역에서 수레(전차) 하나씩 내서
마을을 나누어 지키도록 하셨다.

환도 문명이 번성하였다

대시전을 짓고 대동강에 다리를 건설하였다

노을 단군(10세) 단기 395, 기원전 1939년(임인)에
막연이 세상을 떠났다.
아우 아화(10세 왕)가 즉위하였다.
이때 도해 단군(11세)께서
강력한 의지로 개화에 힘써 평등하게 다스리셨다.
아화 왕이 단군의 명을 받들어 대성산* 기슭에 대시전*을 짓고
대동강에 큰 다리를 건설하였다.

활발한 신교 교육으로 문명이 번성하였다

세 고을마다 전佺을 두어 경당*을 설립하였다.
칠회제신의례*를 정하고 삼륜구서의 가르침을 설명하여 가르쳤다.
이에 환도 문명*이 성하게 일어나 국경 밖까지 소문이 났다.

다 함께 암송하기

환도문명지성桓道文明之盛이 문우역외聞于域外라.
환도 문명이 성하게 일어나 국경 밖까지 소문이 났다.

桓 밝을 환   盛 번성할 성   聞 들을 문   域 지경 역   外 바깥 외

◈ **대성산**大聖山 : 영류산虖留山이라고도 한다. 고구려 장수열제 때 이곳에 대성산성을 쌓았다고 전한다. 평양성 북쪽 10리에 있다.

◈ **대시전**大始殿 : 환웅을 모신 환웅전. 초기에는 환웅상만 봉안했으나 후세에는 점차 충신, 열사도 함께 봉안하였다.

◈ **경당**扃堂 : 소도의 곁에는 반드시 경당을 세워 미혼 자제로 하여금 글읽기, 활쏘기, 말타기, 예절, 가악, 권박拳搏, 검술 등 육예六藝를 익히고 연마하게 하였다.

◈ **칠회제신의례**七回祭神儀禮 : 일곱 분의 신께 제사를 지내는 예법.

◈ **환도**桓道 **문명** : 환국, 배달을 계승하여 삼신의 가르침을 받드는 신교 문명.

중국 하夏나라 13세 왕 근이 사신을 보내 방물을 바쳤다.

단기 470, 기원전 1864년(정사)에 아화가 세상을 떠나고
아들 사리(11세 왕)가 즉위하였다.
아한 단군(12세) 기원전 1806년(을묘)에 사리가 세상을 떠나고,
아우 아리(12세 왕)가 즉위하였다.
고불 단군(14세) 기원전 1716년(을유)에 아리가 세상을 떠나고
아들 갈지(13세 왕)가 즉위하였다.
갈지가 세상을 뜨니 대음단군(15세) 기원전 1633년(무신)에
아들 을아(14세 왕)가 즉위하였다.

참성단의 제천 행사에 참여한 은나라 사신

단기 702, 기원전 1632년(기유)에 탐모라* 사람이 말 30필을 바쳤다.

을아가 세상을 뜨니, 여을 단군(17세) 기원전 1550년(신미)에
아들 두막해(15세 왕)가 즉위하였다.

기원전 1549년(임신) 3월 16일*에 여을 단군께서 친히 마리산에 행차하시어 참성단에서 삼신상제님께 천제를 지내셨다.
이때, 은나라 11세 왕 외임이 사신을 보내 제사를 도왔다.

두막해가 세상을 뜨자 기원전 1483년(무인)에
아들 자오수(16세 왕)가 즉위하였다.

자오수가 세상을 뜨니 기원전 1412년(기축)에
아들 독로(17세 왕)가 즉위하였다.
독로가 세상을 뜨니 고홀 단군(20세) 기원전 1371년(경오)에
아들 아루(18세 왕)가 즉위하였다.
아루가 세상을 뜨니 기원전 1323년(무오)에
아우 아라사(19세 왕)가 즉위하였다.

단군조선 역사가 크게 바뀌게 되었다

이 해(단기 1011, 기원전 1323)에 고등*이 개성*에서 반역을 하고
천왕(21세 소태 단군)께 반항하였다.
마한 왕이 바야흐로 군사를 일으켜 고등을 치려 하였다.
그러나 홍석령*에 이르러,
천왕께서 고등을 우현왕*으로 삼기로 허락하셨다는 소식을 듣고
그만두었다.

기원전 1286년(을미)에 천왕께서
해성 욕살* 서우여에게 제위를 물려 주려 하셨다.
마한 왕이 안 된다고 간하였으나* 허락하지 않으셨다.

고등의 손자 색불루가 혁명을 일으켜 22세 단군으로 즉위하셨다.
마한 왕이 군사를 정비하여 몸소 이끌고 가서
해성에서 한 판 싸움을 벌였다.
그러나 싸움에서 패하여 돌아오지 못하였다.

* **고등高登**: 후에 우현 왕이 된다. 22세 색불루단군의 할아버지(『단군세기』).

* **개성開城**: 요령성 개원開原.

* **홍석령紅石嶺**: 관전현寬甸縣 홍석납자紅石拉子에 있는 고개.

* **우현왕右賢王**: 좌현왕과 함께 천자를 보필하는 벼슬.

* **욕살**: 고구려 때에도 지방을 5부五部로 나누어 다스리고, 지방 장관을 욕살이라 하였다.

* **간諫하다**: 웃어른이나 임금에게 옳지 못하거나 잘못된 일을 고치도록 말하다.

❀**색불루**: 단군조선
시대에 처음으로 혁
명을 일으켜 제위를
물려받았다. 단군왕
검으로부터 21세 소
태 단군까지 1,048년
간 지속되어 온 '송
화강 아사달 시대'
를 마치고, 둘째 도
읍지인 백악산(녹산)
으로 도읍을 옮겨
860년간 '백악산 아
사달 시대'를 열었
다. 또한 국제를 '삼
한三韓'에서 '삼조선
三朝鮮'으로 고쳤다.
그러나 전 영토는 여
전히 '삼한관경' 체
제로 다스렸다.

❀**옥책玉册**: 왕의 존호
를 올릴 때 그 덕을
기리는 글을 쓴 옥으
로 만든 책.

마한세가 하(삼한에서 삼조선 시대로)

색불루가 대권을 잡았다

색불루*가 할아버지(우현왕 고등)의 공덕을 계승하여 병권을 장악
하였다.

진한이 스스로 무너지고 마한 · 번한 역시 한 번도 이기지 못하고 멸
망하였다.

이에 전 임금(소태 단군)께서 사람을 보내어
옥책*과 국보를 전하고 색불루에게 제위를 물려 주셨다.

새로 등극한 임금(색불루)께서 도읍터를 백악산으로 정하시니
모든 욕살이 안 된다고 막았다.

이에 여원흥과 갑천령 등이 임금의 명령을 받들어 설득함에
마침내 욕살들이 모두 복종하였다.

백악산 아사달로 도읍을 옮기셨다

백악산 아사달에서 즉위하셨다

재위 원년, 단기 1049, 기원전 1285년(병신) 정월(1월)에
색불루 단군께서 마침내 녹산에서 즉위하셨다.

이곳이 백악산 아사달이다.

몸과 마음을 깨끗하게 하시고 천제 올릴 준비를 하셨다

단군께서 3월에 조칙을 내려 말씀하셨다.

"얼마 전에 아사달에서(단군께서) 사람을 보내
옥책과 국보를 짐에게 전하여 제위를 물려 주셨다.
전 천왕(21세 소태 단군)께서 아직 단군의 칭호를 사용하고 계시지만,
사해 내의 산천은 이미 짐에게 돌아왔다.*
그러니 하늘에 제사 지내는 예법은 나라의 의식에 알맞게 하여
너무 지나치게 하지 마라.
반드시 옛 전통을 잘 헤아려서 정성과 공경을 지극히 하여라.
이제 천제일(대영절, 3월 16일)을 맞이하여
먼저 가서 몸과 마음을 깨끗이 하여라.
천제 지낼 장소를 살펴 청소하고,
제사에 쓸 짐승과 폐백을 깨끗하게 준비하여
삼신상제님께 보답하도록 하여라."

이때 임금께서 7일을 택해 몸과 마음을 깨끗하게 하시고,
향과 축문*을 여원흥에게 내려 주셨다.

백두산 천단에서 올린 서고문

16일 이른 아침에
여원흥은 삼한의 대백두산 천단에서 제사를 봉행하고
임금께서는 몸소 백악산 아사달에서 제사를 지내셨다.
그 백두산 「서고문」*에 이렇게 기록되어 있다.

　　소자 단군 색불루는 두 손 모으고 머리 조아려 절합니다.
　　천자*(임금)의 수신*이 백성에게 미침은

❀**사해 내의 산천은 이미 짐에게 돌아왔노라.**: 나라는 이미 색물루 단군의 소유가 되었다는 뜻.

이렇게 천자가 제위에 오르실 때 천제를 올려 상제님께 고하였대요.

❀**축문祝文**: 제사 때 신명께 고하는 글

❀**서고문誓告文**: 임금이 하늘에 올리는 글.

❀**천자天子**: 천제자天帝子의 줄임말로 천상 상제님의 아들(대행자)이라는 뜻이다.

❀**수신修身**: 마음과 행실을 바르게 닦음.

반드시 공경스럽게 하늘에 제사 지냄에서 비롯합니다.

황상(시조 단군)께서 삼신의 밝으신 천명을 받아

⚜️**보은대덕**報恩大德:
삼신상제님께 은혜
를 갚는 큰 덕.

보은대덕*으로 이미 삼한의 5만 리 강토와 더불어

다 함께 홍익인간의 큰 뜻을 누려 왔습니다.

그리하여 마한 여원흥을 보내

삼신일체 상제님의 제단에 제사를 올립니다.

상제님의 성령은 밝고 밝으시어

만유에 은혜 베푸심이 빠뜨림이 없으십니다.

이에 몸과 마음을 깨끗이 하고 정성스레 제물을 바치오니

⚜️**흠향**歆饗**하다**: 신명
이 제물을 잡숫다.

내려오시어 흠향하시고* 많없이 도우시어

반드시 새로 등극한 임금이 나라의 법도 세우는 것을

아름답게 나타낼 수 있도록 보살펴 주소서!

세세토록 삼한의 왕업 천만 년 무궁토록 보존케 하시고

해마다 풍년 들어 나라는 부강해지고 백성은 번영케 하소서.

우리 시조 단군께서 품으셨던,

나를 비우고 만물을 살리는 지극한 생각을 밝혀 주소서.

 다 함께 암송하기

서소아성제공아존물지지념庶昭我聖帝空我存物之至念하소서.
우리 성제께서 품으셨던 '나를 비우고 만물을 살리는 지극한 생각' 을 밝혀
주옵소서!

庶 바라건대 서 昭 밝을 소 聖 거룩할 성 帝 임금 제 空 빌 공 存 있을 존
至 지극할 지 念 생각 념

나라 다스리는 제도를 삼한에서 삼조선으로 고치셨다

단군께서 마한 왕, 번한 왕을 임명하셨다

5월에 제도를 고쳐 삼한을 삼조선*이라 하셨다.

조선은 다스리는 영토[관경]를 말한다.

진조선은 천왕(22세 단군)께서 친히 다스리시고, 통치 영역은 옛날 진한의 땅 그대로이다.

정치는 천왕(단군)을 거쳐 삼한이 모두 하나로 통일되어 명령을 받았다.

여원흥을 마한 왕(20세)으로 삼아 막조선을 다스리게 하셨다.

서우여를 번한 왕으로 삼아 번조선을 다스리게 하셨다.

이를 모두 합하여 단군 관경이라 일컬으니 이것이 곧 진국*이다.

역사에서 일컫는 단군조선이란 바로 이것을 말한다.

막조선의 여원흥이 명을 받고 대동강 왕검성을 지켰다

원흥이 임금의 명을 받고 대동강을 굳게 지키니,

이곳을 왕검성이라고도 불렀다.

백성들에게서 공물을 많이 거두는 폐단이 없어졌다

천왕께서 매년 중춘(음력 2월)에 반드시 마한을 순행하여 머물며 백성을 위해 부지런히 다스리는 일에 힘쓰셨다.

이에 지나치게 공물을 많이 올리고,

백성들에게서 많이 거둬들이는 폐단*이 마침내 없어지게 되었다.

이보다 앞서 조칙을 내려 이렇게 말씀하셨다.

☸ **삼조선**三朝鮮: 진조선, 막조선 번조선.

☸ **진국**辰國: 단군이 직접 다스리는 나라. 지금의 요하 유역에서 청천강에 이르는 지역을 차지하였다. 단군조선의 삼한을 합하여 말하면 진국이고 나누어 말하면 삼한이다.

☸ **폐단**: 옳지 못한 경향이나 해로운 현상.

삼한관경본기

● **번거롭다**: 일이 어
수선하고 복잡하다.
귀찮고 짜증스럽다.

"오직 짐 한 사람을 받들어 모시기 위해

공물 거두는 일로 백성을 번거롭게* 한다면, 이것은 바른 다스림이

아니다. 바른 다스림이 이루어지지 않는다면 임금이 무슨 소용이 있

겠느냐."

그러고는 엄하게 명령을 내려 이를 그만두게 하셨다.

여원흥이 천왕께 간하여 영고탑으로 도읍 옮기는 일을 막았다

기원전 1233년(무자)에

여원흥이 명을 받들어 천자의 수도(백악산 아사달)에 들어가

● **영고탑**: 삼신상제님
을 맞이하는 천제인
영고제를 지내던 소
도가 있던 곳.

영고탑*으로 도읍을 옮기는 것은 옳지 못하다고 간하니

천왕께서 이를 따르셨다.

원흥이 세상을 떠나고

기원전 1232년(기축)에 아들 아실(21세 왕)이 즉위하였다.

아실이 세상을 뜨자 아우 아도(22세 왕)가 즉위하였다.

기자가 동방에서 은둔하였다

단기 1212, 기원전 1122년(기묘)에 은나라가 멸망하였다.

그후 3년이 지난 기원전 1120년(신사)에,

● **자서여**子胥餘: 기자.
성은 자子, 이름은 서
여胥餘이다. 기자의
기箕는 나라 이름이
고, 자는 벼슬과 지
위의 명칭이다.

● **군대를 사열하고
돌아오다**: 은나라가
망했다는 소식을 듣
고 나라의 안전을 재
점검하기 위해 군대
를 사열하고 온 것이
다.

은나라 왕실 혈족의 제후인 자서여*가 태항산 서북 땅에 피하여 살

았다.

막조선 왕이 이를 전해 듣고 모든 고을을 순행하여 살피고

군대를 사열하고 돌아왔다.*

아도가 세상을 뜨자 기원전 1091년(경술)에

환
단
고
기

아들 아화지(23세 왕)가 즉위하였다.

아화지가 세상을 뜨고 기원전 1055년(병술)에

아우 아사지(24세 왕)가 즉위하였다.

아사지가 세상을 뜨니 마휴단군(29세) 기원전 934년(정해)에

형의 아들 아리손(25세 왕)이 즉위하였다.

아리손이 세상을 뜨자 그 아들 소이(26세 왕)가 즉위하였다.

소이가 세상을 뜨고 기원전 754년(정해)에

아들 사우(27세 왕)가 왕위에 올랐다.

협야후가 일본의 반란을 평정하였다

단기 1581, 기원전 753년(무자)에,

중국 주나라 임금 의구*가 사신을 보내어 새해 축하 인사를 올렸다.

사우가 세상을 뜨자 기원전 677년(갑진)에

아들 궁홀(28세 왕)이 즉위하였다.

기원전 667년(갑인)에 협야후*에게 명하여,

전선 500척을 거느리고 해도*를 쳐서

일본사람의 반란을 평정하게 하셨다.

궁홀이 세상을 뜨고, 아들 동기(29세 왕)가 즉위하였다.

동기가 세상을 뜨자 다물단군(38세) 기원전 588년(계유)에

아들 다도(30세 왕)가 즉위하였다.

다도가 세상을 뜨니 기원전 509년(임진)에

아들 사라(31세 왕)가 즉위하였다.

이 협야후 배반명이라는 분이 일본 황실의 뿌리랍니다.

❀ **의구**宜臼: 주周나라 13세 평왕(기원전 771~기원전 720)의 이름.

❀ **협야후**陜野侯: 본래 이름은 배반명. 『일본서기』에 나오는 사누노미코토로서, 일본 왕가의 뿌리인 진무왕이다.

❀ **해도**海島: 삼도三島. 오늘날의 일본 열도이다.

사라가 세상을 뜨고 아들 가섭라(32세 왕)가 즉위하였다.

가섭라가 세상을 뜨자

기원전 427년(갑인)에 아들 가리(33세 왕)가 즉위하였다.

❀우화충의 난: 우화
충의 역모는 단군조
선을 무너뜨리는 직
접적인 원인이 되었
다. 위대한 삼신 사
상을 바탕으로 한 한
민족의 통치 제도가
크게 쇠퇴하게 된 것
이다.

우화충의 난*이 일어났다

단기 1908, 기원전 426년(을묘)에 융안의 사냥꾼 수만 명이 반란을
일으켰다.

관병(나라의 군대)이 이들과 싸울 때마다 이기지 못하였다.

드디어 반란군이 도성(수도)을 공격하여 상황이 매우 위급해졌다.

이에 마한 왕 가리가 출전하였다가 날아오는 화살을 맞고 세상을
떠났다.

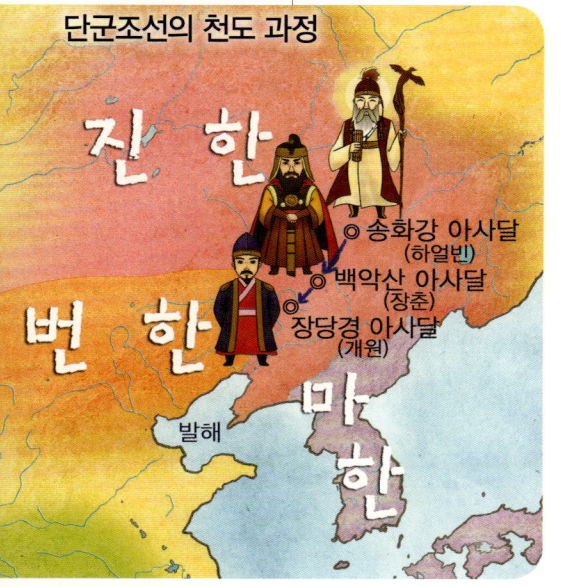

단군조선의 천도 과정

진 한

번 한

마 한

○ 송화강 아사달
(하얼빈)
○ 백악산 아사달
(장춘)
○ 장당경 아사달
(개원)

발해

단군조선이 멸망의 운으로 들어섰다

단기 1909, 기원전 425년(병진)에 상장 구
물(후에 44세 단군으로 즉위)이 마침내 사
냥꾼 두목 우화충을 죽이고 도읍을 장당경
으로 옮겼다.

먼저 가리의 손자 전내로 하여금 막조선을
계승(막조선 34세 왕)하게 하였다.

이때부터 나라의 정치가 더욱 힘이 약해졌
다.*

전내가 세상을 떠나고, 아들 진을례(35세 왕)가
즉위하였다.
진을례가 세상을 뜨자, 기원전 366년(을묘)에
아들 맹남(36세 왕)이 즉위하였다.

수유 사람 기후가
스스로 번조선 왕이 되었다

기원전 323년(무술)에 수유 사람 기후가
군사를 이끌고 번한에 들어가
나라를 차지하고 스스로 번조선 왕이라 칭하였다.
중국 연나라에서 사신을 보내어 함께 이를 정벌하자고 하였으나
막조선이 응하지 않았다.

고열가 단군이 스스로 물러나고
진조선은 오가가 공동으로 다스렸다

단기 2096, 기원전 238년(계해)에
고열가 단군(47세)께서 마침내 임금의 자리를 버리고
아사달에 숨으셨다.
진조선은 오가가 공동으로 집행하는 공화정 체제(기원전
238~기원전 232)를 6년 동안 유지하였다.
그러던 중 끝내 국력을 회복하지 못하고
종말을 고하였다.

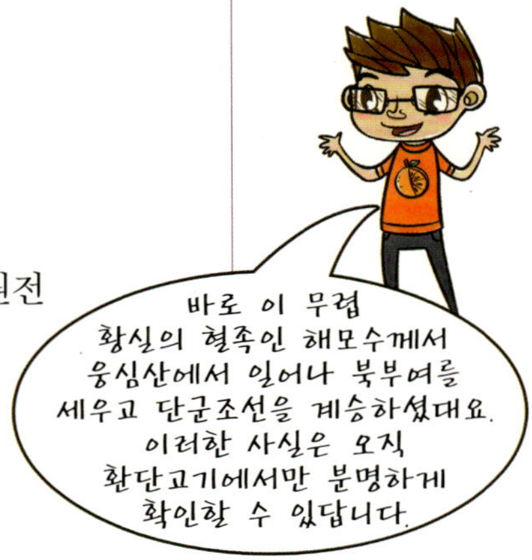

바로 이 무렵
황실의 혈족인 해모수께서
웅심산에서 일어나 북부여를
세우고 단군조선을 계승하셨대요.
이러한 사실은 오직
환단고기에서만 분명하게
확인할 수 있답니다.

기자조선箕子朝鮮, 그 진실을 밝힌다

『삼한관경본기』에 나오는 자서여가, 중국이 만들어 낸 기자조선의 주인공인 기자다. 중국은 예로부터 자국이 동북아의 중심 국가이자 동북아 문명의 주체라 자부하였다. 이것이 중화中華사상이다. 이러한 중화 패권주의 사관에 따라 중국은 한국의 시원 역사를 자신들에게 예속된 속국屬國의 역사로 왜곡하였다.

기자조선이란 '지금으로부터 3,100년 전에 조선 땅에 기자가 들어와서 기자조선을 세웠다. 한국 역사는 중국을 종주로 모시는 제후국인 이 기자조선에서 시작되었다'는 것이다.

그 왜곡의 뿌리는 한나라 때 사마천이 쓴 『사기史記』의 "봉기자어조선封箕子於朝鮮(기자를 조선에 봉하다)"이다. '주周나라 무왕이 상商나라의 성인이던 기자를 조선이란 곳의 왕으로 봉하였다'는 말이다. 이것이 중국 사서에서 밝히는 한국의 첫 역사이다.

과연 그것이 사실일까? 그 답을 『사기』의 다른 구절, '(기자를 조선에 봉하였으나) 주나라의 신하로 삼지는 않았다[而不臣也]'에서 찾을 수 있다. 주나라가 봉한 조선의 왕이라면 당연히 주나라의 신하가 되어야 하는 것 아닌가. 이것은 기자조선이 존재하지 않았다는 사실을 사마천이 자신도 모르게 고백한 것이다.

그리고 기자가 조선의 왕이 아니라, 다른 나라의 왕이었을 가능성을 입증하는 유물도 나왔다. 산동성과 요령성에서 발굴된 기기箕器, 기후정箕侯鼎, 기후방정箕侯方鼎 등이 그것이다. 여기서 기箕는 나라 이름이고, '기후箕侯'는 '기국箕國의 제후', 즉 기국의 왕을 뜻한다. 이 기국의 정체에 대해 윤내현 교수는 "상말商末에 세워진 중국 변방의 작은 나라로 마지막 임금에 이르러서는 단군조선의 변방까지 쫓겨 왔다가 멸망한 나라"라고 말한다.(『한국고대사신론』) 결코 한국의 고대 국가가 아닌 것이다. 『사기색은史記索隱』에서도 기자를 상나라의 왕족이라 하면서 '기자箕子의 기箕는 국명國名'이라 하였다. 기국은 상나라의 제후국이고, 기자는 기국의 왕이었다.

그럼에도 사마천이 날조한 기자조선은 그 후 중국 역사서에서 역사적 사실로 굳어 졌다. 예를 들면 3세기 진晉나라 때 진수陳壽가 쓴 『삼국지』는 『위략魏略』을 인용하여 단군조선 말기에 위만에게 왕위를 빼앗긴 번조선의 기준箕準(준왕)을 기자의 후예라 하였다.

후대로 내려오면서 그 왜곡은 정도가 더 심해졌다. 고려와 조선의 사대주의자들은 중국이 날조한 기자조선을 한민족사의 뿌리로 여기고 기자를 은인恩人으로 받들었다. 조선의 대철인이라는 율곡 이이 같은 이는 '삼가 생각건대, 기자께서 조선에 이르시어 우리 백성을 천한 오랑캐로 여기지 않으시고, 후하게 길러주시고 부지런히 가르쳐서 상투 틀던 풍속을 변화시켜 … 우리나라는 기자에게 한없는 은혜를 받았으니 그 실제 자취를 마땅히 집집마다 노래하고 사람마다 잘 알아야 할 것이다.'(『율곡선생전서』권14「잡저」)라고 말했다. 우리 한민족을 모독하는, 정말로 있을 수 없는 얘기이다.

하지만 1960년대에 북한 역사학계에서 기자의 정전 터로 주장되던 곳과 평양 을밀대 북쪽에 있다는 기자묘를 조사하면서 그 허구가 밝혀졌다. 요즘 국내 사학계에서는 대부분 기자조선을 중화주의 사상에 빠진 중국이 지어낸 것이라 보고 있다. 그나마 다행스러운 일이다.

번한세가 상

중국의 요임금과 순임금은 단군조선의 제후

요임금이 순임금에게 왕위를 물려주게 된 배경

치우 천황께서 서쪽으로 탁예*를 정벌하시고,

남쪽으로 회대(회수와 태산)를 평정하셨다.

산을 헤치고 길을 내시니 그 영토가 만 리였다.

❋**탁예**涿芮: 하북성 탁
록과 산서성 예성현
芮城縣을 말한다.

❋**영토 분쟁**: 영토를
차지하려고 시끄럽
게 싸움.

단군왕검 때는 당요(당나라 요임금)와 같은 시대였다.

요임금의 덕이 갈수록 약해져 영토 분쟁*이 끊이지 않았다.

이에 천왕(단군왕검)께서 우나라 순임금에게 명하여

영토를 나누어 다스리게 하셨다.

군사를 보내어 머무르게 하시고 우나라 순임금과 함께

당나라 요임금을 정벌할 것을 언약하셨다.

이에 요임금이 힘에 굴복하고,

순에게 몸을 맡겨 목숨을 보존하고자 나라를 넘겨주었다.

당나라 요임금이
동이족 제후인 우나라 순에게
나라를 넘겨 준 것은
단군왕검의 힘에 굴복을 했기
때문이란다.

순이 왕이 되자,

순임금 부자(순임금의 아버지와 순임금)와 형제가

다시 돌아와 한 집안을 이루었다.

이것은 모름지기 나라를 다스리는 도가

부모에게 효도하고 형제간에 우애 있음을 우선으로 하기 때문이다.

환단고기

우나라의 9년 홍수를 다스리기 위한 도산 회의

단군께서 홍수 다스리는 법을 순임금에게 알려 주셨다

9년 동안 홍수가 일어나 그 재앙이 모든 사람에게 미쳤다.
그리하여 단군왕검께서 태자 부루를 보내어
우나라 순임금과 약속하게 하시고, 도산* 회의를 소집하셨다.
순임금은 사공 우를 보내어 우리의 오행치수법*을 전해 받고
홍수 다스리는 일에 성공하였다.

감우소를 설치하여 우나라 순임금의 정사를 감독하셨다

이때 감우소*를 낭야성*에 설치하여
구려* 분정*에서 논의된 일을 결정하였다.

『서경』에 이른바 "순임금이 동쪽으로 순행하여 멀리 산천을 바라보
며 제사 지내고, 동방 천자(단군)를 알현하였다*."라는 구절은
바로 이 같은 사실을 말한 것이다.
진국(단군조선)을 다스리는 분은 천제(상제님)의 아들*이므로
5년에 한 번 낭야를 순행하였다.
그러나 순은 조선의 제후이므로

다 함께 암송하기

개위국지도蓋爲國之道는 효제위선孝悌爲先이라.
무릇 나라를 다스리는 도는 부모에게 효도하고
형제간에 우애 있게 함을 우선으로 한다.

蓋 대저(무릇) 개　孝 효도 효　悌 공경할 제　先 먼저 선

● 도산塗山: 회계산. 지
금의 절강성 소흥현
동남쪽에 있다. 일명
모산, 동산, 형산이
라고도 한다.

● 오행치수법五行治水
法: 삼신상제님의 가
르침인 오행 사상을
원리로 하여 홍수를
다스리는 법.

● 감우소監虞所: 우나
라 순임금의 정치를
감독하던 곳.

● 낭야성琅邪城: 지금
의 산동성 제성현 동
남에 있다.

● 구려九黎: 단군조선
의 분조 지역에 살던
동이 한민족을 부르
던 호칭.

● 분정分政(분조의 정
사): 당시 단군조선
의 영토가 너무 넓어
서 단군이 계신 곳에
서 멀리 떨어진 지역
은 단군이 직접 다스
리기 어려웠다. 그래
서 분조를 두고 제후
로 하여금 단군을 대
신하여 다스리게 하
였다. 이를 분정이라
한다.

● 알현하다: 웃어른이
나 임금을 찾아뵙다.

● 천제天帝의 아들:
천자. 즉 '삼신상제
님의 아들'이라는 말
로 상제님의 대행자
라는 뜻.

삼한관경본기

진한에 가서 천자를 뵈온 것이 네 번이었다.

단군왕검께서 치우 천황의 후손을 번한 왕으로 임명하셨다

번한 왕으로 임명된 치우 천황의 후손

이때 단군왕검께서 치우 천황의 후손 중에서

지모*와 용력이 뛰어난 자를 택하여 번한 왕으로 임명하셨다.

험독*에 수도를 세우니, 지금은 왕검성이라 부른다.

요수 일대에 12성을 쌓은 번한 왕(치두남)

치두남은 치우 천황의 후손이다.

용맹과 지혜로 세상에 소문이 자자하였다.

단군께서 불러 만나 보시고 기특하게 여기시어 곧 번한 왕으로 임명하고

아울러 우나라 순임금의 정치를 감독하게 하셨다.

치두남은 경자년(기원전 2301)에, 요수* 주위에 12성을 쌓았다.

험독, 영지, 탕지, 용도, 거용, 한성, 개평, 대방, 백제, 장령, 갈산, 여성이 그것이다.

다 함께 암송하기

동순망질사근동후東巡望秩肆覲東后라.

동쪽으로 순행하여 멀리 산천을 바라보며 제사 지내고
동방 천자를 알현하였다.

東 동녘 동   巡 돌 순   望 제사 이름 망   秩 차례 질
망질=순서에 따라 산천의 신을 제사 지냄   肆 드디어 사   覲 뵐 근   后 임금 후

낭야(산동성 교남시): 멀리 산 꼭대기에 낭야대가 보인다. 훗날 진시황이 이곳에 머물며 불사약을 구하였다.

이곳은 낭야! 본래 단군조선이 중국 왕조를 감독하던 감우소가 있던 곳이랍니다.

왼쪽: 낭야대 아래에 있는 관룡정觀龍亭. 오른쪽: 산 정상 낭야대에 있는 진시황의 석상.

우나라 사공 순에게 오행치수법을 전하실 때

낭야성 이름의 유래

치두남이 세상을 뜨자 아들 낭야(2세 왕)가 즉위하였다.
이 해 기원전 2251년(경인) 3월에 가한성을 새로 쌓아
뜻밖의 사태에 대비하였다.
가한성의 다른 이름이 낭야성인데,
번한 왕 낭야가 쌓았다 하여 낭야성이라는 이름을 붙였다.

기원전 2267년(갑술)에
부루 태자가 명령을 받고 특사*로 도산에 갈 때였다.
도중에 낭야에 들러 반 달 동안 머무르며 백성의 사정을 묻고 들었다.
이때 우순이 사악(사방의 제후)*을 거느리고
치수에 대한 모든 일을 부루 태자에게 보고하였다.

❀ **특사特使**: 특별한 임무를 띠고 파견되는 사람. 부루 태자는 당시 오행치수법을 우순에게 전하라는 단군왕검의 특명을 받고 도산에 갔다. 당시 단군조선의 제후국인 우나라는 9년 홍수 때문에 매우 큰 어려움에 처해 있었다.

❀ **사악四岳**: 요순 시대의 벼슬과 직책 이름. 큰 산 네 곳을 나누어 다스리던 제후들이다.

삼
한
관
경
본
기

環
檀
古
記

태산과 회수 · 사수 지역에서 행해진 삼신을 받드는 풍속

번한 왕은 태자의 명령으로 경내*에 경당*을 크게 일으켰다.

아울러 태산에서 삼신(상제님)께 천제를 올렸다.

이로부터 삼신을 받드는 옛 풍속이

회수와 사수 지역 일대에서 크게 행하여졌다.

도산에서 오행치수의 묘법을 전해 주셨다

부루 태자께서 도산에 도착하여 주장의 자격으로 회의를 주관하셨다.

이에 번한 왕을 통해 우나라 사공*에게 말씀하셨다.

"나는 북극수의 정기를 타고난 아들이다.

너희 임금(순임금)이 나에게 수토(강과 농토)를 다스려 백성을 구해

주기를 청원하였다.

이에 삼신상제님께서 내가 가서 도와주는 것을 기뻐하시므로 왔다."

그리고 천자국의 문자(단군조선 신지가 만든 전자)로 된 천부와 왕

인을 보여 주시며 이렇게 말씀하셨다.

"이것을 차면 험한 곳을 다녀도 위험하지 않고, 흉한 것을 만나도

피해가 없을 것이다.

또 신침(신령스런 침) 하나가 있으니 능히 물이 깊고 얕음을 측정할

* **경내**境內: 지역 안.

* **경당**扃堂: 학문과 지식, 그리고 무예를 함께 갖춘 뛰어난 인물을 기르는 곳. 소도의 곁에는 반드시 경당을 세워 미혼 자제로 하여금 글읽기, 활쏘기, 말타기, 예절, 가악, 권박拳搏, 검술 등 육예六藝를 익히고 연마하게 하였다.

* **우**虞 **사공**司空: 우虞는 순이 다스리는 나라 이름. 사공은 벼슬 이름. 우 사공은 우나라 순임금이 보낸 사공이란 뜻. 이 우 사공이 후에 하夏나라를 연 우禹임금이다.

다 함께 암송하기

여予는 북극수정자야北極水精子也라.

나는 북극수의 정기를 타고난 아들이다.

予 나 여   北 북녘 북   極 끝 극   精 정기 정   子 아들 자.

수 있으며 그 쓰임이 무궁하다.

또 황구종이란 보물은 모든 험한 물을 진압하여
오래도록 잔잔하게 할 것이다.

이 세 가지 보물을 너에게 주니
천제자(단군왕검)의 거룩하신 말씀을 어기지 말아야
가히 큰 공덕을 이룰 수 있을 것이다."

사공 우가 예를 갖추어 오행치수법을 전수받았다

이때 우 사공이 삼육구배*를 하고 나아가 아뢰었다.
"삼가 천제자(단군왕검)의 어명을 잘 받들어 행할 것입니다.
또 저희 우순(순임금)께서 태평스런 정사를 펴시도록 잘 보필하여
삼신상제님께서 진실로 기뻐하시도록 지극한 뜻에 보답하겠습니다."

이렇게 해서 부루 태자로부터 『금간옥첩』*을 받으니
곧 오행치수의 가장 중요한 방법이었다.

태자께서 구려(분조 지역에 살던 동이 한민족)를 도산에 모아 놓고,
우순에게 명하여 조공 바친 사례를 보고하게 하셨다.
오늘날 이른바 우공*이란 이러한 역사적 사실을 말한 것이다.

송양에서 붕어하신 구을 단군의 초상을 치르다

낭야가 세상을 떠나니, 단기 96, 기원전 2238년(계묘)에
아들 물길(3세 왕)이 즉위하였다.
물길이 세상을 떠나자 기원전 2187년(갑오)에

삼육대례는
삼신상제님께 천제 올릴 때나,
제후가 천자를 알현할 때 올리는
절법이란다. 이 구절로 보아 중국
우나라가 우리 제후국이었다는
사실을 알 수 있지.

❀**삼육구배**三六九拜:
삼육대례三六大禮라
고도 한다. 삼신상제
님께 천제를 올릴 때
와 천자를 알현할 때
올리던 우리 고유 절
법이다. 세 번 절을
하는데 일배에 머리
를 세 번 조아리고,
재배에 여섯 번 조아
리며, 삼배에는 아홉
번 조아린다.

❀『**금간옥첩**金簡玉牒』:
부루 태자가 도산에
서 사공 우禹에게 전
해 준 홍수 다스리는
비결.

❀**우공**禹貢: 『서경』의
「하서夏書」 우공禹貢
편. 본래 하나라 우임
금이 종주국인 단군
조선에 조공하는 품
목이나 예절을 기록
한 것으로 추정된다.

아들 애친(4세 왕)이 계승하였다.

애친이 세상을 떠나고 아들 도무(5세 왕)가 즉위하였다.

도무가 세상을 떠나자 기원전 2098년(계해)에

아들 호갑(6세 왕)이 즉위하였다.

기원전 2084년(정축)에 천왕(5세 구을 단군)께서 순행하시다가

송양*에서 병을 얻어 붕어하셨다.

이에 번한 왕(호갑)이 사람을 보내 초상을 치르고

군사를 나누어 엄히 경계하였다.

호갑이 세상을 뜨자 달문 단군(6세) 기원전 2072년(기축)에

아들 오라(7세 왕)가 즉위하였다.

기원전 2067년(갑오)에 하나라 왕 소강*이 사신을 보내어

신년 하례(새해 축하 인사)를 올렸다.

오라가 세상을 뜨자, 기원전 2015년(병술)에

아들 이조(8세 왕)가 계승하였다.

이조가 세상을 떠나고 아술단군(9세) 기원전 1975년(병인)에

아우 거세(9세 왕)가 즉위하였다.

거세가 세상을 뜨자 기원전 1960년(신사)에

아들 자오사(10세 왕)가 즉위하였다.

자오사가 세상을 떠나고 기원전 1946년(을미)에

아들 산신(11세 왕)이 즉위하였다.

산신이 세상을 떠나니 기원전 1893년(무자)에

5세 구을 단군릉.
평양직할시 강동군 문흥리 대박산 동남쪽 기슭에 있다. 북한에서 1993년에 발굴하여 1994년에 개축하였다.

❀ **송양松壤**: 송양은 강동현의 옛 이름이고, 5세 구을 단군이 묻힌 위치가 현 평안도 강동군 대박산이다.

❀ **소강少康**: 하나라 6세 왕.

아들 계전(12세 왕)이 계승하였다.

기원전 189년(경인)에 단군의 명을 받아 탕지산에 삼신단*을 세우고 관가를 옮겼다. 탕지는 옛날의 안덕향*이다.

은나라는 단군조선의 제후국

번한 왕(소전)의 도움으로 걸을 정벌하고 은나라를 세운 탕임금

계전이 세상을 떠나고 단기 470, 기원전 1864년(정사)에
아들 백전(13세 왕)이 왕위에 올랐다.
백전이 세상을 떠나자, 기원전 1826년(을미)에
둘째 아우 중전(14세 왕)이 계승하였다.

중전이 세상을 떠나니
기원전 1770년(신묘)에 아들 소전(15세 왕)이 계승하였다.
기원전 1767년(갑오)에
장수 치운출을 보내 탕을 도와 걸을 정벌하였다.*
단기 568, 기원전 1766년(을미)에 묵태*를 보내
은나라 시조인 탕임금의 즉위를 축하하였다.

소전이 세상을 떠나고
기원전 1727년(갑술)에 아들 사엄(16세 왕)이 즉위하였다.
사엄이 세상을 떠나자 아우 서한(17세 왕)이 즉위하였다.
서한이 세상을 떠나고
기원전 1664년(정축)에 아들 물가(18세 왕)가 즉위하였다.

❀**삼신단**三神壇: 삼신께 제사 올리는 단.

❀**안덕향**安德鄉: 오덕지. 번한의 수도. 고구려 시대 안시성이 바로 이곳이다.

❀**걸桀 정벌**: 13세 흘달 단군 때의 일이다. 단군께서 은殷나라의 탕왕을 도와 하夏나라 폭군 걸桀왕을 정벌하였다.

❀**묵태**墨胎: 단군조선의 제후국이던 고죽국孤竹國 임금의 성씨. 백이와 숙제의 성씨가 묵태이다.

물가가 세상을 떠나니 기원전 1600년(신사)에 아들 막진(19세 왕)이 왕위에 올랐다.

막진이 세상을 뜨자 기원전 1554년(정묘)에 아들 진단(20세 왕)이 즉위하였다.

은나라가 조공을 바쳤다

이 해에 은나라 왕 태무*가 와서 그 지역의 특산물을 바쳤다.

진단이 세상을 뜨자 기원전 1548년(계유)에 아들 감정(21세 왕)이 즉위하였다.

감정이 세상을 떠나고 아들 소밀(22세 왕)이 즉위하였다.

기원전 1468년(계사 3)에, 은나라가 조공을 바치지 않으므로 은의 수도 북박*을 치셨다.

은나라 왕 하단갑(12세 왕)이 사죄하였다.

소밀이 세상을 떠나니 아들 사두막(23세 왕)이 즉위하였다.

사두막이 세상을 떠나고 계부 갑비(24세 왕)가 즉위하였다.

갑비가 세상을 뜨자 단기 893, 기원전 1441년(경신)에 아들 오립루(25세 왕)가 즉위하였다.

오립루가 세상을 떠나고 아들 서시(26세 왕)가 즉위하였다.

서시가 세상을 뜨니 기원전 1393년(무신)에 아들 안시(27세 왕)가 즉위하였다.

* **태무太戊**: 은나라 9세 왕.

* **북박北亳**: 은나라의 수도. 지금의 하남성 상구현이다.

이렇게 여러 나라에서 조공을 바치는 것은 단군조선이 동방 신교 문화의 종주국이며 천자 나라이기 때문이야.

환단고기

안시가 세상을 떠나자
기원전 1352년(기축)에 아들 해모라
(28세 왕)가 왕위에 올랐는데, 그 해
에 세상을 떠났다.

고등이 은나라 22대 임금 무정을 침
소태 단군(21세) 5년(기원전 1333)에,
우사 소정을 출보*시키어 29세 번한
왕으로 임명하셨다.
고등*이 늘 소정의 지모가 출중함*을
싫어하여
임금께 권하여 지방으로 내려보낸 것이다.

이때 은나라 왕 무정*이 전쟁을 일으키려 하였다.
고등이 이 소식을 듣고 상장 서여와 함께 쳐부수고
삭도*까지 추격하였다.
군사를 풀어서 불 지르고 약탈한 뒤에 돌아왔다.

서여는 은나라의 수도 북박을 습격해 쳐부수고,
군사를 탕지산(번한의 수도 안덕향)에 주둔시켰다.
자객을 보내 소정(번한 왕)을 죽이고
아울러 무기와 갑옷을 싣고 돌아왔다.

조공을 바친 은나라

진　한

◎송화강 아사달

번　한

●영지
◎안덕향
발해

●삭도

귀방鬼方

마　한

◎백아강

주周　하夏
은殷
(상商)
●태산

❀출보出補: 중앙 관직
에 있는 관리가 지방
관직으로 임명되어
나가는 것을 말한다.

❀고등: 22세 색블루
단군의 할아버지이
다.

❀지모智謨가 출중하
다: 슬기로운 꾀가
남보다 뛰어나다.

❀무정武丁왕(기원전
1325～기원전 12
66): 은나라 22세 왕.
수많은 정벌 전쟁을
벌여 영토를 크게 확
장하였다.

❀삭도索度: 곧 삭두索
頭로 산동성 임치현
에 있다.

삼한관경본기

번한세가 하

색불루 단군

서우여를 번한 왕으로 임명하셨다

색불루 단군(22세)께서 일찍이 삼한을 아우르고

나라의 제도를 크게 고치셨다.

이때 은나라 왕 무정이 사신을 보내 와 조공을 바칠 것을 약속하였다.

이에 앞서 21세 소태 단군께서, 서우여*를 폐하여* 서인*으로 만드셨다.

서우여가 몰래 좌원*으로 돌아가 사냥꾼 수천 명과 함께 군대를 일

으키려고 모의하였다.

갑천령이 그 소식을 전해 듣고 즉각 무력으로 치러 갔으나, 패하여

진영 안에서 죽었다.

색불루 단군께서 친히 전 병력을 이끌고 가서 치려 하시다가

먼저 사람을 보내어 항복할 것을 권하고

비왕으로 봉할 것을 약속하셨다.

거듭 설득하시자 말씀을 따랐다.

이에 서우여를 번한 왕(30세)으로 임명하셨다.

8조 금법을 정하셨다

색불루 단군 4년(기원전 1282, 기해)에 진조선이 천왕(색불루 단군)

의 명령을 적은 글[칙문]을 전하였다. 칙문에서 이렇게 말씀하셨다.

"너희 삼한은 위로 상제님을 받들고, 아래로 뭇 백성을 맞아 잘 교

☀서우여徐于餘: 소태
단군 때 해성 욕살.
본래 소태 단군께서
서우여에게 제위를
물려 주려 하셨으나
우현왕 색블루가 혁
명을 일으켜 어쩔 수
없이 색블루에게 제
위를 넘겨 주셨다.

☀폐하다: 지위에서
물러나게 하다.

☀서인庶人: 아무 벼슬
이 없는 일반 사람.

☀좌원坐原: 남만주 관
전현 성동산과 통화
현 홍석납자의 중간
에 있는 긴 평원을
말한다.

화하여라."

이로부터 번한 왕이 백성에게 예절과 의리, 농사, 누에치기, 길쌈, 활 쏘기, 글자를 가르쳤다.

또 백성을 위하여 지켜야 할 금팔조*를 정하였는데, 그 내용은 다음 과 같다.

금팔조

제1조 살인한 자는 즉시 사형에 처한다.

제2조 상해를 입힌 자는 곡식으로 보상한다.

제3조 도둑질 한 자 중에서 남자는 재산을 몰수하여 거두어들여 그 집의 노(남자 종)로 삼고 여자는 비(여자 종)로 삼는다.

제4조 소도를 훼손한 자는 금고형*에 처한다.

제5조 예의를 잃은 자는 군에 복역시킨다.

제6조 게으른 자는 부역*에 동원시킨다.

제7조 음란한 자는 태형(볼기를 치는 것)으로 다스린다.

제8조 남을 속인 자는 잘 타일러 놓아준다.

자신의 잘못을 속죄한 자는 죄를 면하여
국가와 사회의 일원이기는 하였으나,

다 함께 암송하기

이삼한爾三韓은 상봉천신上奉天神하고 접화군생接化群生하라.
너희 삼한은 위로 삼신상제님을 받들고 아래로 뭇 백성을 맞아 잘 교화하여라.

爾 너 이   奉 받들 봉   천신=삼신상제님   接 접할 접   群 무리 군

☞ **금팔조**禁八條: 지금의 국사 교과서에 나오는 단군조선의 8조 금법八條禁法을 말한다.

☞ **금고**禁錮**형**: 벼슬을 주지 않는 벌. 또는 옥에 가두고 일을 시키지 않는 벌.

☞ **부역**: 보수 없이 일을 하는 공공사업.

삼한관경본기

당시 풍속이 금법을 어긴 것을 부끄럽게 여겨서

시집을 가거나 장가를 들 수 없었다.

이리하여 백성이 마침내 도둑질하지 않으므로

문을 닫고 사는 일이 없었다.

부인은 행실이 곧고 마음씨가 고와 음란하지 않았다.

❀**개간하다**: 버려진 땅을 쓸모 있는 땅으로 만들다.

밭과 들, 그리고 도읍을 개간하였다.*

음식을 그릇에 담아 먹었으며

❀**교화**: 가르쳐서 좋게 변하게 함

어질고 겸손하여 서로 양보하는 교화*가 이루어졌다.

은나라가 방물을 바쳤다

단기 1054, 기원전 1280년(신축)에 은나라 왕 무정이 번한 왕을 통해 천왕(단군)에게 글을 올리고 방물을 바쳤다.

단기 1109, 기원전 1225년(병신)에 서우여가 세상을 떠났다.

기원전 1224년(정유)에 아락(31세 왕)이 즉위하였다.

아락이 세상을 뜨니 기원전 1184년(정축)에

솔귀(32세 왕)가 계승하였다.

솔귀가 세상을 뜨자 기원전 1137년(갑자)에

임나(33세 왕)가 즉위하였다.

천제 문화가 이어졌다

단군께서 천단을 쌓고 삼신상제님께 천제를 지내셨다

기원전 1130년(신미)에 천왕(25세 솔나 단군)께서 조칙을 내려 동쪽 교외에 천단을 쌓고 삼신상제님께 제사를 지내게 하셨다.

❀ 황운皇運: 황실 또는
황제의 운명.

정성으로 천단 쌓고

삼신상제님께

오래 살기를 축원하세.

황운*이 오래 지속되기를

기원함이여!

만만세로다.

만민을 돌아봄이여!

풍년을 즐거워하네.

이때 많은 사람이 둥글게 모여 춤을 추고 북을 치며 노래를 불렀다.

천문대를 설치하였다.

임나가 세상을 떠나고

기원전 1105년(병신)에 아우 노단(34세 왕)이 즉위하였다.

북막*이 침범하므로 노일소를 보내어 쳐서 평정하였다.

노단이 세상을 뜨니

기원전 1092년(기유)에 아들 마밀(35세 왕)이 즉위하였다.

❀ 북막北漠: '북쪽 사
막'이란 뜻으로 보
통 고비사막을 가리
킨다. 여기서는 고비
사막을 비롯한 몽골
근처 나라로 볼 수
있다.

다 함께 암송하기

제삼신祭三神할새 중衆이 환무격고이창環舞擊鼓以唱하니라.
삼신상제님께 제사 지낼 때 많은 사람들이 둥글게 모여 춤 추고 북을 치며
노래 불렀다.

衆 무리 중   環 고리 환   舞 춤출 무   擊 칠 격   鼓 북 고   唱 노래할 창

마밀이 세상을 뜨자

기원전 1074년(정묘)에 아들 모불(36세 왕)이 즉위하였다.

기원전 1066년(을해)에 천문을 관측하는 감성(천문대)을 설치하였다.

주나라가 조공을 바쳤다

모불이 세상을 떠나고 기원전 1054년(정해)에

아들 을나(37세 왕)가 즉위하였다.

☸**하殷**: 주나라 4세 왕인 소왕昭王(기원전 1052~1002)을 말한다.

기원전 1047년(갑오)에 주나라 임금 하*가 사신을 보내 조공을 바쳤다.

소련 대련의 사당을 세우고 3년상을 시행하였다

을나가 세상을 떠나고 단기 1320, 기원전 1014년(정묘)에

아들 마유휴(38세 왕)가 즉위하였다.

마유휴가 세상을 떠나자 기원전 1012년(기사)에

아우 등나(39세 왕)가 즉위하였다.

☸**삼년상**: 부모가 돌아가셨을 때 부모를 추도하면서 3년 동안 몸가짐을 삼가고 활동을 자제하는 일.

이극회가 소련과 대련*의 사당을 세우고, 3년상*을 정하여 시행하기를 청하였다. 왕이 이를 따랐다.

만주 구월산 삼성묘에서 제사를 지냈다

등나가 세상을 떠나고 기원전 983년(무술)에

> **소련少連과 대련大連**: 소련과 대련은 동양 고전에서 하늘이 낸 효자로 불린다. 2세 부루 단군 때의 중신이었다. 이들은 부친상을 당하자 3일간 애도하고, 3년간 상을 치렀다. 공자는 이를 윤리의 시초라 칭송하고 소련·대련을 성인이라 하였다.

아들 해수(40세 왕)가 즉위하였다.

기원전 979년(임인)에

아들 물한을 구월산에 보내어

삼성묘*에 제사 지내는 것을 돕게 하였다.

삼성묘는 상춘*의 주가성자朱家城子에 있다.

해수가 세상을 뜨자 기원전 962년(기미)에

아들 물한(41세 왕)이 즉위하였다.

물한이 세상을 떠나자 기원전 942년(기묘)에

아들 오문루(42세 왕)가 즉위하였다.

오문루가 세상을 떠나자 기원전 894년(정묘)에

아들 누사(43세 왕)가 즉위하였다.

본래 삼성묘가 있던 상춘

누사 왕이 진조선의 태자 형제에게 지어 올린 노래

기원전 883년(무인)에, 누사가 천조(진조선 조정)에 들어갔다.

천왕(30세 내휴 단군)을 뵙고, 태자인 등올과 소자 등리와 함께

별궁(따로 지은 궁궐)에서 한가롭게 지냈다.

그러다가 태자 형제에게 이렇게 노래를 지어 올렸다.

> 형은 반드시 아우를 사랑하고
>
> 아우는 마땅히 형을 공경하소서.
>
> 항상 작은 일로써
>
> 골육의 정*을 상하게 하지 마소서.
>
> 말도 오히려 같은 구유*에서 먹고
>
> 기러기도 역시 한 줄을 지어 가니

❀**삼성묘**三聖廟: 삼성 조이신 환인·환웅· 단군에게 제사 지내 는 곳. 지금 황해도 은율군 구월산에 삼 성사가 있다.

❀**상춘**常春: 눌견, 장 춘이라고도 한다. 본 래 삼성사가 있던 곳 이다. 그런데 단군조 선의 삼한관경이 무 너지자 그 유민이 한 반도로 내려와 황해 도 구월산에 삼성사 를 다시 짓고 삼성조 께 제사를 지낸 것이 다.

❀**골육의 정**: 뼈와 살 을 나눈 형제의 정.

❀**구유**: 소나 말 등의 먹이를 담아 주는 그 릇.

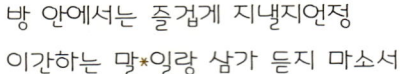

이두법은 신라 말에 설총이
처음 만든 것이라고 배웠는데!
사실은 이보다 약 1,600년이나 앞선
단군조선 때에 이미 만들어져서
보급된 거네~~~!!!

환
단
고
기

방 안에서는 즐겁게 지냈지언정
이간하는 말*일랑 삼가 듣지 마소서.

단군조선(삼한)은 동북아 문화의 종주

왕문이 이두법을 처음으로 만들었다

누사가 세상을 떠나자 기원전 866년(을미)에
아들 이벌(44세 왕)이 즉위하였다.

기원전 865년(병신)에 한수* 사람 왕문*이 이두법*을
만들어 올렸다.
천왕(31세 등올 단군)께서 기뻐하시고 삼한에 명하여
시행하게 하셨다.
기원전 842년(기미)에 상장 고력합을 보내어
회군*과 세력을 합하여 주나라를 격퇴하였다.
이벌이 세상을 뜨니 기원전 840년(신유)에
아들 아룩(45세 왕)이 즉위하였다.

주나라가 방물을 바쳤다

기원전 835년(병인)에
주나라의 이공(주공과 소공)이 사절을 보내어 방물을 바쳤다.
아룩이 세상을 떠나고 기원전 812년(기축)에
아들 마휴(일명 마목, 46세 왕)가 즉위하였다.
마휴가 세상을 떠나자 기원전 785년(병진)에
아들 다두(47세 왕)가 즉위하였다.

다두가 세상을 뜨니

기원전 752년(기축)에

아들 내이(48세 왕)가 즉위하였다.

내이가 세상을 떠나자 기원전 722년(기미)에

아들 차음(49세 왕)이 즉위하였다.

차음이 세상을 떠나자 기원전 712년(을사)에

아들 불리(50세 왕)가 즉위하였다.

불리가 세상을 떠나니 기원전 676년(을사)에

아들 여을(51세 왕)이 즉위하였다.

여을이 세상을 떠나고 기원전 647년(갑술)에

엄루(52세 왕)가 즉위하였다.

흉노가 방물을 바쳤다

단기 1691, 기원전 643년(무인)에 흉노*가 번한에 사신을 보내어

천왕을 뵙고자 하였다.

스스로 신하라 칭하고 공물을 바치고 돌아갔다.

엄루가 세상을 떠나고 아들 감위(53세 왕)가 즉위하였다.

감위가 세상을 뜨자 기원전 613년(무신)에

아들 술리(54세 왕)가 즉위하였다.

술리가 세상을 떠나자 기원전 603년(무오)에

아들 아갑(55세 왕)이 즉위하였다.

기원전 591년(경오)에 천왕(37세 마물 단군)께서 사신 고유선을 보
내어

흉노: 「단군세기」에 따르면 단군조선 3세 가륵 단군 6년에, 죄를 지은 열양 욕살 삭정으로 하여금 약수로 옮겨가 평생 갇혀 살게 하셨다. 그러다가 나중에 풀어 주면서 그 땅(몽골 초원에서 북만주에 이르는 지역)을 내려 주고 제후로 봉하셨다. 그리하여 삭정이 흉노의 첫 조상이 되었다 한다.

❋**흉노匈奴**: 기원전 3세기 말부터 서기 1세기 말까지 몽골고원·만리장성 일대를 중심으로 활약한 유목 기마 민족이다. 흉노는 중국 한漢나라 때 전성기를 맞이하였다. 이때 한나라는 흉노에게 수시로 조공을 바쳤다.

환웅 천황·치우 천황·단군왕검 세 분 성조의 상을 하사하시어
관가에서 받들게 하셨다.

55세 왕부터 61세 왕까지

아갑이 세상을 뜨고 단기 1746, 기원전 588년(계유)에
고태(56세 왕)가 즉위하였다.
고태가 세상을 떠나자 기원전 574년(정해)에
아들 소태이(57세 왕)가 즉위하였다.
소태이가 세상을 떠나고 기원전 556년(을사)에 아들 마건(58세 왕)
이 즉위하였다.
마건이 세상을 떠나자 기원전 545년(병진)에 천한(59세 왕)이 계승
하였다.
천한이 세상을 떠나고 기원전 535년(병인)에 아들 노물(60세 왕)이
즉위하였다.
노물이 세상을 떠나자 기원전 520년(신사)에 아들 도을(61세 왕)이
즉위하였다.

풍이족 혈통, 노자가 남방에 동방 한문화를 전수하였다

기원전 518년(계미)에 노나라 사람 공자가 주나라에 가서
노자老子 이이李耳*에게 예를 물었다.
이이의 아버지의 성은 한이고 이름은 건인데, 선조는 풍이*족 사람
이다.
후에 노자는 서쪽으로 관문을 지나 내몽고를 거쳐 여기저기 전전하

☀노자 이이李耳: 노자
의 아버지는 동이 9족
가운데 풍이風夷족 출
신이다. 노자는 본래
성이 한韓이지만 '동방
[木]의 아들[子]'이라는
뜻에서 이李씨로 바꿨
다.

☀풍이風夷: 풍이는 치
우씨의 일족이다. 복
희씨伏犧氏 또한 풍이
족이다.

다가 아유타*에 이르러 그곳 백성을 교화하였다.

61세 도을 왕 이후의 계보

61세 도을 왕 이후 68세 왕까지

도을이 세상을 떠나고 기원전 505년(병신)에 아들 술휴(62세 왕)가 즉위하였다.

술휴가 세상을 떠나자 기원전 471년(경오)에 아들 사량(63세 왕)이 즉위하였다.

사량이 세상을 떠나자 기원전 453년(무자)에 아들 지한(64세 왕)이 즉위하였다.

지한이 세상을 떠나자 기원전 438년(계묘)에 아들 인한(65세 왕)이 즉위하였다.

인한이 세상을 떠나자 기원전 400년(신사)에 아들 서울(66세 왕)이 즉위하였다.

서울이 세상을 떠나고 기원전 375년(병오)에 아들 가색(67세 왕)이 즉위하였다.

가색이 세상을 떠나자 기원전 341년(경진)에 아들 해인(68세 왕)이

다 함께 암송하기

이부耳父의 성姓은 한韓이오
면名은 건乾이니 기선其先은 풍인風人이라.
이이의 아버지 성은 한이고 이름은 건이니 그 선조는 풍이족 사람이다.

耳 귀 이   韓 나라이름 한   乾 하늘 건   其 그 기   風 바람 풍   풍인=풍이족

❀아유타阿踰佗: 『태백일사』「대진국본기」에서 태국이라 하였다. 원래 위치는 인도 갠지스 강 중류의 아요디아로 알려져 있다. 아유타는 가야국 김수로왕의 왕후가 된 허황옥許黃玉의 고향이기도 하다.

삼한관경본기

❀**안촌홀**安寸忽: 번조
선의 수도인 안덕향
(번한성). 지금의 하
북성 개평開平 동북
70리에 있는 탕지보
이고, 고구려 때의
안시성이다.

❀**계성**: 연나라 수도.
지금의 하북성 북경.

❀**단군조선에 인질
로 잡혀 있었던 공
자와 진개**: 번조선
과 연나라의 전쟁 결
과, 번조선이 승리함
에 따라 연나라의 공
자와 장수 진개를 인
질로 붙잡아 두었다.
그러나 진개는 도망
쳐 귀국한 후에 다시
쳐들어와서 번조선
의 서쪽 변방 모퉁이
땅을 탈취하였다.(기
원전 300년경).

즉위하였는데, 일명 산한이라 한다.

이 해에 해인이 자객에게 살해되었다.

69세 왕 때 진조선의 군사와 협공하여 연나라 침략를 격퇴함

기원전 340년(신사)에 아들 수한(69세 왕)이 즉위하였다.

기원전 339년(임오)에 연나라가 이틀 길을 하루에 달려 쳐들어왔다.

안촌홀*을 공격하고 험독까지 들어왔다.

이때 수유 사람 기후가 젊은 청년 5천 명을 거느리고 와서 전쟁을
도우니 군세가 조금 진작되었다.

이에 진조선 · 번조선의 군사가 함께 협공하여 크게 연나라를 격파
하였다.

또 한 무리의 군사를 나누어 보내 계성* 남쪽에서 싸우려 하였다.

연나라가 두려워하여 사신을 보내어 사죄하고 공자를 인질로 보냈다.*

번조선의 대통을 이은 기씨

번조선의 왕통이 끊어졌다

단기 2011, 기원전 323년(무술)에 수한이 세상을 떠나니
뒤를 이을 아들이 없었다.

그리하여 기후가 명을 받들어 군령(군대에 내리는 명령)을 대신 행
하였다. 연나라가 사신을 보내 하례하였다.

번조선 왕이 된 기후와 그 후손

이 해에 연이 왕이라 칭하고 장차 침범하려다가

기씨 왕은
번조선 70세 기후로부터
75세 기준까지 6대를 이어
번조선을 다스렸단다.

그만두었다.

기후도 명을 받들어 왕의 호칭을 써서 번조선 (70세) 왕이 되었다.

그리고 비로소 번한성*에 머물면서

뜻밖에 일어날지도 모르는 사태에 대비하였다.

기후가 세상을 뜨자 단기 2019, 기원전 315년(병오)에

아들 기욱(71세)이 즉위하였다.

기욱이 세상을 떠나고 기원전 290년(신미)에

아들 기석(72세)이 즉위하였다.

이 해에 각 주와 군에 명령하여 어질고 현명한 인재를 추천하게 하였다.

이에 일시에 선발된 자가 270명이었다.

기원전 282년(기묘)에 번한 왕이 친히 교외에서 밭을 갈았다.

기원전 276년(을유)에 연나라가 사신을 보내 공물을 바쳤다.

기석이 세상을 떠나고 기원전 251년(경술)에

아들 기윤(73세)이 즉위하였다.

기윤이 세상을 뜨자 기원전 232년(기사)에

아들 기비(74세)가 즉위하였다.

북부여의 시조 해모수를 도운 기비

일찍이 기비가 종실* 사람 해모수와 함께 몰래 옥새*를 바꿔치자고

(새 나라를 열자고) 약속을 하였다.

그리고 힘을 다해 해모수가 천왕이 되는 것을 도와주었다.

해모수로 하여금 능히 대권(임금의 권력)을 잡을 수 있게 한 사람은

❀번한성番汗城: 번조선의 수도. 지금의 하북성 개평開平 동북쪽 70리에 있다.

❀종실宗室: 황실의 친족.

❀옥새: 임금의 도장. 나라를 다스리는 임금의 권한을 상징한다.

삼한관경본기

오직 기비 그 사람이었다.

번조선의 75세(마지막) 왕, 기준

기비가 세상을 떠나고 기원전 221년(경진)에

아들 기준(75세 왕) 이 즉위하였다.

준왕은 단기 2140, 기원전 194년(정미)에

떠돌이 도적 위만에게 속아 패하였다.

그래서 마침내 배를 타고 바다로 가서 돌아오지 않았다.

기원전 194년에 번조선은 도적 위만에게 나라를 빼앗겼단다. 그런데 이 사실을 근거로, 1910년 우리나라를 강제로 빼앗은 일본은 '위만이 세운 위만조선부터 조선의 역사가 시작되었다'고 조작했단다. 그래서 환국, 배달, 단군조선, 북부여의 역사가 다 사라져 버렸지. 너무도 어처구니 없고 슬픈 일이 아닐 수 없구나.

1945년에 우리나라는 해방이 되었지만, 아직도 우리 역사를 못 찾고 있단다.

우리나라 역사학자들이 일본이 만들어 놓은 역사를 아직도 그대로 믿고 가르치기 때문이죠?

환
단
고
기

소도경전본훈

蘇塗經典本訓

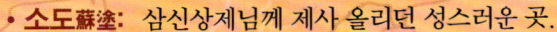

• **소도蘇塗:** 삼신상제님께 제사 올리던 성스러운 곳.

『소도경전본훈』에는 환국-배달-조선 시대 삼신상제님의 뜻을 받들며 살던 한민족 시원문화인 천제 문화와 그 의미가 담겨 있다. 그리고 한민족의 3대 경전인 『천부경天符經』, 『삼일신고三一神誥』, 『참전계경參佺戒經』의 내용이 자세히 풀이되어 있다. 또 깨달음을 통해 이를 실천하며 신교 문화를 꽃 피운 우리 옛 조상들의 가르침도 상세히 소개되어 있다.

제천 행사를 참관한 선인 발귀리의 노래

태호 복희씨와 한 스승 밑에서 공부한 발귀리

신시 시대에 선인 발귀리*가 있었다.

태호 복희씨와 한 스승 밑에서 공부하였다.

도를 통한 후에 방저와 풍산* 사이를 돌아다니며 자못 명성을 얻었다.

발귀리의 찬양 노래

발귀리가 아사달에 와서 하늘에 제사 지내는 행사를 보고

예식이 끝난 후에 찬송하는 글을 지었다.

그 글은 이러하다.

> 만물의 큰 시원이 되는 지극한 생명이여!
> 이를 양기라 부르나니
> 무형과 유형이 완전히 하나 되어 존재하고
> 텅 빔과 꽉 참이 오묘하구나.

> 삼신은 잎신으로 본체를 삼고
> 잎신은 삼신으로 작용을 삼으니
> 무와 유*, 텅 빔과 꽉 참(정신과 물질)이
> 오묘하게 하나로 순환하고
> 삼신의 본체와 작용은 둘이 아니네.

> 우주의 큰 텅 빔 속에 광명 있으니
> 이것이 삼신의 모습이라네.
> 우주의 대기는 영원하니

말풍선: 양기良氣는 만물을 창조하는 우주 조화의 기운과 원리가 하나로 존재하는 큰 에너지란다.

말풍선: 이 양기에서 만물과 인간 생명이 비롯된 것이지.

발귀리發貴理: 배달 5세 태우의환웅 때의 신선. 14세 치우 천황 때의 신선인 자부 선생은 발귀리의 후손이다.

풍산豊山: 청구국靑邱國이 있던 대릉하大陵河 상류이다.

무와 유: 무(정신)와 유(물질, 육체)는 본체와 현상의 관계이다. 하나는 본체로 무의 세계이며, 많음은 현상으로, 작용이자 유의 세계이다.

환단고기

이것이 삼신의 조화라네.

참 생명이 흘러나오는 시원처*요
모든 법이 이곳에서 생겨나니
일월의 씨앗이며,
삼신상제님의 참 마음이라네!

만물에 광명 비추고
생명선을 던져 주니
이 천지조화*를 크게 깨달으면
큰 능력 얻을 것이요
성신이 세상에 크게 내려
만백성이 번영하리라.

그러므로 원(○)은 일—이니
하늘의 무극 정신을 뜻하고,
방(□)은 이=이니
하늘과 대비되는 땅의 정신을 말하고,
각(△)은 삼三이니
천지의 주인인 인간의 태극 정신이라네.

우주의 본성은 허하고 무한한 것이고, 그 속에 세 손길로 조화 작용을 하시는 삼신상제님이 광명으로 계신단다.

마음을 크게 비우고 오직 세상을 건지려는 참마음으로 정성을 갖고 참되게 생활을 하면, 삼신의 대광명을 체험할 수 있지.

우주의 시공간을 구성하는 세 요소, 원·방·각: 원은 하늘의 원만함, 방은 땅의 방정함, 각은 천지와 덕을 합한 존재인 완전한 인간을 상징한다. 여기서 동양의 전통적인 천원지방天圓地方 사상이 나왔다. 그래서 예로부터 10월 제천행사를 할 때, 하늘에 대한 제사는 둥글게 쌓은 단에서 지내고, 땅에 대한 제사는 네모나게 쌓은 단에서 지내고, 조상 선령에 대한 제사는 각목角木에서 지냈다.

✷시원처: 처음 시작되는 곳.

✷천지조화: 여기서는 지극히 순수하고 오묘한 우주의 조화 정신을 말한다.

다 함께 암송하기

대허유광大虛有光하니 시신지상是神之像이로다.
우주의 큰 텅 빈 속에 빛(광명)이 있으니 이것이 삼신의 모습이로다.

虛 빌 허　光 빛 광　是 이 시　像 형상 상

소도경전본훈

홍익인간 이념과 환역의 유래

홍익인간 이념의 유래

●홍익인간弘益人間:
문자로는 인간 세상
을 널리 이롭게 한다
는 뜻으로, 인간으로
하여금 삼신의 광명
을 회복하게 한다는
속뜻이 담겨 있다.

●이념理念: 이상이 되
는 기본 정신.

무릇 홍익인간* 이념*은 환인 천제께서 환웅에게 전수하신 가르침이다.

'삼신상제님께서 참 마음을 내려 주셔서[일신강충一神降衷]

사람의 성품은 삼신의 대광명에 통해 있다[성통광명性通光明]

그러하므로 삼신상제님의 진리로 세상을 다스리고 깨우쳐

천지 광명(환단)의 꿈과 대이상을 성취하는 홍익인간이 되라는 가르침'은 신시 배달이 단군조선에 전수한 마음 쓰는 법이다.

우리 고유의 역인 환역의 유래

●환역桓易: 중국과는
다른 우리 고유의 역
학.

●역易: 우주의 변화를
음양 원리로 설명하
여 8괘로 풀어 놓은
것.

●육축六畜: 집에서 기
르는 대표적인 여섯
가지 동물인 소, 말,
양, 돼지, 개, 닭을 이
른다.

환역*은 행정관인 우사雨師에게서 나왔다.

당시에 복희께서 우사가 되어 육축*을 기르셨다.

이때에 복희씨께서 신이한 용이 태양을 따라 하루에 열두 번 색이 변하는 것을 보고 환역을 지으셨다.

환(밝을 환)은 희羲와 같은 뜻이요, 역易은 옛적에 쓰인 용龍 자의 원글자이다.

오행치수법의 기원과 전수

칠성력(책력)의 시원

●자부 선생: 14세 치
우 천황 때의 신선.
일찍이 황제 헌원, 공
공, 대요, 창힐 등에
게 동방의 대도를 전
수하였다.

자부 선생*은 발귀리의 후손이다.

태어나면서 신령스럽고 이치에 밝았고, 도를 통해 신선이 되어 하늘로 올라갔다.

일찍이 해와 달이 운행하는 궤도와 그 운행 도수*를 측정하고
오행*의 수의 이치를 추정하여 「칠정운천도」를 지었다.
이것이 칠성력의 기원이다.

오행치수법의 기원

뒤에 창기소가 다시 그 법을 부연하여* 오행치수법을 밝혔다.
이것 역시 배달 신시 시대의 『황부중경』에서 유래한 것이다.

우나라 순임금이 보낸 사공 우*가 회계산*에 가서 조선의 가르침을
받을 때였다.
우는 자허 선인을 통해 창수사자*인 부루 태자를 찾아뵙고 『황제중
경』을 전수 받았다. 그것이 바로 배달의 『황부중경』이었다.
우가 이것을 가지고 가서 홍수를 다스리는 데에 활용하여
공덕을 세웠다.

◈ 운행運行 도수: 궤도
를 따라 운동하는 횟
수.

◈ 오행五行: 우주 만물
을 이루는 다섯 가지
원소인 금목수화토
金木水火土.

◈ 부연敷衍하다: 이해
하기 쉽도록 자세한
설명을 덧붙이다.

◈ 우禹: 성은 사姒요,
이름은 문명文命이
다.

◈ 회계산: 지금의 절
강성 소흥현 동남쪽
에 있다. 일명 도산,
모산, 동산, 형산이
라고도 한다.

회계산(도산)에서
부루 태자에게서 전수받은 치수법으로
9년 홍수를 잘 다스려 공을 세운 사공
우는 그것으로 백성들의 인심을 얻어
하나라를 세우고 임금이 되었단다.

우임금은
그 은혜를 잊지 못하여,
죽을 때 자기를 회계산에
묻어 달라고 유언하였지.

◈ 창수사자蒼水使者:
창수는 창해滄海이
다. 고대에는 황해·
발해를 창해라 불렀
다. 부루 태자가 도
산 회의에 참석하기
위해 이 바닷길로 갔
기 때문에 창수사자
라 하였다.

다 함께 암송하기

부홍익인간자夫弘益人間者는
천제지소이수환웅야天帝之所以授桓雄也라.
무릇 홍익인간 이념은 환인 천제께서 환웅에게 전해 주신 바(가르침)이다.

夫 발어사 부   弘 넓을 홍   천제=환인 천제   所 바 소   授 줄 수   也 어조사 야

소도경전본훈

천체 운동의 길, 역도

환역과 희역과 주역

환역은 둥근 하늘을 창조의 본체[체]로 하고, 땅을 변화의 작용[용]으로 한다.

그리하여 모습이 없는 것에서 우주의 실상을 아는 것이니, 이것이 하늘의 이치이다.

희역은 땅을 변화의 본체[체]로 하고, 하늘을 창조의 작용[용]으로 한다.

그리하여 모습이 있는 것에서 천지의 변화를 아는 것이니, 이것이 하늘의 본체이다.

지금의 역[주역]은 체도 되고 용도 된다.

그러니 인간의 도는 하늘의 도의 원만함으로 원만해지며[원],

땅의 도의 방정함(모양이 네모나고 반듯함)으로 방정해지며[방]

천지와 덕을 합하여 하나인(천지인 삼위일체) 존재가 되는 것이다[각]. 이것이 하늘의 명령이다.

천체의 운동과 변화를 이끄는 중심 별자리, 28수

그러나 하늘의 근원은 한결같이 크고 허하고 무하며 공한 것이다.

그러니 어찌 본체가 따로 있으리오!

하늘은 본래 근원적인 실체를 갖고 있지 않다.

그런데 천지 변화의 운동에는 이십팔 수* 별자리가

가상의* 실체 노릇을 하고 있다.

❀**이십팔(28) 수**: 천상 하늘의 대행자. 태양이 지나가는 길을 황도黃道라고 하는데 이 황도 주변에 펼쳐진 별자리 묶음들을 수宿라 한다. 그것을 일일이 세어보면 28개가 있다.

❀**가상假象의**: 있는 것처럼 보이나 실제로는 존재하지 않는 거짓된

세상 만물의 실체

대개 천하의 만물 중에 이름이 있는 것에는 모두 수가 붙어 있다.

이 수가 붙어 있는 것에는 모두 창조력이 깃들어 있다.

이미 수가 있다고 말한 것은 곧 유한과 무한의 다름이 있다.

힘(창조력)이 있다고 말한 것은 곧 유형과 무형의 구별이 있다.

그러므로 천하 만물은 그 있음으로 말하면 모두 있는 것이고

그 없음으로 말하면 모두 없는 것이다(천지 만물은 우주의 영원한 변화성에서 볼 때 있다고 하면 있는 것이고, 없다고 하면 없는 것이다).

『천부경』 이야기

『천부경』의 유래

『천부경』*은 천제 환인의 환국 때부터 입에서 입으로 전해져 온 글이다.

환웅 대성존께서 하늘의 뜻을 받들어 백두산으로 내려오신 뒤에

신지 혁덕에게 명령하여 이를 녹도문*으로 기록하게 하셨다.

고운 최치원이 일찍이 신지의 전고비*를 보고

다시 책으로 만들어 세상에 전하였다.

다 함께 암송하기

천부경天符經은 천제환국구전지서야天帝桓國口傳之書也라.

천부경은 환인 천제의 환국 때부터 입에서 입으로 전해진 글이다.

천부=하늘의 법 經 경서 경 口 입 구 傳 전할 전 書 글 서

❀**녹도문**鹿圖文: 6천 년 전 초대 환웅 천황의 신하인 신지 혁덕이 사슴의 발자국 모양을 본떠서 만든 최초의 문자.

❀**신지**神誌**의 전고비**: 최치원이 발견한 비석. 여기에 신지가 전문篆文으로 적은 『천부경』이 있었다. 이 신지는 신지 혁덕과 다른 인물이다.

소도경전본훈

그러나 본조(한양 조선)에 이르러,

세상 사람이 오로지 유가의 경전에만 뜻을 두었다.

그리하여 다시 조의*의 정신을 되살려

서로 들어 보고 보존하려는 자가 없으니

이 또한 참으로 한스러운 일이다.

그러므로 특별히 이를 들춰내어 후손에게 전하고자 한다.

『천부경』의 내용 『천부경』 팔십일 자

-무극에서 비롯된 하나

하나(한[一])*는 천지 만물이 비롯된 근본이지만,

무(무극)에서 비롯한 하나이네.

이 하나가 나뉘어 하늘과 땅과 사람[삼극]으로 작용해도

그 근본은 다함이 없네.

하늘은 창조 운동의 뿌리로서 첫째[일]가 되고,

땅은 생명의 생성 운동의 근원되어 둘째[이]가 되고

사람은 천지의 꿈과 이상을 실현하여 셋째[삼]가 되네.

-천지인은 삼신의 3수 원리로 돌아간다

하나가 생장 운동을 하여 열까지 열리지만

다함 없는 조화로써 3수의 도를 이룬다네.

하늘도 음양 운동 3수로 돌아가고,

땅도 음양 운동 3수로 순환하고,

사람도 음양 운동 3수로 살아감에

천지인 큰 3수 마주 합해 6수 되니

❀조의皂衣(조의선 인): 신라의 화랑과 같은 고구려의 낭가. 삼신상제님의 진리로 개인의 성숙보다는 국가와 민족의 안녕과 번영을 위해 목숨 바치는 것을 삶의 이상과 목적으로 삼았다.

❀하나(한): 하나(一)는 수를 헤아리는 의미를 넘어 우주만물이 태어난 생명의 근원, 창조의 근원 자리, 절대 유일자를 상징한다. 하늘과 땅과 인간과 신이 탄생하는 근원, 우주가 맨 처음 탄생한 궁극의 시원 경계를 상징하는 말이다.

『천부경天符經』의 의미

첫째, 인류 최초의 나라인 환국 시대에 선언된 최초의 경전이다.

둘째, 하늘과 땅과 인간을 다스리시는 상제님께서 하늘의 이치와 섭리를 선포하신 계시록이다.

셋째, 우주 변화의 신비를 수로써 선언하였다.

넷째, 전 인류에게 공통된 가장 보편적인 우주론을 담고 있다.

환단고기

생장성 7 · 8 · 9를 생한다네.

천지 만물 3수와 4수 변화 마디로 운행하고

5수와 7수 변화 원리로 순환 운동 이룬다네.

-하나가 아무리 변화를 해도 근본은 변하지 않는다

하나는 오묘하게 순환 운동 반복하여

조화 작용 무궁이나 그 근본은 변함없네.

-그 근본인 마음은 한없이 밝은 대광명

근본은 마음이니 태양에 근본 두어

마음의 대광명 한없이 밝고 밝네.

-인간은 존귀한 태일

인간은 천지 중심 존귀한 태일*이라.

-'하나'는 변화가 마무리되는 1태극

하나는 천지 만물 끝을 맺는 근본이나

무로 돌아가 마무리된 하나이네.

그래서 클 태太 자를 써서 태일이라고 하는구나

인간은 천지와 하나 되어 천지의 뜻과 궁극의 이상을 이루는, 천지보다 큰 존재라는 거야.

天符經 八十一字

一始無始一析三極無盡本天
一地一二人一三一積十鉅
无匱化三天二三地二三人
二三,大三合六生七八九運
三四成環五七一妙衍萬往萬
來用變不動本本心本太陽昻
明人中天地一一終無終一.

천 부 경 팔 십 일 자
天符經 八十一字
일 시 무 시 일
一은 始나 無始一이오
석 삼 극 무 진 본
析三極하야도 無盡本이니라.
천 일 일 지 일 이
天의 一은 一이오 地의 一은 二오
인 일 삼
人의 一은 三이니
일 적 십 거 무 궤 화 삼
一積十鉅라도 无匱化三이니라.
천 이 삼 지 이 삼
天도 二로 三이오 地도 二로 三이오
인 이 삼
人도 二로 三이니
대 삼 합 육 생 칠 팔 구
大三合六하야 生七八九하고
운 삼 사 성 환 오 칠
運三四하야 成環五七이니라.
일 묘 연
一이 妙衍하야
만 왕 만 래 용 변 부 동 본
萬往萬來라도 用變不動本이니라.
본 심 본 태 양 앙 명
本은 心이니 本太陽하야 昻明하고
인 중 천 지 일
人은 中天地하야 一이니
일 종 무 종 일
一은 終이나 無終一이니라.

『삼황내문』의 유래와 일본으로 망명한 서복 이야기

자부 선생이 헌원에게 『삼황내문경』을 전하였다

『삼황내문경』은 자부 선생이 황제 헌원에게 전하여

그로 하여금 마음을 닦아 의로운 정신으로 돌아가게 한 책이다.

선생은 일찍이 삼청궁에 거처하였다.

삼청궁은 청구국 대풍산의 남쪽에 있었다.

당시 제후이던 헌원이 몸소 치우 천황을 찾아뵙다가

도중에 선생의 명성을 듣고 찾아가 가르침을 전해 들은 것이다.

『삼황내문경』의 전파와 그 영향

경문은 신시 시대의 녹서*로 기록되어 세 편으로 나뉘어 있다.

후세 사람이 이 글을 부연하고 주*를 덧붙여

따로 신선음부의 설을 만들었다.

주나라와 진나라 시대 이래로 도가 학파*가 이것에 의탁하였다.

이따금 단약을 만들어서 불사약으로 먹기도 하였다.

그 외 수많은 방술의 설*이 어지러이 뒤섞여 나돌아

이것에 미혹되어* 빠지는 자가 잇따라 나왔다.

일본으로 도망한 서복

서복(서불)과 한종 역시 회사(회수와 사수, 산동성)지역 출신이다.

본래 진秦나라에 모반하려는* 뜻을 품고 있었다.

그러다가 '바다로 들어가 신선을 찾는다'고 말하고는

도망하여 돌아오지 않았다.

환단고기

일본의 기이*에는 서불의 이름을 새겨 놓은 조각이 있다.

이국*의 신궁(신을 모시는 궁)에는

서불의 무덤과 사당이 있다고 전한다.

서복은 일명 서불이라 부르는데

이는 '불'과 '복'의 음이 비슷하여 혼동된 것이다.

☸ 기이紀伊: 지금의 일본 혼슈 와카야마현 키이 반도.

☸ 이국伊國: 이세伊勢 라고도 한다. 지금의 일본 미에현 지역에 있었다.

『삼일신고』 이야기

『삼일신고』의 유래와 근본 정신

『삼일신고』는 본래 신시 개천 시대에 세상에 나와서

그때 글로 지어진 것이다.

집일함삼과 회삼귀일*의 뜻을 근본 정신으로 삼고 있다.

집일함삼, 회삼귀일이 뭐예요?

1과 3은 체와 용의 관계로 볼 수 있지. 본래 한 분이신 상제님(1)이 세 손길(3)로 조화 작용을 하신단다. 본체는 하나인데 작용은 셋으로 하신다는 말이야. 그래서 삼신에게서 나온 우주 만유는 모두 이 원리에서 벗어날 수 없단다.

예를 들면 사람 몸체는 하나인데, 머리와 가슴과 다리, 세 부분으로 나뉘어 움직이지. 손가락도, 팔과 다리도 각각 세 마디야.

우리가 수행을 하면 생명의 근원인 삼신을 체험할 수 있단다. 마음을 비우고 고요히 가라앉혀서 우리 몸에 깃든 일기─氣가 완전히 정화되면, 세 손길로 작용하는 삼신이 하나의 근원으로 돌아오는 거야. 이게 집일함삼, 회삼귀일의 뜻이란다.

『삼일신고』의 구성과 그 내용

『삼일신고』는 다섯 장으로 나누어 '하늘과 신, 조화의 근원', '세계와 인물의 조화'에 대해 상세히 논하였다.

첫째 장은 '허공虛空'이다.
'우주의 시간과 공간은 '일시무'의 무*와 함께 시작하고, '일종무'의 무*와 함께 끝난다. 이 우주는 안과 밖이 텅 빈 상태에서 중도의 조화 경계에 항상 머물러 있다'는 내용이다.

둘째 장은 '일신一神'이다.
'공(텅 빔)과 현상(나타남)이 끊임없이 오고감에, 한 분 신이 우주를 주재하시는 분인 듯하다. 그러므로 삼신이 비록 위대하시나, 사실은 삼신의 주재자이신 상제님께서, 우주가 품은 꿈(낙원 세계)을 지상에 실현하는 공덕을 이루신다'는 내용이다.

셋째 장은 '천궁天宮'이다.
'천궁은 참된 나가 머무는 곳이니, 온갖 선이 스스로 갖추어져 영원한 즐거움이 있다'는 내용이다.

넷째 장은 '세계世界'이다.
'세계는 뭇 별이 태양에 속해 있으니, 수많은 인간을 길러 내어 우주 역사의 이상을 실현하는 큰 공덕이 여기서 이루어진다'는 내용이다.

다섯째 장은 '인물人物'이다.
'인간과 만물이 모두 삼신에서 생겨났으니, 그 근본[일신]으로 돌아

☸**일시무一始無·일종무一終無**: 이것은 모든 것이 '하나'에서 무한히 펼쳐져 드러나고 결국 하나로 돌아간다는 뜻으로 우주는 시작도 끝도 없음을 밝힌 중요한 내용이다. 『천부경』의 처음과 끝부분이다.

정성껏 수행을 해서 몸의 기를 정화시키면 본래 삼신과 하나인 내 생명의 근본으로 돌아갈 수가 있단다.

가는 진리가 '큰 나'가 되는 길'이라는 것을 밝혀 주고 있다.

『삼일신고』의 의미

세상에서 혹 『삼일신고』를 도가의 초청사*라고도 하지만
이것은 매우 잘못된 것이다.

우리 환국은 환웅 천황께서 배달을 처음 여실 때부터 삼신상제님께
제사를 지내 왔다.
『삼일신고』를 지으셨으며, 산하를 널리 개척하고 백성을 교화하셨다.

☀️초청사醮青詞: 도가
에서 제사 지낼 때
별에 대해 기도하는
글.

백성이 모두 태평을 누린 배달 시대

홍익인간 이념을 내걸고, 인간의 원한을 풀어 주셨다

아아! 배달의 천황께서 나라를 처음 세우실 때
이미 삼신상제님의 은총을 입어 한없이 큰 복을 열어 주셨다.
웅족과 호족을 불러 어루만져* 온 세상을 평안하게 하셨다.
위로 삼신상제님을 위해 홍익인간 이념을 내걸고,
아래로 인간 세상을 위해 하소연할 곳 없는 원한을 풀어 주셨다.
그리하여 사람들이 스스로 하늘의 뜻에 순종하므로

☀️웅족과 호족을 어
루만지시다: 초대
환웅 천황은 검족(웅
족)과 불족(호족)을
통합하여 배달을 건
설하셨다.

다 함께 암송하기

인물人物은 동출삼신同出三神하니
귀일지진歸一之眞이 시위대야是爲大也니라.

인간과 만물은 모두 삼신에서 생겨났으니
'그 근본인 일신으로 돌아가는 진리가 큰 나가 되는 길'이다.

同 한 가지 동 出 날 출 歸 돌아갈 귀 一 한 일 眞 참 진 是 이 시

소
도
경
전
본
훈

이렇게 생명의 근원이신 삼신에 대한 믿음을 바탕으로 생활했기에 배달 시대에는 사람들이 광명을 체험했단다.

그래서 모든 사람이 풍요로움과 장수를 누리며 살았군요~!

❀ **화백**和白: 회의를 열어 한 사람의 반대만 있어도 결정을 내리지 않는 만장일치 제도.

❀ **책화**責禍: 읍락 사이의 경계를 중히 여겨 서로 침범하는 일을 엄금한 제도. 만일 이를 어기고 침범하는 경우에는 노예와 가축으로 물어 주게 하였다.

세상에는 거짓이 없었다.

행위를 하지 않아도 나라가 저절로 다스려지고

말하지 않아도 스스로 교화되었다.

삼신상제님께 귀의하고 소원을 빌었다

산천을 소중히 여겨 서로 침범하거나 간섭하지 않았다.

서로 공손히 굽히는 것을 존귀하게 여기고

목숨을 던져 위기에 빠진 사람을 구하였다.

이미 먹고사는 생활 수준이 고르고, 또 권리를 평등하게 누렸다.

모두 삼신상제님께 귀의하여 서로 사귀며 기뻐하고

삼신상제님께 소원을 빌었다.

화백*으로 공통된 의견을 삼고, 책화*로 믿음과 의리를 보존하였다.

모두가 다 함께 행복과 이익을 누렸다

모두 힘을 합하여 일을 처리하고 나누어서 일하며 서로 도왔다.

남자와 여자가 모두 자기가 마땅히 해야 할 본분을 다하고,

노인과 젊은이가 다 함께 행복과 이익을 누렸다.

사람끼리 서로 다투어 송사*하지 않고,

나라끼리 서로 침략하여 무력으로 빼앗지 않았다.

그리하여 이때를 '신시 태평 시대'라 부른다.

『삼일신고』 전문 번역 — 삼일신고 (총366자)

우주의 본질, 텅 빔

제1장 허공 (36자)

천제께서 이렇게 말씀하셨다.

"너희 오가와 백성들아!

저 푸르고 푸른 것이 하늘이 아니며

저 아득하고 아득한 것도 하늘이 아니란다.

하늘은 형체와 바탕이 없고 처음과 끝도 없으며,

위아래와 동서남북도 없다.

또한 겉도 비고 속도 비어서 있지 않은 곳이 없고

감싸지 않는 바가 없단다."

우주의 주재자, 삼신상제님

제2장 일신 (51자)

"상제님(하느님)은 위 없는 으뜸 자리에 계시어

❋송사訟事: 백성끼리 분쟁이 있을 때, 관부에 고소하여 판결을 구하던 일.

상제님은 가장 높은 곳에 계시며 무한한 세계를 맡아 다스리신단다. 하늘을 생겨나게 하시고, 수많은 생명을 지으셨지. 그 밝으심과 크신 조화권능은 우리가 감히 헤아릴 수 없단다.

📖 **다 함께 암송하기**

천天은 무형질旡形質하며

무단예旡端倪하며 무상하사방旡上下四方하고

허허공공虛虛空空하여 무부재旡不在하며 무불용旡不容이니라.

하늘은 형체와 바탕이 없고 처음과 끝도 없으며 위아래와 동서남북도 없다. 겉도 비고 속도 비어서 있지 않은 곳이 없고 감싸지 않는 바가 없다.

旡 없을 무   形 형상 형   質 바탕 질   端 처음 단   倪 끝 예   단예=시작과 끝
부재=그곳에 있지 아니함   容 용납할 용

소도경전본훈

큰 덕과 위대한 지혜와 무한한 창조력으로

하늘을 생겨나게 하시고,

헤아릴 수 없는 세계를 맡아 다스리신다.

많고 많은 것을 지으시되 티끌만한 것도 빠뜨림이 없고

밝고 신령하시어 우리가 감히 이름 지어 헤아릴 수 없다.

소리와 기운으로만 기도하면 상제님을 친히 뵐 수 없을 것이니

너의 타고난 삼신의 성품에서 진리의 열매(씨)를 구하여라.

그러면 상제님의 성령이 너희 머리에 내려오실 것이다."

하늘에 있는 상제님의 궁전

제3장 천궁 (40자)

"하늘은 상제님이 계시는 신의 나라란다.

여기에 상제님의 궁전이 있으니

온갖 선(착함)으로 섬돌*을 쌓고, 온갖 덕으로 문을 삼아,

한 분 상제님이 임어하여* 계신 곳이다.

❀**섬돌:** 한옥 등에서 뜰을 오르내릴 수 있게 만든 돌층계. 여기서는 선을 많이 쌓는 것을 빗대어 표현하는 말이다.

❀**임어하다:** 상제님(임금님)이 그 자리에 오시다.

다 함께 암송하기

성기원도聲氣願禱면 절친견絕親見이리니

자성구자自性求子면 강재이뇌降在爾堖시니라.

소리와 기운으로만 기도하면 상제님을 친히 뵐 수 없을 것이니

너의 타고난 성품에서 진리의 씨를 구하여라.

그러면 상제님의 성령이 너의 머리에 내려오실 것이다.

禱 빌 도   絕 끊을 절   親 친히 친   降 내릴 강   堖 머리 뇌(=腦)

환단고기

수많은 신령과 철인이 상제님을 모시고 있는데
크게 길하고 상서롭고 크게 광명한 곳이다.
오직 성품에 통하고 삼신상제님의 뜻을 완전히 이룬 자라야
이곳에 들어와 영원한 즐거움을 얻을 것이다."

상제님께서 창조하신 무한한 세계

제4장 세계 (72자)

"너희들은 무수히 널려 있는 저 별을 보아라.

그 수가 다함이 없고, 크고 작음, 밝음과 어두움, 괴로움과 즐거움이
같지 않단다.

상제님께서 뭇 세계를 지으시고, 그 가운데 태양 세계를 맡은 사자
에게 명령을 내려 7백 세계를 거느리게 하셨다.

그러니 너희 땅 그 자체는 큰 것처럼 보이나 하나의 둥근 환약만 한
세계이다.

조화를 간직한 태초의 불
덩어리가 터지고 퍼져서
바다로 변하고 육지가 되
어 마침내 드러난 형상을
이루었다.

우주의 조화신이 기운을 불어서 밑동까지 싸고,

태양의 빛과 열을 내리쬐었다.

그리하여 땅 위를 다니고, 하늘을 날고, 탈바꿈하고, 물속에서
살고,

사람은 삼신에게서
성명정을 온전하게 받았지만,
만물은 치우치게 받았단다. 그래서
사람은 수행을 잘 하면 상제님의 조화
세계에 들어갈 수 있지. 인간을 만물의
영장이라 하는 이유가
여기에 있는 거야.

우리는 만물의 영장

삼신 (元神):무형의 조물주
삼신상제님 (主神):유형의 참 하나님
조화신父
교화신師　치화신君
성性
삼관三關 명命　정精 삼진三眞
심心
삼방三房 기氣　신身 삼망三妄
감感
삼문三門 식息　촉觸 삼도三途
太一인간

> 도를 잘 닦는 사람은 감정을 절제하고 호흡을 고르게 하며 촉감을 억제한단다. 그렇게 해서 삼망을 바로잡아 자신 속에 깃든 삼신의 조화 기틀을 드러내지. 그게 도통하는 길이야

> 그렇게 되면 천지와 더불어 오래 살 수 있는 거란다.

환단고기

땅에 심는 온갖 생물이 번식한 것이다."

우주 삼계에서 가장 존귀한 존재, 인간

- 삼진에 대한 말씀

제5장 인물 (167자)

"사람과 만물이 다 같이
삼진(성품[성]과 목숨[명]과 정기[정])을
부여받았다.

그런데 오직 사람은 지상에 살면서 무엇에 홀려 정신을 차리지 못하여
삼망(마음[심]과 기운[기]과 몸[신])이 뿌리를 내렸다.

이 삼망이 삼진과 서로 작용하여 삼도(느낌[감]과 호흡[식]과 촉감[촉])의 변화작용을 짓게 된 것이다."

다시 말씀하셨다.

"삼진은 성품과 목숨과 정기이니
사람은 이를 온전히 다 부여받았으나
만물은 치우치게 받았다.

참된 성품은 선하여 악함이 없으니 상등 철인은 이 성품자리를 통한다.

참된 목숨은 맑아 흐림이 없으니

중등 철인은 이 타고난 목숨의 경계 자리를 깨닫는다.

참된 정기는 후덕하여 천박함이 없으니
하등 철인은 이 본연의 순수한 정기를 잘 수련하여 보호한다.
이 삼진을 잘 닦아 본연의 모습으로 돌아갈 때
상제님의 조화 세계에 들어갈 수 있는 것이다."

- 삼망에 대한 말씀

또 말씀하셨다.
"삼망은 마음과 기운과 몸이다.
마음은 타고난 삼신의 성품에 뿌리를 두지만 선과 악이 있다.
마음이 선하면 복을 받고 악하면 화를 받는다.
기운은 타고난 삼신의 영원한 생명에 뿌리를 두지만 맑고 탁함이 있다.
그리하여 기운이 맑으면 장수하고 혼탁하면 일찍 죽는다.
몸은 정기에 뿌리를 두지만 후덕하고 천박함이 있다.
그래서 자신의 정기를 잘 간직해서 두텁게 하면 귀하게 보이고,
정기를 써서 없애면 천하고 상스럽게 보이는 것이다."

- 삼도에 대한 말씀

또 말씀하셨다.
"삼도는 느낌과 호흡과 촉감의 작용이다.
이것이 다시 변화하여 열여덟 가지 경계를 이룬다.
느낌에는 기쁨과 두려움과 슬픔과 노여움과 탐욕과 싫어함이 있다.
호흡에는 향내와 숯내와 차가움과 더움과 마름과 젖음이 있다.
촉감에는 소리와 빛깔과 냄새와 맛과 음탕함과 살닿음이 있다.

소
도
경
전
본
훈

창생은 마음의 선악과 기운의 맑고 탁함과 몸의 후덕함과 천박함이

서로 뒤섞여서 이 경계의 길을 따라 제멋대로 달리다가

나고 자라고 늙고 병들고 죽는 고통에 떨어지는 것이다.

그러나 삼신의 도를 실천하는 사람은 감정을 절제하고[지감止感] 호

흡을 천지의 중도*에 맞춰 고르게 하며[조식調息] 촉감을 금하고 자

극을 억제한다[금촉禁觸].

그리하여 오직 한 뜻으로 모든 일을 행하고

삼망을 바로잡아 삼진으로 나아가 비로소 자신 속에 깃들어 있는

우주 삼신의 조화 기틀을 드러낸다.

'삼신이 부여한 성품을 깨닫고 그 공덕을 완수한다' *는 것은

이를 두고 하는 말이다."

『신지비사』 이야기

『신지비사』는 본래 삼신상제님께 서원하던 글

『신지비사』는 6세 달문 단군 때 사람인 신지 발리가 지은 것이다.

이것은 본래 옛적에 삼신상제님께 천제를 올릴 때 서원하던* 글이다.

환국, 배달, 조선 시대에 상제님께 천제를 올린 뜻은 백성을 위해 복을 빌고 나라가 잘 되도록 축원하는 것이었대요.

무릇 상고 시대에 하늘에 제사를 지낸 근본 뜻은,

백성을 위해 복을 빌고 나라가 잘 되도록

삼신상제님께 축원하는 것이었다.

그런데 오늘날 일을 벌이기 좋아하는 자들이

환단고기

『신지비사』가 도참*·성점*과 서로 같은 점도 있고 다른 점도 있음을 가지고 여기에 사리를 추측하고 설명을 덧붙여서 '진단구변도'라 하고, 또 '감결과 예언의 시초'라 하였다. 모두 잘못된 것이다.

저울대 저울추 저울판과 같은 삼한의 수도

『신지비사』에서 저울대 부소량이라한 것은 진한의 옛 수도를 말한다. 그곳은 바로 단군조선이 도읍한 아사달이며 지금의 송화강 하얼빈이다. 저울추 오덕지라 한 것은 번한의 옛 수도를 말한다. 그곳은 지금의 개평부* 동북쪽 70리에 있는 탕지보이다. 저울판 백아강이라 한 것은 마한의 옛 수도를 말한다. 지금의 대동강으로, 마한의 초대 왕 웅백다가 하늘에 제사 지내던 마한산이 바로 그곳이다.

가만히 삼한의 땅의 형세를 저울에 비유해 보면 부소량은 '나라의 저울대'와 같고, 오덕지는 '나라의 저울추'와 같고 백아강은 '나라의 저울판'과 같다. 이 셋 가운데 하나라도 없으면 저울이 물건을 달 수 없듯이 나라가 백성을 보호할 수 없다.

『신지비사』가 전하는 바: 제사를 참되고 올바르게 지내라

옛날 삼신상제님께 제사 지낼 때 서원한 것은 오직 삼한으로 나눈 영토를 잘 다스리는 것과

☸**도참**圖讖: 도참은 천문과 지리를 통하여 인사의 흥망과 땅의 길흉 등을 예언하는 술법.

☸**성점**星占: 천체의 운행을 보고 인생과 사회 현상을 예언하는 점성술.

☸**개평부**: 지금의 하북성 당산시唐山市 지역. 현재시 행정 구역에 개평구開平區가 있어 그 흔적을 엿볼 수 있다.

고리
저울대
저울추
저울판

저울로 물건의 무게를 재는 방법은
1. 저울판에 물건을 놓는다.
2. 고리를 잡고서 저울대를 든다.
3. 저울대에 걸린 저울추를 좌우로 옮기면서
저울대가 수평이 되도록 조절한다.
이렇게 균형을 유지하게 하고 저울추의
끈이 놓인 곳의 저울대 눈금으로
무게를 매긴단다.

이렇게 좌우 균형을
맞추어야 무게를 달 수 있는
저울과 같이, 진한을 중심으로 마한과
번한이 서로 균형을 이룸으로써
백성들이 안정을 누리며
살 수 있었던 것이란다.

백성을 진실로 기쁘게 하는 것이었다.

『신지비사』가 전하는 바도 여기에서 벗어나지 않는다.

그러므로 나라를 위하는 한 생각으로 충의를 함께 장려하고

제사를 지내서 삼신상제님을 기쁘게 하고

복을 내려 주기를 기원해야 한다.

그러면 삼신상제님은 반드시 '참된 마음'을 내려 주시고,

복은 반드시 나라를 흥하게 할 것이다.

그러므로 제사를 올바르고 참되게 행해야 한다.

다 함께 암송하기

제이열신祭以悅神하며 원이수복願以受福하면
신필강충神必降衷하시느니라.
제사를 지내 하느님을 기쁘게 하고 복 주시기를 기원하면
하느님은 반드시 참된 마음을 내려 주신다.

悅 기쁠 열 願 바랄 원 受 받을 수 福 복 복 必 반드시 필 降 내릴 강 衷 참마음

삼신상제님을 섬기되 진실하게 행하지 아니하고

실천하되 바른 길을 구하지 않는다면

행동하고 구하는 바가 무엇을 좇아 공덕을 이룰 수 있겠는가?

문자의 기원과 그 자취

우리나라 문자는 언제부터 있었을까

우리나라의 문자는 옛날*부터 있었다.

지금 남해현 낭하리* 암벽*에 신시 시대의 옛 글자가 새겨져 있다.

부여 사람 왕문*이 쓴 서법은 부적이나 전서와 비슷하다.

또 자부 선생의 『삼황내문』과 부루 태자의 오행은

모두 환단(환국 배달 단군조선) 시대에 나온 것이다.

은나라의 갑골문에서 유래한 한문은 왕문이 남긴 법이다.

백두산 푸른 암벽에 새겨진 문자

『유기』*에 이렇게 기록되어 있다.

"신령한 글자 획이 일찍이 태백산(백두산)의 푸른 암
벽에 새겨져 있었는데, 그 형태가 ㄱ자와 같다.

세상에서는 이것을 신지 선인이 전한 것이라 한다.

혹자는 이것을 문자의 기원으로 삼는다.

그 획이 한 번은 곧고 두 번째는 굽은 형으로,

관리 통제*하는 모습이 있으며

그 형태와 소리는 어떤 의도된 뜻에서 나온 것 같다.

- **옛날 문자**: 신지 혁덕이 만든 태고 시대 녹도 문자가 고조선 때까지 사용되었다.
- **낭하리**: 지금의 경상남도 남해군 상주면 양아리이다.
- **암벽巖壁**: 깎아지른 듯이 높이 솟은 벽 모양의 바위.
- **왕문**: 이두법을 처음 만든 사람.

남해 상주에 있는 신시고각: 경남기념물 제6호.

> 여기 새겨진 글은 환웅께서 사냥을 나가서 삼신께 제사를 올리셨다는 뜻이랍니다.

- **『유기』**: 『진역유기』로 본다.
- **통제**: 어떤 목적에 따라 행위를 제한하는 것.

소도경전본훈

문자도 삼신상제님의 도로써 백성을 교화하기 위해 만든 것

그러므로 신령한 사람의 덕으로 이 세상을 구하고자 법도를 만들어
놓은 것인 즉 신교의 참된 가르침이 행해짐에 반드시 사람의 일도
모두 바르게 되었을 것이다.

어질고 사리에 밝은 사람과 능력이 있는 사람이 벼슬자리에 있고,

노인과 어린이를 공동으로 돌보고,

장정*이 의무를 다하고, 많이 가진 자가 베풀어 주고,

간사한 자*가 송사*를 그치고 전쟁 일으키려는 것을 막았다.

이것이 신교의 진리로 세상을 다스려 교화하는 한결같은 도리였다.

『대변설주』에 전하는 옛 글자의 내용

『대변설주』에 이렇게 기록되어 있다.

"남해현 낭하리의 계곡 바위 위에 신시 배달 시대의 옛 글자가 새겨
져 있다. 그 글에 '환웅께서 사냥을 나가서 삼신께 제사를 올리셨
다' 고 하였다."

문자의 근원

또 이렇게 기록되어 있다.

"아득한 태고 시절에 옛 일들이 입에만 의지해 전해 오다가

오랜 세월이 지난 후에 그 모양을 본떠서 그림을 그리고,

다시 그림이 변해 글자가 되었다."

대개 문자가 생긴 근원은 나라의 풍속을 높이 받들고 믿은 데서 나
온 것이다.

❀**장정**: 기운이 좋은
젊은 남자.

❀**간사한 자**: 자기의
이익을 위하여 나쁜
꾀를 부리는 등 마음
이 바르지 않은 사
람.

❀**송사訟事**: 서로 다툼
이 일어나 관부에 고
소하여 판결을 구하
는 일.

환
단
고
기

삼신의 손길: 하늘의 삼신, 땅의 삼한, 사람의 삼진

우주를 주재하시는 삼신상제님

-허하면서 공한 조화의 근원, 하늘

우주의 한 조화 기운[일기]에서 세 가지 신령한 변화 원리가 일어난다. 이 기는 실로 지극한 존재로, 그 지극함이란 곧 유·무를 포용한 무를 말한다.

무릇 하늘의 근원은 천·지·인[삼극]을 꿰뚫어 허하면서 비어 있으니 안과 밖을 아울러서 그러하다.

-조화의 근원에 계신 삼신상제님

천궁은 광명이 모이고 온갖 조화가 나오는 곳이다.

하늘에 계시는 한 분 상제님께서

능히 이러한 허*[빔]를 몸으로 삼아 만유를 주재하신다.

따라서 이 우주의 통일된 기가 곧 하늘이고, 또한 우주 생명의 굉[텅빔]*인 것이다.

그러나 저절로 중도 일심의 경계에 머무는 신이 계시어

능히 삼신이 되시니, 삼신은 곧 천일·지일·태일의 신이다.

☀**허虛와 공空의 정신**: 만물의 본성은 그 근원으로 보면 허하고 공하다는 말이다.

다 함께 암송하기

삼신三神은 내천일지일태일지신야乃天一地一太一之神也라.
삼신은 곧 천일·지일·태일의 신이다.

乃 이에 내 太 클 태

소도경전본훈

'대한민국'의 한韓은 바로 삼한에서 온 것이란다. 이 한에는 '임금, 크다, 하나, 많다, 광명, 하늘' 등 많은 뜻이 들어 있지.

그래서 우리 민족의 이름이 한민족이야!!!

땅의 삼한: 천지 역사의 주체

-삼신은 일신

우주의 한 조화 기운이 스스로 운동하고 만물을 창조하여 조화·교화·치화라는 세 가지 창조 원리를 지닌 신이 되신다.

이 신은 곧 우주의 기요, 기는 허요, 허는 곧 하나이다.

-한은 삼신의 뜻으로 역사를 통치하는 임금

그러므로 땅에 삼한이 있으니 삼경이 있는 진한·변한·마한을 말한다.

한은 역사의 통치자인 황(임금)이라는 뜻이다.

이 황은 크다는 뜻이며, 크다는 것은 시작과 뿌리와 통일을 의미하는 하나라는 뜻이다. [한=황=대=일].

진·선·미의 의의

-역사는 삼신께서 내려 주신 참을 회복하는 과정

그러므로 사람에게는 삼진이 있으니

성품과 목숨과 정기, 세 가지를 부여받아 참됨[진]을 실현한다.

다 함께 암송하기

한韓은 즉황야卽皇也오 황皇은 즉대야卽大也오
대大는 즉일야卽一也라.

한은 역사의 통치자인 황(임금)이라는 뜻이고, 황은 크다는 뜻이며, 크다는 것은 하나라는 뜻이다.

韓 나라 이름 한 卽 곧 즉 皇 임금 황

참이란 바로 하늘이 내려 준 참마음이다.

이 참마음을 밝혀 세상 일에 참여해서 큰 업적을 이루고

그 업적이 지속되고 지속되면 모두 하나가 된다.

그런데 모든 일을 한 번 시작하고 한 번 끝맺는 것은

바로 삼신께서 내려 주신 참을 회복하는 끊임없는 과정이다.

(그것이 우주의 역사이다).

-선함을 실현하는 길

그러므로 일신 즉 삼신이요 삼신 즉 일신이 되는 창조 원리를 잘 지켜 살아가는 것은 삼신(대자연)의 선善에 부합한다.

-아름다움을 실현하는 길

한 알의 작은 낟알이 씨가 되고 풍성한 열매로 알곡이 되어

본래의 제 모습(근원 씨앗)으로 돌아가는 것이

곧 하나로 돌아가는 아름다움[미]이다.

이것은 하늘에서 부여받은 인간의 성품이 본래 선하고,

목숨이 본래 맑고 정기가 본래 두터운 까닭이다.

그런데 어찌하여 다시 있음이 어떻고 없음이 어떻다고 말을 하는가?

-진정한 참됨과 선함과 아름다움

성품 · 목숨 · 정기라는 삼진의 참됨은 더럽혀지지 않나니,

더럽혀지는 것은 거짓된 것이다.

성품이 선한 것은 쉬지 않나니, 쉬는 것은 악한 것이다.

목숨이 맑은 것은 흩어지지 않나니, 흩어지는 것은 흐린 것이다.

진·선·미 모두 삼신께서 내려 주신 것~

인간의 진정한 아름다움이란 하늘에서 부여받은 본래의 제 모습으로 돌아가는 것이랍니다.

소도경전본훈

정기가 두터운 것은 오그라들지 않나니, 오그라드는 것은 얇은 것이다.

우주의 하나의 기와 삼신은 일체로 작용한다

이처럼 우주와 인간은 집일함삼의 원리로 이루어져 있다.

그 까닭은 우주의 기는 하나[일기]이지만,

그 속에 깃든 우주의 조화 성신은

세 손길로 창조 작용을 하는 삼신이기 때문이다.

또 회삼귀일을 하는 까닭은

신은 세 가지 창조 정신으로 작용하는 삼신으로 계시지만

신이 타고 노는 조화 기운은 하나의 기(일기)로 존재하기

때문이다.

만물 생명의 본체는 이 우주에 충만한 하나의 기인데, 그 속에 삼신이 계신대

그래서 삼신의 조화로 생겨난 우주 안의 만물이 하나의 기로 존재하는 거야. 삼신은 모든 것의 근원이시지. 그러니 문자도 삼신의 원리에 따라 만들어진 것 아니겠어?

만물 생명의 본체는 우주에 충만한 하나의 기

무릇 만물의 생명이 되는 본체는 바로 이 우주에 충만한 하나의 기이다.

그리고 그 하나의 기 속에는 삼신이 계신다.

지혜의 근원 또한 이 삼신에 있으니,

삼신은 밖으로 우주의 한 조화 기운에 싸여 계신다.

그 밖에 있는 것도 하나요, 그 안에 담고 있는 것도 하나요,

 다 함께 암송하기

부위생야자지체夫爲生也者之體가 시일기야是一氣也니라.

무릇 만물 생명이 되는 본체는 바로 이 우주에 충만한 하나의 기이다.

爲 될 위   體 몸 체   是 이 시   氣 기운 기   일기=우주에 충만한 하나의 기

환단고기

그 통제하는 것(근본정신)도 하나이다.

문자가 만들어진 근원에도 삼신의 창조 원리가 깃들어 있다

모든 것은 삼신의 창조 원리를 간직하여 서로 나눌 수 없다.
문자가 만들어진 근원에도
이러한 '집일함삼' 하고 '회삼귀일' 하는 뜻이 담겨 있는 것이다.

한글의 원형 가림다와 그 자취

문자의 원형

배달 신시 때에 산목*이 있었고, 치우 천황 때에 투전목*이 있었고,
부여 때 서산*이 있었다.

산목은 一二三三×下무무ㅜ丨이고,
전목은 ㅇ음음음음음ㅂ음음이다.

단군조선 때의 가림다

『단군세기』를 보면, 가륵 단군(3세) 2년에
삼랑 을보륵이 정음 38자를 지어 가림다*라 하였다.
그 글자는 다음과 같다.

가림토 문자

```
· ㅣ ㅡ ㅏ ㅓ ᐱ ᐱ ㅗ ㅑ ㅕ ㅛ ㅠ ㄨ ㅋ
ㅇ ㄱ ㄴ ㅁ ㄴ ㅿ ㅈ ㅊ ㅎ ㅎ ㅎ ㅅ ᄊ
ㅏ ㄹ ㅂ ㅐ ㅕ ㅈ ㄱ ㅊ ㅅ ㄱ ㅗ ㅍ ㅛ
```

☉**산목算木**: 수효를 셈
하는 데 쓰던 나무.
산가지. 중국에서 주
판이 들어오기 전,
우리나라에서는 수
천 년 동안 산목으로
계산하였다. 후에는
점을 치는 도구로 사
용되었다.

☉**투전목闘佃目**: 나중
에 노름 도구로 바뀌
었다.

☉**서산書算**: 글 읽는
번수를 세는 데 쓰는
물건.

☉**가림다加臨多**: 가림
토. 한글의 원형이며
모태 글자이다.

한글은
이 정음 38자를 바탕으로 해서
만든 것이란다.
세종 대왕께서도 '옛 글자를
참고해서 만들었다'고
말씀하셨지.

소도경전본훈

대진국의 문자

『이태백 전서』의 「옥진총담」에서는 이렇게 말한다.

"발해국*에서 당나라에 글을 써서 보냈는데, 온 조정에 그 뜻을 아는 자가 없었다. 이태백이 능히 이를 해석하여 답하였다."

『삼국사기』*의 기록은 이러하다.

"헌강왕 12년 봄에, 북진에서 '대진국 사람이 우리 땅에 들어와 편목[잘려진 나무]을 나무에 걸어 놓고 돌아갔습니다'라고 아뢰고 편목을 왕께 갖다 바쳤다. 그 나무에 쓰여진 열다섯 글자의 내용은 곧 '보로국이 흑수국 사람과 함께 신라국과 화친을 하고자 한다'는 것이었다."

고려의 문자

또 고려 광종 때 장유가 접반사*로 이름이 났다.

그가 초기에는 난을 피해서 중국 오나라와 월나라에 가 있었다.

월나라 사람 중에 일을 벌이기를 좋아하는 자가 있어

우리 동국[동방의 나라, 고려]의 「한송정곡」*을 거문고 밑에 새겨

거꾸로 흐르는 물결 위에 띄워 놓았다.

월나라 사람들이 그 뜻을 풀지 못하던 차에 마침 장유를 만났다.

그 사람들은 장유에게 절을 하고 그 문장의 뜻을 물었다.

장유가 즉석에서 한시로 풀어 말하였다.

> 한송정 달 밝은 밤
> 물결 고요한 경포대의 가을

☸ 발해(대진국)의 문자: 청나라 때 김육불이 지은 『발해국지장편』 권 20에 20여 자가 소개되어 있다. 전자篆字도 예자隸字도 아닌 독특한 문자이다. 심지어 한자를 거꾸로 적은 반자反字도 보인다.

☸ 『삼국사기』: 고려 인종 때 김부식이 쓴 역사책. 주로 우리나라 역사를 축소하거나 왜곡한 중국 역사책을 인용하였다.

☸ 접반사接伴使: 외국 사신을 접대하던 임시직 벼슬아치.

☸ 한송정곡寒松亭曲: 고려가사의 하나.

환단고기

슬피 울며 오가노니

저 백사장의 갈매기 한 마리

가을의 마음 실어 나르네.

거문고 밑에 새겼던 글은 아마 옛날의 가림다 종류인 것 같다.

동방 한민족 시원 문자인 한글과 한자의 발전 과정

원동중의 『삼성기』 「주」에 다음과 같이 기록되어 있다.

"고조선의 진한과 부여와 왜국[일본]은 혹 횡서*하고, 혹 노끈을 맺
고*, 혹은 나무에 문자를 새겼다.

그런데 오직 고구려는 붓글씨를 썼다.

생각컨대 필시 환단의 상고上古 시절*에 문자를 본떠서 새기는 방법
이 있었을 것이다."

일찍이 최치원이, 신지가 옛 비석에 새겨 놓은 『천부경』을 얻어
다시 '첩'*으로 만들어 세상에 전하였다.

이것은 낭하리 바위에 새겨져 있는 글자와 함께
확실히 모두 실제로 있던 자취이다.

세상에서 전하기를 신시 시대에 녹서가 있었고,

자부 선생 때 우서가 있었고,

치우천황 때 화서가 있었다고 했다.

투전문 등은 바로 그것이 남아 있는 흔적이다.

복희 때 용서가 있었고 단군 때 신전이 있었다.

한자도 배달 신시
시대부터 내려 온 거래요.
한문도 우리 글이랍니다.

❀ 횡서橫書: 글씨를 가
로 방향으로 쓰는 것

❀ 노끈을 맺다: 글자
가 없었던 시대에 노
끈으로 매듭을 지어
서 뜻을 전하였다.

❀ 환단의 상고 시절:
환국과 배달, 단군조
선 시대를 말한다.

❀ 첩帖: 첩에는 휘장,
두루마리, 문서, 편
지 등 여러 가지 뜻
이 있다. 여기서 첩은
최치원이 한문으로
번역하여 두루마리
를 만든 것이라 생각
된다.

소
도
경
전
본
훈

이러한 문자가 백두산, 흑룡강, 청구, 구려 지역에서 널리 사용되었다.

부여 사람 왕문이 전서가 복잡하다 하여

처음으로 그 획수를 약간 줄여서 새로 서체를 만들어 사용했다.*

진秦나라 때 정막*이 사신으로 숙신*에 왔다가

한수에서 왕문의 예서 필법을 얻어 그 획을 조금 변형시켰다.

이것이 지금의 팔분체*이다.

진晋나라 때 왕차중이 해서*를 만들었다.

차중은 왕문의 먼 후손이다.

이제 그 글자의 내력을 고찰해 보면

모두 배달 신시 시대부터 전해 내려온 법이다.

지금의 한자도 역시 그 한 갈래를 계승한 것이 분명하다.

『천부경』에 뿌리를 둔 『삼일신고』의 정신

『삼일신고』 각 장의 핵심 뜻

『삼일신고』의 옛 판본*에는 장이 나뉘어 있지 않았다.

행촌* 선생이 처음으로 장을 나누었는데, 1장은 허공, 2장은 일신, 3장은 천궁, 4장은 세계, 5장은 인물이라 하였다.

허공은 하늘의 본질이고,

일신은 하늘의 주재자이시고,

천궁은 하늘의 조화가 갖추어진 곳이고

세계는 만세의 인물이 출현하는 큰 저자이고

❀ **새로 서체를 만들어 사용한 것**: 이것이 이두법의 시작이다.

❀ **정막程邈**: 진秦나라 때 하두下杜 사람. 왕문에게 배워서, 번잡한 한자(전서)의 획을 생략하여 예서隷書를 만들었다.

❀ **숙신肅慎**: 고조선 시대에 지금의 만주나 연해주 지역에 살았던 족속. 중국 춘추 전국 시대에 중국 북쪽에 있던 나라.

❀ **팔분八分체**: 전서篆書와 예서隷書의 중간쯤 되는 한자 서체. 한나라 채옹이 만들었다 한다.

❀ **해서楷書**: 한자 서체의 하나. 글자 모양이 가장 바르고 반듯하다.

❀ **판본板本**: 책을 찍어 낸 장소와 시기에 따라 구별하여 이르는 말.

❀ **행촌杏村**: 이암(1297~1364)의 호. 고려 공민왕 때 인물로 『단군세기』의 저자.

인물은 우주 삼계에서 가장 존귀한 존재이다.

삼신상제님의 가르침은

무릇 동방 삼신상제님의 가르침은
하늘의 법[천부]에 근본을 두고
만물을 기르는 땅의 덕성에 부합하며
또 인간의 일에도 절실한 도리이다.
이 때문에 다스림을 베풂에 화백보다 더 나은 것이 없고,
덕으로 다스림에 책화보다 더 좋은 것이 없다.

상제님이 내려 주신 신교의 진리로 세상을 다스리는
재세이화의 도는 모두 하늘의 법에 근본을 두어 거짓되지 않다.
만물을 기르는 땅의 덕성을 본받아 게으르지 않다.
인정에 합치하여 어긋나지 않는다.

이러하니 천하의 공통된 의견이
어찌 한 사람이라도 다를 수 있겠는가?

삼신상제님의 가르침은 하늘의 법에 근본을 두어 거짓되지 않고, 땅의 덕성을 본받아 게으르지 않고, 인정에 합치되어 어긋남이 없는 가르침이란다. 그러니 누구도 다른 의견을 가질 수 없지.

그래서 만장일치로 의견을 모으는 화백제도로 백성을 다스리신 거군요!!!

다 함께 암송하기

개태백진교盖太白眞敎는 원어천부이합어지전源於天符而合於地轉하고 우절어인사자야又切於人事者也라.

무릇 동방의 대광명의 진리(신교)의 가르침은 하늘의 법에 근원을 두고 만물을 기르는 땅의 덕성에 들어맞으며 또 인간의 일에도 절실한 도리이다.

盖 대개 개   태백진교=신교   源 근원 원   符 법부   轉 구를 전   切 절실할 절

소도경전본훈

종지宗旨: 근본이 되
는 중요한 뜻.

목은牧隱:이색李穡
(1328~1396)의 호.
고려 말의 대학자.

범세동(?~?): 고려
말의 학자. 이름은
장樟. 세동世東은 초
명初名. 족보에 따르
면 호는 복애伏崖 또
는 복애거사이다.
『북부여기』의 저자.

정주학程朱學: 중국
송宋나라의 성리학
자인 정호(정명도,
1032~1085), 정이(정
이천, 1033~1107) 형
제와 주희(1130~
1200)가 세운 학풍
을 가리킨다.

이맥 선생님이
이 책을 쓰시던 때(조선)는
유교가 융성했어. 그네들이
신봉하는 학문에 들어맞지 않는
게 하나라도 있으면
날카롭게 공격을 하였대.

그래서 우리
역사의 진실을
밝히실 수
없었겠구나.

환
단
고
기

『천부경』,『삼일신고』 문자에 담긴 광대한 뜻

『삼일신고』의 5대 종지*도 『천부경』에 뿌리를 두고 있다.

『삼일신고』의 궁극적인 정신 역시

『천부경』의 중일 정신의 이상에서 벗어나지 않는다.

그러므로 문자의 근원이 오래고

문자의 뜻이 실로 넓고 큼을 알 수 있다.

세상에서 전하기를

목은* 이색과 복애 범세동*이 모두 『천부경 주해』를 남겼다고 한다.

그러나 오늘날에는 찾아볼 수 없다.

『천부경』과『삼일신고』의 가르침을 제대로 전하기 어려운 유가의 풍조

지금의 시대 풍조가

한 자의 글이라도 정주학*에 부합하지 않으면

수많은 사람의 비판이 화살처럼 쏟아지고,

유가의 예봉*이 금시라도 날아올 듯하다.

그러하니 『천부경』과 『삼일신고』의 가르침을 전하고

자 한들 어찌 쉽게 논할 수 있으리오?

배달 시대부터 내려온 민족 음악

배달 시대 음악에 담긴 내용

신시 배달 시대의 음악을 '공수' 또는 '두열(두레)' 이라 했다.

사람들이 둥글게 모여서 노래를 불러

삼신상제님을 크게 기쁘게 해 드렸다.

나라에 복을 내려 주시어 길하고 창성하게 해 주시고

백성의 마음을 진실로 기쁘게 해 주실 것을 임금 대신 말하였다.

이것을 『백호통소의』*에는 '조리' 라 하고,

『통전』*「악지」에는 '주리' 라 하며,

『삼국사기』에는 '도솔'*이라 하였다.

대체로 '신에게 삶의 기쁨과 평안함을 빌며,

자기의 신분이나 처지를 알고 하늘의 이치를 좇는다' 는 뜻이

담겨 있다.

부루 단군 때의 '어아지악'

부루 단군 때에 어아지악(어아가)이 있었다.

이것은 신시의 옛 풍속으로

제사를 지내면서 삼신을 맞이하는 노래이다.

가사에 나오는 '대조신' 은 삼신상제님을 말하는데

하늘의 주재자이시다.

삼신상제님의 가르침을 생활화하였다

그러므로 태양을 삼신상제님의 모습으로 여기고

태양의 빛과 열을 삼신상제님의 공덕과 재능으로 여겼다.

만물이 생겨나 자라고 발전해 가는 모습에서

삼신상제님의 심정과 뜻을 헤아렸다.

재앙과 행복이 우리 인생에 보응하는* 것을

삼신상제님의 진리에 맞는 올바른 도리로 여겼다.

☀ **예봉**銳鋒: 날카로운 창이나 칼끝. 날카로운 공격을 비유하는 말.

☀ **『백호통소의**白虎通 疏義』: 후한 때 반고가 지은 『백호통』에 주해를 붙인 책. 『백호통』은 중국 오경五經에 보이는 작爵·호號·시諡·오사五祀 등의 항목에 대하여 뜻을 해석한 책이다.

☀ **『통전**通典』: 당나라의 두우杜佑(735~812)가 지은 200권의 책.

☀ **도솔**兜率: 도솔가. 시라시대의 노래. 백성이 즐겁고 편안하여 이 노래를 지었다고 한다.

☀ **보응**報應**하다**: 우리가 행한 착한 일과 악한 일에 따라 되갚음을 받다.

소도경전본훈

계를 지킨 참전과 율을 지킨 조의선인

이때부터 세상에서는 참전*이 지켜야 할 계가 있음과

조의*가 지켜야 할 율이 있음을 숭상하였다.

의관*을 갖춘 자는 반드시 활과 화살을 차고 다니고,

활을 잘 쏘는 사람은 반드시 높은 지위를 얻었다.

착한 마음을 수행의 근본으로 삼고

과녁을 악의 우두머리로 삼아 활을 쏘았다.

제사의 의의와 정신

제사의 은덕으로 이루어진 배달의 영광

제사를 지낼 때는 반드시 말이나 행동을 삼가고 조심하여,

근본에 보은하는 것을 알게 하였다.

한마음으로 단결하여 스스로 모든 생명과 어울렸다.

안으로 덕을 닦고 밖으로 외적을 물리치는 것이

다 함께 암송하기

선심善心은 위수행지본爲修行之本하고
관혁貫革은 위가상지악괴爲假想之惡魁하니라.
착한 마음을 수행의 근본으로 삼고 과녁을 악의 우두머리로 삼아 활을 쏘았다.

修 닦을 수 本 근본 본 관혁=과녁 假 거짓 가 想 생각할 상 惡 악할 악
魁 우두머리 괴

모두 때에 알맞게 이루어졌다.

그러하니 배달의 영광이 수천 년 동안 높이 쌓여 이룬

제사의 큰 은덕임을 어찌 한시라도 잊을 수 있으리오?

옛적에 하늘에 제사 지낼 때에는, 하늘맞이 음악이 있었다.

『요사』*「예지」에 전하는 '요천'이 바로 이것이다.

제사의 정신

무릇 우리 민족의 제사는

반드시 먼저 조상이 살아 계신 것과 같이 하였다.

항상 조상이 살아 계신 것처럼 정성을 들이는 것이다.

신주*를 모시고, 상을 차리고 제물을 올리는 것은

직접 만나 뵙는 듯한 예의를 나타내고자 함이다.

돌아가신 분을 추모하여* 선령(조상)의 은혜에 보답하는 것은

지금의 삶을 소중하게 여기고

후손으로 하여금 가르침을 계승하게 하려는 것이다.

☸『요사遼史』: 요遼 (916~1125)나라의 역사책. 원元나라 순제順帝의 명을 받아 탈탈 등이 지었다. 총 116권.

☸신주神主: 위패位牌를 말함.

☸추모追慕하다: 죽은 사람을 그리워하고 잊지 않는다.

조상님의 위패를 모시고 제물을 차리는 건 직접 만나 뵙는 것처럼 예의를 차리려는 거래.

그래서 제사 지낼 때는 말이나 행동을 조심하고, 조상님이 살아 계신 것처럼 정성껏 모셔야 한대.

고조선 후기, 나라의 제도와 이름이 바뀌었다

삼조선 제도가 완비된 때

『대변경』*에 이렇게 적혀 있다.

"구물 단군(44세)께서 나라 이름을 바꾸어 대부여라 하고,

도읍을 장당경으로 옮기셨다.

그곳은 지금의 개원이고, 평양*으로도 불렀다.

삼조선이라는 명칭은 색불루 단군(22세) 때에 시작되었으나

그 제도가 갖추어지지 못하다가

이때에 이르러 완전하게 갖추어졌다."

삼한이 삼조선으로 바뀌면서, 국력이 쇠퇴하였다

삼한이라는 말에는 '조정을 나누어 통치한다'는 뜻이 있다.

삼조선은 '권력을 나누어 통치하는 제도를 둔다'는 말이다.

이보다 앞서 우리 민족의 위대한 가르침이 여러 갈래로 나뉘어

능히 실행하는 사람이 없었다.

그러더니 연나라의 침략을 받은 이후 전쟁의 참화가 거듭되고

해마다 흉년이 들었다.

또 정치와 교화를 그르쳐 국력이 더욱 쇠퇴하였다.

대부여의 정신 교육

'아홉 가지 계율'을 맹세하는 모임을 갖고 교화하셨다

어느 날 44세 구물 단군께서 꿈에 천상의 상제님께 가르침을 받고,

정치를 크게 혁신하려* 하셨다.

이에 명을 내리시어 상제님의 종묘(사당) 뜰에 큰 나무를 세우고

북을 매달게 하셨다.

삼칠일(21일)을 기약하여

나이 순서에 따라 서로 술을 마시게 하며 교화에 힘쓰시고

그 내용을 책으로 만들게 하셨다. 이것이 구서지회*이다.

모일 때마다 이 구서의 글로써 백성을 교화하셨다.

첫째, 부모에게 효도하라

●초배(첫 번째 절)를 하고 맹세하게 하여 무리에게

이르셨다.

"너희는 집에서 부모에게 효도하도록 힘써라.

가정에는 부모와 처자가 있으니 정성스러운 마음과

정성스러운 공경을 다하여 우애 있게 지내라.

정성을 다해 제사를 받들어 네 생명의 근본 뿌리(조

상과 삼신상제님)에 보답하여라.

손님을 공손히 접대하여 마을 사람과 친하게 지내라.

자식과 형제에게 권하여 가르쳐서 뛰어난 인재로 기르도록 하여라.

이 모두 인간이 지켜야 할 마땅한 도리를 가르치는 큰 조목이니, 이

다 함께 암송하기

성봉제사誠奉祭祀하여 이보일본以報一本하라.

정성을 다해 제사를 받들어 네 생명의 근본(조상과 삼신상제님)에 보은하여라.

誠 정성 성　奉 받들 봉　祭 제사 제　祀 제사 지낼 사　報 갚을 보

●혁신革新하다: 낡은 것을 바꾸거나 뜯어고쳐서 새롭게 하다.

구서지회九誓之會: 구물 단군께서 꿈에 상제님께 가르침을 받아 안으로 정치를 혁신하기 위해 연 모임이다. 이때 구서의 글로써 교화를 하였는데, 이것이 유명한 부여구서夫餘九誓이다.

구서는 '효(효도)·우(우애)·신(믿음)·충(충성)·손(겸손함)·지(깨달음)·용(결단력, 용기)·염(청렴, 검소함)·의(정의로움)'이다. 이것을 전 백성을 가르치는 근본정신으로 삼으셨다.

러한 효도와 자애로움과 순종과 예의를 누가 감히 수행하지 않겠느냐?"

사람들이 일제히 소리쳐 대답하였다.

"옳습니다. 따르지 않는 자는 쫓아내야 할 것입니다."

둘째, 형제 간에 우애 있게 지내라

● 재배(두 번째 절)를 하고 맹세하게 하여 이르셨다.

"너희는 집에서 형제 사이에 우애 있게 지내도록 힘써라.

형제는 부모가 나누어진 바이니 형이 좋아하는 것은 아우도 좋아하는 것이요, 아우가 싫어하는 것은 형도 싫어하는 것이다.

어떤 일을 좋아하고 싫어함은 누구를 막론하고 같은 것이다.

이것을 내 몸에서 시작하여 사물에 미치게 하고, 친한 사람부터 시작하여 친하지 않은 사람에게 미치게 하여야 한다.

이 같은 도리로써 나라 일도 미루어 헤아린다면 나라를 흥하게 할 수 있으며, 이 같은 도리로써 세상을 미루어 살핀다면 세상을 크게 감화시킬* 수 있는 것이다.

이러한 '우애와 화목과 어진 마음과 용서하는 도리'를 누가 감히 수행하지 않겠느냐?"

사람들이 대답하였다.

"옳습니다. 따르지 않는 자는 쫓아내야 할 것입니다."

셋째, 스승과 벗에게 믿음으로 행동하여라

● 삼배(세 번째 절)를 하고 맹세하게 하여 이르셨다.

☀**감화感化시키다**: 좋은 영향을 받아 생각이나 행동이 바람직하게 변하게 하다.

환단고기

"너희는 스승과 벗에게 믿음으로 행동하도록 힘써라.

스승과 벗이 도법을 세우는 것이다.

덕과 의를 서로 갈고 닦고, 잘못을 서로 삼가고 조심하며, 학문을 바로 세우고 사업을 이루는 것이 모두 스승과 벗의 힘이다.

이러한 '믿음과 진실과 성실과 근면(부지런함)'을 누가 감히 수행하지 않겠느냐?"

사람들이 대답하였다.

"옳습니다. 따르지 않는 자는 쫓아내야 할 것입니다."

넷째, 나라에 충성하여라

●사배(네 번째 절)를 하고 맹세하게 하여 이르셨다.

"너희는 나라에 충성하도록 힘써라.

나라는 선왕께서 세우신 것이요, 오늘날 백성이 먹고사는 곳이다.

나라의 정치를 쇄신하여* 부를 늘려 나가고 국토를 지키며 나라의 권한을 크게 넓혀야 한다.

이렇게 나라의 힘을 굳건히 하고 역사를 빛내는 것은 모두 국가의

☸**쇄신**刷新**하다**: 나쁜 폐단이나 묵은 것을 버리고 새롭게 하다.

다 함께 암송하기

덕의상마德義相磨와 과실상경過失相警과 학문수립學問樹立과 사업성취자事業成就者가 개사우지력야皆師友之力也라.

덕과 의를 서로 닦고 잘못을 서로 삼가고 조심하며 학문을 바로세우고 사업을 이루는 것이 모두 스승과 벗의 힘이다.

相 서로 상 磨 갈 마 봉 祭 제사 제 過 허물 과 失 잃을 실 과실=부주의나 게으름 때문에 저지르는 질못 警 경계할 경 樹 세울 수 就 나아갈 취

소 도 경 전 본 훈

내일을 위함이다.

이러한 '충성과 정의와 기개와 절개'를 누가 감히 수행하지 않겠느냐?"

사람들이 대답하였다.

"옳습니다. 따르지 않는 자는 쫓아내야 할 것입니다."

다섯째, 세상사람들에게 공손히 대하여라

●오배(다섯 번째 절)를 하고 맹세하게 하여 이르셨다.

"너희는 세상사람에게 공손히 대하도록 힘써라.

사람들은 모두 상제님의 백성이니, 나와 똑같이 세 가지 참됨(성품·목숨·정기)을 받았다.

사람이 하늘의 참 성품을 근본으로 하여 태어났으니, 나라의 힘이 사람에게 매여 있다.

윗사람이 겸손하지 않으면 아랫사람이 떠나고, 오른쪽이 공손하지 않으면 왼쪽이 떨어져 나간다.

앞에서 겸손하지 않으면 뒤에서 물러나고, 아랫사람이 공손하지 않으면 윗사람이 싫어한다.

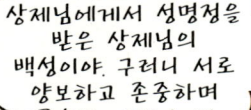

사람은 모두 상제님에게서 성명정을 받은 상제님의 백성이야. 그러니 서로 양보하고 존중하며 공손히 대해야 해.

다 함께 암송하기

군자群者는 개천제지민皆天帝之民이니
여아동수삼진야與我同受三眞也라.
사람들은 모두 상제님의 백성이니 나와 똑같이 삼진(성명정)을 받았다.

群 무리 군   者 사람 자   천제=상제님   民 백성 민   與 함께 여
我 나 아   修 받을 수   삼진=세 가지 참된 것[성품과 목숨과 정기]

왼쪽이 공손하지 않으면 오른쪽이 떨어지고, 뒤에서 공손하지 않으면 앞에서 멀어진다.

이제 겸손하고 남에게 양보하며 서로 존중하고 세상 사람과 모든 일에 힘을 합하면 밖으로 다른 나라의 업신여김을 그치게 하고 안으로 정치가 잘 이루어지게 될 것이다.

이러한 '겸손과 겸양과 공경과 삼가함' 을 누가 감히 수행치 않겠느냐?"

사람들이 대답하였다.

"옳습니다. 따르지 않는 자는 쫓아내야 할 것입니다."

여섯째, 정사를 잘 알도록 힘써라

●육배(여섯 번째 절)를 하고 맹세하게 하여 이르셨다.

"너희는 정사*를 분명하게 잘 알도록 힘써라. 정사는 세상이 잘 다스려지는 것과 어지러워지는 것을 가름하는 중요한 요인이다.

풍백*이 공약(법)을 제정하고, 우사*가 정사를 베풀고, 운사*가 형벌을 집행하는 것은 각자가 맡은 일이 따로 있어서 그렇게 하는 것이다. 그러니 서로 자기 권한 밖의 일에 관여하지 말아야 한다.

이제 지식과 보고 들음을 훌륭하게 하고 언로*를 널리 열어 주며 기술과 재주를 연마하고 경험을 잘 쌓아라.

그러면 나라 일이 균형을 이루고 백성이 행하는 모든 일이 순조로이 펼쳐질 것이다.

이러한 '밝은 지혜와 탁월한 식견(사물을 분별할 수 있는 능력)' 을 누가 감히 수행하지 않겠느냐?"

●정사政事: 1. 정치 또는 행정상의 일. 2. 예전에, 벼슬아치의 임명과 해임에 관한 일.

●풍백: 입법관.

●우사: 행정관.

●운사: 사법관.

●풍백, 우사, 운사: 이를 삼한三韓이라고도 한다. 이것은 배달 환웅 시대 때 신교의 삼신 신앙을 바탕으로 한 국가 통치의 기본 조직이다.

●언로言路: 신하가 임금에게 말씀을 올릴 수 있는 길.

사람들이 대답하였다.

"옳습니다. 따르지 않는 자는 쫓아내야 할 것입니다."

일곱째, 전쟁터에서는 나라를 지키기 위해 용감하게 싸워라

●칠배(일곱 번째 절)를 하고 맹세하게 하여 이르셨다.

"너희는 전쟁터에서 용감하도록 힘써라.

전쟁터는 나라가 살아남느냐 멸망하느냐가 결정되는 곳이다.

나라가 없으면 임금과 아비는 허수아비로 굴러 떨어지고 집안의 주인이 자리를 잡지 못하면 아내와 자식은 남의 노예가 된다.

일을 처리하고 사물을 접하는 일이 모두 우리의 도道가 아님이 없다.

대대로 삼신상제님의 가르침을 자손에게 전하는 것 또한

반드시 우리가 해야 할 일임을 가슴에 깊이 새겨라.

나라 없이 살고 주인으로서 권한 없이 살아남는 것보다는 차라리

나라를 보존하고 죽으며, 주권을 갖고 생을 마치는 것이 낫다.

이제 분명히 나를 비우고 희생하는 기풍을 일으켜

몸과 마음을 바르고 엄숙하게 다스려라.

무리를 잘 다스리고 자신을 잘 다스려

상과 벌을 반드시 바르고 공평하게 해야 한다.

남과 내가 믿음과 의리를 잘 지키면

뭇 백성이 잘 길러져서 수많은 사람이 능히 복을 받게 될 것이다.

이러한 '용기와 담대*와 강건*과 의협* 정신'을 누가 감히 수행하지 않겠느냐?"

●**담대膽大**: 겁이 없고 배짱이 두둑함

●**강건**: 굳셈

●**의협義俠**: 옳고 바른 것을 위하여 강한 이와 맞서고 약한 이를 도움.

환단고기

사람들이 대답하였다.

"옳습니다. 따르지 않는 자는 쫓아내야 할 것입니다."

여덟째, 몸가짐에 청렴하도록 힘써라

●팔배(여덟 번째 절)를 하고 맹세하게 하게 하여 이르셨다.

"너희는 몸가짐에 청렴하도록* 힘써라.

행동이 청렴하지 않으면 양심이 저절로 어두워지고,

능히 청렴하게 행하면 너의 신명이 저절로 통하게 될 것이다.

개인의 이익*을 지나치게 좋아하면 반드시 몹쓸 병이 날 것이다.

독선과 아집*으로 스스로 뽐내는 마음에 빠지면

반드시 정신이 부패하게 된다.

어리석게 스스로 자만에 빠지면 자신과 남을 해치게 될 것이다.

이러한 낡은 습관이 계속 쌓이면

깊이 빠져들어 구제할 도리가 없게 된다.

이러한 '청렴과 강직과 순결과 맑은 마음'을 누가 감히 수행하지 않겠느냐?"

사람들이 대답하였다.

다 함께 암송하기

면이렴우신勉爾廉于身하라. 행불렴즉양심자매行不廉則良心自昧
하고 능렴즉신명자통能廉則神明自通하리라.
너희는 몸가짐에 청렴하도록 힘써라. 행동이 청렴하지 않으면 양심이 저절로
어두워지고, 능히 청렴하게 행하면 너의 신명이 저절로 통하게 될 것이다.

勉 힘쓸 면 能 능할 능 廉 청렴할 렴 自 스스로 자 昧 어두울 매 通 통할 통

청렴淸廉하다: 성품
과 행실이 맑고 깨끗
하며 재물 따위를 탐
하는 마음이 없다.

사리사욕私利私慾:
자기 개인의 이익이
나 욕심

독선과 아집: 자기
생각만이 옳다 하고,
자기중심의 좁은 생
각에 집착하는 것.

"옳습니다. 따르지 않는 자는 쫓아내야 할 것입니다."

아홉째, 직업에 책임을 다하고 의롭게 행하여라

● 구배(아홉 번째 절)를 하고 맹세하게 하여 이르셨다.

"너희는 직업을 가짐에 의롭게 행하도록 힘써라.

사람이 직업을 가지면 반드시 책임이 뒤따른다.

만일 의롭지 못하여 스스로 최선을 다하는 것을 잃어버린다면,

반드시 업신여김을 받고 조롱거리가 되어 무너져 버릴 것이다.

만일 정의롭게 행하여 자신의 힘으로 노력하여 먹고산다는 것을 모든 사람이 믿어 준다면, 그 누가 업신여기고 강제로 빼앗을 수 있겠느냐?

의로움이란 여러 사람의 단합된 힘이 나오는 곳이고, 올바른 도리의 기운이 일어나는 곳이다.

이것을 줄이면 인체의 아홉 구멍에 감추어지고 늘이면 천지에 가득 차게 된다.

배달 시대, 천왕께서 삼신상제님의 가르침으로 백성을 다스리실 때는 백성들이 저절로 예의 바르고 정의롭고 서로 사랑하여 나라가 평안했단다.

저희도 그렇게 살고 싶어요.

학교에서나 집에서나 저희들에게 매우 필요한 가르침 같아요~~!!! 그렇게 살기 좋은 세상이 다시 오면 좋겠어요.

이처럼 정의롭고 보편적인 이치를 누가 감히 수행하지 않겠느냐?”

사람들이 대답하였다.

“옳습니다. 따르지 않는 자는 쫓아내야 할 것입니다.”

이때부터 세상에서는 순박하고, 인정이 두텁고,

나라를 위한 전쟁에 임하면 용감히 나서고,

사람들이 공공의 이익에 힘쓰고, 공적인 일에 재빠르게 임하고, 공중도덕에 밝아져 좋은 일을 서로 권장하고,

허물과 잘못을 서로 바로잡아 주는 것을 숭상하였다.

그리하여 저절로 예의 바르고, 의롭고, 어질고, 서로 사랑하는 풍속을 이루었다.

백성이 다 함께 삼신상제님께 귀의하여 교화에 젖어들게 되었다.

한민족 신교의 예법

『단군세기』에 이르기를, “엄지손가락을 교차하고 오른손을 왼손 위에 포개고 삼육대례*를 행하였다.”라고 했다.

엄지를 교차한다는 것은 오른쪽 엄지로 자子를 가리키고,

왼손 엄지로 해亥를 가리키게 하고,

오른 손을 포개어 태극 형상을 만드는 것이다.

옛날에는 꿇어앉을 때 반드시 먼저 공손히 조아려 읍*을 하고,

절을 할 때도 반드시 먼저 읍을 하고 꿇어앉았다.

이것이 변하지 않는 예의 원칙이었다.

❀**삼육대례**三六大禮: 절을 할 때 초배(첫 번째 절)에 세 번 조아리고, 재배(두 번째 절)에 여섯 번 조아리고 삼배(세 번째 절)에 아홉 번 조아리는 것.

❀**읍**揖: 두 손을 맞잡아 얼굴 앞으로 들어 올리고 허리를 공손하게 굽혔다가 펴면서 손을 내리는 인사 예법.

읍하는 자세

읍이란 말은 '모은다' 는 뜻으로, 마음을 모으고 두 손을 마주잡고서
하늘을 우러러 받들고 마음 속 깊이 따르는 것이다.

◎궤跪: 꿇어앉을 궤 자.

궤*란 '순종한다' 는 뜻으로,

기운을 순하게 하고 무릎을 모으고서 땅에 감사하는 것이다.

◎배拜: 절 배 자.

배*는 '드린다' 는 뜻이니,

몸을 바치고 머리를 조아리고서 선령에게 보답하는 것이다.

◎헌獻: 바칠 헌 자.

헌*은 혹 현이라고도 한다.

머리가 손에 이르는 것을 배수라 하고, 머리가 땅에 이르는 것을

◎고두叩頭: 조아릴 고 자. 머리 두 자. 머리 를 조아린다는 뜻.

고두*라 한다. 고두는 이마를 조아리는 것이다.

『참전계경』의 유래와 근본 정신

태고 시절의 철인 정치

세상에서 전하기를, 『참전계경』은 을파소 선생이 전했다고 한다.
선생이 일찍이 백운산*에 들어가 하늘에 기도하다가 천서*를 얻었
다. 이것이 『참전계경』이다.

◎백운산白雲山: 지금 의 평안도 천마산.
◎천서天書: 하늘의 계 시를 적은 책.

태고 시절에는 어질고 사리에 밝은 철인이 윗자리에 앉아서 인간의

한민족 고유의 반천무지 절법: 한민족에게는 본래 우주의 주재자이신 상제님께 천제를 드리던 한민족 고유의 예법이 있다. 이것은 천지 법도에 서 나온 것으로 '반천무지攀天撫地' 라 한다. 받들 반攀, 하늘 천天, 어루만 질 무撫, 땅 지地, 곧 양손을 들어 올려 하늘을 받들고 땅을 어루만지는 방 식이다. 절을 올린 후에, 마지막으로 두 손을 모으고 진리의 근본이신 상제 님과 한민족의 국조삼신(환인·환웅·단군왕검)과 선령께 마음으로 기도 를 드린다.

환
단
고
기

360여 가지 일을 주관하였다. 그 강령은 여덟 조목이었다.

그것은 성(정성)·신(믿음)·애(사랑)·제(구제함)·화(재앙)·복(복)·보(갚다)·응(보답을 받음)이다.

『참전계경』: 『천부경』, 『삼일신고』와 함께 한민족 고유의 3대 경전이라 불린다. 을파소는 "배달 환웅 시대 때 이미 참전계로써 교화대행하였다."라고 하였다. 이것으로 보아 『참전계경』은 을파소가 이미 이전부터 있었던 것을 다시 경전으로 다듬어 완성한 것이다. '참전계'란 '완전한 인간에 이르기 위해 지키고 수련해야 할 계율'이라는 뜻이다.

● 정성[誠]이란 참마음 속에서 일어나는 것이고, 진심에서 우러나오는 정성으로 지키는 바이다. 여기에는 6체 47용의 가르침이 있다.

● 믿음[信]이란 하늘의 이치와 반드시 부합하고 인간사를 반드시 성사시키는 것이다. 여기에는 5단 35부의 가르침이 있다.

● 사랑[愛]이란 자연스럽게 자비심이 일어나는 것이요, 어진 성품의 본질이다. 여기에는 6범 43위의 가르침이 있다.

● 구제[濟]란 덕성이 갖추어진 선행으로, 도가 널리 남에게 미치는 것이다. 여기에는 4규 32모의 가르침이 있다.

● 화[재앙]란 악이 부르는 것이다. 여기에는 6조 42목이 있다.

● 복이란 착한 일을 하여 자손이 받는 경사慶事이다. 여기에는 6문 45호가 있다.

● 보報란 천신이 악한 사람에게는 화로써 보답하고, 착한 사람에게는 복으로써 보답하는 것이다. 여기에는 6계 30급이 있다.

● 응應이란 악은 악으로써 보답을 받고, 선은 선으로써 보답을 받는 것이다. 여기에는 6과 39형이 있다.

그러므로 하늘이 비록 말씀은 하시지 않으나

소도경전본훈

오르내리며 두루 보살펴 주신다.
자신을 아는 자는 크게 일어나 뻗어나가고
옳은 것을 구하면 반드시 열매를 맺을 것이니
한결같이 참전으로써 모든 사람이 계戒를 받았다.

배달 시대의 신교 교육 정신 : 오사팔훈五事八訓

을파소가 이렇게 자신의 의견을 적었다.

"배달 시대 삼신상제님의 가르침으로 세상을 다스리던 시절에는
팔훈을 날줄로 삼고 오사를 씨줄로 삼아 교화가 크게 행해졌다.
인간 세상을 널리 이롭게 하는 홍익인간 정신으로 만물을 구제하였
으니, 『참전계경』의 내용으로 이루어지지 않은 바가 없었다.
오늘을 사는 사람들이 이 전계로 더욱 힘써서 자신을 수양한다면
백성을 평안케 하는 공덕을 실현하는 데 무슨 어려움이 있겠는가?"

 다 함께 암송하기

지아자知我者는 창昌하고 구시즉실求是則實이니
일이참전一以參佺하여 전인수계全人受戒니라.
자신을 아는 자는 창성하고 옳은 것을 구하면 반드시 열매를 맺을 것이니
한결같이 참전으로써 모든 사람이 계를 받았다.

知 알 지   昌 창성할 창   求 구할 구   實 열매 실   參 참여할 참
佺 신선 이름 전   全 온전할 전   受 받을 수   戒 계율 계

고구려국본기

高句麗國本紀

『고구려국본기』는 시조 고주몽의 혈통과 고구려의 건국 과정, 주요 역사를 상세히 소개하였다. 고주몽은 (단군)조선을 계승한 북부여(전고구려)의 대통을 이어받아 나라를 연 것이다.

무엇보다 환국 시대부터 전해 내려온 신교 문화를 어떻게 실천했는지, 끊임없이 국경을 침략한 수나라와 당나라를 우리 장수들이 어떻게 물리쳤는지, 당시 왜(일본)를 어떻게 경영했는지, 고구려의 역사와 문화를 자세히 기록해 놓았다.

고구려의 강역

바이칼호

실위

흑룡강

지두우

대흥안령산맥

말갈

선비

고 구 려

송화강

돌궐

거란

파림좌기
(서안평)

졸본
(수분하설)

극십극등기
(배찰산)

구려하

졸본
(환인설)

북경

고려진

갈석산

대릉하

백두산

요동성

오골성

국내성
(황성)

북위
(386~534)

유주

요서

진평

후연
(384~409)

비사성

낙랑국
평양

발해

동해

고려성
(하간현)

청하

혈구(강화도)

남평양(서울)

태산

제濟
성양

백제 신라
가야

노魯

수
(581~618)

당
(618~907)

광릉

송강(상해)

왜

웅습
(구마소)

오吳

월주
월越

도산(회계산)

천주(복주)

고구려의 뿌리는 북부여를 세우신 해모수

고구려의 선조는 해모수로부터 나왔다.

해모수의 고향이 또한 그 땅(고구려)이다.

『조대기』*에 이렇게 기록되어 있다.

고구려의 뿌리는 북부여란다. 그래서 고구려 역사를 알려면 북부여 역사부터 알아야 하는 거야.

"해모수께서 하늘에서 내려와 일찍이 웅심산 (검마산)에서 사셨다.

부여의 옛 도읍(백악산 아사달)에서 군사를 일으키셨다.

그리고 무리의 추대를 받아 드디어 나라를 세워 왕이 되셨다.

이분이 부여의 시조이시다.

머리에 오우관(검은 깃털로 장식한 관)을 쓰고, 허리에 용광검(용의 빛이 나는 보검)을 차셨다. 또 오룡거(다섯 용이 끄는 수레)를 타고 다니시니, 따르는 자가 백여 명이었다.

❋『조대기朝代記』: 고려에 귀화한 발해인이 비밀리에 갖직해 온 역사책 가운데 하나. 『진역유기震域留記』의 저본이다. 조선 시대까지 전해 내려왔으나 지금은 전하지 않는다.

아침이 되면 나랏일을 돌보고, 해가 저물면 하늘로 올라가셨다.

특별한 명령을 내리지 않아도 나라 안이 저절로 잘 다스려져서 산에는 도적이 없고 들에는 벼와 곡식이 가득하였다.

나라에 큰 일이 없고 백성도 태평세월을 누렸다.

해모수 단군께서 처음 내려온 것은 고열가 단군 57, 단기 2095, 기원전 239년(임술) 4월 8일로 중국 진나라 왕 영정 8년이다."

해모수 단군: 대부여(고조선)를 이어 백악산에서 북부여를 건국한 임금이다. 기존 책에는 해모수 단군이 하백의 딸 유화와 혼인하여 고주몽을 낳았다고 되어 있으나 이것은 잘못된 기록이다. 해모수 단군이 붕어하신 해는 기원전 195년이고, 주몽 성제는 기원전 79년에 태어나셨다. 그러니 무려 116년이라는 차이가 있다. 『북부여기』에는 주몽이 불리지의 아들이고, 불리지는 해모수 단군의 아들인 고진의 손자라고 상세하게 적혀 있다. 주몽은 해모수 단군의 현손玄孫(4세 손)인 것이다.

고구려국본기

북부여의 국통을 계승한 고주몽(고추모)

주몽은 해모수의 현손

고리군의 왕 고진은 해모수의 둘째 아들이고 옥저후 불리지는 고진의 손자이다.

모두 도적 위만을 물리친 공으로 임금께 땅을 하사받았다.

일찍이 불리지가 서압록*을 지나다가 하백의 딸 유화를 만났다.

불리지가 기뻐하며 장가들어 고주몽을 낳았다.

때는 기원전 79년(임인) 5월 5일, 한나라 왕 불릉 원봉 2년이었다.

부여 왕이 된 주몽

불리지가 세상을 뜨자, 유화 부인이 아들 주몽을 데리고 웅심산*으로 돌아갔다. 그곳은 지금의 서란이다.

주몽이 장성하여 사방을 두루 돌아다녔다.

그러다 가섭원*을 택해 살면서 관가에서 말 기르는 일을 맡았다.

그러나 얼마 지나지 않아 관가의 미움을 사게 되어 오이, 마리, 협보와 함께 도망하여 졸본에 이르렀다.

마침 부여 왕(북부여 6세 고무서 단군)에게 대를 이을 아들이 없었다.

이에 주몽께서 왕의 사위가 되어 마침내 대통을 이으셨다(단기 2276, 기원전 58).

이분이 곧 고구려의 시조이시다.

해모수의 현손 주몽 성제는 북부여의 대통을 계승하여 고구려를 세우셨다.

❀**서압록**: 지금의 대요하이다.

❀**가섭원**: 동부여의 해부루왕이 도읍한 곳. 가섭원의 전거는 『삼국사기』「고구려 본기」동명성왕 조에도 나와 있다. 지금의 만주 흑룡강성 통하현通河縣.

북 부 여

흑룡강

가섭원부여
(동부여)

● 가섭원(차릉)

● 웅심산(서란) ● 졸본1(수분하)

서압록

● 졸본2(환인)

하

532

고구려의 통치 영역과 대도 말씀

고구려의 천도 과정

평락 21년 기원전 27년(갑오) 10월,

고주몽 성제가 북옥저*를 쳐서 멸망시키셨다.

이듬해 을미년에 졸본에서 눌견*으로 도읍을 옮기셨다.

눌견은 지금의 상춘 주가성자이다.

2세 유리 명제 21년(서기 2)에

도읍을 다시 눌견에서 국내성*으로 옮겼다.

이곳을 황성이라고도 하였다.

성 안에는 환도산이 있는데, 산 위에 성을 쌓고

나라에 큰 일이 있을 때는 거기에 머무르셨다.

고구려 최초의 도읍지 졸본: 지금 학교에서 역사를 가르치는 사학자들은 고구려 최초의 도읍지 졸본을 혼강 유역 요령성 환인현桓仁縣에 있는 오녀산성이라고 말한다. 그러나 정인보가 『조선사연구』에서 주장한 대로 '연해주의 수분하시가 있는 수분하 지역'으로 보는 것이 더 타당하다. 이유립 또한 수분하라고 한다.

그 이유는 첫째, 『북부여기』에서 고두서 단군이 졸본천에서 즉위하고, 다음 해에 영고탑으로 사냥을 가서 흰노루를 잡았다고 했다. 영고탑은 지금의 해림시로, 수분하에서는 가깝지만 환인에서는 너무 멀다. 둘째, 『고구려국본기』에 연타발은 졸본 사람으로 남북 갈사를 왕래하며 큰 재산을 모았다고 했다. 남갈사는 훈춘하 지역이고 북갈사는 오소리강 유역이다. 그러므로 그 사이에 위치한 수분하가 졸본일 가능성이 크다. 셋째, 고주몽이 기원전 27년에 북옥저를 정벌하고, 다음 해에 눌견으로 천도했다. 눌견은 장춘 지방이고 그 남쪽에 환인현이 있다. 고주몽이 등극하던 기원전 58년에는 환인현까지 아직 세력이 미치지 못하였을 것이므로 졸본은 수분하 지역으로 보아야 한다. 넷째, 고주몽이 동부여를 떠날 때 엄리대수를 건너고 모둔곡을 지났다. 엄리대수는 송화강이고 모둔곡은 목단강 유역이다. 그러므로 이곳과 가까운 수분하시가 졸본일 가능성이 크다.

고주몽의 혈통

고주몽의 고조부
해모수 단군

『삼국유사』「고구려」에는 "해모수와 하백의 딸 사이에서 태어났다."라고 나와 있다. 고구려의 시조 고주몽이 북부여의 시조이신 해모수의 아들이라고 왜곡되어 있는 것이다.

해모수의 탄생 연도는 알 수 없으나, 해모수는 기원전 239년에 단군으로 즉위하였고, 주몽은 기원전 58년에 즉위하였다. 즉위한 햇수가 무려 181년 차이가 난다. 그렇다면 어떻게 100년도 더 뒤에 태어난 주몽이 해모수의 아들이란 말인가. 과연 고주몽은 해모수와 어떤 관계일까?

『환단고기』「고구려국본기」의 내용을 간추리면 다음과 같다.

"고구려의 선조는 해모수로부터 나왔는데 해모수의 고향이 또한 그 땅(고리군)이다. 그리고 고리군의 왕 고진은 해모수의 둘째 아들이고 옥저후 불리지는 고진의 손자이다. … 불리지가 일찍이 서압록을 지나다가 하백의 딸 유화를 만나 기뻐하며 장가들어 주몽을 낳았다. 때는 기원전 79년(임인) 5월 5일이었다."

주몽은 해모수 단군의 둘째 아들 고진의 손자 고모수(불리지)의 아들이다(해모수 단군의 고손). 가계도를 그리면, 해모수 단군-고진-ㅇㅇㅇ-고모수(불리지)-고주몽으로 이어진 것이다.

주몽은 왜 동부여에서 태어났을까

일찍이 유화부인이 나들이를 나왔다가 불리지와 정을 통하게 되었는데, 그후 임신한 사실이 발각되어 집에서 쫓겨나 송화강 강가에 감금되었다. 그때 동부여 왕 해부루가 순행을 나왔다가 유화를 발견하고는 왕궁으로 데리고 갔다. 그렇게 해서 주몽이 동부여 왕궁에서 태어난 것이다.

해모수를 태조로 받들고
나라 이름을 고구려로 바꾼
고주몽

주몽은 부여 말로 '활을 잘 쏘는 사람'을 뜻한다. 그런데 동부여 사람들이 이를 시기하여 주몽을 해치려고 하자, 주몽은 어머니의 뜻을 받들어 제 고향인 북부여로 도망하였다. 아들이 없던 북부여의 6세 고무서 단군(고두막 단군의 아들)은 주몽을 둘째 딸 소서노와 혼인시켜 사위로 삼고 대통을 물려 주었다. 고주몽은 북부여의 7세 단군으로 즉위하면서 해모수를 태조로 모시고 나라 이름을 북부여에서 고구려로 바꾸었다(기원전 58).

● **열제**烈帝: '위대한 황제' 라는 뜻으로, 고구려의 역대 제왕을 부르던 칭호이다.

● **낙랑국**樂浪國(기원전 195~37): 번조선 유민 최숭崔崇이 세운 나라. 위만이 번조선을 침탈하기 직전에 번조선 수도인 왕험성의 백성들과 평양으로 옮겨 와 낙랑국을 세웠다.

● **해성**海城: 지금의 요동반도 북부에 있다.

● **공손탁**公孫度(?~204): 후한 말의 장수. 요동 양평襄平 사람으로 현도玄菟의 하급 관리였다가 요동 태수가 되었다.

고구려의 영토 확장

3세 대무신 열제 20년(37)에 열제*께서 낙랑국*을 기습하여 멸망시키셨다.

이리하여 동압록(지금의 압록강) 이남이 고구려에 속하였으나 다만 해성* 이남의 바다 가까이 있는 여러 성은 아직 항복시키지 못했다.

10세 산상제 원년(197)에 아우 계수를 보내어 공손탁*을 쳐부수고 현도와 낙랑을 쳐서 멸하셨다.

이로써 요동땅이 모두 평정되었다.

고주몽 성제의 큰 가르침

『대변경』에 이렇게 기록되어 있다.

고주몽 성제께서 다음과 같은 조칙을 내리셨다.

국내성 왕궁터에서 발견된 유적

"하늘의 삼신상제님께서 모든 사람을 한 모습으로 창조하고 성명정[삼진]을 고르게 내려 주셨다.

이에 사람은 하늘을 대행하여 능히 이 세상에 서게 되었다.

하물며 우리나라의 선조는 북부여에서 태어나신 천자가 아니더냐!

슬기로운 사람은 마음을 비우고 고요하게 하며 계율을 잘 지켜서 바르지 못한 기운을 영원히 끊는다.

그리하여 그 마음이 편안하고 태평하면 저절로 세상 사람과 더불어 모든 일에 올바르게 행동하게 된다.

군사를 쓰는 것은 다른 나라의 침략을 막기 위함이며, 죄 지은 사람에게 벌 주는 일은 죄악을 뿌리 뽑기 위함이다.

그런고로 마음 비움이 지극하면 고요함이 생겨나고,

고요함이 지극하면 지혜가 충만하고, 지혜가 지극하면 덕이 높아진다.

고주몽 성제께서도 천자로서 삼신상제님의 가르침을 내려 주셨네!!!

신시 배달 시대부터 내려 온 삼신 수행법도 가르치셨어.

국내성 유적

이런 가르침을 학교에서도 배웠으면~~~!!!

따라서 마음을 비워 가르침을 듣고,

고요한 마음으로 사물의 이치를 판단하고,

지혜로 만물을 다스리고, 덕으로 사람을 건져야 한다.

이것이 곧 신시 배달 시대에 사물의 이치를 깨닫고

인간의 마음을 연 가르침(교화)의 방도이다.

그러하니 하늘의 삼신상제님을 위해 성품을 환히 밝히고

뭇 창생을 위해 법을 세우고, 선왕을 위해 공덕을 완수하고

천하만세를 위해 지혜와 생명을 함께 닦아 교화를 이루어라."

을파소가 전한 참전계

* 을파소乙巴素(?~203): 9세 고국천열제 때의 재상. 압록곡 사람으로 2세 유리명열제 때의 대신인 을소乙素의 손자.

* 선인도랑仙人徒郎: 고구려 때 14 관리 계급 중 가장 낮은 벼슬의 낭도.

* 참전參佺: 천지와 온전하게 하나 됨을 꾀하는 사람이라는 뜻

환단고기

을파소*가 나라의 재상이 되어

나이 어린 영재를 뽑아 선인도랑*으로 삼았다.

가르침을 맡아 관리하는 자를 참전*이라 하는데

무리 중에 계율을 잘 지키는 자를 가려 뽑아서

삼신을 받드는 일을 맡겼다.

무예를 맡은 자를 조의라 하는데

몸가짐을 바르게 하고 규율을 잘 지켜

 다 함께 암송하기

위천하만세爲天下萬世하여 성지생쌍수지화야成智生雙修之化冶니라.

하늘 아래 온 세상 사람을 위해 지혜와 생명을 함께 닦아 교화를 이뤄야 한다.

천하만세=하늘 아래 온 세상 사람 成 이룰 성 智 지혜 지 雙 짝 쌍 修 닦을 수

나랏일을 위해 몸을 던져 앞장서도록 하였다.

일찍이 을파소가 무리에게 이렇게 말하였다.

"신시 배달 시대에

삼신상제님의 가르침으로 세상을 다스려 깨우칠 때, 백성의 지혜가

열려 나날이 지극한 다스림에 이르렀다.

그것이 곧 만세토록 바꿀 수 없는 표준이 되었다.

그러므로 참전을 함에 경계함이 있어

상제님의 말씀을 받들어 백성을 교화하는 것이다.

한맹*을 행함에도 계율이 있어

하늘을 대신해서 공덕을 베푸는 것이다.

모두 스스로 심법을 바로 세우고 힘써 노력하여

훗날의 공덕을 위해 준비하여라."

🏵 **한맹寒盟**: 고구려에서 10월에 행한 신교의 제천 의식이다. 일명 동맹東盟, 동명東明이라 한다. 한맹은 일종의 추수감사제와 같은 성격도 있다. 이렇게 삼신상제님께 제사 지내던 행사는 환국·배달·단군조선으로 이어져 부여의 영고, 삼한(중삼한)의 10월 상달제, 예맥의 무천, 고구려의 동맹, 요遼의 요천 등으로 계승되었다. 그게 오늘날은 개천절로 남아 있는 것이다.

조의(조의선인): 삼신상제님의 진리, 즉 한민족의 신교 낭가사상으로 무장한 종교 군대이다. 이 조의선인을 한민족 고유의 선비라 말할 수 있는데, '문무를 겸비한 무사'였다. 조의는 항상 국가와 민족의 안녕과 번영을 위해 자신의 목숨을 던져 도를 이루는 것을 이상과 목적으로 삼았다.

평소에는 삼신상제님의 가르침을 받들어 완전한 인격자의 길을 추구하고, 학문과 무예를 갈고 닦았다. 그러나 나라가 위급할 때는 앞장서서 목숨을 걸고 나라를 구하였다. 일찍이 수 양제·당 태종의 침입과, 고려 때 거란의 침입을 물리치고 궤멸시킨 주인공도 이 신교의 종교 군대였다.

이와 같은 낭가 제도는 환국 시대에 시작되어 배달의 제세핵랑→고조선의 국자랑→북부여의 천왕랑→고구려의 조의선인, 백제의 무절, 신라의 화랑→고려의 재가화상, 또는 선랑, 국선으로 계승되었다. 조의의 계율을 참전계라 불렀다. 참전계의 핵심 덕목은 충忠·인仁·의義·지智·예禮이다. 이 조의의 정신은 한민족의 역사의식 속에 깊이 뿌리 박혀 있다.

고구려국본기

삼신상제님의
가르침을 실천한
을지문덕 장군

🏵 **을지문덕**: 생몰 연
대 알 수 없음. 고구
려 영양왕(재위 590~
618) 때의 명장.

🏵 **성품[性]**: 우주 조화
신의 본래 성품, 즉
하나님의 마음으로
인간의 마음뿌리를
말한다.

🏵 **염표문소標文**: 환국
때부터 내려오는 삼
신상제님의 가르침
을 깨달아, 가슴에
새기고 생활 속에서
실천하여 천지 광명
의 인간이 되라는 글
이다.

을지문덕 장군의 큰 마음

도통을 하는 데 가장 중요한 것

을지문덕*이 이렇게 말하였다.

"도로써 하늘의 상제님을 섬기고 덕으로써 백성과 나라를 감싸 보

호해야 한다.

나는 세상에 이런 말이 있다는 것을 안다.

사람이 삼신일체의 기운[기]을 받을 때

성품[성]*과 목숨[명]과 정기[정]로 나누어 받는다.

우리 몸 속에 본래 있는 조화의 대광명이 환히 빛나며 고요히 있다

가, 때가 되면 감응하여 겉으로 드러나서 도道를 통하게 된다.

도를 통하는 것은

덕과 지혜와 조화력[삼물]을 몸으로 직접 체득하여 실천하고, 마음

과 기운과 몸[삼가]의 조화를 성취하며,

느낌과 호흡과 촉감[삼도]이 언제나 기쁨으로 충만하여 이루어지는

것이다.

도를 통하는 핵심은

날마다 「염표문」*을 생각하여 실천하기에 힘쓰고

세상을 상제님의 가르침으로 교화하며

삼도 십팔경*을 고요히 잘 닦아

천지광명(환단)의 뜻과 대이상을 지상에 실현하는

홍익인간이 되는 데 있다."

환단고기

상고 시대의 윤리 덕목

환국 시대에 오훈이 있었고, 신시 배달 시대에 오사,

고조선 시대에 오행육정, 부여에 구서가 있었다.

또한 삼한의 공통된 풍속에 오계가 있었으니,

곧 효도[孝]·충성[忠]·신의[信]·용맹[勇]·어짊[仁]이다.

모두 백성을 공명정대하고 평등하게 가르치고

무리를 조직하려는 뜻이 있었다.

우리 어린이들이 신라시대 원광법사의 화랑 오계라고 배운 것이 사실은 환국 시대부터 내려 온 신교의 가르침이란다.

3도 18경

감(感) : 기쁨, 두려움, 슬픔, 노함, 탐냄, 싫어함
(희喜) (구懼) (애哀) (노怒) (탐貪) (염厭)

식(息) : 향내, 숯내, 차가움, 더움, 마름, 젖음
(분芬) (란爛) (한寒) (열熱) (진震) (습濕)

촉(觸) : 소리, 색깔, 냄새, 맛, 음란함, 접촉함
(성聲) (색色) (취臭) (미味) (음淫) (저抵)

환국 오훈五訓: 첫째, 매사에 정성과 믿음으로 행하여 거짓이 없게 하고, 둘째, 공경하고 근면하여 게으름이 없게 하고, 셋째, 효도하고 순종하여 거역하지 말고, 넷째, 청렴하고 의를 지켜 음란하지 말고, 다섯째, 겸양하고 화평하게 지내어 싸움을 하지 말라는 것이다.

배달 오사五事: 우가牛加는 곡식을 주관하고[주곡主穀], 마가馬加는 왕명을 주관하고[주명主命], 구가狗加는 형벌을 주관하고[주형主刑], 저가猪加는 질병을 주관하고[주병主病], 양가羊加(혹은 계가鷄加)는 선악을 주관하는[주선악主善惡] 것을 말한다.

부여구서夫餘九誓: 고조선의 44세 구물 단군이 꿈에 상제님의 가르침을 받아 백성을 교화하는 지표로 삼은 9가지 계율(효孝·우友·신信·충忠·손遜·지知·용勇·염廉·의義). 이를 계승한 고구려의 다물오계多勿五戒는 '충忠·효孝·신信·용勇·인仁'으로, 신라의 화랑오계로도 이어졌다.

역대 성군과 영웅호걸의 자취

🏵**기공비**: 공훈을 길이 기념하기 위하여 세우는 비.

🏵**석상**: 돌을 조각하여 만든 사람의 형상

🏵**송덕비**: 공덕을 기리기 위하여 세운 비석.

🏵**동천제東川帝(227~248)**: 고구려 11세 태왕. 246년 위魏나라 장수 관구검이 침입한 후 환도성에서 지금의 평양으로 도읍을 옮겼다(247).

책성(연해주)에 태조 무 열제(6세)의 공덕을 새긴 기공비*가 있고,
동압록의 황성에 광개토경대훈적비가 있다.
안주 청천강 연안에 을지문덕 석상*이 있고
오소리강 밖에 연개소문의 송덕비*가 있다.
평양 모란봉 중턱에
동천제*(11세)가 하늘에 기원하던 조천석이 있고
삭주 거문산 서쪽 기슭에 을파소 묘가 있다.
운산의 구봉산에는 연개소문 묘가 있다.

『조대기』에 이렇게 기록되어 있다.

"동천제를 또한 단군이라 하였다.
해마다 한맹 때가 되면 평양에서
삼신상제님을 맞이하는 천제를 올렸다.
지금의 기림굴은 천제를 올리던 곳이다."

삼신상제님을 크게 맞이하는 대영제전*은 처음 동굴에서 행해졌다.
거기에 구제궁* 조천석이 있는데
길을 지나는 사람은 누구나 볼 수 있었다.
또 삼륜구덕의 노래가 있어 이를 부르도록 장려하였다.
조의선인은 모두 선발된 사람인데, 사람들이 삼가 본보기로 삼았다.
그렇지 않았다면 어찌 그들에게 영광을 더하여
왕의 사자와 동등하게 여겼겠는가?

❀대영제전大迎祭典:
배달·단군조선 이
래 매년 음력 3월 16
일에 삼신상제님께
천제를 지내던 국가
적인 대행사.

❀구제궁九梯宮: 광개
토열제가 지은 별궁
別宮으로 모란봉 기
슭에 있었다.

고구려국본기

다 함께 암송하기

조의선인皂衣仙人은 개기선야皆其選也오
국인소긍식자야國人所矜式者也라.
조의선인은 모두 선발된 사람으로 나라 사람들이 삼가 본보기로 삼았다.

皂 검을 조 조의선인=고구려 시대의 낭도 皆 다 개 其 그 기
選 가릴 선 矜 자랑할 긍 式 법 식 긍식=본보기로 삼음

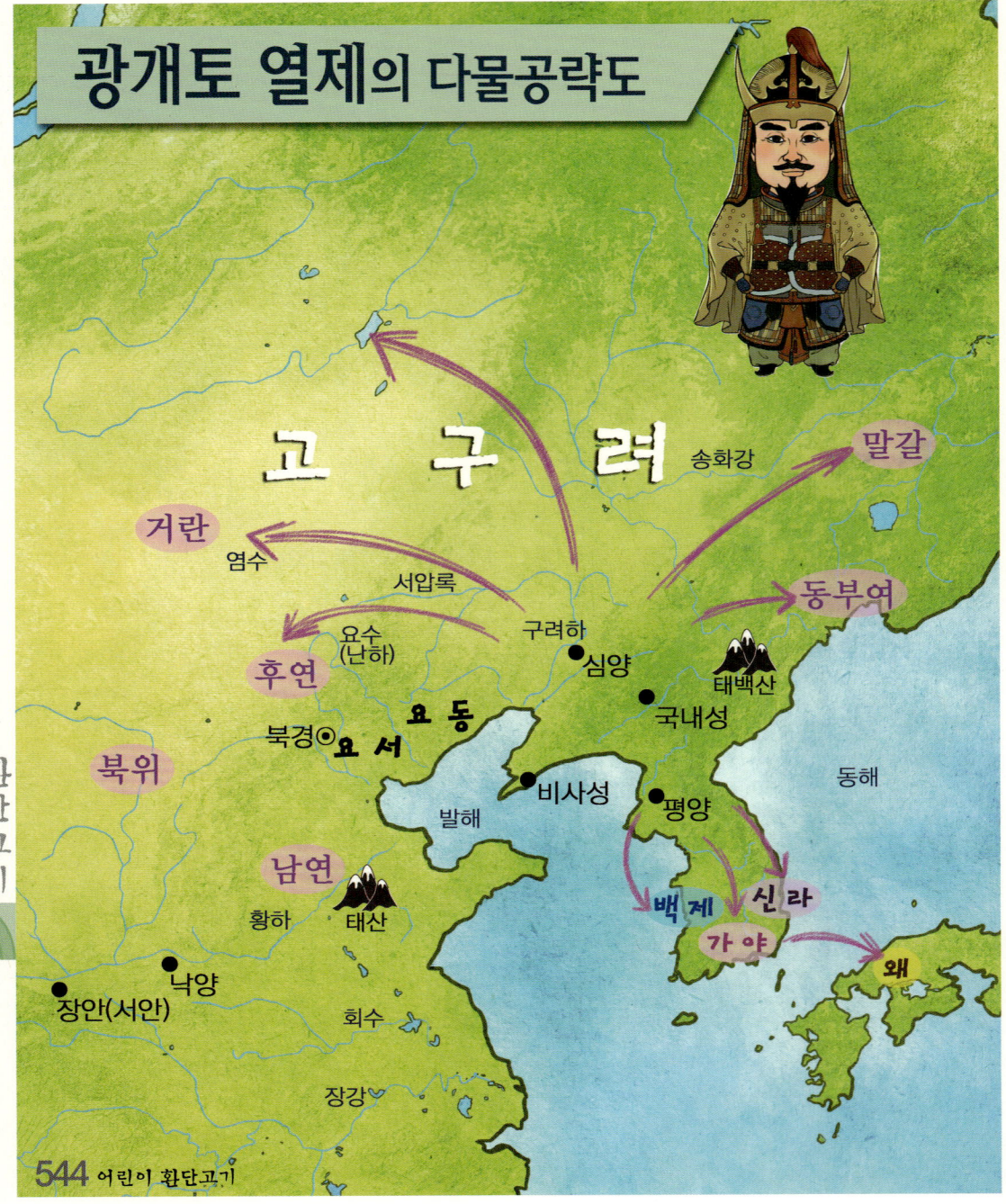

광개토 열제의 다물공략도

고 구 려

송화강

말갈

거란

염수

서압록

요수
(난하)

구려하

심양

태백산

동부여

후연

요동

국내성

북경◉요 서

북위

비사성

평양

동해

발해

남연

황하

태산

백제

신라

가야

왜

장안(서안)

낙양

회수

장강

환
단
고
기

고구려 역사에서 가장 위대한 광개토 열제

공적과 덕이 뛰어나신 광개토 열제

광개토경호태황은 큰 공적과 성스러운 덕이 세상의 어떤 임금보다
뛰어나서, 세상에서 모두 열제(위대한 황제)라 불렀다.

18세에 광명전에서 등극하실 때 예로써 천악*을 연주하게 하셨다.

전쟁에 임할 때마다 병사들로 하여금 「어아가」를 부르게 하여
사기를 돋우셨다.

말을 타고 나라의 여러 곳을 살피시다 마리산에 이르셨다.

열제께서는 참성단*에 올라 친히 삼신상제님께 천제를 올리셨는데
이때도 천악을 쓰셨다.

일본 본토 정벌과 동방 대통일의 위업

한번은 바다를 건너 이르는 곳마다 왜인(일본인)을 격파하셨다.

당시 왜인은 백제를 돕고 있었다.

❀ **천악** 天樂: 단군조선
때의 「어아가於阿歌」
를 말한다. 어아가는
광개토열제 때 군사
의 사기를 높이는 군
가軍歌로도 사용되었
음을 알 수 있다.

❀ **참성단**: 국내에 남
아 있는 가장 오래
된 제천단이다. 이곳
에서 단군조선 때부
터 근세 조선에 이르
기까지 우주의 주재
자이신 삼신상제님
께 천제를 지냈다.

고구려국본기

광개토경평안호태왕비廣開土平安好太王碑

최근에 중국은 고구려 역사를 그들의 역사라고 세계에 공표를 했대.

이 광개토태왕비도 유네스코 문화 유산에 중국 문화 유산으로 등록해 놓았다는 거야.

평량不涼: 평량은 감숙성 평량현의 서북이다. 평량이 수중에 들어오자 실크로드로 연결되는 통로가 열렸다.

임나任那: 지금의 대마도.

이국伊國: 이세伊勢라고도 한다. 왜倭와 인접했고 지금의 일본 미에현 지방에 있었다.

왜倭: 연나부부여(서부여) 왕 의라가 건설한 일본 최초의 통일 왕조인 야마토 왜倭이다.

해동海東: 발해의 동쪽이라는 뜻으로, 예전에 우리나라를 이르던 말.

융성: 대단히 번성함.

협보陜父: 오이烏伊, 마리摩離와 함께 주몽성제의 고구려 건국을 도운 창업 공신이다. 2세 유리명 열제가 사냥을 나가 5개월 동안 궁으로 돌아오지 않자 임금에게 잘못이라고 간하였다. 그러나 열제가 듣지 않자 협보는 남한으로 달아났다가 얼마 후 일본으로 건너가 큐슈 중부에 다파라국을 세웠다.

백제는 앞서 왜와 남몰래 통하여 왜로 하여금 잇따라 신라 경계를 침범하게 하였다.

이에 열제께서 몸소 수군(해군)을 거느리고 웅진·임천·와산·괴구·복사매·우술산·진을례·노사지 등의 성을 공격하여 점령하셨다. 궁으로 돌아오는 길에 속리산을 지나시며, 이른 아침에 삼신상제님께 제사를 올리셨다.

이때에 백제·신라·가락 모든 나라가 조공을 끊이지 않고 바쳤다. 거란과 평량*이 다 평정되어 굴복하였고, 임나*·이국*·왜*의 무리가 신하라 칭하지 않는 자가 없었다.

해동*의 융성*이 이때에 최고의 경지에 이르렀다.

> **광개토 열제**: 고구려 19세 태왕. 재위 391~413. 배달·단군조선 시대의 방대했던 영토와 신교 문화를 부흥시켜 회복한다는, 고구려의 기본 이념인 다물주의를 완성한 위대한 황제이다. 거란·평량(감숙성)·후연·백제·신라·왜(일본) 등 동북아 국가를 고구려에 조공을 바치는 나라로 복속시켰다. 중국 북부에서 만주·한반도·일본 전역에 걸치는 광대한 영토를 신교 문화로 통일한 단군 이래 유일한 대제왕이다.

일본 큐슈에 다라한국을 건국한 협보

일본에 고구려 분국이 세워졌다

이보다 먼저 협보*가 남한(대동강 부근 지역)으로 달아나서 마한산(지금의 평양) 속에 숨어 살았다. 이때 협보를 따라와서 사는 사람이 수백여 가구였다.

얼마 지나지 않아 여러 해 흉년이 들어 떠돌아다니는 사람이 길에 가득하였다.

이에 협보가 장차 변란이 있을 줄 알고 무리를 꾀어 양식을 싸서 배를 타고 패수를 따라 내려왔다.

해포*를 거쳐 몰래 배를 타고 곧장 구야한국*에 이르렀다.

그곳이 곧 가라해*의 북쪽 해안이었다.

그곳에서 몇 달을 지내다가 아소산*으로 옮겨 살았는데, 이 사람(협보)이 바로 다파라국의 시조이다.

협보는 후에 임나와 병합하여 연합정권을 세워 다스렸다.

이때 세 나라는 바다에 있고, 일곱 나라는 육지에 있었다.

고대 일본 속의 한국 건설

- 구야한국

처음에 변진(변한) 구야국* 사람이 먼저 들어와서 모여 살았는데 이것을 구야한국이라 하였다.

- 다라한국

다파라는 다른 이름으로 다라한국이라 불렀다.

이곳 사람들은 홀본(졸본)에서 이주해 왔다.

일찍이 고구려와 친교를 맺었으므로 늘 고구려 열제의 통제를 받았다.

다라국은 안라국과 서로 이웃하였고 성씨도 같았다.

옛날에 이곳에 웅습(구마소)성이 있었는데, 지금의 큐슈 구마모토성이 바로 그것이다.

* **해포**海浦: 대동강 어구 진남포鎭南浦를 말한다.

* **구야한국**狗邪韓國: 지금의 일본 북큐슈 후쿠오카현에 위치. 변진 구야국인이 먼저 들어와 살던 곳으로 구야 본국인이 다스렸다.

* **가라해**加羅海: 일본 큐슈의 남서쪽 바다.

* **아소산**: 일본 큐슈 중앙부에 있는 활화산. 높이 1,592미터.

* **구야국**: 변한 12국 중 하나. 지금의 김해에 위치하였다.

고구려국본기

당시 왜의 위치와 상황

왜는 회계군 동쪽에 위치한 동야현*의 동쪽에 있었다.

뱃길로 바다 건너 9천 리를 가면 나패(나하)에 이르고, 또 일천 리를 가면 근도(네시마)에 이른다. 근도를 저도(도시마)라고도 부른다.

당시 구노 사람이 여왕(신공왕후)과 서로 다투어, 찾아가는 길을 매우 엄하게 지키고 있었다.

그래서 구야한국으로 가려는 사람은 대개 진도*(쓰시마), 가라산*, 지가도*를 거쳐야 비로소 말로호자* 땅에 이를 수 있었다.

그 동쪽 경계가 구야한국 땅이다.

방사* 서복이 일본으로 이주하였다

회계산은 역사적으로 의미가 있는 곳

회계산*은 본래 『신시중경』이 간직되어 있던 곳이다.

사공 우禹가 석 달 동안 몸과 마음을 깨끗이 하고 이 책을 얻어

홍수 다스리기에 성공하였다.

그리하여 우는 돌을 채취하여

부루 태자의 은공을 새겨 산 높은 곳에 세웠다 한다.

서복(서불)의 일본 이주 과정

오나라·월나라는 본래 구려*의 옛 읍(고을)이고,

산월·좌월은 모두 그 후예가 갈라져 옮겨 살던 땅이다.

늘 왜와 더불어 오가고 서로 물건을 사고 팔아 이익을 얻는 자가 점

❀**동야현**: 복건성 민후현의 동북에 있다.

❀**진도**津島: 지금의 대마도 북쪽 섬.

❀**가라산**加羅山: 대마도와 큐슈의 중간에 위치한 이키노시마에 가량가미산이 있는데 이 산을 가라산이라 한다.

❀**지가도**志加島: 후쿠오카의 지가도를 말한다.

❀**말로호자**末盧戶資: 말로국. 지금의 큐슈 사가현 북쪽 가라쓰이다.

❀**방사**方士: 신선의 술법을 닦는 사람.

❀**회계산**會稽山: 중국 절강성 소흥 남동쪽에 있는 산. 도산이라고도 한다.

❀**구려**九黎: 지금의 산동성·강소성·안휘성·절강성 등 황하·양자강 중류 동쪽의 중국 본토에 정착하여 살던 동이족을 부르던 명칭이다. 단군조선 때에 이 지역에 분조分朝를 두어 구려의 백성을 다스렸다.

점 많아졌다.

진秦나라 때 서복*이 동야의 해상으로부터 곧바로 나패(나하)에 이르렀다.

종도*를 거쳐 뇌호내해(세도나이카이)를 따라 처음으로 기이에 도착하였다.

이세에는 옛적에 서복(서불)의 무덤과 사당이 있었다.

어떤 이는 단주를 서복이 살았던 곳이라 한다.

고구려 전성기의 강역

중국 양자강 남쪽까지 지배한 고구려

장수홍제호태열제(20세 장수제, 413~491)가

연호*를 건흥으로 고쳤다.

어짊과 의로움으로 나라를 다스리고, 영토를 넓히고 개척하여

웅진강* 이북이 고구려에 귀속되었다.

그리고 북연*·실위 등 여러 나라가 다 같이 조정회의에 참여하여

우리의 형제 족속에 끼이게 되었다.

> **고구려의 강역:** 고구려는 태조 무열제 이전 모본제慕本帝 2년(5세, 49)에 이미 우북평右北平 상곡上谷·태원太原까지 점령하였다. 우북평은 북경 동북에 있는 하북성 풍윤현, 어양은 북경 동북쪽 밀운현이고, 상곡은 북경 서북쪽 회래현, 태원은 지금의 산서성 태원이다. 고구려 초기에 중국 한나라의 수도인 낙양 가까이에 있는 태원까지 깊숙이 쳐들어가 점령할 정도로 국력이 강성했음을 알 수 있다.

● **서복**: 진나라 왕 영정(진시황) 때의 방사. 진나라 황제 정(진시황이라고도 한다)이 단군조선의 신교 사상에 영향을 받아 서복·한종에게 불사약을 구해 오라 명하였다. 서복은 돌아가지 않고 외국으로 건너가서 왕이 되었다.

● **종도種島**: 다네시마. 일본 큐슈 남쪽 오오스미 제도에 있는 섬.

● **연호年號**: 천제의 대행자인 황제가 즉위한 해(년)에 붙이던 이름. 천자국을 상징한다.

● **웅진강熊津江**: 지금의 금강.

● **북연北燕(407~436)**: 중국 5호16국 시대 때 16국 중의 하나.

또 신라의 매금*과 백제의 어하라(백제왕)*와 함께 남평양(지금의 서울)에서 만나, 공물 바치는 일과 국경에 주둔 시킬 병사의 숫자를 약속하여 정하였다.

백제의 어하라는 주몽 성제께서 소서노에게 내리신 왕의 칭호예요~

문자제의 업적

문자호태열제(21세 문자제, 491~519)는 연호를 명치로 고쳤다.

명치 11년(501)에 제나라·노나라·오나라·월나라의 땅이 고구려에 귀속되었다. 이때에 이르러 영토는 점점 넓어졌다.

평원제의 영토

대장 온달이 바로 '평강 공주와 바보 온달' 이야기의 주인공이에요!!!

평강상호태열제(25세 평원제, 559~590)는 담력이 크고 말 타기와 활쏘기를 잘하여 주몽*의 기풍이 있었다.

연호를 대덕으로 바꾸었고, 정치와 교화가 매우 밝아졌다.

대덕 18년 단기 2909년, 576년(병신)에 열제께서 대장 온달을 거느리고 가서 갈석산과 배찰산을 치고, 추격하여 유림관에 이르러 북주*를 크게 깨뜨리셨다. 이로써 유림진 동쪽 땅이 모두 평정되었다. 유림은 지금의 산서 경계이다.

선비족 후손인 수 양제의 대침략

영양제의 다스림

영양무원호태열제(26세 영양제, 590~618) 때에 천하가 잘 다스려져 나라가 부강하고 백성이 번성하였다.

중국 수나라 왕 양광*은 본래 선비족의 후손이다.

양광이 남북을 통합하고 그 여세를 몰아 우리 고구려를 깔보고, 조그마한 오랑캐가 거만하게도 상국(큰 나라)을 업신여긴다 하여 자주 대군을 일으켰다.

그러나 우리는 미리 대비하고 있었기 때문에 일찍이 한 번도 패한 적이 없었다.

조의선인이 수 양제를 습격하였다

홍무* 25년(614)에 양광이 또 다시 동쪽으로 쳐들어왔다.

이때 양광이 먼저 군사를 보내어 비사성*을 겹겹이 포위하였다.

우리 군사가 맞서 싸웠으나 이기지 못하였다.

적이 평양을 습격하려 하자, 열제(영양제)께서 소식을 들으시고, 적의 진격을 늦추기 위해 고구려에 망명한 곡사정*을 돌려보내려 하셨다.

때마침 조의선인 일인이 자원하여 따라가기를 청하였다.

일인이 곡사정과 함께 수나라 진중에 도착하여 양광에게 표*를 올렸다.

양광이 배 안에서 표를 손에 들고 절반도 채 읽기 전이었다.

갑자기 일인이 소매 속에서 작은 쇠뇌를 꺼내 쏘아 양광의 가슴을 맞혔다.

양광은 놀라 쓰러져 정신을 잃었다.

우상 양명이 양광을 업게 하여 급히 작은 배로 옮겨 타고 물러났다.

그리고 회원진*으로 철병하기*를 명하였다.

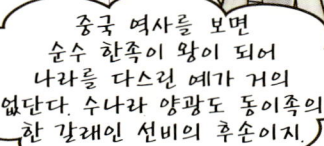

중국 역사를 보면 순수 한족이 왕이 되어 나라를 다스린 예가 거의 없단다. 수나라 양광도 동이족의 한 갈래인 선비의 후손이지.

⊛ **양광** 楊廣: 수隋(569~618)의 2세 왕 양제의 이름. 문제文帝의 아들로, 아버지를 살해하고 즉위하였다. 고구려 원정에 실패하고, 지나친 토목공사 등으로 국력을 소모하여 결국 당唐에게 멸망당하였다.

⊛ **홍무** 弘武: 26세 영양열제(590~618)의 연호.

⊛ **비사성** 卑奢城: 지금의 만주 요동반도 끝에 있는 대련만 북안에 있던 고구려 성.

⊛ **곡사정** 斛斯政: 수나라 예부상서 양현감의 부하로서 시랑侍郞 벼슬에 있었다. 양현감이 반란을 일으키자 신변에 위험을 느끼고 고구려에 망명하였다. 후일 고구

🏵 **표表**: 임금에게 자신
의 바람이나 생각을
글로 적은 것.

🏵 **회원진懷遠鎭**: 하북
성 북쪽에 있는 해상
기지.

> 우리 땅을 넘보는
> 중국을 조롱하는
> 노래네?

> 예나 지금이나 중국은
> 그 야욕을 버리지
> 않고 있으니~~~!!!

🏵 **철병하다**: 군대를
철수하다.

🏵 **유유紐由**: 11세 동천
열제 때의 충신. 246
년 위魏나라 장수 관
구검에게 환도성이
함락되자 열제는 남
옥저(요동반도)로 피
난하였다. 그러나 추
격이 심하여 아주 위
급한 상황에 이르렀
다. 그때 유유가 꾀
를 내어, 항복하는

양광이 좌우를 돌아보며 말하였다.

"내가 천하의 주인이 되어 친히 작은 나라를 치다가 졌으니, 이것이
만세의 웃음거리가 아니겠는가?"

양명을 비롯한 신하들은 얼굴빛이 검게 변하며
아무 대답도 하지 못하였다.

인류 문명의 종주국을 찬양한 노래

뒷 사람이 이 일을 이렇게 노래하였다.

아아, 벌레처럼 꿈틀거리는 너희 한나라 아이들아!
요동을 향해 헛된 죽음의 노래를 부르지 마라.
문무에 뛰어나신 우리 선조 환웅이 계셨고
면면히 혈통 이은 자손, 영웅호걸도 많으셨네.

고주몽 성제, 태조 무 열제, 광개토 열제께서
온 세상에 위엄 떨치시니 공이 더할 나위 없네.
유유* · 잎인 · 양만춘은
저들로 하여금 얼굴빛 변하며 스스로 쓰러지게 하였네.
세계에서 우리 문명이 가장 오래니
바깥 도적 쫓아 물리치며 평화를 지켜 왔구나.

저 유철(한 무제) · 양광(수 양제) · 이세민(당 태종)은
풍채만 보고도 무너져 망아지처럼 달아났네.

광개토 열제의 공덕 새긴 비석 천 자[尺]나 되고
온갖 깃발 한 색으로 태백산처럼 높이 나부끼는구나.

삼신상제님의 도를 크게 깨달은 을지문덕 장군의 큰 공적

천제를 올린 을지문덕

을지문덕은 고구려 석다산 사람이다.

일찍이 산에 들어가 도를 닦다가

삼신의 성신이 몸에 내리는 꿈을 꾸고

상제님의 가르침을 크게 깨달았다.

해마다 3월 16일(대영절)이 되면, 말을 달려 강화도 마리산에 가서

제물을 차려 놓고 상제님께 절하고 돌아왔다.

10월 3일에는 백두산에 올라가 천제를 올렸다.

이런 제천 의식은 배달 신시의 옛 풍속이다.

수 양제의 대침공과 살수대첩

홍무 23년(단기 2945, 612)에

수나라 군사 130여 만 명이 바다와

육지로 쳐들어왔다.

을지문덕이 싸움터에 나아가 기묘한 계략으로 그들을 공격하였다.

살수*까지 추격하여 마침내 크게 쳐부수었다. 수나라 군대는 바다
와 육지에서 함께 무너지고 흩어졌다.

> 고구려의 을파소, 광개토 열제,
> 을지문덕, 연개소문 등 영걸들은 모두
> 한민족의 뿌리인 환인·환웅·단군성조
> 이래 한민족의 국교인 동방 신교 문화를
> 꽃피운 역사적 인물들이란다

척하며 위나라 군중軍中에 들어갔다. 그리고 위나라 장수를 비수로 찔러 죽인 뒤 장렬히 전사하였다. 큰 혼란에 빠진 위군은 고구려군의 대반격을 받아 참패하고 낙랑(대동강 평양이 아님)에서 쫓겨났다.

❀ **살수薩水**: '물이 살 살 흐르는 강' 이라는 뜻으로 네 곳이 있다. ①요동반도의 개평현 주남하 ②요동반도의 대양하 ③청천강淸川江 ④청주 무심천無心川 등이다.

다 함께 암송하기

제천祭天은 내신시고속야乃神市古俗也라.
제천의식은 배달 신시의 옛 풍속이다.

祭 제사 제 제천=하늘(삼신상제님)에 제사 지내는 일
乃 이에 내 古 옛 고 俗 풍속 속

고구려국본기

살아서 요동성(지금의 하북성 창려)으로 돌아간 자가 겨우 2천7백 명이었다.

양광이 사신을 보내어 화평을 구걸하였다.

그러나 을지문덕이 듣지 않았고, 열제(영양제) 또한 추격하도록 엄한 명을 내리셨다.

큰 승리를 거두고 영토를 넓힌 을지문덕

을지문덕은 여러 장수와 더불어 승리의 기세를 타고 곧바로 몰아붙였다.

한 갈래는 현도* 길로 태원*에 이르고, 한 갈래는 낙랑* 길로 유주*에 이르렀다. 그리고 그곳의 주와 현에 들어가 다스리고, 떠도는 백성을 불러 모아 안심하게 하였다.

이렇게 하여 건안·건창·백암·창려 등 여러 진은 안시에 속하고,

창평·탁성·신창·용도 등 여러 진은 여기에 속하고,

고노·평곡·조양·누성·사구읍은 상곡*에 속하고,

화룡·분주·환주·풍성·압록은 임황에 속하게 되어 모두 옛 제도에 따라 관리를 두었다.

이때 강한 군사가 백만이었고 영토는 더욱 넓어졌다.

을지문덕은 만고의 영웅호걸

612년(임신)에 양광이 쳐들어올 때, 전에 없이 많은 군사를 몰고 왔다.

그런데 우리는 조의 20만으로 적군을 거의 다 멸하였다.

이것이 을지문덕 장군 한 사람의 힘이 아니겠는가?

❀**현도玄䖙**: 유성柳城 (지금의 요령성 조양)과 노룡(하북성 노룡현) 사이에 있었다고 한다.

❀**태원太原**: 중국 산서성山西省의 성도省都. 49년 5세 모본열제의 첫 공략 이후로 고구려가 서너 차례 정벌한 지방이다.

❀**낙랑樂浪**: 낙랑은 지금의 중국 하북성 동북부에 있었다.

❀**유주幽州**: 하북성 북부 일대이다.

❀**상곡上谷**: 지금의 하북성 회래현.

을지공 같은 사람은 한 시대의 흐름을 지어내는 만고에 드문 거룩하고도 뛰어난 영웅호걸이로다.

뒤에 문충공 조준*이 명나라 사신 축맹과 함께 백상루*에 올라 이렇게 시를 읊었다.

> 살수 물결 세차게 흘러 푸른 빛 띠는데
> 옛적 수나라 백만 군사는 고기밥이 되었구나.
> 지금도 어부와 나무꾼들에게 그때 이야기 전해 오건만
> 명나라 사신은 언짢아 한 번 웃고 마는구나.

고구려·백제의 통치 영역과 수 문제의 대침략

수나라 격퇴

옛 역사책에 이렇게 기록되어 있다.

"영양무원호태열제(26세) 홍무 9년(598)에, 열제께서 서부대인 연태조*를 보내어 등주*를 토벌하고 총관 위충을 사로잡아 죽이셨다."

영토를 확장한 백제를 도와줌

이에 앞서 백제가 군사를 일으켜 제나라·노나라·오나라·월나라의 땅을 평정하였다.

그곳에 관서를 설치하여 호적과 호구수를 정리하고,

왕의 작위를 나누어 봉하고 험한 요새에 군대를 주둔시켰다.

그리고 군역(군대에 복역하는 일)과 세금과 특산물 납부를 모두 본국

* 조준趙浚(1346~1405): 고려 말, 조선 초의 정치가.

* 백상루百祥樓: 평안도 안주읍 안주 군청에서 북쪽으로 백 보 되는 거리에 있다. 고구려 때 누각으로 관서제일루라 불린다.

* 연태조淵太祚: 연개소문의 아버지. 천남생의 묘지명에 따르면, 남생의 할아버지를 태조라 하였고 그 벼슬을 막리지라 하였다.

* 등주登州: 지금의 산동성 봉래.

수나라는 고구려 침략에 실패해서 결국 망하게 된 거래!

맞아! 이때 쳐들어온 수나라 병력이 수송 병력까지 다 합하면 3백만이었대. 그런 강력한 군사가 우리 을지문덕 장군에게 전멸당한 거야

고구려국본기

(백제)의 기준에 따라 하게 하였다.

명치* 연간(문자 열제 때)에 백제의 군사력과 정치력이 쇠퇴하여 관리가 제대로 되지 않았다.

그래서 권익* 집행을 고구려 조정에서 대신하게 되었다.

성읍의 구획을 정하고 문무 관리를 두었다.

수나라 침략을 평정하셨다

그 후 수나라가 군사를 일으켜 남북에서 큰 사건이 터졌다.

사방에서 소요가 일어나 살아 있는 백성에게 그 피해가 미치게 되었다.

열제께서 크게 노하여 하늘의 뜻을 받들어 무력으로 쳐 없앴다.

사해 안에 명령을 따르지 않는 자가 없었다.

그러나 수나라 왕 양견*은 속으로 앙심*을 품고 감히 원수를 갚겠다고 군사를 보내었다.

또 한편으로 몰래 위충을 보내 총관이라는 이름으로 관가*를 파괴하고 고을에 불을 지르고 사람을 해치고 재물을 강제로 빼앗았다.

이에 열제께서 장병들을 보내어 도적의 우두머리를 사로잡아 죽이셨다.

이로써 산동 지역이 평정되고 해성이 평온해졌다.

수 문제의 침공을 물리쳤다

이해(598년)에 양견이 또다시 싸움을 하려고 양량*, 왕세적* 등 30만 명을 보냈다.

백제가 중국을 지배한 거네요?

그런데 우리 5학년 교과서에는 백제의 영토가 한반도 안에만 있던 것으로 되어 있어요. 그리고 바다 건너 중국, 그리고 일본과 활발하게 교류를 했다고만 해요.

❀**명치**明治: 21세 문자 열제(491~519)의 연호. 명치 연간은 곧 백제의 동성왕·무령왕 때에 해당한다.

❀**권익**: 권리와 그에 따른 이익.

❀**양견**楊堅: 수隋나라를 세운 문제文帝의 이름. 처음에 북주北周(557~581)를 섬겨 상국相國이 되었다가 임금을 죽이고 자립하여 수나라를 세웠다.

❀**앙심**: 원한을 품고 앙갚음하려는 마음.

❀**관가**: 나랏일을 보는 집.

환단고기

556 어린이 환단고기

그러나 겨우 정주*를 출발하여 요택*에 이르기도 전에 수나라 군사는 물난리를 만났다.

군사에게 먹일 양식 수송이 끊기고 유행병이 크게 번졌다.

주라구가 병력을 동원하여 등주를 점령하였다.

그리고 전함 수백 척을 모아 동래에서 배를 타고 평양성으로 향하다가 우리 군사에게 발각되었다.

주라구가 맨 뒤의 진을 맡아 우리 군사를 막으면서 전진하였으나 문득 큰 바람을 만나 모든 군사가 표류하다 물에 빠져 죽었다.

이때 백제가 수나라 군대에게 길을 인도해 주겠다고 제의하였다.

그러나 백제는 고구려의 은밀한 타이름을 받고 실행하지 못하였다.

고구려의 남수북벌 정책

고구려 좌장 고성(훗날 27세 영류제)이

수나라와 친하려는 마음을 품었다.

몰래 막리지*(연개소문)의 북벌* 계획을 무너뜨리려 하였다.

그래서 이때에 이르러 고성이 여러 번 군대를 보낼 것을 임금께 청원하여 백제를 쳐부수고 공을 세웠다.

그러나 막리지가 홀로 힘써 여러 사람의 의견을 물리치고,

남쪽은 지키고 북쪽을 치는[남수북벌] 계책을 강하게 지켰다.

여러 차례에 걸쳐 이롭고 해로움을 따져 말함으로써

임금이 이를 따르게 되었다.

⊛ **양량**楊諒: 수 문제의 넷째 아들.

⊛ **왕세적**王世績: 수나라 때 강남의 진陳을 평정하는 데 공을 세워 형주총관荊州摠管이 되었다.

⊛ **정주**定州: 지금의 하북성 정주시.

⊛ **요택**遼澤: 황하의 북류北流 왼쪽 지역에 있었다. 지금의 북경 동남에 있는 천진 일대이다.

⊛ **막리지**莫離支: 고구려 때 군사와 정치를 총리總理하던 벼슬 이름.

⊛ **북벌**北伐: 북쪽 지역을 공격하여 고조선의 영토를 회복하려는 것.

연개소문의 강렬한 주체 정신

영류제 즉위

고성(영류제)이 즉위하자 이전의 열제들이 남긴 법을 모두 버렸다. 그리고 당나라에 사신을 보내어 노자의 상을 구해 와 세우고 백성들로 하여금 노자 『도덕경』 강론을 듣게 하셨다.

또 백성 수십만을 동원하여 장성을 쌓는데, 부여현*에서 남해부*까지 그 거리가 천여 리였다.

이때 서부대인 연개소문이 임금께 도교 강론을 그만 두도록 청원하였다.

또 장성 쌓는 일을 중지시키도록 이롭고 해로움을 따져 간절히 아뢰었다.

그러나 임금은 매우 언짢게 생각하여 연개소문의 군사를 빼앗고 장성 쌓는 일을 감독하라고 명하셨다.

그리고 비밀리에 여러 대인과 함께 연개소문의 죄를 물어 죽일 것을 의논하셨다.

영류제는 역대 성조들이 받들어 온 삼신상제님의 가르침을 모두 버렸대! 선조의 뜻을 저버리다니 정말 부끄러운 임금이야^^

환단고기

연개소문의 반격

연개소문이 이 일을 먼저 전해 듣고 탄식하였다.

"어찌 몸이 죽고 나서 나라가 온전히 보존될 리 있겠는가? 일이 급박하니 때를 놓쳐서는 안 되리라."

연개소문은 장차 열병*을 할 것처럼 자신의 지휘 아래에 있는 군사를 모두 모았다.

그리고 술과 음식을 많이 차려 놓고 여러 대신을 초대하여
함께 열병식을 보자고 하니 모두 참석하였다.
이때 연개소문이 큰 소리로 말하였다.
"범과 이리가 문 가까이 왔거늘, 나를 구하기는커녕 도리어 죽이려
하는가?"
그리고 마침내 그들을 모두 없애 버렸다.

영류제의 붕어

임금이 변고*를 전해 듣고, 평복으로 갈아입고서 몰래 달아났다.
송양*에 이르러 조칙을 내려 병사를 모집하셨으나
백성들이 한 사람도 오지 않았다.
이에 부끄러움을 이기지 못하고 스스로 목숨을 끊어
붕어하시고 말았다.

연개소문의 생애와 대인의 면모

연개소문은 막리지의 후손

『조대기』에 이렇게 기록되어 있다.

"연개소문은 일명 개금이라고도 한다.
성은 연씨이고, 선조는 봉성 사람이다.
아버지의 이름은 태조, 할아버지는 자유, 증조부는 광이었다.
대를 이어 모두 나란히 막리지를 지냈다."*

강력한 주체 정신으로
당에 맞서 싸우며
나라와 민족을 지킨
연개소문

❀ **변고**: 갑작스러운
사고나 재앙.

❀ **송양**松壤: 강동현의
옛 이름.

고구려국본기

❀ 이러한 사실은 중국
낙양에서 출토된 남
생男生의 묘지명에도
적혀 있다.

연개소문의 성품과 재주

연개소문은 홍무 14년(26세 영양제, 단기 2936, 603) 5월 10일에 태어났고, 아홉 살에 조의선인에 뽑혔다.

몸가짐이 웅장하고 훌륭하였고, 의기가 장하고 호탕했다.

늘 병사들과 함께 풀섶에 나란히 누워 자고, 손수 표주박으로 물을 떠 마셨다.

무리 속에 섞여 있어도 자기의 최선을 다하였고, 일이 혼란하게 얽혀 있어도 작은 것 미세한 것까지 분별해 냈다.

하사 받은 상은 반드시 다른 사람에게 나누어 주고, 정성과 믿음으로 두루 보호하였다.

상대방의 진심 어린 마음을 헤아려서 거두어 품어 주는 아량이 있었다.

또한 온 천하를 잘 계획하여 다스리는 재주가 있었다.

그러므로 모든 사람이 다 감동하여 마음으로 따랐으며

딴 마음을 품는 자가 한 사람도 없었다.

지도자로서 연개소문의 모습

그러나 법을 운용할 때는 엄격하고 명백히 하여

다 함께 암송하기

유추심치복지아량有推心置腹之雅量하며
지유위지경천지재至有緯地經天之才하니라.

사람의 마음을 잘 헤아려 거두어 품어 주는 아량이 있었으며
온 천하를 잘 계획하여 다스리는 재주가 있었다.

推 헤아릴 추　置 둘 치　腹 배 복　雅 클 아　量 헤아릴 량　아량=넓은 도량
緯 씨줄 위　經 날줄 경

신분의 귀함과 천함을 가리지 않고 한결같이 다스렸다.

만약 법을 어기는 자가 있으면 누구라도 용서하지 않았다.

비록 큰 어려움을 당하더라도 조금도 놀라지 않았으며,

당나라 사신과 말을 나눌 때에도 자기 뜻을 굽히지 않았다.

항상 자기 겨레를 음해하는 자를 소인이라 여기고,

당나라 사람을 능히 대적하는 자를 영웅으로 삼았다.

기뻐할 때는 신분이 낮고 미천한 사람도 가까이 할 수 있지만,

화를 내면 권세 있고 부귀한 자도 모두 두려워하였다.

진실로 한 시대를 휩쓴 시원스러운 호걸이었다.

연개소문은 스스로 이렇게 말하였다.

"물속에서 태어나서 종일 물에 잠겨 헤엄쳐도 더욱 기력이 솟고 피로한 줄 모른다."

사람들이 모두 놀라서 땅에 엎드려 절하며 말하였다.

"창해의 용신이 다시 화신하였다."

연개소문은 고성제(27세 영류제)를 내쫓고 무리와 함께 고장을 맞이하였다. 이분이 보장제(28세, 642~668)이시다.

대도로써 법을 집행한 연개소문

드디어 뜻을 이루자, 연개소문은 공평하고 올바르며 사사로움이 없는 대도로 모든 법을 집행하였다.

이로써 백성들이 자신을 성취하여 자기가 주인이 되고, 만물의 이치를 깨달아 차별이 없게 되었다.

또한 세 마을[삼홀]에 전佺을 두고 조의선인들에게 계율을 지키게 하였다.

고조선 땅 회복을 위한 연개소문의 노력

연개소문은 적의 침략으로부터 나라를 지키는 데도 힘써 당나라가 강성해질 것에 미리 대비하였다.

☀**백제의 상좌평**: 성 충成忠(?~656)을 말 한다.

☀**김춘추**: 신라 제29 대 '태종 무열왕'의 본명. 당나라와 연합 하여 백제와 고구려 를 멸망시켰다.

먼저 백제 상좌평*과 더불어 두 나라가 함께 살아남을 수 있는 방안 을 세웠다.

또 신라 사신 김춘추*를 청하여 자신의 집에 머무르게 하고 이렇게 말했다.

"당나라 사람들은 도의에 어긋나고 순리를 거스르니 짐승에 가깝 소. 그대에게 청하노니, 모름지기 사사로운 원한은 잊어버리고 이제 부터 핏줄이 같은 우리 세 나라 겨레가 힘을 모아 곧장 장안으로 쳐 들어가 무찌른다면, 당나라 괴수(못된 짓을 하는 우두머리, 당 태종 을 가리킨다)를 사로잡을 수 있을 것이오.

승리한 후에는 우리 옛 영토에 연합 정권을 세워 함께 어짊과 의로 움으로 다스리고, 서로 침략하지 않기로 약속하여, 그것을 영구히

다 함께 암송하기

성기자유成己自由하고 개물평등開物平等하느니라.
자신을 성취하여 자신의 주인이 되고, 만물의 이치를 깨쳐 차별이 없게 되다.

成 이룰 성　己 자기 기　自 스스로 자　由 말미암을 유　開 열 개
物 만물 물　개물=만물의 이치를 깨치다　平 평평할 평　等 같을 등

지켜 나갈 계책으로 삼는 것이 어떠하겠소?"

이렇게 두 번, 세 번 권유하였으나 김춘추가 끝내 듣지 않았다. 참으로 안타까운 일이다.

연개소문은 고구려 백제 신라가 함께 당나라를 정벌한 뒤에, 본래 우리 땅이던 황하·양자강 중류 등에 삼국 연합 정권을 세워 다스리려 했단다.

> **김춘추가 연개소문의 권유를 듣지 않은 까닭**: 김춘추의 딸과 사위가 대야성 전투에서 백제군에게 살해되어 백제에 대한 개인의 원한이 너무도 깊었기 때문이다. 이때 김춘추는 백제를 물리칠 힘이 없어, 스스로 사신이 되어 고구려에 원병을 요청하러 왔다. 그러나 연개소문은 김춘추에게 같은 민족끼리 전쟁을 그만두고, 공동의 적인 당나라에 대항하자고 하였다. 함께 당을 쳐부수고 그 영토를 세 나라가 나누어 다스리자고 한 것이다. 김춘추는 이에 응하지 않고, 다시 당나라로 건너가 원병을 요청하였다. 이에 당 태종 이세민은 김춘추에게 은밀히 약속을 받았다. 그것은 '신라와 당이 힘을 합해 고구려·백제를 토벌한 뒤, 대동강 이북의 땅을 당이 차지하고, 대동강 이남은 신라가 차지한다'는 것이었다. 이후 백제와 고구려는 내부 분열과 나·당 연합군의 침입으로 차례로 넘어갔다.

고조선의 옛 땅을 되찾으려 했군요?

역사는 돌이킬 수 없다지만... 이때 만일 삼국이 함께 당나라를 물리쳤다면 지금 우리나라는 어떻게 되었을까요?

당태종 이세민의 대침략

연개소문과 당 태종이 맞붙었다

개화 4년(28세 보장제, 645년)에 당나라 왕 이세민이 여러 신하에게 말했다.

"요동은 본래 우리 중국 땅이다. 수나라가 네 번이나 군사를 일으켰으나 그곳을 얻지 못하였다. 내가 이제 출병하여 우리 형제와 자제들의 원수를 갚고자 하노라."

이에 세민이 친히 활과 화살을 메고 이세적, 정명진 등 수십만 명을 거느리고 요택*에 이르렀다.

그곳은 질퍽한 땅이 200여 리나 되어 사람과 말이 통과할 수 없었다.

도위 마문거가 채찍으로 말을 치며 돌진하여 맞붙어 싸웠다.

그러나 행군총관 장군차가 크게 패하여, 이도종이 흩어진 군사를 수습하였다.

세민이 스스로 수백 기병을 거느리고 이세적과 합세하여 백암성* 서남쪽을 공격하였다.

이에 성주 손대음이 거짓으로 사람을 보내 항복을 청하였다.

그러나 사실은 빈틈을 타서 반격하고자 함이었다.

안시성 전투

당 태종 이세민이 안시성에 이르자 먼저 당산에서 군사를 진격시켜 공격하였다.

이에 맞서 북부 욕살 고연수와 남부 욕살* 고혜진이 관병과 말갈 군사 15만을 거느리고 안시성에 도착하였다.

우리 군사는 주저 없이 바로 앞으로 나아가 안시성과 연결하는 보루(작은 성)를 쌓고 높은 산의 험하고 가파른 곳을 차지하였다.

성에 있는 곡식을 먹으면서 군사를 풀어 당나라 군대의 말을 빼앗았다.

그러자 당나라 군사가 감히 덤벼들지 못하고, 돌아가려 하였다.

그러나 진창(진흙탕)에 가로막혀 그냥 주저앉아 괴로워하며 패할 수밖에 없었다.

⚘요택遼澤: 당태종이 고구려군에게 쫓겨 사경을 헤매었다는 진흙탕 길. 황하의 북쪽 지류 왼쪽 지역이다. 지금의 하북성 천진 일대.

⚘백암성白岩城: 갈석산 밑에 있고, 당나라 때는 암주嵒州라 하였다.

⚘욕살褥薩: 고구려는 지방을 5부로 나누어 다스렸는데, 지방 장관을 욕살이라 하였다.

환단고기

고연수의 계책

고연수가 군사를 이끌고 곧장 전진하여 안시성과 40리쯤 떨어진 곳에 이르렀을 때, 대로* 고정의에게 사람을 보내어 대책을 물었다.

이것은 고정의가 경험이 많고 연륜*이 깊어 일처리에 능숙하기 때문이었다.

고정의가 대답하였다.

"세민이 안으로 여러 영웅을 제거하고 나라를 차지하였으니 역시 범상한 인물이 아니오. 지금 모든 당나라 군사를 이끌고 왔으니 그 날카로운 공격의 기세를 가벼이 여겨서는 안 되오.

우리 계책은 병력을 움직이지 말고, 싸우지 않으면서 여러 날을 끌며 기습* 부대를 나누어 보내 군량(군사의 양식)을 운반하는 길을 끊는 것이 가장 좋소.

양식이 다 떨어지면 싸우려야 싸울 수 없고 돌아가려 해도 길이 없으니, 반드시 이길 것이오."

연수가 이 계책을 좇아서 적이 오면 막고, 물러가면 움직이지 않았다. 또 기습 부대를 보내어 적의 군량을 불태우고 빼앗았다.

이세민이 온갖 계략으로 뇌물까지 쓰며 꾀었으나, 연수는 겉으로만 따르는 척하고 속으로 거부하였다.

자주 군사를 내어 몰래 습격하고 무너뜨려 함락시켜 흩어지게 하니, 죽거나 부상당한 적이 매우 많았다.

❀**대로**對盧: 고구려에서 왕을 도와 국정國政을 도맡아 하던 벼슬.

❀**연륜**: 여러 해 동안 쌓은 경험에 의하여 이루어진 숙달됨

❀**기습**: 생각지 않았던 때에, 갑자기 들이쳐 공격하는 것

고구려국본기

요동 출병으로 천추에 한을 남긴 당태종

고연수 등은 말갈병과 함께 진을 치고는 승부를 내지 않고 시일을 끌었다.

그러다가 어느 날 밤 갑자기 변하여 번개같이 습격하였다. 거의 다 포위를 당하게 되자 이세민이 비로소 두려운 빛을 보였다.

세민은 또 다시 사자를 보내어 재물과 보화로 달래며 연수에게 이렇게 말했다.

"나는 귀국*의 힘 있는 신하(연개소문)가 임금을 시해하였기로* 이렇게 와서 죄를 묻는 것이다.

이제 귀국에 들어와 전쟁을 하는데 말 먹일 꼴*과 식량을 공급할 수 없어, 몇 곳을 불태우고 사람을 해치고 강제로 재물을 **빼앗았을** 뿐이다.

귀국이 예를 갖추어 외교관계를 맺기를 기다린다면 반드시 돌아갈 것이다."

아우의 아내를 취한 이세민: 당나라를 세울 때 이세민의 부자형제 간에 치열한 왕위 다툼이 벌어졌다. 이에 당을 세우는 데 가장 큰 공을 세운 이세민이 이른바 '현무문의 변'을 일으켰다. 즉, 현무문에서 형 건성과 아우 원길을 죽이고, 아버지 이연(고조)을 왕위에서 몰아냈다. 그리고 등극(2세 태종)한 다음, 아우 원길의 아내 양씨楊氏를 취하였다. 후에 문덕황후가 죽자 태종은 양씨를 황후로 세우고자 하였다. 그러다가 중신들의 반대에 부딪혀 단념하였다.

이에 연수가 답하였다.

"좋다. 그대들 군사가 30리를 물러난다면 내가 장차 우리 황제(보장제)를 만나 뵐 것이다. 그러나 막리지(연개소문)는 우리나라의 주춧돌이요, 또 군법이 있으니 여러 말이 필요 없다.

너희 임금 세민은 아버지를 폐하고 형을 죽이고, 음란하게도 아우의 아내를 취하였다.*

이야말로 가히 죄를 물을 만하다. 이대로 전하여라.”

그러고는 사방으로 감찰관을 보내어 수비에 더욱 힘쓰게 하였다.

산을 의지해 스스로 수비를 굳고 단단하게 하고 적의 허점을 틈타 기습하였다.

세민이 온갖 꾀를 다 내어 보아도 아무 방법이 없었다.

요동(고구려 땅)으로 출병하여 전쟁에 진 것을 몹시 한탄하였으나, 후회해도 아무 소용이 없었다.

자기 나라의 부끄러운 역사를 숨긴 중국

류공권*의 소설에 이렇게 쓰여 있다.

“당나라의 6군은 고구려가 힘과 기운을 얻게 되자 장수들이 전쟁에서 공을 세우지 못하였다.

척후병*이 와서 영공(이세적)의 군기가 흑기*에 포위당했다고 보고하니, 세민이 크게 두려워하였다.”

이세민이 비록 탈출을 하기는 하였으나 위태롭고 두려워함이 이러하였던 것이다.

『신·구당서』*와 사마공의 『통감』*에 이러한 사실을 적지 않은 것은, 자기 나라를 위해 수치스런 일을 숨기려 한 것이 아니겠는가?

안시성을 먼저 치자고 주장한 이세적

이세적이 세민에게 말하였다.

“건안*은 남쪽에 있고 안시는 북쪽에 있습니다.

아군의 군량은 이미 요동(지금의 창려)으로 수송할

◈류공권柳公權(1132~1196): 고려 중기의 명신. 문학과 서예에 능했다.

◈척후병: 적의 움직임이나 지형 따위를 살피는 임무를 맡은 병사.

◈흑기黑旗: 검은 깃발. 당시 당군은 붉은 깃발이고 고구려의 군기는 흑색이었다.

◈『신·구당서新舊唐書』: 『신당서』와 『구당서』. 당나라의 역사를 기록한 책이다. 『구당서』「지리지」와 「동이열전」에 삼국에 관한 기록이 있다.

◈통감通鑑: 『자치통감資治通鑑』을 말한다. 송宋의 사마광이 쓴 역사책.

◈건안성: 안시성 남쪽 70리, 지금의 하북성 당산의 남쪽 경계에 있었다.

고구려국본기

중국은 그들의 부끄러운 역사는 기록하지 않았대요. 그러고는 우리 역사를 왜곡한 거예요.

길을 잃었습니다.

지금 안시를 넘어 건안을 치다가 만약 고구려가 군량을 수송하는 길을 끊는다면 대세가 반드시 어렵게 될 것이니 먼저 안시를 치는 것만 못할 것입니다.

안시를 함락시키고 북을 두드리며 여유 있게 가서 건안을 빼앗으면 될 것이옵니다."

안시성 주민들의 합심

안시성 사람들이 멀리서 세민의 깃발과 일산(해를 가리는 큰 우산)을 바라보고, 문득 성에 올라 북을 치고 고함을 질렀다.

침을 뱉으며 세민을 욕하고 그의 죄목을 하나하나 짚어가며 군중에게 고하였다.

그러자 세민의 노기가 극도에 달하였다. 성이 함락되는 날에는 남자와 여자를 모두 산 채로 파묻을 것이라 하였다.

안시성 사람들은 이 말을 듣고 더욱 굳건히 성을 지켰다.

그리하여 세민이 공격을 해도 함락되지 않았다.

당나라 장수들의 의견이 갈라졌다

이때 당나라 수군 제독 장량*의 군사는 사비성*에 있었다.

세민이 그들을 부르려다 행하지 못하고 망설이는 사이에 기회를 잃고 말았다.

장량은 병력을 이동시켜 오골성*을 습격하려 하였으나 오히려 우리 관병에게 패하고 말았다.

이도종* 역시 험준한 길을 만나 군세를 떨치지 못했다.

---

* **장량張亮**: 당나라 때 영양榮陽 사람. 형부상서(법률과 재판을 맡은 관리)에 오름.

* **사비성**: 비사성·비도성이라고도 하며, 지금의 요동반도 끝, 대련만 북안에 있었다.

* **오골성**: 지금의 요령성 봉성현鳳城縣으로 추정된다.

* **이도종李道宗**: 자는 승범承範. 당나라 장수. 예부상서에 오름.

우리 백성들이 합심하여 안시성을 지켜낸 거예요~~~!!!!

환단고기

상황이 이에 이르자 당나라 여러 장수의 의견이 서로 갈라졌다.

이세적은 홀로 '고구려가 나라의 온 힘을 기울여 안시성을 구하려 하니, 안시를 버리고 곧장 평양을 치는 것만 못하다'고 생각하였다.

장손무기*의 의견은 이러하였다.

'천자가 친히 정벌에 나섬은 여러 장수와는 달라 위험을 무릅쓰고 요행을 바라서는 안 된다.

지금 건안·신성에 있는 적군의 무리가 수십만이요, 고연수가 거느린 말갈 군사 또한 수십만이다.

만약 국내성 군사가 오골성을 돌아서 낙랑*의 여러 길의 험한 곳을 차단한다면, 적의 세력은 날로 강해져서 우리를 포위하고 압박하여 위급하게 될 것이다.

우리가 적을 갖고 놀려고 하다가는 뉘우쳐도 소용없을 것이다.

먼저 안시를 공격하고 다음에 건안을 취하는 것만 못할 것이다.

그 다음에 멀리 적을 몰아 쫓으며 진격하는 것이 만전의 계책*이다.'

이리하여 결론이 나지 않았다.

토산을 빼앗은 고구려군

안시성주 양만춘이 그 소식을 듣고, 야밤을 틈타 수백 명의 정예 군사를 거느리고 줄을 타고 성에서 내려가 공격을 하였다.

적진에서는 서로 짓밟혀 죽고 상처를 입은 자가 매우 많았다.

이세민이 이도종을 시켜 성의 동남쪽 모퉁이에 흙으로 산을 쌓게 하였다.

우리 군사는 성 한 귀퉁이가 무너진 곳으로 나와 쳐서 드디어 토산

* **장손무기**長孫無忌: 낙양 사람으로 자字는 보기輔機. 당 태종을 보필하여 이부상서에 오르고 조국공趙國公에 봉해졌다. 당 태종의 왕비 문덕 황후의 오빠로서 태종의 총애를 받았다.

* **낙랑**: 지금의 하북성 동북부 지역으로, 본래 배달·단군조선 이래로 줄곧 우리 땅이었다. 중국의 동북 지역에서도 가장 중요한 군사 요충지로서, 고대에 중국과 우리나라 간에 군사적 충돌이 가장 잦았던 곳이기도 하다.

* **만전의 계책**: 최선의 방법(꾀).

을 빼앗았다.

거기에 참호를 만들어 지키니 군세가 더욱 떨쳐졌다.

이리하여 당나라의 모든 진영은 싸울 생각을 거의 잃어버렸다.

부복애는 전쟁에 패한 책임으로 목이 베이고, 이도종과 그 부하들은
모두 맨발로 나아가 죄를 인정하고 처벌을 기다렸다.

연개소문이 총공격을 명하였다

막리지(연개소문)가 기마병 수백을 거느리고 순시하다가 난하 언덕
에서 멈추고 전쟁 상황을 자세히 물었다.

그리고 사방에서 총공격을 하라고 명령하였다.

고연수 등이 말갈 군사와 함께 양쪽에서 협공하고, 양만춘은 성에
올라 싸움을 감독하고 격려하였다.

이에 사기가 더욱 높아져서 하나가 백을 당하는 용맹스러움을 보이
지 않는 자가 없었다.

양만춘의 화살에 맞아 왼쪽 눈이 빠진 당 태종

세민이 스스로 울분을 참지 못하고 감히 나서서 결판을 내려 하였다.

바로 이때 양만춘이 소리를 지르며 활시위를 팽팽하게 당겼다.

세민이 진을 나서다가, 양만춘의 활 시위를 떠나 반공중에 뜬 화살
에 드디어 맞아 왼쪽 눈이 빠져 버렸다.*

이세민은 어찌 할 바를 모르고 군사들 틈에 끼어 달아났다.

이에 세적과 도종에게 명하여

보병·기병 수만 명을 거느리고 후군으로 따르게 하였다.

고려의 목은牧隱 이
색이 유림관을 지나
며 지은 시 「정관음
貞觀吟」 중에 이세민
의 패배를 노래한 구
절이 있다. "고구려
쯤이야 호주머니 속
의 물건일 뿐이라 하
더니, 어찌 알았으리
오. 검은 꽃(눈)이 흰
깃(화살)에 맞아 떨
어질 줄을!"

어이구!!!
분하고 원통하다!
고구려군을 얕보다가
이렇게 꼼짝없이
당하다니~~~!

으윽~~꽝~~~!!!

환
단
고
기

요택에 이르자 진창 때문에 군마의 행군이 어려웠다.

장손무기에게 명하여 1만 명을 거느리고 풀을 베어 길을 메우고 물이 깊은 곳은 수레로 다리를 만들게 하였다.

세민 자신도 스스로 말채찍으로 땔나무를 묶어 일을 도왔다.

겨울 10월에, 포오거*에 이르러 말을 쉬게 하고
길 메우는 일을 독려하였다.

모든 군사가 발착수를 건널 때에

거센 눈보라가 몰아쳐 군사들을 적시니 죽는 자가
많았다.

이에 길에다 불을 피우게 하고 기다렸다.

연개소문이 당나라 수도, 장안에 들어갔다

이때 막리지 연개소문은 싸움에 이긴 김에 계속 몰아쳐서
급히 이들을 뒤쫓았다.

추정국은 적봉에서 하간현에 이르고

양만춘은 곧바로 신성을 향하며 군세를 크게 떨쳤다.

수많은 당나라 군사가 갑옷과 무기를 버리고 달아나 바야흐로 역수*를 건너려 하였다.

이때 막리지가 연수에게 명하여 용도성을 개축하게 하였다.
용도성은 지금의 고려진이다.

또 전군을 나누어 보내어 한 군은 요동성을 지켰는데, 그곳은 지금의 창려*이다.

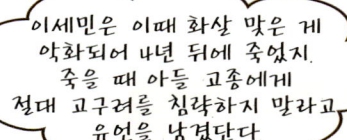

이세민은 이때 화살 맞은 게
악화되어 나년 뒤에 죽었지.
죽을 때 아들 고종에게
절대 고구려를 침략하지 말라고
유언을 남겼단다.

❀ **포오거**蒲吾渠: 『삼국사기』 보장왕 4년 조에서는 포오거를 포구蒲溝라 하였다. 하북성 평산현平山縣 서쪽에 있다(『중국 역대 지명 대사전』).

❀ **역수**易水: 중역中易 · 북역北易 · 남역南易 세 갈래가 있는데, 모두 지금의 하북성 역현 경계에서 흘러나온다.

❀ **창려**昌黎: 지금의 하북성 난하의 동부 연안에 있다. 이곳에 고구려 요동성이 있었는데, 당나라 때는 요주遼州라 이름을 바꾸었다.

고구려국본기

한 군은 이세민의 뒤를 바짝 쫓고, 또 한 군은 상곡*을 지키니 상곡은 지금의 대동부이다.

이에 이세민이 매우 어려운 처지에 몰려 어찌할 바를 모르다가 사람을 보내어 항복을 받아 달라고 애걸하였다.

막리지(연개소문)는 추정국, 양만춘 등의 기병 수만 명을 거느리고 성대하게 의장을 갖추었다.

북 치고 나팔 부는 군악대를 앞세워 당나라의 수도 장안에 들어갔다.

그리고 이세민과 더불어 약속을 하니 산서성, 하북성, 산동성, 강좌*가 모두 고구려에 속하게 되었다.

연개소문 장군이 당당하게 당나라 수도에 들어가서 이세민의 항복을 받으셨대.

강좌江左: 지금의 강소성江蘇省 등 양자강 하류 북쪽 지역을 말한다.

요서군: 중국 본토에 있던 백제 식민지. 지금의 하북성 난하(당시의 요수) 서쪽 하북성 일대에 있었고, 약 200년 동안 백제가 통치하였다.

월주越州: 지금의 절강성 소흥현이다.

산음山陰: 수隋나라 때 회계현에 귀속되었다가 지금은 회계현과 함께 절강성 소흥현이 되었다.

송강松江: 지금의 상해.

회계會稽: 지금의 절강성 소흥현.

백제가 다스리던 요서 땅을 빼앗음

이보다 먼저 고구려는 백제와 밖에서 서로 경쟁하며 함께 존재하였다. 요서 땅에 백제가 다스리는 땅이 있었는데, 곧 요서*·진평이다.

강남에는 월주*가 있었으니, 여기에 소속된 현(고을)은 첫째 산음*, 둘째 산월, 셋째 좌월이다.

21세 문자제 명치 11년(501) 11월에 이르러, 고구려가 월주를 쳐서 취하고 군현의 이름을 바꾸어 송강*·회계*·오성·좌월·산월·천주*라 하였다.

명치 12년(502)에 신라 백성을 천주로 옮겨 그곳을 채웠다.

이 해에 백제가 조공을 바치지 아니하였다.

그래서 군대를 보내어 요서·진평 등의 군을 쳐서 **빼앗으니** 백제군이 없어지고 말았다.

연개소문의 위대함

연개소문에 대한 왕개보의 인물평

왕개보*가 이렇게 말했다.

"막리지 연개소문은 보통 인물이 아니라 하더니 과연 그렇다. 막리지가 살아 있을 때는 고구려와 백제가 함께 건재하였다*. 그런데 막리지가 세상을 뜨자 백제와 고구려가 함께 망하였으니, 막리지는 역시 아주 뛰어난 인물이로다."

연개소문의 유언

연개소문이 죽음을 맞아 아들 남생, 남건*을 돌아보며 이렇게 말하였다.

"너희 형제는 사랑하기를 물과 같이 하여라. 화살을 묶으면 강하고 나누면 꺾어지나니, 부디 이 유언을 잊지 말고 천하 이웃 나라 사람들에게 웃음거리가 되지 않도록 하여라."

때는 개화 16년(28세 보장제, 단기 2990, 657) 10월 7일이었다.

연개소문의 묘는 운산의 구봉산에 있다.

- **천주**泉州: 지금의 복건성 복주福州 서남쪽.
- **왕개보**王介甫(1021~1086): 왕안석王安石. 개보介甫는 자, 호는 반산半山이다. 송宋나라 문필가이자 정치인이고, 당송팔대가唐宋八大家의 한 사람이다.
- **건재하다**: 힘이나 능력이 줄어들지 않고 여전히 그대로 있다.
- **남건**男建: 연개소문의 둘째아들. 아우 남산男産과 함께 대막리지인 형 남생을 몰아내고 대막리지가 되었다. 형제간의 세력 다툼은 고구려 멸망의 한 원인이 되었다.

이 유언을 잘 받들었으면 좋았을 텐데~~!

남건이 동생과 함께 형을 몰아내자 형 남생이 당나라에 망명을 해서 고구려를 멸망시키는 데 앞장선 거야.

연개소문의 누명을 벗긴다

연개소문에 대해 그동안 우리는 어떻게 알고 있었는가? 철저한 사대주의를 바탕으로 우리 역사를 기록한 김부식 『삼국사기』에서 연개소문을, "권력에 눈이 멀어 임금을 시해한 흉악하고 잔포한 역적이며 고구려의 멸망을 초래한 장본인"이라 기록하였다. 이러한 내용이 현 역사 교과서에 그대로 실려 있다.

연개소문淵蓋蘇文(?~665?)은 과연 어떤 인물이었을까?

『환단고기』「고구려본기」의 기록을 간추리면, 연개소문은 주체성이 강하여 동족인 백제, 신라와 힘을 합하여 당나라를 정벌하려 하였다. 그러나 고구려 영류왕(27대)은 즉위하기 전부터 북벌정책에 반대하고, 당나라에 대해 굴욕적인 자세로 일관하였다. 영류왕은 제위에 오르자 그때까지 고구려 제왕들이 남긴 모든 신교의 법을 버리고, 당나라에서 도교를 수입하여 백성들에게 퍼뜨렸다. 그리고 백성 수십만 명을 동원하여 무리하게 천리장성을 쌓았다.

이에 연개소문은 왕에게 도교 강론과 장성 쌓는 일을 중지할 것을 청원하였다. 임금은 이를 매우 언짢게 생각하고 대신들과 함께 비밀리에 연개소문을 죽이려 하였다.

이를 안 연개소문은 술과 음식을 차려 놓고 열병식에 대신들을 초대하여 모두 죽여 버렸다. 영류왕은 이 소식을 듣고 몰래 달아나다가 송

양에 이르러 병사를 모집하였다. 그러나 한 사람도 따르지 않자 부끄러움을 이기지 못하여 자결하고 말았다.

연개소문은 왕의 조카를 보장왕(28대)으로 세우고, 자신은 대막리지 大莫離支가 되어 끝까지 강경한 대외 정책을 써서 당에 맞섰다. 그 후 보장왕 4년(645)에 당태종 17만 대군이 쳐들어오자 안시성에서 이를 물리쳐 당 태종에게 굴욕을 안겼다.

그런데 신라 귀족의 후손인 김부식은 당나라의 힘을 빌어 신라가 삼국을 통일한 사실을 정당화하면서, 당시 중국을 위협하던 고구려를 적대국으로 표현하였다. 이러한 기록 때문에 연개소문은 20여 년 동안 당의 침략에 맞서 싸우며 고구려를 지킨 업적을 제대로 인정받지 못하였다.

하지만 일제강점기에 단재 신채호는 『조선상고사』에서 연개소문을 위대한 혁명가라 하였으며, 박은식은 『천개소문전』에서 독립 자주의 정신과 대외경쟁의 담략을 지닌 역사상 일인자라고 평가하였다. 이것을 보면, 유교사상의 지배를 받던 조선시대까지 죄인으로 평가받던 연개소문이 민족의 자주정신이 요구되던 일제강점기에 와서 자주적인 혁명가로 재평가되었음을 알 수 있다.

이제 『환단고기』를 통해, 그동안 연개소문에게 씌워졌던 누명을 깨끗이 벗긴다.

요동과 요서에 남아 있는 고구려 성터

안시성과 고려성

고려진은 북경 안정문 밖 60리쯤에 있다.

안시성은 개평부 동북쪽 70리에 있는데, 지금의 탕지보이다.

고려성은 하간현 서북쪽 12리에 있다.

모두 태조 무 열제(6세, 53~146)가 쌓은 것이다.

이방인이 노래한 고려성의 옛 추억

당나라 사람 번한이 「고려성 회고시」 한 수를 지어 세상에 전하였다. 그 내용은 이러하다.

> 외진 땅에 성문 열리고
> 구름 숲 속으로 성 위 담장은 길게 이어졌네.
> 물은 맑아 저녁 노을 비치고
> 어둠 깃든 모래땅엔 별빛이 빛나네.
> 북소리 둥둥 울리니 구름도 따라 잊고
> 새로 핀 고운 꽃은 흙을 털고 단장했네.
> 슬그머니 하루아침에 저자거리로 바뀌어
> 피리 나팔 소리 다시 들을 길 없구나.
> 누런 흙먼지 속 무성한 가시나무,
> 옛 길 옆에는 쑥대만 우거져 있네.
> 무상한 세월의 티끌은 아름답던 비취 묻어 버렸고
> 거친 언덕에는 소와 양이 오르는구나.
> 화려하던 옛 시절 이미 사라졌는데

깊어 가는 가을 소리에 기러기만 나는구나.

고구려 옛 성터에서 옛날을 그리워함

내가 비록 글재주는 없으나 그 운을 따라 한 수 읊는다.

요서에 옛 성터 아직 남아 있으니
생각컨대 명성 높은 나라의 운수 틀림없이 길었으리.
연나라 험한 산에 전쟁도 많았지만
요하의 도도한 물결은 하늘빛 같네.
바람 불어 나무는 빈 골짜기에서 춤추고
학은 자태를 꾸미며 높은 나무에서 우는구나.
변방을 지키던 방패와 깃발 하루저녁에 바뀌어
값을 외치는 장사꾼 방울소리 처량하게 들리네.

이곳은 길림시 용담산에 있는 용담산성이랍니다.

용담산성: 지금까지 발견된 산성 가운데 가장 북쪽에 위치한 것이다.

연(하북 · 산서)과 양(감숙)은 본래 우리 땅으로

관병이 오래도록 지키며 말 먹이던 곳이지.

영웅은 다시 오지 않고 그때 일은 아득하니

양떼 내몰듯 도둑떼 몰아낼 날 다시 없을런가.

이제 와 옛일 한없이 슬퍼하는 나의 마음을

만 리 길 떠나는 핵랑의 노자로나 쓰시게.

한나라의 침략에 대비하여 쌓은 요서 10성

10성의 위치

『조대기』에 이렇게 기록되어 있다.

"태조 융무 3년(6세 태조 무열제, 단기 2388, 55), 요서에 10성을 쌓아 한나라의 침략에 대비하셨다.

그 10성은 이러하였다.

첫째는 안시성이니, 개평부에서 동북쪽으로 70리 떨어진 곳에 있다.

둘째는 석성이니, 건안성에서 서쪽으로 50리 떨어진 곳에 있다.

셋째는 건안성이니, 안시성에서 남쪽으로 70리 떨어진 곳에 있다.

넷째는 건흥성이니, 난하의 서쪽에 있다.

다섯째는 요동성이니, 창려의 남쪽 경계에 있다.

여섯째는 풍성이니, 안시성에서 서북쪽으로 100리 떨어진 곳에 있다.

일곱째는 한성이니, 풍성에서 남쪽으로 200리 떨어진 곳에 있다.

여덟째는 옥전보이니, 옛날의 요동국으로 한성에서 서남쪽으로 60리 떨어진 곳에 있다.

아홉째는 택성이니, 요택성에서 서남쪽으로 50리 떨어진 곳에 있다.

열째는 요택성이니, 황하 북류의 왼쪽 언덕에 있다.

융무 5년(단기 2390, 57) 봄 정월에, 또 백암성과 용도성을 쌓으셨다."

요서 10성

백암성과 건안성

『삼한비기』에 이렇게 기록되어 있다.

"「구지」에 말하기를, 요서에 창료현이 있는데, 당나라 때 요주로 고쳤다. 그곳 남쪽에 갈석산이 있고, 그 아래가 곧 백암성이다. 당나라 때에 암주라 부른 곳이 이곳이다.

건안성은 당산 경계 안에 있고, 그 서남은 개평開平인데 일명 개평蓋平이라 하였다. 당나라 때 개주는 이곳이다."

현도군에 쌓은 토성

『자치통감』에는 이렇게 기록되어 있다.

"현도군은 유성과 노룡 사이에 있다.

『한서』에 '마수산이 유성 서남에 있는데 당나라 때 여기에 토성을 쌓았다'고 하였다."

고구려를 세우는 데 공을 세운 연타발

연타발*은 졸본 사람이다.

남북 갈사*를 오가면서 재산을 잘 관리하여 부자가 되어 엄청난 돈을 모았다.

남 몰래 주몽을 도와 나라를 처음 여는 기틀을 마련하고 도읍을 세우는 데 큰 공을 세웠다.

뒤에 무리를 이끌고 구려하*로 옮겨 물고기와 소금을 사고팔아 이익을 얻었다.

고주몽 성제가 북옥저*를 칠 때 양곡 5천 석을 바쳤다.

눌견*으로 도읍을 옮길 때 연타발이 먼저 양곡을 자원하여 바쳤다.

❀**연타발**: 고주몽을 도와 고구려를 건국한 개국 공신.

❀**남북 갈사**: 북갈사는 만주 우수리강 일대이고, 남갈사는 혼춘琿春 지방이다.

❀**구려하**: 일명 고구려하高句麗河인데, 지금의 대요하를 말한다.

❀**북옥저**: 남옥저(요동반도)에서 동북으로 800리에 있었다. 지금의 만주 서간도西間島 일대이다.

❀**눌견訥見**: 고구려의 두 번째 도읍지. 지금의 만주 장춘 북쪽 주성자朱城子이다.

환단고기

이곳은 연주성입니다. 요양에 있는 고구려 성으로, 일명 백암성이라고 한답니다. 비교적 완벽한 형태로 남아있지요.

떠도는 백성을 불러 모아 어루만져 위로하며 임금의 일을 부지런히
도왔다.

그 공덕으로 좌원*에 봉토*를 얻었다.

그가 여든에 죽으니

때는 평락 13년(단기 2309, 기원전 25, 병신) 봄 3월이었다.

🌸 **좌원**坐原: 남만주 관
전현 성동산과 통화
현 홍석납자의 중간
에 있는 긴 평원平原.

🌸 **봉토**封土: 제후로 봉
해져서 받는 땅.

요수(난하)

북경

고 구 려

광양 요서
진평

태원◎

◎평양

동해

청하 🏔 제濟

태산 성양

황하 노魯

백제

신라

◎서안

회수

왜

광릉

오吳
양자강

야마토 왜를
속국으로 삼음

🏔 회계산

월越

일본까지 뻗어나간 백제의 통치 영역

백제의 시조와 건국 과정

유리를 태자로 삼으신 고주몽

일찍이 고주몽께서 재위할 때 말씀하셨다.

"만약 적자(본래 부인이 낳은 아들) 유리가 오면 마땅히 태자로 봉할 것이다."

이에 소서노*는 장차 자신의 두 아들(비류와 온조)이 이롭지 못할 것을 염려하였다.

⚘**소서노**: 북부여 6세
고무서 단군의 둘째
딸. 고주몽의 아내이
다.

소서노가 두 아들을 데리고 떠났다

기원전 42년(경인) 3월에 사람들에게서 패대(중국 하북성 난하 부근)의 땅이 기름지고 물자가 풍부하다는 말을 들었다.

이에 두 아들과 함께 남쪽으로 달려가 진·번(옛 진한과 번한) 사이에 있는 바다 가까운 외진 땅에 이르렀다.

소서노를 어하라(왕)에 봉하심

소서노가 그곳에 산 지 10년 만에 밭을 사서 장원*을 두고 재산을 모아 수만 금에 이르렀다.

먼 곳 가까운 곳에서 소문을 듣고 찾아와 따르는 자가 많았다.

남으로 대수에 이르고 동으로 큰 바다에 닿는, 5백 리 되는 땅이 모두 소서노의 소유였다.

소서노는 주몽 성제께 사람을 보내어 글을 올려 섬기기를 원한다고 하였다.

성제께서 매우 기뻐하며 칭찬하시고

소서노를 책봉하여 '어하라'*라는 칭호를 내리셨다.

어하라 재위 13년 기원전 19년(임인)에 이르러 소서노가 세상을 떠나고 태자 비류가 즉위하였다. 그러나 따르는 사람이 없었다.

백제를 건국한 온조

이때 마려 등이 온조에게 말하였다.

"신들이 듣기로 마한이 쇠하여 망하기에 이르렀다 하니

가서 도읍을 세울 때라 생각하옵니다."

온조가 "좋다."고 허락하였다.

소서노는 고주몽의 아내이며 온조와 비류의 어머니이다. 고구려 건국에 많은 도움을 주었다 한다.

✿ **장원**: 귀족이 소유한 개인 땅.

✿ **어하라**於瑕羅: 백제 건국 과도기에 고주몽 성제가 책봉한 왕의 호칭. 백제 역사는 고구려의 제후로 시작되었음을 알 수 있다. 고구려는 그 뒤에도 계속 백제 왕을 어하라라 불렀다. 이것은 고구려가 백제를 제후국으로 거느린 황제 국가임을 과시한 것이다.

고구려국본기

말풍선: 백제의 뿌리도, 신라의 뿌리도 고구려의 뿌리도 북부여였대.

세로: 환단고기

주석 (왼쪽 단)

❀ **백제의 시조**: ①소서노, ②비류, ③온조라는 세 가지 주장이 있다. 온조왕을 백제의 시조로 보는 것이 마땅하다.

❀ **한산漢山**: 지금의 서울 지방.

❀ **부아악負兒岳**: 북악산.

❀ **하남 위지성**: 하남 위례성. 최근 고고학 발굴을 통해 서울 송파구의 풍납토성으로 밝혀졌다.

본문

이에 배를 만들어 바다를 건너 먼저 마한의 미추홀(지금의 인천 부근)에 이르렀다.

그러나 사방을 다녀 보아도 텅 비어 사는 사람이 없었다.

한참 뒤 드디어 한산*에 이르러 부아악*에 올라 살 만한 땅을 찾아 보았다. 그때 마려, 오간 등 신하 열 명이 간하였다.

"오직 이곳 하남땅은 북으로 한수(한강)를 끼고 있으며, 동으로 높은 산이 자리잡고 있습니다. 남쪽으로 기름진 평야가 열려 있고 또 서쪽은 큰 바다(황해)가 가로막고 있습니다.

이곳은 하늘이 만든 험한 지형과 땅의 이로움이 다른 곳에서는 얻기 어려운 지세입니다. 마땅히 이곳에 도읍을 정하는 것이 옳을 것입니다. 다른 곳을 더 찾지 마옵소서."

온조가 신하 열 명의 의견을 좇아 드디어 하남 위지성*에 도읍을 정하고, 나라 이름을 백제라 하였다.

백 사람이 건너왔기 때문에 그렇게 부른 것이다.

뒤에 비류가 세상을 떠나자 그 신하와 백성이 온조에게 땅을 바치며 복종했다.

신라의 기원과 박혁거세의 혈통

사로(신라의 옛 이름)의 첫 임금(박혁거세)은 선도산 성모의 아들이다.

옛적에 부여 황실의 딸 파소가 지아비(남편) 없이 아이를

가져 남의 의심을 사게
되었다.

이에 눈수*에서 도망하
여 동옥저*에 이르렀다
가 또 배를 타고 남쪽으
로 내려가 진한의 나을
촌*에 이르렀다.

그때에 소벌도리라는 자
가 이 소식을 듣고 가서
아이를 집으로 데려와
길렀다.

백제와 신라의 첫 조상이 이동한 길

아이의 나이 13세가 되자 뛰어나게 총명하고 숙성하며 거룩한 덕이
있었다.

이에 진한 6부가 함께 받들어 거세간(신라의 왕)이 되었다.

서라벌(경주)에 도읍을 세워 나라 이름을 진한이라 하였고, 또 사로
라고도 하였다.

왜(일본)와 고구려의 관계

임나의 유래

임나는 본래 대마도*의 서북 경계에 위치하여 북쪽은 바다로 막혀
있는 곳이었다.

그 섬을 다스리는 곳을 국미성이라 했다.

☙ **눈수嫩水**: 만주 흑룡
강성의 눈강.

☙ **동옥저東沃沮**: 지금
의 함경도와 강원도
일부이다.

☙ **나을촌奈乙村**: 박혁
거세가 처음 나타난
곳. 『삼국사기』와
『삼국유사』에서는
양산 기슭에 있는 나
정蘿井 숲속이라 하
였다.

고
구
려
국
본
기

성의 동쪽과 서쪽 각 언덕에 마을이 있었다.

이들은 혹은 조공을 바치고 혹은 배반을 하였다.

뒤에 대마도의 두 섬이 마침내 임나의 통제를 받게 되었다.

이때부터 임나는 대마도 전체를 가리키는 이름이 되었다.

큐슈 · 대마도는 본래 삼한이 다스린 땅

옛날부터 큐슈와 대마도는 삼한이 나누어 다스린 땅으로,

본래 왜인이 대대로 살던 곳이 아니었다.

임나가 또 나뉘어져 삼가라가 되었다.

이른바 '가라' 라는 것은 중심이 되는 읍(고을)을 부르는 이름이다.

이때부터 삼한(삼가라의 왕)이 서로 다투어

오랜 세월 동안 화해하지 못하였다.

좌호가라는 신라에 속하고, 인위가라는 고구려에 속하고

계지가라는 백제에 속한 것이 이 때문이다.

고구려의 식민지가 된 삼가라

영락(광개토 열제) 10년(400)에

삼가라가 모두 고구려에 귀속되었다.

이때부터 바다와 육지의 여러 왜를 모두 임나에서 통제하였다.

열 나라로 나누어 다스리니 연립정부라 하였다.

그러나 고구려에서 직접 관할하였으므로

열제의 명령 없이 임나가 마음대로 하지는 못하였다.

삼국이 나누어 다스린
대마도

❀ **대마도**對馬島: 쓰시마. 쓰시마라는 이름은 우리말의 '두 섬'에서 유래하였다. 대마도는 배달 · 단군조선 이래 본래 우리 땅이었다. 『세종실록』에도 "임나(대마도)는 예로부터 우리의 소유로서 경상도 동래현에 소속되어 왔다."라고 하였다.

환단고기

임나일본부任那日本府의 허구

임나일본부란 일본이 조작해 낸 한민족 통치기구 이름이다. 즉, 일본이 4세기 중엽부터 6세기 중엽까지 약 200년 동안 '임나'에 통치 기구인 일본부를 설치하고 한반도의 남쪽을 지배했다는 것이다. 『일본서기』를 보면 '신공황후神功皇后가 보낸 왜군이 369년에 한반도에 건너와 7국國과 4읍邑을 점령하였다. 그리고 이 지역을 통치하기 위해 임나(가야)에 일본부를 설치하였으며, 562년 신라에 멸망하였다' 고 하였다. 이것은 결코 진실일 리 없다. 4세기 중반, 왜倭(일본의 옛 이름)는 100여 개의 작은 나라로 나뉘어 백제의 통제를 받는 속국이었다. 그런 작은 나라의 여왕이 신라, 가야는 물론 동북아의 강대국이던 백제를 정복하고 지배했다는 것이 말이 되는가.

그들은 이 주장을 뒷받침하기 위해 신공황후가 『삼국사기』에 나오는 히미코卑彌呼라 하였다. 그러나 실제 『삼국사기』에 나오는 히미코는 2세기 인물이고, 『일본서기』의 신공황후는 3세기 인물로 247년에 사망했다. 그 인물들은 연대상으로 볼 때 임나일본부와 전혀 연관성이 없다. 일본학계에서도 '신공황후는 실존 인물이 아니며 삼국을 정벌하여 임나일본부를 설치했다는 것은 도저히 믿을 수 없는 허구' 라는 주장이 많다.

또 '일본' 이란 이름은 백제가 망한 지 10년 뒤(670년)에야 쓰기 시작한 것이다. 그러니 그보다 300여 년 전에 '일본' 이란 이름이 들어 간 '일본부' 가 있을 수 없지 않은가.

그럼에도 일본은 19세기 말, 조선을 침략할 때 다시 이것을 이용하였다. 과거에 그들 조상이 한반도를 지배하였으니, 근대에 이르러 일본이 한반도를 식민지로 삼는 것은 침략이 아니라 옛 땅을 회복하는 일이라 한 것이다. '임나일본부' 는 일제의 한반도 침략과 식민지 지배를 정당화, 합리화시키려는 조작극에 불과한 것이다.

아유타국은 어디인가

아유타*는 『삼국유사』에서 서역(인도)이라 하였다.

그러나 이제 모든 옛 기록을 살펴보면 아유타는 지금의 섬라*(태국)이다.

그렇다면 인도의 아유타인이 혹시 대식국*의 침입을 받고 쫓겨나서 이곳(태국)에 이르러 살게 되었던 것일까?

이명의 『진역유기』에는 이렇게 기록되어 있다.

"옛적에 백제 상인들이 바다로 아유타에 가서 재물과 보화를 많이 싣고 돌아왔다. 그 때 그곳 사람도 백제 사람을 따라 왕래하여 날로 교류가 친밀해졌다.

그러나 그 사람들 풍속이 겁이 많고 싸움에 익숙하지 않아서 남의 제재를 많이 받았다."

을밀대와 을밀선인 이야기

삼신상제님을 노래한 을밀선인

또 이렇게 기록되어 있다.

"평양에 을밀대*가 있는데, 세상에 전하기를 을밀선인*이 세운 것이라 한다."

을밀은 안장제(519~531) 때 조의선인으로 뽑혀 나라에 공을 세웠는데, 본래 을소의 후손이다.

을밀은 집에서 글 읽고 활쏘기를 익히고 삼신상제님을 노래하였다.

글 옆 난외 주석:

❀**아유타**阿踰邪: 본서 『태백일사』에서는 섬라 즉 지금의 태국이라 하였다. 그러나 1989년에 KBS 방송팀이 가야 시조 김수로왕의 왕비인 아유타국 공주 허황옥이 왔던 길을 추적하여 현지를 답사한 결과, 아유타는 인도 갠지즈 강변에 위치한 아요디야로 밝혀졌다.

❀**섬라**暹羅: 현재의 타일랜드(태국).

❀**대식국**: 중동 지방에 있었던 사라센 제국을 말한다. 고려 현종顯宗, 정종靖宗 때 송宋나라 상인들과 함께 와서 여러 차례 조공을 바치고 무역하였다.

❀**을밀대**乙密臺: 평양 금수산 마루에 있는 대臺.

❀**을밀선인**乙密仙人: 고구려 22세 안장열제(519~531) 때의 조의皀衣. 2세 유리명열제 때의 대신인 을소의 후손.

세로 글자: 환단고기

그리고 젊은이들을 받아들여 수련을 시키고, 정의와 용기로 나라를 위해 힘을 다하였다.

그리하여 당대에 이름난 조의(조의선인)가 되었고, 따르는 무리가 3천이었다.

가는 곳마다 이들이 구름처럼 모여서 함께 「다물흥방가」를 불렀다. 이로써 자신의 몸을 던져 의를 다하는 기풍을 높이 북돋았다.

「다물흥방가」의 노랫말은 이러하다.

신교의 정신이 담긴 다물흥방가

조상 선령은 후손의 길잡이

먼저 가신 선령님은 우리 삶의 법이시고
뒤에 오는 자손들은 조상님을 잘 받드네.
선령님을 본받음은 그 정신이 불생불멸
자손들 선령 위함 귀천이 어디 있나.

천지와 하나인 태일 인간

사람은 천지 중심 대천지와 하나이니
마음은 몸과 함께 온 우주의 근본이네.
사람이 태잉됨에 차고 빔은 같은 경계
우주의 근본이라 신과 만물 둘 아니네.

참됨은 온갖 선함의 극치

참될 진은 온갖 선의 극치에 이름이네
삼신님은 잏심 중도 만사만물 주장하네.
참과 선의 극치에서 세 가지 참 귀잏하고

삼신님이 일심에서 삼신일체 창조하네.

다물 정신으로 나라를 일으키는 조의선인

하늘 아래 온 땅에서 오직 내가 있음이여!

옛 땅 옛 혼 다물*하니 나라가 부흥하네.

스스로 생존함에 함이 없이 일을 하고

나라가 부흥함에 말이 없이 가르치네.

효도와 충성을 위해 선을 행하여라

참 목숨이 크게 생함 성통광명 이유라네

들어와서 효도하고, 나가서는 충성하라.

광명하여 모든 선을 다 받들어 실행하고

효도 충성 다함으로 일체 악행 짓지 말라.

나라를 소중히 여기는 것이 백성의 정의로움

만백성의 정의로움 나라 위한 중한 마음

나라가 없다면 내가 어찌 살아갈까.

백성에게 만물 있어 우리나라 복이 되고

이 나라에 혼이 있어 우리 백성 덕이 되네.

영원히 사는 길

우리의 혼은 삼혼이니 생함과 깨달음과

신령함이 예 있구나 삶과 지혜 닦아 보세.

 다 함께 암송하기

진명지대생眞命之大生이 성통광명혜性通光明兮여.

참 목숨이 크게 생하는 것이 성품에 통하여 광명을 체험하는 데 있구나.

眞 참 진　性 성품 성　通 통할 통

환단고기

조화신이 머무는 천궁 이내 몸이여
몸과 영혼 함께 닦아 영원불멸 얻으리라.

삼신상제님의 가르침은 영원한 스승

우리들 자자손손 나라를 잘 다스리고
대광명의 신교 배움 영원한 스승이네.
우리 자손 통일되면 모두가 잘 살리니
우리 스승 가르치심 새롭고도 새롭구나.

나라 사람들의 본보기가 되었다

을밀선인이 일찍이 을밀대에 거주하며
오직 하늘에 천제 올리고 수련하는 것을
마땅히 해야 할 일로 여겼다.

대개 신선의 수련법은 참전으로 계율을 삼고
그 이름을 더욱 굳게 지켜 서로 영광되게 하였다.

추앙推仰: 높이 받들어 우러러 봄.

인존人尊: 사람 가운데 가장 존귀한 분. 하늘땅보다 존귀한 인간이라는 뜻도 있다.

금수강산: 비단에 수를 놓은 것처럼 아름다운 산천이라는 뜻으로, 우리나라의 산천을 가리킨다.

나의 마음을 비워 만물을 살리고 몸을 던져

정의로움을 온전하게 실천함으로써

나라 사람들에게 본보기가 되었다.

그리하여 오랜 세월 동안 추앙*을 받아

능히 감동을 불러일으키고 또한 인존*의 상징이 되었다.

후세 사람이 그 대를 을밀이라 불렀으니,

이에 금수강산*의 명승 중 한 곳이 되었다.

저 앞에 보이는 것이 환도산성이고 성 아래 들판에 보이는 것이 무덤들이에요.

환도산성 점장대: 장수가 이곳에서 전투를 지휘하였다

환도산성 전경과 고구려 무덤들(길림성 집안현)

고구려 역사는 900년

현재 우리 학교에서 가르치는 대로라면 고구려의 역사는 약 700년이다. 이것은 『삼국사기』의 기록을 토대로 한 것이다. 『삼국사기』 「고구려본기」는 고구려를 세운 주몽 이야기로 시작된다.

> "동부여에서 도망쳐 나온 주몽이 불류수(비류수) 가에 정착하고 나라를 세운 것이 한나라 효원제 건소 2년이다."

한나라 건소 2년이라면 기원전 37년에 해당한다. 고구려가 나당 연합군에게 멸망한 것이 668년이니, 이 기록에 따르면 고구려 역사는 705년인 것이다. 그런데 『환단고기』를 보면 주몽은 해모수의 현손(5세 손)으로, 해모수를 태조로 모시고 북부여를 계승하여 고구려를 세웠다고 하였다. 그러므로 고구려 역사는 해모수가 나라를 세운 기원전 239년부터 서기 668년까지, 907년이 되는 것이다.

이런 까닭에 단재 신채호는 『조선상고사』에서 '『삼국사기』는 고구려 역사를 900년에서 200년 깎아내렸다' 고 주장하였다. 『삼국사기』에서 부정한, 『신당서』에 실린 '가언충의 고구려 900년 유국설留國說'을 받아들인 것이다. 가언충의 말을 들어보자.

> "시어사侍御史 가언충賈言忠이 사신으로 왔다가 요동으로부터 돌아가니 당 태종이 '고구려 군대는 어떠한가?' 하고 물었다. 이에 가언충이 다음과 같이 대답했다. '「고구려비기高句麗秘記」에 900년이 되기 전에 마땅히 팔십

八十 대장이 멸망시킬 것이라 하였는데, 고씨高氏(고구려)가 한나라 때부터 나라를 세워 지금 900년이 되었고 이적(당나라 장수)의 나이 80입니다.' ”

이러한 사실은 광개토대왕비에 새겨진 '17세 손 광개토대왕' 이라는 기록의 수수께끼까지 속 시원히 풀어 준다.

『삼국사기』「고구려본기」에는 고구려왕의 계통이 분명히 나와 있다. 그 기록을 보면 광개토대왕은 주몽으로부터 13세 손이다. 그런데 5세기 초에 세워진 광개토대왕비 비문에는 '환지십칠세손국강상광개토경평안호태왕이라[還至十七世孫國罡上廣開土境平安好太王], 대대로 왕위를 계승하여 17세를 내려와 광개토대왕이 왕위에 올랐다' 고 새겨져 있는 것이다.

어떻게 해서 17세 손일까? 이것은 바로 북부여의 시조 해모수로부터 17세라는 뜻이다. 고주몽이 북부여를 계승하였으므로, 북부여와 고구려를 하나의 국통으로 본 것이다. 한마디로 고구려의 국통은 제1세 해모수 →제2세 고리국의 제후 고진(해모수의 둘째 아들)→제3세 고진의 아들→제4세 옥저후 불리지(고진의 손자)→제5세 고추모(고주몽, 불리지의 아들)로 이어져 내려왔으므로 광개토대왕이 해모수의 17세 손이 되는 것이다.

이렇게 『환단고기』는 고구려 국통의 뿌리가 북부여의 해모수이며, 이를 기점으로 왕통이 전승되었다는 역사 사실을 명확히 밝혀 준다.

대진국본기
大震國本紀

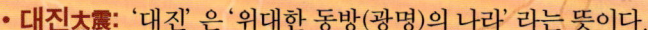

• **대진大震**: '대진'은 '위대한 동방(광명)의 나라'라는 뜻이다.

고구려가 망하자 대중상은 고구려 유민들과 함께 나라를 세우고 나라 이름을 '후고구려'라 하였다. 그리고 대중상을 이어 즉위한 대조영은 나라 이름을 '대진'으로 바꾼 뒤 고구려의 국통을 계승한 천자국으로 자부하며 건원칭제를 하였다. 그러나 대진을 일개 제후국으로 여긴 당 현종은 대조영을 좌효위원외대장군 발해군왕으로 봉하고 발해라 불렀다. 『대진국본기』에는 고구려 회복을 꿈꾸며 만주 대륙에서 한반도 북부에 걸쳐 강성한 제국을 이루었던 대진국의 흥망의 역사가 기록되어 있다.

대진국의 강역

실위

우루   흑룡강(흑수)

개마   흑수말갈

대흥안령산맥

회원부

대 진 국

철리부   우수리강

조나

부여부   송화강

위구르

서경압록부
(임황)

갈사

거란

서압록(황수)   동모산

상경용천부

장춘

동평부   **중경현덕부**   **동경용원부**(혼춘)

해奚

장령부   개원   천문령   백두산   안변부

영주營州

안원부

유주幽州

백랑산   **남경남해부**
(해성)

덕원(천정군)

하북河北

안연(옹진)   동해

발해

산서山西

등주

강릉(니하)

치청절도사   래주

신 라

산동山東
태산

←고구려인 치청절도사
이정기의 대제大齊 영역

왜倭

환
단
고
기

당

대중상의 후고구려 건국

동모산에서 후고구려를 세운 대중상

『조대기』에 이렇게 기록되어 있다.

"고구려 보장제 개화* 27년(단기 3001, 668) 9월 21일, 평양성이 함락되었다.

이때 진국 장군 대중상*이 서압록하(지금의 서요하)를 지키다가, 변이 일어났다는 소식을 들으셨다.

마침내 중상께서 무리를 이끌고 험한 길을 달려 개원*을 지나시는데, 소문을 듣고 따르기를 원하는 자가 8천 명이었다.

함께 동쪽으로 돌아가 동모산*에 이르러 그곳을 차지하셨다.

성벽을 굳게 쌓고 스스로 지켜 나라 이름을 후고구려*라 칭하고, 연호를 '중광'이라 하셨다.

격문(여러 사람에게 알리어 부추기는 글)을 전하시니

이르는 곳마다 멀고 가까운 여러 성에서 합류하는 자가 많았다.

말풍선(왼쪽): 대진국은 대조영께서 세우신 게 아니었네?

말풍선(오른쪽): 그래! 대진국을 세우신 분은 대조영의 아버지, 대중상 장군이서, 처음엔 나라 이름을 후고구려라 하셨대.

* **개화開化**: 고구려 28세 보장 열제(642~688)의 연호.

* **대중상大仲象**: 대진국(발해)의 시조.

* **개원開原**: 단군조선의 세 번째 도읍지인 '장당경 아사달'이 있던 곳. 지금의 만주 요령성 창도현 남쪽에 있는 개원시이다.

* **동모산**: 일명 천계산天桂山. 지금의 만주 길림성 돈화시 남쪽 현유현에 있는 성산자산으로 여겨진다.

* **후고구려**: 대진국 초기의 나라 이름. 대진국의 시조 대중상은 고구려 유민을 이끌고 동모산에 웅거하여 고구려를 계승한다는 뜻으로 나라 이름을 '후고구려'라 칭하였다.

대진국본기

🌸 묘호廟號: 임금이 죽은 뒤에 생전의 공덕을 기리어 붙인 이름. 사당에서 쓰는 이름.

🌸 시호諡號: 제왕이나 재상 들이 죽은 뒤에, 그들의 공덕을 칭송하여 붙인 이름.

🌸 영주: 지금의 요령성 조양朝陽 일대.

🌸 계성: 천진시 북쪽에 있는 계현.

🌸 홀한성忽汗城: 대진국 수도인 상경용천부上京龍泉府. 지금의 흑룡강성 영안현 동경성東京城.

환단고기

대조영께서 천자 나라 고구려를 계승하시고, 스스로 황제라 칭하시며 연호를 천통이라 하셨다.

고구려 옛 영토를 회복하는 것을 소임으로 여기셨다

임금께서 오로지 옛 영토를 회복하는 것을 자신의 소임으로 여기셨다.

중광 32년(신시개천 4596, 단기 3032, 699) 5월에 붕어하시니

묘호*는 세조요 시호*는 진국열 황제이시다.

옛 고구려 영토를 회복하고 나라 이름을 '대진'이라 하신 대조영

태자 대조영이 대중상의 죽음을 전한 사자를 따라,

영주* 계성*에서 무리를 이끌고 와 제위에 오르셨다(단기 3032, 699).

홀한성*을 쌓아 도읍을 옮기고 10만 명의 군병을 모아

그 위용과 명성을 크게 떨치셨다.

이에 정책을 정하고 제도를 세워 당나라를 적으로 삼고

항거하여 복수할 것을 맹세하셨다.

말갈 장수 걸사비우, 거란 장수 이진영과 손을 잡고 군대를 연합하여 당나라 장수 이해고를 천문령*에서 크게 무찌르셨다.

여러 장수를 나누어 군현(군과 현, 고을)을 지키게 두시고,

떠돌아다니는 백성을 불러 어루만지고 보호하여 정착하게 하셨다.

이에 백성의 신망을 크게 얻어 나라의 모든 규율과 법도가 새로워졌다.

나라 이름을 대진大震이라 정하시고 연호를 '천통'*이라 하셨다.

고구려의 옛 땅을 차지하시고 6천 리 땅을 개척하셨다.*

천통 21년(719) 봄에 대조영께서 대안전에서 붕어하셨다.

묘호는 태조요 시호는 무고 황제이시다.

주변 나라에 위엄을 떨친 대진국

여러 나라에서 조공을 바쳤다

태자 무예가 즉위(719)하여 연호를 '인안'으로 바꾸셨다.

서쪽으로 거란과 더불어 국경을 오주목으로 정하시니

그곳에서 동쪽 10리에 황수*가 흐른다.

이 해(732)에 개마·구다·흑수 등 여러 나라가

모두 신하라 칭하고 조공을 바쳤다.

또 대장 장문휴를 보내어 당나라 자사 위준을 죽이고,

등래(산동성의 등주와 내주)를 취하여 성읍으로 삼으셨다.

이에 당나라 임금 이융기*가 분노하여 군대를 보내 쳐들어왔으나

싸움이 불리하였다.

다 함께 암송하기

국호國號를 정위대진定爲大震하시고 연호왈천통年號曰天統이라.

나라 이름을 대진이라 하시고 연호를 '천통'이라 하셨다.

국호=나라 이름 定 정할 정 震 나라 이름 진 號 부를 호 曰 가로 왈

대진국본기

ⓦ **천문령天門嶺**: 혼하渾河와 휘발하輝發河의 분수령 부근으로 추정된다.

ⓦ **천통天統**: 성무고 황제(대조영)의 연호. '천통'이란 '환국-배달-단군조선-북부여-고구려'로 면면히 이어 내려온 천자) 나라 한민족 국통을 계승한다는 강한 긍지를 나타낸 것이다.

ⓦ **6천 리 땅 개척**: 『신·구당서』에 "대조영 당시 대진국의 영토는 5천 리요, 호戶가 10여 만이고 강력한 병사가 수만에 달했다."고 하였다.

ⓦ **황수潢水**: 일명 황하潢河, 요락수, 서압록, 안민강. 지금의 서요하이다.

ⓦ **이융기李隆基**: 당나라 6세 현종玄宗의 이름. 재위 712~756년.

나당 연합군을 물리쳤다

다음 해(733)에, 수비 장수 연충린이 말갈병과 함께

요서 대산* 남쪽에서 당나라 군사를 크게 무찔렀다.

그러자 당은 신라와 몰래 조약을 맺고

동남방의 여러 군을 갑자기 공격하여 천정군*에 이르렀다.

임금께서 조서를 내리시고 보병과 기병 2만을 보내어 이를 격파하

셨다.

이때 마침 큰 눈이 내려 신라와 당나라 군사 중에 얼어 죽는 자가 아

주 많았다.

이에 뒤쫓아 공격하여 하서의 이하*에 이르러 국경을 정하셨다.

지금의 강릉 북쪽 이천이 그곳이다.

해주 암연현은 동쪽으로 신라와 경계를 접하였는데,

암연은 지금의 옹진이다.

이때부터 신라가 해마다 조공을 바치고

임진강 이북 여러 성이 모두 우리 대진국에 속하게 되었다.

또 다음 해(734)에 당과 신라가 연합하여 쳐들어왔으나

마침내 아무 성과도 얻지 못하고 물러갔다.

대진국이 강성한 바탕은 삼신 문화

해동성국이라 불리었다

인안 16년(734)에 구다·개마·흑수 등 여러 나라가

❀요서遼西의 대산帶
山 : 요서는 지금의
하북성 난하 서쪽 지
역을 말한다.

❀천정군泉井郡: 지금
의 함경남도 덕원군.

❀이하(이천泥川): 대
진국과 신라의 국경
선. 이러한 사실은
조선시대 유명한 실
학사상가인 다산茶山
정약용의 『아방강역
고』 「발해고」에도
나와 있다.

❀송막松漠: 지금의 하
북성 위장현과 내몽
고 자치구의 경붕현
즉 극십극등기 지방.
당나라 때 이곳에 송
막 도독부를 설치했
다.

스스로 나라를 바쳐 항복하여 왔다.

임금께서 그 나라들을 취하여 성읍으로 삼으셨다.

이듬해(735)에, 송막*에 12성을 쌓고 또 요서에 6성을 쌓으시어

드디어 5경 60주 1군 38현을 두셨다.

나라의 강역이 9천여 리나 되었으니

가히 강성하였다고 할 만하다.

이 해에 당과 왜, 신라가 모두 사신을 보내

조공을 바쳐오니,

천하가 모두 해동성국*이라 불렀다.

심지어 '발해 사람 셋이 호랑이 한 마리를 당한다' 는 말까지 있었다.

이때 임금과 백성이 화락하고, 역사를 논하며 의로움을 즐겼다.

오곡이 풍년이 들고 온 세상이 평안하니

대진육덕의 노래를 지어 그 모습을 찬미하였다.

삼신상제님께 감사의 제사를 올림

이듬해(736) 3월 안민현*에 감로*가 내렸다.

예관*이 경축하는 예식을 거행할 것을 청원하였다.

임금께서 그 말을 따르시어 이 달 16일*에 서압록하 상류

에서 삼신일체 상제님께 천제를 올리셨다.

서압록은 옛 고리국의 땅이다.

❀해동성국海東盛國:
바다 동쪽에 있는 성
대한 나라라는 뜻.

당나라는
대진국을 줄곧 '발해'라고
부르다가 대진국이 강성해지니까
해동성국海東盛國이라고 불렀대요.

❀안민현安民縣: 지금
의 임황臨潢 동쪽에
있었다.

❀감로甘露: 나라가 태
평할 때 하늘에서 내
린다는 단 이슬.

대진국도
대영절을
지냈대요.

그랬단다. 대진국도
삼신상제님의 가르침으로
백성을 교화하였지. 대진국이
강성한 바탕에 신교 제천
문화가 있었던 거야.

대진국본기

❀예관禮官: 예의·제향·교빙·과거 따위의 일을 맡아보던 관리.

❀음력 3월 16일: 한맞이 또는 대영절大迎節. '삼신일체 상제님을 크게 맞이하는 날'이다. 대진국 시대에도 한민족 전래의 삼신 문화인 제천祭天 풍속을 이어 왔음을 알 수 있다.

❀대흥大興: 대진국 4세 문황제 대흠무의 연호.

❀태학太學: 국립 교육기관.

❀문치文治: 학문으로 세상을 다스림.

❀무위武威: 무력의 위세.

4세 문황제의 다스림

삼신상제님의 신교 문화가 크게 부흥하였다

인안 19년(737)에 임금께서 붕어하셨다.

묘호는 광종이고 시호는 무황제이시다.

태자 흠무께서 즉위(737)하셨다.

연호를 대흥*이라 고치고

도읍을 동경용원부에서 상경용천부로 옮기셨다.

이듬해(738)에 태학*을 세워 『천부경』과 『삼일신고』를 가르치고,

환단의 옛 역사를 설명하셨다.

또 학자들에게 『국사』 125권을 편찬하도록 명하셨다.

문치*는 예악을 일으키고, 무위*는 여러 주변 족속을 복종시켰다.

이에 동방 대광명의 현묘한 도(상제님의 가르침)가

백성들에게 흠뻑 젖어들고

삼신의 광명을 회복하여 인간을 이롭게 하는 홍익인간의 가르침이

세계 곳곳에 미쳤다.

다 함께 암송하기

태백현묘지도太白玄妙之道가 흡어백성洽於百姓하고
홍익인간지화弘益人間之化가 뇌급만방賴及萬方이라.

동방의 현묘한 도(신교)가 백성들에게 흠뻑 젖어들고
홍익인간의 가르침이 모든 나라에 미쳤다.

玄 그윽할 현 妙 묘할 묘 洽 흡족할 흡 弘 넓을 홍 化 될 화 賴 의뢰할 뢰
及 미칠 급 만방=세계 곳곳

이정기 장군의 제齊나라

이정기, 후희일 761년
발해를 건너 등주 상륙

당에 항거한 이정기의 활약

대흥 45년(단기 3114, 781)에, 치청* 절도사 이정기李正己*가 군사를
일으켜 당나라 군대에 맞서 싸웠다.
이에 임금께서 장수를 보내어 싸움을 돕게 하셨다.

이정기는 고구려인으로 평로*에서 태어났다.
대흥 22년(758)에 병사들이 군의 우두머리 이희일을 쫓아내고 이정
기를 내세웠다.

이정기가 죽자(781) 아들 납이 아버지를 따르던 무리를 거느렸다.
대흥 56년(792)에 납이 죽자, 아들 사고가 그 자리를 계승하였다.

사고가 죽자(806) 그 집 사람들이 상을 당한 사실을 알리지 않고 몰

치청淄青: 당나라 때
의 번진藩鎭 이름. 지
금의 산동반도 북부
지역이다.

이정기李正己: 고구
려 유민으로 본명은
회옥懷玉. 같은 고구
려 유민인 고선지와
백제인 흑치상지, 신
라인 최치원·장보
고와 더불어 고구려
남아의 웅지를 중원
에 떨쳤다.

평로平盧: 당나라 때
의 번진 이름. 현종
때 범양范陽 절도사
가 있던 땅에 평로
절도사를 두었는데,
하북성 동부의 땅을
영유했다.

대진국본기

래 사람을 보내 밀(산동성 제성시) 땅에서 이복동생 사도를 맞아들여 왕으로 받들었다.

11세 선황제 때 영토도 가장 넓고, 나라가 매우 강성했었대요.

문황제 이후 선황제가 즉위하시기까지
대흥 57년(793)에 임금께서 붕어하시니 묘호는 세종이요 시호는 광성문황제이시다.

나라 사람들이 그 친족 아우 원의를 왕으로 세웠다.

그러나 원의는 성품이 포악하여 나라를 다스릴 수 없었다.

794년(갑술)에 나라 사람들이 원의를 폐하고 전 황제(무황제)의 손자 화흥을 맞이하여 황제로 세웠다.

연호를 고쳐 중흥이라 하셨다.

이듬해(단기 3128, 795)에 붕어하시니 묘호는 인종이요

시호는 성황제이시다.

임금의 숙부인 숭린이 즉위하니, 이분이 목종 강황제(7세)이시다.

의종 정황제 원유(8세), 강종 희황제 언의(9세), 철종 간황제 명충(10세)을 지나 성종 선황제 인수(11세)에 이르렀다.

이분은 타고난 기품이 뛰어나게 지혜롭고 총명하셨다.

덕성과 기질이 신령스럽고

재주는 문(학문) 무(무예)를 함께 갖추시어

태조(대조영)의 풍채와 모습이 있으셨다.

환단고기

대진국 선황제의 통치 영역과 신교의 생활화

선황제의 통치 영역

선황제께서 남쪽으로 신라를 평정하여 이물(경기도 이천), 철원, 사불(경기도 양주), 암연 등 일곱 주를 설치하셨다.

북쪽으로 염해, 나산, 갈사*, 조나*, 석혁과 남·북 우루*를 공략하여 여러 부를 설치하셨다.

장백(백두산) 동쪽을 안변이라 하고, 압록강 남쪽을 안원이라 하였다.

목단 동쪽을 철리라 하고, 흑수(흑룡강) 위를 회원이라 하였다.

난하 동쪽을 장령, 장령 동쪽을 동평이라 하였다.

우루는 북대개마* 남북에 자리잡고 있었다.

삼신상제님의 가르침을 생활화하였다

땅 넓이는 9천 리로 영토가 크게 개척되고 문치를 잘 베푸셨다.

위로 수도에서 아래로 주현에 이르기까지 모두 학교가 있어

구서오계*를 아침저녁으로 외워 익혔다.

봄가을로 관리(벼슬아치)의 공적을 조사하고 여러 사람이 의논하여 어진 인재를 천거하였다.

사람들은 일찍부터 힘을 차차 쌓아 기르면서 집에서 인재로 쓰이기를 기다렸다.

주변 여러 나라가 두려워하며 복종하였다

이로부터 나라가 부강해지고 안팎이 편안하고 기쁨이 넘쳤다.

도둑질하거나 간사하게 모의하는 옳지 못한 일들이 저절로 사라졌다.

* 갈사曷思: 남·북 갈사가 있다. 여기서는 북갈사로 지금의 우수리 강변이다.

* 조나藻那: 지금의 연해주 아극산雅克山이다.

* 남·북 우루虞婁: 외흥안령外興安嶺 남북에 있었다.

* 북대개마: 지금의 대흥안령산맥.

* 구서오계九誓五戒: 조의선인을 가르치던 규범. 부여의 구서는 '효(효도)·우(우애)·신(믿음)·충(충성)·손(겸손함)·지(앎, 깨달음)·용(용기)·염(청렴함, 검소함)·의(정의로움)'이다.

대진국본기

당과 왜, 신라, 거란이 모두 두려워하여 복종하지 않을 수 없었다. 천하 만방에서 모두 성인이 다스리는 '해동성국'이라 칭송하였다. 5대*의 흥망 시기(907~960)에 야율*이 비록 여러 번 대진국에 싸움을 걸어 왔으나 끝내 굴복시키지 못했다.

대진국의 쇠퇴와 멸망

뒤에 장종 화황제 이진(12세), 순종 안황제 건황(13세), 명종 경황제 현석(14세)을 지나 마지막 황제인 애제 인선(15세)에 이르러 거란에게 멸망당하였다(단기 3259, 서기 926). 세조로부터 15세를 전하고 259년을 누렸다."

5대: 당나라가 망한 후 일어났다가 단명하게 끝난 후량, 후당, 후진, 후한, 후주 등 다섯 나라.

야율: 요遼나라의 건국자인 야율아보기(872~926). 중국 동북부에서 활약하다가 당나라가 쇠약해진 틈을 타 거란의 여러 부족을 규합하여 916년에 황제라 칭하고 임황臨潢(요하 상류)에 도읍하여 국호를 대요大遼라 하였다. 대진국을 멸망시켰으나(926) 싸움에 이기고 돌아가는 도중에 병들어 죽었다.

다 함께 암송하기

천하만방天下萬邦이 개이성인흥지해동성국皆以聖人興之海東盛國으로 흠송지欽頌之라.
세상 모든 나라에서 성인이 다스리는 해동성국이라 흠모하며 칭송하였다.

邦 나라 방   興 일어날 흥   해동성국=대진을 부르던 이름   欽 공경할 흠   頌 칭송할 송

대진국 역대 황제의 연호와 주요 지명

목종은 연호를 고쳐 정력이라 하시고, 의종은 연호를 영덕,

강종은 주작, 철종은 태시, 성종은 건흥, 장종은 함화,

순종은 대정, 명종은 천복, 애제는 청태라 하셨다.

대진국의 남경남해부는 본래 옛 남옥저 땅으로 지금의 해성현이다.

서경압록부는 본래 옛 고리국 땅이고, 지금의 임황이다.

지금의 서요하는 곧 옛날의 서압록하이다.

그러므로 옛 기록에서 말한 안민현은 동쪽에 있고 그 서쪽은 임황현

이다. 임황은 뒤에 요나라의 상경임황부가 되었다.

바로 옛날의 서안평이다.

의려국 임금이 일본으로 건너가 왕이 되었다

정주*는 의려국*이 도읍한 땅이다.

의려국 왕이 선비 모용외에게 패한 뒤 괴롭힘을 당할 것을 근심하여

스스로 목숨을 끊으려 하였다.

이때 문득 이러한 생각이 들었다.

'나의 영혼이 아직 죽지 않았는데 어디에 간들

뜻을 이루지 못하겠는가?'

그래서 아무도 모르게 아들 부라(의라)에게 왕위를 넘겼다.

그리고 백랑산*을 넘어 밤에 해구*를 건넜다.

이 때 왕을 따르는 자가 수천 명이었다.

마침내 바다를 건너 왜인을 평정하고 왕이 되었다.

☀ **정주**正州: 대진국 오 경五京의 하나인 서 경압록부에 속한 압 록 네 고을(주) 중의 하나. 정주는 일명 비류군이라 하는데, 백랑산白狼山(요령성 대릉하 상류) 서쪽에 있다.

☀ **의려국**依慮國: 대소 왕의 사촌 아우가 자 립하여 세운 나라. 소위 연나부부여라 한다.

> 한민족은 단군조선 때부터 바다를 건너 일본을 평정하고 나라를 다스렸어요~!

대진국본기

🏵 **백랑산**白狼山: 대릉
하 상류 부근인 요령
성 객좌현에 있는 백
록산.

🏵 **해구**海口: 대릉하 하
구를 말한다.

🏵 **북옥저**北沃沮: 서간
도 지역 즉 장춘 주
위에 있었다.

스스로 삼신상제님께서 내리신 명령에 응한 것이라 하고,
여러 신하로 하여금 축하하는 의식을 올리게 하였다.

어떤 이는 이렇게 말한다.

"의려왕은 선비족에게 패하자 도망하여 바다로 들어가 돌아오지 않
았다. 아들들은 북옥저*로 달아나 몸을 보전하다가 이듬해에 아들
의라가 즉위하였다.

이 뒤 모용외가 또다시 침략하여 우리나라 사람들을
약탈하였다.

의라가 무리 수천을 거느리고 바다를 건너 마침내 왜
인을 평정하고 왕이 되었다."

의려국왕: 선비족 모용외의 침략을
받아 패하자, 추종자 수천 명을 이끌
고 바다를 건넜다. 고대 일본을 정복
하여 일본 최초의 통일 국가인 야마
토大和 왜倭를 건설하였다. 이 의려
왕이 곧 『일본서기』에 나오는 15세
오진왕이다.

당시 한국과 일본의 관계

일본에는 옛적에 이국*이 있었다.
이세라고도 불렸고, 왜와 이웃하
고 있었다.

이도국은 지금의 후쿠오카에 있었
는데, 바로 일향국이다.

여기서부터 동쪽은 왜*에 속하고,
그 남동쪽은 안라(고구려계통의
나라)에 속하였다.

안라는 본래 홀본(졸본) 사람이
다. 북쪽에 아소산이 있었다.

안라는 뒤에 임나에 들어가서 일찍이 고구려와 친교를 맺었다.

말로국*의 남쪽을 대우국이라 했는데 거기에 시라군이 있었다.

본래 남옥저 사람이 모여 살던 곳이다.

왜를 통치한 동방의 종주, 한민족

남만·침미·환하·비자발*의 족속들이 모두 조공을 바쳤다.

남만은 구려의 후예로 산월에서 온 자들이고, 비자발은 변진·비사

벌 사람들이 모여 살던 읍락이고, 환하는 고구려에 예속된 자들이다.

이때 왜인은 산과 섬에 흩어져 살았는데 나라가 100여 개 있었다.

그 가운데 구야한이 가장 컸다. 본래 구야의 본국 사람이 다스리던

곳이다.

바다에서 장사하는 배는 모두 종도(타네가시마)에 모여 교역을 하

였다. 오, 위, 만, 월의 무리들이 서로 물건을 사고팔았다.

바다 건너 천여 리를 가면 처음에 대마국(대마도)에 이르는데, 사방

이 4백여 리쯤 된다.

또 바다 건너 천여 리를 가면 일기국*에 닿는다. 사방이 3백 리쯤 되

고 본래 사이기국이다.

자다의 여러 섬이 모두 조공을 바쳤다.

또 바다를 건너 천여 리를 더 가면 말로국에 이른다. 본래 읍루*인이

모여 살던 곳이다.

동남쪽으로 육지로 5백 리를 가면 이도국*에 이르는데, 곧 반여언*

의 옛 고을이다.

❀ **이국**伊國: 지금의 일본 나라현 동쪽 미에현 지방에 있던 나라.

❀ **왜**倭: 여기서는 3세기 말에 망명 부여의 왕인 의라가 일본에 세운 최초의 통일 왕조 야마토 왜를 말한다.

❀ **말로국**: 지금의 큐슈 사가현 북부 해안에 있는 마쯔라.

❀ **남만·침미·환하·비자발**: 남만은 지금의 도성都城, 침미는 내천內川, 환하는 큐슈 중부, 비자발은 창녕으로 추정한다.

❀ **일기국**一岐國: 일명 일대국一大國인데 지금의 일기도이다. 본래 사이기국이라 하였고, 광개토열제가 세운 임나국 연방의 하나이다.

❀ **읍루**挹婁: 고구려의 속지. 지금의 연해주 지역이다.

❀ **이도국**伊都國: 지금의 큐슈 후쿠오카현의 계도군이다.

❀ **반여언**盤余彦: 일본 왕가의 뿌리인 1세 진무神武왕의 이름.

대진국본기

그동안 역사 시간에 배우지 못한 한민족의 국통맥을 꼭 기억해야 해~!!!

☸ **속말말갈**: 만주 송화강 유역에 살던 말갈족. 만주는 본래 배달, 단군조선 이래 우리 한민족의 생활 터전이요, 역사 활동의 중심 무대였다. 그러므로 거기서 살던 모든 족속은 본래 동방 조선족이다.

☸ **오루하奧婁河**: 지금의 목단강牧丹江.

☸ **부여**: 송화강 유역.

☸ **변한**: 단군조선의 삼한관경 중 하나인 번한을 말하는데, 곧 지금의 요하 서쪽과 하북성 일대이다.

☸ **해북**: 대진 북쪽의 여러 나라를 말한다.

☸ **태왕太王**: 주周나라 문왕의 조부인 고공단보古公亶父를 말한다.

☸ **빈邠**: 주나라의 선조 공류가 이주한 땅. 태왕이 기로 이주할 때까지 중심지였다. 지금의 섬서성 빈현 순읍현旬邑縣 일대.

대진국의 정통 맥과 망국 이후 회복 운동

환국-배달-고조선-북부여-고구려-대진국(후고구려)으로 이어짐

『신당서』에 이렇게 기록되어 있다.

"발해는 본래 속말말갈*로 고구려에 붙어 있던 나라인데, 건국자의 성은 대씨이다.

걸걸중상이란 인물이 말갈 추장 걸사비우와 고구려 유민과 함께 동쪽으로 달아나 요수(대요하)를 건너 태백산 동북을 확보하고 오루하*를 의지하였다.

중상이 죽자 아들 조영이 남은 무리를 이끌고 도망하다가 곧 비우의 무리를 합하였다.

멀고 먼 변경에 의지하여 나라를 세우고 스스로 진국왕이라 하였다. 부여*·옥저·변한*·해북* 여러 나라를 모두 얻었다."

사씨는 말한다.

"걸걸중상이 패망한 후 남은 무리를 모아 험한 곳으로 피신하여 스스로 보전한 것은, 옛날에 태왕*이 빈*을 떠난 것과 같다.

고왕 대조영이 창업의 자질이 있어 온갖 어려움을 극복하고 나라의 기틀을 닦으신 것은 구천이 월나라를 일으킨 것과 같다.

영토가 확보되자 학문의 덕으로써 이를 닦고 제도를 고치셨다.

관작을 정비하시고, 군현을 두어 큰 나라에 대항하셨다.

나라의 지경이 5천 리에 이르고 역사가 300년에 이르렀다.

당시 사방에 대진국을 뛰어넘을 나라가 없었으니 역시 강성하였다고 이를 만하다."

대연림의 흥료국 건설

고려 현종 원문대왕 20년(서기 1029)의 일이다.

거란의 동경장군 대연림*은 태조 고황제(대조영)의 7세 손이다.

부마(임금의 사위)인 유수 소효원과 남양공주를 가두고, 호부사 한
소훈 등을 죽이고 즉위하였다.

국호를 흥료라 하고, 연호를 천경이라 하였다.

고길덕을 고려에 파견하여 나라 세운 일을 알리고 아울러 도움을 청
하였다.

고영창 장군이 요동 500여 주를 차지하였다

요동 유수* 소보선이 정치를 가혹하게 하였다.

고려 예종 문효대왕 11년(1116) 정월(1월) 초하루(1일)였다.

동경* 비장(무관 벼슬 이름) 발해 사람 고영창이 수십 명과 함께 술
김에 용맹을 믿고 칼을 들고 담을 뛰어넘었다.

부위*에 들어가서 대청*에 올라 유수가 있는 곳을 묻고는 거짓으로
"외부의 군대가 쳐들어오니 대비를 해야 한다."라고 하였다.

다 함께 암송하기

방역方域이 지오천리至五千里오
국조國祚가 지삼백년至三百年하니라.
나라의 지경이 5천 리에 이르고 나라의 역사가 3백 년에 이르렀다.

域 지경 역   祚 이를 지   祚 복조   국조=국운

- ❀ **대연림大延琳**: 대조
  영의 7세 후손. 요나
  라에서 벼슬을 하였
  다. 1029년에 동경에
  서 부흥 운동을 일으
  켜 흥료국을 세우고
  연호를 천경千慶이라
  하였다. 고려와도 긴
  밀히 연락을 취하며
  요나라에 항거하였
  으나, 이듬해에 요나
  라 군사에게 망하였
  다.

- ❀ **유수留守**: 임금을 대
  신하여 머물러 지킨
  다는 뜻으로, 수도
  이외의 요긴한 지역
  을 맡아 다스리던 특
  수 관리를 말한다.

- ❀ **동경東京**: 요나라의
  동경요양부를 말한
  다. 지금의 요령성
  요양.

- ❀ **부위府衛**: 시위들이
  있는 건물.

- ❀ **대청**: 관아 또는 대
  저택의 중심이 되는
  곳으로, 집채 가운데
  에 있는 넓은 공간.

대공정大公鼎: 요나
라 때 발해 사람. 천
조(天祚: 1101~1125)
연간에 중경 유수中
京留守를 제수 받았
다.

『송사宋史』: 송宋
(960~1279)나라의
역사책. 1343년 원元
나라 승상 탈탈 등이
왕의 명령을 받들어
『요사遼史』, 『금사金
史』와 함께 편찬한
496권으로 된 역사
책이다. 여기에 「고
려전」이 들어 있어
고려사 연구에 참고
가 된다.

정안국(928~986):
926년에 대진국이
거란에게 망하자 일
부 남은 사람들이 거
란 세력이 미치지 않
는 압록강 일대에 세
운 나라이다.

마한: 열국 시대에
마한은 두 개가 있었
다. 고구려에 병합된
마한과 백제에 병합
된 마한이 그것이다.
여기서는 한반도 북
부에 있던 고구려에
병합된 마한이다.

열만화烈萬華: 대진
국의 권신權臣. 대진
국이 거란에게 망한
후에 정안국을 세우
고 왕이 되었다.

소보선이 나오자 여럿이서 그를 죽였다.

가유수 대공정*과 부유수 고청신이 고영창 무리와 맞서 싸웠으나
이기지 못하고 서쪽 문으로 나가 요나라로 달아났다.

고영창이 스스로 대발해국 황제라 하였다.

연호를 융기라 하고, 요동 50여 주를 차지했다.

발해 유민이 압록강 일대에 정안국을 세웠다

『송사』*에 이런 기록이 있다.

"정안국(928~986)*은 본래 마한*의 후예로서, 요나라에 패하자 그
우두머리가 남은 무리를 모아서 서쪽 변두리 땅을 확보하였다.
나라를 세우고 연호를 정해 스스로 나라 이름을 정안국이라 하였다."

개보(북송 태조의 연호) 3년(970)에 정안국 왕 열만화*가 조공을 바
치러 온 여진을 통해 송나라에 글을 올리고 공물을 바쳤다.

태종(북송 2세 임금) 때 정안국 왕 오현명이 다시 여진을 통해 글을
올렸는데, 그 내용은 대략 이렇다.

"신은 본래 고구려의 옛 땅에 사는 발해의 유민으로서 이곳* 한 모
퉁이를 차지하고 있습니다."

태종은 답서에서 대략 이렇게 말했다.

"경이 마한 땅을 차지하고 큰 파도에 끼어 있다는 글을 올리니…"
운운.

단공(태종의 연호, 988~989)과 순화(태종의 연호, 990~994) 사이
에 다시 여진을 통해 글을 올리다가 그 뒤에는 올리지 않았다.

대진국의 멸망

대진국 애제(마지막 왕) 청태* 26년(단기 3259, 서기 926) 봄 정월이
었다.

야율배*가 아우 야율요골과 함께 앞장서서 밤에 홀한성을 포위하였다.
애제가 나가서 항복하시니 나라가 망하였다.

대진국이 갑자기 멸망한
원인에 대해 백두산 화산
대폭발 때문이라는
이야기도 있단다.

화산재 때문에
농사를 지을 수 없어서
백성들이 뿔뿔이 흩어지게
되었다는 것이지.

요 태조가 동단국을 세웠다

2월 병오에, 요나라 태조*가 동단국*을 세웠다.
맏아들 배를 인황왕으로 봉하여 왕 노릇을 하게 하였다.
연호를 감로라 하고 홀한성을 고쳐 천복이라 하였다.
천자의 관과 옷에 준하여 열두 줄 면류관을 썼는데
전부 용의 형상이 그려져 있었다.

❦**이곳**: 압록·동가 두
강 유역이었다. 처음
에는 대진국의 권신
열만화가 왕이 되었
다가 나중에 오현명
이 계승하였다.

❦**청태**淸泰: 대진국의
15세 마지막 황제인
애제哀帝(901~926)
의 연호.

❦**야율배**耶律倍: 요나
라(916~1125)의 시
조 야율아보기의 장
자.

❦**요 태조**: 거란의 시
조인 야율아보기를
말한다. 여기서 '아
보기阿保機'는 아버
지라는 말이다.

❦**동단국**東丹國: 요나
라 태조가 대진국을
멸망시키고 그 이름
을 고쳐 동단국이라
했다. 동단국은 곧
동거란東契丹이란 뜻
이다.

대
진
국
본
기

대진국의 옛 제도를 이어받아 숙부 질랄을 좌대상으로 삼고

대진의 늙은 재상(이름은 알 수 없음)을 우대상으로 삼았다.

대진국의 사도* 대소현을 좌차상, 야율우지를 우차상으로 삼았다.

그리고 사형수를 제외한 나라 안의 모든 죄인을 풀어 주고

해마다 포 10만 단과 말 천 필을 조공으로 바칠 것을 약조하였다.

감로 27년(952) 겨울 12월 경진에 요나라가 동경 중대성을 폐지하

였다. 이에 동단국이 없어졌다.

☆**사도**司徒: 고대 벼슬
이름. 고려 시대에는
정 1품 호조판서를
사도라 하였다.

4세 문황제 때부터 대진국 도읍이던 상경용천부上京龍泉府 궁성 유적
(흑룡강성 목단강시 영안현 발해진)

아직도 발굴, 복원이 완전하게 이뤄지지 않았대.

굉장히 넓은데? 강성했던 대진국의 자취가 여기에 남아 있는 거야

대진(발해)의 부흥운동

송화강

동단국
(거란분국)
●홀한성
목단강

요(거란)
요하(서압록)

동모산

홍료국
(대연림1029)

요서

정안국
(928~986)
태백산

요동
●동경요양부

백랑산

대발해국
(고영창1116)

◎북경

◎서경

고려

환村

수메르 문명
(메소포타미아)
(기원전 3500년 경)

이집트 문명
(기원전 3100년 경)

인더
(기원전

고려국본기
高麗國本紀

대진국이 멸망한 뒤, 그 유민들과 함께 신라를 통합하여 나라를 세운 태조 왕건은 고구려의 국통을 계승한다는 뜻에서 나라 이름을 '고려'라 하였다. 고려는 초기에는 천자(삼신상제님의 대행자) 나라로서 위상을 지켰으나 천자국을 자처하는 북방 여진(금나라), 몽골(원나라)의 침략, 그리고 내부 사대주의 벼슬아치들의 농간으로 결국 25대 충렬왕 때부터 원나라에게 천자국의 지위를 빼앗기고 제후국으로 전락하고 말았다. 그것이 근세조선까지 이어졌다.

『고려국본기』에는 나라의 근본이 흔들리는 가운데 『단군세기』를 지어 시원 국가의 체통을 바로세우려 한 행촌 이암 선생의 역사의식과 삼신사상, 신교관이 상세히 기록되어 있다.

또 앞부분에는 궁예의 출생에 얽힌 이야기 등, 후삼국의 건국 과정도 자세히 소개되어 있다.

한반도 안으로 좁아진 고려의 강역

몽골

실위

여진

케를렌강

고려의 황해도 평산平山 사람 함보函普의
만주 이주와 7세 후손인 금金(1115~1234)
태조 아골타阿骨打의 흥기

윤관 장군의
여진 정벌과
9성 축성
(1107~1108)

요遼
(거란)

요상경(임황)

송화강

완안부

금金

시라무렌강

선춘령
영고탑

공험진

원元

난하

홍산

영주營州

요하

개원開原

철령鐵嶺

두만강

동경요양부
(요양)

태백산

유주幽州

◎북경

해성

삭주

발해

안주

서경
(평양)

동해

고려

개경

황하

서해

남경
(서울)

태산

송宋

동경
(경주) 박위의 대마도
정벌(1389)

대마도

일본

⬭ 고려 북방 영토 추정 강역

환
단
고
기

고려 태조의 훈요십조

태조 신성태왕(왕건) 천수 2년(단기 3252, 서기 919)에
송악의 남쪽에 도읍을 정하셨다.
26년(943)에 태왕께서 훈요*를 지으셨는데, 대략 이러하다.

"생각컨대 우리 동방이 예로부터 중국 당나라 풍속을 사모하여
문물과 예악이 모두 그 법을 따랐다.
그러나 방위가 다르고 풍토가 달라 사람 성품이 제각기 다르니
진실로 똑같아져서는 안 될 것이다."

고구려 왕족의 후손, 궁예

태봉국*의 왕 궁예는 그 선조가 평양 사람으로
본래 보덕왕 고안승*의 먼 후손이다.
그의 아버지 강이 점치는 사람의 말을 듣고
궁예로 하여금 어머니 성*을 따르게 하여 궁씨가 되었다.

다 함께 암송하기

유아동방惟我東方이 구모당풍舊慕唐風하여 문물예악文物禮樂이
실준기제悉遵其制나 수방이토殊方異土에 인성각이人性各異하니
구필부동苟必不同이니라.

생각컨대 우리 동방이 예로부터 당나라 풍속을 사모하여 문물과 예악이
모두 그를 따랐다. 그러나 방위가 다르고 풍토가 달라 사람 성품이 각기
다르니 진실로 똑같아져서는 안 될 것이다.

惟 생각할 유 舊 옛 구 慕 사모할 모 당풍=당나라의 제도와 풍속 悉 모두 실
遵 좇을 준 制 법도 제 殊 다를 수 方 방위 방 異 다를 이 各 각각 각 苟 진실로 구

고려 태조 왕건.
신성태왕神聖太王이라
부른다.

✽ **훈요**訓要: 훈요십조.
고려 태조가 후손에
게 본보기로 삼게 한
열 가지 유훈. 불법佛
法을 숭상하라는 것
과 서경(평양)을 중
시할 것, 연등과 팔
관회 같은 주요 행사
를 소홀히 하지 말
것 등이 들어 있다.

✽ **태봉국**泰封國(901~
918): 신라 말에 궁
예가 세운 나라. 901
년에 후고구려라 하
고 904년에 마진이
라 하다가 911년부
터 태봉이라 하였다.

✽ **고안승**高安勝: 고구
려 왕족으로 고구려
멸망 후 신라로 망명
하였다.

✽ **궁예의 어머니 성**:
궁예의 어머니는 토
산 궁씨이다.

고
려
국
본
기

이보다 앞서 고구려 수림성 사람 모잠 대형(벼슬 이름)이 유민을 모아 고안승을 후고구려 왕으로 받들고 신라에 도움을 청하였다.
신라 왕은 고안승을 나라의 서쪽 금마저(지금의 전북 익산)에 살게 하였다가 후에 바꾸어 보덕왕이라 하였다.

신라 신문왕*이 즉위하자 보덕왕을 불러들여 소판*으로 삼았다.
보덕왕의 조카뻘인 대문이 금마저에 남아 반란을 꾀하고 왕이라 일컫다가 죽임을 당하였다.
남은 무리가 관리를 죽이고 보덕성에 웅거하여 다시 반란을 일으켰다.
그러나 신라에게 평정을 당했다.
신문왕은 그 사람들을 나라의 남쪽 고을로 옮겨 살게 하였다.

❀**신문왕**(681~692): 신라 31세 왕.

❀**소판**蘇判: 신라 17등급 가운데 3등三等 벼슬.

궁예의 출생과 양길과의 만남

궁예가 태어나 자랄 때의 이야기

대진국 14세 명종 경황제 천복 9년(878) 5월 5일에 궁예가 외가에서 태어났다.
이때 지붕 위에 흰 빛이 긴 무지개처럼 하늘에 뻗쳐 있었다.
신라의 일관*이 이것을 보고 장차 나라에 이롭지 못할 것이라 생각하여 임금께 아뢰었다.
임금은 자신에게 해가 될까 꺼려서 사람을 그 집에 보내어 아기를 죽이려 하였다.
그 어머니가 진귀한 보물을 주고, 아기를 안고 도망갈 수 있도록 해 달라고 애원하였다.

❀**일관**日官: 고대에 왕의 곁에서 해와 달과 별의 바뀜으로 길흉을 알려 주는 일을 맡았던 벼슬 이름.

이후 궁예의 어머니는 갖은 고생을 하며 자식을 길렀다.

궁예는 나이 10여 세에 머리를 깎고 중이 되어 법명法名을 선종이라 하였다.

어른이 된 궁예는 여전히 거리낌 없이 마음대로 행동하고, 계율*에 구애받지 않았다.

크고 작은 모든 일에 담력*이 있었다.

고구려의 옛 땅을 회복하고자 한 궁예

일찍이 궁예가 바리때*를 들고 재*를 드리러 갈 때였다.

까마귀가 입에 물고 있던 상아 점대*를 바리때 속에 떨어뜨렸다.

살펴보니 왕王이란 글자가 씌어 있었다.

궁예는 이 사실을 숨기고 사람들에게 말하지 않았으나 매우 자부하였다.*

앞서 궁예의 먼 조상인 고안승(보덕왕) 때부터 임금을 모시는 일에 공로가 있었다.

그러나 신라는 그에 보답하지 않고 오히려 그 땅과 백성을 모두 빼앗았다. 다만 왕의 누이동생을 아내로 삼게 하였을 뿐이었다.

이 때문에 고구려의 유민들은 여러 대에 걸쳐 원망이 쌓였다.

앙심을 품고 여러 차례 변을 일으켰으나 실패하였다.

궁예는 나라가 쇠약하고 어지러워지는 것을 보고, 기회를 틈타 무리를 모았다.

조종(고구려)의 옛 땅을 회복하고 여러 대의 원한을 씻고자 죽주(경

● **계율**: 지켜야 할 규범

● **담력**: 겁이 없고 용감한 기운.

후고구려를 세운 궁예(878~918). 후에 나라이름을 태봉국이라 하였다

● **바리때**: 절에서 쓰는 승려의 밥그릇. 나무나 놋쇠 따위로 대접처럼 만든 것.

● **재齋**: 불공 드리거나 시주하는 것.

● **상아 점대**: 점을 칠 때 쓰는 코끼리 어금니로 만든 가느다란 막대.

● **자부하다**: 스스로 자신의 능력을 믿고 마음을 당당히 가지다.

고려국본기

후삼국의 형세

기도 안성)의 도적 기훤*과 한 편이 되어 일을 도왔다.

그러나 기훤은 아랫사람을 업신여기고 거만하여 예로써 대우해 주지 않았다.

궁예는 속이 답답하고 마음이 편치 않았다.

그래서 기훤의 부하인 원회, 신원 등과 몰래 짜고 친구가 되어 북원*의 도적인 양길*에게 몸을 던져 일을 하였다.

양길은 궁예를 잘 대우하고 일을 맡겼다.

군사 100기를 나누어 주고 동쪽 지방의 주와 군을 치게 하니 모든 고을이 항복하였다.

궁예는 또 아슬나*를 공격하였다.

거느리는 무리가 600명에 이르자 궁예는 스스로 장군이라 일컬었다.

군사들과 고통과 즐거움을 함께하고

주는 일과 빼앗는 일을 사사로이 하지 않았다.

그리하여 사람들이 모두 마음속으로 두려워하였다.

왕륭이 궁예에게 귀순하였다

천복 27년(단기 3229, 서기 896)에 태수 왕륭이 궁예에게 송악군을 바치고 귀순하여 이렇게 설득하였다.

"대왕이 만약 조선, 숙신, 변한 땅에서 왕 노릇을 하고자 하신다면, 먼저 송악을 점령하고 저의 맏아들 건建으로 그 주인을 삼는 것보다 더 좋은 계책이 없을 것입니다."

궁예가 이 말을 따랐다.

☀ **기훤**箕萱: 신라말 영웅의 무리 중 한 사람. 891년(진성여왕 5)에 죽주에서 군사를 모아 반란을 일으키고 막하에 궁예 등을 두었으나 성질이 횡포하여 크게 떨치지 못했다.

☀ **북원**北原: 지금의 원주.

☀ **양길**梁吉: 신라 진성여왕 때 국정이 어지러워지자 반란을 일으켜 한때 강원도 지방에서 세력을 떨쳤다. 그러나 뒷날 부하 궁예에게 쫓겨나 세력을 잃고 말았다.

☀ **아슬나**阿瑟那: 지금의 강릉.

환단고기

이훤이 후백제를 세웠다

이때 이훤*이 무진주(전라도 광주)에서 군사를 일으키고 무리에게 입장을 밝혀 말하였다.

"내가 삼국이 시작한 근원을 살펴보니, 마한(중마한)이 먼저 일어났고, 혁거세(신라)가 뒤에 일어나자 변한(가락)이 뒤따라 일어났다. 백제가 나라를 열어 6백 년을 전해 오는데 신라가 당나라와 함께 쳐서 백제를 멸망시켰다. 이제 내가 비록 덕은 없으나 의자왕(백제의 마지막 왕)의 분을 풀어 드리겠다."

드디어 완산(지금의 전주)에 도읍을 정하여 왕이라 일컫고 나라 이름을 후백제라 하였다.

궁예는 후고구려를 세웠다

궁예 또한 이듬해(901)에 스스로 왕이라 일컫고 이렇게 말했다.
"신라가 당나라에 군사를 청하여 고구려를 멸했는데 이것은 진실로 수치스러운 일이다. 내 반드시 고구려를 위해 그 원수를 갚을 것이다."
이에 나라를 세워 후고구려라 하고, 연호를 무태라 하였다.

일찍이 남으로 순행하여 흥주사에 이르렀을 때,
벽에 걸려 있는 신라 전왕의 화상을 보고는 칼을 뽑아 내리쳤다.

궁예는 신라를 집어삼키려는 뜻을 품었다.
도읍을 멸하리라 부르짖으며 신라에서 궁예의 백성이 되기 위해 오는 사람도 모조리 죽여 버렸다.

☻이훤李萱(867~936): 후백제의 시조 견훤을 말한다. 견훤의 본성은 이씨다. 상주尙 州 출신으로 신라 장수 아자개阿慈介의 아들이다. 신라의 비장으로, 나라가 혼란한 틈을 타 892년에 반기를 들었다.

고
려
국
본
기

미륵불은 장차 인류를 구원하려 인간으로 오신다는 미래의 부처님이란다. 그런데 궁예는 스스로 미륵불이라 하면서도 온갖 사악한 짓을 행하였지.

❀**홍유**洪儒: 의성義城 홍씨의 시조. 고려의 일등 개국공신이며 후백제를 멸망시키는 데 공을 세웠다.

❀**배현경**裵玄慶: 경주 배씨의 시조.

고구려 왕족의 후손인 궁예는 고구려를 잇겠다는 큰 뜻을 품고 일어났지만 성품이 포악해서 결국 허망하게 세상을 떠나고 만 거예요.

이때부터 궁예는 스스로 미륵불*이라 칭하고 머리에 금색으로 된 띠를 둘렀다.

또 스스로 경문 20권을 짓고 때로 바른 자세로 앉아서 뜻을 해설하여 가르치기도 하였다.

이에 승려 석총이 "모두 사설괴담(그릇되고 괴상한 이야기)으로 세상 사람에게 가르칠 것이 못 된다."라고 하였다.

궁예는 화를 내며 석총을 쇠몽둥이로 때려 죽였다.

왕건의 즉위와 궁예의 최후

천수 원년(단기 3251, 서기 918, 무인) 여름 6월에 왕건께서 홍유*·배현경*·신숭겸*·복지겸* 등 여러 장군의 추대를 받으셨다.

날이 밝을 무렵에 곡식더미 위에 앉아 임금과 신하로서 예를 행하셨다.

그리고 사람들로 하여금 뛰어다니며 이렇게 외치게 하셨다.

"왕공(왕건을 가리킴)이 이미 정의로운 깃발을 들었다."

이에 달려와 따르는 사람이 무리를 이루었다.

왕건과 그 일행이 궁궐 문에 이르시니

먼저 와서 북을 치고 함성을 지르며 기다리는 사람이 만여 명이었다.

드디어 포정전에서 임금으로 즉위하시고, 연호를 천수天授라 하셨다.

이때 태봉왕 궁예가 변란 소식을 듣고 남의 눈을 피하기 위해 낡은 옷으로 갈아입고서 궁궐 문을 빠져 나가 도망하였다.

그러나 얼마 못 가서 부양(지금의 강원도 평강) 백성에게 죽임을 당하였다.

고려 성종 때, 서희 장군과 소손녕의 담판

거란(요나라)이 쳐들어왔다

거란의 성종이 장수 소손녕*을 보내어(993) 봉산*을 함락시키고 맨 앞의 부대를 물리쳤다.

고려 성종 문의대왕*이 여러 신하를 모아 놓고 의논을 하셨다.

이때 어떤 사람은 항복하자 하고 어떤 사람은 땅을 떼어 주자고 하였다.

중군 서희*가 홀로 아뢰었다.

"지금 적의 세력이 강성함을 보고 급히 서경(지금의 평양) 이북을 떼어 넘겨주는 것은 좋은 계책이 아니옵니다.

더군다나 삼각산 이북도 역시 고구려의 옛 땅인데, 저들이 한없는 욕심으로 끝없이 요구해 온다면 그대로 다 내어 줄 수 있겠습니까?

이러함에 지금 땅을 떼어 주는 것은 진실로 만세의 수치가 될 것이옵니다.

원컨대 도성으로 돌아가시어 신(서희 자신을 가리킴) 등으로 하여금 한 번 싸우게 한 뒤에 의논하여도 늦지 않을 것이옵니다."

다 함께 암송하기

수즉위어포정전遂卽位於布政殿하시고
건원천수建元天授하시니라.
드디어 포정전에서 임금으로 즉위하시고 연호를 천수라 하셨다.

遂 드디어 수 布 벌일 포 政 정사 정 殿 대궐 전
建 세울 건 건원=나라의 연호를 세움

 신숭겸申崇謙(?~ 927): 평산平山 신씨의 시조. 공산 전투에서 왕건이 견훤에게 완전히 포위당해 죽음의 위기에 이르렀을 때 신숭겸이 왕건의 옷으로 바꾸어 입고 대신 화살에 맞아 죽었다. 왕건이 그 순절을 기려 장절공이라는 시호를 내렸다.

복지겸卜智謙: 면천 沔川 복씨의 시조.

소손녕蕭遜寧: 거란의 장수. 동경유수東京留守.

봉산蓬山: 지금의 평북 태산과 구성의 중간.

성종成宗 **문의대왕**: 고려 6세 왕(981~997).

서희徐熙(942~998): 고려의 외교가 · 문신.

요 나라 장수를 굴복시킨 서희 장군

서희가 국서(왕이 보내는 외교 문서)
를 받들고 거란 진영에 들어가
소손녕에게 서로 만날 때 예의를 어떻
게 차려야 할지 물었다.
소손녕이 말하였다.
"나는 대국(큰 나라)의 귀인(지위가
높은 사람)이니 그대는 마땅히 뜰에서
나에게 절을 하여야 한다."

홀로 거란 진영으로
들어가 담판으로 거란군을
철수시킨 서희 장군.

서희가 물었다.
"그대와 내가 양국(두 나라)의 대신으로서 어찌 이와 같이
할 수 있는가?"

소손녕이 이렇게 말했다.
"너희 나라는 신라 땅에서 일어났다. 고구려 땅은 우리 거란
의 소유인데 너희가 이를 침범하여 깎아먹은 것이다.
또 너희는 우리와 국경을 접하고도 바다 건너 송나라를 섬
기고 있다.
이 때문에 오늘의 전쟁이 있게 된 것이다.
만약 땅을 떼어 바치고 조빙한다면* 아무 일이 없을 것이다."

이에 서희가 말하였다.
"그런 것이 아니다. 우리나라는 옛 고구려 땅이기 때문에 나라 이름

✿ 조빙朝聘하다: 조빙
을 하자는 것은 고려
에게 요나라를 상국
上國으로 섬기고 서
로 사신을 왕래하며
교류하자는 뜻이다.

환
단
고
기

626 어린이 환단고기

을 고려라 하고 평양에 도읍을 정했다. 만약 땅의 경계로 따진다면
그대 나라의 동경(요령성 요양시)도 모두 우리 땅의 경계에 있다.
그렇거늘 어찌 침범하여 깎아먹은 것이
라 할 수 있겠는가?
만약 여진*을 쫓아 버리고 우리 옛 땅을
돌려준다면 어찌 감히 사신 왕래를 하지 않겠는가?"

서희 장군의 말과 얼굴빛이 강개하므로*
손녕이 강제로 요구할 수 없음을 알았다.
드디어 병력을 거두기로 결정하고 잔치를 베풀어 위로한 뒤에
서희를 떠나보냈다.

진정한 애국자에게는 적도 꼼짝 못 하는 것 같아.

거란의 소손녕이 서희 장군에게 감동했나 봐. 땅 뺏으러 와서 오히려 땅을 돌려 주고 갔대.

❀ **여진**: 만주 동부에 살던 족속.

❀ **강개하다**: 의롭지 못한 것을 보고 의기가 복받쳐 원통하고 슬픔.

윤관의 여진 정벌

북방 영토를 정벌한 윤관이 탄핵을 당하였다
도원수 윤관*이 여진을 쳐서 무찌르고 선춘령(두만강 밖 동북쪽
700리)에 비를 세워 경계를 삼았다.
아들 언이*를 임금(16세 예종)께 보내어 표를 올려 축하의 예를 드

다 함께 암송하기

아국我國은 즉고구려지구야卽高句麗之舊也니
고故로 호고려號高麗하고 도평양都平壤하니라.
우리나라는 옛 고구려 땅이기 때문에
나라 이름을 고려라 하고 평양에 도읍을 정한 것이다.

我 나아 卽 곧즉 舊 옛구 故 연고고 號 부를호 都 도읍도

❀ **윤관(?~1111)**: 고려 중기의 명신으로 시호는 문숙文肅이다. 1107년(예종 2) 여진 정벌 때 도원수가 되어 부원수 오연총과 17만 대군을 이끌고 동북계에 있는 여진을 쳐서 저 유명한 9성九城을 쌓았다.

리게 하였다.

그런데 평장사 최홍사·김경용과 참지정사 임의와 추밀원사 이위 등이 선정전에 들어가 임금 앞에서 이렇게 극단적으로 말하였다.

"윤관, 오연총, 임언 등은 망령되이 명분 없는 군사를 일으켜 전쟁에 패하고 나라를 해롭게 하였으니 그 죄는 용서할 수 없습니다."

간관 김연, 이재 등도 역시 계속 탄핵하였다.*

"임금이 땅을 차지하는 것은 본래 백성을 기르고자 함에 있습니다. 그런데 이제 성을 두고 싸워서 사람을 죽였으니, 그 땅을 돌려주고 백성을 편히 쉬게 하는 것만 못 하옵니다. 지금 돌려주지 않으면 반드시 거란과 틈이 생길 것입니다."

임금이 물으셨다.

"무엇 때문인가?"

김연이 아뢰었다.

"나라에서 처음 9성을 쌓을 때, 거란에 알리는 표문에 '여진의 궁한리*는 우리의 옛 땅이다. 그 거주민 또한 우리 백성인데, 근래에 도적들이 변방을 끊임없이 침입하였기 때문에 다시 수복해서 성을 쌓는다'고 하였습니다. 표문의 내용이 이러하나 궁한리 추장은 거란의 관직을 많이 받은 자이니, 거란은 우리 주장을 허튼 소리라 꾸짖을 것입니다.

이제 우리가 만약 동쪽으로 여진을 방비하고, 북쪽으로 거란을 방비한다면, 신은 9성이 우리 삼한에 복이 되지 않으리라 생각하옵니다."

간의대부 김인존 역시 옛 땅을 돌려줄 것을 청하였다.

임금께서는 윤관의 공을 인정하셨다

임금(16세 예종)께서 타일러 가르치셨다.

"두 원수*가 여진을 친 것은 돌아가신 선제(15세 숙종)의 뜻을 받들고, 짐이 친히 말한 일을 행한 것이다.

몸소 적의 칼끝과 화살을 무릅쓰고 적진에 깊이 들어가서 목을 베고 포로로 잡은 자의 수가 이루 헤아릴 수 없이 많다.

천 리 땅을 개척하고 9주에 성을 쌓아 국가의 부끄러움과 욕됨을 씻었으니 그 공이 가히 크다 할 것이다.

그렇지만 여진은 인면수심*으로 그 변덕이 심하다.

* **궁한리弓漢里**: 여진족의 지명.

* **두 원수**: 도원수 윤관과 부원수 오연총을 말함.

* **인면수심人面獸心**: 사람의 얼굴을 하고 있으나 마음은 짐승과 같다는 뜻으로, 마음이나 행동이 몹시 흉악함을 이르는 말.

그 남은 무리가 의지할 곳이 없자 추장이 항복하는 글을 바치고 화친을 청해 왔다.

이에 신하들이 모두 편하게 여기니, 짐 또한 차마 인정사정 없이 처리하지 못하겠다.

유사가 법을 지킴에, 윤관 등을 탄핵하는 말이 매우 많으므로 서둘러 그들의 벼슬과 권한을 박탈하려 한다.

그러나 짐은 끝까지 이를 허물로 삼지 아니할 것이다.

맹명시가 다시 황하를 건너 공을 세운 것*과 같이 하기를 바란다."

고려 15세 숙종은 속국인 여진이 점점 강성해지는 것을 보고 이를 정벌하려는 뜻을 품으셨단다. 그러나 당시 14세 현종의 잔당이 내란을 일으킬까 두려워 군사를 일으키지 못하고 망설이다가 돌아가셨지. 돌아가실 때 여진을 정벌하라는 밀지密旨를 예종과 윤관 등에게 내리셨던 거야

아, 그럼 윤관은 어명을 실행한 거네요? 그런데 대신들은 그저 편하게 지내려고 윤관을 탄핵하고, 어렵게 되찾은 우리 땅을 여진에게 돌려 주자고 했군요?

여진에게 땅을 돌려 주었다

예종 문효대왕 4년(1109) 가을에

고려군은 9성에서 철수하고 여진의 옛 땅을 돌려 주었다.

이에 앞서 여진이 요불, 사현 등을 보내 조정에 들어와 이렇게 아뢰었다.

"옛날에 저희 태사인 영가*께서 일찍이 말하기를, '우리 조종은 대국(고려)에서 태어나셨으니, 자손 대에 이르러서도 마땅히 스스로 복종함이 옳을 것이다' 라고 하였습니다.

지금 태사 오아속*께서도 역시 대국(고려)을 부모의 나라로 삼고 있습니다.

❀**맹명시가 공을 세운 것**: 중국 춘추 전국 시대 진나라 맹명시가 적에게 포로가 되었다가 가까스로 탈출한 뒤, 3년 후 빼앗겼던 자기네 나라 땅을 다시 정벌하고 회군한 것을 말한다.

갑오 연간에 이르러 궁한촌 사람들이 스스로 난리를 일으켰으나, 본래 저희 태사가 지휘한 일이 아니었습니다. 국조(고려)에서는 죄를 물어 이들을 무력으로 치셨으나 다시 사이좋게 지냄을 허락하셨기 때문에 저희는 이를 믿고 조공을 끊지 않았습니다.

그런데 귀국이 작년에 군사를 크게 일으키시어, 저희 늙은이와 어린 아이들을 죽이고 9성을 쌓아, 외로이 남은 백성으로 하여금 돌아갈 곳이 없게 하셨습니다.

이에 태사가 저희를 보내어 땅을 되돌려 주실 것을 청원하게 하신 것입니다.”

임금은 또 삼성과 추밀원의 재추* 어사대 판사, 중서문하성* 성재, 지제고*, 시신, 도병마판관과 문무 3품 이상을 소집하셨다.
다시 9성을 돌려주는 것에 대하여 찬성과 반대를 물으니
모두 돌려주는 것이 좋다고 하였다.

고려의 국경, 만주 선천령
옛 역사책에 이렇게 말하였다.

“두 장군이 선춘령에 비를 세우고 ‘여기까지가 고려의 경계다’ 라고 하였다. 그러니 선춘령은 두만강에서 700리 밖에 있는 송화강 근처의 땅에 있다.”

북방 정벌을 주장했던 윤언이가 억울함을 호소한 글

광주목 윤언이*가 자신의 억울함을 풀어서 밝히는 글을 올려 이렇

❀영가 盈歌(1053~1103): 여진 완옌부 完顔部의 추장. 금金 건국 후 목종으로 추존되었다. 숙종 7년(1102) 고려에 사신을 보내 조공하였다. 그 후 세력이 강해지자 간도 지방을 점령하고 다시 남하하여 함경도까지 세력을 뻗쳤다.

❀오아속 烏雅束: 여진 완옌부의 추장. 금金나라 태조 아골타의 형이다. 숙부 영가의 뒤를 이어 추장이 되었다.

❀재추宰樞: 고려 시대 중서문하성과 추밀원을 가리킨다.

❀중서문하성中書門下省: 고려 시대에 국정을 총괄하던 최고 정책결정 기관.

❀지제고知制誥: 고려 시대에 조서詔書, 교서敎書 등을 작성하는 일을 맡은 벼슬.

❀윤언이 尹彦頤(?~1149): 고려 인종 때 대신으로 자호自號는 금강거사金剛居士, 시호는 문강 文康이고, 시중 윤관의 아들이다.

게 주장했다.

"중군(김부식)이 임금께 아뢴 바를 보면, '언이가 정지상과 서로 마음이 통해서 함께 죽기를 맹세하고 당을 만들어, 크고 작은 일을 의논하였다' 하고 '임자년(1132)에 임금께서 서경으로 순행하셨을 때, 우리나라가 독자적으로 건원칭제*하기를 청하였다' 하였습니다.

또 '국학생들을 넌지시 꾀어 앞의 일(건원칭제)을 임금께 아뢰도록 하였는데, 대개 그 본 뜻은 큰 나라인 금나라를 크게 화나게 하여 일을 일으키고, 틈을 타서 제 뜻대로 반대자들을 죽여 없앤 후 뜻이 맞는 바깥 사람들과 당을 만들어 반역을 꾀하고자 한 것이다. 그러니 이는 신하된 도리가 아니다' 라고 하였습니다.

신이 이 글을 두세 번 거듭하여 읽고 난 뒤에야 비로소 마음이 안정되었습니다.

신이 건원칭제를 청한 것은 임금을 받드는 충성스러운 마음에 바탕을 둔 것이옵니다.

본조(고려)에서도 '태조와 광종의 고사*' 가 있습니다.

그리고 옛 기록을 돌이켜 살펴 보면, 신라와 발해가 비록 연호를 만들어 썼으나, 주변의 큰 나라가 일찍이 이를 문제 삼아 군사를 일으키지 않았습니다.

또 작은 나라는 감히 그 잘못을 따져 의논조차 하지 않았습니다.

지금의 성세*에 어찌 이것을 도리어 분수에 넘친 지나친 행동이라 할 수 있겠사옵니까?

---

* **건원칭제**建元稱帝: 나라를 세운 임금이 나라의 연호를 정하고 스스로 황제라 칭하는 것.

* **태조와 광종의 고사**: 태조와 광종이 건원칭제한 사실을 말한다. 태조 왕건은 '고구려의 정통 정신과 법통을 이은 후계자' 란 뜻에서 국호를 고려라 하고, 연호를 천수天授라 하였다. 또한 4세 광종光宗은 개경開京을 황도皇都라 고치고, 광덕 · 준풍이라는 연호를 사용하였다.

* **성세**聖世: 어진 임금이 다스리는 세상 또는 시대를 높여 이르는 말.

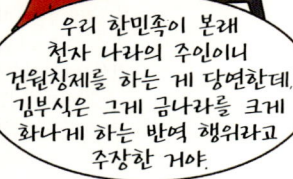

김부식은 중국을 섬기는 사대주의 학자였대.

우리 한민족이 본래 천자 나라의 주인이니 건원칭제를 하는 게 당연한데, 김부식은 그게 금나라를 크게 화나게 하는 반역 행위라고 주장한 거야.

환단고기

신이 일찍이 이 문제를 의논한 바 있으니, 죄라면 이것이 죄일 것입니다.

죽기를 각오하고 당을 만들었다거나 대금(큰 나라 금)을 크게 화나게 하려 했다는 말은, 비록 엄청나나 본말*이 맞지 않사옵니다.

강한 적이 우리 강토를 침략해 오면 막아 내기에 겨를이 없을 터인데, 어찌 틈을 타서 그런 일을 꾀할 수 있겠습니까.

대체 뜻이 맞는 사람끼리 당을 만들었다고 지목하는 자들은 누구이며, 제가 죽여 없애려고 한 자는 누구이옵니까?

무리가 만약 화합하지 못한다면, 싸우더라도 곧 패하여 몸 둘 곳조차 없을 터인데, 어찌 건방지게 제멋대로 그런 일을 꾸미겠습니까?

임금님의 총명하고 사리에 밝으심을 믿고 거듭 생각합니다.

신은 지극히 약한 성품으로 서경을 무력으로 치는 데 나아가 제 몸을 잊고 나라를 지켰사옵니다. 이것은 마땅한 도리입니다.

서경 정벌을 이룬 것은 모두 다른 사람의 힘에 의한 것이니, 어찌 제가 고생을 했다고 족히 말할 수 있겠사옵니까?"

❀본말本末: 일의 근본과 끝. 또는 중요한 것과 중요하지 않은 것.

다 함께 암송하기

중약불화衆若不和면 전지즉패戰之則敗하여
차용신지무지且容身之無地니라.

무리가 만약 화합하지 못한다면, 싸우더라도 곧 패하여 또한 몸 둘 곳조차 없을 것이다.

衆 무리 중 若 같을 약 和 화합할 화 戰 싸울 전 敗 패할 패 且 또한 차
容 얼굴 용

고려국본기

금나라 역사에서 전하는 조위총의 반역

『금사』*에 이렇게 기록되어 있다.

"세종 대정 15년(1175) 9월에, 고려 서경유수 조위총*이 서언 등을 보내 금나라 왕에게 표를 올려 자비령 서쪽과 압록강 동쪽 땅을 가지고 몰래 들러붙으려 했으나 금나라 왕이 받아들이지 않았다."

예종의 고구려 영토 회복 의지

『고려사』*에 이렇게 기록되어 있다.

"예종 11년(단기 3449, 1116) 3월 을미 초하루에, 임금께서 요나라의 내원과 포주* 두 성이 여진에게 공격을 당해 성 안에 식량이 다 떨어졌다는 말을 전해 들으셨다. 이에 도병마록사 소억을 시켜 쌀 1천 석을 보내셨다.
그러나 내원성의 통군이 사양하고 받지 않았다."

8월 경진에, 금나라 장수 살갈이 요나라의 내원·포주 두 성을 쳐서 거의 함락할 지경에 이르렀다. 이에 그곳 통군 야율녕이 무리를 거느리고 도망하려 하였다.
임금께서 추밀원 지주사 한교여를 보내어 야율녕을 불러 알아듣도록 타이르게 하셨다. 하지만 야율녕은 임금의 명령을 적은 글이 없다는 이유로 거절하였다.
한교여가 급히 보고하자, 임금께서 추밀원에 명하여 차자*를 갖추어 보내려 하셨다. 이에 재신과 간관이 이를 말리며 아뢰었다.

"저들이 임금의 전지를 요구하는 뜻을 알기 어려우니 그만두게 하옵소서."

임금께서 사신을 금나라에 보내어 청하셨다.

"포주는 본래 우리의 옛 땅이니 돌려주기 바란다."

금나라 임금이 우리 고려의 사신에게 말하였다.

"너희가 직접 빼앗아라."

이존비의 역사의식과 낭가의 자주독립 정신

한민족 역사 정신을 이어 자주 부강을 이룰 것을 상소함

후암 이존비*(1233~1287)는 고려 경효왕(25세 충렬왕) 때 사람이다. 일찍이 서연*에서 나라의 자주自主와 부강富强을 위한 정책을 논하였다. 그리고 이렇게 임금께 아뢰었다.

"우리나라는 환단·조선·북부여·고구려 이래로 모두 부강하고 자주를 유지하였습니다.

또 연호를 정하고 황제라 칭한 일은 일찍이 우리 태조 때에 이르러서도 실행하였습니다.

그러나 지금은 대국 원나라를 섬겨야 한다는 주장이 나라의 이념으로 정해져 있습니다.

그리하여 임금과 신하, 윗사람 아랫사람이 모두 원나라에게 억압받고 업신여김 당하는 것을 달갑게 받아들이고

스스로 새로워지는 방법을 꾀하지 않습니다.

하늘의 뜻을 두려워하고 나라를 보존하는 것은 진실로 훌륭하다고

❀ **차자劄子**: 신하가 임금에게 아뢰는 문서 또는 상관이 아랫사람에게 보내는 공문서.

❀ **이존비李尊庇(1233~1287)**: 고려 충렬왕 때의 문신으로 초명은 인성仁成이다. 정직하고 청렴하던 이존비가 죽자 세자가 울면서 슬퍼하였다 한다. 행촌 이암의 조부로 일십당 이맥, 해학 이기의 직계 조상이다.

❀ **서연書筵**: 왕세자가 글을 배우던 곳.

고려국본기

할지 모르겠습니다.

그러나 천하 후세의 비웃음은 어찌하겠사옵니까?

또한 왜(일본)와 원한을 쌓고 있으니* 만약 원나라 왕실에 변고가 생긴다면 장차 무엇을 믿고 나라를 다스릴 수 있겠습니까?

황제라 칭하는 일은 이 시대에 싫어하여 피하니 갑자기 복구하기는 진실로 곤란할 것입니다.

그러나 스스로 강해지려는 계책은 궁리하여 찾아 내지 않을 수 없사옵니다."

임금께 아뢴 것이 비록 채택되지는 않았지만 들은 사람들이 모두 옳다고 여겼다.

이존비가 주장한 왜(일본)에 대비하는 계책

뒤에 이존비는 왜에 대비하는 다섯 가지 계책을 말하였다.

첫째, 호구(인구)를 상세히 파악하여 전 백성을 병사로 만들 것.

둘째, 병·농 일치 제도*를 만들고 바다와 육지를 함께 지킬 것.

셋째, 군량을 저장하고 전함(전쟁에 쓰는 배)을 만들 것.

넷째, 수군(바다에서 싸우는 군대)을 늘리고 육조(육지에서의 전쟁)

다 함께 암송하기

본국本國은 자환단조선북부여고구려이래自桓檀朝鮮北夫餘高句麗以來로 개부강자주皆富強自主하니라.
우리나라는 환단, 조선, 북부여, 고구려 이래로 모두 부강하고 자주를 유지하였다.

富 부자 부　强 굳셀 강　來 올래　부강=재정이 부유하고 군사력이 강함　主 주인 주

병농兵農 일치 제도: 병사와 농민을 일치시키는 제도. 즉 농사 짓는 사람이 비상시에는 전쟁터에 참여하는 것을 말한다.

환단고기

도 겸하여 익힐 것.

다섯째, 지리를 상세히 알아 두고 서로 화합하는 것을 확실히 보증할 것.

이존비의 시

일찍이 이존비가 회당상인*에게 준 시 한 수가 전하니 이러하다.

사물은 아름다움과 추함을 떠나서 쓰임이 있나니

누가, 쓴 오얏에 씨가 많다고 싫어하리오.

맏자식은 오랫동안 조정에서 천자 모시고

둘째는 새로이 절간에 출가하였네.

임금께 충성함은 신하의 직분이지만

애착 끊고 세간을 벗어남 또한 어떠하리.

노옹은 오히려 체념하고 웃을 수 있으니

내 영혼은 꿈속에서 하늘 끝에 올라 아득히 헤매네.

충렬왕과 북경 연녀 이야기

임금(충렬왕)께서 연경(지금의 북경)에 계실 때, 연녀에게 매혹당하셨다.*

이별할 때 연녀가 손수 연꽃 한 송이를 바치며 이렇게 아뢰었다.

"임금께서 돌아가시는 길에 만약 이 꽃이 시든 것을 보시면

이 목숨이 장차 다할 것이옵니다."

며칠 뒤에 꽃을 보니 초췌해지고 있었다.

임금은 연녀가 죽을까 두려워 다시 연경으로 돌아가려 하셨다.

이존비가 가서 살펴보고 오겠다고 자청하여 연녀를 찾아갔다.

연녀가 울며 시를 바치니 이러하였다.

> 나라의 운명이 꺼져가는 때, 환국, 배달, 고조선, 북부여, 고구려, 대진국의 맥을 이어 자주 부강을 이루어야 한다고 주장한 이존비야말로 진정한 충신이란다.

❀회당상인晦堂上人: 회당은 원오국사 (1215~1286)의 자호. 이존비 둘째 아들의 스승이다.

❀충렬왕이 연녀에게 매혹당하심: 충렬왕이 연경에 있을 때 원나라(몽고)가 충렬왕의 마음을 회유하기 위하여 연녀라는 기생을 접근시켰다. 왕이 거기에 빠지자, 후암 이존비가 원나라의 속셈을 알고 여러 번 고려로 돌아가실 것을 주청하였다.

고려국본기

연꽃 향기를 서로 주고받으니
처음에는 붉은 빛 아리따웠네.
꽃을 드린 지 며칠 지나니
시든 모습, 님과 같사옵니다.

이존비는 임금이 이 시를 보시면 연녀를 더욱 그리워할 것을 염려하여 연녀 대신 시를 지어 올렸다.

이 어리석은 사람아! 이 어리석은 사람아!
수레를 멈추지 마오. 수레를 멈추지 마오.
이 몸은 연잎에 맺힌 이슬 같나니
저쪽 이쪽 둥글게 굴러다닌다오.

임금이 시를 보고 크게 노하여 마침내 나라로 돌아오셨다.

이존비의 죽음

뒤에 임금이 연녀에 대한 원망을 그치지 않으시므로 존비가 아뢰었다.
"신이 그때 급히 모시고 돌아오려고 어찌할 수 없이 거짓으로 시를 지어 올렸사옵니다.

엎드려 바라옵건대 임금을 속인 죄에 벌을 내려 주시옵소서."

임금이 화를 내며 이존비의 벼슬과 직책을 빼앗고 충북 문의로 귀양을 보내셨다.
태자(충선왕)와 조정 대신들이 임금께 풀어 주시기를 여러 번 청을 올렸다.

죽음을 각오하고
임금께 거짓을 고한
거네?

임금이 원나라의 계략에
빠져서 나라를 돌보지 않는
것을 걱정한 이존비가 거짓으로
연녀 대신 답장을 쓴 거야.

임금 역시 후회하여 다시 관직을 주고 존비를 불러 들이셨다.

그러나 이를 알리는 사자가 귀양지에 이르기 전에 존비는 이미 숨을 거두었다.

임금은 존비의 사망 소식을 전해 듣고 몹시 슬퍼하여 조회를 그만 두셨다.

태자가 장례에 임하여 말하였다.

"이존비는 정직하여 나라의 강직한 신하인데 어찌 이렇듯 일찍 죽는단 말인가?"

이에 임금께서 왕의 장례 예식에 따라 장사지낼 것을 명하였다.

마침내 형강 가에 있는 산 4리를 둘러서 봉하니

지금까지 그 동네를 왕묘동이라 부르고, 마을을 산사리라 부른다.

이암의 충의와 역사정신

이암의 상소문

시중* 행촌 이암*이 일찍이 임금께 글을 올려,

권세를 잡은 신하들이 나라 이름 고려를 없애 버리고

행성*을 세우고자 의논하는 것을 못하게 막았다.

그 상소문은 대략 이러하다.

"하늘 아래 사는 모든 사람은 각기 자신이 살고 있는 나라를 조국으로 삼고 각각 제 풍속으로 민속을 삼습니다. 그러하니 나라의 경계를 깨뜨릴 수 없으며 민속 또한 뒤섞이게 할 수 없사옵니다.

하물며 우리나라는 환국·배달·고조선 시대 이래로

❀**시중**侍中: 고려 때 국정을 총할하던 대신.

❀**이암**李嵒(1297~1364): 초명은 군해君, 호는 행촌杏村, 시호는 문정文貞. 충선왕 5년(1313) 17세 때 문과에 급제, 충정왕 때 찬성사 우정승이 되고 공민왕 초에 철성군에 봉해졌다. 홍건적이 침입했을 때 왕을 모시고 남행한 공으로 일등공신이 되고 철원부원군에 봉해졌다. 행촌이 죽자 공민왕이 슬퍼하여 친히 행촌의 초상을 그리고 행촌이란 두 글자를 써서 관원을 보내어 제사를 지내게 했다.

❀**행성**行省: 원나라가 고려의 내정을 간섭하기 위해 설치한 정동행성을 말한다.

고려국본기

이촌비의 손자로서 단군세기를 지어 신교 역사관을 정립하신 행촌 이 암 선생

다물이란 고구려 말로 '옛 땅을 되찾는다'는 뜻이야. 고조선의 영광을 되찾는 다물주의가 고구려의 건국 이념이었대.

고려는 대진국을 이어 고구려의 다물 정신을 계승한 거야. 고려는 나라 이름도 고구려를 계승한 거잖아.

❀유주幽州와 영주營州: 유주는 지금의 하북성 북경 일대, 영주는 지금의 요령성 조양朝陽 일대로, 이곳은 배달·조선 이래 우리 땅이었다.

모두 천상 상제님의 아들이라 칭하고 하늘에 제사를 지냈습니다. 그러니 애당초 임금(천자)에게 땅을 하사받고 봉해진 제후와는 그 근본이 같을 수 없습니다.

비록 지금은 일시적으로 남의 굴레 밑에 있으나,

우리는 뿌리가 하나인 같은 조상에게 물려받은 정신과 육신을 갖고 있습니다.

이것으로 신시 개천(배달)과 삼한관경(고조선)이 천하 만세에 대국으로 명성을 크게 떨치게 된 것입니다.

우리 천수 태조(왕건)께서는 새 왕조를 세울 수 있는 자질을 갖추시고 고구려의 건국 이념인 다물多勿 정신*을 계승하셨습니다.

그리하여 세상을 평정하고 국가의 명성을 크게 떨치셨습니다.

간혹 이웃에 강한 적이 나와 승세를 타고 횡포를 부려서 유주와 영주*의 동쪽이 아직도 우리에게 돌아오지 못하고 있습니다.

바로 이것이 임금과 신하가 밤낮으로 마음과 힘을 다하여 떨쳐 일어나, 자주와 부강을 위한 계책을 꾀해야 하는 까닭입니다.

그런데도 오잠과 류청신* 같은 간악한 무리가 감히 멋대로 음모를 꾸미고 있습니다.

우리나라가 비록 작기는 하나 어찌 고려라는 나라 이름을 없앨 수 있겠습니까?

임금의 힘이 비록 약하나 지위와 호칭을 어찌 낮출 수 있겠습니까?

이러한 거론은 모두 간사한 소인배*가 죄를 감추고 도망하려는 데서 나온 것일 뿐

결코 나라 사람들의 공통된 의견에서 나온 말이 아닌 줄로 아옵니다.

마땅히 도당*에 청하여 그 죄를 엄히 다스려야 할 것이옵니다."

행촌 이암의 저서

행촌 시중이 지은 저서가 3종이 있다.

『단군세기』를 지어 시원 국가의 체통*을 밝혔고, 『태백진훈』을 지어 환·단 시대부터 전수되어 온 도학과 심법을 이어받아 밝혔다.

『농상집요』는 세상을 다스리는 실무*의 학을 담은 것이다. 문정공 목은 이색*이 서문(머리말)을 붙였다.

"무릇 입을거리와 먹을거리를 넉넉하게 하고 재물을 풍족하게 하며, 씨뿌리고 어린 싹을 옮겨 심고, 싹을 자라게 하는 방법을 분야별로 나누고 같은 것끼리 묶어 자세히 분석하고 촛불이 비추는 것처럼 뚜렷하고 분명하게 기록하였다. 진실로 백성을 다스리는 데 좋은 책이 될 것이다."

이암의 벗 이명과 범장

행촌 선생이 일찍이 천보산*에서 노닐다가 밤에 태소암에서 묵게 되

오잠吳潛과 류청신柳淸臣: 고려 중기의 간신들. 왕위를 노리는 심양왕瀋陽王 고暠에게 붙어 충선왕을 모함하려 했다. 또 원元나라 황제에게, 고려에 정동행성을 설치하고 아예 '고려'라는 나라 이름을 없이하여 원나라의 영토와 똑같이 다스려 달라고 청하였다.

✿소인배小人輩: 마음 씀씀이가 좁고 간사한 사람들이나 그 무리.

✿도당都堂: 도평의사사(고려 시대의 최고 의정 기관).

✿국가의 체통: 국통.

✿실무實務: 실제로 해야 하는 일

✿이색李穡(1328~1396): 고려 말의 대학자. 호는 목은牧隱, 시호는 문정文靖. 포은 정몽주, 야은 길재와 함께 삼은三隱이라 불린다.

✿천보산天寶山: 경기도 양주군 회천면 회암리에 있다.

고려국본기

이암, 이명, 범장 이 세 분은 하늘에서 만나게 해 주신 것이야. 이 세 분의 노력으로 한민족 9천여 년 역사의 국통맥이 전해질 수 있게 되었단다.

었다.

그곳에 소전이라 하는 한 거사가 기이한 옛 서적을 많이 가지고 있었다.

이에 이명*, 범장*과 함께 신서(신이 지은 글)를 얻었는데, 모두 환단 시절부터 전해 내려온 역사의 참모습을 담은 비결이었다.

❀이명李茗: 청평(춘천 부근) 사람이다. 『규원사화』의 저본인 『진역유기』(3권)를 저술하였다.

❀범장范樟: 자는 여명 汝明, 호는 복애伏崖. 전라도 금성(지금의 나주)사람으로 『북부여기』를 지었다.

삼신의 원리로 전한 진리 말씀

세속의 자질구레한 일에 얽매이지 아니하고 고대 역사에 대한 지식이 해박한 행촌의 학문은 그 뛰어남이 칭찬 받을 만하였다.

그 참전의 계율을 닦는 법도는

삼신으로부터 받은 성품[성]을 응결시켜 지혜를 이루고

삼신으로부터 받은 생명[명]을 응결시켜 덕을 이루며

삼신으로부터 받은 정기[정]를 응결시켜 힘을 이루는 것이다.

우주에 삼신이 영원히 존재하시고 사람에게 삼진이 없어지지 않는다.

이것은 마땅히 하늘 아래 영원한 대정신(우주정신)과 혼연 일체가

다 함께 암송하기

참전수계지법參佺修戒之法은 개응성작혜盖凝性作慧하고 응명작덕凝名作德하고 응정작력凝精作力이니라.

참전의 계율을 닦는 법도는 삼신으로부터 받은 성품[성]을 응결시켜 지혜를 이루고 삼신으로부터 받은 생명[명]을 응결시켜 덕을 이루며 삼신으로부터 받은 정기[정]를 응결시켜 힘을 이루는 것이다.

修 닦을 수   戒 계율 계   盖 대개 개   凝 응결할 응   慧 지혜 혜   精 정기 정

되어 생성과 변화가 무궁하기 때문이다.

선생이 말하였다.

"도가 하늘에 있으면 삼신이 되고, 도가 사람에게 있으면 삼진이 된다. 그 근본을 말하면 오직 하나일 뿐이다.

오직 하나인 것이 도요, 둘이 아닌 것이 법이다.

위대하도다, 환웅 천황이시여!

수많은 사람 중에 먼저 나와서 천도(하늘의 도)의 근원을 체득하시고 대광명의 가르침[신교]을 세우시니,

신시 개천의 의미가 비로소 세상에 크게 밝아졌도다.

이제 우리가 글을 통해 도를 구하고 전佺에 참여하여 계戒를 받아 가르침을 받들고 있으나, 아직 계발은 하지 못하였다.

또 온갖 가르침을 듣는다 해도 여전히 이해하기 어려우니, 늙어감이 한스럽구나!"

선생은 시중 벼슬에서 물러나 강화도 홍행촌에 들어갔다.

스스로 호를 홍행촌수紅杏村叟라 하고

마침내 행촌 삼서를 저술하여 집에 간직해 두었다.

이암의 삼신상제님 신앙관

헌효왕(28세 충혜왕의 시호) 복위 5년(단기 3677, 1344) 3월에, 행촌 이암이 임금의 명령을 받아 참성단에서 천제를 드릴 때 백문보*에게 이렇게 말하였다.

"덕으로 삼신을 수호하는 것은 오직 믿음에 있고, 영재를 길러 국가

단군세기 서문에 나오는 글: 조화신造化神이 내 몸에 내려 나의 성품[성]이 되고, 교화신教化神이 내 몸에 내려 삼신의 영원한 생명인 나의 목숨[명]이 되며, 치화신治化神이 내려 나의 정기[정]이 된다.

✱ 백문보白文寶(1303~1374): 고려 공민왕 때의 충신. 우왕의 사부.

를 지키는 일은 그 공이 소원을 비는 데 있다.

신은 사람에게 의지하고, 사람 또한 신에게 의지하여야 백성과 국가
가 길이 편안함을 얻게 되는 것이다.

  하늘에 제사 드리는 정성은 결국 근본에 보은하는 정신
으로 돌아가는 것이다.
그러니 인간 세상에서 이것을 구함에
어찌 감히 소홀히 할 수 있겠는가?"

이암 선생은 언제나
삼신상제님의 가르침을 받들어
나라에 충성하고
정성껏 천제를 올리며
근본에 보은하면서
사셨던 분이에요!!!

성품이 엄격한 하동 사람 정지상 이야기

감찰지평이 되었다

정지상은 하동 사람이다. 누이동생으로 인해 원나라에 왕래하다가
경효왕*을 만나 대궐에 들어가 수종 들며 공로가 있었다.
임금이 즉위하자 곧바로 뽑혀서 감찰지평*에 이르렀는데,
일을 처리함에 큰 소리를 내지 않았다.

☸ **경효왕**敬孝王: 공민
왕의 시호.

☸ **감찰지평**監察持平:
고려 때 사헌부司憲府
에 딸린 5품 벼슬.

다 함께 암송하기

내신의인乃神依人하고 인역의신人亦依神하여
이민이국而民而國이 영득안강永得安鋼이니라.
제천지성祭天之誠은 경귀보본竟歸報本이니라.

신은 사람에게 의지하고 사람 또한 신에게 의지하여야
백성과 나라가 영원히 평안함을 얻게 되는 것이다.
하늘에 제사 드리는 정성은 결국 근본에 보은하는 정신으로 돌아가는 것이다.

乃 이에 내 依 의지할 의 亦 또한 역 永 길 영 得 얻을 득 安 편안 안
康 편안할 강 竟 마침내 경 報 갚을 보

환
단
고
기

일찍이 전라도 안렴사*가 되어 경내(지경 안, 전라도)에 들어갔다.

거기서 세도가*가 권세를 부리는 것을 보면

즉시 잡아다가 매질하고 죄를 따져 물어서 모든 군에 알렸다.

이에 온 도道 사람들의 마음이 섬뜩하였다.

권세 부리는 야사불화를 벌하였다

야사불화*란 자는 본국(고려국) 사람인데 원나라에 들어가 순제에게 총애를 받았다.

그 형인 서신계는 육재*가 되었고, 아우 응려는 상호군*이 되었다.

야사불화가 세력을 믿고 위세 당당하게 복을 누리니, 나라 사람들이 두려워하였다.

불화는 강향사라는 직함을 받고 본국에 와서는,

가는 곳마다 거리낌 없이 제멋대로 굴며 난폭한 행동을 일삼았다.

이때 존무사와 안렴사가 많은 치욕을 당하고 욕을 먹었지만, 감히 불화의 비위를 거스르지 못했다.

불화가 전주에 이르자 정지상이 기다렸다가 공손하게 맞이하였다.

그러나 불화는 매우 거만하게 대하였다.

반접사 홍원철이 지상에게 뇌물을 요구하였다. 그러나 지상은 듣지 않았다.

원철이 크게 화를 내며 불화에게 말하였다.

"지상이 천자의 사신을 업신여깁니다."

이에 불화가 지상을 결박하였다.

지상이 분노하여 크게 소리 지르며, 고을 관리들에게 거짓으로 이렇

---

* **안렴사**按廉使: 고려 때의 지방 장관.

* **세도가**: 나라를 다스리는 권세를 휘두르는 사람. 또는 그런 집안.

* **야사불화**埜思不花: 서불화徐不花. 원나라에 귀화하여, 공민왕 4년(1355)에 향사(국가의 제사 때 향을 관리하는 자)로서 고려에 와서 가는 곳마다 횡포를 부리다가 정지상에게 체포되는 일이 있었다.

* **육재**六宰: 고려시대 육부판사六部判事 가운데 판공부사判工部事.

* **상호군**上護軍: 각 군영의 으뜸 벼슬.

"국가에서는 이미 기씨*를 모두 죽여 없애고 다시는 원나라를 섬기지 않기로 하였다. 재상 김경직*을 대장으로 삼아 압록강을 지키게 하였으니, 이런 정도의 사자를 제압하기는 쉽다.

그렇거늘 너희들은 도대체 무엇이 두려워 나를 구하지 않느냐? 장차 너희 고을이 등급이 낮아져 작은 현이 되는 꼴을 보게 될 것이다."

이에 읍리*들이 소리를 치며 달려들어 지상의 결박을 풀고 부축하여 나갔다.

지상이 드디어 무리를 거느리고 불화·원철 등을 잡아 가두었다.

그리고 불화가 차고 있던 금으로 만든 패찰을 빼앗아서 말을 달려 서울로 돌아오는데, 공주를 지나다가 불화의 아우 응려를 잡았다.

철퇴로 때리니 응려가 며칠 만에 죽었다.

지상이 와서 임금께 이 사실을 아뢰었다.

임금은 깜짝 놀라 지상을 순군부*에 하옥시키셨다.

그리고 행성원외랑 정휘에게 명하여 전주목사 최영기와 읍리 등을 체포하게 하셨다.

또 차포온을 보내어 술[어주]을 내려 불화를 위로하게 하시고

금패를 돌려 주셨다.

원나라에서는 단사관* 매주를 보내어 지상을 국문하였다*.

❀ **기씨**奇氏: 원나라 순제順帝의 황후인 기황후의 권세를 믿고 세도를 부리던 기철奇轍 등 그 일족을 말한다.

❀ **김경직**金敬直: 기철 포살 사건 뒤에 임명된 고려의 재상이며 원수.

❀ **읍리**: 지방 관아의 벼슬아치 밑에서 일을 보는 사람.

❀ **순군부**巡軍府: 고려 시대에 도적 잡는 일과 난리를 막는 일을 하던 관아.

❀ **단사관**斷事官: 형벌에 대한 행정을 맡은 벼슬.

임금께서 정지상을 옥에 가둔 것은 원나라의 심한 보복을 피하기 위해서였나 봐.

맞아! 속으로는 정지상을 옹호하셨어. 그래서 나중에 더 높은 벼슬을 주신 거야.

환단고기

임금께서 정지상에게 높은 벼슬을 주었다

그러나 임금은 기씨를 모두 죽이고, 지상을 석방하여 순군제공*으로 삼으셨다.

지상은 다시 옮겨 호부시랑, 어사중승이 되었고, 벼슬이 판사에 이르러 세상을 떠났다.

지상의 성품이 엄격하여 모든 육사죄*에는 반드시 지상을 파견하였다. 지상의 아내는 홀로 담양에 거주하다가 왜적(일본인 적)에게 해를 입어 죽었다.

아들 종從은 박위*를 따라 대마도 정벌에 참여하였다.

낭장 문대의 저항 정신

문대는 고종 안효대왕(23세) 18년(단기 3564, 서기 1231)에, 낭장*으로서 서창현에 머물다가 몽골 군사에게 사로잡혔다.

몽골 군사는 철산성* 아래에 이르자 문대로 하여금 고을 사람들에게 '진짜 몽골군이 왔으니 빨리 나와서 항복하라'고 소리치게 하였다.

그러나 문대는 소리 높여, "가짜 몽골군이니 항복하지 말라."라고 하였다.

몽골 군사가 문대의 목을 베려다가 다시 소리치게 하였다.

하지만 다시 같은 말을 하므로 드디어 죽었다.

몽골군이 성을 몹시 빠르게 공격하니 성 안에 양식이 떨어져서 더 지킬 수가 없었다.

* **국문하다**: 곤장을 치는 등 형벌을 가하여 죄인을 신문하다.

* **순군제공**巡軍提控: 순군만호부에 속한 벼슬.

* **육사죄**戮死罪: 사형에 해당하는 큰 죄를 말함.

* **박위**朴葳: 고려 말기의 장군으로 우왕 때 김해 부사가 되었다. 요동 정벌 때 이성계를 따라 위화도에서 회군하고 최영을 몰아낸 후, 경상도 도순문사都巡問使가 되어 전함 100척을 인솔하고 대마도를 정벌하였다.

* **낭장**郎將: 고려 때 관직. 중랑장中郎將의 다음이며, 별장別將의 위이다.

* **철산성**鐵山城: 평안북도 서북부 해안에 위치.

고려국본기

몽골군에게 항복하느니 차라리 자결을 택하셨어요. 죽음으로써 대항한 이런 분들이 계셨기에 나라가 보존될 거예요!

성이 곧 함락되려 하자 판관 이희적이 성 안의 부녀자와 어린아이를 모아 창고 속에 들어가게 하고 불을 질렀다.

그리고 장정들을 이끌고 스스로 목을 찔러 죽었다.

천제를 찬양한 밀직사 이강의 시

경효왕(공민왕) 12년(1363, 계묘) 3월이었다.

밀직사* 이강*이 임금의 명을 받들어 참성단에서 천제를 올렸다.

이어서 시를 지어 나무판에 새겼는데, 시는 이러하였다.

봄바람 속에 만물 정취 짙어만 가는데
왕명 받들고 떠나온 길 멀기도 하구나.
이른 새벽 말을 달려 구중궁궐 떠났는데
노젓는 저녁 무렵, 흰 갈매기는 파도 위를 날아 오르네.
하늘 복판에 솟은 산은 푸른 빛깔 뿜내고
골짜기엔 봄기운 완연해 풀이 절로 꽃을 피우네.

묻노니, 신선 사는 봉래산 그 어디인가.
사람들은 이곳이 바로 선가仙家라 하네.
마음은 고요하고 몸은 한가로워
체골조차 신선이 되려 하네.
멀리 인간의 일 생각해 보니 참으로 아득하구나.

자리 깔고 약소한 제물이나마 올리는 것은
홍건적을 물리친 뒤이지만

❀밀직사密直使: 고려 때 왕명의 출납, 궁중의 숙위宿衛, 군기軍機 등을 맡아 보던 관청.

❀이강李岡(1333~1368): 이암의 아들. 호는 평재平齋, 시호는 문경文敬. 충목왕 3년(1347)에 문과에 급제, 밀직부사에 이르렀다. 아버지를 닮아 서도에 뛰어났으며 글자체가 정결하고 아름다워 우아한 품격을 갖추었다.

환단고기

돌로 쌓은 신령한 기운 서린 제단은 태곳적
것이라네.
눈앞에 천리 강산 훤히 보이고
이내 몸, 구중 하늘에 오른 것 같구나.
이번 길에 서로 의탁할 짝은 없지만
적을 물리치고 도성으로 돌아온 첫 해임을
기억이나 하자꾸나.

대제학 권근의 제천문

강릉왕 우 5년(1379) 3월 신미에 왕께서 사자를 보내
참성단에서 천제 드릴 것을 명하셨다.
대제학 권근*이 「서고문」을 지어 올렸는데, 그 글은 이러하다.
초헌* :
바다 가운데에 산이 높으니
인간 세상의 번뇌*와 시끄러움에서 멀리 떠났습니다.
제단 중앙은 하늘에 닿을 듯하니
신선의 수레를 타고 강림하시는 삼신님을 맞이합니다.
조촐한 음식을 올리오니 밝으신 삼신께서 계시는 듯합니다.
이헌* :
삼신께서 미혹됨*이 없이 들어 주시나니
이 사람을 감싸 안고 베풀어 주십니다.
하늘은 사사로움 없이 덮으시고 인간 세상을 굽어 보십니다.
예를 극진히 하여 섬기오니 삼신께서 감응하시어

❀권근權近(1352~
1409): 고려 말 조선
초의 학자이며 문신.
저서로는 『입학도설
入學圖說』 등 경학經學
에 관한 것이 있고,
『동국사략東國史略』
도 그의 저서로 알려
져 있다. 태조 이성계
의 명에 따라 지은 〈응
제시應製詩〉는 실로
유명하다.

❀초헌初獻: 제사 지낼
때 첫 술잔을 올림

❀번뇌: 욕망, 노여움
등 마음을 괴롭히는
여러 가지 생각.

❀이헌二獻: 제사 지낼
때 올리는 두 번째
술잔.

❀미혹됨: 마음이 흐
려서 무엇에 홀림.

고려국본기

성신이 통하기를 축원합니다.

곰곰이 헤아려 보건대

마리산은 단군왕검께서 천제를 지내시던 곳입니다.

🌸성조聖祖: 고려 시조
인 태조 왕건을 말한
다.

성조* 이래로 백성을 위해 법도를 세우고,

옛 법의 계통을 계승하여 아름다움을 드리우셨습니다.

고종에 이르러 오랑캐(몽골)를 피해 도읍을 옮기고

또한 이곳에 의지하여 나라의 근본을 보존하였습니다.

그러므로 나라의 국통이 끊어지지 않았으니,

🌸소자: 우왕이 자신
을 낮추어 부르는
말.

소자*(우왕)가 이를 계승하여 더욱 공경합니다.

하늘이시여!

🌸어란魚爛의 지경: 어
란은 물고기의 창자
가 썩었다는 뜻으로
나라가 내부에서 부
패함을 이르는 말.

어찌 왜구가 개처럼 좀도둑질을 해서

우리 백성이 어란의 지경*에 이르는 것을 보고만 계십니까?

비록 변방이 침략을 받았으나

🌸표문表文: 임금께 바
람이나 생각을 올리
는 글.

오히려 표문* 올리는 것을 허락하셨습니다.

그러니 어찌 그 고을이 침략당하는 것을 보시기만 하며

어찌 밝은 위엄의 징험이 없으시겠습니까?

실로 저의 덕이 없는 까닭이니

다 함께 암송하기

사지이례事之以禮하오니 감이수통感而遂通이샷다.

극진한 예로써 섬기오니, 삼신께서 감응하시어 성신이 통하기를 축원합니다.

事 섬길 사　禮 예도 례　感 감응할 감　遂 드디어 수　通 통할 통

진실로 남에게 구하는 것은 어려운 일이요,

오직 자신을 꾸짖을 뿐입니다.

그러나 사람이 만약 그 하는 일을 편안히 여기지 않는다면,

삼신께서도 장차 돌아갈 곳이 없을 것입니다.

이에 옛 법을 좇아 감히 지금의 환란을 아뢰오니,

조촐한 저의 정성이지만 기꺼이 받으시고 밝게 굽어 살펴 주소서.

바다에는 큰 파도가 일지 않게 하시어

아주 먼 곳에서도 배를 타고 모여들게 하소서.

하늘이시여! 천명을 내려 주시어

이 나라가 반석* 위에 올라설 수 있도록 보살펴 주소서!

고려말, 왕조의 분열과 옛 영토 회복

고려 말, 소란스러운 일이 많았다

천수 기원 439년은 경효왕(공민왕) 5년(단기 3689, 1356)이다.

이 해 여름 4월 정유에 대사도 기철*, 태감 권겸, 경양부원군 노책 등
이 반역을 꾀하다가 순순히 형벌을 받고 죽었다.

정지상을 석방하여 순군제공으로 임명하고 정동행성이문소를 걷어
치워 없앴다.

이때에 원나라 왕실이 극도로 쇠약해져 오나라 왕 장사성*이 강소
에서 군사를 일으켰고, 소란스러운 일이 많았다.

최영 장군 등의 요동 공략

최영*등이 고우*에서 돌아오자, 임금이 비로소 최영 등의 견해를 좇

반석: 흔들리지 않는
바위와 같이 견고한
바탕.

기철奇轍(?~1356):
고려 말기의 권세가.
몽골명은 빠이앤부
카. 누이동생이 원나
라 순제順帝의 황후
가 되어 황태자를 낳
았다. 기 황후의 권
세를 믿고 지나치게
세도를 부려 백성들
의 폐해가 컸다.

장사성張士誠: 원元
나라 때 태주泰州 사
람. 원나라 순제 때
군사를 일으켜 처음
에 성왕이라 칭하고
국호를 대주大周라
하였다가 다시 고쳐
오왕吳王이라 칭하였
다.

최영崔瑩(1316~
1388): 고려 말 장군.
요동 정벌을 주장하
고, 팔도도통사가 되
어 우왕과 함께 평양
까지 진출하였으나
이성계의 위화도 회
군으로 뜻을 이루지
못했다. 이성계 일파
에게 죽음을 당했다.
평소 청렴결백하고
재물을 탐하지 않았
다 한다.

고우高郵: 지금의 강
소성 고우시高郵市.

먼저 정동행성을 폐지하고, 계속해서 인당*, 최영 등 여러 장수를 보내어 압록강 서쪽 8참을 깨뜨렸다.

또 류인우, 공천보, 김원봉 등을 보내어 쌍성* 등 옛 땅을 되찾게 하셨다.

공민왕 10년(1361) 겨울 10월에, 홍두적* 반성, 사류, 주원장* 등 무리 10여 만이 압록강을 건너 삭주를 침범하였다.

11월에 도적이 안주를 습격하니, 상장군 이음*과 조천주가 싸우다가 죽었다.

정동행성: 고려 후기에 원나라가 일본을 정벌하기 위해 고려에 설치한 기구이다. 정동행성에 이문소가 있었는데, 점차 원나라에 반대하는 세력을 탄압하는 기관으로 변질되었다. 이문소 관리들의 횡포가 극심해져서 고려 말에 타파의 대상이 되었다.

정세운 장군과 행촌 이암의 애국심

12월에, 임금이 복주(경북 안동)에 이르러 정세운*을 총병관으로 삼으셨다.

세운은 성품이 충성스럽고 마음이 맑고 욕심이 없었다.

임금이 도성을 떠나 피난하신 뒤 밤낮으로 근심하고 분하게 여겼다.

홍두적을 소탕하고 경성을 수복하는 것을 자기가 맡은 일로 여기므로 임금 또한 세운을 믿고 의지하셨다.

세운은, 임금께 애통하게 여기는 조서를 속히 내려 백성의 마음을

❀ 인당印璫: 공민왕 때의 장수.

❀ 쌍성雙城: 쌍성총관부雙城摠管府의 약칭. 원나라가 고려 화주에 두었던 관청.

❀ 홍두적紅頭賊: 홍건적을 말함. 홍건적의 난은 중국 중원에서 몽골 왕조인 원元을 타도하고 한족 왕조인 명나라를 창건하는 계기를 만들었다.

❀ 주원장朱元璋(1328~1398): 중국 명明나라의 시조.

❀ 이음李蔭: 행촌 이암의 아들이다.

❀ 정세운鄭世雲: 공민왕 때의 장군. 왕명으로 총병관이 되어 20만 대군을 거느리고 공민왕 11년(1362)에 홍건적을 압록강변으로 물리치고 개경을 수복하였다.

위로하시고, 사신을 모든 도에 보내어 징병을 감독하고 격려하시기를 여러 번 청원하였다.

임금께서 마침내 조서를 내리시니, 수문하시중 이암이 세운에게 전하며 말하였다.

"천하가 편안하면 뜻을 정승에게 기울이고, 천하가 어지러우면 뜻을 장수에게 기울이는 법이네. 나는 문신文臣이라 나약하여 능히 군사를 부리지 못하니, 그대가 힘써야 하네."

세운은 도당에 나아가 류숙에게 분연히 소리 높여, 군사를 징집하면서 기한이 늦은 일을 꾸짖었다.

전쟁터로 출발하려 할 때 이암이 세운에게 말했다.

"강력한 외적이 갑자기 쳐들어와 임금이 계신 도성을 지키지 못하고 임금의 수레가 도성을 떠나 다른 곳으로 피난하여 천하의 웃음거리가 된 것은 삼한의 부끄럽고 욕된 일이네.

최영 장군 묘(경기도 고양시)　　　　　신숭겸 장군 묘(강원도 춘천시)

공(정세운을 가리킴)*이 앞장서서 대의를 부르짖어 무기를 들고 군사를 거느리니, 나라가 다시 편안해지고 왕업이 다시 일어남이 이번 한 판 싸움에 달려 있네.

우리 임금과 신하는 밤낮으로 공이 이기고 돌아오기를 바랄 뿐이네.”

이렇게 권면하고* 깨우쳐 전송한 뒤에 날마다 여러 장수에게 군사를 일으킬 것을 독려하고 교묘한 꾀를 내어 전해 주었다.

이에 안우, 이순(희필로 개명한 이암의 종질)*, 한방신 등 여러 장수가 모두 전쟁터에 나아가 공을 세웠다.

잃어버린 영토를 회복할 기회를 스스로 놓쳤다

20년, 1371(신해) 2월 갑술에, 여진족 천호 이두란 첩목아*가 백호 보개를 보내어 100호를 거느리고 항복해 왔다.

윤3월 기미에, 북원*의 요양성 평장사 유익, 왕우승 등이 ‘요양은 본래 고구려 땅’이라 하며 우리나라에 귀순하고자 사람을 보내어 귀화를 청했다.

이때 조정의 의론이 일치하지 않고, 나랏일에 어려움이 많았다.

그럼에도 임금은 정몽주*를 명나라에 보내어 촉나라를 평정한 것에 하례하게 하셨다.

김의*는 명나라 사신 채빈을 살해하였다.

이에 조정과 민간이 시끄러워 이 일(유익 등의 귀화)에 대해 말하려는 자가 거의 없었다.

이 때문에 바로 회신을 보내지 않으니, 유익 등이 마침내 금주·복주·개평·해성·요양 등지를 가지고 명나라에 가서 붙었다.

❀ **공公**: 상대방을 높여 부르는 말.

❀ **권면하고**: 알아듣도록 권하고 격려하여 힘쓰게 하다.

❀ **이순李珣**: 족보를 보면 이암의 종질에 순珣이라는 사람은 없다. 그런데, 이암의 아우인 이교李嶠의 아들 이선李璿이 이름을 희필希泌로 고쳤다고 한다.

❀ **이두란 첩목아**(1331 ~1402): 조선의 개국공신. 원나라 말기에 그 일당을 이끌고 투항하였다.

❀ **북원北元**: 명明 왕조에 의해 중국 본토에서 몽고 지방으로 쫓겨 간 원元 왕조의 남은 세력.

❀ **정몽주鄭夢周**(1337 ~1392): 고려 말의 충신. 호는 포은圃隱, 시호는 문충文忠. 고려왕조를 끝까지 지키려다가 이방원 등에게 선죽교에서 피살되었다.

오호라! 당시 청론*을 떠들던 기운도 없고 힘도 없는 자들이여!
한갓 편안함만 좇기를 일삼았구나!
그리하여 좋은 기회를 스스로 잃어버리고 마침내 옛 강토를 회복하
지 못하였으니 뜻 있는 사람의 한이 이 때문에 더욱 깊어지는구나.

강릉왕(우왕)이 선제(공민왕)의 명령으로 즉위(단기 3707, 서기
1374)하셨다.
이때에 요동 도사*가 승차 이사경 등을 보내어 압록강에 이르러 방
을 써 붙이고 말하였다.
"철령의 북쪽과 동쪽과 서쪽은 원래 개원*(지금의 요령성 개원현)에
속하던 땅이니 거기서 관할하던 군인, 한인, 여진, 달달, 고려는 여
전히 요동에 속한다. 운운"

조정의 여러 사람의 의견이 다양하여 일치하지 않다가
마침내 싸울 것을 결정하였다.
이에 나라 안과 밖의 병사와 군마를 크게 일으키고
최영을 팔도도통사로 임명하셨다.

다 함께 암송하기

자실호기自失好機하여 경불회수구강竟不恢收舊疆하니
지사지한志士之恨이 어사위심矣於斯爲深矣로다.
스스로 좋은 기회를 잃어버리고 마침내 옛 강토를 회복하지 못했으니
뜻 있는 선비의 한이 이에 더욱 깊어지는구나!

好 좋을호 機 기회기 竟 마침내경 恢 회복할회 舊 옛구 疆 지경강 志 뜻지
士 선비사 恨 한할한 於 어조사어 斯 이사 深 깊을심 矣 어조사의

☸ 김의金義: 고려 말의
장수. 만주사람으로
본래 이름은 야열가.
공민왕 말년에 명나
라 사신(임밀·채빈
등)을 호송하는 책임
을 맡았다. 그런데
재상 이인임이 공민
왕을 살해하고는, 명
나라의 문책을 두려
워하여 김의로 하여
금 명나라 사신을 죽
이게 하였다. 김의는
채빈을 죽이고 임밀
을 잡아서 원나라로
도망하였다. 후에 명
나라에 귀순하였다.

☸ 청론淸論: 현실과 거
리가 먼 맑고 고상한
이야기

☸ 요동도사遼東都司:
요동에 설치한 명나
라의 최고 군사 기구
인 도지휘사를 말한
다.

☸ 개원開元: 원元나라
가 설치한 지방 행정
구역 이름. 지금의 길
림성 전체와 요령성
동남부의 땅을 관할
하였다.

고
려
국
본
기

태백일사 발문

연산군 10년, 단기 3837, 1504년(갑자)에

내가 괴산(충북 괴산)으로 귀양을 갔다.

마땅히 근신해야* 할 처지였기에 아주 무료한* 나날을 보냈다.

이에 집안에 간직하고 있는 오래된 상자를 열고 살펴 조사해 보았다.

역사와 전기에 근거로 삼을 만한 것과

평소에 노인들에게 들은 것을 함께 기록한 것이 있는데

책으로 완성하지는 못하였다.

그 후 16년이 지난 중종 15, 단기 3853, 1520년(경진)에

내가 찬수관* 신분이라

내각의 비서*를 많이 구해서 읽을 수 있었다.

☀**근신하다**: 말이나 행동을 삼가고 조심하다.

☀**무료하다**: 흥미있는 일이 없어 심심하고 지루하다.

☀**찬수관**撰修官: 실록을 기록하는 관리.

☀**비서**秘書: 비밀로 간직해 온 책.

이맥 선생의 묘

이에 이전 원고를 순서대로 편집하여
『태백일사太白逸史』라 이름 붙였다.
하지만 감히 세상에 묻지 못하고 비밀히 간직하여
문 밖에 내놓지 않은 것이다.
일십당* 주인이 쓰노라.

환단고기 마침

☀ **일십당**一十堂: 이맥 선생의 호.

이맥 선생의 신도비

환국부터 고려 시대까지 『환단고기』 이야기가 모두 끝났어.

이제 우리 국통맥을 바로 세우고 역사를 되찾을 수 있는 길이 활짝 열린 거야~~~!!!

찾아보기

찾
아
보
기

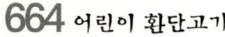